C.H.BECK **WISSEN**

in der Beck'schen Reihe

W0373893

Helmut Reinalter behandelt in diesem Buch die europäische Freimaurerei von ihren legendären Ursprüngen bis in die unmittelbare Gegenwart. Er stellt ihre Ziele, ihr Innenleben, ihre Organisationsstrukturen und Richtungen, ihr Verhältnis zu Staat, Politik, Gesellschaft, Kultur, Kirche und auch zu ihren Gegnern dar. Im Mittelpunkt steht die Frage nach dem Selbstverständnis der Freimaurerei und ihrer gesellschaftlichen Rolle und Wirkung.

Univ.-Prof. Dr. *Helmut Reinalter* lehrt neuere Geschichte und politische Philosophie an der Universität Innsbruck.

Helmut Reinalter

DIE FREIMAURER

Verlag C.H.Beck

Die Originalausgabe erscheint in der Reihe C. H. Beck Wissen.

1. Auflage. 2000
2. Auflage. 2001
3. Auflage. 2002
4. Auflage. 2004
5., aktualisierte Auflage. 2006

Sonderausgabe. 2008
(Teil der Geheimwissen-Box, ISBN 978 3 406 56286 0)

© Verlag C. H. Beck oHG, München 2000
Gesamtherstellung: Druckerei C. H. Beck, Nördlingen
Umschlaggestaltung unter Verwendung des Entwurfs
von Uwe Göbel, München
Printed in Germany

www.beck.de

Inhalt

Einleitung: Was ist Freimaurerei?

Die Freimaurerei ist eine international verbreitete Vereinigung, die unter Achtung der Würde des Menschen für Toleranz, freie Entwicklung der Persönlichkeit, Brüderlichkeit und allgemeine Menschenliebe eintritt. Sie geht davon aus, daß menschliche Konflikte ohne zerstörerische Folgen ausgetragen werden können. Voraussetzung dafür ist die Herstellung eines Vertrauensverhältnisses zwischen den Menschen unterschiedlicher Überzeugungen. Die Freimaurerei ist stark auf den einzelnen Menschen ausgerichtet und bemüht, ihn sittlich zu vervollkommnen. Sie hat aber keine ethischen Lehrsätze aufgestellt, da nach ihrer Auffassung sittliche Normen einem ständigen Wandel unterliegen. In den rituellen Arbeiten werden die geistigen Grundlagen der Freimaurerei nicht nur reflektiert, sondern auch durch Bilder und Symbole erlebbar gemacht. Das Ritual ist ein dynamisches Symbol des kosmischen Geschehens, wobei sich der teilnehmende Bruder bewußt in die Gesetzmäßigkeit des Universums einordnet. Die rituellen Arbeiten werden in drei Graden durchgeführt: im Lehrlings-, Gesellen- und Meistergrad. Dabei verwenden die Freimaurer besondere Symbole und tragen bei ihren Arbeiten Abzeichen, Schurz und weiße Handschuhe. Die Symbole sind Bindemittel der Brüder untereinander und stellen die Kernaussagen der Freimaurerei in Bildern und sinnbildlichen Handlungen dar.

Die Logen sind im Vereinsregister als Vereine eingetragen und haben keine über die gesamte Welt reichende, zusammenhängende Organisation. Sie kennen auch keine geheimen Oberen und besitzen keine geheimen Kenntnisse. Die Verschwiegenheit stellt die Voraussetzung für das Vertrauen unter den Brüdern dar. Die gesamte freimaurerische Lehre ist in den drei Johannisgraden enthalten. Um ihre Vertiefung und Weiterführung bemühen sich die Hochgrade, die in verschiedenen Systemen organisiert sind (z.B. Schottischer Ritus, Royal Arch, York Ritus). Darüber hinaus gibt es noch Forschungslogen (Quatuor Coronati), die sich der wissenschaftlichen Erforschung der Freimaurerei widmen. Die regulären Logen innerhalb eines Staates sind in einer Großloge oder auch in mehreren Bünden zusammengeschlossen. Der Vorsitzende (Meister vom Stuhl) einer Loge wird von den Mitgliedern in freier Wahl gewählt. Die Logenmeister wählen ihrerseits auf dem Großlogentag den Großbeamtenrat.

In den USA leben heute schätzungsweise über 4 Millionen Freimaurer, in Großbritannien ca. 600000, in Schweden 25000, in Norwegen 15500, in Dänemark 10500, in den Niederlanden ca. 7500. Heute umfaßt die Freimaurerei ca. 6 Millionen Mitglieder in etwa 45000 Logen der Welt. In totalitären Systemen ist sie aufgrund ihres Charakters als „verschwiegene Bruderschaft", ihrer Freiheitsvorstellung und praktizierten Toleranz verboten.

Der Begriff „freemason" taucht zum erstenmal in einer Londoner Urkunde 1376 auf. Unter „freemason" verstand man den qualifiziert ausgebildeten Maurer und Steinmetz, der den freistehenden Stein kunstvoll bearbeiten konnte. Das Wort „lodge", erstmals urkundlich 1278 erwähnt, bezeichnet zuerst ein Holzgebäude, das für die Bauhandwerker Werkstatt und auch Aufenthaltsraum war. Später wurde diese Bezeichnung auch für Gruppen von Steinbauwerken verwendet, die gemeinsam an einem größeren Bau arbeiteten. Um die Wende vom 16. zum 17. Jahrhundert trat in der Entwicklung der Logen der Werkmaurer zuerst in Schottland und dann auch in England insofern eine tiefgreifende Änderung ein, als nun immer häufiger Nichtangehörige des Bauhandwerks als Mitglieder aufgenommen wurden. Diese hießen in Schottland „gentleman masons" und in England „accepted masons".

Das symbolisch-esoterische Brauchtum der Freimaurerei entstand aus zwei Entwicklungssträngen: den alten Konstitutionsschriften der englischen und dem „Maurerwort" der schottischen Freimaurer. Es wurde dann vermutlich von den Logen der „accepted masons" im 17. und frühen 18. Jahrhundert umgestaltet und nahm im dritten Jahrzehnt des 18. Jahrhunderts seine heutige Form an. Aus den allgemeinen und besonderen Pflichten der alten englischen Konstitutionsschriften entstanden 1723 die „Alten Pflichten“ des James Anderson († 1739). Sie sind für die Freimaurer auch heute noch bindend.

Im vorliegenden Band werden in einzelnen Schwerpunkten die Ursprünge, Anfänge und der Aufstieg der europäischen Freimaurerei, ihre Ziele, ihr Innenleben, ihre Symbolik und Ritualistik, ihre Organisationsstrukturen und Richtungen, ihr Verhältnis zu Staat, Politik, Kirche und Kultur, der Antimasonismus und die Verschwörungstheorien und der freimaurerische Konnex zu Geheimbünden dargestellt. Da diese Einführung keinen Anspruch auf Vollständigkeit erheben kann, mußten aus der reichen Fülle der Quellen und Literatur repräsentative Grundlagen und Beispiele ausgewählt werden. Methodisch geht es hier um eine Ideen- und Sozialgeschichte der Freimaurerei, die auch auf die schwierige Frage ihrer gesellschaftlichen Rolle und Wirkung eingeht.

Erster Teil: Entstehung und historische Entwicklung

1. Die Ursprünge: Zwischen Mythos, Legende und Wirklichkeit

Über die Entstehung der Freimaurerei haben sich im Laufe der Zeit verschiedene Theorien, Mythen und Legenden entwickelt, die von den westeuropäischen Gilden-, Maurer- und Steinmetzzünften, Kathedralenbauern, Wandergesellen, Tempelrittern und Johannitern bis zur frühen Akademiebewegung und den aufgeklärten Sozietäten reichen. In der älteren freimaurerischen Historiographie werden auch direkte Linien zwischen den heutigen Bauhütten und den antiken Mysterienbünden und späteren Ritterorden herzustellen versucht, um die esoterisch-hermetischen Wurzeln der Freimaurerei aufzuzeigen. In diesem Zusammenhang sind vor allem der Kult der Brahmanen, die Osiris-Legende, die Eleusinischen Mysterien, der Bund der Pythagoräer, der Mysterienkult der Essener, der Mithras-Kult, die Kabbala, die Gnosis, die Druiden und Barden zu nennen. Inwieweit für die Freimaurerei die europäische Form der Mystik im Neuplatonismus bestimmend wurde, ist ungeklärt. Es könnten zumindest einzelne Elemente in die Freimaurerei und insbesondere in die Hochgrade eingeflossen sein. Erkenntnis als Schau der Vernunft in sich selbst und die oberste Stufe der Erkenntnis als „Schau des Höchsten" weist zumindest auf das freimaurerische Gradsystem hin. Auch Mystik als Erfahrung und als starke Quelle menschlicher Kraft zeigt masonische Verbindungen auf. Dazu kamen noch die beruflichen Zusammenschlüsse der Handwerker und die Ritterorden. Die hier erwähnten Mysterienbünde können nur mit größtem Vorbehalt als mögliche esoterische Wurzeln der Freimaurerei angesehen werden. Mit wissenschaftlicher Gewißheit lassen sich solche Entwicklungslinien nur schwer festmachen. Als wesentlich konkretere Vorstufen der modernen Freimaurerei findet man in der Literatur auch öfters die beruflichen Zusammenschlüsse der

Handwerker und der Ritterorden, wie z.B. der Malteserorden und der Templerorden. Die Templertheorie stützt sich auf das hohe Ansehen der Ordensangehörigen als Bauherren und baut auf der Hypothese auf, daß der Orden trotz seiner Verurteilung und Verfolgung seine Weiterentwicklung sichern wollte. Der Großmeister Pierre d'Aumont, der zusammen mit zwei Kommandeuren und fünf Rittern nach Schottland floh, soll vom schottischen König Robert I. Bruce freundlich aufgenommen worden sein und Templer um sich gesammelt haben. Diese Gruppe soll die Logen als Organisationsträger instrumentalisiert haben. Eine weitere These geht von der älteren Rosenkreuzer-Bruderschaft als Ursprung der Freimaurerei aus.

Als die eigentlichen Vorläufer der Freimaurerei gelten jedoch heute in der freimaurerischen Forschung die handwerklichen Bruderschaften, auf deren Brauchtum sehr viel maurerisches Gedankengut zurückgeführt werden kann, und die Bauhütten, die überall dort entstanden, wo Dome gebaut wurden. Sie setzten sich aus Mitgliedern des Steinmetzstandes zusammen, nahmen aber auch Maurer und Decker auf. Während der Reformation wurde den Bauhütten der Vorwurf gemacht, sie würden geheime Zusammenkünfte abhalten und die Gesetze des Staates und der Kirche mißachten. So verloren sie – auch aufgrund der Folgen negativer ökonomischer Auswirkungen durch den Hundertjährigen Krieg – langsam an Bedeutung und wurden schließlich im Laufe des 17. Jahrhunderts größtenteils aufgelöst. Die französischen Compagnonnages, die historisch bis ins Mittelalter zurückgehen, aber erst im 16. Jahrhundert historisch manifest werden, umfaßten Gesellen, die intern gegliedert waren.

Für die weitere Entwicklung der Freimaurerei wurde dann später der Umstand bedeutsam, daß die Gilden in England auch Nicht-Werkmaurer in ihre Reihen aufnahmen. Nach englischer Definition ist die spekulative Freimaurerei – zum Unterschied von der Werkmaurerei, der sie entsprang –, „ein besonderes, in Allegorien gekleidetes und durch Symbole dargestelltes Moralsystem“ (zit. nach: Die Entwicklung der Freimaurerei, S.28). Um 1670 überwogen bereits in einzelnen Logen die Nicht-Werkmaurer, so daß die Forschung annahm, es habe sich um die innere Gilde der Steinmetzen ein äußerer Ring gebildet, der sich aus Lieferanten, Söhnen von Maurern, Ortsgeistlichen, Bauhandwerkern verwandter Berufe, Zimmerleuten, Spenglern und Glasmalern zusammensetzte, die sich später in den inneren Ring integrierten und dann 1717 in London neu formierten. Am 24. Juni 1717 kam es durch fünf Londoner Logen zur Gründung einer Großloge, deren erster Großmeister Anthony Sayer war. Dieser Gründungsakt und der Anspruch, die erste Großloge im modernen Sinne konstituiert zu haben, ist eine historische Theorie, die nicht eindeutig quellenmäßig belegt werden kann, zumal auch kein Gründungsprotokoll überliefert ist.

2. Die Anfänge und Verbreitung

Der Freimaurerbund breitete sich zunächst im britischen Inselreich aus, ehe er auch auf dem Festland, in Frankreich, in den Niederlanden, in Deutschland und Österreich Fuß zu fassen begann. Er gelangte über mehrere Etappen nach Wien. Im Jahre 1737 wurde die „Loge d'Hambourg" gegründet und 1738 Friedrich II. von Preußen als Kronprinz in einer Deputationsloge aus Hamburg in den Bund aufgenommen. Unter seinem Protektorat stand die 1741 in Leben gerufene Loge „Aux Trois Globes" in Berlin, die spätere Großloge „Zu den drei Weltkugeln". Von Berlin aus wurde dann auch am 18.5. 1741 die Loge „Aux Trois Squelettes" errichtet, die unter der Hammerführung von Fürstbischof Philipp Gotthard Graf Schaffgotsch in Breslau arbeitete. Ein Mitglied dieser Loge, Reichsgraf Albrecht Joseph von Hoditz, nahm dann in Wien die Einsetzung der Loge „Aux Trois Canons" vor. Die ersten Logenmitglieder waren größtenteils schon früher außerhalb Österreichs in den Freimaurerbund aufgenommen worden.

In der Habsburgermonarchie hat Prag eine Sonderstellung eingenommen. Die neuere Forschung betont, daß dort frühestens 1735 eine Loge bestanden haben könnte, während sich die alte Auffassung, daß auf Betreiben des Reichsgrafen Franz Anton Sporck eine Bauhütte schon 1726 entstanden sei, als falsch herausstellte. Franz Stephan von Lothringen, der 1731 von einer nach dem Kontinent entsandten Deputation der englischen Großlogen im Haag in den Freimaurerorden aufgenommen wurde, erhielt ein Jahr später in London den Meistergrad. Seiner Intervention ist es höchstwahrscheinlich zu verdanken, daß die 1738 von Papst Clemens XII. gegen die Freimaurerei erlassene Bannbulle in der Habsburgermonarchie nicht wirksam wurde und auch die zweite Bulle 1751 von Papst Benedikt XIV. in Österreich keine Anerkennung gefunden hat.

Die erste Wiener Loge bestand nur kurze Zeit. Vom 17.9. 1742 bis 7.3.1743 wurden 49 Aufnahmen vorgenommen und zahlreiche Gesellen- und Meistererhebungen durchgeführt. Die Aufhebung der Loge erfolgte 1743 durch Polizeigewalt.

In der englischen Freimaurerei trat mit dem Großmeister John Théophilus Désaguliers 1719 eine wichtige Änderung ein, weil nun eine große Anzahl von bedeutenden und einflußreichen Männern in die Logen eintrat und gleichzeitig auch die Diskussion eröffnet wurde, die dann zum Konstitutionenbuch von 1723 führte. Es folgte ein relativ rascher gesellschaftlicher Aufstieg der Freimaurerei, der von einer starken Ausdehnung der Großloge begleitet war. Auch Désaguliers' gesellschaftliche Bemühungen hatten Erfolg: 1737 erhielt der Prinz of Wales das Licht, wodurch das Ansehen der englischen Freimaurerei gesteigert wurde. Als protestantischer Geistlicher tätig, befaßte sich Désaguliers intensiv mit den Naturwissenschaften, war mit Newton befreundet und Mitglied der Royal Society in London, die zu einem Zentrum der Rosenkreuzer und der frühen Freimaurerei wurde.

Ein schottischer katholischer Adeliger, Chevalier de Ramsay, galt als wichtiger Förderer der Freimaurerei in Frankreich. Zu den Mitgliedern der französischen Logen zählten weniger als in England die Adeligen, sondern mehr die Intellektuellen, die Achtung besaßen und das Kultur- und Geistesleben in Frankreich nachhaltig beeinflußten. Chevalier Ramsay wurde Erzieher des Sohnes des vertriebenen Königs Jakob III., Eduard Stuart. 1728 hatte sich die englische Großloge geweigert, ihn als Bruder aufzunehmen, da er sich für eine tiefgreifende Reform der Freimaurerei aussprach. 1736 war er nach Frankreich zurückgekehrt und spielte bald in der französischen Freimaurerei eine führende Rolle.

3. Der Höhepunkt im 18. Jahrhundert

Für die Entwicklung der Aufklärungsgesellschaften waren staatliche Vorschriften als Rahmenbedingungen bestimmend. Der Spielraum hing praktisch völlig von dem Ausmaß staatlicher Einflußnahme ab. Über die Motive für die Gründung verschiedener Gesellschaften läßt sich allgemein sagen: diese spezifische Art freiwilliger und partieller Vergesellschaftung war dort am stärksten ausgeprägt, wo einerseits die Verbindlichkeit ständisch-korporativer Lebensgestaltung abnahm oder schwand, während sich andererseits im Bürgertum neue Bedürfnisse und Interessen herausbildeten, die nicht mehr nur auf das engere Berufsfeld und Standesleben bezogen waren. Die Mitglieder der Sozietäten schlossen sich zu freier Geselligkeit zusammen und strebten Freundschaft und menschliche Bindungen an. Zugleich wollten sich die Mitglieder gegenseitig belehren, voneinander lernen und sich bilden, um vernünftig und aufgeklärt zu werden; sie wollten für sich das zu erreichen versuchen, was im 18. Jahrhundert mit „Glückseligkeit" bezeichnet wurde. Die Gesellschaften setzten sich aber auch gemeinnützige Ziele, wie die Förderung des Gemeinwohls und die Verbesserung gesellschaftlicher Zustände. Das Bekenntnis zur Aufklärung war allen Gesellschaften gemeinsam.

Ihre Grundlage war der sich allmählich herausbildende moderne Staat mit seiner Beamtenschaft und die beginnende Emanzipation des Bürgertums in Verwaltung, Wissenschaft und Wirtschaft. Im Prozeß bürgerlicher Emanzipation stellten sie eine wichtige Etappe zwischen feudaler Korporation und bürgerlicher Assoziation dar. Zur Entstehung bürgerlicher Öffentlichkeit trugen sie wesentlich bei, können als deren Medien aber noch nicht bezeichnet werden. Sie waren eine Erscheinungsform des tiefgreifenden gesellschaftlichen Transformationsprozesses. In den Aufklärungsgesellschaften wurden zum erstenmal über konfessionelle Grenzen, staatliche und ständische Interessen hinweg gemeinsame, für die ganze Gesellschaft verbindliche Anliegen vertreten. Ihre Zahl und ihre Bedeutung nahmen seit der Mitte des 18. Jahrhunderts stark zu, bald war in ihnen eine erheblicher Teil des Bürgertums organisiert.

Unter diesen Sozietäten waren die Lesegesellschaften am verbreitetsten. Sie entstanden aus Gruppen literarisch und wissenschaftlich interessierter Bürger und erweiterten sich seit ca. 1770/75 zu Lesekabinetten, die eigene Räume, manchmal sogar eigene Häuser, eine Präsenzbibliothek, auch Schreib- und Unterhaltungszimmer besaßen. Ihre Mitglieder gehörten dem gehobenen Bürgertum und der literarischen und philosophischen Intelligenz an; untere Gesellschaftsschichten blieben weitgehend ausgeschlossen. Ziel war die „Förderung der Wissenschaften" und „die Verfeinerung der Sitten". Dies deckte sich weitgehend mit den Vorstellungen der Aufklärung und deutete darauf hin, daß trotz unterschiedlicher Auffassungen in der Interpretation dieser Bewegung ein annähernd einheitliches Selbstverständnis der Aufklärer bestanden hat. Die Bedeutung der Lesegesellschaften lag im Lektüreangebot, da dadurch das Informationsbedürfnis abgedeckt werden konnte. Die Lesegesellschaften formten den geselligen Umgang der Mitglieder untereinander neu, denen das Bedürfnis nach Wissenserweiterung gemeinsam war. Dabei ging es vor allem um bessere Information und gemeinsame Aussprache über die Ereignisse der Zeit.

Die patriotischen und gemeinnützigen Gesellschaften waren stark nach außen gewandt und gesellschaftlich engagiert. Dieses Ziel versuchten sie durch die Erprobung und Einführung technisch-ökonomischer Neuerungen und soziale Aktivitäten zu erreichen. Zu ihnen zählte eine Vielzahl unterschiedlicher Sozietäten, wie z.B. die ökonomischen oder Ackerbaugesellschaften, die als politische und wirtschaftliche Mobilisierungsinstrumente der monarchischen Zentralgewalt eine wichtige Funktion ausübten. Sicher hat auch die rasche Verbreitung der physiokratischen Lehren die Bemühungen um eine Reform der Landwirtschaft entscheidend beeinflußt. Die ökonomischen Sozietäten entstanden vor allem in Österreich auf Empfehlung von oben. Die Regierungen erhofften sich von der Errichtung regionaler Ackerbaugesellschaften eine kontinuierliche Verbesserung der landwirtschaftlichen Produktion.

Eine wichtige Rolle kam schließlich im Prozeß der Aufklärung neben den hier erwähnten Gesellschaften auch der Freimaurerei und den Geheimbünden zu. Im Mittelpunkt der Logen, in denen sich ihre als Weltbürger verstehenden Mitglieder eine selbst geschaffenen Ordnung gaben, stand die ritualisierte Freundschaft, die in der Trennung von der Außenwelt, jenseits der ständisch aufgebauten Gesellschaft, der Konfessionen und Staaten erlebt wurde. Durch das Fehlen eines eigenständigen, wirtschaftlich starken Bürgertums und durch die strukturelle Krise des späten Absolutismus war aber die Freimaurerei rasch als Mitträger der Aufklärungsbewegung zurückgedrängt worden. Ihr Niedergang führte schließlich zu einer Aufspaltung in verschiedene ideologisch-politische Richtungen und zur Gründung entgegengesetzt orientierter Geheimgesellschaften, wie Rosenkreuzer, Asiatische Brüder und Illuminaten.

In der Zeit von Juli bis September 1782 tagte in Wilhelmsbad bei Hanau ein internationaler Freimaurerkonvent, der wegen der Ausuferung der regulären schottischen Hochgradmaurerei in Europa, des Auftretens unseriöser Konkurrenten, Fehlentwicklungen in System und Ritual und wegen Abspaltungsversuchen und Legitimationsproblemen einberufen wurde. Alle diese Bestrebungen weckten in breiten Freimaurerkreisen die Hoffnung auf eine schon längst notwendige Neuordnung. In dieser für die Freimaurerei schwierigen Zeit fand der erwähnte Konvent statt, auf dem sehr heterogene esoterisch-ideologische Strömungen hervortraten. Die drei Hauptgruppen umfaßten die Anhänger verschiedener hermetisch-alchemistischer Traditionen, die französischen Vertreter des mystisch-spiritualistisch-martinistischen Lyoner-Systems sowie die Rationalisten und Aufklärer. Nach diesem Konvent entstand der „Eklektische Bund“ in Frankfurt, der vorsah, daß nur mehr die drei Johannisgrade (Lehrlings-, Gesellen- und Meistergrad) künftig als verbindlich anerkannt werden sollten.

Daneben entstand im 18. Jahrhundert auch die Bruderschaft der Gold- und Rosenkreuzer, die durch die Aufhebung des Prager Zirkels 1764 öffentlich bekannt wurde. In diesem Kreis existierte bereits eine enge Verbindung zwischen Freimaurern und Rosenkreuzern. Das Eindringen der Rosenkreuzer in die Logen wurde vor allem durch das Hochgradsystem begünstigt. Die Rosenkreuzer gaben sich innerhalb dieses Systems als die höchste Stufe der Freimaurerei aus. Das Herrschaftssystem des Ordens wurde durch die Hierarchie des Wissens gefestigt. Das Anliegen der Bruderschaft war religiöser Natur. Nach 1767 breitete sie sich rasch aus und gewann auch zusehends politischen Einfluß.

Der der Bruderschaft der Rosenkreuzer entgegengesetzte Geheimbund der Illuminaten wurde 1776 in Ingolstadt gegründet. Den Anlaß bildete eine von Adam Weishaupt vermutete und gegen die Aufklärung gerichtete Verschwörung von Exjesuiten und Rosenkreuzern. Ideologisch war er von der radikalen, materialistischen französischen Aufklärungsphilosophie abhängig, womit er wesentlich über die Freimaurerei hinausging.

Freimaurerei und Geheimbünde haben zweifelsohne als gesellschaftliche Formationen die Aufklärung entscheidend mitgeprägt. In ihnen wurden schon vor der Französischen Revolution z.T. demokratische Formen der Willensbildung entwickelt, zumal die Gesamtheit der Mitglieder die letzte Entscheidungsgewalt besaß. Die Ämter der Gesellschaft, ihre Ausschüsse, Kommissionen, Versammlungen und ihre Gesetzgebung waren im Sinne der Mitbestimmung aller Glieder nach dem Mehrheitsprinzip das Abbild eines republikanischen Verwaltungssystems. Das Überwinden von territorialen, konfessionellen und sozialen Schranken war ein wesentlicher Bestandteil des humanitären und gesellschaftlichen Verständnisses der Freimaurerei dieser Zeit.

Wichtig erscheint in diesem Zusammenhang auch das komplexe Verhältnis der Freimaurerei zur Revolution. Die Freimaurerei war bei der geistigen Vorbereitung der Revolution durch das kulturelle, humanitäre und gesellschaftliche Engagement ihrer Mitglieder direkt und indirekt beteiligt, zumal die gesellschaftlichen und politischen Verhältnisse des Ancien Régime und aufgeklärten Absolutismus trotz Reformen noch immer im Gegensatz zu den maurerischen, humanitär-ethischen Anliegen standen. Die Freimaurerei als Organisation lehnte zwar aus prinzipiellen Gründen den revolutionären, gewaltsamen Umsturz ab, da sie ein klares Bekenntnis zur staatlichen Ordnung ablegte, doch war sie andererseits bereit, einen Bruder, der sich an einer Rebellion oder Revolution beteiligt hat, nicht auszuschließen.

Die Freimaurerei geriet mit ihrer Befürwortung der Toleranz und Freiheit sowie mit dem Bestreben nach Hebung der allgemeinen Bildung, Abbau der Standesvorrechte und Beseitigung der sozialen Ungerechtigkeiten stark in die Nähe der politischen Spätaufklärung und Frühphase der Französischen Revolution. Das hier angesprochene politische Verständnis war allerdings z.T. noch vorrevolutionär und dem Ideologisierungsprozeß der politischen Spätaufklärung entsprungen, gleichzeitig aber bereits – sofern es sich um Vorstellungen handelte, die nach 1789 entwickelt wurden – von der Französischen Revolution beeinflußt. Vor 1789 war das Republikverständnis noch stark moralisch verankert und stellte daher nur eine ethische Bedrohung des Staates dar. Nach 1789 wird dieses Verständnis politischer, da die Französische Revolution die ungleichen Hierarchien der Gesellschaft durch das Prinzip der Gleichheit ersetzte und damit ein wichtiges freimaurerisches Postulat, das bereits vor 1789 in den Logen zu praktizieren versucht wurde, realisierte. Während vor 1789 in den Logen noch deutlich die aufklärerische Tendenz einer ständetranszendierenden gesellschaftlichen Bewegung spürbar war, änderte sich diese Einstellung bei jenen Freimaurern, die sich zu einem konsequenten bürgerlichen Demokratismus bekannten. Diese Gruppe innerhalb der Logen wurde zu revolutionären Demokraten, die allerdings eine Minderheit bildeten. Entscheidend war für sie, und darin hoben sie sich von den reformerischen Aufklärern ab, die Tatsache, daß durch Reformen keine grundlegende Änderung der Gesellschaftsordnung erreicht werden könne. Sie forderten die politische Gleichheit und Freiheit aller Bürger, unabhängig von Herkunft, Besitz und sozialer Stellung. Bei ihnen war letztlich das Revolutionsverständnis entscheidend.

4. Das 19. Jahrhundert

Wurde der Bruch mit der traditionellen politisch-sozialen Ordnung des Ancien Régime schon durch die Politisierung und Ideologisierung der Aufklärung vorbereitet, so drohte durch die Französische Revolution 1789 die Sprengung des gesamtgesellschaftlichen Gefüges. Durch Säkularisation, Mediatisierung und Reichsauflösung brach die deutsche Staatenwelt zusammen. Die Niederlage Preußens 1806/07 und die territorialen Umwälzungen erzwangen tiefgreifende politische und gesellschaftliche Reformen, an denen auch Freimaurer maßgeblich beteiligt waren. Der Zusammenstoß zwischen dem revolutionären Frankreich und den Mächten des alten Europa führte zu einer völligen Umgestaltung der politischen und territorialen Lage, die auf dem Wiener Kongreß nicht mehr rückgangig gemacht werden konnte. Die entscheidende Bedeutung der Wende vom 18. zum 19. Jahrhundert lag daher in der Spannung von Revolution, Reform und restaurativen Tendenzen, die über 1815 hinaus im Konflikt zwischen den Verteidigern des Ancien Régime und den neu entstehenden nationalliberalen Bewegungen fortdauerte. Freimaurer fanden sich auf beiden Seiten dieses Konflikts.

Der entscheidende Übergang fand seinen Ausdruck im säkularen Wandel, der mit der westeuropäischen Doppelrevolution am Ausgang des 18. Jahrhunderts eingeleitet und vielfach mit dem Beginn der Moderne gleichgesetzt wurde. Mit der industriellen Revolution in England wurde das technisch-industrielle Zeitalter eingeleitet und damit ein Prozeß des beschleunigten Wachstums, des technologischen Wandels und der sozialen Veränderungen, während die Ergebnisse der politisch-sozialen Revolution in Frankreich mit dem Abbau ererbter Privilegien, der Erklärung der Menschen- und Bürgerrechte und der beginnenden Demokratisierung verbunden waren. Freimaurer setzten sich hier an die Spitze dieser Entwicklung. Die Zeit der Französischen Revolution und der napoleonischen Herrschaft verdeutlicht die politische Auseinandersetzung zwischen revolutionärer und vorrevolutionärer Gesellschaftsordnung. Die deutschen Reformstaaten standen vor der Aufgabe, ihre eigenen historischen Traditionen mit den revolutionären Herausforderungen von außen in Einklang zu bringen. Die gesellschaftlichen Mischformen, die sich in dieser Übergangsphase herausgebildet haben, zeigten zum Teil traditionelle und moderne Elemente, heterogene Gesellschaftsformen, auch Möglichkeiten, mit modernen Mitteln traditionelle Herrschaftsziele durchzusetzen. Der Verlaufsprozeß war stark von Schüben und Rückentwicklungen, von Refeudalisierung und Modernisierung geprägt. In diesem Spannungsverhältnis muß auch die Freimaurerei dieser Zeit mit ihren Reformansätzen gesehen und beurteilt werden.

Zweifelsohne sind diese Umbrüche und Veränderungen in der ersten Hälfte des 19. Jahrhunderts als teilweise Fortführung der Errungenschaften der Aufklärung und Französischen Revolution zu sehen und als umfassende Emanzipationsbewegung zu deuten. Der Reformprozeß dieser Zeit wurde allerdings in erster Linie von der Staatsspitze vorangetrieben, so daß man in diesem Zusammenhang auch den Begriff „Revolution von oben" verwendet hat. Die erste revolutionäre Veränderung der Verhältnisse innerhalb des Reiches, jene in den linksrheinischen Gebieten, erfolgte tatsächlich „von oben" bzw. „von außen".

Auch die Stein-Hardenbergschen Reformen in Preußen sind als Antwort auf die Französische Revolution und die napoleonische Herausforderung zu sehen. Hardenberg und Stein waren selbst Freimaurer. Sie waren davon überzeugt, daß ohne grundlegende Reformen in Staat und Gesellschaft im napoleonischen Europa keine Überlebenschance mehr bestand.

Alle großen Forderungen der Zeit wurden als Emanzipationsforderungen aufgefaßt. In der Tat waren Restauration, Romantik und dann besonders der Vormärz in ihrem Kern und in ihrer Grundstruktur durch den Aufstieg des Bürgertums und die Ausformung der bürgerlichen Gesellschaft bestimmt. Das Ringen um die Emanzipation sozialer und humanitärer Gruppen, wie z.B. die Freimaurerei, verdeutlicht die Vielfalt und Komplexität der Probleme des Übergangs zu einer neuen, auf die Freiheit des Individuums und des Eigentums gegründete Gesellschaftsform. Agrarreformen, Gewerbereformen, Gemeindereformen, Schul- und Universitätsreformen, die Freimaurer aktiv mitgestaltet haben – alle diese gesetzgeberischen und politischen Maßnahmen waren Teile eines umfassenden gesellschaftlichen Emanzipationsprozesses, durch den die Fesseln der alten Gesellschaft zuerst gelockert und dann langsam aufgesprengt wurden. Von dieser Entwicklung konnte die Freimaurerei trotz ihrer spezifisch inneren Ausformung nicht unberührt bleiben, und vor diesem gesellschaftlichen Veränderungsprozeß müssen daher auch die verschiedenen Reformansätze innerhalb der Freimaurerei gesehen werden.

Die 1815 durch den Wiener Kongreß geschaffenen Rahmenbedingungen bestimmten für mehrere Jahrzehnte auch die Formen der Durchsetzung bürgerlicher Gesellschaft. Der zunehmende Widerspruch zwischen der politischen Emanzipation der bürgerlichen Gesellschaft und einer staatlichen Ordnung, die trotz Modernisierung durch Verfassungen und Reformen auf die Konservierung vorbürgerlicher Herrschaftsstrukturen angelegt war, bildete eine der Grundtendenzen der ersten Hälfte des 19. Jahrhunderts. Dieser Widerspruch führte schließlich über mehrere politische und soziale Einzelkonflikte in eine gesamtgesellschaftliche Systemkrise, die sich in der Revolution 1848/49 entlud.

Die Reformbestrebungen innerhalb der Freimaurerei im Übergang vom 18. zum 19. Jahrhunderte bezogen sich nicht nur auf die Organisation der Großlogen, sondern betrafen auch inhaltliche Probleme der Arbeit und des Brauchtums. Besonders zu erwähnen sind hier die deutschen Freimaurer Knigge, Fichte, Schröder und Fessler, die sich an die Spitze der Reformbestrebungen stellten. Es ging ihnen u.a. vorrangig um eine Modernisierung der Logenverfassungen, des Rituals, um eine Anpassung der freimaurerischen Arbeit an die Strömungen der Zeit und um einen zielbewußten Aktivismus, ohne allerdings gewachsene Traditionen über Bord zu werfen.

Am 20. Oktober 1798 erließ König Friedrich Wilhelm III. ein Gesetz „wegen Verhütung und Bestrafung geheimer Verbindungen, welche der allgemeinen Sicherheit nachteilig werden könnten". Dieses Edikt wurde als ein politischer Wendepunkt in der Geschichte der brandenburgisch-preußischen Freimaurerei angesehen und verdeutlicht die enge Wechselbeziehung zwischen Politik und Freimaurerei. Diese enge Verbindung läßt sich auch am Beispiel der Schweizer Freimaurer als Wegbereiter des Bundesstaates von 1848 deutlich aufzeigen, ein Entwicklungsprozeß, der 1798 mit dem Zusammenbruch der alten Eidgenossenschaft einsetzte und 50 Jahre dauerte. Schweizer Freimaurer waren maßgeblich an dieser Entwicklung und an der Gründung des Bundesstaates beteiligt.

In Österreich verlief die Geschichte der Freimaurerei etwas anders als in Deutschland. Hier war das Jahr 1798 mit Sicherheit keine Wende, weil der Regierungsbeginn Kaiser Josephs II., die Gründung der Großen Landesloge von Österreich 1784 und das kaiserliche Handbillett von 1785 tiefere Einschnitte darstellten. Eine zweite, vielleicht noch wichtigere Zäsur erfolgte mit Kaiser Franz II. und dessen Kriminalpatent von 1795, mit dem die Freimaurerlogen und Geheimgesellschaften in den k.k. Staaten verboten wurden. Das kaiserliche Handbillett Josephs II. vom 11. Dezember 1785 stand in einem engen Zusammenhang mit der Gründung der österreichischen Großen Landesloge von 1784, mit der die Einigung und Zusammenfassung sämtlicher Bauhütten in der Habsburgermonarchie – mit Ausnahme der österreichischen Niederlande – vollzogen wurde. Angesichts des Aufschwungs, den die Logen in den ersten Regierungsjahren Josephs II. genommen haben, und der Gründung der Großen Landesloge scheint es im ersten Moment unverständlich, daß der Kaiser das Freimaurerpatent erließ, mit dem praktisch die Logen in Österreich der Polizeiaufsicht unterstellt wurden. Eine Erklärung der Ursachen, die zum Erlaß des Handbilletts führten, muß vor allem auf die komplexen Zusammenhänge zwischen aufgeklärtem Absolutismus und Freimaurerei eingehen. Sicher ist, daß der absolutistische Herrscher Joseph II. trotz aufgeklärter Einstellung das geheime Wirken der Freimaurer nicht akzeptieren wollte, da es im Gegensatz zu den Grundsätzen des Absolutismus stand. Zwar wurde die positive Entwicklung der Freimaurerei in den ersten Regierungsjahren Josephs von oben unterstützt, da der Kaiser zur Propaganda für seine Reformen zuverlässige Helfer benötigte, doch mußten diese Absichten und die geplante straffe Führung durch die Große Landesloge das Eigenleben der Logen stören und Widerstände hervorrufen. Auch der heftige Streit zwischen den symbolischen und schottischen Logen war mit ein Grund für die Vorgehensweise Josephs. Letztlich waren also politische Gründe für den Erlaß des Patents ausschlaggebend.

Die Regierung Franz II. war vor allem im Einflußfeld der Französischen Revolution durch das starre Festhalten an der traditionellen Gesellschaftsordnung, durch Haß auf Radikale und Reformer und durch den Glauben gekennzeichnet, daß Polizeiunterdrückung das beste Mittel zur Lösung politischer Probleme sei. Wohl unter dem Eindruck der Jakobinerprozesse wandte sich Franz II. am 2. Januar 1795 mit einem Hofdekret gegen Staatsverbrecher. Das „Kriminalpatent" nahm in aller Schärfe zu staatsgefährdenden Verbrechen Stellung.

Wurde das geheime Polizeisystem schon unter Joseph II. eingeführt, so begann nach 1815 die Polizei im Staat eine immer größere Rolle zu spielen. Als eine der Hauptaufgaben kam ihr die Verhinderung der Ausbreitung liberaler und demokratischer Ideen und die Bekämpfung der angeblich nach wie vor im Geheimen wirkenden Freimaurerlogen zu. Eine wesentliche Voraussetzung dafür war die Verschärfung der Zensur, die rigoros gehandhabt wurde, und ein weitverzweigtes Spitzelwesen. So ist es verständlich, daß es in diesem politischen und geistigen Klima für die Freimaurerei, die seit dem Kriminalpatent verboten war, keine Möglichkeiten einer Reaktivierung ihrer rituellen Arbeiten gab.

Diese erwähnten Beispiele deuten darauf hin, daß die Geschichte der österreichischen Freimaurerei um die Jahrhundertwende anders verlief als in Deutschland. In Österreich gab es auch nach 1800 keine Fortsetzung jener Reformen, die bereits durch den aufgeklärten Absolutismus bzw. Josephinismus eingeleitet wurden. Mit der reaktionären Politik Franz II. und seiner Ratgeber hörten die masonischen Aktivitäten in Österreich auf, wenngleich die Brüder höchstwahrscheinlich weiter persönlich in Verbindung blieben.

Im 19. Jahrhundert waren zwar einzelne Freimaurer an der nationalen Einigungsbewegung beteiligt, doch wäre es sicher falsch zu behaupten, die deutsche und italienische Einigung wäre das alleinige Werk der Freimaurerei gewesen. Schon in der ersten Hälfte des 19. Jahrhunderts sind allerdings neue Geheimbünde entstanden, die sich durch ihren politischen Charakter wesentlich von der Freimaurerei unterschieden, auch wenn sie sich in der äußeren Form und in den praktischen Organisationsstrukturen an der Maurerei orientierten.

Der Antiklerikalismus, der den Liberalismus begleitete, und der Nationalismus des 19. Jahrhunderts beeinflußten die Freimaurerei stärker als kirchliche Auseinandersetzungen. In der Zeit zwischen 1821 und 1884 gab es acht päpstliche Erklärungen, die ausdrücklich gegen die Freimaurerei bzw. gegen die mit der Maurerei fälschlich gleichgesetzten Carbonari gerichtet waren. Mit der Gründung des Grand Orient de France 1799 und der kurzfristigen Eingliederung des Alten und Angenommenen Schottischen Ritus setzte die rasche Verschränkung freimaurerischer Aktivitäten mit der Politik und den Regierenden ein. 1849 führte man in den Logen des

Grand Orient de France die Bestimmungen über die Verpflichtung des Symbols des „Großen Baumeisters aller Welten“ ein. In dieser Entwicklungsphase der europäischen Freimaurerei kam es in engem Konnex zum Liberalismus besonders in den romanischen Ländern zu einem stärker ausgeprägten Antiklerikalismus und einer antikirchlichen Politik. Der französische Großorient verfügte dann 1877, daß die Anrufung des Großen Baumeisters den Mitgliedern freigestellt werde und legte das neue freimaurerische Verständnis in der Verfassung des Grand Orient fest: „Die Freimaurerei, eine vor allem philantropische, philosophische und fortschrittliche Institution, hat zu ihrem Zweck das Suchen nach Wahrheit, das Studium allgemeiner Moralität, der Kunst und Wissenschaften und die Ausübung der Wohltätigkeit. Sie hat zu Grundsätzen die unbedingte Gewissensfreiheit und die menschliche Solidarität, sie schließt niemanden um seines Glauben willens aus, sie hat als Wahlspruch: Freiheit, Gleichheit, Brüderlichkeit“ (zit. nach Dieter A. Binder, Die Freimaurer, S. 111).

Im 19. Jahrhundert war man in Deutschland bestrebt, die Großlogenverfassungen zu modernisieren, die freimaurerische Arbeit der Zeit anzupassen und bei aller Wahrung der Tradition im Ritual zu einem zielbewußten gesellschaftspolitischen Aktivismus zu gelangen. Genau mit Beginn des 19. Jahrhunderts setzte die Reformwelle in der deutschen Freimaurerei ein. In diesem Zusammenhang stellt sich die Frage, warum der Freimaurerbund, der noch relativ jung war, so rasch wieder reformbedürftig erschien? Dies hängt vor allem mit der Aufklärung und Französischen Revolution, aber auch mit den hochgespannten Ideen zusammen, die den geistigen Gehalt der Freimaurerei festlegten. Deutlich wird bei den Intentionen der Reformen ein Grundkonflikt in der Konzeption der Freimaurerei, der im Fortwirken mythischer Ideen und dem rationalisierten Tugendverständnis der Aufklärung bestand. Die Reform der Loge „Royal York zur Freundschaft“ durch Ignaz Aurelius Fessler verdeutlicht diesen Konflikt anschaulich. Auch der Reformer Friedrich Ludwig Schröder mit seinen Ritualänderungen, die bis heute in der humanitären Freimaurerei verbindlich geblieben sind, zeigen das Bemühen, die Initiationshandlungen in hochstilisierter Form für das moderne Bewußtsein zu retten.

Ein schwierig zu beurteilender Aspekt in der Geschichte des Nationalismus im 19. Jahrhundert ist das Verhältnis der Freimaurerei zur nationalen Frage. Prinzipiell müssen hier zwei Ebenen unterschieden werden, nämlich das Verhältnis der Freimaurerei zum Staat, der sich in Deutschland erst in der 2. Hälfte des 19. Jahrhunderts zum Nationalstaat entwikkelte, und das Verhältnis der Freimaurerei zur nationalen Frage. Während in Italien und Griechenland die freimaurerischen Organisationen in die revolutionären nationalen Bewegungen eingebunden waren, traten in Deutschland die Freimaurerlogen und die politischen Geheimbünde unabhängig voneinander auf. Da die Freimaurerei von den Nationalitätsideen betroffen war, setzte sie sich auch mit der nationalen Frage verstärkt auseinander. Dabei kooperierte sie teilweise mit den fortschrittlichen national-liberalen Kräften, um die nationale Einigung zu fördern. Daraus erklärt sich u.a. auch die Beteiligung zahlreicher Freimaurer an der Frankfurter Nationalversammlung 1848. Es war gerade die Aufgeschlossenheit für fortschrittliche Entwicklungen, welche die Brüder veranlaßte, sich der nationalen Bewegung anzuschließen, zumal mit dem nationalen Gedanken auch die demokratische Idee in Verbindung stand.

Wenn die dem Frankfurter Parlament angehörenden Freimaurer auch unterschiedliche politische Auffassungen vertraten, wie z.B. demokratische, liberale, katholische, konstitutionell-monarchische, konservative und streng konservative, so zeichneten sich alle durch ihre mehr oder weniger tolerante Haltung aus, wie sich aus den Protokollen ihrer Reden in den Ausschüssen der Paulskirche rekonstruieren läßt. An diesem Beispiel kann man feststellen, daß den Freimaurerbund trotz allen politischen Versagens und kleinkarierter Vereinsmeierei vor allem eines auszeichnete: menschliche Duldsamkeit und gegenseitige Achtung.

Die Beteiligung der Freimaurerei an der nationalen Bewegung in Italien, die später zur Gründung des italienischen Staates führte, wurde oft falsch beurteilt. Die Einigung Italiens war nicht das Werk der Freimaurer, wenngleich einige Mitglieder der Logen eine führende Rolle im Einigungsprozeß spielten. Der Geheimbund der Carbonari ahmte zwar einige äußere Formen und praktische Organisationsmethoden der Freimaurerei nach, hatte aber mit ihr nicht unmittelbar zu tun.

Gab es auch im 19. Jahrhundert starke Auseinandersetzungen der Kirche mit der Freimaurerei, so tauchte nun mit dem Sozialismus und Kommunismus ein neues Problem auf, weil deren Vorstellungen sich mit den Grundgedanken der Freimaurerei nur teilweise vereinbaren ließen. Die Sozialisten betrachteten die Freimaurerei als eine elitare Gesellschaft und hatten daher Vorbehalte, mit ihr zusammenzuarbeiten. Die Kirche warf andererseits der Freimaurerei vor, daß sie die Grundsätze des Sozialismus erfunden, verbreitet und verteidigt hätte.

Das eigentlich Charakteristische für die Entwicklung des 19. Jahrhunderts waren neben dem hier angesprochenen Nationalismus und der nationalen Frage ein über alle bisherigen Erfahrungen hinausgehender beschleunigter Wandel der überkommenen Lebensverhältnisse und Lebensformen durch die Industrialisierung und Technisierung, der zugleich zu einer tiefen Verunsicherung, ja vielfach zu einer Identitätskrise führte. Hatte Hegel zu Beginn des 19. Jahrhunderts noch von einer gewissen Linearität des dialektisch verlaufenden Fortschrittsprozesses gesprochen, so vermehrten und erweiterten sich die Spannungsfelder der an diesem Prozeß beteiligten Kräfte und Bewegungen. Schließlich standen zunehmender Fortschrittspessimismus mit Fortschrittshoffnungen in den neuen bürgerlichen Führungsschichten unvermittelt nebeneinander, ein Tatbestand, der das Aufkommen irrationaler, zum Teil ausgeprägt antimodernistischer Strömungen nachhaltig begünstigte. Diese Entwicklung führte dann in die tiefgreifende politische und gesellschaftliche Krise des 20. Jahrhunderts.

In dieser schwierigen Entwicklungsetappe hatte die Freimaurerei in Deutschland, insbesondere in Preußen, zum Teil den Schutz der regierenden Häuser. Ihre Bedeutung lag neben den Leistungen in der Reformbewegung, im Engagement 1848/49 und in der nach 1871 erfolgten Bildung des Großlogenbundes, der sich gelegentlich als geeignetes Mittel zu fruchtbarer Arbeitsanregung erwies. Die erste Hälfte des 19. Jahrhunderts war allerdings für die europäische Freimaurerei eine ständige geistige, manchmal auch konfliktbeladene Auseinandersetzung mit unterschiedlichen politischen Systemen und Richtungen. Problematisch bleibt in diesem Zusammenhang, daß sich das Selbstverständnis der Freimaurerei nun stärker als „Verein“ manifestierte, zumal die Organisation der Großlogen eine zunehmend große Rolle zu spielen begann. Die Freimaurerei verstand sich als eine geschichtlich gewordene Organisation und nahm ihre Legitimation und ihre Ideen vornehmlich aus der Geschichte, weshalb Zukunftsperspektiven weitgehend fehlten.

5. Das 20. Jahrhundert

Schon vor der Machtergreifung Hitlers wurde die Freimaurerei in Deutschland besonders von Erich Ludendorff und seinem Kreis scharf angegriffen. Da die Anfälligkeit für Verschwörungstheoreme in Krisenzeiten sprunghaft zunahm, ist es verständlich, daß nicht nur in Deutschland nach 1918 die Verschwörungstheorie neue Aktualität erhielt. In seinem erstmals 1919 publizierten und 1923 bereits in 6. Auflage vorliegenden Werk „Weltfreimaurerei, Weltrevolution, Weltrepublik“ unternahm Friedrich Wichtl eine Situationsanalyse nach dem Muster der Verschwörungstheorie. Seit der Zunahme des Antisemitismus im ausgehenden 19. und beginnenden 20. Jahrhundert trat das Judentum in der Verschwörungstheorie als wesentlicher Faktor hinzu, wobei auf ältere Vorstellungen zurückgegriffen wurde: Freimaurer und Juden hätten sich gegen Deutschland verschworen, den Ersten Weltkrieg angezettelt und Deutschland durch ein freimaurerisches Diktatfriedensprogramm ruiniert – so die Kurzformel der Beschuldigung. Schon im 19. Jahrhundert wurden die Juden nicht mehr nur als Gefolgsleute der Aufklärer und Revolutionäre gesehen, sondern als Drahtzieher einer auf Weltherrschaft gerichteten Verschwörung. Hier entstand bereits in Grundzügen die später von der antiliberalen und rechtsradikalen Agitation aufgegriffene These von der jüdisch-freimaurerischen Weltverschwörung als Reaktion auf die Französische Revolution. Die neuere Forschung sieht in den „Protokollen der Weisen von Zion" eine Variante des modernisierten und wiedererweckten dämonologischen Antisemitismus. Die Fälschung wurde amtlich bekannt durch den von der israelitischen Kultusgemeinde initiierten Prozeß in Bern 1934/35. Viele Nationalsozialisten sahen in den „Protokollen" den Beweis für die Weltherrschaft der jüdischen Hochfinanz. Grundvoraussetzung des ideologisch akzentuierten Verschwörungsdenkens war die moralische Verabsolutierung einer gegebenen konkreten Sozialordnung und damit ein antiliberales Weltbild, das den sozialen Wandel dieser Ordnung und die Infragestellung überkommener Erwartungshaltungen als das illegitime und böswillige Werk dämonisierter Minderheiten diffamierte. Die Tatsache, daß die Verschwörungstheorie von einem ständisch-hierarchischen Standpunkt aus Fundamentalkritik am Gleichheitsprinzip im 18. Jahrhundert übt, erklärt den Sachverhalt, daß sie sowohl von Repräsentanten des vordemokratischen Ancien Régime als auch von antiliberalen Kräften des Rechtsradikalismus der Weimarer Republik und des Nationalsozialismus in Anspruch genommen werden konnte. Auf diese Weise konstituierte die Verschwörungstheorie ein antimodernistisches Feindbild, das mithalf, in feindlicher Nähe zueinander stehende Konservative und Nationalsozialisten in gemeinsame Frontstellung gegen Liberalismus, Demokratismus und Sozialismus zu bringen.

In der nationalsozialistischen Propaganda gerieten verschiedenen Gruppierungen wie Juden, Jesuiten, Kommunisten, Sozialisten und Freimaurer in eine Schußlinie, weil sie weltweite Vernetzungen aufgebaut hatten und als überstaatliche Kräfte angesehen wurden. „Überstaatliche Mächte" wurden zur Zielscheibe des Nationalsozialismus, der jede Form von Internationalismus bekämpfte.

Die These von der freimaurerischen Weltverschwörung bildete zusammen mit der fixen Idee einer zentralen Logenleitung durch jüdische „Geheime Obere" die Basis der nationalsozialistischen antifreimaurerischen Propaganda. Alfred Rosenberg bekämpfte vor allem die Idee der Humanität, der Gleichheit aller Menschen und die Ideale der Französischen Revolution und der amerikanischen Unabhängigkeitserklärung, die sich nach seiner Überzeugung in der Freimaurerei manifestierten. Der Chefideologe der NSDAP verurteilte diese Ideen zugunsten eines Kultes neuheidnischen Barbarentums. Der mit dem Jahre 1930 einsetzende Aufstieg der Nationalsozialisten zur politischen Macht ließ für die Freimaurerei nichts Gutes erwarten. Aus diesem Grunde verließen Freimaurer auch ihre Logen, zumal es auf lokaler Ebene zu Ausschreitungen gekommen war und Freimaurer bedroht und geschäftlich boykottiert wurden. Im Januar 1934 unterzeichnete der preußische Ministerpräsident Göring eine Verordnung gegen die Freimaurerei. Zwar verzichtete er auf eine Stellungnahme zur Frage, ob die nationalen Logen als „staatsgefährdende Vereinigungen" betrachtet werden müssen, doch begründete er seinen Schritt mit der These, daß angesichts der geschaffenen Einheit des deutschen Volkes kein Bedürfnis mehr für die Erhaltung der Logen bestehe.

Bei den Brüdern der humanitären Logen war die grundsätzliche Ablehnung des Nationalsozialismus und seiner inhumanen Doktrin sehr stark entwickelt, aber manche hofften, die national-konservativen Kräfte könnten die Diktatur in Grenzen halten. Die stark nationalen Logen hingegen begrüßten die Machtübernahme Hitlers mit einem Gefühl banger Erwartung. Sie verbanden ihre Genugtuung über das Ende der Weimarer Republik mit der Hoffnung auf die Etablierung eines zwar autoritären, aber doch rechtsstaatlich gelenkten Regierungssystems mit der Sorge über das eigene Schicksal. Der erste Schritt zur Bekämpfung der Freimaurerei durch den Nationalsozialismus bestand darin, daß Freimaurer von der Mitgliedschaft der NSDAP ausgeschlossen wurden. Nach der Auflösung aller Freimaurerlogen und logenähnlichen Vereinigungen in den Jahren 1931–1935 wurden deren Akten beschlagnahmt und in die Zuständigkeit des Reichssicherheitshauptamtes transferiert. 1933–1935 vollzog sich sukzessive die Auflösung der deutschen Großlogen und Logen. Die Nationalsozialisten sorgten für eine förmliche Auflösung der Vereine, trotzdem kam es zu Plünderungen, Verhöhnungen, Deportationen, Folterungen und sogar zu Morden. Gleich nach dem Zweiten Weltkrieg formierte sich die Freimaurerei in den europäischen Staaten neu.

Lange nach dem Zweiten Weltkrieg, im Jahre 1958, schlossen sich die Freimaurer in Deutschland zu den „Vereinigten Großlogen von Deutschland" zusammen. In einer Zeit des Normenwandels und z.T. Werteverlusts, der gesellschaftlichen Destabilisierung, der nuklearen Bedrohung und der großen Umweltprobleme sieht sich die Freimaurerei erneut herausgefordert und mit den Strömungen der Zeit konfrontiert. Dazu gehört sicher auch die Frage des Verhältnisses von Kirche und Freimaurerei, das aber im Gesamtkontext der Problemlage nicht überschätzt werden darf. Entscheidend bleibt, daß die Freimaurerei den Wert des Menschen nicht nach seinem Bekenntnis zu einem Dogma beurteilt, sondern nach seiner Redlichkeit. Die letzte Instanz hat die Freimaurerei unter dem Symbol des „Großen Baumeisters aller Welten" verankert. Dies ist der Ausdruck freimaurerischen Bestrebens, auf eine Form hinzuwirken, in der es möglich ist, ohne dogmatische Festlegung und ohne Konflikte sich menschlich in Einigkeit zu begegnen.

Zweiter Teil: Ziele und Innenleben – Theorie und Praxis

1. Freimaurerische Symbolik und Ritualistik

In der Welt der Freimaurerei spielen Symbole eine entscheidende Rolle. Die Anzahl der Symbole im freimaurerischen Leben und Ritual ist beschränkt auf drei Zentralthemen: Wer bin ich? Der Einzelne in seiner Umwelt. Den eigenen Tod bestehen (Hiramslegende im dritten Grad). Dazu kommt noch die Einbindung der Freimaurerei in ein kosmogonisches Modell als symbolischer Ort und symbolische Zeit des rituellen Ablaufs. Die Darstellungsformen sind historisch tradiert, nicht erfunden und von besonderer Schlichtheit: Sonne, Mond, unbehauener und behauener Stein, eine helle und eine dunkle Säule, eine Kornähre, ein schachbrettförmiger Boden, das Pentragramm und das Hexagramm, eine die Vorstellung eines kosmischen Urozeans aufnehmende schwarz-weiße Zickzacklinie, der Zikkurat (eine Stufenpyramide als Weltberg), um nur die wichtigsten zu erwähnen. Dabei umfaßt die Loge den Raum vom Mittelpunkt der Erde bis zu den Sternen, von Osten nach Westen und von Süden nach Norden. Die symbolischen Arbeiten vollziehen sich von „Hoch-Mittag" bis „Hoch-Mitternacht".

Der Symbolbegriff ist in „Symbole im weiteren Sinn" und in „Symbole im engeren Sinn" zu differenzieren. Symbole im weiteren Sinn sind alle Ausdrucksformen, die überhaupt als „Symbol" bezeichnet werden können, bei jenen im engeren Sinn handelt es sich um meist einfache Zeichen, figürliche Darstellungen, Laute, Objekte oder typisierte Handlungen, wobei deren Inhalt nicht auf einem Konsens beruht, sondern auf einer der Psyche immanenten „arche-typischen" Entsprechung.

Für den geistigen Inhalt, aber auch als Anhaltspunkt für die historische Einordnung der Entwicklung freimaurerischer Rituale ist es wichtig, welche Symbole verwendet werden und welche nicht. Die Valenz der Symbole im engeren Sinne kann heute mit Methoden der Tiefenpsychologie nachgewiesen werden. Ohne diese innere Valenz wäre wahrscheinlich die Freimaurerei heute nicht mehr vorhanden. Auf der Grundlage des Symbolbegriffes im engeren Sinne ist verstehbar, warum Freimaurerei undogmatisch ist, denn das Symbolverständnis hängt hier nicht von einem Konsens oder von einer Instanz ab, die festlegen könnten, was durch die Symbolik vermittelt werden soll. Die Wirkung des Symbols beruht auf einer psychischen Gleichformung. Jeder Mensch unterscheidet sich vom anderen, weshalb die Auswirkung der Auseinandersetzung mit einem Symbol trotz des grundlegenden Gleichklangs bei allen Menschen verschieden ist. Das Symbol im engeren Sinne ist auch eines der Hauptelemente für die Zeitlosigkeit und Internationalität der Freimaurerei und ihrer Unabhängigkeit von religiösen Überzeugungen. Und schließlich ist sie der eigentliche Grund für das Wesen der Freimaurerei, die den Bruder nicht verbal, sondern in einer existenziellen Verinnerlichung an die Grundfragen unseres Seins heranführt.

Wie das ganze Werk der Freimaurerei unter dem Symbol des Bauens verstanden wird, so erfolgt ihre rituelle Arbeit in Bildern und bildlichen Handlungen. Die freimaurerische Symbolik besteht daher in Lehrzeichen und symbolischen Handlungen, die in sinnbildliche Bräuche und in Erkennungszeichen gegliedert werden. Zu den Lehrzeichen zählen die drei großen und kleinen Lichter und der Teppich (Tapis) mit seinen bildlichen Darstellungen. Die sinnbildlichen Bräuche werden bei der Aufnahme und bei den Beförderungen in höhere Grade angewendet, und die Erkennungszeichen sind Handbewegungen und Handgriffe. Die Freimaurerei besteht in einer fortlaufenden Kette von Symbolen. Die Logenarbeiten werden durchgeführt, um die sinnbildlichen Gebräuche auszuführen, den Sinn der Symbole in kurzen Worten anzugeben oder in Vorträgen zu erläutern, wobei sich der geistige Inhalt der Freimaurerei zunächst nicht durch Worte zeigt, sondern durch Gestalten und Handlungen. Die Gestaltung hat den Vorteil der lebendigen Anschaulichkeit, weshalb die Rede häufig bildlich dargestellt wird, um die Gedanken und Begriffe nicht nur zu hören, sondern auch anschaulich werden zu lassen. In den Logen fehlt bei den freimaurerischen Lehrzeichen und Gebräuchen zwar nie das deutende und erklärende Wort, aber die Sprache ist nur Begleiter und Diener der Gestalt und Handlung. Die Deutung der Symbole ist nicht unbedingt festgelegt, weshalb der Freimaurer die Freiheit der Betrachtung hat.

Das Ziel der Persönlichkeitsentwicklung versucht die Freimaurerei mit unterschiedlichen Mitteln zu erreichen. So bietet sie in Gestalt der Logen einen Frei- und Vertrauensraum für geistige Auseinandersetzung, für Aktivitäten der unterschiedlichsten Arten und für Kontemplation. Im Mittelpunkt der freimaurerischen Ritualistik steht die initiatorische Methode. „Initiation" bedeutet „Einweihung". Das Ritual bezeichnet jene Ordnung, in der eine sinnbildliche Handlung vor sich gehen soll. Das Ritual ist vielfach den alten Handwerksbräuchen der Steinmetzen nachgebildet und hat von dort seinen Ursprung. Fast jede freimaurerische Lehrart hat ihr besonderes Ritual, und selbst innerhalb ein und derselben Lehrart kann dieses verschieden sein. Das Ritual hat insgesamt in der Freimaurerei eine besondere Bedeutung, weil die freimaurerischen Lehren nicht durch Worte, sondern durch sinnbildliche Formen mitgeteilt werden. Im Ritual spiegelt sich die besondere Lehrart und teilt ihren eigenen Charakter mit, auch wenn in den Grundgedanken eine Einheitlichkeit vorhanden ist. Das Ritual ist von den einzelnen Großlogen den Tochterlogen vorgeschrieben, die wiederum einzelnen Bauhütten eine gewisse Ritualfreiheit zuerkennen.

Rituale sind im freimaurerischen Verständnis sinngerichtete und dementsprechend dramatisch gestaltete Abfolgen symbolischer und allegorischer Handlungen, Worte und Gesten unter Einbeziehung figürlicher Darstellungen und Objekte. Grundidee der initiatorischen Methode ist dabei, daß der am Ritual teilnehmende Bruder durch Versenkung in das rituelle Geschehen in eine intensive Wechselwirkung der Symbolik mit seinen Emotionen versetzt wird. Jedes freimaurerische Ritual hat einen klar gegliederten Aufbau: Einstimmung des

Teilnehmers, Installierung des symbolischen Raumes, in dem sich das Geschehen vollzieht, initiatorischer Zentralteil, Auflösung des symbolischen Raumes und Abschluß. Kernstück der Freimaurerei und zentraler Gegenstand des Rituals ist für den Freimaurer die persönliche Auseinandersetzung mit den drei existenziellen Themen: Wer bin ich? Der einzelne in seiner Umwelt und der eigene Tod. Die freimaurerischen Rituale verwenden keine Stimulanzien wie Weihrauch oder Trance. Die Stimmung ist die einer luziden Harmonie, die Ritualsprache einfach und geprägt von der Bauhüttentradition, die eine der Hauptquellen des Freimaurertums darstellt. Letztlich ist das freimaurerische Ritual ein System der Verinnerlichung, der inneren Erneuerung, der Gedankenklärung und der Bewußtseinserweiterung.

2. Der „Große Baumeister" aller Welten

Der „Große Baumeister" aller Welten bedeutet in der Freimaurerei eine Form der Bezeichnung des Schöpfers und Erhalters der Welt. James Anderson verwendet dafür den Ausdruck „great Architect of the Universe" gleich am Beginn seiner Geschichte der Maurerei (1723). Das Symbol des „Großen Baumeisters" aller Welten baut auf der Grundlage der ethischen Verantwortung des Freimaurers auf. Der Wert des Menschen wird in der Freimaurerei nicht nach seinem Bekenntnis zu einer Religionsgemeinschaft und zu einem Dogma beurteilt, sondern nach seiner intellektuellen Redlichkeit. Der „Große Baumeister" symbolisiert in seiner Wirksamkeit den ewigen Hintergrund und allumfassenden Rahmen, aus dem das Leben Sinn und menschliche Verantwortung erhält. Die Freimaurerei ist zwar keine Religion und will daher auch mit bestehenden Religionsgemeinschaften nicht konkurrieren, aber sie kommt ohne transzendenten Bezug nicht aus. Sie, die von ihren Mitgliedern ethisches Handeln fordert, ist eine Gemeinschaft, die die Anbindung an ein Ideal benötigt, das über den Menschen und seine Existenz hinausweist.

In der freimaurerischen Tradition nimmt der „Große Baumeister“ aller Welten eine Schlüsselstellung für diese Rückbindung an die Transzendenz ein. In der Verfassung der Großloge A.F.u.A.M. von Deutschland heißt es daher: „Sie (die Freimaurer) sehen im Weltenbau, in allem Lebendigen und im sittlichen Bewußtsein des Menschen ein göttliches Wirken voll Weisheit, Stärke und Schönheit. Dieses alles verehren sie unter dem Sinnbild des Großen Baumeisters aller Welten.“ Im freimaurerischen Denken lebt der Mensch im Zustand der Unvollkommenheit. Er glaubt nicht an das Erfordernis der Endgültigkeit des Handelns. Für den Freimaurer ist der Zustand der Unvollkommenheit sehr eng verbunden mit dem Transzendenten, das eine regulative Funktion hat. Für ihn bedeutet das Transzendente keine Ontologie, denn das Endziel bleibt letztlich unerreichbar, wenngleich er diesem schrittweise näher zu kommen versucht, indem er an seiner eigenen Vervollkommnung arbeitet. Für den Freimaurer ist die Wahrheit demnach ein gedanklicher Richtpunkt, an dem er sich bei seiner initiatischen Selbstveredelung orientiert. Wenn der Freimaurer für sich in Anspruch nehmen würde, im Besitz der Wahrheit zu sein, dann würde er diese zum Inhalt einer Offenbarung machen und damit der Freimaurerei die Bedeutung einer Religion geben. Die Interpretation des „Großen Baumeisters“ aller Welten als regulatives Prinzip ist daher von essenzieller Bedeutung für das freimaurerische Transzendenz-Verständnis.

Einerseits bedeutet das Symbol des „Großen Baumeisters“ aller Welten als regulatives Prinzip nicht a priori, daß es nicht mit der Gottesidee eines religiösen Bekenntnisses gleichgesetzt werden könnte. In diesem Fall wird dann der „Große Baumeister“ aller Welten zum Bildnis, das der Maurer sich vom Göttlichen macht und das in jeder Religion ein anderes Gesicht trägt. Den „Großen Baumeister“ aller Welten als regulatives Prinzip zu sehen, befriedigt andererseits das Verlangen nach dem Transzendenten und schützt vor der Gefahr, das „Höchste Wesen“ in Form des Naturalismus zu einem Teil der Immanenz, der Erfahrungswelt werden zu lassen. Die Transzendenz als regulatives Ideal und damit als Fiktion zu betrachten, heißt daher nicht, ihr eine reale Existenz zuzuerkennen, dennoch bedeutet dies, die Voraussetzung für ein ethisches Verhalten zu schaffen. Die dem Freimaurer vertrauten Begriffe wie das „göttliche Wirken im Weltenbau voll Weisheit, Schönheit und Stärke" gelten nicht als unbestreitbare Wahrheiten, sondern sind als reine Denkgebilde aufzufassen, die für das Handeln des Freimaurerbruders brauchbar und notwendig sind. Diese Denkgebilde haben ihren Zweck darin, eine systematische Einheit in der Welt herzustellen, indem alle erfahrbaren Wirklichkeiten in ihrer Anordnung so gesehen werden, als ob sie aus einem „Höchsten Wesen" als Ursache entsprungen wären. Nach Analogie der in der Welt der Erscheinungen gedachten Kausalität wird hier ein Wesen angenommen, das der Urgrund aller weltlichen Erscheinungsformen ist, die gleichsam Anordnungen eines vollkommenen Vernunftwesens bilden, das in weiser Absicht diese mit Kraft und in Schönheit hervorbringt. Dadurch schafft sich der Freimaurer eine gewisse Weltordnung, indem er die Mannigfaltigkeit der Vorgänge zu einem von Weisheit geleiteten System verbindet. Die Annahme eines göttlichen Wirkens bildet auch die Voraussetzung für ethisches Handeln, denn jede sittlich gute Tat ist erst dann möglich, wenn sie als solche auch gewertet werden kann. Dies bedeutet, daß der handelnde Mensch nur dann sittlich erscheint, wenn es für ihn ein vernünftiges Prinzip der Weltenordnung gibt.

3. Freimaurerische Anthropologie

Die Freimaurerei hat eine ganz bestimmte (spezifische) Anthropologie, die die Grundwerte definiert, die den Bruder bei seiner Arbeit am „rauhen Stein" bestimmen und leiten. Diese Anthropologie ist eine partielle, keine vollständige, umfassende, weil sie jene Bereiche in den Vordergrund stellt, die mit der ethischen Vervollkommnung zu tun haben. Zum masonischen Menschenverständnis gehören Freiheit, Toleranz (und darüber hinaus das Verstehen der Mitmenschen durch ihr Anderssein), Brüderlichkeit und auch Transzendenz (im Sinne des „Großen Baumeisters"). Die Transzendenz hat eine doppelte Funktion: sie rechtfertigt moralische Wertmaßstäbe und verleiht dem menschlichen Dasein einen Sinn, und sie stellt das höchste Ziel dar, dem der Mensch bei der Verwirklichung seiner Ideale entgegengeht. Zur freimaurerischen Anthropologie gehört aber auch das „initiatische Geheimnis" bzw. das fundamentale initiatische Konzept. Dieses zeigt auf, wie der vollständige Gehalt der maurerischen Anthropologie durch Initiationsriten erworben werden kann. Die Selbstverwirklichung eines Menschen als Freimaurer erfolgt in Form einer permanenten dialektischen Auseinandersetzung zwischen den Prinzipien und dem Individuellen, gesteuert vom freimaurerischen Menschenbild und von der Verhaltensnorm des „Großen Baumeisters" aller Welten. Die hier aufgezeigten Grundpfeiler der Freimaurerei sollen verdeutlichen, daß sie kein vollständiges philosophisches System darstellt, sondern eine genau umschriebene praktische Philosophie des Menschen umfaßt, Verhaltensmuster, die der Natur des Menschen entsprechen.

Der wesentliche Kern des freimaurerischen Denkens liegt in der masonischen Anthropologie. Innerhalb ihrer liegt auch der Schwerpunkt auf der Initiation, auf den Ritualen, die die Freimaurerei verwendet, um den Menschen auf den Weg zur Selbstvervollkommnung zu führen. Dies geschieht über ein ethisches Konzept, das man „Ästhetik der Existenz" oder auch als „Einübungsethik" bezeichnen könnte. Hier ist die Freimaurerei als Lebenskunst angesprochen. In der Freimaurerei als Lebensform (Lebenskunst) geht es um Dasein, um das Erreichen des Lebens in seiner Präsenz. Das Wesen der Freimaurerei ist nicht durch eine wissenschaftliche Methode erfaßbar, sondern nur durch die Ästhetik der Existenz.

Ästhetische Werte sind Formung, Gestaltung und Transformation. Ästhetik der Existenz ist ein Wille zur Form, um aus sich selbst und seinem Leben ein Kunstwerk zu machen, um die Wendung vom esoterischen Subjekt zum exoterischen Selbst zu vollziehen. Ästhetik der Existenz bedeutet sich selbst erfinden und erarbeiten, wobei sich Lebenskunst nicht über die Befolgung von Normen, sondern über die Haltung des Individuums konstituiert. Lebenskunst heißt Ausarbeitung des eigenen Lebens in Form eines persönlichen Kunstwerks. Lebenskunst ist kein Selbstkult, keine Selbstversessenheit, sondern Selbstkultur, Erziehung seiner selbst, Selbstpraktik. Das eigene Leben zu formen und zu führen bedeutet Aneignung von Techniken: Einübung, Ausübung (Stil), Selbstformung, Kunstfertigkeit und Geschicklichkeit. Bei der Lebenskunst geht es um die Erarbeitung eines individuellen Entwurfs, der den Menschen zur Führung seiner selbst und zur Gestaltung des eigenen Lebens befähigt. Insofern ist die Freimaurerei als Lebenskunst ein Formungsversuch, ein Selbstgestaltungsversuch und keine wissenschaftliche Methode.

Die Freimaurerei versteht sich als ethische Gemeinschaft. Der ethische Grundkonsens besteht in der Entwicklung einer ethischen Lebenshaltung, in der Herausbildung einer „Ästhetik der Existenz". Sie ist eine „Einübungsethik", die ohne Vorschriften und Gebote auskommt und bestimmte Vorstellungen von vorbildlichen und bewährten Verhaltensweisen durch Einübung vermittelt. Dieser Aspekt kommt besonders in den freimaurerischen Ritualen stark zum Ausdruck.

Das masonische Denken weist neben dem Rituellen auch eine besonders stark ausgeprägte rationale Systematik auf. Den Sinn der Freimaurerei kann man aber nicht allein mit zweckrationalen Mitteln (Erklärungen) erfassen. Die Freimaurerei ist kein philosophisches System, sondern ein humanes Verhaltensmuster für eine menschliche Gesellschaft. Das masonische Menschenbild nimmt im europäischen Denken eine Sonderstellung ein, weil es verbindend, integrierend und ausgleichend angelegt ist und nicht ausgrenzt. Die Freimaurerei besitzt eine philosophische Anthropologie, die die Verfolgung einer ethischen Zielsetzung verlangt, die sich in initiatischer Weise am „Großen Baumeister" orientiert.

4. Freimaurerische Humanität

Mit dem freimaurerischen Menschenbild hängt auch sehr eng die Idee der Humanität zusammen. Die Freimaurer bauen, wie aus ihrer Ritualistik hervorgeht, am Bau des Tempels der allgemeinen Menschenliebe. Diese ist kein theoretisches Lehrgebäude und keine festgelegte Morallehre, der sich der Freimaurer anpassen sollte. Humanität erlebt der Freimaurer in der Loge und im profanen Leben, in dem er sich als Mensch unter Menschen zu begreifen versteht und von dem an sich selbst gewonnenen Menschen auf die gesamte Menschheit schließt. Humanität, Menschlichkeit, Mitgefühl und Mitleid sind daher für den Freimaurer nicht bloße Werte oder gar leere Worte, die während der rituellen Arbeit formelhaft nachgesprochen werden, sondern vor allem konkrete Praxis. Humanität ist demnach eine veredelnde menschliche Praxis. Die menschlichen Qualitäten erfährt und erlebt er dadurch, daß er sich in symbolisch-rituellen Handlungen die erwähnten Qualitäten versinnbildlicht.

Der Mensch als leidendes, liebendes und endliches Wesen ist auch vernunftbegabt – eine wichtige Erkenntnis für die freimaurerische Humanität. Der Freimaurer erfährt in szenischen Darstellungen, was es bedeutet, ein Individuum zu sein, andere Menschen um sich zu erleben und ihnen ebenbürtig zu begegnen. Er erfährt schließlich auch, was es bedeutet, daß er sterblich ist. Die Humanität beginnt beim Freimaurer mit der Erkenntnis seiner eigenen Leidenschaften, Wünsche und Sinnfragen. In seinen rituellen Arbeiten manifestieren sich diese Qualitäten des Menschseins, die er als handelnder Bruder erlebt. Weil die Freimaurerei vor allem Praxis ist, kann von ihr nicht verlangt werden, daß sie auch einem Nicht-Eingeweihten vollständig mitteilbar wäre, weil dieser mit ihren rituellen Praktiken nicht vertraut ist. In den szenischen Handlungen des Rituals wird dem Freimaurer die Antwort auf die Frage „Was ist der Mensch?" in der Form mitgeteilt, daß ihm nicht ein theoretisches Wissen vermittelt wird, sondern daß er die Antwort durch gelebte Praxis erfährt. Die Humanität gründet keineswegs im Wissen und in der vermeintlichen Kenntnis von einer besseren Welt, sondern sie resultiert aus dem ungeschönten Blick auf die unverdeckten Tatsachen des Daseins der Menschen. Die inhumanen Daseinsbedingungen der Menschen bilden daher keine unabänderliche Konstante, sondern können verbessert werden. Die freimaurerische Humanität ist stärker bestimmt von der Vorstellung der Perfektibilität des Menschen als von einer genauen Kenntnis des „Guten“. Im Symbol der freimaurerischen Weltbruderkette steht die Menschheit als Ganze im Mittelpunkt, ohne einer bestimmten Eigenschaft des Menschen den Vorzug zu geben.

Auf die Frage nach dem Wesen des Menschen und der Menschlichkeit reagiert die Freimaurerei weder durch eine neue Theorie noch dadurch, daß sie einer besonderen Humanitätslehre verpflichtet wäre. Die Erziehung zum Menschen und zur Humanität geschieht im freimaurerischen Selbstverständnis nicht durch das Bekenntnis zur einer bestimmten Morallehre, sondern durch die persönliche Erfahrung mit Menschlichem. Auf diese Weise soll Humanität nicht eine bloße Idee bleiben, sondern von der Praxis geprägt sein. Durch die Erfahrung selbst soll gelehrt werden, wie der wirkliche Mensch ist und wie er sich vervollkommnen kann. Der Weg zur Humanität ist ein vielgestaltiger Wandlungsprozeß, der dem Freimaurer bei seiner rituellen Arbeit in Symbolen vor Augen geführt wird. Dabei kann sich die Freimaurerei auf wichtige ideengeschichtliche Traditionen berufen. Humanität als veredelnde menschliche Praxis stellt den Freimaurer in eine unmittelbare Beziehung zu seiner Arbeit. Die Freimaurerei entwickelt den Begriff der Humanität von einer abstrakten Forderung weiter zu einem konkreten Programm, das sich als Resultat der Arbeit von Menschen an Menschen und vom Menschen an der Natur herausgebildet hat. Die Erfüllung dieser Forderung ist im freimaurerischen Sinne eine unabschließbare Aufgabe. Der Tempel der Humanität erscheint gleichsam als Laboratorium, indem der Mensch durch Arbeit die Kräfte der Natur im Humanen zur Wirkung bringen möchte.

5. Freimaurerische Ethik

Die alten Weltreligionen und Glaubensbekenntnisse sind stark dogmatisch und erscheinen zum Teil unversöhnlich, obwohl sie ähnliche ethische Wertvorstellungen haben. Die Freimaurerei vertritt die Ansicht, daß es keine Ethik getrennt von religiösen Vorstellungen geben kann. Eine solche allgemeingültige Bindung, symbolisch verkörpert im „Großen Baumeister" aller Welten, bildet die Basis der mitmenschlichen Ethik. Diese ist gleichsam eine undogmatische, intuitive und individuelle Ahnung eines Transzendenten, die nur in Symbolen ausdrückbar ist. Diese Einstellung, unabhängig von jedem individuellen Glaubensbekenntnis, sichert der Freimaurerei ein Zusammenleben ohne Störung durch trennende weltanschauliche und religiöse Diskussionen. Kabbalistische Religiosität ist schon sehr früh von der Freimaurerei aufgenommen worden und hat dort eine lange Tradition. Sie bildete nicht nur das Vorbild für die Deutung freimaurerischer Symbole, sondern war und ist auch Ausgleich und Ergänzung zum aufklärerischen Vernunftglauben.

Die universelle Ethik der Freimaurerei baut auf Werten auf, die nicht von religiösen Vorstellungen losgelöst sind. Die Freimaurerei besitzt ein Menschenbild, das die Verfolgung einer ethischen Zielsetzung verlangt, die sich letztlich in initiatischer Weise am Transzendenten orientiert. Die Freimaurerei bietet eine ganz bestimmte praktische Philosophie bezüglich des Menschen, seiner Natur und Bestimmung. Bei der Darlegung ihres Menschenbildes beschränkt sie sich vor allem auf jene Aspekte, die in Beziehung zur ethischen Vervollkommnung des Menschen stehen. Die freimaurerische Antropologie beschränkt sich daher auf die ethische Perfektionierung des Menschen. Sie wird ergänzt durch die Idee des Transzendenten, des „Großen Baumeisters" aller Welten, um die gemeinsamen Wertvorstellungen zu garantieren, die der ethischen Vervollkommnung des Freimaurers zu Grunde liegen. Die freimaurerische Ethik, die sich im Ritual besonders als „Einübungsethik" manifestiert, ist keine Erfolgs- oder Gesinnungsethik, sondern eine Verantwortungsethik auch im Hinblick auf die Verwirklichung freimaurerischer Werte in der Gesellschaft. Dies bedeutet konkret Verantwortung für die Mitwelt, für die Umwelt und die Nachwelt sowie die Aufforderung, in globalen Zusammenhängen zu denken und sozial-humanitär zu handeln. Dabei ist zu bedenken, daß der Freimaurer, wenn er ethisch handelt, nicht unökonomisch denkt. Seine Verantwortungsethik ist eine krisenprophylaktische.

Zur freimaurerischen Ethik gehört aber auch das Prostulat der gegenseitigen Hilfeverpflichtung unter Brüdern. Die Idealnorm fordert uneigennützige Hilfeleistung an Brüder, die in Not geraten sind. Abgelehnt wird die „Geschäftsmaurerei", das heißt die Nutzung des Freimaurerbundes für wirtschaftliche, gesellschaftliche oder gar politische Transaktionen. Die Normen gegen die „Geschäftsmaurerei" und das Selbstverständnis der Freimaurer als „Männer von gutem Ruf" hält viele Freimaurer davon ab, bei gegenseitiger Hilfe normative Grenzen zu überschreiten. Dazu kommt noch, daß die Freimaurerei selbst organisatorische Mechanismen besitzt, Normenbrecher aus ihren Reihen auszuscheiden. Auch das Aufnahmeverfahren sorgt für eine Selektion, die Vorteilssuchern mit zweifelhafter persönlicher Ethik wenig Chancen einräumt. Wo die Ethik der Freimaurerei mit den legistischen Normen einer modernen demokratischen Gesellschaft stark in Berührung kommt, weist sie sehr enge Nähe zu den Normen dieser Gesellschaft auf, insbesondere zu den Normen der Bildungsschichten und der Funktions-Eliten. Die Freimaurerei hat dabei zweifelsohne eine Vorreiter-Rolle, weil sie in ihrem zentralen ethischen Postulat, der Toleranz, von Anfang an Werte einer offenen pluraristisch-demokratischen Gesellschaft und des humanitären Individualismus vertritt. Damit begibt sich die Freimaurerei in eine Konfliktstellung zu den Vertretern einer „geschlossenen Gesellschaft" mit absolutem Wahrheitsanspruch. Ein starkes Hindernis für eine eigene Ideologisierung der Freimaurerei in einer offenen Gesellschaft liegt vor allem im traditionellen Ritual. Seine liturgisch-symbolischen

Elemente sind geprägt von Esoterik und Aufklärung, und die Gruppen-Ethik der Freimaurerei verteidigt diese Liturgie gegen alle Neuerungsversuche. Ohne diese Spielregeln einer unzeitgemäßen „Geschlossenheit“ und „Absonderung“ von der sozialen Realität wäre die Freimaurerei heute nur eine Organisation unter anderen und zwischen den Parteiungen zersplittert. Die Ethik der Freimaurerei nähert sich in ihren Ideal-Normen sehr stark den großen Tendenzen der westlichen Demokratien. Die Freimaurer sehen sich im Ritual als einzelne Glieder einer „Weltenkette“ und wenden allen Menschen, auch den sozial Schwachen, ihre „allgemeine Menschenliebe“ zu.

6. Der Toleranzgedanke

Die Freimaurerei war entscheidend an der Verbreitung des Toleranzbegriffes beteiligt. Schon in ihren „Alten Pflichten“ 1723 heißt es: „Während die Maurer früher in jedem Land verpflichtet waren, sich zu der Religion zu bekennen, die in diesem Land oder dieser Nation verbindlich war, gleich was es war, wird es heute für angemessener gehalten, sie nur zu der Religion zu verpflichten, in der alle Menschen übereinstimmen und ihre besonderen Meinungen ihnen selbst zu überlassen; das heißt, sie sollen gute und wahre Menschen sein, Menschen von Ehre und Aufrichtigkeit, durch welche Konfessionen oder Überzeugungen sie sich auch unterscheiden mögen; wodurch Maurerei das Zentrum von Einigkeit wird und das Mittel, wahre Freundschaft zwischen Menschen zu schaffen, die sonst in dauernder Trennung hätten bleiben müssen“ (Konstitutionen, 1723, Erste Pflicht).

Schon in der Aufstiegsphase der Maurerei und in ihrer historischen Ausbreitung war der Toleranzgedanke zum politischen Leitbild geworden. Kulminationspunkte waren die amerikanische und französische Erklärung der Menschenrechte, an denen Freimaurer beteiligt waren. Hier taten sich besonders die Brüder der Loge von Aix hervor. In zahlreichen Logenarbeiten des 18. Jahrhunderts wurde in Baustücken die

Gleichberechtigung aller Menschen, die brüderlich verbunden sind, gefordert. Es ist daher nicht verwunderlich, daß heute das Toleranzprinzip, das im freimaurerischen Sinne bedeutend mehr umfaßt als nur das lateinische Verbum „tolerare“ (dulden, ertragen), nämlich die Respektierung des Andersdenkenden durch besseres Verstehen, in vielen freimaurerischen Ritualen angesprochen wird, am deutlichsten im Grand Orient de France. Danach ist das Ziel der Freimaurerei die absolute Gewissensfreiheit. Zu ihren wesentlichsten Aufgaben zählt, in ihren Mitgliedern den Respekt vor den Überzeugungen des Anderen zu wecken. Diese Toleranz der Respektierung der Weltanschauung und Religion des Anderen ist auch heute noch Grundlage der Freimaurerei, die allerdings im Verlaufe des 19. und 20. Jahrhunderts sich manchmal von der Idealvorstellung entfernt hat. Hier sei z.B. an den Streit um die Zulassung von Juden bis hin zur Anbiederung einiger Deutscher Großlogen an den Nationalsozialismus erinnert. Sicher war es auch Ausdruck der Toleranzidee, daß es nach dem Zweiten Weltkrieg gelungen ist, diese problematischen Entwicklungen der Vergangenheit kritisch aufzuarbeiten. Wenn es heute immer noch Unstimmigkeiten in Fragen der Regularität und Irregularität in der Freimaurerei und zwischen unterschiedlichen Systemen gibt, so sind diese vor allem organisatorischer Natur und ein Toleranzstreit, der die Basis kaum berührt.

Das Toleranzprinzip ist im freimaurerischen Ritual eine entscheidende Grundlage: die Rituale des ersten und zweiten Grades in der Johannisfreimaurerei verdeutlichen das Polaritätsprinzip, das sich in verschiedenen Gegensatzpaaren in der Symbolik manifestiert. Dies bedeutet für den einzelnen Freimaurer, daß er sich durch die Wirkungen des Rituals zu einem Menschen entwickeln soll, der im Anderssein des Anderen nicht etwas gegen ihn Gerichtetes sieht, sondern versteht, daß in der Vielfalt der Erscheinungen und Ideen der Reichtum des Lebens begründet ist. Toleranz bildet demnach auch die Grundlage für Freiheit und Gleichheit.

7. Freimaurerei, Hermetik und Esoterik

In der Freimaurerei gibt es traditioneller Weise auch ein hermetisches System (Rite hermétique), das sich nicht nur in Frankreich im 18. Jahrhundert zur Alchemie bekannte. Der Rite hermétique, benannt nach Hermes Trismegistos, wurde von Pernety in Avignon 1770 errichtet. Später wird der Arzt Boileau als Großmeister dieses Ritus genannt. Seine oberste Behörde nahm den Namen „Grande Loge Écossaise du comtat Venaissin" an. Später hat sich dieses System zum „rite écossais philosophique" umgebildet. Auch in den neueren Systemen Misraim und Memphis spielt die Hermetik eine bedeutende Rolle.

Die Wiedergeburt der Hermetik vollzog sich zur Zeit der Renaissance in Europa. Es sind vor allem kleine Kreise und herausragende Persönlichkeiten, die ein geheimes Wissen hegten und an Berufene weitergaben. So bildeten sich in der frühen Neuzeit verschiedene Sodalitäten, Konventikel und Gesellschaften von Gelehrten heraus, die diesem Wissen nachgingen. Abseits der Universitäten entstanden auch Akademien, wie z.B. die neuplatonische in Florenz.

Nach dem Fall Konstantinopels verstärkte sich diese Bewegung, weil nun griechischsprechende Gelehrte in den Westen kamen und ihre Bücherschätze mitbrachten. Es war das Ziel dieser Sozietäten, zu einer umfassenderen und vertieften Erkenntnis zu gelangen. Um 1460 kam man durch einen ostkirchlichen Mönch in den Besitz eines Manuskripts mit Schriften aus dem antiken „Corpus Hermeticum". Diese Aufzeichnung genoß große Wertschätzung, so daß Ficino seine Platon-Übertragungen unterbrach, um die Schriften des Hermes Trismegistos genauer zu studieren. Dieses Interesse wurde durch die Vertiefung in die kabbalistische Mystik noch verstärkt. Durch weitere Übersetzungen und Drucke fand das „Corpus Hermeticum" in ganz Europa Verbreitung. So kam es frühzeitig zu einer Vernetzung der hermetisch-neuplatonischen Ideen mit alchemistischen sowie mit allgemeinen philosophischen und theologischen Ideen. Es ist schließlich kein Zufall, daß später diese Gedanken auch Eingang in die Rosenkreuzer-Bewegung und in die Freimaurerei fanden. Für England ist hier stellvertretend für andere vor allem der hermetische Denker Robert Fludd zu nennen, der der rosenkreuzerischen „Fama“ in seinem Umkreis vorgearbeitet hat. Auch Kaiser Rudolph II., der in Prag residierte, versammelte Gelehrte, darunter auch Hermetiker, um sich und machte die Königsstadt zu einem Zentrum der Esoterik. Besonders stark bildete sich die Hermetik bei den Rosenkreuzern aus, die die Alchemie dann in die Freimaurerei brachten, wo sie auch noch im 18. Jahrhundert zur Zeit der Aufklärung einen bedeutsamen masonischen Entwicklungsstrang darstellte.

Der Begriff Hermetik wird häufig synonym für Alchemie verwendet und bezeichnet im weiteren Sinne die Geheimgesellschaften. Die wichtigsten Texte des hermetischen Schriftencorpus setzten sich aus Gedanken der griechischen Philosophie, insbesondere des Platonismus, Neuplatonismus und Stoizismus, zusammen, wobei auch Elemente der persisch-babylonischen Religion und des Judentums hinzukamen und damit ein typisches Produkt der Gnosis darstellten. Da sich die Texte mit der Beziehung des Menschen zur Natur bzw. Schöpfung und deren Wandlungen beschäftigten, wurden sie zu einer wichtigen Grundlage für das Nachdenken über die Natur schon während des Mittelalters und dann insbesondere in der Renaissance. Im Zentrum der Theorien über Alchemie stehen die sieben hermetischen Prinzipien, die als Grundlage der hermetischen Philosophie angesehen werden. Sie spielten und spielen auch heute noch eine bedeutende Rolle in der abendländisch orientierten Esoterik. Hinter diesen hermetischen Prinzipien stand eine Kosmologie, die einen großen Einfluß auf Kunst und Wissenschaft in Europa ausübte. Die sieben Prinzipien umfassen:

1. Die Geistigkeit („Das All ist Geist, das Universum ist geistig“).
2. Die Entsprechung („Wie oben, so unten; wie unten, so oben“).

3. Die Schwingung („Nichts ist in Ruhe, alles bewegt sich, alles ist in Schwingung“).
4. Die Polarität („Alles ist zwiefach, alles hat zwei Pole, alles hat sein Paar von Gegensetzlichkeiten; gleich und ungleich ist dasselbe“).
5. Der Rhythmus („Alles fließt aus und ein, alles hat seine Gezeiten. Alle Dinge steigen und fallen, das Schwingen des Pendels zeigt sich in allem“).
6. Ursache und Wirkung („Jede Ursache hat ihre Wirkung; jede Wirkung ihre Ursache; alles geschieht gesetzmäßig“).
7. Das Geschlecht („Geschlecht ist in allem, alles hat männliche und weibliche Prinzipien, Geschlecht offenbart sich auf allen Ebenen“) (zit. nach Helmut Gebelein, Alchemie, S. 41 ff.).

Das Ziel der alchemistischen Arbeit, die auch in der hermetischen Tradition der Freimaurerei starke Anwendung fand, war die Herstellung des Steins der Weisen oder des Steins der Philosophen, der die Eigenschaft besitzen sollte, unedle Metalle in das perfekte Metall des Goldes verwandeln zu können. Dieser Vorgang wurde symbolisch in der Freimaurerei auch auf den zentralen Grundgedanken der Vervollkommnung des Bruders, der Arbeit am „rauhen Stein“ übertragen.

In der Freimaurerei spielte neben der Aufklärung, die einen stärker rationalistischen und exoterischen Entwicklungsstrang mitgeprägt hat, auch die Esoterik bis heute eine wichtige Rolle. Das Wort kommt aus dem Griechischen und bedeutet sinngemäß „nach innen gerichtet“, während der Begriff exoterisch „nach außen gerichtet“ meint. Mit Esoterik faßt man Riten und Gebräuche von „Insidern“ oder „Eingeweihten“ zusammen, die Außenstehenden unbekannt sind. In der Freimaurerei versteht man unter Esoterik vor allem die Suche nach verborgener Erkenntnis. Wie bereits erwähnt, gewinnt die esoterische Tradition der Renaissance als Hermetismus eine besondere Bedeutung. Die esoterischen Gruppen sind zwar heute stark zersplittert, trotzdem ist ihnen die Bemühung gemeinsam, dem Materiebegriff der Aufklärung durch die exakten Naturwissenschaften Begriff und Wirklichkeit von Geist entgegenzusetzen. An die Stelle von mechanischem und dialektischem Materialismus soll der magische oder objektive Idealismus der Initiierten treten. Die Esoterik im freimaurerischen Sinne ist keine Philosophie, sondern stärker als Praxis zu verstehen, die aber philosophische Thesen, wie sie hier kurz erwähnt wurden, voraussetzt. Sie versteht sich seit Jahrhunderten als praktisches Geheimwissen.

8. Freimaurerei und Aufklärung

Aufklärung im freimaurerischen Sinne versteht sich als nie abschließbare Aufgabe und als Denkprinzip. Diese „reflexive" Aufklärung ist Selbstwerden durch freies Denken, aber auch Sachaufklärung im Sinne von Wegräumen geistiger und realer Hindernisse der Selbstaufklärung. Aufklärung richtet sich als Selbstdenken gegen angemaßte Autorität und Vorurteile, als Richtdenken gegen Irrtümer, Irrationalismus und Aberglauben, gegen Verabsolutierungen und Ideologien, gegen Dogmen und absolute Wahrheiten. In den freimaurerischen Bemühungen, ausgehend von der historischen Aufklärung des 18. Jahrhunderts spätere Aufklärungsprozesse zu reflektieren und zu einem differenzierten Verständnis von neuer Aufklärung im Diskurs mit der postmodernen Kritik am neuzeitlichen Rationalismus zu gelangen, ist aus masonischer Perspektive der neuzeitlichen Erkenntnistheorie ein Denkansatz entgegenzustellen, der neben der Aufklärung und Rationalität auch die Urteilskraft der Gefühle entsprechend berücksichtigt.

Die bleibende Aktualität der Aufklärung resultiert aus dem permanenten Aufklärungsbedarf und Aufklärungsbedürfnis. Sie ist der Versuch, die immer neu wuchernde Pseudowahrheit zu überwinden und ideologiekritisch zu arbeiten. Aufklärung als ein Denkmodell der Freimaurerei darf allerdings Aufklärung über sich selbst nicht vernachlässigen, weil sie sonst zur Pseudoaufklärung oder Ideologie degeneriert und sich damit selbst zerstört. Dieser starke Flügel der Freimaurerei, der manchmal durch Mißverständnisse und ein zu undifferenziertes Bild der Aufklärung gegen die esoterische und hermetische

Tradition opponiert, bemüht sich, die Aufklärung als freimaurerisches Denkmodell weiterzuentwickeln – im Sinne einer kritischen reflexiven Aufklärung oder Aufklärung über Aufklärung.

Immer mehr Menschen unserer Zeit stellen heute die Lebensformen der modernen Kultur, den Staat, die Wirtschaft und die Wissenschaft, wie sie sich in Europa seit der Aufklärung herausgebildet haben, radikal in Frage. So werden gerade in den Kernländern der europäischen Kultur geistige Strömungen stärker, die den Rechts- und Verfassungsstaat der Neuzeit, die auf Privateigentum gegründete Marktwirtschaft und die moderne Wissenschaft mit ihren rationalen Problemlösungen überwinden wollen. Ein postmodernes Zeitalter soll dem menschlichen Glücksverlangen besser entsprechen als die europäische Moderne mit ihrem Hang zur Rationalität. Für nicht wenige kritische Menschen unserer Zeit ist das Produkt aus neuzeitlichem Aufklärungsoptimismus, wissenschaftlich-technischem Fortschritt und Machbarkeitsüberzeugung in eine Art „Endzeit" geraten. Unter dem Begriff „Postmoderne" gruppiert sich eine kulturelle Avantgarde, bei der für den Ausgang des 20. Jahrhunderts das „Bewußtsein der Nachträglichkeit" gegenüber den Grundproblemen der späten Neuzeit hervorgehoben wird. Die Vertreter der Postmoderne konzentrieren ihre Kritik besonders auf das Erbe der Moderne, wozu sie nahezu alle Errungenschaften der Neuzeit und des neuzeitlichen Rationalismus von der Aufklärung bis zur modernen Industriegesellschaft verstehen.

Trotz dieser z.T. berechtigten Angriffe gegen den neuzeitlichen Rationalismus und die Aufklärung kann jedoch das unvollendete Projekt der Moderne (Jürgen Habermas) sinnvoll weitergeführt werden. Dazu ist es notwendig, sich der fundamentalen Bedeutung der historischen Aufklärung zuzuwenden und ihre Grundlagen zu betonen.

Das 18. Jahrhundert wird heute als das „Zeitalter der Aufklärung" bezeichnet. Diese Kennzeichnung geht auf das Selbstverständnis einer geistigen und gesellschaftlichen Reformbewegung zurück, die sich selber als Aufklärung beschrieben hat. Etwa seit der Mitte des 18. Jahrhunderts spricht man aufgrund des Erfolgs der Aufklärung von „aufgeklärten Zeiten" . Kant hat dann deutlicher zwischen einem „aufgeklärten Zeitalter" und einem „Zeitalter der Aufklärung" differenziert.

Im 18. Jahrhundert gab es eine Reihe signifikanter Reformbestrebungen, genauer gesagt, zahlreiche Menschen, die sich selbst als Reformer verstanden, weil sie Neuerungen und Veränderungen anstrebten und sich zugleich als Aufklärer begriffen, weil sie praktische Veränderungen durch geistigen Wandel erreichen wollten. Vor allem verstand sich Aufklärung zunächst als eine bewußte, reflektierte, ja sogar programmatische Aktion zur „Verbesserung des Verstandes" oder zur Beförderung der Vernunft auf allen Gebieten. Zu diesem Zwekke sollten Vorurteile und Aberglauben, Schwärmerei und Fanatismus bekämpft, also die herrschende Unvernunft nach Möglichkeit ausgerottet werden. Die Aufklärung lebte von der „Hoffnung auf Vernunft", ja sie war Wille zur Vernunft. Die Wirklichkeit ist nach ihrer Ansicht unvernünftig, und sie kann und soll vernünftig werden. Von einer Herrschaft der Vernunft erwartete man sich auch eine bessere Moral sowie Glück und Freiheit. Verstand und Tugend sollten die Welt regieren, damit glückliche und freie Menschen in ihr leben können. Dieser Wunsch war zwar nicht neu, aber die Form, in der er sich darstellte, und das Engagement, mit dem er auftrat, heben das Zeitalter der Aufklärung unverkennbar von anderen Epochen ab. Was allerdings aus masonischer Sicht heute dringend erforderlich erscheint, ist die Konzipierung einer „neuen", „reflexiven" Aufklärung, die die unverzichtbaren Grundlagen der historischen Aufklärung kritisch weiterentwickelt.

Angesichts globaler Bedrohungen und der Krise der modernen Industriegesellschaften scheint es notwendiger denn je, die Bemühungen im Sinne einer kritischen Aufklärung fortzusetzen und aus der Einsicht der unauflöslichen Verschränkung von Vernunft und Herrschaft, Macht und Subjektivität an der Realisierung einer vernünftigen Emanzipation weiterzuarbeiten, zumal es heute um die Sicherung dessen geht, was man mit dem „vernünftigen Gehalt der gesellschaftlichen kulturellen Moderne" bezeichnen könnte. Die Aufklärung hat aufgrund einseitiger Auslegungen, eines extrem egozentrischen Individualismus und durch die politischen Ideologien des 19. und beginnenden 20. Jahrhunderts das großartige Emanzipationsprojekt gehemmt und z.T. sogar pervertiert. Gewiß hat sie aber auch einen gewaltigen Erfolg erzielt, obwohl heute das „Humane" und der technische Fortschritt immer weiter auseinanderzulaufen scheinen. Damals wie heute geht es der Aufklärung darum, die Hemmnisse aus dem Weg zu räumen, die die Ausbreitung der kritischen Erkenntnis und Vernunft stören. Eine „neue", „reflexive" Aufklärung erkennt die Fehlentwicklungen und Grenzen dieses Projekts und kann daher korrigierend und weiterführend eingreifen.

Dritter Teil: Konstitutionen, Organisationsstruktur und Richtungen

1. Die Alten Pflichten

Die Pflichten und Gesetze der alten Freimaurerbruderschaft in England waren ursprünglich so gut verwahrt, daß sie kaum bekannt geworden sind. Erst James Anderson hat in seinem Konstitutionenbuch 1723 das publiziert, was in den schriftlichen und mündlichen Überlieferungen der alten Freimaurer enthalten war. Seither ist ein großer Teil der Urkunden aufgefunden worden, die Anderson benutzt hat. Das Konstitutionenbuch von 1723, die „Alten Pflichten", lag und liegt auch heute der Freimaurerei zu Grunde. Das Konstitutionenbuch enthält die Pflichten eines Freimaurers, „ausgezogen aus den alten Archiven von Logen über dem Meer und denen in England, Schottland und Irland, zum Gebrauch der Logen in London, um gelesen zu werden bei der Aufnahme neuer Brüder oder wenn der Meister es befehlen wird."

Ihre Hauptpunkte umfassen:

1. Von Gott und der Religion.
2. Von der bürgerlichen Obrigkeit, der höchsten und der untergeordneten.
3. Von den Logen.
4. Von den Meistern, Aufsehern, Gesellen und Lehrlingen.
5. Von der Regierung der Zunft bei der Arbeit und
6. Von dem Betragen.

Zu diesen einzelnen Punkten werden genauere Bestimmungen und Erläuterungen gegeben, die für den einzelnen Freimaurer verpflichtend sind. Trotz ihrer historischen Bedingtheit bilden sie die Grundlage für den einzelnen Freimaurer und für die Freimaurerei im allgemeinen. Eine zweite Fassung der Alten Pflichten erschien 1738, die bereits deutlich eine Entwicklung erkennen läßt, die die ursprüngliche Gleichheit aller Brüder zurückdrängte. Dieser Pflichten- und Tugendkatalog versucht, ältere Traditionen mit Neuem zu verbinden. Schon bevor sich die erste Großloge 1717 bildete, gab es in England spekulative Freimaurerlogen, die sich im 17. Jahrhundert aus operativen Bauhütten gebildet hatten. Sie behielten zunächst noch ältere Handwerksordnungen bei. Die neue Großloge gab sich zunächst keine eigene Verfassung, da aber 1721 der damalige Großmeister, der Herzog von Montagu, und die Loge an den Kopien der alten gotischen Konstitutionen Kritik übten, wurde James Anderson beauftragt, sie neu und besser zu bearbeiten. Die Kapiteleinteilung der Alten Pflichten ist traditionell erfolgt und wies eine typische Dreiteilung auf: religiöse, allgemeine und handwerkliche Vorschriften.

Die Formulierung der ersten Pflicht ist aufklärerisch orientiert, weil sie Religion in einen innerweltlichen Tugendkatalog umdeutet, der seine Begründung nicht mehr in von Gott gesetzten Normen hat. Die wesentlichsten Bestandteile dieses Tugendkataloges stellen Güte, Redlichkeit, Ehre, Anstand und Freundschaft dar. In der zweiten Pflicht stehen als Tugenden Friedensliebe, Treue gegenüber dem Staat und die Freundschaft der Brüder untereinander im Mittelpunkt. Alle weiteren Pflichten bauen auf diesen Tugenden auf und erläutern sie unter den besonderen Perspektiven der inneren Logenorganisation und der handwerklichen Verpflichtungen. Diese Teile entsprechen den älteren operativen Handwerksordnungen.

Wie bereits kurz angedeutet, wurden in der zweiten Ausgabe von 1738, die gleichfalls von Anderson stammt, mehrere redaktionelle Veränderungen vorgenommen. Die Gründe dafür lagen darin, daß man dem Adel entgegenkommen wollte, die Organisation gestrafft wurde, die inzwischen erfolgte Einführung des Drei-Grad-Systems berücksichtigt werden mußte und die Einteilung übersichtlicher gestaltet wurde. Eine inhaltliche Veränderung findet sich in der Neuformulierung der ersten Pflicht, daß nämlich in der Vergangenheit nur Christen Maurer gewesen wären. Dies könnte man als ein Zugeständnis an Diskussionen über den früher christlichen Charakter der Freimaurerei interpretieren. Die „Alten Pflichten" sind auch für die heutige Freimaurerei von großer Bedeutung, weil ihre ethischen Vorstellungen auf sie zurückgeführt werden.

Aber auch für das Verhältnis der Freimaurerei zur Religion, zum Staat, zur Politik und zur Gesellschaft und für das praktische Logenleben bilden sie die wesentliche Grundlage.

2. Der Wandel des Pflichtenbegriffs

Der freimaurerische Pflichtenbegriff orientiert sich sehr stark an den „Alten Pflichten“ von James Anderson aus dem Jahre 1723. Es wurde bereits darauf hingewiesen, daß die gleichfalls von Anderson verfaßte zweite Ausgabe 1738 mehrere redaktionelle Veränderungen aufwies. 1751 formierte sich eine weitere Großloge in England, jene der „Antients“, weil bei der ersten Großloge einige Ritualänderungen vorgenommen worden sind. Weiter sollte damit verhindert werden, daß Nicht-Freimaurer Informationen aus den inzwischen verbreiteten Verräterschriften gewinnen könnten. Daß die Richtung der „Moderns“ in den Augen der neuen Großloge zu wenig religiös und konservativ wäre, war sicher einer der Hauptgründe für die Bildung der neuen Großloge. Diese gab sich ein eigenes Konstitutionsbuch, das von Laurence Dermott verfaßt wurde und von der ersten Auflage 1756 bis zur neunten Auflage 1813 in wesentlichen Punkten gleichgeblieben ist. Der Text der „Alten Pflichten“ entsprach der Fassung der Moderns von 1738, die diese seit 1756 wieder aufgegeben hatten. Die wichtigen Änderungen betrafen nicht in erster Linie den Text der „Alten Pflichten“, sondern dessen offizielle Interpretation. So heißt es im Vorwort, daß der Maurer verpflichtet sei, „...fest an die wahre Anbetung des ewigen Gottes zu glauben, sowie an alle jene heiligen Aufzeichnungen, die die Würdenträger und Väter der Kirche zusammengestellt und veröffentlicht haben für den Gebrauch aller guten Menschen...“ (London 1756, S. 14). Im Text folgt auch eine kurze Ansprache an einen neu aufgenommenen Freimaurer: „Es gibt drei Hauptpflichten, die Maurer sich immer einprägen sollten, nämlich gegenüber Gott, unserem Nachbarn, und uns selbst; gegenüber Gott, indem man nie seinen Namen ohne jene anbetende Ehrfurcht erwähnt, die ein Geschöpf gegenüber seinem Schöpfer zeigen soll, und ihn immer als summum bonum anzusehen, an dem zu erfreuen wir in die Welt kamen, und alle unsere Handlungen an dieser Ansicht auszurichten ..."

Mit diesen Erläuterungen kam über die Freimaurerei der „Antients" eine anglikanisch-hochkirchliche Note hinein. In den allgemeinen Statuten der Großen Loge von Heredon in London wurde die Frage der religiösen Bindung 1779 nur ganz nebenbei erwähnt: „Nur einzig und allein sollen Männer von Ehre, Stand und gutem Ruf zugelassen werden ... Betrüger, Lügner, Menschen, welche kein höchstes Wesen anerkennen, falsche Zeugen, niederträchtige Schwelger, überhaupt Jeder, der mit entehrenden Lastern befleckt ist, sollen unter die Zahl der Todten gerechnet werden" (F. L. Schröder, Ritualsammlung, Bd. 19, Rudolstadt ca. 1805, S. 52f). Hier stehen allgemeine ethische Anforderungen an den Bruder im Vordergrund. Durch die Konkurrenz der „Antients" waren die „Moderns" unter Druck gekommen, die zwar in ihrer Verfassung liberal geblieben sind, in der Frage des Royal Arch aber Zugeständnisse machen mußten. 1813 verhandelten sie mit den „Antients" über die Vereinigung beider Großlogen, die nun „Die Vereinigte Großloge der Alten Freimaurer von England" hieß.

Das neue Konstitutionenbuch der Vereinigten Großloge trat 1819 in Kraft. Die erste Pflicht, die in diesem Konstitutionenbuch formuliert wurde, blieb bis heute unverändert: „Ein Maurer ist durch seine Berufspflicht gehalten, dem Sittengesetz zu gehorchen; und wenn er die Kunst recht versteht, wird er nie ein thörichter Gottesleugner oder ein ungläubiger Freigeist (resp. Wüstling) sein. Er sollte von allen Menschen am besten verstehen, dass Gott nicht sieht, wie der Mensch sieht; denn der Mensch schaut auf den äussern Schein, aber Gott schaut ins Herz. Ein Maurer ist deshalb besonders gebunden, niemals gegen die Vorschriften seines Gewissens zu handeln. Möge eines Menschen Religion oder Weise der Gottesverehrung sein, welche sie wolle, er wird nicht vom Orden ausgeschlossen, vorausgesetzt, dass er an den erhabnen Baumeister des Himmels und der Erde glaubt und die geheiligten Pflichten der Sittlichkeit übt. Maurer vereinigen sich mit den Tugendhaften jeder Überzeugung in dem festen und angenehmen Bande brüderlicher Liebe: sie werden gelehrt, die Verirrungen des Menschengeschlechts mitleidig zu betrachten und durch die Reinheit ihres eignen Verhaltens den höhern Vorzug des Glaubens, den sie bekennen mögen, zu beweisen zu streben. So ist die Maurerei der Einigungspunkt zwischen guten und zuverlässigen Männern (good men and true) und das glückliche Mittel, Freundschaft zu knüpfen zwischen denen, die sonst in beständiger Entfernung hätten bleiben müssen" (Allgemeines Handbuch der Freimaurerei, Bd. 2, Leipzig 1901, S. 154). In dieser Fassung haben die „Antients" das Prinzip eines persönlichen Gottes durchsetzen können. Da die „Moderns" ihre liberale Position nur in einem eingeschränkten Sinne wahrnehmen konnten, in dem sie die Verbindlichkeit der Schriften der Kirchenväter streichen konnten, blieb die englische Freimaurerei auch für Nichtchristen offen. Der Text stellt aber doch eine deutliche Abkehr von den Prinzipien dar, die 1723 festgeschrieben wurde. Blieb im äußeren Aufbau der Tugend- und Pflichtenkatalog formal unverändert, wie er 1723 aufgestellt wurden, so hatte sich nun die innere Begründung für die Notwendigkeit eines solchen Katalogs geändert.

In der Auseinandersetzung mit dem Grand Orient de France in der zweiten Hälfte des 19. Jahrhunderts entwickelte die Großloge von England Lehrsätze über die Freimaurerei, die im Jahre 1929 in den „Basic Principles" ihre internationale Wirkung fanden. Ab diesem Zeitpunkt kann nach englischer Auffassung nur Freimaurer werden, wer an Gott, seinen geoffenbarten Willen und an das Buch des heiligen Gesetzes als überirdische Offenbarung glaubt. Mit diesen Regelungen ist der naturrechtlich-aufklärerische Charakter der englischen Freimaurerei beseitigt worden. An seine Stelle trat ein Wertsystem, das von englischen Freimaurern selbst als „Dogma der Freimaurerei" bezeichnet wurde. In Deutschland gab es im 18. Jahrhundert eine ähnliche Zersplitterung wie in England. Dazu kamen noch die vielen inhaltlichen Variationen, die z. B.

im Königreich Preußen drei Großlogen entstehen ließen, die verschiedene Spielweisen der Freimaurerei zeigten.

Die ältesten Fassungen des englischen Konstitutionenbuches in Deutschland gehen in die erste Hälfte des 18. Jahrhunderts zurück. Mehr Erfolg hatte allerdings die englische Fassung von 1738, die als „neues" oder „verbessertes Constitutionen-Buch" einen buchhändlerischen Erfolg vermerken konnte. Bis 1784 kann man davon ausgehen, daß die Drucke des zweiten englischen Konstitutionenbuches jedem interessierten Bruder in Deutschland zugänglich waren und den äußeren Rahmen der freimaurerischen Gesetzgebung festlegten. Die Grundverfassung der Strikten Observanz war zumindest in ihrem Pflichtenkanon undogmatisch und ausgesprochen humanitär, so daß Friedrich Ludwig Schröder den fast identischen Text der Schottischen Loge in Hamburg (ohne Quellenangabe) mit geringen Veränderungen in sein Gesetzbuch für die Hamburger Provinzial Großloge übernahm. Nach dem Zerfall der Strikten Observanz erklärte die Große National-Mutterloge zu den drei Weltkugeln 1783 ihre Selbständigkeit. Die Großloge lehnte die Beschlüsse des Wilhelmsbader Freimaurer-Konvents ab und sprach sich für die drei alten englischen Grade aus. Zugleich rezipierte sie auch das christliche Prinzip und behielt die Hochgrade bei. Diese Beschränkung auf Christen als Mitglieder ging bei dieser Großloge auf ältere Wurzeln zurück. Aus der Trennung einer Loge von den drei Weltkugeln entstand dann die Große Mutterloge Royale York zur Freundschaft, die sich später in vier Einzellogen aufteilte. 1797 gab sie sich nach der Gründung einen Grundvertrag oder eine „Fundamental-Constitution", in der als Grundzweck der Maurerei erwähnt wurde: „Wohltätigkeit in ausgebreitetsten Sinne des Wortes erkennet die ... Mutterloge Royale York zur Freundschaft für den einzigen, ächten, reinen, erlaubten, Grundzweck der Freimaurerei..." (zit. nach Thomas Richert, Die Entwicklung des Pflichtenbegriffs, S. 235). Diese Aussagen stehen in der Tradition der Aufklärungsbewegung.

Aus diesen hier erwähnten Beispielen der Pflichtenänderungen geht hervor, daß sich die zentrale Auseinandersetzung mit der Religionsänderung befaßte. Auch politische Rücksichtnahmen gewannen immer stärker an Boden, so daß die Treue zum Thron manchmal mehr galt als die Treue der Brüder zueinander. Daß die konservative Einstellung im 19. Jahrhundert die Großlogen mit erfaßt hatte, wurde besonders deutlich am Einigungsversuch während der Gründerjahre. Im Vorfeld der 1872 erfolgten Bildung des Deutschen Großlogenbundes wurden 1870 allgemeine freimaurerische Grundsätze proklamiert, in denen es in Paragraph 1 heißt: „Die Freimaurerei bezweckt, in einer zumeist den Gebräuchen der zu Bauhütten vereinigten Werkmaurer entlehnten Form die sittliche Veredelung des Menschen und menschliche Glückseligkeit überhaupt zu befördern. Indem sie von ihren Mitgliedern den Glauben an Gott, als den obersten Baumeister der Welt, an eine höhere sittliche Weltordnung und an die Unsterblichkeit der Seele voraussetzt, verlangt sie von ihnen die Betätigung des höchsten Sittengesetzes": „Liebe Gott über alles und deinen Nächsten als Dich selbst!" (C. Wiebe, Die Große Loge von Hamburg und ihre Vorläufer, Hamburg 1905, Anlage XVI). Als die deutsche Freimaurerei 1945 mit dem Neuaufbau begann, wurden erneut die „Alten Pflichten" von 1723 die nun primäre Orientierungshilfe. Dies beweisen auch die Textausgaben 1946, 1947, 1966, 1976 und 1983. Mit der Präambel der freimaurerischen Ordnung der Großloge AFAM wurden sie zur Grundlage der freiheitlich-humanitären Tradition dieser Großloge erklärt. Werden die ethischen Anforderungen an die Brüder der humanitären deutschen Großlogen um 1800 mit der heutigen Situation verglichen, dann tritt allerdings ein Schrumpfungsprozeß auf einen Minimalkonsens hervor, der fast schon die Grenzen der Unverbindlichkeit erreicht hat.

3. Regularität und Irregularität

Die Regularität ist innerhalb der freimaurerischen Systeme ein zentraler Begriff. Das, was den freimaurerischen Vorschriften entspricht, ist durch die Ordnung näher beschrieben, die auf die Konstitutionen und Rituale der Freimaurerei zurückgehen. Von Beginn an hatten die Bestimmungen zur freimaurerischen Regularität die wichtige Funktion, die Methode und das Brauchtum der alten Logen der operativen Maurerei auch für die spekulative Form zu bewahren. Wieder sind in diesem Zusammenhang die „Alten Pflichten" von 1723 zu erwähnen, die die Methode der freimaurerischen Arbeit festlegen. In ihrem Lehrlings-Katechismus wird das System dieser Arbeit beschrieben: „Die Freimaurerei ist ein eigenartiges System von Moralität, verhüllt in Allegorien und erläutert durch Symbole." Aufgaben und Methode der modernen Freimaurerei sind dieser Erklärung deutlich zu entnehmen. Die Aufgaben beziehen sich auf die geistige Zielsetzung, die Moralität zu fördern, und die Methode, um dieses Ziel zu erreichen, ist eine rituelle, symbolische Handlung. Beide Ordnungen, die geistige und die methodische, leiteten sich aus dem Brauchtum der alten Werklogen und Bauhütten ab. Ihre wichtigsten Grundlagen bildeten ihre Konstitutions-Manuskripte sowie die Katechismus-Manuskripte und enthielten vier wesentliche Teile der früheren Bauhüttenordnung:

1. eine Aufzählung der Verpflichtungen gegenüber Gott,
2. eine quasi-historische Schilderung oder Legende der Entstehung,
3. eine Zusammenstellung der Verpflichtungen des Meisters und der Handwerksgenossen,
4. ein kurzes Schlußgebet.

Eine weitere wichtige Grundlage der Bauhütten war das sogenannte „Maurerwort", das zum Zwecke des gegenseitigen Erkennens den Handwerksgenossen mitgeteilt wurde. Die allgemeine Forderung nach einer bestimmten Moral, nach der Erfüllung eines allgemeinen Sittengesetzes, ist in diesem Zusammenhang im rituellen Rahmen der Pflichten die Suche nach dem großen Bauplan Gottes in der Lebenswirklichkeit. In dieser Form des Brauchtums kam es zur einer moralischen Vertiefung des Pflichtenkataloges aus ethischem Bewußtsein, und daraus entstand dann ein erstes Ritual, das schließlich mit der Gründung der ersten Großloge und mit den „Alten Pflichten“ von 1723 zur Herausbildung der modernen Freimaurerei führte. Die erste Anordnung zur Beachtung der „Alten Landmarken“ findet sich bereits im 39. Artikel der „Alten Pflichten“. Mit dieser Bestimmung sollte sichergestellt werden, daß jede Gründung einer Loge das Patent der regulären Großloge benötigt. Dahinter verbirgt sich die Absicht, den Zweck des Freimaurerbundes und die Form seiner Arbeit gegen systemwidrige Veränderungen zu schützen und die Logenarbeit ideologie- und dogmenfrei gestalten zu können.

Mit der Ausbreitung der Freimaurerei in anderen Ländern waren strukturelle Veränderungen verbunden, so daß es zur Aufspaltung des ursprünglichen Lehrsystems kam und seine ursprüngliche Methode verformt wurde. Vor diesem Hintergrund muß das ständige Bemühen verstanden werden, Anordnungen zur Regularität zu entwickeln. 1920 hat die englische Großloge für ihre Obedienz die Ziele und Beziehungen der Freimaurerei in einer Schrift herausgegeben, die vornehmlich der inneren Ordnung galt. Für die Ordnung nach außen wurden 1929 Texte unter dem Titel „Basic Principles“ herausgegeben, die noch im gleichen Jahr als Grundsätze angenommen wurden und die Regeln enthielten, die als Voraussetzung für die Prüfung der Regularität einer Loge Geltung hatten, wenn sie von der englischen Großloge anerkannt werden wollten. Die 1939 und 1949 veränderten Fassungen der „Aims and Relationships of the craft“ und der „Basic Principles“ stehen seit dieser Zeit am Anfang der „United Grand Lodge of England Constitutions“. Die letzte Fassung der „Basic Principles“ wurde 1989 veröffentlicht. Sie ist derzeit für jede Großloge von Bedeutung, die als regulär im Sinne der „Basic Principles“ gelten will und von der Großloge von England anerkannt werden möchte. Diese Feststellung der Regularität einer Großloge hat jedoch ihre Anerkennung durch andere Großlogen nicht unbedingt zur Folge, weil es für sie keine reguläre Ordnung gibt. Zum Schutze der Regularität gelten zur Zeit acht Thesen, wie sie in den „Basic Principles“ von 1989 festgelegt wurden:

1. Das Prinzip der rechtmäßigen Einsetzung soll die Herkunft sichern und ist formal.
2. Die Souveränität der Großloge über die symbolischen Grade bestimmt eine Abgrenzung gegen sogenannte Hochgrade oder andere Großlogen im Lande.
3. Die Ausgrenzung von Frauen ist spezifisch freimaurerisch traditionsbedingt und erfahrungsbegründet.
4. Die Forderung zum Glauben an ein höchstes Wesen ist eine begriffliche Umschreibung der Forderung nach religiöser Toleranz aus Artikel I der „Alten Pflichten" von 1723.
5. Die Verpflichtung der Maurer auf die drei großen Lichter der Maurerei, ein Buch des Heiligen Gesetzes, das Winkelmaß und den Zirkel, hat seine Bedeutung im Symbolismus der rituellen Arbeiten, in Transzendenz, Ethik und Brüderlichkeit.
6. Das Verbot, über Religion und Politik in der Loge zu diskutieren, ist eine Verhaltensregel zur Bewahrung des Friedens in der Loge.
7. Die Verpflichtung, die Grundsätze der sogenannten „Alten Landmarken" zu bewahren, bezieht sich auf die Gebräuche der operativen Maurerei und auf die Rituale sowie die Konstitution der ersten Großloge von 1717.

Die sieben Punkte setzen sich aus den ersten drei sachlichen Bestimmungen zusammen, die durch vier ideelle, interpretierbare Bedingungen ergänzt werden. Den Landmarken liegen drei anthropologische Prinzipien zu Grunde, die als Voraussetzung für die Einsicht in menschliche Pflichten anzusehen sind:

1. Die Menschen haben ein zeitloses Erfahrungswissen aus ihrer Erlebnisfähigkeit und ihrem Erinnerungsvermögen.
2. Sie haben ein beschränktes Erkenntniswissen von ihrem Denkvermögen.
3. Die Menschen haben eine Einsichtigkeit durch die ihnen gegebene Vernunft.

Diese Eigenschaften bilden die eigentlichen Grundlagen der freimaurerischen Bewegung, und sie sind die Grundsteine zum geistigen Tempelbau der Menschheit. Alle logenähnlichen

Vereinigungen und Organisationen, die diesen Grundsätzen nicht entsprechen, sind irregulär und daher von den zuständigen Großlogen offiziell nicht anerkannt.

In den Konstitutionen von Anderson haben Frauen keinen Zutritt zum Freimaurerbund. Daran halten sich die meisten Großlogen und Logen heute. Im Gegensatz dazu entstanden allerdings im 18. Jahrhundert „Adoptionslogen", entweder von einer Großloge approbiert oder auch einer Einzelloge angegliedert. 1882 wurde eine engagierte Feministin in eine Frauenloge aufgenommen. Gemeinsam mit einem Mann gründete sie dann die Großloge „Le Droit Humain", eine „gemischte Freimaurerei", die Frauen und Männer aufnahm und sich von Frankreich aus über zahlreiche Länder ausgedehnt hat. Im 20. Jahrhundert haben sich Frauenlogen und -großlogen konstitutiert. In den USA (mit Ablegern in Europa) entstanden Organisationen, die den weiblichen Angehörigen der Freimaurer vorbehalten sind, wie „The Order of the Eastern Star."

In der Freimaurerei werden die Begriffe „Systeme, Lehrarten und Riten" weitgehend synonym verwendet. Dies mag durch die freimaurerische Praxis gerechtfertigt sein, trotzdem gibt es erkennbare Unterschiede zwischen diesen Begriffen. Das freimaurerische Gedankengut besteht aus Ideen, und es läßt sich jedes theoretische Wissen durch Lehren vermitteln. Die Riten sind aber nur im Vollzug, in den rituellen Arbeiten, zu erleben. Die Initiationen dienen der Selbstgestaltung und zur Selbstvervollkommnung.

In der historischen Entwicklung der Freimaurerei haben sich im wesentlichen, abgesehen von einigen Wildwüchsen, drei Richtungen herausgebildet: die Vereinigte Großloge von England, die konsequent am Konstitutionenbuch von 1723 festhält und freundschaftliche Beziehungen nur zu jenen Großlogen unterhält, die unverrückbar dieses erwähnte Grundgesetz anerkennen. Davon weicht die Schwedische Lehrart ab, die in den skandinavischen Ländern dominiert. In Deutschland wird diese Lehrart von der Großen Landesloge der Freimaurer wahrgenommen. Dieses System ist in der

„reinen Lehre Jesu" verankert, wie sie in den Evangelien dargeboten wird, eine Art Christus-Mystik, die sich in den höheren Erkenntnisstufen immer deutlicher enthüllt. Für Nicht-Christen ist diese Lehrart eigentlich unannehmbar. Auf dem Konvent von 1877 hat der Grand Orient de France die Formel vom „Allmächtigen Baumeister aller Welten" gestrichen, da er sie für ein Dogma erklärte, das im Widerspruch zur Gewissensfreiheit und Toleranz stehe. Der Klerikalismus der katholischen Kirche Frankreichs hatte einen Antiklerikalismus provoziert, so daß sich in den Logen des Grand Orient neben Spiritualisten auch Atheisten und Materialisten versammelten. Die Großloge von England brach daher die Beziehung zum Grand Orient ab, was den Abstand in den folgenden Jahrzehnten noch weiter vergrößerte. Der Grand Orient de France versteht sich zwar nicht als politische Partei, nimmt aber zu aktuellen gesellschaftspolitischen Problemen Stellung und verbreitet darüber auch öffentliche Resolutionen, die für die angelsächsische und die Schwedische Lehrart unannehmbar sind. Zusammenfassend kann man jedoch sagen, daß die rituelle Gemeinsamkeit der drei Johannisgrade (blaue Freimaurerei) in allen Logen der erwähnten Richtungen überwiegt. Die Differenzen sind teils weltanschaulich und politisch. Da es eine Weltinstanz der Freimaurerei nicht gibt und auch schwer zu vereinbaren wäre, sind der Konsens und Zusammenhalt nur rituell und ideell gegeben. Selbst wo die Systeme weitgehend identisch sind, ist die Freimaurerei nicht überall und jederzeit dieselbe, zumal die Freimaurer von den jeweiligen geistigen Zeitströmungen mitbeeinflußt werden.

In diesem Zusammenhang müssen auch die Hochgradsysteme (rote Freimaurerei) erwähnt werden. In England bearbeiteten die „Antients" den zusätzlichen Grad des Royal Arch, der das Kernstück ihres Lehrgebäudes bildete. Dieser Grad wird in eigenen Kapiteln unter einem nationalen Großkapitel bearbeitet und hat sich auch in anderen Ländern verbreitet, wie z.B. in Frankreich und in den USA. Ein Gesamtsystem stellt der Alte und Angenommene Schottische Ritus dar, während der York-Ritus mit seinem Namen mehrere selbständige

Gruppen abdeckt, die ohne organisatorischen oder organischen Zusammenhang aufeinander geschichtet sind. Während die amerikanischen und kanadischen Großlogen, aus denen sich der York-Ritus rekrutiert, zur universellen Freimaurerei des ersten Blockes zählen, ist die christliche Tendenz des York-Ritus und des Rektifizierten Schottischen Ritus unverkennbar, den es in Frankreich und in der Schweiz gibt. Dagegen ist der Alte und Angenommene Schottische Ritus (wenn man vom 18. Grad der englischen Gruppe absieht) der religiösen Neutralität der universellen Freimaurerei verpflichtet. Maßgeblich sind dabei die „Großen Konstitutionen" von 1786, deren Ursprung umstritten ist. Von den 33 Graden gehen die meisten auf eine französische Wurzel zurück. Der heutige Aufbau kommt aus Amerika, wo 1802 in Charleston (Süd-Carolina) der erste Oberste Rat gegründet wurde. Von ihm leiten sich alle regulären Obersten Räte der Welt her. In jedem Staat darf nur ein Oberster Rat amtieren, in den USA zwei Räte. Die freimaurerische Fortbildung in den weiterführenden Graden erfolgt in den Ateliers, in den Perfektionslogen, Kapiteln, Areopagen und Konsistorien. Über die Einzelheiten entscheidet jeder Oberste Rat selbständig.

Anders organisiert sind die Großlogen der Schwedischen Lehrart. Sie kennen keine Zäsur zwischen den Johannislogen und den Werkstätten weiterführender Grade und Erkenntnisstufen. Auch diese, in Andreaslogen und Kapitel gegliedert, unterstehen der Großloge bzw. dem Landesgroßmeister. Die Große Landesloge der Freimaurer von Deutschland in Berlin, die 1770 gegründet wurde, weicht vom schwedischen Vorbild insofern ab, als das Oberhaupt des ganzen Ordens der Ordens-Meister ist, dem ein Ordensrat zur Seite steht. Dieser ist in allen Ritual- und Systemfragen die höchste Instanz. Die Johannis- und Andreaslogen werden dagegen von einem Landesgroßmeister und dessen Großbeamten betreut. Auch die Große National-Mutterloge „Zu den drei Weltkugeln" besitzt ein geschlossenes System, das alle Institutionen der insgesamt sieben Grade und Erkenntnisstufen in der Großloge vereinigt. Für die Pflege der Lehre und des Rituals ist ein „Bundesdirektorium“ innerhalb der Großloge zuständig. Dieses System besteht allerdings nur in Deutschland.

4. Organisationsstruktur

Die Freimaurerei ist in Logen und Großlogen organisiert. Loge (engl. lodge, frz. loge) bedeutet „Hütte bzw. Laube“. Mitunter bezeichnen sich die Logen noch heute als Bauhütten, um die Erinnerung wachzuhalten, daß die Freimaurer die Herkunft ihrer Gliederungen und ihres Brauchtums von den operativen Gilden der mittelalterlichen Bauhandwerker ableiten. Manche Logen nennen sich auch „Johannislogen“ nach Johannes dem Täufer, dem Patron der Maurer und Steinmetzen. Man unterscheidet auch zwischen „blauen“ Logen (in der Johannisfreimaurerei) und den „Ateliers“ der Hochgrade. Loge bezeichnet weiterhin auch den Versammlungsraum (Logentempel) der Freimaurer. Die sogenannten „Deputationslogen“ vereinigen Freimaurer bestehender Bauhütten zur Gründung neuer Logen. Die einzelnen Logen entsprechen den Niederlassungen der früheren Maurer- und Steinmetzgilden am jeweiligen Ort. Die meisten sind heute als eingetragene Vereine organisiert und scheinen in den Vereinsregistern der zuständigen Amtsgerichte oder Vereinsbehörden auf. Sie tagen zumeist in eigenen Gebäuden oder in gemieteten Räumlichkeiten. Weltweit gibt es ca. 45000 Logen. Da es aber keine freimaurerische Weltorganisation gibt, sind genaue Zahlen unbekannt.

Die meisten Logen kommen zu ihren Arbeiten einmal wöchentlich zusammen. Mit dem Begriff der Loge bezeichnet man auch die rituellen Arbeiten der Freimaurer, die je nach dem Hauptzweck, dem sie dienen, Instruktionslogen, Rezeptions-, Beförderungs-, Erhebungs-, Fest-, Trauer- und Wahllogen genannt werden. Jede Loge ist gegenüber der Großloge, der sie angehört, verpflichtet, jährlich eine bestimmte Anzahl ritueller Arbeiten durchzuführen, in deren Rahmen Kandidaten zu Lehrlingen in die Loge aufgenommen, Lehrlinge zu Gesellen befördert und Gesellen zu Meistern erhoben werden. Die Logen veranstalten neben ihren rituellen Versammlungen interne oder öffentliche Vortragsabende, Diskussionstreffen, Wohlfahrtsbälle und Schwesternfeste. Sie feiern den Johannistag, den Jahresschluß und ihre eigenen Jahrestage und besondere Fest- und Geburtstage ihrer Mitglieder. An die Tempelarbeiten schließen sich meistens gemeinsame Essen der Teilnehmer an der „weißen Tafel" an.

Die Logenmitglieder wählen ihren Beamtenrat für bestimmte, von Satzung und Hausgesetz vorgeschriebene Zeit. An der Spitze steht der „Meister vom Stuhl". Dieser wird unterstützt von den beiden Aufsehern, dem vorbereitenden Meister, dem Redner, dem Sekretär und dem Schatzmeister. In den Logen wird Wert darauf gelegt, daß die Beamten, insbesondere der Meister vom Stuhl, die Rituale der einzelnen Grade in der gebotenen Form beherrschen und der Meister seiner vom Brauchtum vorgegebenen Aufgabe, den Mitgliedern nach Denkart und Lebensführung Vorbild zu sein, gerecht wird. Je nach regionalem Brauch, der von der Mitgliederzahl einer Loge wie auch von ihren Traditionen bestimmt ist und manchmal wechselt, zählen Zeremonienmeister, Schaffner und Bibliothekar/Archivar zum engeren oder erweiterten Logenvorstand. Falls erforderlich, werden wie in anderen Vereinen auch Ausschüsse für besondere Aufgaben gebildet.

Aus der Perspektive des Brauchtums gesehen erstreckt sich die Loge als ein vom länglichen Viereck begrenzter Raum des speziell freimaurerischen Denkens und Arbeitens vom Mittelpunkt der Erde bis zu den Sternen. Hier hat der Begriff Loge eine geistige Dimension, indem sie alle Menschen zur Arbeit und zum Verweilen einlädt, die bereit sind, nach Selbsterkenntnis zu streben und Vorurteile zu bekämpfen, das Gesetz der sittlichen Weltordnung zu verwirklichen und Toleranz zu üben. In diesem Sinne ist die Loge nicht als sakraler, wohl aber als geschützter Bereich aufzufassen, von dem aus durch die Symbole und das Ritual freimaurerische Inhalte erlebbar gemacht werden. Die Ritualtexte können zwar von jedem Interessierten in öffentlichen Bibliotheken eingesehen werden, doch wird hinsichtlich der rituellen Arbeiten und der Mitglieder Verschwiegenheit geübt. Freimaurerische Bekleidung tragen die Mitglieder nur während ihrer rituellen Zusammenkünfte. Auf dem Tisch des Meisters vom Stuhl im Osten des Tempels liegt neben dem „Buch des heiligen Gesetzes“ (in Europa meist die Bibel) die Rechtsordnung der Großloge. Die Mitte des Tempelraums bedeckt, eingerahmt von den drei Säulen, der Arbeitsteppich (oder Tapis). Nähere Einzelheiten der Ausstattung des Tempels enthalten die Ritualbücher der einzelnen Grade.

Jede Einzelloge untersteht einer Großloge. Die Großlogen bilden zur verwaltungsmäßigen Erfassung ihrer Mitgliedslogen Distrikts- oder Provinziallogen, deren Vorstand jeweils von den Vorständen der im Distrikt ansässigen Logen gewählt wird und deren Vorsitzende als Distriktsmeistertag ein Organ der Großloge bilden. Die Großlogen vertreten in der Regel ihre Mitgliedslogen korporativ in der Öffentlichkeit und gegenüber anderen Großlogen im In- und Ausland. Die Großlogen fördern und sichern die Arbeit in den Logen, halten sie im Einklang mit den freimaurerischen Grundsätzen und geben Anregungen zu gemeinnützigen, kulturellen und ethischen Zwecken. Sie achten auf die konzeptionell-programmatische Arbeit der Logen, ohne deren Selbständigkeit einzuengen. Logen werden Mitglied einer Großloge auf ihren Antrag durch Eintragung in die Mitgliederliste und durch „Lichteinbringung“, die dem jeweiligen Großmeister vorbehalten ist. Daneben gibt es auch noch freimaurerische Forschungslogen, die sich mit der Geschichte der Freimaurerei und mit ihrer Gegenwart aus wissenschaftlicher Sicht beschäftigen. Die älteste wurde 1884 in London gegründet.

5. Freimaurerei und Geheimbünde

In der Neuzeit entstanden neben der Freimaurerei verschiedene Geheimbünde, die zwar z.T. die Freimaurer beeinflußten (wie z.B. die Rosenkreuzer) und ihre Organisationsstruktur und Symbolik übernahmen, aber aufgrund ihrer konspirativen Zielsetzung sich doch von ihr unterschieden. Besonders deutlich tritt der politische Aspekt nach der Wende vom 18. zum

19. Jahrhundert hervor, wo ausgesprochen politisch orientierte Geheimbünde entstanden sind, die – wie bereits der Illuminatenorden – einen politisch-rationalen Kern besaßen. Die Freimaurerei pflegte hingegen stärker die hermetisch-esoterische und rituelle Tradition. Bei den Rosenkreuzern standen vor allem religiös-politische Vorstellungen im Vordergrund. Aus der Vielzahl neuzeitlicher Geheimbünde sollen im folgenden einige ausgewählte Beispiele aufgezeigt werden.

Die Bruderschaft der Rosenkreuzer

Das ältere Rosenkreuzertum muß im Rahmen der politischen, geistigen und gesellschaftlichen Spannungen der Reformation und Gegenreformation gesehen werden. Um 1600 entstanden in Deutschland mehrere Vereinigungen und Bünde, die in gemeinsamer Arbeit die vorherrschenden Anschauungen und Ordnungen zu verändern versuchten. Diese Bünde, die religiöse Toleranz übten, unterhielten Kontakte zu den italienischen Akademien und zu Sozietäten in den Niederlanden und England. Der Augsburger Religionsfriede war nach den harten Auseinandersetzungen nicht in der Lage, einen Ausgleich und eine Beruhigung der schwierigen Situation herbeizuführen. Im Gegenteil: die Entwicklung schien letztlich auf einen großen Krieg hinauszulaufen. Anzeichen für diese Krise waren Rechtsbeugungen, Willkür, Aberglaube und gehässige theologische Streitereien, Ämterkauf in den Kirchen, Titelkauf in den Universitäten, zunehmende Geldentwertung, labile wirtschaftliche Lage und militärische Kämpfe unter den Konfessionen. Diese bedrückenden Verhältnisse erweckten andererseits auch die Hoffnung auf eine befreiende Weltveränderung. Die Religionsstreitigkeiten stärkten zum Beispiel die Hoffnung auf einen mächtigen und schlichtenden Fürsten. Diese Krise der frühbarocken Gesellschaft wurde nun nicht mehr ausschließlich – wie zum Beispiel vor dem Dreißigjährigen Krieg – religiös verarbeitet, „sondern war von Zwiespalt und einem Auseinandertreten von kirchlich-weltlichem und religiös-staatlichem Handeln geprägt und führte so zu einer Säkularisierung des gesellschaftlichen Denkens und Handelns, die sowohl den staatlich-politischen, den kirchlich-religiösen wie den kulturell-wissenschaftlichen Bereich stark berührte" (Richard van Dülmen, Die Utopie einer christlichen Gesellschaft, S. 15). Der gesellschaftliche Umstrukturierungsprozeß, der letztlich auf drei Gründe zurückzuführen ist – die Formierung des Frühabsolutismus, die Konfessionalisierung und beginnende Disziplinierung der Gesellschaft, den Beginn der modernen Wissenschaften und das neue Bildungssystem –, vollzog sich regional verschieden, doch setzte er sich letztlich als Rest der Reformationszeit und als Ergebnis der Gegenreformation in der deutschen Gesellschaft durch.

Der Geheimbund der Rosenkreuzer, in den diese Bestrebungen einmündeten, wollte eine „Generalreformation" der Welt. Zu seinen Mitgliedern zählten die damals hervorragendsten Köpfe, wie die Theologen Johann Arndt, Pansophen und Sozialkritiker wie Johann Valentin Andreae, Pädagogen wie Johann Amus Comenius, Ärzte. Alchemisten und Philosophen wie Michael Maier, der Leibarzt Kaiser Rudolphs II., Rechtsgelehrte wie Christoph Besold und der Arzt und Polyhistor Robert Fludd in England. Der Bund erlangte eine nicht zu unterschätzende Bedeutung für Politik und Wissenschaft. Er nahm seinen Ausgangspunkt von den sogenannten rosenkreuzerischen Traktaten, der „Fama fraternitatis" (1614) und der „Confessio fraternitatis", die 1615 in Kassel erschien. In diesen Manifesten finden sich ganz neue begriffsgeschichtliche Kategorien wie „Fortschritt", „Fortschreiten im Erkenntnisvermögen" und „Aufklärung" als praktische und soziale Aufgabe. Als Ziel wurde eine Gelehrtenrepublik ins Auge gefaßt, um das Ganze „in unserem saeculo mitgeteilte Wissen", sei es nun in „librum naturae oder regulam aller Künste", an „das helle, offenbare Licht zu bringen" (zit. nach van Dülmen, Die Utopie einer christlichen Gesellschaft, S. 79ff). Im Mittelpunkt der Traktate steht die Person des Christian Rosenkreuz, auf den wahrscheinlich die Gründung der „Bruderschaft des hochlöblichen Ordens der Rosenkreuzer" zurückging, die nun, in ihren Manifesten wiederbelebt, zur Generalreformation der Welt aufruft.

Als Reaktion auf diese Manifeste erschien 1616 in Straßburg eine weitere Veröffentlichung: „Chymische Hochzeit: Christiani Rosencreutz anno 1459", dessen Autor, Johann Valentin Andreae, wahrscheinlich auch maßgeblich an der Abfassung der erwähnten Rosenkreuzer-Manifeste beteiligt war. Andreae veröffentlichte posthum einen ausführlichen Bericht über sein Leben, aus dem wir seine Lebensgeschichte rekonstruieren können. Er entstammte einer „ehrbaren Familie" aus dem Herzogtum Württemberg, deren soziale Stellung für ihn größte Bedeutung hatte. So verdankte er ihr nicht nur geistige Impulse, zahlreiche Kontakte und den beruflichen Aufstieg, sondern darüber hinaus auch die Verpflichtung, das Erbe des württembergischen Reformators und Tübinger Kanzlers Jakob Andreae als Wiederhersteller von Kultur und Kirche in Württemberg fortzusetzen. Von der Familie empfing er auch die entscheidenden Anregungen zur Pflege der Kunst und Wissenschaft und Verwirklichung eines praktischen Christentums.

Im Zentrum seiner Überlegungen stand zunächst – ganz im Sinne der lutherischen Reformen – das Bewußtsein der steckengebliebenen Reformation, die zwar die Lehre von abergläubischer Tradition gereinigt hatte, die aber zur Verbesserung des Lebens nichts Entscheidendes beitragen konnte. Auf dieser Auffassung aufbauend, entwickelte Andreae die Idee einer Weiterführung der Reformation. Den Grund für das Versagen der lutherischen Kirche sah er in ihrer Verkümmerung zu einer Staats- und Theologenkirche, in der Universität und im Gelehrtenstand, da sich der Humanismus immer mehr in scholastische Rechthaberei verlor. So forderte er eine Sozietät, die die Verchristlichung des humanistischen Gelehrtenstandes anstrebt. Richard van Dülmen hat in diesem Zusammenhang zu Recht darauf hingewiesen, daß Andreaes Kritik nicht ausreiche, zu klären, warum er auf die Krise seiner Zeit einerseits mit einer Reformationsutopie, andererseits mit Gesellschaftsentwürfen reagierte. In seiner Utopie zeigen sich deutlich drei Traditionen, die apokalyptisch-chiliastische, die alchemistisch-chiliastische Idee der Naturphilosophen und die

Vorstellung von einer Idealstadt, in der das gesellschaftliche Leben rational geregelt werden sollte. Zur Idee der Weiterführung der lutherischen Reformation in Richtung Verchristlichung der Welt kam bei ihm noch die Vorstellung der Lebensgemeinschaft auserwählter Christen in einer gottgewollten Ordnung hinzu.

In der Schrift „Chymische Hochzeit" wird die „Einweihung" des Christian Rosenkreuz in „sieben Tagen" geschildert, wobei Alchemie als Symbol des Wandlungs- und Erneuerungsgeheimnisses fungiert. Daneben verfaßte Andreae noch weitere interessante Schriften, die von der Forschung bisher viel zu wenig berücksichtigt wurden. Im „Turbo" wird das Faustthema aufgegriffen und eine anthropologische Auffassung vom Menschen konzipiert, die später in die Freimaurerei hineinzuwirken begann. Andreae verdeutlicht darin, daß der Mensch zunächst nicht als fertige Persönlichkeit geboren wird, sondern stets an sich weiterarbeiten und den Entwurf vollenden muß. Der Wahrheitssucher findet nach zahlreichen Versuchen und Prüfungen verschiedener Lebenssituationen und Weltanschauungen erst in der vollkommenen Hingabe an Gott die Erlösung von allem Irrtum.

Auch der utopische Entwurf „Christianopolis" wurde im Umfeld der Rosenkreuzer 1619 von Andreae verfaßt. Er stellt die Beschreibung des Staates von „Christianopolis" dar, die in einem engen Zusammenhang mit der „Nova atlantis" des Francis Bacon und der „Civitas solis" von Thomas Campanella zu sehen ist, obwohl beide Utopien erst später im Druck erschienen sind. Zwei Freunde Andreaes, Tobias Adami und Wilhelm Wense, hatten Campanella während dessen Haft öfters im Gefängnis von Neapel besucht. Zu jenem Zeitpunkt, als Andreae an den Rosenkreuzer-Manifesten arbeitete, nahm er wahrscheinlich Einsicht in das Manuskript Campanellas, wo er die Beschreibung einer idealen Stadtgemeinschaft fand. Das Bezugssystem der „Christianopolis" ist weiter gefaßt als jenes der Sozietätsschriften, da er hier nicht nur das Problem der Bildung einer Elitegemeinschaft thematisiert, sondern auch den Entwurf einer Gegenwelt konzipiert. Sie gilt als Paradigma einer Reformationsutopie. Besonders hervorzuheben ist der zeitkritische und revolutionäre Inhalt dieser Utopie, da Andreae die idealen Vorstellungen mit den Mißverständnissen seiner Zeit konfrontiert. Als oberstes Prinzip werden soziale Gerechtigkeit und Verpflichtung zur Wahrheit hervorgehoben; die gesamte Kultur der utopischen Stadt ist stark von der Wissenschaft geprägt, was auf ein neues Wissenschaftsverständnis der Zeit Andreaes hindeutet. Andreae stellt sich in „Christianopolis" nicht die Frage nach der konkreten Verwirklichung, sondern will die Idee der Einheit von sittlichem Leben, reiner Lehre und wissenschaftlicher Forschung durch die Nachfolge Christi und die Verchristlichung der Welt erreichen.

Stellen Sozialstruktur und Wirtschaftsleben der „Christianopolis" den Idealtyp einer frühneuzeitlichen Stadt dar, so zeigt ihr kulturelles Leben ein frühbürgerliches Bildungsideal, das sich allen modernen Wissenschaften, insbesondere den praktischen, verpflichtet weiß. Hält zwar Andreae noch am theologisch-kosmologischen Selbstverständnis fest, so überwindet sein Wissenschaftsideal doch die scholastische und kirchliche Tradition und beruft sich auf die unmittelbaren Quellen der Schrift und Natur. Als Bischof von Calw hat er später ein organisiertes Sozialwesen auf der Basis eines christlichen Sozialismus zu errichten versucht und am Ende seines Lebens, als sein Werk durch den Dreißigjährigen Krieg zerstört wurde, in der Schrift „Theophilus" die Idee „Christianopolis" und seine übrigen Reformprogramme nochmals zusammengefaßt. Das in der „Christianopolis" gepriesene Ideal christlichen Verhaltens wird nun hier zur Forderung an jeden einzelnen Menschen, an Kirche, Staat und Gesellschaft. Der „Theophilus" entstand 1622 zur Zeit der schärfsten Angriffe gegen Andreae und diente daher wohl zur Verteidigung seiner Rechtgläubigkeit.

Daß Andreaes „Christianopolis" Bacons „Nova atlantis" beeinflußt hat, ist heute unumstritten. In Bacons Entwurf kommt dem Haus „Salomonis", der intellektuellen Führungsspitze in dieser Utopie, eine zentrale Rolle zu. Sie weist gewisse Parallelen zu den späteren Freimaurerlogen auf. Die weisen Männer im Haus Salomonis sind weitgehend identisch mit der Bruderschaft der Rosenkreuzer. Bis ca. 1630 kam eine Fülle von Schriften für und gegen das Rosenkreuzertum heraus, wobei der Arzt, Alchemist, Naturwissenschaftler und experimentelle Philosoph Michael Maier und der englische Arzt, Mystiker und Theosoph Robert Fludd dem Rosenkreuzermythos eine feste literarische Basis gaben, so daß der falsche Eindruck erweckt wurde, daß hinter dieser Bewegung ein festgefügtes gedankliches System stehe. Auch Joachim Jungius, der von Leibniz besonders geschätzte Mathematiker und Naturforscher, wollte ganz im Sinne der Rosenkreuzer den Wissenschaften einen institutionellen Rahmen geben, indem er die erste wissenschaftliche Akademie in Deutschland und im nördlichen Europa ins Leben rief.

Wirkungsgeschichtlich entscheidend wurde aber dann Johann Amus Comenius, der Andreae als geistigen Vater verehrte und ein pansophisches System universellen Wissens entwikkelte, in dem die gescheiterte Weltreformation auf pragmatische Weise verwirklicht werden sollte. Im Mittelpunkt dieser Programmatik stand die Pädagogik, mit deren Hilfe die Menschen in Wissen, Sprache und Religion vereinigt werden sollten. Comenius forderte in diesem Zusammenhang ein universelles Kollegium, wie es bereits in ähnlicher Form in der „Christianopolis“ und in der „Nova atlantis“ vorgeschlagen wurde. Über Andreae hinaus hat er auch durch organisatorische Pläne die Idee einer Weltverbesserung nach England getragen und wirksam werden lassen, womit er gleichzeitig eine unmittelbare Verbindung zwischen dem Rosenkreuzer-Gedanken Andreaes und der englischen Frühlogenzeit herstellte. In Übereinstimmung mit Andreae wollte auch er über alle trennenden Schranken hinweg einen großen „Menschheitsdom“ errichten, in dem Menschen aller Völker, Nationen, Sprachen und Religionen zusammengefaßt werden sollten. Comenius wurde nicht umsonst auf Betreiben des Freimaurers Samuel Hartlib vom englischen Parlament eingeladen, einen Entwurf für eine humanitäre Gelehrtengesellschaft zu verfassen. In seiner Schrift „Via lucis“ (1641) schlägt er ein „Collegium universale“ mit Sitz in England vor, das alle Bünde und Bruderschaften mit dem Ziel einer Weltreformation vereinigen sollte. In den Satzungen waren die Abgeschlossenheit des Bundes und die Verpflichtung seiner Mitglieder zur Verschwiegenheit vorgesehen. Zwar führten die Verhandlungen im Parlament nicht weiter, doch blieb diese Initiative nicht ohne Wirkung, da aus diesem „unsichtbaren Collegium“, an dem Hartlib teilnahm und das von einem Deutschen, Theodor Haak, in Oxford gegründet wurde, die erste moderne wissenschaftliche Gesellschaft, die „Royal Society“ hervorging, deren Mitglieder in enger Beziehung zum Rosenkreuzertum und zur Freimaurerei standen.

Um das erwähnte „unsichtbare Collegium“, dem vermutlich die „Royal Society“ entsprang, wurde viel gerätselt. Die Bezeichnung „unsichtbares Collegium“, das mit dem alten „Ludibrium“, mit dem alten Spaß über die Unsichtbarkeit, verbunden war und mit den Brüdern vom Rosenkreuz in Verbindung gebracht wurde, weist auf eine Tradition hin, die von der Rosenkreuzer-Bewegung bis zu den Anfängen der „Royal Society“ führt. Die Society, die sich vorwiegend aus Naturphilosophen zusammensetzte, hatte in der Frühzeit viele Feinde gehabt. Zunächst wurden bei ihren Zusammenkünften nur wissenschaftliche Themen besprochen und religiöse Fragen ausgeklammert. Dies war sicher eine sehr kluge Vorsichtsmaßnahme. Daß Elias Ashmole als Gründungsmitglied der „Royal Society“ aufschien, ist allerdings ein wichtiger Hinweis darauf, daß neben den starken naturwissenschaftlichen Interessen auch die Tradition des Rosenkreuzertums weiter gepflogen wurde, wenn auch nur als privates Vergnügen ihrer Mitglieder. Ashmole galt als der bedeutsamste Vertreter der alchemistischen Bewegung im England des 17. Jahrhunderts. Er schrieb die englische Übersetzung der „Fama“ und der „Confessio“ ab und gab diesen Abschriften einen kunstvoll angelegten lateinischen Brief bei, der sich an die „erhabenen Brüder vom Rosenkreuz“ richtete und die Bitte enthielt, Mitglied dieser Bruderschaft zu werden. Ashmole erwähnt in seinem Tagebuch, daß er 1646 in einer Freimaurerloge in Warrington rezipiert wurde. In der Literatur ist hervorgehoben worden, daß dies die früheste bekannte Aussage über spekulative Freimaurerei in einer englischen Loge gewesen sei. Es ist in diesem Zusammenhang durchaus denkbar, daß über Ashmole, der mit eigener Hand die Rosenkreuzermanifeste abschrieb und der Bruderschaft sehr positiv gegenüberstand, die Rosenkreuzer-Tradition in der englischen Freimaurerei verbreitet wurde. Aus dem Jahre 1638 besitzen wir eine Aussage, die auf eine sehr frühe Verbindung des Rosenkreuzertums zur Freimaurerei hinweist. Es handelt sich dabei um ein Gedicht, das in Edinburgh (1638) veröffentlicht wurde und eine metrische Beschreibung von Perth und seiner Umgebung bietet:

„Was wir prophezeien ist nicht allgemein,
Denn wir sind die Brüder vom Rosenkreuz:
Wir besitzen das Maurerwort und das Zweite Gesicht,
Wir können Künftiges wohl weissagen…"
(zit. nach Frances A. Yates, Aufklärung im Zeichen
des Rosenkreuzes, S. 220f).

Noch stärker tritt diese Verbindung in einem Freimaurerpamphlet aus dem Jahre 1676 hervor, wo es u.a. heißt:

„Wir wollen zur Kenntnis geben, daß die moderne grünbebänderte Kabbala zusammen mit der Alten Bruderschaft des Rosenkreuzes: den Hermetischen Adepten und der Gesellschaft der Eingeweihten Freimaurer alle vorhaben, am nächsten 31. November miteinander zu speisen" (zit. nach Yates, S. 221).

Diese Hinweise beweisen jedoch noch nicht, daß es zu dieser Zeit tatsächlich eine geheime Organisation der Rosenkreuzer gab. Mit einiger Sicherheit kann jedoch gesagt werden, daß Träger rosenkreuzerischer Ideen existierten, die bemüht waren, über die Verbreitung ihrer Philosophie eine von allen religiösen Richtungen akzeptierte Grundlage für einen überregionalen Geheimbund zu schaffen, in dem Menschen unterschiedlicher religiöser Auffassung zusammenleben und gemeinsam am Fortschritt der Wissenschaft im Sinne einer allgemeinen Humanität arbeiten sollten.

Die Gold- und Rosenkreuzer

Zwischen der älteren Rosenkreuzerbewegung und der im 18. Jahrhundert entstandenen Bruderschaft der Gold- und Rosenkreuzer bestand kein direkter Zusammenhang. Der erste Hinweis auf die Gold- und Rosenkreuzer des 18. Jahrhunderts ist eine Schrift von Sincerus Renatus (Samuel Richter) aus dem Jahre 1710: „Die wahrhaffte und vollkommene Beschreibung des philosophischen Steins der Bruderschaft aus dem Orden des Gülden- und Rosenkreutzes denen Filiis Doctrinae zum Besten publiciret von S.R.d.i. Sincerus Renatus." Ab diesem Zeitpunkt gibt es die Verbindung von Rose und Kreuz mit dem Gold, die die Zweiteilung rosenkreuzerischen Geheimwissen in Theologie und Philosophie zum Ausdruck bringt und das im „Stein der Weisen" zu einer Einheit zusammengeführt ist. In einem französischen Ritual einer Rosenkreuzer-Bruderschaft heißt es u.a., daß der philosophische Weg zum Naturgeheimnis und zu zeitlichem Glück und der theosophische Weg in das höchste Geheimnis der Göttlichkeit sowie zum ewigen Leben führen soll. Diese Hinweise verdeutlichen, daß sich Anfang des 18. Jahrhunderts eine Bruderschaft der Gold- und Rosenkreuzer neu oder vielleicht auch wiederbegründet haben könnte. Die weiteren Schriften, die in der Folge erschienen sind, geben keinen eindeutigen Aufschluß über die tatsächliche Existenz des Ordens. Demnach läßt sich auch kein Zusammenhang zwischen den Gold- und Rosenkreuzern und der älteren Rosenkreuzerbewegung rekonstruieren, auch wenn der neue Orden aus älteren Quellen gedankliche Anregungen übernahm oder darauf zurückgriff.

Die älteste Quelle über die Gold- und Rosenkreuzer-Bruderschaft „Aureum Vellus seu Iunioratus Fratrum Roseae Crucis", von einem Mitglied der „Prager Assemblée", stammt aus dem Jahre 1761. Sie enthält Statuten, ein Ritual und wurde zum Teil wörtlich aus der 1749 in Leipzig herausgekommenen Schrift des Johann Heinrich Schmidt, der sich Hermann Fictuld nannte, abgeschrieben. Zweimal wird darin eine „Societät der goldenen Rosen-Kreutzer" erwähnt. Es wäre daher möglich, daß der Autor bei der Gründung der Bruderschaft eine Rolle gespielt hat. Vor 1767 bestand die Bruderschaft aus einem Kaiser und Vizekaiser, die aber nach der Ordensrefom nicht mehr erwähnt werden, und aus sieben Klassen, die sich aus 77 Magi, 700 Majoratsmitgliedern, 1000 Adepti exemti, 1000 Jüngern und aus den jüngst Aufgenommenen zusammensetzten. Spätere Organisationsformen waren hier bereits in ihrer Grundstruktur vorhanden. Nach den Statuten war die Aufnahme von Deisten und Heiden verboten, während Juden in Ausnahmefällen rezipiert werden durften. Dies stieß aber später auf strikte Ablehnung.

Der Orden wurde 1764 durch die Aufhebung des Prager Zirkels öffentlich bekannt. In diesem Kreis existierte bereits eine enge Verbindung zwischen den Rosenkreuzern und der Freimaurerei, was auch aus der Bezeichnung „Loge zur schwarzen Rose" und aus der Doppelmitgliedschaft hervorgeht. Das Eindringen der Rosenkreuzer in die Freimaurerei wurde vor allem durch das Hochgradsystem begünstigt, das sich gegen die aufgeklärten Ziele der Maurerei richtete. Die Rosenkreuzer gaben sich innerhalb dieses Systems als die höchste Stufe der Freimaurerei aus. So wurde zum Beispiel in dem 1777 erlassenen zweiten Hauptplan betont: „Damit aber die Obern ihre wahre Absichten besser verbergen, und die Wißbegierde der Menschen leichter erfahren möchten, so haben sie die 3 untersten Klassen der sogenannten Freymaurerey, als eine Pflanzschule zu höheren Wissenschaften ... errichtet; und obgleich solche durch die Länge der Zeit mit vielen eitlen und unnützen Nebendingen ganz profanirt, und fast unkennbar gemacht worden, so müssen doch ... vom brüderlichen Rechtswegen die tauglichsten Subjecta aus ihrem Mittel geholt werden, und kann kein anderer ... in unsern Zirkel treten ...." (zit. nach: Starke Erweise aus den eigenen Schriften des Hochheiligen Ordens Gold- und Rozenkreutzer... [Rom 5555], S. 3, vermutlich anonym von J.J. Bode hrsg.). Hier wurde die Mitgliedschaft in der Freimaurerei zur

Voraussetzung für die Rosenkreuzer-Bruderschaft mit dem Ziel, die Logen zu unterwandern und langsam umzufunktionieren.

Das Herrschaftssystem des Ordens wurde durch eine Hierarchie des Wissens ideell gefestigt, die vom freimaurerischen Hochgradsystem beeinflußt war. Dieses System gliederte sich in neun Grade, die dem jeweiligen Stand in der rosenkreuzerischen Ausbildung und der praktischen sowie theoretischen Kenntnis der Lehre der Bruderschaft entsprachen. 1777 hatte der Orden 5856 Mitglieder, die sich auf die neun Grade sehr unterschiedlich verteilten: sieben Magi, 77 Magistri, 777 Adepti exemti, 788 Majores, 799 Minores, 822 Philosophi, 833 Practici, 844 Theoretici und 909 Juniores. Die Mitglieder der Bruderschaft setzten sich aus Naturforschern, Ärzten, höheren Offizieren, Theologen und Abenteurern zusammen, also vorwiegend aus höheren bürgerlichen adeligen Schichten.

Das Anliegen des Ordens war religiöser Natur. Im Zentrum stand eine pansophische Emanationslehre, wonach die Natur ein „Ausfluß der Schöpferkraft Gottes und somit selbst ein Stück Gottheit sei". Dazu kam dann später eine starke Politisierung im Zuge des Differenzierungsprozesses der Aufklärung. Dabei standen eine ausgeprägte Personalpolitik und die Bildung einer sozial integrierenden elitären Truppe im Vordergrund. Das Beispiel der Politik Wöllners zeigt, daß das Anliegen der Rosenkreuzer auch nach der erfolgten Politisierung des Ordenszweckes religiös orientiert blieb. Die Auseinandersetzung mit der Aufklärung, die den Inhalt der rosenkreuzerischen Politik ausfüllte, war ein Kampf gegen Irreligiosität, Deismus und Naturalismus. Politischen Einfluß gewann der Orden vor allem in Preußen und mit Abschwächung auch in Bayern.

Nach 1767 breiteten sich die Rosenkreuzer rasch aus und gewannen zunehmend Einfluß, wobei diese Ausdehnung lokale Schwerpunkte aufwies, wie in Süddeutschland, Wien, Sachsen, Schlesien, Berlin und weiteren Gebieten in Norddeutschland, Rußland und Polen. Mit der Herrschaft Friedrich Wilhelms II. von Preußen ist dann der Höhepunkt des Ordens erreicht, doch setzte gleichzeitig wegen der verstärkten politischen Ordenszwecke auch sein Niedergang ein. Dazu kamen noch die aufkommende innere Kritik durch das Ausbleiben der versprochenen Wunder und das Ergebnis des Wilhelmsbader Konvents von 1782, der das Hochgradsystem (die Strikte Observanz) innerhalb der Freimaurerei und damit den Einfluß der Rosenkreuzer beseitigte. Nach 1787 trat der Orden nicht mehr in Erscheinung. In diesem Jahr wurde ein „Silarium", der einstweilige Stillstand der Arbeit, verfügt. Das genaue Ende der Rosenkreuzer-Bruderschaft ist, wie ihr Anfang, aufgrund des vorhandenen Quellenmaterials leider nicht genau zu datieren.

Der Geheimbund der Illuminaten

Die Ziele des Illuminatenordens, der 1776 von Adam Weishaupt, Professor für Kanonisches Recht an der Universität Ingolstadt, gegründet wurde, waren eingebunden in einen universalen geschichtsphilosophischen Begründungszusammenhang, wonach die Aufklärung als eine Entwicklungsstufe eines naturwüchsigen Geschichtsprozesses verstanden wurde, dessen Ursprung in einem vorhistorischen Naturzustand lag. Ziel dieses Geschichtsprozesses war ein Endzustand, der sich mit dem Ausgangspunkt der Gesellschaft, dem Naturzustand deckt. Dabei handelt es sich um eine kosmopolitische Weltordnung ohne Staaten, Fürsten und Stände. Die Aufklärer, die sich – wie der Illuminatenorden – zu organisieren begannen, faßten die Wiederherstellung der menschlichen Rechte und die Förderung von Aufklärung und Moral ins Auge, um so jede Herrschaft langsam abzubauen. Die Vernunft sollte das „alleinige Gesetzbuch der Menschen", das Menschengeschlecht „dereinst eine Familie und die Welt der Aufenthalt vernünftiger Menschen" werden. Unter Aufklärung verstand Weishaupt weniger eine geistige Bewegung als vielmehr eine moralische und politische Qualität. Sie war bei ihm nicht identisch mit theoretischen abstrakten Problemen, sondern verändert Menschen und ihre Gesellschaft, trägt zur Vervollkommnung der Menschen bei und bessert das „Herz".

Die Moral wird bei ihm mit der Lehre Jesu und seinen Jüngern gleichgesetzt. Sie führt die Menschen zu ihrer höchsten Vollendung. Die christliche Forderung der Nächstenliebe und der Gütergemeinschaft reflektiert nach seiner Auffassung den Naturzustand des Menschen und ermöglicht erst die Freiheit.

Unverkennbar schließt sich hier Weishaupts Lehre an das utopische Potential der christlichen Botschaft an. Durch die aufkommende Fürstenherrschaft, den weltlichen Despotismus und die zunehmende Zivilisation wurde jedoch das menschliche Naturparadies zerstört, und die Priesterherrschaft, der geistliche Despotismus und die Theokratie haben die Lehre Jesu depraviert. Die wesentlichste Aussage des Urchristentums sei in der „Hülle der Freimaurerei" erhalten geblieben, zumal diese durch die Verbreitung der Lehre Jesu und die Aufklärung der Vernunft ein „thätiges" Christentum verkörpere. Die Freimaurerei habe sich aber im Laufe der Zeit durch Eigennutz und die Erfindung von neuen Graden, Goldmacherei und Zeremonien von ihrer ursprünglichen Idee so weit entfernt, daß die Illuminaten Vernunft und Moral retten mußten. Letztlich wollte der Orden den die menschliche Natur depravierenden Despotismus überwinden und einen kosmopolitischen Republikanismus errichten, in dem die aufgeklärte Vernunft den Naturzustand des Menschen von Gleichheit und Freiheit wiedererrichtet. Damit wurde zum ersten Mal unter Berufung auf die Aufklärung der Geltungsanspruch vernünftiger Normen auf den staatlichen Bereich erweitert und in der Forderung nach einem Vernunftstaat eine politische Utopie konzipiert, die die politische Seite des aufgeklärten Denkens nun auch verwirklichen sollte.

Anfang 1780 begann sich der Orden, der ursprünglich nur ein geheimer Studentenbund war, über Bayern hinaus zu verbreiten. Mit dem Eintritt Adolph Freiherrn von Knigges wurde er neu strukturiert und durch eine Reform des Ordenssystems gestärkt. Knigge konnte durch unermüdlichen Einsatz und zahlreiche persönliche Beziehungen dem Orden weitere Mitglieder zuführen. Die Ziele, die der Freiherr verfolgte, waren darauf gerichtet, eine stärkere Verbindung zwischen dem Orden und der Freimaurerei herzustellen, weshalb er die Unterwanderung der bestehenden Logen und die Einverleibung in den eigenen Orden vorsah. In das Gradsystem des Illuminatenordens wurde daher die Freimaurerei bewußt als zweite Klasse aufgenommen, weil dies der Absicht entgegenkam, die Logen systematisch zu unterwandern. Die Freimaurerei sollte auf diese Weise stärker für die politischen Zwecke des Illuminatenordens eingesetzt werden. Daß sie dabei nur die Hülle der Gesellschaft der Illuminaten war, verdeutlicht nicht zuletzt die Unterwanderung der Münchner Loge „St. Theodor zum guten Rath" und der Wiener Loge „Zur wahren Eintracht". Für diese bewußte Unterwanderung war vor allem Weishaupt, während Knigge, der sehr enge Kontakte zur Freimaurerei unterhielt, für eine Vereinigung beider Gesellschaften eintrat, um seinen freimaurerischen Reformplan, die Strikte Observanz zu reinigen, besser realisieren zu können. Weishaupt war der Auffassung, daß die unterwanderten Logen zu Hilfsorganisationen werden sollten, wobei die für den Illuminatenorden ungeeigneten Freimaurer in den Logen zu verbleiben hätten.

Auf dem Höhepunkt seines Aufbaus umfaßte der Orden 600 bis 700 Mitglieder in ganz Deutschland, die sich größtenteils aus Beamten, Professoren und Weltgeistlichen, darunter auch ein hoher Anteil an Adeligen, zusammensetzte, während Kaufleute und Kleinbürger unterrepräsentiert waren, was auf einen Widerspruch innerhalb des Ordens hinweist. Die verschiedenen Gegensätzlichkeiten, persönlichen Kämpfe und die Aufdeckung sowie Verfolgung 1784/85 führten schließlich zum Verfall und zur Auflösung des Geheimbundes. Mit der Aufdeckung des Illuminatenordens bekam die reaktionäre Entwicklung neuen Auftrieb und zudem den Beweis in die Hand, daß die Aufklärung religions- und staatsfeindlich eingestellt war. So wurden die Illuminaten als politische Feinde des bestehenden Systems denunziert und nach 1789 als Jakobiner und Urheber der Französischen Revolution verketzert. Schüchterne Wiederbelebungsversuche, wie zum Beispiel Carl

Friedrich Bahrdts „Deutsche Union", blieben nur kurze Erscheinungen.

Der wesentlichste Unterschied zwischen dem Illuminatenorden und der Freimaurerei lag trotz starker personeller Verknüpfung im Charakter der beiden Gesellschaften. Die Freimaurerei war letztlich eine esoterische Gemeinschaft ohne Ideologie, die Rituale sehr betonte, während der Geheimbund der Illuminaten ein rational-aufgeklärtes System mit ideologisch-politischer Zielsetzung besaß. Daher ist der Illuminatenorden stärker den politischen Geheimbünden zuzuordnen. In der „Eudämonia" von 1796 heißt es über die Illuminaten, daß die Absichten dieses „abscheulichen Bundes" darauf ausgerichtet seien, „die Altäre umzustürzen, die Thronen zu untergraben, die Moral zu verderben, die gesellschaftliche Ordnung übern Haufen zu werfen, kurz jede bürgerliche und religiöse Einrichtung einzureissen, und Heidenthum, Mordgericht, und alle Gräuel einer demagogischen Anarchie dafür einzuführen" (Eudämonia oder deutsches Volksglück II, Leipzig 1796, S. 232ff). Diese als „Verschwörungstheorie" in die Forschung eingegangenen Vorstellungen eines weltweiten Netzes radikaler Wühlarbeit der Geheimgesellschaften hat sich heute aufgrund neuerer Untersuchungen als konterrevolutionäre Erfindung herausgestellt, was sich am Beispiel des Illuminatenordens überzeugend belegen läßt. Der Geheimbund der Illuminaten lehnte nämlich die gewaltsame Revolution ab, da er die Herrschaft der Moral auf konspirativem Weg erreichen wollte, ohne den absolutistischen Staat revolutionär zu bedrohen. Er war daher eher Teil des aufgeklärten Absolutismus und nicht Opposition.

Die Deutsche Union

1786/87 gründete Carl Friedrich Bahrdt zur Verwirklichung seiner radikal-aufklärerischen Ideen eine überregionale und überstaatliche geheime Korrespondenzgesellschaft, die er „Deutsche Union" nannte. Diese Union, der zu Beginn 22 Personen angehörten, Mitglieder einer schon vorher in Halle gegründeten Reformloge, war ein Zusammenschluß von Gelehrten, Schriftstellern und Lesern und verstand sich als Autoren- und Leserverband. Als Ziel schwebte Bahrdt ein genossenschaftlich organisierter Selbstverlag von Autoren vor, der einen engen Kontakt zu den Lesern herstellen sollte. So war Bahrdt bestrebt, eine „Korrespondenz durch ganz Europa" aufzubauen. Eine bedeutende Rolle sollten dabei die Lesegesellschaften spielen, die er vor allem dort errichten wollte, wo seine Union dringend Stützpunkte brauchte. Offenbar dachte er an eine Mischung von Geheimbund und Leserverband, wobei er den engeren Bund bewußt von der Öffentlichkeit abschirmen wollte. Während hier strikte Geheimhaltung herrschen sollte, bildeten die Lesegesellschaften gleichsam die „Außenseite" des Unternehmens. Aus der breiten Mitgliedschaft wollte Bahrdt einen engeren Personenkreis auswählen, der den esoterischen Kern des Bundes bilden sollte. Das Neue an diesem Geheimbund war eben diese spezifische Organisationsform: die Kombination von Geheimgesellschaft und Leserverband.

Im Gründungsaufruf „An die Freunde der Vernunft" aus dem Herbst 1787 kündigte Bahrdt eine „literarische Gesellschaft" an. Dieser Aufruf entstand zu einer Zeit, in der aufklärungsfeindliche Regime scharf gegen kritische Aufklärer vorgingen. Sichtbare Zeichen dieser Reaktion waren Freimaurerverbote, Illuminatenjagd und verschiedene Verfolgungen oppositioneller Kräfte. Rosenkreuzerei und Mystizismus, Polizeistaat und Spitzelwesen standen auf der Tagesordnung – die ängstlichen Herrscher reagierten überempfindlich. Bahrdt zufolge gab es dagegen ein wirksames Mittel: den korporativen Zusammenschluß aller kritischen Aufklärer. Der neue Bund wurde deshalb als eine radikale aufklärerische Organisation konzipiert mit dem Ziel, den Gegnern der Aufklärung Widerstand zu leisten und sie zu bekämpfen. Gemeint waren hier konkret die preußischen Rosenkreuzer wie König Friedrich Wilhelm II. und seine beiden Günstlinge Johann Christoph von Wöllner und Johann Rudolf von Bischoffwerder, die in Berlin bedeutenden Einfluß hatten. Bahrdt strebte zunächst die Durchsetzung der Aufklärung im Kulturleben an, um später die „politische Welt" für die Ideen der Aufklärung zu gewinnen. Der erwähnte Aufruf erreichte mehrere hundert Vertreter der deutschen Intelligenz und fand dort Resonanz. Der „große Zweck" wurde sehr allgemein formuliert: es gehe bei dieser „stillen Verbrüderung" um „Aufklärung der Menschheit und Dethronisierung des Aberglaubens".

Bahrdt gliederte seine „Deutsche Union" zu Beginn in zehn bis zwölf und später in 24 „Provinzen oder Diözesen". Dabei nahm er auf die bestehenden Monarchien und ihre Grenzen keine Rücksicht. Er vertrat die Auffassung, daß die Lesegesellschaften nicht zu isolierten Gruppen bürgerlicher Intellektueller werden sollten. Sie hätten vielmehr für die Volksbildung zu sorgen und die Aufklärung „in die Hütten des Volkes" zu tragen. Im Herbst 1787 erhielt ein größerer Adressatenkreis einen zweiten „verbesserten Plan", in dem erneut hervorgehoben wurde, wie wichtig es sei, den Buchhandel ganz in die Hand zu bekommen. Bahrdt meinte, man könne auf diese Weise die Gegner der Aufklärer um „Verleger und Publikum" bringen. Das wichtigste Forum der Meinungsbildung war das Politisch-literatische Intelligenzblatt der Union, welches das Ideengut der Organisation propagieren sollte. Den „dirigierenden" Schriftstellern kam die Aufgabe zu, das Intelligenzblatt zum Sprachrohr oppositioneller, kritischer Aufklärung zu machen. Die Lesegesellschaften sollten für die Sicherung und Vermehrung des Buchabsatzes sorgen. Sie hatten darüber hinaus auch die Aufgabe, unmittelbare Literaturpropaganda für die radikale Aufklärungsgesellschaft zu betreiben, um so die Leserwelt zu beeinflussen. Der Kontakt mit der Lesergemeinschaft wurde von der Unionsleitung durch regelmäßige Korrespondenz mit den Sekretären der Lesegesellschaften hergestellt, insbesondere durch Direktiven, Nachrichtenübermittlung, Berichterstattung und Buchsendungen.

Die Autoren als „dirigierende Brüder" wirkten vor allem durch Richtlinien und Informationen an die Leiter der Lesekabinette auf die Urteilsbildung des Leserpublikums ein. Der Sekretär der Lesegesellschaft erhielt zum Beispiel den Auftrag, auf Bücher und Periodika der radikalen Aufklärung inner-

und außerhalb seiner Organisation aufmerksam zu machen und sie zu empfehlen, während antiaufklärerisches Schrifttum strikt abgelehnt werden sollte. Die Literaturpropaganda umfaßte den gesamten Wirkungsbereich der deutschen Aufklärung. Bahrdt wollte überall in Deutschland eine Unionsloge, die aus ihrer Mitte einen Leseklub organisieren sollte, wobei die Buchhändler in der Leitung der Lesegesellschaft als Fachleute die sachgemäße Organisierung des Buchvertriebes und -verleihs garantieren sollten. Diese Ziele waren jedoch sehr schwer zu realisieren.

Die Organisation der Leseklubs wurde im „Geheimen Plan der Deutschen Union" von 1788 geregelt. Dabei handelte es sich um ein drittes Programm, das die maßgebenden Persönlichkeiten des Bundes erhielten. In der einleitenden Übersicht wird der geheime Bund als Vereinigung von Autoren und Lesern charakterisiert und als „eine stille Verbrüderung des schreibenden und lesenden Publikums" bezeichnet, „deren letzter Zweck ein Geheimnis bleibt". Die wichtigsten Anliegen der Union umfaßten die „Vervollkommnung der Wissenschaften", die „Verbesserung der Erziehung" und die Förderung „gemeinnütziger Talente". Diese Ziele und die Hierarchisierung in verschiedene Grade verdeutlichen den Einfluß der Freimauerlogen, die neben den allgemeinen humanitären Vorstellungen der Aufklärung besonders der Selbsterziehung und Vervollkommnung der menschlichen Persönlichkeit große Bedeutung beimaßen.

Ab September 1788 gab Bahrdt einigen Vertrauten seinen „Geheimsten Operationsplan" zur Durchsicht. Darin wurde als letzter Zweck der Union die „Entthronung des Despotismus und Entfesselung der Menschheit" hervorgehoben, eine eindeutige Anspielung auf den notwendigen Sturz der Fürsten. Durch diesen antimonarchischen Zug unterschied sich die Union deutlich von anderen Geheimgesellschaften, wie z.B. von den Illuminaten und Rosenkreuzern. Die Personalunion zwischen dem Vorsitzenden der geheimen Bruderschaft und dem Direktor der geheimen Lesegesellschaft blieb auch hier bestehen. In diesem letzten Plan traten besonders die freimaurerischen Strukturen des Bundes deutlich hervor: „Der Meister (vom Stuhl) hat als Vorsteher an seinem Orte zugleich die Lesebibliothek zu besorgen."

Bahrdt selbst wurde im April 1789 auf Befehl König Friedrich Wilhelms II. wegen seiner aufklärerischen Aktivitäten und einer Satire gegen die preußische Reaktion verhaftet. Die Regierungen deckten infolge von Denunziationen und Indiskretionen durch Briefkontrollen und Enthüllungsschriften die Deutsche Union auf. Minister Wöllner drohte Bahrdt sogar den Tod an. Nach dem Ausbruch der Französischen Revolution schlug Wöllner jedoch eine andere Taktik ein und empfahl dem König Bahrdts Begnadigung, um den Gefangenen nicht zum Märtyrer zu machen. Daher ließ man die Anklage auf staatsgefährdende Geheimbündelei fallen und verurteilte Bahrdt zu einer Festungshaft. In der Urteilsbegründung wurde das „Verbrechen der Majestätsbeleidigung" hervorgehoben, der Geheimbund aber gezielt heruntergespielt. Dabei dienten vor allem die Freimaurerlogen und Lesegesellschaften zur Rechtfertigung des Freispruchs bezüglich der Deutschen Union. Bahrdt wurde zur Verbüßung seiner Strafe auf die Festung Magdeburg gebracht, wo auch andere Oppositionelle eingekerkert waren. Als er 1790 nach einem Jahr und drei Monaten Gefängnis aus der Haft entlassen wurde, war er in seiner radikal-aufklärerischen Haltung ungebrochen. Unter dem Einfluß der revolutionären Ereignisse in Frankreich wurde er sogar zum radikalen Demokraten.

Noch auf der Festung beendete er am 1. Mai 1790 seine vierbändige Autobiographie, die 1790/91 an fünf Orten erschien. Die wichtigsten politischen Kampfschriften gegen die Wöllner-Reaktion kamen zwischen 1790 und 1792 heraus, in denen Bahrdt den Absolutismus und die Monarchie kritisierte und gegen Korruption, Mätressen- und Günstlingswirtschaft, gegen Unterdrückung und Aussaugung des Volkes polemisierte. Diese Schriften sind vor dem Hintergrund der Französischen Revolution zu sehen. Über den Sturz der Monarchie hinaus verlangte nun Bahrdt sogar eine Demokratie. Das Volk sei nicht nur zur Revolution gegen schlechte Regierungen verpflichtet, sondern sollte auch selbst die Macht übernehmen. Mit der Französischen Revolution teilte seine Staatslehre auch die Grundforderung nach Verwirklichung der Menschen- und Bürgerrechte.

Die Carbonari

Waren die italienischen Geheimgesellschaften vor der Französischen Revolution noch stark der Ideologie der Aufklärung verpflichtet, so wurden sie nach dem Sturz Napoleons politischer und spielten künftig besonders in der italienischen Nationalbewegung eine Rolle. Der „Köhler-Bund“, die „Carboneria“, entstand in Italien höchstwahrscheinlich durch rückwandernde Flüchtlinge, die in Frankreich oder in der Schweiz von den „Fendeurs“ (Holzfällern) gehört hatten oder vielleicht auch Mitglieder dieses Bundes waren. Möglich wäre auch, daß die Carboneria in Süditalien mit den „Charbonniers“ der Franche Comté in Verbindung stand. Schon 1797 mußte sich der neapolitanische Polizeiminister Salicetti mit einer „Verschwörung“ befassen, die er als „carbonaristisch“ bezeichnete.

1809 schlossen sich die verstreuten Einzelgruppen der Carbonari-Bewegung in einer ersten Hauptloge („vendita“) in Capua zusammen. Joseph Bonaparte und Joachim Murat könnten die Carboneria nach Süditalien gebracht haben. Pierre Joseph Priot, einer der politisch engagiertesten alten Jakobiner, hatte sich schon in Frankreich für ein geeintes Italien eingesetzt. Als Kommissar der französischen Regierung auf Elba entfaltete er ein besonderes Interesse für die Armen und Benachteiligten, wurde in Italien bald in Chieti Intendent der Abruzzen und dann in Cosenza Intendent Kalabriens. In beiden Städten übernahm er die höchsten Ämter der Freimaurerei. In Frankreich war er Mitglied der „Société secrète des Bons Coucins Charbonnier“, die in der Franche-Comté wirkte. Vielfach wurde Priot als der eigentliche Gründer der neapolitanischen Carboneria angesehen, weil die ersten „Geschäfte“ der Bewegung mit seiner Ankunft in den Abruzzen und in Kalabrien entstanden.

Die Carboneria verbreitete sich schnell unter den Kleinbürgern und Handwerkern der Haupt- und Provinzstädte. Zu dieser raschen Verbreitung trug sicher das einfache Ritual bei, das auf den christlichen Glauben und der Verehrung des hl. Theobald, des Schutzheiligen der Kohlenhändler, aufbaute. Die Sektionen der Organisation bezeichnete man als „Geschäfte". Sie unterstanden sogenannten „Muttergeschäften", die ihrerseits von einem „hohen Geschäft" mit Sitz in Salerno oder Neapel abhingen. Es gab die Grade des Lehrlings und des Meisters, die ein philanthropisches, unabhängiges und konstitutionelles Programm vertraten. Noch vor 1818 kam ein dritter Grad – der Großmeister der Carboneria – hinzu, der aber nur wenigen Auserwählten vorbehalten blieb. Dieser Grad propagierte die Landverteilung (lex agraria) und die Gütergemeinschaft. Wegen seiner politischen Stoßrichtung erregte dieses Programm Aufsehen und erzeugte auch Unruhe in den eigenen Reihen, so daß dieser Grad zurückgenommen werden mußte. An seine Stelle traten sieben Grade nach dem Vorbild der Freimaurerei und ein neuer Geheimbund, der sich „Guelvia" nannte. Dieser Bund entstand mit der Absicht, dem ursprünglich radikalen Programm des dritten Grades entgegenzuwirken. Von Neapel aus verbreitete sich die Carboneria im Kirchenstaat, in der Emilia, in der Toskana, in Ligurien, in Piemont und entlang der Seehandelsroute Neapel–Porto Ferraio–Livorno–Genua.

Die napoleonischen Logen wurden mit der Ankunft der Österreicher in Lombardo-Venezien sofort geschlossen. An ihre Stelle trat jedoch eine Reihe neuer Geheimorganisationen mit politischer Zielsetzung. Im Norden waren es vor allem die von Buonarroti aus Genf angeführten „Adelfi" und im Süden Italiens der Geheimbund der Carbonari. Neben diesen beiden Organisationen existierten kleinere Bünde, die zum Teil selbständig oder auf Initiative der beiden großen Gruppen entstanden. Diese bedienten sich der kleineren Bünde, um eigene Aktivitäten zu verschleiern und den Verfolgungen der Polizei zu entgehen.

So gab es verschiedene Organisationen, wie z.B. die der

„Spillanera“, der „Cavallieri del Sole“ und der „Decisi“, deren Mitglieder nicht wußten, daß sie von größeren Bünden gelenkt wurden. Sie alle verfolgten ein klar umrissenes Ziel: die Errichtung einer Republik oder konstitutionellen Monarchie und die Freiheit sowie Unabhängigkeit vom Ausland. Nach dem Sturz Napoleons bemühten sich die „Adelfi“ in Piemont um eine Rückkehr des Herrschers und Buonarrotis, bisher ein entschiedener Gegner Napoleons, und unterstützten von Genf und Grenoble aus die Einberufung von Freiwilligen gegen die wiedereingesetzten Bourbonen. Gleichzeitig formierte sich in der Lombardei die erste Verschwörung gegen Österreich, die vor allem von Offizieren des aufgelösten napoleonischen Heeres getragen wurde und bei der sich erstmals die Gesellschaft der „Centri“ hervortat, die den Sturz des österreichischen Gouvernements und die Errichtung einer Monarchie unter Murat oder Viktor Emanuel I. von Savoyen ins Auge faßte. In Italien blieb die politische Situation, wenn man von einigen kleineren Umsturzversuchen absieht, bis zu den großen Unruhen 1820 und 1821 ruhig.

In Neapel erreichten die unzufriedenen Aufständischen 1820 durch eine von der Carboneria angeregte friedliche Massenkundgebung vom König die Bewilligung einer Konstitution. Die Erhebung der Carbonari unter General Pepe war vor allem gegen die Mißwirtschaft König Ferdinands I. gerichtet. Die Aufständischen wollten eine Landesreform und versuchten, die Unruhen auf das übrige Italien auszuweiten. Um dieses Ziel zu erreichen, reisten Emissäre nach Piemont, in die Lombardei und in den Kirchenstaat. Der Umsturz, anfänglich erfolgreich, wurde später von der österreichischen Armee niedergeschlagen, wobei mitentscheidend war, daß das konstitutionelle Parlament in Neapel mehrheitlich aus gemäßigten, alten Anhängern Murats und reichen Großgrundbesitzern zusammengesetzt war, die die politische Macht mit dem Monarchen teilen wollten und den Reformvorstellungen der Carbonari eher skeptisch gegenüberstanden. Zur selben Zeit brach auch in Piemont eine Revolte aus, um die fremde Besatzung aus Italien zu vertreiben; sie scheiterte aber, da schon sehr früh Kontroversen unter den Aufständischen ausgebrochen waren. Die Unruhen beunruhigten die Herrscher der Heiligen Allianz in hohem Maße, so daß harte Strafmaßnahmen und Prozesse gegen die Geheimorganisationen folgten. Besonders die Prozesse gegen die Geheimbünde in Lombardo-Venezien deckten die Reichweite des Netzes der „Adelfi" und „Federati" auf. Ein schwerer Schlag traf Filippo Buonarroti und seine Organisation, als ein Beauftragter in Mailand verhaftet wurde und das gesamte dokumentarische Material in die Hände der Polizei fiel. Buonarroti wurde daraufhin aus Genf ausgewiesen und flüchtete nach Brüssel. Auch im Kirchenstaat und im Reich beider Sizilien ging die Polizei massiv gegen die Geheimbünde vor. Die Carboneria in Süditalien konnte aber, wie die weitere Entwicklung zeigte, nicht zerschlagen werden.

Schon gegen Ende der 20er Jahre machten sich in Ober- und Mittelitalien erneut umstürzlerische Bewegungen bemerkbar. 1827 begann Mazzini seine Tätigkeit in der Carboneria als Sekretär des „Geschäfts" „La Speranza" in Genua. Er breitete sein Verbindungsnetz von Genua bis in die Toskana und in die Lombardei aus. Auch in Piemont hatten Gruppen der Carboneria mit Exilierten Kontakt aufgenommen, die im Ausland zum Teil alte Organisationen der Carboneria wiederaufbauten, teils neue Organisationen gründeten und in Brüssel in enger Verbindung zu Buonarroti standen. Unter den wiedererrichteten Geheimbünden überwog die Carboneria, mit der die Erinnerung an den Aufstand in Neapel 1820 eng verbunden blieb. Beim Ausbruch der Juli-Revolution 1830 eilte Buonarroti nach Paris, wo er mit den Revolutionären Kontakt aufnahm. Gemeinsam mit anderen Emigranten gründete er Anfang 1831 die „Giunta liberatrice italiana", die ein geeintes Italien unter dem Zeichen demokratischer Freiheiten anstrebte. Auch in Mittel- und Norditalien kam es nun zu Aufständen. In Genua wurde von der Polizei eine Verschwörung der Carboneria aufgedeckt, ihr führender Kopf, Mazzini, konnte dabei verhaftet werden. Weitere Unruhen brachen in Florenz und in Modena aus, doch alle diese Aufstände wurden, wie schon vorher, durch den österreichischen Eingriff und strenge Polizeimaßnahmen niedergeschlagen.

Zahlreiche Patrioten fanden in Frankreich Exil, von wo aus sie auf eine Wiederaufnahme der revolutionären Aktivitäten hofften. Mazzini plante während seiner Gefängniszeit eine neue Vereinigung, die, um den Nachstellungen der Polizei zu entgehen, auf die bisher erprobten Methoden der Geheimgesellschaften verzichten sollte. Er war der Überzeugung, daß Riten und Zeremonien einem offenen Gespräch aller Mitglieder im Wege stünden. Sein Motto lautete: „Überlegung und Aktion“. Als er sich 1831 entweder für einen Zwangswohnsitz oder fürs Exil entscheiden mußte, wählte er letzteres und ging nach Marseille, wo er die Vereinigung „Giovine Italia“ gründete. Ihr Programm umfaßte den Kampf für ein von Fremdherrschaft befreites Italien und eine durch ein allgemeines Wahlrecht errichtete einheitliche demokratische Republik. Das „Junge Italien“ trug bereits Züge einer modernen politischen Partei und verdrängte langsam die Carbonari-Bewegung in Italien. Buonarroti, der zunächst mit dieser neuen Vereinigung zusammenarbeiten wollte, leitete aufgrund ihres Erfolges gezielte Gegenmaßnahmen ein und gründete eine neue, nur für Italien bestimmte Geheimorganisation („Veri Italiani“), die zwar auf die äußeren Formen der Carboneria verzichtete, dennoch aber an den Grundsätzen einer geheimen Lenkung und eines sozialrevolutionären Umsturzes festhielt. Diese Neugründung hatte zudem die Aufgabe, der italienischen Nationalbewegung eine sozialistische Prägung zu geben. Die Unterschiede der beiden Organisationen und ihrer Mentoren, Mazzini und Buonarroti, traten dabei immer deutlicher hervor und steigerten sich bis zum offenen Bruch 1833.

Vierter Teil: Freimaurerei, Politik, Kirche und Antimasonismus

1. Freimaurerei, Staat und Politik

Die Beziehung der Freimaurerei zum Staat ist bereits in den „Alten Pflichten“ festgelegt, wo es heißt: „Ein Maurer ist ein friedfertiger Unterthan der bürgerlichen Gewalten, wo immer er auch wohnt und arbeitet, und läßt sich nicht in Zusammenrottungen und Verschwörungen gegen den Frieden und die Wohlfart des Volkes ein, noch beträgt er sich pflichtwidrig gegen die Unterobrigkeiten. Denn, gleichwie Krieg, Blutvergiessen und Unruhen der Maurerei immer nachteilig gewesen, also waren auch von Alters her Könige und Fürsten sehr geneigt, die Zunftmitglieder wegen ihrer Friedfertigkeit und Bürgertreue aufzumuntern, so den Spitzfindigkeiten ihrer Gegner thatsächlich begegnend und die Ehre der Brüderschaft befördernd, die immer in Friedenszeiten blühte“ (Die Alten Pflichten II). Ausdrücklich wird darauf hingewiesen, daß die Brüder besonders verpflichtet seien, den Frieden zu fördern, die Eintracht zu pflegen und nach Einigkeit und Bruderliebe zu streben. In diesem Sinne ist die Freimaurerei eine Stütze des Staates, was aber nicht bedeutet, daß sie Verstöße gegen die Humanität akzeptiert. Der Staat hat sich allerdings zur Freimaurerei in verschiedener Weise verhalten. Er verbot sie, er duldete oder beschützte sie. Das staatliche Verbot hing vor allem mit der Stellung der katholischen Kirche zur Freimaurerei oder mit absolutistischen und totalitären Regimen zusammen.

Die Freimaurerei ist zwar als Organisation mit Ausnahme des Grand Orient de France unpolitisch, den einzelnen Mitgliedern steht es aber frei, sich aktiv politisch zu betätigen. Immer wieder zeigte sich jedoch in der Geschichte der Freimaurerei, daß sie durch ihre Ziele und das humanitäre Verhalten ihrer Mitglieder in der Gesellschaft indirekt politischen Einfluß nahm. So hat die Freimaurerei als gesellschaftliche

Formation die Aufklärung mitgeprägt. Beide stellten mit ihren strukturellen Gemeinsamkeiten eine spezifische Antwort auf das System des Absolutismus dar. Verschiedene Gruppen, wie der antiabsolutistische Adel, das finanzkräftige Bürgertum und die Philosophen, die sozial anerkannt, aber teilweise ohne politischen Einfluß waren und in den bestehenden Einrichtungen des absolutistischen Staates keinen adäquaten Raum fanden, trafen sich an Orten, wie an der Börse, in Bibliotheken und literarischen und gelehrten Gesellschaften, um Kunst, Kultur und Wissenschaft zu betreiben. Versuche dieser Gruppen, eine selbständige politische Tätigkeit zu entwickeln, scheiterten am Staat, der seine Ordnung in Frage gestellt sah. So blieb letztlich als einzige Institution, die sowohl dem absolutistischen Herrschaftsanspruch entsprach und ihm gleichzeitig auch entging, die Freimaurerei. Sie stellte eine für das neue Bürgertum „typische Bildung einer indirekten Gewalt im absolutistischen Staat“ (Reinhart Koselleck) dar.

Die Freimaurer haben sich einen geistigen Innenraum geschaffen, den sie bewußt von der Außenwelt abzuschirmen versuchten. Die Möglichkeiten der „königlichen Kunst“, den unbehauenen Stein zu polieren und damit die Mitglieder auf die Stufe des Lichts zu heben, wiesen eine weite Skala auf, die von rationalen Plänen des sozialen Zusammenlebens bis zu mystischen Vorstellungen reichte. Die Freimaurerei war geprägt von rationalen Erweckungen alter Mysterien und einer eigenständigen Hierarchie unabhängig von Kirche und Staat. Sie stellte eine neue, der bürgerlichen Gesellschaft entsprechende Organisationsform dar. Sozialontologisch hat dies Lessing in seinem Freimaurer-Gespräch zwischen „Ernst und Falk“ etwas überspitzt zum Ausdruck gebracht. Darin tritt besonders die soziale und gesellschaftliche Funktion der Logen hervor. Die Bürger integrierten den sozial anerkannten, aber politisch zum Teil entrechteten Adel und schufen damit eine Grundlage zur Zusammenarbeit auf der Basis sozialer Gleichberechtigung. In den Logen wurden alle ständischen Unterschiede verwischt. Damit richtete sich zwar die Freimaurerei gegen das bestehende Sozialgefüge im Absolutismus, stand aber noch in keinem grundsätzlichen Widerspruch zum absolutistischen Staat. In den Logen war die soziale Gleichheit eine Gleichheit außerhalb des Staates. Der Freimaurer verstand sich in der Loge nicht als Untertan der Staatsgewalt, sondern als Mensch unter Menschen. Diese Freiheit vom Staat war wohl das eigentlich Politische in der Freimaurerei, denn ihre Unabhängigkeit und Freiheit konnte sie nur in jenem Bereich verwirklichen, der nicht unter dem Einfluß der politischen und kirchlichen Instanzen stand. Ihr „Arkanum" hatte daher auch eine entscheidende Schutzfunktion vor der Kirche und dem Staat. Dieser Funktion entsprach auf geistiger Ebene die Trennung von Moral und Politik, die schon 1723 in den „Alten Pflichten" festgelegt wurde. Hinter der Abwendung von der herrschenden Politik stand die Absicht, über die bestehenden Parteien hinaus eine neue soziale Einheit zu bewirken, doch zeigte sich in der Praxis sehr rasch, daß einzelne Logenmitglieder enge Verbindungen mit der Politik eingingen und in ihre Dienste traten.

Die bürgerliche Freiheit im absolutistischen Staat konnte sich nur verwirklichen, solange sie sich auf einen abgeschirmten Innenraum beschränkte. Das Bürgertum und der Adel wuchsen zwar aus diesem Innenraum heraus und konsolidierten sich in privaten Gesellschaften, blieben aber durch den Charakter der Freimaurerei eingegrenzt. Die gemeinsame Teilnahme am „Arkanum" gewährleistete die Gleichheit der Brüder und glich die ständischen Differenzen aus. Durch die Trennung von der Außenwelt und die kritische Einstellung zur bestehenden sozialen, religiösen und staatlichen Ordnung entstand so eine neue Elite. Diese Trennung zwischen einem weltlichen Außenraum und moralischen Innenraum wurde schließlich auf die Gesellschaft selbst übertragen und im Hinblick auf Führungsaufgaben differenziert. Die verschiedenen Grade (Erkenntnisstufen) schufen ein Schleusensystem, das nach innen und innerhalb der Systeme nach oben hin offen war, nicht aber nach unten und außen.

Das große Gewicht der Freimaurerei seit dem 18. Jahrhundert zeigte sich neben ihrer Bedeutung als „Sozialinstitut der moralischen Welt“ auch darin, daß mehrere Staatsmänner den Logen beitraten, weil die Freimaurer mit ihrer moralischen Zielsetzung zwangsläufig auch die Sphäre der staatlichen Politik berührten. Der Freimaurerei kam wegen ihrer sozialen Gruppierung das Gewicht einer indirekten Gewalt im absolutistischen Staat zu. Sie hatte zwar direkt nicht mit der Politik zu tun, doch bedrohte ihre indirekte Gewalt die Souveränität moralisch.

Die Freimaurerei hat einen nicht unwesentlichen Einfluß auf die „Erosion der höfisch-aristokratischen Standeskulturen“ und auf die Entstehung einer neuen bürgerlichen Oberschichtenkultur ausgeübt. Aufklärung und Geheimnis waren im freimaurerischen Verständnis kein Widerspruch. Das Geheimnis enthielt „als eine organisatorische ... wie symbolisch-kulturelle Größe“ bestimmte „soziokulturelle Transformationspotentiale“, die im Rahmen des Strukturwandels von der feudalen zur bürgerlichen Gesellschaft für das Bürgertum und für Teile des Adels emanzipatorische Aspekte aufwiesen.

Dazu kam noch ein in Ansätzen entwickeltes demokratisches Potential in den Logen, das sich nicht nur in der ständischen Nivellierung, in der Verwirklichung der gesellschaftlichen Gleichheit in den Logen und im humanen Prinzip „Mensch unter Menschen“ manifestierte, sondern auch in der Selbstordnung und Selbstverwaltung, in der relativ stark ausgeprägte Formen der Willensbildung erkennbar waren, und im offenen Bekenntnis zur Demokratie, das gegen das real bestehende politische System und gegen den ständisch aufgebauten Staat gerichtet war. So heißt es z.B. in der Verfassung der Provinzial- und Großloge von Österreich 1784:

Grundsätze

I.

Die Maurerei in ihrer Verfassung und dem Verhältnisse der (Logen) gegenüber ist eine demokratische Vereinigung und jede (Loge) eine Demokratie.

II.
Die gemeinschaftliche Beschäftigung derselben
ist Wohltätigkeit im ausgebreitetsten Verstande.

III.
Die Lehre von den Mitteln zur Wohltätigkeit und der Art,
sie auszuüben, ist die Ordenslehre, in den dem Orden eigenen
Zeichen, Hieroglyphen und Symbolen aufbewahrt.

IV.
Die Bestimmung des Verhältnisses der (Logen) gegen einander
und zum Orden, macht die Ordensgesetze aus –
die besondere Verfassung einer (Loge) wird durch
(Logen)Gesetze bestimmt.

V.
Die demokratische Vereinigung im Ganzen mengt sich
nicht in die innere Verfassung der einzelnen Teile, insoweit
solche mit den Grundsätzen des Ganzen nicht streitet. –
Auf gleiche Art haben auch die Ordensgesetze dasjenige
nicht zu bestimmen, was das innere einer Loge betrifft,
insofern es auf das allgemeine keinen Einfluß hat.
Die (Logen) Gesetze gehören also nicht
in das Ordensgesetzbuch...

(Verfassung der Provinzial- und Großloge von Oesterreich,
1784, Wien 1877, S. 8 ff.).

In dieser Verfassung, die eine wichtige Vorstufe späterer demokratischer Konstitutionen bedeutet und in der deutlich demokratische Ansätze der politischen Spätaufklärung erkennbar sind, geht das Bemühen der Gesetzgeber hervor, Willkürtendenzen der Großen Landesloge, die 1784 in Wien gegründet wurde, zu verhindern und die Autonomie der Einzellogen und ihrer Mitglieder zu sichern.

Die zahlreichen freimaurerischen Logenordnungen und -satzungen enthalten häufig Hinweise, daß der Zweck des Freimaurerbundes die „Darstellung der Menschheit als eines weder durch Unterschied der Confession, der Nationalität, des Stammes, der gesellschaftlichen Stellung noch auch des materiellen Besitzes..." ist.

Die demokratischen Ansätze zeigten sich auch im freimaurerischen Postulat der natürlichen Gleichheit aller Menschen, das allerdings im Gegensatz zur faktischen gesellschaftlichen Ungleichheit stand, die aber von den Aufklärern in der Regel als zwangsläufig hingenommen wurde. Deren Einstellung änderte sich erst nach 1789, denn nun glaubte ein Teil der Freimaurer, daß die Gleichheit auch im realpolitischen Raum durchgesetzt werden müsse, um den freimaurerischen humanitären Zielen zum Durchbruch zu verhelfen. Der Weg ist allerdings ambivalent: einige blieben noch im Rahmen aufklärerischer Reformen, die radikaleren Logenmitglieder lehnten aber die revolutionäre Veränderung nicht prinzipiell ab. Bei den liberalen Aufklärern wurden allerdings auch nach 1789 die politischen Konsequenzen noch weitgehend verschwiegen, weil sie nur schwer durchgeführt werden konnten.

Die Statuten gaben allerdings noch keine Garantie, daß das gesellschaftliche Leben konfliktfrei ablief, zumal es in der Freimaurerei und insbesondere in den Hochgraden auch starke Oligarchisierungstendenzen und eine z.T. restriktive Mitgliederpolitik gab. Letztlich blieb jedoch entscheidend, daß jede strukturelle Veränderung die Zustimmung der Mehrheit aller Mitglieder erforderte. Die Satzungen garantierten die Gleichheit der Brüder, bei denen Stand, Herkunft und Konfession keine entscheidende Rolle mehr spielten. Damit wurde erstmals die Möglichkeit geschaffen, daß Menschen aus verschiedenen Ständen und Berufen in der Loge die gleiche Stimme besaßen und ihre Meinung frei äußern konnten. Dies war aber nicht gleichbedeutend mit Gleichheit in der öffentlichen Gesellschaft, wo die ständischen Unterschiede weiterhin erhalten blieben.

In der Öffentlichkeit wurde und wird die Freimaurerei in Überschätzung als politisch einflußreiche Organisation gesehen. Auch die Existenz der Logen wurde politisch bewertet. In der Umsetzung freimaurerischer Ziele haben sich Brüder im Laufe der Geschichte immer wieder für Menschenrechte, für

Menschenliebe und Toleranz eingesetzt und dies unabhängig von Religion, Rasse, Klasse, Volks- und Staatsangehörigkeit. Mit dieser Einstellung hat sie totalitäre und dogmatische Systeme irritiert. Der Grand Orient de France verstand sich immer als politische Maurerei, weshalb dort kein Politikverbot galt. Auch deshalb wurde diese Obedienz vom englischen Großlogen-System als irregulär angesehen. Generell muß man jedoch feststellen, daß die Freimaurerei nie die Macht im Staate oder gar die Weltherrschaft angestrebt hat, wie häufig in antimasonischen Schriften behauptet wurde. Die Freimaurerei ist auch kein Faktor in der Tagespolitik. Sie ist als Organisation unpolitisch, weil sie in die Politik nicht eingreift, aber durch ihr immanentes Verhalten und ihre humanitären Vorstellungen empfindet sie den Ist-Zustand einer Gesellschaft als unzureichend. Auf diese Weise kann man sie als indirekt politische Gemeinschaft verstehen, zumal sie ihren Prinzipien gemäß an einer Vermenschlichung der Gesellschaft, am Bau des Tempels der allgemeinen Menschenliebe, arbeitet.

2. Freimaurerei und Kultur

Die Bedeutung der Freimaurerei für die kulturelle Entwicklung ist heute unbestritten. In England nahmen die Werkleute der alten Bauhütten schon im 17. Jahrhundert immer mehr adelige Gönner und Naturwissenschaftler auf, wodurch die Substanz so verändert wurde, daß um 1700 die Handwerker bereits ganz zurückgedrängt waren. Bei den „accepted Masons“ fällt besonders der enge Zusammenhang mit der „Royal Society“, der englischen Akademie der Naturwissenschaften, auf. Daraus erklärt sich das starke Interesse an exakten Wissenschaften und das Streben nach Toleranz. In diesem Zusammenhang muß der aus Frankreich vertriebene Jean-Théophile Désaguliers, der Sohn eines Pastors aus La Rochelle, genannt werden. Er war anglikanischer Priester und als profilierter Naturforscher auch Mitglied der „Royal Society“. Im Jahre 1719 wurde er dritter Großmeister der englischen Großloge, beeinflußte die „Konstitutionen“ des James Anderson und konnte als Kaplan des Prinzen von Wales zunächst den Hochadel und später auch Angehörige fürstlicher Häuser für den Bund gewinnen, wie z.B. 1731 Franz Stephan von Lothringen. Der Presbyterianerpastor Anderson erhielt von der englischen Großloge den Auftrag, die Redaktion ihrer Konstitution zu übernehmen. Stellt der erste Teil über die historische Entwicklung ein „Phantasiegewebe" dar, das zu häufigen Spekulationen führte, so ist der zweite Abschnitt, der die Grundgesetze der Freimaurerei enthält, über die Systeme hinweg auch heute noch die Grundlage der Freimaurerei.

Der zweite Schotte, Andrew Michel Ramsay, hielt 1737 in Paris als Redner der Großloge von Frankreich einen Vortrag, in dem die Bedeutung Schottlands für die Freimaurerei betont und eine Brücke zu den Ritterorden hergestellt wurde. Damit hat er die etwas später in Frankreich entstandenen Hochgrade entscheidend angeregt. Darüber hinaus trat er aber auch für eine gemeinsame Arbeit der Freimaurer an einer allgemeinen Enzyklopädie ein, die das Geistesgut der Aufklärung und den damaligen Wissensstand zusammenfassen und verbreiten sollte. Das Gebot der „Alten Pflichten", Religion und Politik auszuklammern, hat sicher dazu beigetragen, den Kreis der Anhänger zu erweitern und ihre Meinungsfreiheit zu sichern. Für die Kulturbeziehungen wurde vor allem die Internationalität des Bundes wichtig.

In Frankreich waren zahlreiche Freimaurer an der Verbreitung der Aufklärungsbewegung beteiligt. Das bedeutsamste wissenschaftliche und kulturelle Werk, an dem Freimaurer aktiv beteiligt waren, bildete die Enzyklopädie, die nach dem Muster des englischen Vorbildes von Chambers angeregt wurde. Aus der Zusammenarbeit an diesem großen Vorhaben ergab sich bei den Mitarbeitern ein weitgehender Konsens in Fragen der Religion, Ethik und der Staatswissenschaften. Aus dem Kreise der Enzyklopädisten entstand schließlich in Paris die Loge „Les Neuf Soeurs", die auch als „Philosophenloge" bezeichnet wurde. In Wien wurde die Loge „Zur wahren Eintracht" unter Ignaz von Born ein kulturelles Zentrum von großer Ausstrahlung. Born zählte zu den markantesten freimaurerischen Persönlichkeiten der josephinischen Zeit. Aus seiner Loge wollte er einer Art freimaurerische Akademie der Wissenschaften machen. Schriftsteller, Künstler, Wissenschaftler und Musiker drängten in diese Bauhütte, die alles umfaßte, was damals in Wien Rang und Namen aufwies. In dem von ihr herausgegebenen „Journal für Freymaurer", das große Ausstrahlung hatte, entwarf Born das Programm für eine neue geistige Ausrichtung seiner Loge: „Ist Wahrheit, Weisheit und die Beförderung der Glückseligkeit des ganzen Menschengeschlechtes nicht auch der eigentliche Endzweck unserer Verbindung?" (Journal für Freymaurer 1/1,1784). Dieses Journal war eine Organisations- und Korrespondenzzentrale zugleich, erschien von Januar 1784 bis Ende 1786 vierteljährlich und enthielt besonders Vorträge, die in den „Übungslogen" gehalten wurden, sowie Gedichte und Ankündigungen über freimaurerische Angelegenheiten. Born trat für die Errichtung und den Ausbau der erwähnten Übungslogen ein, in deren Rahmen nach der eigentlichen Instruktion über die Moral und die Symbolik auch wissenschaftliche Themen behandelt werden sollten. Dieses Journal diente vor allem der Förderung und Vertiefung des freimaurerischen Selbstverständnisses.

Kultur aus freimaurerischer Perspektive bedeutet die Entfaltung jener menschlicher Fähigkeiten, wie Veredelung und Vervollkommnung der menschlichen Persönlichkeit. Diese besteht vor allem darin, daß der Mensch in immer höherem Maße zur Selbsterkenntnis und Selbstbeherrschung gelangt. Die Freimaurerei kennt auch den wichtigen Begriff der „königlichen Kunst", eine Bezeichnung, die bereits im Konstitutionenbuch von Anderson die Bauwissenschaft als die edelste und vornehmste aller Künste bezeichnet. Später wurde dann die Freimaurerei als königliche Kunst charakterisiert, weil sie die Würde der Grundsätze, die sie einprägt, sehr hoch einschätzt und auch als Lebenskunst versteht. Sie hat in diesem Sinne den Zweck, den Weg aufzuzeigen, wie man das Leben sinnvoll gestalten kann. Hier spielt vor allem die „Ästhetik der Existenz" eine zentrale Rolle. Lebenskunst konstituiert sich nicht über die Befolgung von Normen, sondern über die Haltung des Individuums. Sie bedeutet weiterhin Ausarbeitung des eigenen Lebens in Form eines persönlichen Kunstwerks.

Die Kunst bewegt sich für die Freimaurerei an der Grenze des Wißbaren und bemüht sich, diese Grenze manchmal zu überschreiten und das Ganze sichtbar, hörbar, greifbar und fühlbar zu machen. Die Kunst bindet Freimaurer durch das Problem des Erlebens und des Verstehens. Die starke Affinität zur Kunst wurde häufig mit dem Symbol des „rauhen Steins" verglichen: der Künstler arbeitet am Kunstwerk, der Freimaurer am unbehauenen Stein.

Die kulturelle Bedeutung der Freimaurerei lag und liegt auch heute in erster Linie im Bestreben, möglichst alle Glaubensbekenntnisse und die verschiedenen gesellschaftlich-politischen Auffassungen in toleranter Form zu vereinigen, in der Pflege und Vertiefung der Symbole und Ritualistik und in den Reden, Liedern, Dichtungen, Romanen, Bildern, Gläsern, Keramikarbeiten, Medaillen und Kupferstichen, die z.T. von namhaften freimaurerischen Schriftstellern, Dichtern, Musikern und Künstlern geschaffen wurden. Dazu gehören auch die zahlreichen wissenschaftlichen Initiativen und Aktivitäten von Freimaurern in Gelehrtengesellschaften, Akademien und Universitäten. Auch das Theater als reproduzierendes System spielte in der Freimaurerei in Form des Rituals und der Dramaturgie der rituellen Arbeit eine wichtige Rolle.

Die Freimaurerei hat eine weitausgedehnte Literatur über ihre Lehre, gesetzliche Einrichtung, Geschichte und ihr Brauchtum. Ihr schlossen sich sehr bald Liedersammlungen und auch Streit- und Verräterschriften an. Versuche, diese zahlreichen Publikationen systematisch zu sammeln und zu ordnen, gab es bereits im 18. Jahrhundert, aber erst Johann Georg Kloss ist es gelungen, eine übersichtliche Darstellung zu verfassen. Ein gutes Werk dieser Art ist dann später Reinhold Tautes Bücherkunde geworden. Heute greift die Forschung vor allem auf August Wolfstiegs Bibliographie der freimaurerischen Literatur zurück. Viele bedeutsame Dichter und Schriftsteller, darunter mehrere Freimauer, wie z.B. Lessing,

Goethe, Wieland und Herder, haben in ihren Werken auch freimaurerische Themen behandelt. Ihnen stand der französische Aufklärer Voltaire gegenüber, der über manche seiner Zeitgenossen seinen geistreichen Spott versprühte und kaum dem Idealbild eines philanthropischen Logenbruders entsprochen haben dürfte. Daß auch freimaurerische Themen in Theaterstücke aufgenommen wurden, zeigen verschiedene Beispiele aus der Literatur. Auch Bühnendichter und Schauspieler haben, wie z.B. Friedrich Ludwig Schröder, der Theaterdirektor in Hamburg war, die Freimaurerei beeinflußt und insbesondere die Symbolsprache, Lehrarten und Rituale geprägt und reformiert.

Erwähnt werden sollen hier noch abschließend die freimaurerische Musik, die Freimaurergesänge und Tafellieder, die bei den rituellen Arbeiten oder an der weißen Tafel gesungen wurden. Das älteste englische Freimaurerlied von Birkhead ist schon 1720 im Druck erschienen. Vom 18. bis zum 20. Jahrhundert sind dann laufend Liedersammlungen und Bücher herausgekommen. Den kostbarsten Schatz der freimaurerischen Musik lieferte Wolfgang Amadeus Mozart, der neben seiner Oper „Die Zauberflöte" für seine Loge eine Reihe von Einzelgesängen und Kandaten komponierte.

Trotz der hier erwähnten kulturellen Leistungen dürfen keine Überbewertungen und voreiligen Schlußfolgerungen über den Einfluß der Freimaurerei auf die Kultur gezogen werden. Amundsen und Scott waren nicht deshalb zum Südpol aufgebrochen, weil sie Freimaurer waren, und auch Charles Lindbergh hatte nicht aus masonischen Motiven den Atlantik überquert. Oscar Wilde, Mark Twain und André Gide haben nicht nur aus freimaurerischer Motivation geschrieben, und Kurt Tucholsky hätte gewiß auch ohne Logenzugehörigkeit seine Werke verfaßt. Insofern muß die manchmal zu starke Vereinnahmung kultureller Persönlichkeiten für die Freimaurerei relativiert werden. Dies gilt auch für so manchen Politiker.

3. Freimaurerei und Kirche

Zwischen Kirche und Freimaurerei bestand seit dem 18. Jahrhundert eine fast unüberbrückbare Kluft. Die Freimaurerei sah sich von Anfang an Argwohn, Behinderungen und Verfolgungen ausgesetzt. Schon vor der ersten päpstlichen Bulle waren Veröffentlichungen erschienen, die sich scharf gegen die Freimaurerei und Geheimgesellschaften wandten und ihre angeblichen Orgien der Trunksucht und Päderastie anklagten, da an ihren Zusammenkünften Frauen nicht teilnehmen durften. In diesem Klima des Mißtrauens und der Ablehnung befaßte sich das Heilige Offizium im Sommer 1737 mit der Freimaurerfrage. Schließlich erließ Papst Clemens XII. am 28. April 1738 die Bulle „In eminenti" zur Verurteilung der Freimaurerei. Diese beginnt mit den Sätzen: „Von der göttlichen Vorsehung trotz unserer Unwürdigkeit an die höchste Stelle des Apostolates berufen, getreu dem uns anvertrauten Hirtenamt, haben Wir, soweit es Uns durch göttliche Gnade möglich war, mit aller Sorgfalt darüber gewacht, Fehler und Laster auszuschließen, die Reinheit der rechtsgläubigen Religion zu wahren und in diesen so schwierigen Zeiten die Gefahr der Verwirrung aus der katholischen Welt zu verbannen. Durch allgemeines Gerücht haben Wir vernommen, daß gewisse Gesellschaften, Vereinigungen, Bünde, Verbindungen und Konventikel, allgemein Liberi Muratori oder Francs Massons oder in anderen Sprachen auch anders genannt, in denen sich Menschen aller Religionen und Sekten, wenn sie sich nur einer natürlichen Rechtschaffenheit und Wohlanständigkeit befleißigen, untereinander durch einen ebenso engen wie undurchsichtigen Pakt verbinden, Gesetze und Statuten beobachtend, die sie sich selbst geschaffen haben, und in denen sie sich durch einen Eid auf die Bibel und unter Androhung der schwersten Strafen verpflichten, unverbrüchliches Stillschweigen über alles, was sie tun, zu bewahren, weit verbreitet sind und sich mit jedem Tag mehr ausweiten. Da aber das Verbrechen so beschaffen ist, daß es sich selbst verrät, und durch das Zetergeschrei, das es erhebt, entlarvt, haben die obengenannten Gesellschaften oder Winkelversammlungen bei den Gläubigen einen so starken Verdacht erregt, daß ein rechtschaffener und kluger Mensch sich diesen Gesellschaften nicht anschließen kann, ohne sich mit dem Makel der Perversion und des Bösen zu beflecken; denn würden sie nicht Böses tun, so hätten sie das Licht nicht zu scheuen" (zit. nach Charles von Bokor, Winkelmaß und Zirkel. Die Geschichte der Freimaurer, S. 131 f.).

Für die Rechtfertigung dieser Verurteilung wurden mehrere Gründe angeführt:

1. Der Papst befürchtet, daß sich aus der Gesinnung der Freimaurerei, die unterschiedslos Menschen aller Religionen und Sekten aufnimmt, ein religiöser Indifferentismus ergeben könnte.
2. Der Papst ist darüber beunruhigt, daß sich die Freimaurer durch einen Eid verpflichten, strengste Geheimhaltung zu bewahren. Gesellschaften mit geheimen Ritualen, Erkennungszeichen und Mitgliederlisten waren für absolutistische Fürsten jeder Konfession nicht akzeptierbar.
3. Ist die Freimaurerei auch aus anderen nicht konkret angeführten Gründen, die der Papst kennt, aber verschweigt, zu verurteilen.

Über diesen dritten Verurteilungsgrund ist bis heute in der Forschung gerätselt worden.

Alec Mellor stellte in diesem Zusammenhang die These auf, daß der Papst die Stuarts unterstützen und daher mit der Bulle die für die Dynastie Hannover auf dem Festland arbeitenden Logen treffen wollte. Im gesamten gesehen ist die päpstliche Bulle zwar das Resultat theologischer und pastoraler Sorge in Verbindung mit politischen Überlegungen eines absolutistischen Fürsten, im Hinblick auf ihre Quellen aber mehr als zweifelhaft und wegen ihrer Pauschalverurteilung problematisch. Sie wurde nur in den päpstlichen Gebieten in Spanien, Portugal und Polen veröffentlicht und erlangte daher nur dort Gesetzeskraft. Die Regierung von Florenz, die von der Proklamierung in Kenntnis gesetzt wurde, wandte sich an Franz Stephan in Wien, der den Rat erteilte, die Bulle zwar anzuerkennen, aber nicht weiter zu beachten. Auch in Österreich ist sie nicht veröffentlicht worden. Die Geistlichkeit verschwieg sie, obwohl ihr der Inhalt bekannt war. Auch hier dürfte der Einfluß Franz Stephans wirksam geworden sein. 1741 ließ sich Graf Schaffgotsch, Fürstbischof von Breslau, in eine Loge aufnehmen und deklarierte sich ganz offen als Freimaurer.

Zu einer Erneuerung der Verurteilung kam es dann unter Papst Benedikt XIV. am 18. Mai 1751, der die Bulle „Providas“ erließ. Die Gründe, die dazu führten, unterschieden sich kaum wesentlich von jenen Papst Clemens XII., mit Ausnahme des juristischen Hinweises auf das Verbot geheimer Zusammenkünfte von Gesellschaften, das damals in bürgerlichen und kirchlichen Gesetzen festgehalten war. Auch diese zweite antifreimaurerische Bulle hatte nur auf der iberischen Halbinsel Folgen. Trotz dieser beiden päpstlichen Verurteilungen und des Edikts von Kardinal Firrao, der die Beziehung der Freimaurerei mit der Exkommunikation „ipso facto“ und sogar mit der Todesstrafe ahndete, traten Geistliche den Freimauerlogen bei. Darunter befanden sich nicht nur Angehörige des niederen Klerus, sondern auch Prälaten und Bischöfe.

Schon 1735, drei Jahre vor der ersten päpstlichen Bulle, wurde in den nichtkatholischen Gebieten Holland und Friesland die Freimaurerei verboten. Die Niederländische Republik befürchtete damals, da der Logengroßmeister gleichzeitig auch Schatzmeister des Prinzen von Oranien war, eine Rückkehr der Oranier in das Stadthalteramt. 1740 wurden auch in Schweden vom protestantischen König die Freimaurer-Zusammenkünfte sogar mit Androhung der Todesstrafe verboten. 1782 sandte Joseph de Maistre anläßlich des Konvents von Wilhelmsbad an den Herzog von Braunschweig ein „Mémoire“, indem er die vollständige Übereinstimmung der freimaurerischen Esoterik mit der christlichen Lehre bestätigt. Auf diesem Konvent gaben die Freimaurer zur Frage des Verhältnisses zwischen Freimaurerei und christlicher Religion folgende Erklärung ab: „Wir haben beschlossen ... daß der einzige Zweck unserer Gemeinschaft, wie der ihrer Mitglieder ist, sich der Menschheit empfehlenswert und nützlich zu machen durch die aufrichtigste Zuneigung zu den Lehren, Pflichten und Übungen unserer Heiligen Christlichen Religion, durch unsere Unterwerfung und den Gehorsam gegenüber der Obrigkeit und den Gesetzen unseres jeweiligen Vaterlandes, durch eine aufgeklärte und allgemeine Wohltätigkeit im weitesten Sinne, durch eine fortdauernde Ausübung aller religiösen, moralischen, vaterländischen und sozialen Tugenden" (zit. nach Michel Dierickx, Freimaurerei – die große Unbekannte, S. 74). Diese Regeln, die der Konvent bestätigte, weisen auf den engen Zusammenhang zwischen Christentum und Freimaurerei hin, wenngleich diese keine Religion war und daher der Kirche auch keine Konkurrenz machen wollte. Auf praktisch-ethischem Gebiet ergänzte sie sogar mit ihrer Einstellung die Religion. Im 19. Jahrhundert stellten sich dann Kirche und Freimaurerei zum offenen Kampf, der allerdings von seiten der masonischen Gemeinschaft eher als Reaktion auf kirchliche Angriffe eingeschätzt werden muß.

Als Papst Pius VII. 1814 nach dem Sturz Napoleons in den Kirchenstaat zurückkehrte, erließ er erneut gegen den Freimaurerbund und die nationale Freiheitsbewegung der Carbonari wegen Staatsgefährdung eine Bulle. Die Freimaurerei wurde darin mit einem gefährlichen politischen Geheimbund gleichgesetzt. Papst Pius IX. hatte 1864 mit dem Erlaß des Syllabus, eines Verzeichnisses der „hauptsächlichsten Irrtümer unserer Zeit", Pantheismus, Naturalismus, Rationalismus, Indifferentismus und Liberalismus kritisiert. Er bezeichnete die Freimaurerei als „Synagoge des Satans". Das Verhältnis zwischen Kirche und Freimaurerei spitzte sich dann im „Kulturkampf" noch weiter zu. Der Nachfolger Papst Pius' IX., Leo XIII., verdammte in seiner Enzyklika „Humanum Genus" die Freimaurerei als Teufelswerk und beschwor alle katholischen Bischöfe, „diese unreine Seuche" auszurotten.

Intoleranz, Antipathie und engstirniger Dogmatismus herrschte auch in der protestantischen Orthodoxie vor, gegen die schon Lessing polemisiert hatte. Auf der anderen Seite finden sich in den Freimaurerlogen auch zahlreiche evangelische Christen. Das Verhältnis der evangelischen Kirche zur Freimaurerei war entscheidend beeinflußt von der Mitgliedschaft evangelischer Geistlicher in den Logen, die jedoch vorwiegend Anhänger der Aufklärungstheologie waren. Die evangelischen Kirchen betrachten die Religion, in der alle Menschen im freimaurerischen Sinne übereinstimmen, als Ergebnis deistischen Vernunftglaubens. Nach ihrer Überzeugung darf die freimaurerische Humanität aber nicht mit jener des Neuen Testaments verwechselt werden, die allein der Gnade des dreieinigen Gottes entspringt.

Die freimaurerische Toleranz in Glaubensfragen wurde kirchlicherseits schon sehr früh als Bedrohung angesehen und brachte die Freimaurerei nach ihrer Ausbreitung in einen schroffen Gegensatz zum Totalitätsanspruch der Kirche und im 20. Jahrhundert auch zum Fundamentalismus. Verbot und Verfolgung waren die Folgen. Erst mit dem Zweiten Vatikanischen Konzil ließ sich die Kirche auf einen Dialog mit allen Menschen guten Willens ein, und so ergriff sie auch gegenüber der Freimaurerei die Initiative. 1970 wurde eine offizielle Dialog-Kommission gebildet, die gemischt besetzt war und als Ergebnis ihrer Gespräche eine gemeinsame Erklärung herausgab. Am Schluß dieser sogenannten „Lichtenauer Erklärung" stand: „Wir sind der Auffassung, daß die päpstlichen Bullen, die sich mit der Freimaurerei befassen, nur noch eine geschichtliche Bedeutung haben und nicht mehr in unserer Zeit stehen." Der Heilige Stuhl reagierte auf solche Aussagen sehr vorsichtig, wie aus einem Brief des Präfekten der Glaubenskongregation, Kardinal Seper, hervorging, der feststellte, daß die bisher geltenden allgemeinen Gesetze so lange in Kraft bleiben müßten, bis von der zuständigen päpstlichen Kommission für die Reform des kirchlichen Gesetzbuches ein neues kirchliches Gesetz veröffentlicht werde. Im Zuge der hier angedeuteten Prüfung kam es in Deutschland im November 1974 zu einem neuen Dialog auf nationaler Ebene zwischen der katholischen Bischofskonferenz und den Vereinigten Großlogen von Deutschland. Ohne Schlußabstimmung mit ihren freimaurerischen Gesprächspartnern gab die Bischofskonferenz eine „Erklärung" zum Verhältnis zwischen Freimaurerei und katholischer Kirche ab: „...Eingehende Untersuchungen der freimaurerischen Ritualien und Grundüberlegungen wie auch ihres heutigen unveränderten Selbstverständnisses machen deutlich: Die gleichzeitige Zugehörigkeit zur Katholischen Kirche und zur Freimaurerei ist unvereinbar!"

Diese „Unvereinbarkeitserklärung" führte bei den Freimaurern zu enttäuschten Reaktionen, zumal schon zuvor die Bischofskonferenzen in Skandinavien, Großbritannien und in den Niederlanden die Vereinbarkeit anerkannt hatten. Die Vereinigten Großlogen von Deutschland brachten in einer offiziellen Erklärung ihr Bedauern zum Ausdruck, daß der mit der katholischen Bischofskonferenz geführte Dialog mit dieser einseitigen Erklärung beendet wurde.

Sorgte 1980 die „Unvereinbarkeitserklärung" für enttäuschte Hoffnungen, so gab der Vatikan 1981 Anlaß zu neuen Spekulationen. Die „Kongregation für die Glaubenslehre" gab 1981 eine Erklärung ab, in der neuerlich betont wurde, Mitglieder von Vereinigungen der Freimaurer würden nach katholischem Recht exkommuniziert. Die frühere Stellungnahme der Kongregation aus dem Jahre 1974 sei vielfach tendenziös und falsch interpretiert worden. Nach katholischem Recht sei Katholiken nach wie vor unter Androhung des Kirchenbanns verboten, Mitglied einer Freimaurer-Organisation zu sein. In der Öffentlichkeit wurde diese Erklärung als ein klares Abrücken vom Zweiten Vatikanischen Konzil verstanden. Neue Hoffnung kam 1983 auf, als der völlig neu gefaßte und geordnete „Codex Juris Canonici" erschien. Darin ist von Freimaurern wörtlich nicht mehr die Rede, und mit Exkommunikation wird nur mehr der bedroht, der „kirchenfeindlichen Vereinigungen" angehört. Eine „automatische" Exkommunikation von Freimaurern gibt es nicht mehr. Allerdings haben die nationalen Bischofskonferenzen die Möglichkeit, freimaurerische Körperschaften zu „kirchenfeindlichen Institutionen" erklären zu können. Die Reaktion der Gesamtvertretung der Freimaurer in Deutschland war jedoch abwartend und zurückhaltend, weil erst die Praxis zeigen werde, inwieweit in der Bundesrepublik neben das konfessionsübergreifende Toleranzgebot der Freimaurer die Chance einer konfliktfreien Glaubensausübung für katholische Freimaurer tritt.

4. Antimasonismus und Verschwörungstheorien

Geheime Gesellschaften machen Weltpolitik. Diese Feststellung findet sich in zahlreichen literarischen Werken und populärwissenschaftlichen Büchern der esoterischen Welle, die die Hintergrundkräfte der Geschichte seit der Französischen Revolution aufzeigen und ihr Wirken verdeutlichen möchten. Dahinter verbirgt sich die Vorstellung, daß geheime Drahtzieher am Werk sind, welche die Politik gestalten und bestimmen, und daß die Welt von konspirativen Gruppen gelenkt und gesteuert wird. Da die traumatische Erfahrung von militärischer Niederlage und Revolution, bürgerkriegsähnlichen Konflikten und Inflation im 20. Jahrhundert ein allgemeines Gefühl von Unsicherheit und Umbruch hervorrief, setzte die Suche nach möglichen Sündenböcken ein. Die Juden mußten in Verbindung mit den Freimaurern herhalten. Sie und die Logenbrüder waren für diese Rolle besonders geeignet, weil sie als privilegierte Minderheiten galten.

Für das Entstehen der These von der jüdisch-freimaurerischen Weltverschwörung war die Stellung des Judentums in der mittelalterlichen Sozialordnung von entscheidender Bedeutung. Da die Juden aus christlicher Sicht kollektiv für die Hinrichtung Jesu verantwortlich gemacht wurden, gelang ihnen auch die volle Integration in die religiös legitimierte Gesellschaft nicht. Die Folge dieser Entwicklung war, daß die in Gettos verbannten Juden sich auf Kleinhandel, Wechselgeschäft und Geldverleih konzentrierten; alles Berufe, die nach der christlichen Soziallehre nur über ein geringes Ansehen verfügten oder sogar als unchristlich galten. Auf diese Weise wurde der langsam entstehende ökonomisch-soziale Antisemitismus begünstigt, der den christlichen Antijudaismus ergänzte.

Da die in der Freimaurerei entwickelten naturrechtlich aufklärerischen Ideen die soziale und politische Emanzipation der Juden vorbereitet haben, wurden diese nach 1789 aus christlich-konservativer Sicht als Nutznießer und auch als Förderer des Emanzipationsprozesses mißtrauisch betrachtet. In einigen zeitgenössischen Darstellungen wird darauf hingewiesen, daß die Juden „nützliche Werkzeuge" der Sekte der Illuminaten und Jakobiner waren und diese den Haß der Juden gegen die Regierungen Europas skrupellos ausnützte. Wie gut sich der überkommene Antisemitismus zur Provozierung und Steuerung von Aggressionen einsetzen ließ, belegen zahlreiche im Verlauf der gegenrevolutionären Bewegungen verschiedener Revolutionsphasen begangene antisemitische Ausschreitungen. Im Verlauf des 19. Jahrhunderts verdichtete sich der auf die Juden bezogene Verschwörungsverdacht, so daß dieser Züge einer Zwangsneurose annahm. Viele Fakten deuten darauf hin, daß das Grundmuster der später von der rechtsradikalen Agitation aufgegriffenen These von der jüdisch-freimaurerischen Weltverschwörung bereits als Reaktion auf die Französische Revolution entwickelt wurde. Unter dem Einfluß des sozialen Wandels und Säkularisierungsprozesses der bestehenden Herrschaftsstrukturen verdichteten sich Verschwörungstheoreme gegen Freimaurer und Juden, so daß aus der Perspektive der alten Oberschichten und der Geistlichkeit sowie der durch den Industrialisierungsprozeß verunsicherten Mittel- und Unterschichten der soziale Wandel als „Verjudung des christlichen Staates" denunziert werden konnte. Da die Juden auf diese Weise zur Chiffre der Modernität wurden und darüber hinaus wegen der noch immer sehr stark fortwirkenden christlich-mittelalterlichen Dämonologie mit unheimlichen Zügen ausgestattet werden konnten, boten sie sich in besonderer Weise an, in den Mittelpunkt der antimodernistischen und antiliberalen Verschwörungstheorie gerückt zu werden und als Sündenböcke zu fungieren.

Antifreimaurerische Verschwörungstheorie

Es ist heute in der Forschung weitgehend unbestritten, daß die Freimaurerei einen geistigen Einfluß auf die Französische Revolution ausgeübt hat. Der gesellschaftliche Wirkungskreis bedeutender französischer Aufklärer und Revolutionäre zeigt dies deutlich. In den Logen versuchten die Anhänger der Aufklärung die gesellschaftliche Gleichheit, das Humanitätsideal und die Idee der moralischen Vervollkommnung zu verwirklichen.

Die Vorbereitung eines geistigen Klimas und einer politischen Atmosphäre, die in einem sehr komplexen Verdichtungsprozeß mehrere Ebenen der Revolution direkt betraf, lief parallel mit der Zunahme aufgeklärter, kritischer Schriften, mit der Institutionalisierung und Organisation der Aufklärung und mit einer gesamtgesellschaftlichen Veränderung, die das Entstehen einer bürgerlichen, politischen Öffentlichkeit begünstigte. Die Freimaurerei war aber als aufgeklärte Organisation nie ausdrücklich revolutionär tätig. Ihr angebliches revolutionäres Wirken ist das Ergebnis der konterrevolutionären, gegenaufklärerischen Agitation und der konservativen Reaktion im Rahmen der sich langsam ausformenden ideologisch-politischen Bewegungen des ausgehenden 18. Jahrhunderts. Daraus wurde in Überspitzung der antifreimaurerischen Propaganda ein Verschwörungssyndrom entwickelt, das bis in unsere Gegenwart wirksam geblieben ist.

Dabei tritt als auffälligste Erscheinung der weitverbreitete Glaube an eine Verschwörung hervor, die den Ausbruch der französischen Staatsumwälzung und die Verbreitung ihrer Ideen in Europa als Werk einer Gruppe von verschwörerischen Revolutionären auszulegen versuchte. Diese Komplott-Theorie von internationalem Ausmaß bot den konservativen Gegnern der radikalen Spätaufklärung und Französischen Revolution eine relativ einfache Erklärung für die Bedrohung der gesellschaftlichen Ordnung in Europa.

Zu ihren profiliertesten Vertretern gehörte der französische Jesuit Abbé Augustin Barruel (1741–1821), der in seiner Vorrede zu den „Denkwürdigkeiten" (erstmals in London 1797 erschienen) die These von einer dreifachen Verschwörung entwickelte:

„1. Viele Jahre vor dieser Französischen Revolution komplottierten Menschen, die sich Philosophen nennen ließen, gegen den Gott des Evangeliums, gegen das ganze Christentum ohne Ausnahme, ohne Unterschied der protestantischen oder katholischen, der englischen oder bischöflichen Kirche. Diese Verschwörung hatte zum wesentlichen Zweck, alle Altäre Christi zu zerstören. Sie war die Verschwörung der Sophisten des Unglaubens und der Gottlosigkeit.

2. In der Schule dieser Sophisten des Unglaubens bildeten sich bald die Sophisten des Aufruhrs, und diese, indem sie mit der Verschwörung der Gottlosigkeit gegen die Altäre Christi noch die Verschwörung gegen alle Thronen der Könige verbanden, vereinigten sich mit der alten Sekte, deren Komplotte das wahre Geheimnis der höheren Grade einiger Zweige der Freimaurerei ausmachten, wo aber nur den Auserwählten der Auserwählten dieses Geheimnis ihres eingewurzelten Hasses gegen die christliche Religion und die Fürsten mitgeteilt wurde.

3. Aus den Sophisten des Unglaubens und der Empörung entstanden die Sophisten der Anarchie, und diese komplottierten nicht mehr gegen das Christentum allein, sondern gegen jede Religion, selbst gegen die natürliche; nicht bloß gegen die Könige, sondern gegen jede Regierungsform, gegen jede bürgerliche Gesellschaft und selbst gegen jede Art des Eigentums. Diese dritte Sekte vereinigte sich unter dem Namen der Illuminaten mit denen gegen Christus und gegen Christus und die Könige zugleich verschworenen Sophisten und (Frei-) Maurern. Aus dieser Koalition der Adepten der Empörung und der Adepten der Anarchie entstanden die Klubs der Jakobiner" (zit. nach Augustin Barruel, Denkwürdigkeiten, 1. Bd.).

Barruel beschreibt drei aufeinanderfolgende Phasen einer weltweiten Verschwörung, deren Abschluß und Gipfel die Französische Revolution gewesen ist: Die erste Phase war bestimmt durch die französischen Aufklärungsdenker, die das Christentum bekämpften, die zweite wurde von den Freimaurern beherrscht, die sich gegen die Monarchie wandten, während die Illuminaten, die in der dritten Phase dominierten, jede Religion, Regierung und gesellschaftliche Ordnung in

Frage gestellt haben. Die Überlegungen Barruels basierten auf mystischen Beobachtungen, irrationalen Einführungszeremonien und einer Vielfalt von echten und unechten Logengraden sowie konstruierten Genealogien, die bereits eindeutig widerlegt wurden.

Der deutsche Pfarrer Johann August Starck, der gleichfalls die Verschwörungstheorie vertrat, kritisierte teilweise Barruels Auffassungen, die ihm zu wenig fundiert erschienen.

Er war Sohn eines lutherischen Pfarrers in Mecklenburg und selbst Freimaurer und legte 1785 in seinem Roman „St. Nicaise" die angeblichen Torheiten der Freimaurer im 18. Jahrhundert bloß. Seine Verschwörungstheorie entwickelte er in den 90er Jahren in verschiedenen Publikationen, die in der Zeitschrift „Eudämonia" erschienen sind, und dann besonders in seinem Werk „Triumph der Philosophie im 18. Jahrhundert."

Seine Kernthese geht davon aus, daß die Französische Revolution die Folge der verderblichen Lehren der aufgeklärten Philosophen und ihrer konspirativen Anhänger war. Zwar stimmt er Barruels pauschaler Verurteilung der Logen nicht zu, doch hätten nach seiner Auffassung viele Bauhütten bedauerliche Schwächen bei der Abwehr der „philosophischen Infiltration", die auch in Deutschland sehr stark war, gezeigt. Besonders kritisiert er jene Logen, die zu „Frontorganisationen" des Illuminatenordens wurden. Der Geheimbund der Illuminaten steht daher auch im Zentrum seiner Verschwörungstheorie, wonach diesem die Entzündung des Funkens gelungen sei, der die Französische Revolution entfacht habe.

John Robison, Professor für Naturphilosophie an der Universität Edinburgh und Sekretär der Royal Society, untersuchte in einem weiteren Verschwörungs-Buch die Freimaurerei, den Illuminatenorden, die „Deutsche Union" und die Jakobiner aus liberalerer Sicht als Barruel und Starck, weil er zwar den Radikalismus ablehnte, gleichzeitig aber die Reste des Feudalismus und der absoluten Monarchie bekämpfte.

Auch in Österreich hat sich im Zusammenhang mit der Ausformung der konservativen Gegenbewegung zur Aufklärung, zum Josephinismus und zur Französischen Revolution der Glaube an eine Verschworung oder an ein Komplott verbreitet, der den Ausbruch der Französischen Revolution als Werk einer Gruppe von Verschwörern auszulegen versuchte. Zu den profiliertesten Vertretern dieser Richtung gehörten Polizeiminister Johann Anton Graf Pergen sowie der Schriftsteller und Professor Leopold Alois Hoffmann. Pergen, der bereits unter Joseph II. die gefürchtete Polizeihofstelle ausgebaut hatte, sah in ihr ein wirksames Instrument zur Überwachung und Kontrolle der öffentlichen Meinung sowie zur Verhinderung von Aufruhr und Revolten unter den unzufriedenen Bevölkerungskreisen. Die Erweiterung polizeilicher Kompetenzen wurde unter ihm nicht mehr öffentlich bekanntgemacht, sondern nurmehr in Kabinettsverordnungen und geheimen Instruktionen festgehalten. Die Aufklärer und revolutionären Demokraten waren für ihn gefährliche Gegner und die eigentlichen Bedroher monarchischer Ordnung. Pergen sah eine große Gefahr für den Staat vor allem in den Freimaurerlogen, die nach seinen Informationen bedenkliche Revolutionspropaganda betrieben hätten.

Der Wiener Professor für deutsche Sprache, praktische Rhetorik und Geschäftsstil, Leopold Alois Hoffmann, versuchte die Anhänger der Französischen Revolution und die radikalen Josephiner auf eine volkstümlichere Art zu bekämpfen. 1792 gründete er im Auftrag Kaiser Leopolds II. die konservative „Wiener Zeitschrift“ mit dem Ziel, die subversiven Elemente aufzudecken. Diesem Periodikum kam für die Entwicklung und Verbreitung der Verschwörungsthese große Bedeutung zu. Hoffmann war selbst Freimaurer, trat aber 1786 aufgrund des „Illuminatenskandals“ gegen radikal-aufklärerische Bestrebungen auf. Der Zweck des ihm verhaßten Illuminatenordens umschrieb er mit den Worten: „Untergrabung der Religion der Christen, Umschaffung der Freimaurerei zu einem verderblichen politischen Sistem.“ Programmatisch heißt es daher auch im „Prolog“ der Wiener Zeitschrift: „Sie erschrickt nicht vor der Tollwuth der herrschenden Aufklärungsbarbarei und ihrer falschen Apostel. Sie hat den Muth, die geheimschleichende Bosheit verrätherischer Volksverführer überall, wo sie ihr begegnen wird, ohne Schonung zu entlarven."

Für Hoffmann war die Französische Revolution ein Teil einer weltweiten, von den Illuminaten angezettelten Verschwörung. Ihre lokalen Verästelungen sollten wirkungsvoll bekämpft werden, weshalb er aufgrund seiner früheren freimaurerischen Kontakte eine Liste verdächtiger Freimaurer und Illuminaten erstellte. Kaiser Leopold II. schlug er vor, diese Männer zurechtzuweisen, zu degradieren oder gar zu entlassen. In Überspitzung seiner Verschwörungstheorie gelangte Hoffmann zur Überzeugung, daß Wien von einer radikalen Partei heimgesucht werde, die enge Beziehungen zu den Pariser Jakobinern unterhalte.

Als wirksames Gegenmittel zur Bekämpfung dieser Verschwörer entwarf er Pläne für eine konservativ orientierte Geheimgesellschaft. Um diese Pläne zu realisieren, entwickelte er Vorstellungen, die sich teilweise mit denen des Illuminatenordens deckten, wie zum Beispiel die geheime Anwerbung von Mitgliedern. Sein Assoziationsplan kannte auch geheime Obere mit unbestimmten Machtbefugnissen, klassische Namen, eine Geheimschrift und ausgefeilte Einweihungszeremonien. Er selbst wäre beinahe dem Illuminatenorden beigetreten, den er dann später zum bevorzugten Gegenstand seiner scharfen Kritik machte. Die Mitglieder für die geheime Assoziation sollten durch Triebfedern wie Interesse und Ehrgeiz und eine zweckmäßig geleitete Schwärmerei gewonnen werden. Ziel dieser Assoziation war es, Enthusiasmus der Mitglieder für die gute Sache, den Regenten und den Staat, zum Gemeingeist, „zur Arbeitsamkeit" zu wecken und Druckschriften sowie Zeitungen für die Absicht des Regenten einzusetzen. Die Weiterentwicklung des Planes wurde jedoch durch den plötzlichen Tod des Kaisers verhindert. Leopold II. scheint aber den Vorschlägen Hoffmanns zugestimmt zu haben, da er diesen bat, ihn auf seiner Krönungsreise nach Prag im September 1791 zu begleiten, um die genaueren Details erörtern zu können. Hoffmann scheute sich nicht, einige deutsche Aufklärer und Jakobiner, darunter Johann Georg Forster, zu denunzieren und antisemitische Ressentiments zu schüren. Da er aber das Vertrauen Kaiser Franz' II. nach 1792 nicht gewinnen konnte, mußte er schon 1793 die „Wiener Zeitschrift" einstellen. An ihre Stelle trat das vom Exjesuiten Felix Hofstätter und vom Schriftsteller Lorenz Haschka herausgegebene „Magazin für Kunst und Literatur", in dessen zweitem Band gleichfalls die Komplott-Theorie propagiert wurde, ohne aber zum Mittel der persönlichen Diffamierung zu greifen. Obwohl das neue, reaktionäre System Franz' II. Hoffmanns Einstellung entgegenkam, hatte dieser an Einfluß verloren, weil der neue Kaiser nicht mehr bereit war, den geheimen Mitarbeiterkreis seines Vorgängers, dem Hoffmann angehört hatte, aufrechtzuerhalten.

Hoffmann erteilte den deutschen Fürsten den Rat, durch Zensur, Unterdrückung geheimer Gesellschaften und Förderung der Religion die revolutionäre Gefahr zu steuern. Diese Vorschläge verband er mit der offenen Verteidigung einiger obskurantistischer Prinzipien. So betonte er u.a., Rede- und Pressefreiheit seien nicht nur absurd, sondern auch ein Betrug mit gefährlichen Wirkungen. Den Fürsten sei daher klarzumachen, wie wichtig die Herstellung einer konservativen öffentlichen Meinung sei. Dazu sei eine Politik der Unterdrückung revolutionärer Autoren notwendig. Dabei wollte Hoffmann, der offenbar – wie diese Beispiele zeigen – seine konservative Propaganda auch unter Franz II. fortsetzte, nicht nur die Qualität der Zeitungen, Bücher und Broschüren prüfen, sondern auch deren Quantität. Franz zeigte aber wenig Interesse am Aufbau einer konservativen öffentlichen Meinung. So wurde auch Kaiser Leopolds Auftrag, eine konservative Geheimgesellschaft zu gründen, ohne großes Aufsehen wieder zurückgenommen.

Obwohl Hoffmann unter Franz II. seine Professur verloren hatte, trat er nochmals publizistisch im aggressiven konterrevolutionären Stil hervor. In seiner 1796 anonym veröffentlichten Schrift „Die zwo Schwestern P.. und W.. oder neu entdecktes Freymaurer- und Revolutionssystem" wurde erneut die Freimaurerei als Ursache und Sündenbock aller Revolutionen bezeichnet. Diese Schrift entstand als Reaktion auf die inzwischen aufgedeckte Jakobinerbewegung in Wien und Ungarn. Darin hob er u.a. hervor, daß die Freimaurer sich in der ganzen Welt verbunden hätten und ihr Tempelbau zwar in vorgeblichen Mysterien bestehe, letztlich aber darauf hinauslaufe, den Untergang der Religionen und aller Großen zu bewirken. Ihre Wohltätigkeit sei in Wirklichkeit nichts anderes als Schwindel und Deckmantel für staatsgefährliches Treiben. Aus den Grundsätzen der Wiener Loge „Zur wahren Eintracht" hätte man ersehen können, daß „Wien die echte Schwester" von Paris sei, weshalb auch in Österreich ein revolutionärer Umsturz in den Bereich der Möglichkeit rücken könne. Hoffmann erwähnt hier die Wiener Eliteloge „Zur wahren Eintracht", die unter Ignaz von Born ein kulturelles und geistiges Zentrum von großer Wirkung wurde. Gleichzeitig war sie auch das Illuminatenzentrum in Österreich. Schon nach dem Freimaurerpatent Josephs II. 1785 hatte Hoffmann heftig gegen die Freimaurerei und Geheimgesellschaften polemisiert, deren Tätigkeit er bekämpfen wollte. Seine kritischen Überlegungen von 1796 knüpften an diese älteren antifreimaurerischen Schriften an.

In allen seinen Beiträgen erwies sich Hoffmann trotz seiner vehementen Kritik als schwacher konservativer Theoretiker. Er war nicht mehr als ein praktischer Verfechter des Konservativismus und der Verschwörungstheorie. Seine Stärke war nicht die Analyse der historischen Kräfte, die über die bestehenden Verhältnisse hinausweisen, sondern vielmehr seine Überzeugung, daß die radikalen Forderungen aus der Bösartigkeit ewiger Unruhestifter entsprangen. Ihnen wollte er durch sein Engagement das Handwerk legen.

Die antifreimaurerische Verschwörungstheorie, wie sie Barruel entworfen hatte, spielte auch nach der Französischen Revolution sowohl im diplomatischen Schriftverkehr als auch in der konterrevolutionären Publizistik eine wichtige Rolle, wobei vor allem auffällt, daß die Verschwörungstheoreme langsam ihre ursprünglich christliche Verbrämung verloren und zu einem politisch-innerweltlichen Kampfinstrument umgewandelt wurden. Zu diesem Zweck wurde in der Agitation zwischen den angeblich harmlosen „blauen" Logen, d.h. zwischen den nach dem englischen System arbeitenden Johannislogen, und den staatsfeindlichen „roten" Logen, den Hochgraden, unterschieden. Diese letzteren würden sich zur Vertilgung aller Könige, zur Herstellung der Gleichheit der Stände und der Gesellschaft der Güter verschwören. In der Metternichschen Restauration, im Vormärz, in der Revolution 1848/49 und im Kulturkampf hat sich diese Komplott-Theorie als Manipulations- und Repressionsinstrument erwiesen, da aus der Perspektive der katholischen Kirche der Liberalismus – wie vorher die Aufklärung – den Bruch mit der überkommenen Sozial- und Wertordnung ideologisch gerechtfertigt hatte und damit der Prozeß der Aushöhlung der alten Ordnungen nun als Verschwörung gegen Thron und Altar vor sich gegangen war.

Neben der „rechten", konservativen Verschwörungstheorie gab es auch eine „linke" Theorie, die sich schon zur Zeit der Aufklärung (um 1770) verbreitet hatte, auf rosenkreuzerische Ursprünge zurückging und im Kern behauptete, daß geheime Gesellschaften den Katholizismus ausbreiteten, wobei eine pathologische Jesuitenfurcht eine maßgebliche Rolle gespielt haben dürfte. Diese „linke" Verschwörungstheorie wirkte bis in das 19. Jahrhundert hinein.

Die in direkter Reaktion auf die Französische Revolution voll ausgebildete und zu einem geschichtsphilosophischen System überhöhte Verschwörungstheorie ist im 19. und 20. Jahrhundert keineswegs nur von politischen Sektierern, sondern auch von gesellschaftlich und politisch relevanten Gruppen als ideologisch-politisches Kampf- und Propagandainstrument eingesetzt worden. Zu diesem Zweck mußte sie allerdings jeweils an die veränderten Konstellationen angepaßt werden. Diese ständig notwendige Aktualisierung im 19. Jahrhundert, zuerst 1830/31, dann 1848/49 und im Kulturkampf, hat nicht zuletzt auch eine Säkularisierung der Komplott-Theorie zur Folge gehabt. Ohne ihre Verweltlichung hätte sie wahrscheinlich keine Propagandawaffe des modernen Rechtsradikalismus bzw. Faschismus werden können. Damit wurde auch die Sündenbockrolle geheimer Gesellschaften verstärkt.

Die freimaurerischen Verschwörungstheoreme haben sich in der napoleonischen Zeit weiterentwickelt, meist auch mit der bewußten Verbindung zum Illuminatenorden, wobei der Illuminaten-Verdacht nun vor allem von christlich-konservativen Traditionalisten gegen die Verfechter einer aufgeklärt-absolutistischen Politik gerichtet wurde. Während die Verschwörungsthesen, die die Französische Revolution als Resultat eines Komplotts von Philosophen, Freimaurern und Illuminaten sahen, lediglich eine polemisch-ideologische Substanz hatten, schien die Verschwörungsfurcht in der Zeit der Restauration nachträglich inhaltlich bestätigt zu werden. Diese Entwicklung hatte zwangsläufig eine Verhärtung der konterrevolutionären Verschwörungstheoreme zur Folge. Illuminaten und ihre angeblichen direkten Nachfolger, besonders die Tugendbündler und die Burschenschaftler sowie der politische Geheimbund der Carbonari, gerieten in den Verdacht, die Weltherrschaft anzustreben und anzutreten. Auch Metternich hat in einer Geheimschrift und in Briefen immer wieder vor einer Verschwörung gewarnt und Gegenmaßnahmen veranlaßt.

Im 19. und 20. Jahrhundert ist die Verschwörungstheorie besonders von katholischen Geistlichen, antiliberalen Royalisten und Rechtsradikalen systematisch verwendet und eingesetzt worden. In der überwiegend auf Barruel aufbauenden Pamphletliteratur, die schließlich in den „Protokollen der Weisen von Zion" kulminierte, fällt auf, daß die geschichtstheologischen Elemente mehr und mehr zugunsten einer weltlichen, politischen Agitation zurücktreten. So hat z. B. der Prager Advokat Eduard Emil Eckert 1852 die absurde Behauptung aufgestellt, die deutsche Reichsverfassung von 1848/49 sei von einem engeren Maurerbund den Sozialdemokraten dekretiert worden. Diese antisozialistische Komponente der Verschwörungstheorie ist dann später von einigen Jesuiten weiterentwickelt worden. So erklärte etwa der Jesuit G. M. Pachtler, daß der von dem Juden Karl Marx gegründete Sozialistenbund die „furchtbarste politische und religiöse Verschwörung in der ganzen Weltgeschichte" darstelle. Dabei ging er davon aus, daß der gefürchtete Arbeiterbund nach der Struktur einer Freimaurerloge aufgebaut und eine Folge des verderblichen Liberalismus sei. Pachtler teilte die Meinung der antiliberalen Kräfte, der Liberalismus sei jüdisch-freimaurerisch geprägt.

Da die Anfälligkeit für Verschwörungstheoreme und Sündenbockerfindungen in Krisenzeiten sprunghaft zunahm, ist es verständlich, daß in Deutschland nach 1918 die Verschwörungstheorie eine neue Aktualität erhielt. In seinem erstmals 1919 publizierten und 1925 schon in 6. Auflage vorliegendem Werk „Weltfreimaurerei, Weltrevolution, Weltrepublik" untersuchte Friedrich Wichtl die Weltlage nach dem Muster der Komplott-Theorie. Nach der Lektüre dieses Buches vermerkte Heinrich Himmler, damals neunzehnjährig, in sein Tagebuch: „Ein Buch, das über alles aufklärt und uns sagt, gegen wen wir zu kämpfen haben."

Die Rolle der Juden in der Verschwörungstheorie

Seit der Zunahme des Antisemitismus im ausgehenden 19. und beginnenden 20. Jahrhundert trat das Judentum in der Verschwörungstheorie als wesentlicher Faktor hinzu, wobei auf ältere Vorstellungen zurückgegriffen wurde: Freimaurer und Juden hätten sich gegen Deutschland verschworen, den Ersten Weltkrieg angezettelt und Deutschland durch ein freimaurerisches Diktatfriedensprogramm ruiniert – so die Kurzformel der Beschuldigung.

Die Verbindung freimaurerisch-jüdische Weltverschwörung hat einen komplexen Ursprung, der hier nur umrißhaft aufgezeigt werden kann. Bereits in der zweiten Hälfte des 19. Jahrhunderts rückten die Juden parallel zum langsamen Emanzipationsprozeß mehr und mehr in den Mittelpunkt der vermeintlichen Verschwörung, so daß es später sogar zur Gleichsetzung, ja Austauschbarkeit der Attribute „freimaurerisch“ und „jüdisch“ kam. Für die Herausbildung der These von der jüdisch-freimaurerischen Weltverschwörung waren neben der Stellung des Judentums in der mittelalterlichen Sozialordnung vor allem die naturrechtlich-aufklärerischen Bewegungen des 18. Jahrhunderts bedeutsam, die die soziale und politische Emanzipation des Judentums eingeleitet und vorbereitet haben. Schon zur Zeit der Französischen Revolution finden sich zahlreiche Hinweise über die Juden als „nützliche Werkzeuge“ der Illuminaten und Jakobiner. Nach 1815 wurde ganz deutlich, daß Aufklärung und Säkularisierung den Konflikt zwischen Christentum und Judentum nur scheinbar aufgelöst hatten. Wohl verschwand das mehr oder weniger haßerfüllte Bewußtsein eines christlich-jüdischen Antagonismus innerhalb der religiösen Sphäre der Aufklärung, die Hexen- und Teufelsgestalten des mittelalterlichen Judenhasses aber, jetzt in weltliche Gewänder gehüllt, tauchten nach wie vor auf und beeinflußten auch die Gesellschaft und Politik vor dem Hintergrund der zunehmenden Ideologisierung, Industrialisierung und Politisierung des Vormärz.

Bereits in dieser Zeit werden in vielen Dokumenten und Broschüren die Juden nicht mehr nur als Gefolgsleute der Aufklärer und Revolutionäre gesehen, sondern nun ebenso als Drahtzieher eines auf Weltherrschaft gerichteten Komplotts. Hier entstand schon in Grundzügen die später von der antiliberalen und rechtsradikalen Agitation aufgegriffene These von der jüdisch-freimaurerischen Weltverschwörung als Reaktion auf die Französische Revolution. Als Grundmuster hieß dies am Anfang des 20. Jahrhunderts: „Die Spitze der Loge bildet Juda, die christlichen Logen sind blinde Puppen, welche von den Juden in Bewegung gesetzt werden, ohne es größtenteils zu wissen.“

Von besonderer Relevanz für das Echo solcher Theorien und für die Bündnispolitik der völkischen Bewegung gegenüber christlich-konservativen Kreisen war das 1919 erschienene und 1920 erweiterte Buch „Entente-Freimaurerei und Weltkrieg“ des Schweizers Karl Heise. Auch er griff auf die Illuminaten-Verschwörung des 18. Jahrhunderts zurück und bestätigte einen inneren Zusammenhang zwischen Loge, Großkapitalismus und Bolschewismus. Ihre Bündelung haben diese grotesken Vorstellungen in den bereits erwähnten „Protokollen der Weisen von Zion“ gefunden, die im Detail von einer weltumspannenden jüdisch-freimaurerischen Verschwörung handeln.

Die neuere Forschung sieht in den „Protokollen“ eine Variante des modernisierten und wiedererweckten dämonologischen Antisemitismus. Der Urschrift, die weltweit Verbreitung fand, lag das Buch des russischen religiösen Schriftstellers Sergej Nilus „Das Große im Kleinen und der Antichrist als nahe politische Möglichkeit“ zugrunde. Viele Historiker zweifeln heute nicht mehr, daß die „Protokolle“ im Auftrag des Auslandschefs der russischen Geheimpolizei, General Ratschkovski, in den Jahren 1897–1899 in Paris geschrieben worden sind. Die Fälschung wurde amtlich bekannt durch den von der israelitischen Kultusgemeinde initiierten Prozeß in Bern 1934/35. Kein geringerer als Alfred Rosenberg, der „Beauftragte des Führers für die Überwachung der gesamten geistigen und weltanschaulichen Schulung und Erziehung der NSDAP“, betonte in seinen antifreimaurerischen Schriften auf der Grundlage der „Protokolle“, daß hinter der nationalen Politik als eigentlicher Lenker die „alljüdische Hochfinanz“ stehe, die sich in nationalen, philanthropischen und religiösen Weltbünden organisiert habe. Die entscheidende Frage nach dem Grund dieser von ihm diagnostizierten Lage sieht er in den „Protokollen“, die er 1923 bearbeitete und auszugsweise mit Kommentaren herausgab.

So finden sich z.B. in der vierten Sitzung Hinweise auf die Tätigkeit der Freimaurerei, die von Rosenberg als wichtige Unterstützung der jüdischen Hochfinanz gedeutet wird. In der elften Sitzung sind neben Weltherrschaftsgedanken Aussagen über jüdische Freimaurerlogen erwähnt, von denen Rosenberg besonders den in Chicago ansässigen und weltweit verbreiteten Orden „Bnai Brith“ hervorhebt, in dem neben religiösen Juden auch Zionisten saßen und der sich – nach Rosenberg – zur Unterstützung der alljüdischen Weltanleihe bekannte. In der fünfzehnten Sitzung wird auf die Durchführung der Weltrevolution bezug genommen und nochmals die Rolle der Freimaurerlogen präzisiert. Die Hauptleitung dieser Weltverschwörung saß für Rosenberg im „Bnai Brith-Orden", der nach nationalsozialistischen Forschungen insgesamt 450 Logen umfaßte.

Auch in anderen Schriften hat Rosenberg hervorgehoben, Juden und Freimaurer seien für das materielle und seelische Chaos verantwortlich und hätten dieses verursacht. An der Spitze und hinter den Kulissen der Weltpolitik stünden Juden und Freimaurer. Jene Freimaurer, die die Weltpolitik entscheidend beeinflußten, seien in den Hochgradsystemen tätig, die jüdischen Ursprungs seien. Rosenberg war davon überzeugt, daß in allen Ländern der Welt „Delegierte der Judenschaft" in den Logen säßen und so den „Kitt einer über die ganze Welt verbreiteten Verschwörungsgesellschaft" bildeten.

Der Kommentar Rosenbergs zu den „Protokollen" ist letzlich darauf ausgerichtet, zu zeigen, wie die darin getroffenen Aussagen mit der praktischen Politik der Juden übereinstimmen. Dieser für ihn äußerst bedenklichen Entwicklung setzte er abschließend ein Wort Paul de Lagardes entgegen, um die jüdische Weltverschwörung noch rechtzeitig zu verhindern: „Deutschland muß voll deutscher Menschen und deutscher Art werden, so voll von sich wie ein Ei. Dann ist für Palästina kein Raum in ihm."

Zu denen, die in den Machenschaften „der Weisen von Zion" die Deutung vieler unerklärlicher Erscheinungen und Abläufe zu erkennen glaubten, gehörte nicht nur Rosenberg, sondern auch Adolf Hitler, der bekannte: „Ich habe mit wahrer Erschütterung die Protokolle der Weisen von Zion gelesen. Die gefährliche Verborgenheit des Feindes, seine Allgegenwärtigkeit."

Der Verschwörungsmythos

So richtig Hermann Rauschnings Bemerkung war, daß die „Walze Jude und Freimaurer" den Nationalsozialisten auch dazu diente, die Masse von Problemen abzulenken und den

Kampfwillen der Anhänger wach zu halten, so kann mit solchen Funktionsbestimmungen der politische und psychologische Wirkungsmechanismus der Verschwörungstheorie nicht ausreichend erfaßt werden. Sicher ist, daß sowohl der Charakter der Freimaurerei als eines relativ leicht mystifizierbaren Geheimbundes als auch das „Körnchen Wahrheit oder Richtigkeit", das den Verschwörungstheoremen gelegentlich – wenn auch in versteckter, verzerrter und maßlos übersteigerter Form – anhaftet, konstitutive Elemente für das Entstehen und die Wirksamkeit der Verschwörungstheorie sind. Grundvoraussetzung des ideologisch akzentuierten Komplottdenkens war die moralische Verabsolutierung einer gegebenen konkreten Sozialordnung und damit ein antiliberales Weltbild, das den sozialen Wandel dieser Ordnung und die Infragestellung überkommener Erwartungshaltungen als das illegitime und böswillige Werk dämonisierter Minderheiten hinstellte. Die Tatsache, daß die Verschwörungstheorie von einem ständisch-hierarchischen Standpunkt aus Fundamentalkritik am Gleichheitsprinzip im 18. Jahrhundert übt, erklärt den Sachverhalt, daß sie sowohl von Repräsentanten des vordemokratischen Ancien Régime als auch von antiliberalen Kräften des Rechtsradikalismus in Anspruch genommen werden konnte. Auf diese Weise entwarf die Verschwörungstheorie ein antimodernistisches Feindbild, das in Gegnerschaft zueinander stehende Konservative und Nationalsozialisten zu gemeinsamer Frontstellung gegen Liberalismus, Demokratismus und Sozialismus verband.

Die Verschwörungstheorie ist als monokausale und stereotype Ideologie erklärt worden. Die Forschung ist sich darüber hinaus weitgehend einig, daß sie ebenso Mythoscharakter aufweist. Bei der Wirkung des Verschwörungsmythos spielen neben psychologischen Faktoren (z. B. Angst) auch Projektionen eine bedeutende Rolle, denn vieles, was die Exponenten der Verschwörungstheorie den Juden und Freimaurern unterstellten, betrieben sie selbst oder strebten danach. Auch soziale Faktoren waren wichtig, weil es vor allem um die ideologische Prägung jener sozialen Gruppen geht, die besonders für den Verschwörungsmythos empfänglich waren, wie der Mittelstand mit seiner Krisenerfahrung und seinem Bindungsverlust. Schließlich sind auch noch politische Faktoren zu berücksichtigen, weil die Verschwörungstheorie bei der Werbung für bestimmte politische Ämter gezielt verwendet bzw. der Verschwörungsmythos politisch eingesetzt wurde. Diese Instrumentalisierung verweist auf die Manipulationsfunktion einer solchen Ideologie, die stets in einer bestimmten historischen Situation zum Einsatz kam. Alle diese hier erwähnten Faktoren und Gesichtspunkte müssen zudem in einem engen Wechselverhältnis zueinander gesehen werden. Es fällt aus historischer Sicht auf, daß die Verschwörungstheorie ihren Nährboden vor allem in Phasen grundlegender ideologischer und politisch-ökonomischer Verunsicherung hat. Die Komplott-Theorie erfüllt dabei eine scheinbar rationalisierende Funktion, indem sie vorgibt, für alle existentiellen Ängste und Unsicherheiten, die hinter gesellschaftlichen Ereignissen stehen können, eine einfache Erklärung bereit zu haben. Sie ist letztlich durch eine interessengeleitete und damit pseudorationale Denkstruktur gekennzeichnet, sie entspringt einem Bedürfnis nach Reduktion der komplexen Realität und vermag eine – wegen ihrer wahnhaften Übersteigerungen – gefährliche Orientierungsfunktion zu erfüllen.

Bei der Verschwörungstheorie handelt es sich nicht um ein unparteiisches Erkenntnisinstrument, sondern vielmehr um ein der Feindbestimmung dienendes ideologisch-politisches Werkzeug. Da die Verschwörungstheorie zur Voraussetzung hat, daß eine kleine Minorität die große Mehrheit manipulieren und den Geschichtsprozeß in entscheidender Weise beeinflussen kann, mußten dieser Minderheit zwangsläufig übermenschliche Fähigkeiten angedichtet werden, wobei die schon fast pathologische Züge tragenden Angstvisionen vom drohenden Umsturz jeglicher Ordnung in eine Dämonisierung der Freimaurerei ausartete. In diesem Zusammenhang spielt die christlich-mittelalterliche Dämonologie eine wichtige Rolle, die für die spezifische Ausprägung des Verschwörungsdenkens eine konstitutive Bedeutung hat. Unter Herabsetzung moralischer Hemmschwellen soll die Hoffnung geweckt werden, daß durch die gezielte Ausschaltung dieser „bösen“ Kräfte der soziale Organismus geheilt werden könne. Diese Vorgehensweise ist in den heutigen Verschwörungstheorien noch immer bestimmend, wie die Kommentare und Bücher zur Freimaurerei, zu den Geheimbünden wie „P2“ und zu elitären Klubs oder Zirkeln belegen.

Schluß:
Zur Wirkungsgeschichte der Freimaurerei

Über die Wirkungsgeschichte der Freimaurerei im gesellschaftlichen Entwicklungsprozeß seit der frühen Neuzeit gibt es kaum wissenschaftliche Untersuchungen. Die Gründe dafür liegen in der Tatsache, daß sich ein direkter Einfluß der Freimaurerei auf Staat, Politik und Gesellschaft nur schwer nachweisen läßt. Die Gegner der Freimaurer haben den schwer faßbaren Einfluß immer dämonisiert und als politische Macht mißverstanden. Eine einigermaßen seriöse und realistische Einschätzung der gesellschaftlichen Wirkung der Freimaurer muß sich in erster Linie auf die Selbstbildung als Personen und die Kongruenz ihres Selbsterziehungsprogramms sowie ihrer Ziele mit den wesentlichen Denkströmungen der jeweiligen Zeit beziehen. Die Personen (Mitglieder) kamen aus verschiedenen beruflichen Bereichen und rekrutierten sich in der Gründungs- und Aufstiegsphase der Freimaurerei vorwiegend aus dem Adel, der Geistlichkeit und dem gehobenen Bürgertum, während untere Schichten weitgehend ausgeklammert blieben. Erst viel später hat die Freimaurerei auch Angehörige des Kleinbürgertums aufgenommen.

Die Forschung hat weitgehend anerkannt, daß der Freimaurerei bei der Auflösung der frühneuzeitlichen Dogmen, in der Aufklärung und Säkularisierung sowie in den bürgerlichen Revolutionen, insbesondere in der Französischen Revolution, eine Rolle zukam. Es war zweifelsohne keine tragende Funktion, doch die freimaurerischen Ideen der Humanität und Toleranz waren in den geistesgeschichtlichen und politischen Entwicklungen bedeutsam. Wenn die Freimaurerei zwar nicht als Beweger und Auslöser in Erscheinung trat, dann zumindest als Ermutiger und Verstärker, wie chemische Katalysatoren. Ein konkretes Beispiel zum komplexen Zusammenhang zwischen Freimaurerei und Revolution soll diese Funktion verdeutlichen. Die Logen in der Spätaufklärung und am Beginn der Französischen Revolution waren weder Zentren der

Konspiration noch ideologische Kommissionen oder Generalstäbe des Umsturzes, sondern in erster Linie Treffpunkte, Diskussionsrunden und Kommunikationszentren, Orte des persönlichen Kontaktes, Umschlagplätze für Ideen und Schriften, Anlaufstellen und Transmissionen für die Ideen der Aufklärung und der Revolution. Insofern war die Freimaurerei mit ihren Ideen und Handlungsweisen bei der geistigen Vorbereitung von gesellschaftlichen Entwicklungen durch das kulturelle, humanitäre und ethische Engagement ihrer Mitglieder beteiligt, insbesondere dann, wenn die gesellschaftlichen und politischen Verhältnisse im Gegensatz zu den freimaurerischen, humanitär-ethischen Anliegen standen.

Diese hier erwähnte katalysatorische Wirkung läßt sich im Zusammenhang mit wichtigen historischen Entwicklungen wie der Aufklärung, der westlichen Demokratien, der Herausbildung des modernen Parlamentarismus und des Sozialstaates wenigstens ansatzweise feststellen. Die Freimaurerei trat auch immer für die Verbreitung der Menschenrechte und für den Weltfrieden ein und war in diesem Bemühen nicht erfolglos. Heute arbeitet sie an einer Weiterentwicklung ihrer zentralen Ideen wie Humanität, Aufklärung und Toleranz. Dabei geht es um die Entwicklung einer „reflexiven" Aufklärung, einer symbiotischen Toleranz und eines neuen Humanismus. Es besteht innerhalb der Freimaurerei ein Minimalkonsens (trotz eines breiten Raumes an individuellen Einstellungen), daß die neu formulierten Grundsätze der Freimaurerei auch heute eine wichtige Aufgabe haben.

Die geistige Situation der Zeit könnte man mit der Formulierung „die rationale Ordnung und ihre Gegenwelten" (Michel Foucault, Max Weber, Cornelia Klinger) charakterisieren. Unter dem sich verdichtenden Eindruck, daß die Epoche der Moderne in absehbarer Zukunft ihrem Ende entgegengeht, werden heute auch in der Freimaurerei verstärkte Anstrengungen zu ihrer theoretischen Erfassung unternommen. Dabei werden vorrangig Modernisierung bzw. Modernität mit dem Prozeß der Rationalisierung aller Gesellschafts- und Wissensbereiche identifiziert. Diesen Vorgängen stehen gegenläufige

Tendenzen gegenüber. Bei der Bestimmung des Ortes der Freimaurerei im Spannungsfeld zwischen Moderne und Postmoderne bieten sich vier Modelle an. Das entscheidende Kriterium ist dabei die Frage, wie das Verhältnis konzipiert wird zwischen den Bereichen, die als Hauptstrom der Modernisierung gelten, und jenen, die als Gegenströmungen aufgefaßt werden können. Auf dieser Grundlage kann man von einem Externalisierungskonzept, einem Ausdifferenzierungskonzept, einem Kompensations- und einem Korrelationskonzept sprechen.

Am einfachsten und zugleich am problematischsten ist die Ansicht, daß es sich bei Gegenbewegungen zur Moderne entweder um Restbestände einer vormodernen Lebens- und Gesellschaftsordnung handelt, die durch den Modernisierungsprozeß allmählich vernichtet werden, oder – ganz entgegengesetzt – um Ansätze zu einer künftigen Überwindung der Moderne (Postmoderne).

Mit dem, was hier Ausdifferenzierungskonzept genannt wird, vollzieht sich ein erster Schritt in Richtung auf eine Anerkennung der Zugehörigkeit von Gegenströmungen zum Modernisierungsprozeß. Es wird dabei anerkannt, daß bestimmte Phänomene, wie Subjektivismus und Gefühlskultur oder eine nostalgische Hinwendung zur Natur und Vergangenheit, überhaupt erst auf der Grundlage der Moderne entstehen können und somit als deren eigene Resultate anzusehen sind. Das dezentrierte Weltverständnis eröffnet auf der einen Seite die Möglichkeit eines kognitiv versachlichten Umgangs mit der Welt der interpersonalen Beziehungen; auf der anderen Seite bietet es die Möglichkeit eines von Imperativen der Versachlichung freigesetzten Subjektivismus im Umgang mit einer individualisierten Bedürfnisnatur. In diesem Sinne nennt Max Weber drei Gruppen von Wertsphären, die zusammen den Komplex moderner Rationalität bilden und die sich im Prozeß der Moderne ausdifferenzieren und autonom entwickeln. Neben den Komplex der kognitiven Rationalität von (Natur-)Wissenschaft und Technik und den Komplex der evaluativen Rationalität von Naturrecht und (protestantischer) Ethik stellt er die ästhetisch-expressive Rationalität als dritten Bereich. Aktiv vorangetrieben wird der Prozeß der Moderne durch die Entwicklung von Wissenschaft, Technik und Industrie sowie durch die Entfaltung rationaler Verwaltungs- und Rechtspraktiken und entsprechender Wert- und Verhaltensnormen. Die Tendenz heute geht in Richtung einer Akzentverschiebung von der Betrachtung des zweckrationalen zu der des wertrationalen Handlungssystems. Es wird die Bedeutung der praktischen Vernunft für den Prozeß der Moderne gegenüber der instrumentellen Vernunft (Dialektik der Aufklärung) hervorgehoben.

Es ist sinnvoll, das Gegensatzverhältnis zwischen der modernen Welt und den exterritorialen Orten einer ästhetischen oder erotischen Weltflucht als Funktionszusammenhang aufzufassen. Ist dies der Fall, dann geht das Ausdifferenzierungsmodell in das Komplementaritäts- oder Kompensationsmodell über. Dabei geht man davon aus, daß es bestimmte Bereiche gibt, die nicht derselben Logik folgen, die in Wissenschaft und Technik, Wirtschaft und Gesellschaft, Recht und Politik wirksam ist. Somit stehen sie dem Konzept von Rationalität und dem Prozeß der Moderne zwar entgegen, aber nicht außerhalb und jenseits der Welt, sondern als andersartige Orte innerhalb derselben, innerhalb eines entgegengesetzte Pole umgreifenden Zusammenhangs. Es wird davon ausgegangen, daß jene Gegenpole all das sind oder haben, was die anderen Wertsphären nicht sind oder nicht besitzen, so daß sie sich komplementär zueinander verhalten. Das auffallendste Merkmal des Kompensationskonzepts liegt in der modernitätskritischen Grundhaltung bei gleichzeitig unvermindertem Festhalten an der Überzeugung der Unvermeidlichkeit und sogar der Überlegenheit der Moderne als Rationalisierungsprozeß. Die Idee der Komplementarität ist stark freimaurerisch orientiert.

Da, wo der Aspekt der bewußten und aktiven Verweigerung der Kompensationsleistung in den Vordergrund rückt, gelangen wir zum vierten Modell, nämlich zum Verhältnis zwischen dem Rationalisierungsprozeß und seinen Gegenströmungen. Dieses Konzept ist für die geistige Arbeit der

Freimaurerei besonders fruchtbar, weil es anzeigt, daß hier nicht mehr der Gegensatz, sondern die Entsprechung zwischen den verschiedenen Wertsphären der Moderne in das Zentrum rückt. Hier sollte auch der Ort der Freimaurerei sein. Den Ausgangspunkt bildet die Tatsache, daß die aus dem Modernisierungsprozeß ausgegrenzten und ihm zum Zwecke seines Ausgleichs entgegengesetzten Bereiche auf Dauer unvermeidbar und unübersehbar ihre eigene subsystemspezifische Modernität entwickeln. Im Bereich der Ästhetik bedeutet dies z.B. die Herausbildung einer Formensprache, die die Konflikte, die „Zerrissenheit" der modernen Welt abbildet bzw. sie reflektierend sogar noch verschärft. Jürgen Habermas setzt an die Stelle der von ihm als Irrweg abgelehnten Aufhebung der Kunst die „lebensorientierende Kraft" der Kunst. Er spricht von einer ästhetischen Erfahrung, die nicht primär in Geschmacksurteile umgesetzt wird, sondern „für die Aufhellung einer lebensgeschichtlichen Situation genutzt und auf Lebensprobleme" bezogen wird. Die drei kulturellen Wertsphären müssen an entsprechende Handlungssysteme so angeschlossen werden, daß eine nach Geltungsansprüchen spezialisierte Wissensproduktion und -vermittlung garantiert ist. Das von Expertenkulturen entwickelte kognitive Potential soll seinerseits an die kommunikative Alltagspraxis weitergeleitet werden. Dies wäre, anders formuliert, das Projekt der „reflexiven" Aufklärung im Sinne einer nie abschließbaren Aufgabe. Was als Besonderheit des dritten Wertsphärenbereichs erscheint, sein „Irrationalismus", seine Alterität, sind nichts anderes als die unbegriffenen und z.T. verdrängten Züge der Moderne. Eine zweite (oder neue) Aufklärung hätte sie als Teil der Moderne zu erkennen und entsprechend einzuordnen. Im Grundverständnis der Freimaurerei würde dies die Zusammenführung der verschiedenen Dimensionen des Menschen bedeuten: die rationale kognitive Struktur, die Gefühle, Emotionen und Sensibilitäten. Die Reichweite gesellschaftlichen Handelns (auch über den einzelnen) hat sich erheblich ausgedehnt. Folglich stellen sich Fragen nach Einheit, Ganzheit und Sinn nicht mehr nur traditionell, was Mensch und Gesellschaft vorgegeben ist und was es zu entdecken und zu erkennen gilt, sondern auch als etwas, das durch die Gesellschaft und über den einzelnen bestimmt und geschaffen werden kann. Dies könnte ein Ansatzpunkt für gesellschaftspolitisch aktive Freimaurer sein, der für das 21. Jahrhundert weitergedacht und konkretisiert werden müßte.

Literaturhinweise (Auswahl)

Wichtige gedruckte Quellenbestände, Literaturberichte und Bibliographien

Agethen, M.: Aufklärungsgesellschaften, Freimaurerei, geheime Gesellschaften. Ein Forschungsbericht (1976–1986), in: Zeitschrift für Historische Forschung 14 (1987), S. 439 ff.

Dotzauer, W. (Hg.): Quellen zur Geschichte der deutschen Freimaurerei im 18. Jahrhundert, Frankfurt/M. 1991.

Dülmen, R. van (Hg.): Der Geheimbund der Illuminaten, Stuttgart – Bad Cannstatt 1975.

Endler, R.: Die Freimaurerbestände im Geheimen Staatsarchiv Preußischer Kulturbesitz, Abteilung Merseburg, in: Aufklärung und Geheimgesellschaften. Freimaurer, Illuminaten und Rosenkreuzer, hg. von H. Reinalter, Bayreuth 1992, S. 103 ff.

– Zum Schicksal der Papiere von Joachim Christoph Bode, in: Quatuor Coronati Jahrbuch 27 (1990), S. 9 ff.

– /Schwarze, E.: Die Freimaurerbestände im Geheimen Staatsarchiv Preußischer Kulturbesitz, hg. von H. Reinalter, 2 Bde., Frankfurt/M. 1994/1996.

Feddersen, K.C.F. (Hg.): Constitutionen, Statuten und Ordnungen der Freimaurer in England, Frankreich, Deutschland und Skandinavien, Husum 1989.

Ferrer Benimeli, J.: Bibliografia de la masoneria, Zaragoza – Caracas 1974.

Gerlach, K. (Hg.): Berliner Freimaurerreden 1743–1804, Frankfurt/M. 1996.

Hammermayer, L.: Zur Geschichte der europäischen Freimaurerei und der Geheimgesellschaften im 18. Jahrhundert. Genese – Historiographie – Forschungsprobleme, in: Berförderer der Aufklärung in Mittel- und Osteuropa, Berlin 1979, S. 9 ff.

Hedeler, W.: Neue russische Archivzeitschriften, Dokumenteneditionen und Publikationen über die Situation in russischen Archiven, in: Zeitschrift für Geschichtswissenschaft 11 (1996), S. 1012 ff.

Hubert, R.: Freimaurerische Historiographie im 19. und 20. Jahrhundert – Forschungsbilanz Österreich, in: Freimaurerische Historiographie im 19. und 20. Jahrhundert, hg. von H. Reinalter, Bayreuth 1996, S. 39 ff.

Irmen, H.-J. (Hg.): Die Protokolle der Wiener Freimaurer Loge „Zur wahren Eintracht“ (1781–1785), Frankfurt/M. 1994.

Jagschitz, G. – St. Karner: Beuteakten aus Österreich. Der Österreichbestand im russischen „Sonderarchiv“ Moskau, Graz – Wien 1996.

Karpowicz, A.: Sektion Masonica (Universitätsbibliothek Poznan). Systematik des Sachkatalogs, Poznan 1989.

Die Freimaurer-Sammlung in der Universitätsbibliothek Posen, in: Quatuor Coronati Jahrbuch 30 (1993), S. 111 ff.
Keiler, H.: Freimaurerische Bibliotheksbestände in Deutschland und in der Bibliotheca Klossiana in Den Haag, in: Aufklärung und Geheimgesellschaften. Freimaurer, Illuminaten und Rosenkreuzer, hg. von H. Reinalter, Bayreuth 1992, S. 109 ff.
– Restitution geraubten Kulturgutes 1946, in: Freimaurerische Historiographie im 19. und 20. Jahrhundert, hg. von H. Reinalter, Bayreuth 1996, S. 113 ff.
Kiefer, K. (Hg.): Dokumente zu Aufklärung und Okkultismus, München 1991.
Markner, R./Neugebauer-Wölk, M./Schüttler, H. (Hg.): Die Korrespondenz des Illuminatenordens Bd. 1, Tübingen 2005.
Melzer, R.: Völkische Freimaurerei im Spiegel der Historiographie, in: Freimaurerische Historiographie im 19. und 20. Jahrhundert, hg. von H. Reinalter, Bayreuth 1996, S. 27 ff.
Neugebauer-Wölk, M.: Esoterische Geheimbünde und Bürgerliche Gesellschaft. Entwicklungslinien zur modernen Welt im Geheimbundwesen des 18. Jahrhunderts, Göttingen 1995.
Pfahl-Traughber, A.: Neuerscheinungen zu den „Protokollen der Weisen von Zion" und Verschwörungstheorien, in: Zeitschrift für Internationale Freimaurer-Forschung 1 (1999), S. 89 ff.
Pók, A.: Quellen und Bearbeitungen zur Geschichte der ungarischen Freimaurerei, in: Aufklärung und Geheimgesellschaften, hg. von H. Reinalter, Bayreuth 1992, S. 123 ff.
Rachold, J. (Hg.): Die Illuminaten. Quellen und Texte zur Aufklärungsideologie des Illuminatenordens (1776–1785), Berlin 1984.
Reinalter, H.: Bibliographie zur Geschichte der demokratischen Bewegungen in Mitteleuropa 1770 bis 1850, Frankfurt/M. 1990.
– Freimaurerei und Geheimgesellschaften im 18. Jahrhundert, in: Aufklärung – Vormärz – Revolution 6 (1986), S. 78 ff.
– Auswahlbibliographie (umfassend), in: H. Reinalter, Freimaurer und Geheimbünde im 18. Jahrhundert in Mitteleuropa, Frankfurt/M., 3. Aufl. 1989, S. 365 ff.
– Neue Literatur zu Freimaurerei und Geheimgesellschaften, in: Aufklärung – Vormärz – Revolution 13–15 (1993/95), S. 313 ff.
– Freimaurerische Forschung heute, in: Zeitschrift für Internationale Freimaurer-Forschung 1 (1999), S. 9 ff.
– Schwerpunkte und Tendenzen der freimaurerischen Historiographie, in: The masonic paradigm. Tijdschrift voor de Studie van de Verlichting en van het vrije Denken 12/3–4 (1984), S. 273 ff.
– Neue Tendenzen in der Geschichtsschreibung und ihre Bedeutung für die freimaurerische Historiographie, in: Freimaurerische Historiographie im 19. und 20. Jahrhundert, hg. von H. Reinalter, Bayreuth 1996, S. 11 ff.

– Was ist masonische Forschung?, in: Aufklärung und Geheimgesellschaften, hg. von H. Reinalter, München 1989, S. 9 ff.
– (Hg.): Joseph II. und die Freimaurerei im Lichte zeitgenössischer Broschüren, Wien 1987.
– (Hg.): Freimaurerische Historiographie im 19. und 20. Jahrhundert, Bayreuth 1996.
Reinalter, H. (Hg.): Die deutschen und österreichischen Freimaurerbestände im Deutschen Sonderarchiv in Moskau (heute Aufbewahrungszentrum der historisch-dokumentarischen Kollektionen), Frankfurt/M. 2002.
– Handbuch der freimaurerischen Grundbegriffe, Innsbruck 2002.
– (Hg.): Verschwörungstheorien, Innsbruck 2002.
– (Hg.): Typologien des Verschwörungsdenkens, Innsbruck 2004.
– (Hg.): Freimaurerische Kunst – Kunst der Freimaurerei, Innsbruck 2005.
Rosenstrauch-Königsberg, E.: Freimaurer, Illuminat, Weltbürger. Friedrich Münters Reisen und Briefe in ihren europäischen Bezügen, Berlin 1984.
Schneider, H.: Deutsche Freimaurerbibliothek, 2 Bde., Frankfurt/M. 1993.
Schüttler, H. (Hg.): Johann Joachim Christoph Bode: Journal seiner Reise von Weimar nach Frankreich. Im Jahre 1787, München 1994.
Wolfstieg, A.: Bibliographie der freimaurerischen Literatur, 3 Bde., Burg – Leipzig 1911/13 (Neudruck Hildesheim 1964).

Gesamtdarstellungen, Handbücher, Lexika, Sammelbände

Allgemeines Handbuch der Freimaurerei, 3. Aufl. von Lennings Encyclopädie der Freimaurerei, 2 Bde., Leipzip 1900/01.
Appel, R.: Die großen Leitlinien der Freimaurerei, Hamburg 1986.
Bidermann, H.: Das verlorene Meisterwort. Baustücke zu einer Kultur- und Geistesgeschichte der Freimaurerei, Wien 1986.
Binder, D.A.: Die diskrete Gesellschaft. Geschichte und Symbolik der Freimaurer, Graz 1988.
– Die Freimaurer. Ursprünge, Rituale und Ziele einer diskreten Gesellschaft, Freiburg/Br. 1998.
Caspari, O.: Die Bedeutung des Freimaurertums für das geistige Leben. Seine Ethik, Gottesidee und Weltanschauung, Berlin 1930.
Bernardo, G. di: Die Freimaurer und ihr Menschenbild, Wien 1989.
– Die neue Utopie der Freimaurerei, Wien 1997.
Dierickx, M.: Freimaurerei – die große Unbekannte, Hamburg 1968.
Eberlein, G.L.: Kleines Lexikon der Parawissenschaften, München 1995.
Endres, F.C.: Das Geheimnis des Freimaurers, Hamburg 1978.
– Die Symbole der Freimaurerei, Leipzig 1929 (Neudruck Hamburg 1977).
Ferrer Benimeli, J.A.: Masoneria Politica y Sociedad, 2 Bde., Zaragoza 1989.

Fleck, F.: Das Freimaurertum. Sein Wesen – seine Geschichte, Hamburg 1950 (Erg.-Bd. 1971).
Freimaurer. Solange die Welt besteht, Ausstellungskatalog, Wien 1992.
Frick, K.R.H.: Die Erleuchteten. Gnostisch-theosophische und alchemistisch – rosenkreuzerische Geheimgesellschaften bis zum Ende des 18. Jahrhunderts, Graz 1973.
– Licht und Finsternis. Gnostisch-theosophische und freimaurerisch-okkulte Geheimgesellschaften bis an die Wende zum 20. Jahrhundert, Graz 1975/78.
Gebelein, H.: Alchemie, München 1991.
Giese, A.: Die Freimaurer, Wien 1997.
Holtdorf, J.: Die Logen der Freimaurer. Geschichte – Bedeutung – Einfluß, München 1991.
Im Hof, U.: Das gesellige Jahrhundert. Gesellschaft und Gesellschaften im Zeitalter der Aufklärung, München 1982.
Kaltenbrunner, G. (Hg.): Geheimgesellschaften und der Mythos der Weltverschwörung, München 1987.
Kischke, H.: Die Freimaurer: Fiktion, Realität und Perspektiven, Wien 1996.
Knoop, D./Jones, G.P.: The Genesis of Freemasonry, Bayreuth 1968 (dt. Übers.).
Lennhoff, E.: Politische Geheimbünde, München – Wien 1968.
– /O. Posner: Internationales Freimaurer-Lexikon, Wien 1932 (unver. Nachdruck 1980).
Mellor, A.: Logen, Rituale, Hochgrade. Handbuch der Freimaurerei, Graz 1967.
– Unsere getrennten Brüder – die Freimaurer, Graz 1964.
Nardini, B.: Das Handbuch der Mysterien und Geheimlehren, München 1994.
Naudon, P.: Geschichte der Freimaurerei, Frankfurt/M. 1982.
Priesner, C./Figala, K.: Alchemie. Lexikon einer hermetischen Wissenschaft, München 1998.
Reinalter, H. (Hg.): Lexikon zu Demokratie und Liberalismus, Frankfurt/M. 1993.
– (Hg.): Aufklärung und Geheimgesellschaften. Zur politischen Funktion und Sozialstruktur der Freimaurerlogen im 18. Jahrhundert, München 1989.
– (Hg.): Aufklärungsgesellschaften, Frankfurt/M. 1993.
– (Hg.): Freimaurer und Geheimbünde im 18. Jahrhundert in Mitteleuropa, Frankfurt/M., 3. Aufl. 1989.
– (Hg.): Aufklärung und Geheimgesellschaften. Freimaurer, Illuminaten und Rosenkreuzer, Bayreuth 1992.
– (Hg.): Freimaurerische Wende vor 200 Jahren: 1798 – Rückbesinnung und Neuanfang, Bayreuth 1998.

– (Hg.): Der Illuminatenorden (1776–1785/87). Ein politischer Geheimbund der Aufklärungszeit, Frankfurt/M. 1997.
– (Hg.): Die neue Aufklärung, Thaur – Wien – München 1997.
– Freimaurerei und Moderne, in: Beobachter und Lebenswelt. Festschrift für K. Hammacher, Thaur 1996, S. 239 ff.
– Versuch einer Theorie der Freimaurerei, in: Grenzgebiete der Wissenschaft 44/3 (1995), S. 227 ff.
Runggaldier, E.: Philosophie der Esoterik, Stuttgart 1996.
Schauberg, J.: Vergleichendes Handbuch der Symbolik der Freimaurerei, 3 Bde., Schaffhausen 1861/63.
Schenkel, G.: Die Freimaurerei im Lichte der Religions- und Kirchengeschichte, Gotha 1926.
Valmy, M.: Die Freimaurer, München 1988.
Wolfstieg, A.: Die Philosophie der Freimaurerei, Berlin 1922.
Yates, F.A.: Aufklärung im Zeichen des Rosenkreuzes, Stuttgart 1972.

Darstellungen

Agethen, M.: Geheimbünde und Utopie. Illuminaten, Freimaurer und deutsche Spätaufklärung, München 1984.
Appel, R./Vorgrimler, H.: Kirche und Freimaurerei im Dialog, Frankfurt/M. 1975.
Biet, F.: Die ungeschminkte Maurertugend. Georg Forsters freimaurerische Ideologie und ihre Bedeutung für seine philosophische Entwicklung, Frankfurt/M. 1993.
Bokor, Ch. von: Winkelmaß und Zirkel. Die Geschichte der Freimaurer, Wien 1980.
Büsch, O./ Herzfeld , H. (Hg.): Die frühsozialistischen Bünde in der Geschichte der deutschen Arbeiterbewegung, Berlin 1975.
Dito, O.: Massoneria, Carboneria e società segrete della Storia Risorgimento, Torino 1905.
Dotzauer, W.: Zur Sozialstruktur der Freimaurerei in Deutschland, in: Aufklärung und Geheimgesellschaften, hg. von H. Reinalter, München 1989, S. 109 ff.
Dülmen, R. van: Die Gesellschaft der Aufklärer. Zur bürgerlichen Emanzipation und aufklärerischen Kultur in Deutschland, Frankfurt/M. 1986.
– Die Utopie einer christlichen Gesellschaft. Johann Valentin Andreae (1586–1654), Stuttgart – Bad Cannstatt 1978.
Edighoffer, R.: Die Rosenkreuzer, München 1995.
Fehn, E.-O.: Moralische Unschuld oder politische Bewußtheit? Thesen zur illuminatischen Ideologie und ihrer Rezeption, in: Die Französiche Revolution, Mitteleuropa und Italien, hg. von H. Reinalter, Frankfurt/M. 1992, S. 71 ff.
Fischer, M.W.: Die Aufklärung und ihr Gegenteil, Berlin 1983.

– „Rassenelite“ und „Teufelsbrut“. Zur politischen Theorie des Nationalsozialismus, in: Entartete Ideale, Graz 1992, S. 9 ff.
– Maurerische Geheimbünde und religiöse Toleranz, in: Religion und Kirche an Zeitenwenden, hg. von N. Leser, Wien – München 1984, S. 224 ff.
Forestier, R. le: Die templerische und okkultistische Freimaurerei im 18. und 19. Jahrhundert, 3 Bde., Weidenthal – Leimen 1987/90.
Fuschs, G.W.: Karl Leonhard Reinhold – Illuminat und Philosoph, Frankfurt/M. 1994.
Francovich, C.: Freimaurerei und politische Geheimgesellschaften in Italien (1770–1832), in: Aufklärung – Vormärz – Revolution 5 (1985), S. 29 ff.
Freudenschuß, W.: Der Wetzlarer Ring – Völkische Tendenzen in der deutschen Freimaurerei nach dem 1. Weltkrieg, in: Quatuor Coronati Jahrbuch 25 (1988), S. 9 ff.
Gerlach, K.: Die Gold- und Rosenkreuzer in Deutschland und Potsdam (1779–1789), in: Quatuor Coronati Jahrbuch 32 (1995), S. 87 ff.
– Die Berliner Freimaurer 1740–1806. Zur Sozialgeschichte der Freimaurerei in Brandenburg-Preußen, in: Europa in der Frühen Neuzeit. Festschrift für G. Mühlpfordt, Bd. 4, hg. von E. Donnert, Weimar 1997, S. 433 ff.
Gilbhard, H.: Die Thule-Gesellschaft, München 1994.
Graumann, C.F. (Hg.): Changing conceptions of conspiracy, New York 1987.
Groh, D.: Die verschwörungstheoretische Versuchung oder: Why do bad things happen to good people?, in: ders., Anthropologische Dimensionen der Geschichte, Frankfurt/M. 1992, S. 267 ff.
Hammacher, K.: Neue Aspekte zur Verschwörungstheorie, in: Quatuor Coronati Jahrbuch 26, (1989), S. 19 ff.
– Die ethischen Grundlagen der Freimaurerei, in: Quatuor Coronati Jahrbuch 30 (1993), S. 133 ff.
Hammermayer, L.: Der Wilhemsbader Freimaurer-Konvent von 1782, Heidelberg 1980.
Hardtwig, W.: Eliteanspruch und Geheimnis in den Geheimgesellschaften des 18. Jahrhunderts, in: Aufklärung und Geheimgesellschaften, hg. von H. Reinalter, München 1989, S. 63 ff.
Hasselmann, K.: Identität – Verwandlung – Darstellung. Das Freimaurer-Ritual als Cultural Performance, Innsbruck 2002.
Hergeth (Pseud. für P. Heigl): Aus der Werkstatt der Freimaurer und Juden im Oesterreich der Nachkriegszeit, Graz 1927.
Hubert, R.: Freimaurerei in Österreich 1871–1938, in: Zirkel und Winkelmaß. 200 Jahre Große Landesloge der Freimaurer, Ausstellungskatalog, Wien 1984, S. 31 ff.
– Die Freimaurerei in der Zwischenkriegszeit, in: 250 Jahre Freimaurerei in Österreich, Zwettl 1992, S. 51 ff.

Jacob, M. C.: The Origins of Freemasonry. Facts and Fictions, Pennsylvania 2005.
Kloss, F.: Die Geschichte der Freimaurerei in England, Irland und Schottland aus ächten Urkunden dargestellt (1685–1784), Leipzip 1848 (Neudruck Graz 1971).
Kuéss, G./Scheichelbauer, P.: 200 Jahre Freimaurerei in Österreich, Wien 1959.
Leisching, P.: Freimaurertum und Katholizismus, in: Die Habsburgermonarchie 1848 bis 1918, Bd. 4, Wien 1985, S 152 ff.
Lindenberg, W.: Riten und Stufen der Einweihung, Freiburg 1988.
Ludz, P. (Hg.): Geheime Gesellschaften, Heidelberg 1979.
Maurice, F.: Freimaurerei um 1800. Ignaz Aurelius Fessler und die Reform der Großloge Royal York in Berlin, Tübingen 1997.
– „Staat im Staate" oder „Schule der Untertanen?" Die Freimaurerei im Staat des aufgeklärten Absolutismus, in: Aufklärung und Geheimgesellschaften. Freimaurer, Illuminaten und Rosenkreuzer, hg. von H. Reinalter, Bayreuth 1992, S. 9 ff.
McCalman, I.: Der letzte Alchemist. Die Geschichte des Grafen Cagliostro, Frankfurt/M. 2004.
Melzer, R.: Die deutschen Logen und die völkische Herausforderung, in: Quatuor Coronati Jahrbuch 31 (1994), S. 151 ff.
– Konflikt und Anpassung. Freimaurerei in der Weimarer Republik und im „Dritten Reich", Wien 1999.
Mola, A.: Storia della massoneria italiana dall' unità alla repubblica, Milano 1977.
Mühlpfordt, G.: Deutsche Union, Einheit Europas, Glück der Menschheit. Ideale und Illusionen des Aufklärers Karl Friedrich Bahrdt (1740–1792), in: Zeitschrift für Geschichtswissenschaft 40 (1992), S. 1138 ff.
Müller-Seidel W./Riedel W. (Hg.): Die Weimarer Klassik und ihre Geheimbünde, Würzburg 2003.
Neuberger, H.: Freimaurerei und Nationalsozialismus, 2 Bde., Hamburg 1980.
Neugebauer-Wölk, M. (Hg.): Aufklärung und Esoterik, Hamburg 1999.
Obrecht, H.: Der Kampf um die staatliche Anerkennung der Freimaurer in Österreich durch die katholische Öffentlichkeit, Diss., Wien 1950.
Peters, B.: ...für und über...Geschichte der Freimaurerei im Deutschen Reich 1870 bis 1933, Berlin 1986.
Pfahl-Traughber, A.: Die „Protokolle der Weisen von Zion" – Der Nachweis der Fälschung und die tatsächliche Entstehungsgeschichte in: Judaica 46 (1990), S. 22 ff.
– Der antisemitisch-antifreimaurerische Verschwörungsmythos in der Weimarer Republik und im NS-Staat, Wien 1993.
Pipes, D.: Verschwörung. Faszination und Macht des Geheimen, München 1998.

Reinalter, H.: Geheimgesellschaften und Revolution. Freimaurerei und Nationalsozialismus am Beispiel Alfred Rosenbergs, in: Quatuor Coronati Jahrbuch 21 (1984), S. 55 ff.
- 250 Jahre Freimaurerei in Deutschland, in: Quatuor Coronati Jahrbuch 24 (1984), S. 9 ff.
- Die Verschwörungstheorie, in: Freimaurer. Solange die Welt besteht, Ausstellungskatalog, Wien 1992, S. 272 ff.
- Die Rolle von „Sündenböcken" in den Verschwörungstheorien, in: Vom Fluch und Segen der Sündenböcke. R. Schwager zum 60. Geb., hg. von J. Niewiadomski und W. Palaver, Thaur – Wien – München 1995, S. 215 ff.
- Freimaurerei und Nationalsozialismus, in: Österreichisches Freimaurermuseum Schloß Rosenau bei Zwettl, Schloß Rosenau 1994, S. 53 ff.
- (Hg.): 200 Jahre Große Landesloge von Österreich, Wien 1986.
- La maconnerie en Autriche, in: Dix-Huitième siècle 19 (1987), S. 43 ff.
- La Franc-Maconnerie Autrichienne en 1938, in: Austriaca 26 (1998), S. 115 ff.
- Masoneria y Democracia, in: Masoneria Politica y Sociedad, Bd. 1, ed. J. A. Ferrer Benimeli, Zaragoza 1989, S. 55 ff.
- Freimaurerei und Modernisierung, in: Revue des Études Sud-Est Européennes 3–4/30 (1992), S. 197 ff.
- Freimaurerei, Jakobinismus und Demokratie, in: ders., Die Französische Revolution und Mitteleuropa, Frankfurt/M. 1988, S. 162 ff.
- Freimaurerei und Demokratie im 18. Jahrhundert, in: Aufklärung und Geheimgesellschaften, hg. von H. Reinalter, München 1989, S. 41 ff.
- Die Rolle der Freimaurerei und Geheimgesellschaften im 18. Jahrhundert, Innsbruck 1995.
- Geheimbünde in Tirol. Von der Aufklärung bis zur Französischen Revolution, Bozen 1982.
- Freimaurerei und Französische Revolution, in: Quatuor Coronati Jahrbuch 22 (1985), S. 155 ff.
- Bahrdt und die geheimen Gesellschaften, in: Carl Friedrich Bahrdt (1740–1792), hg. von G. Sauder und Chr. Weiß, St. Ingbert 1994, S. 258 ff.
- (Hg.): Die Aufklärung in Österreich. Ignaz von Born und seine Zeit, Frankfurt/M. 1991.
Richert, Th.: Die Entwicklung des Pflichtenbegriffs in der Freimaurerei, in: Quatuor Coronati Jahrbuch 25 (1988), S. 219 ff.
Rogalla von Bieberstein, J.: Der Mythos von der Weltverschwörung. Freimaurer, Juden und Jesuiten als „Menschheitsfeinde", in: Geheimgesellschaften und der Mythos der Weltverschwörung, hg. von G.-K. Kaltenbrunner, München 1987, S. 24 ff.
- Die These von der Verschwörung 1776 bis 1945, Frankfurt/M. 1978.
Schings, H.-J.: Die Brüder des Marquis Posa. Schiller und der Geheimbund der Illuminaten, Tübingen 1996.

Schlögl, R.: Alchemie und Avantgarde. Das Praktischwerden der Utopie bei Rosenkreuzern und Freimaurern, in: Die Politisierung des Utopischen im 18. Jahrhundert, hg. von M. Neugebauer-Wölk und R. Saage, Tübingen 1996, S. 117 ff.
Schmidt, A.: Freimaurerei als Idee und Lebenskunst, in: Quatuor Coronati Jahrbuch 29 (1992), S. 13 ff.
Schüttler, H.: Geschichte, Organisation und Ideologie der Strikten Observanz, in: Quatuor Coronati Jahrbuch 25 (1988), S. 159 ff.
– Die Mitglieder des Illuminatenordens 1776–1787/90, München 1991.
Steiner, G.: Freimaurer und Rosenkreuzer. Georg Forsters Weg durch Geheimbünde, Berlin 1985.
Stuckrad, K. v.: Was ist Esoterik? Kleine Geschichte des geheimen Wissens, München 2004.
Weiß, Chr./Albrecht, W. (Hg.): Von „Obscuranten" und „Eudämonisten". Gegenaufklärerische, konservative und antirevolutionäre Publizisten im späten 18. Jahrhundert, St. Ingbert 1997.
Wilson, W. D.: Geheimräte gegen Geheimbünde. Ein unbekanntes Kapitel der klassisch-romantischen Geschichte Weimars, Stuttgart 1991.
– Unterirdische Gänge. Goethe, Freimaurerei und Politik, Göttingen 1999.
Zirkel und Winkelmaß. 200 Jahre Große Landesloge der Freimaurer, Ausstellungskatalog, Wien 1984.
Zörrer, F./Hubert, R.: Die „Grenzlogenzeit" 1871–1918, in: 250 Jahre Freimaurerei in Österreich, Zwettl 1992, S. 37 ff.

Personenregister

C.H.BECK WISSEN

in der Beck'schen Reihe

Ketzer werden gemacht. Das Hochmittelalter hat die Ketzer als ein Mittel erfunden, um Gegner zu religiösen Abweichlern zu stempeln. Sie gehen nicht nur des eigenen Heils verlustig, sondern bedrohen als eine ansteckende Krankheit auch alle übrigen Gläubigen. Nur ihre Vernichtung durch Feuer kann die Epidemie wirkungsvoll beseitigen. Dazu muß man die Ketzer mit einer speziell ausgebildeten Untersuchungseinheit aufspüren, der Inquisition. Bis zur Einrichtung dieses Verfahrens um 1200 und zu seiner Anwendung auf Laien ab 1231 war es ein weiter Weg. Dieses Buch beschreibt die Geschichte der «Ketzer» im Zusammenhang mit einer Religionsgeschichte des Hochmittelalters. Es zeigt, wie sich im religiösen Aufbruch der Zeit der Kreuzzüge und der entstehenden Stadtkultur zahlreiche religiöse Gruppen, Orden und Bewegungen in einer bisher nicht gekannten Vielfalt bildeten. Die Suche nach neuen Leitbildern veränderte die Religion des Mittelalters grundlegend. Auf der anderen Seite schuf eine mächtige religiöse Zentrale neue Normen und entwickelte wirksame Instrumente zu ihrer rücksichtslosen Durchsetzung.

Christoph Auffarth, geb. 1951, ist Professor für Religionswissenschaft an der Universität Bremen. Seine Schwerpunkte sind die Europäische Religionsgeschichte der Antike und des Mittelalters.

Christoph Auffarth

DIE KETZER

Katharer, Waldenser und andere religiöse Bewegungen

Verlag C. H. Beck

Für Carsten Colpe
zum 76. Geburtstag

Mit fünf Abbildungen

Die Originalausgabe erscheint in der Reihe C. H. Beck Wissen.

1. Auflage. 2005

Sonderausgabe. 2008
(Teil der Geheimwissen-Box, ISBN 978 3 406 56286 0)

© Verlag C. H. Beck oHG, München 2005
Gesamtherstellung: Druckerei C. H. Beck, Nördlingen
Umschlagmotiv: Darstellung eines Ketzers, der in der Hölle
eine Kröte küssen muß, in einer Handschriftenminiatur
des «Hortus deliciarum» (etwa 1190) der Äbtissin Herrad
von Hohenburg, f. 255r (Ausschnitt aus dem Höllenbild).
Umschlaggestaltung unter Verwendung des Entwurfs
von Uwe Göbel, München
Printed in Germany

www.beck.de

Inhalt

Vorwort

«Ketzer» ist noch immer ein Wort, das Emotionen weckt. Ketzer sind zum einen jene unangenehmen Menschen, die es besser wissen, die mit überzogenen Forderungen das menschlich Machbare in Frage stellen, die sich auch mit den besten Beispielen aus dem Leben nicht überzeugen lassen und sich unbelehrbar und nicht-lernfähig oft in Merkwürdigkeiten versteigen. Zu Besserwissern sind sie geworden durch eine «Bekehrung», die die kompromißlose Abkehr vom früheren Leben als Lebensaufgabe sieht. Der Kampf gegen die vielen anderen, eine Lebensgemeinschaft mit wenigen, macht sie zu Außenseitern; sie selbst wollen es so, und gleichzeitig grenzt sie die Mehrheit aus. Ihre Kompromißlosigkeit provoziert die, die im Alltag dauernd Kompromisse eingehen müssen.

Ketzer sind zum andern jene Avantgarde, die sich nicht mit den traditionellen Antworten zufrieden gibt, die ernsthaft und konsequent die ursprünglichen Ziele verfolgt. Nur wer sich das Ziel klar gemacht hat, kann es auch verfolgen, kann das Wichtige vom Nebensächlichen unterscheiden und die anderen überzeugen. Im 19. Jahrhundert gelten sie als Märtyrer der Wahrheit, die sich im Kampf gegen die Dogmen der Kirche auch durch die Drohung des Todes nicht vom rechten Weg abbringen lassen. Doch dieses Bild von den Kolumbusen und Galileis trifft nur teilweise die Ketzer des Hochmittelalters. Dort sind sie Ausdruck einer grundlegenden Veränderung der Religion in dieser Zeit.

In der Spätantike und im Frühmittelalter ist Religion durch eine «Arbeitsteilung» bestimmt: Der eine, größere Teil gibt den religiösen Spezialisten die Freiheit dazu, Heil zu schaffen, als «Soldaten Christi» sich ganz auf den Kampf gegen das Böse und für das Heil konzentrieren zu können. Diese professionellen Athleten des Heils erhalten zum großen Teil ihren Lebensunterhalt, Geld für neue Gebäude und militärischen Schutz gegen äußere Feinde vom «Volk» (Laien, abgeleitet vom griechischen *laós* = Volk). Diese Laien können nicht selbst das Heil erwerben, sie erhalten es von den Mönchen. Heil auf der einen, Lebensunterhalt auf der anderen Seite sind aufeinander angewiesen als Gabe und Gegengabe. Oder noch eine Stufe höher: Heil haben die Heiligen erworben und können aus ihrer Überfülle den einfachen Menschen davon abgeben. Dafür beschenken die Menschen sie wieder mit Früchten, Blumen, Kerzen, Goldringen, lassen Figuren schnitzen, bauen Häuser für sie. Ja, es gibt auch das Umgekehrte: Wenn die Heiligen nicht geholfen haben, werden sie auch bestraft, ihre Bilder verdeckt, nicht mehr beschenkt.

Mit der Kirchenreform des 11. Jahrhunderts, nach ihrem striktesten Verfechter, Gregor VII. (Papst 1073–1085), auch Gregorianische Reform genannt, kündigt die römische Kirche diese Symbiose von Heilserwerbern und Lebensunterhaltern, von Gabe und Gegengabe auf. Damit wird Religion neu bestimmt: Man kann Heil nicht nur geschenkt bekommen, man kann es auch leben. *Religio* ist im Mittelalter zunächst (und oft ausschließlich) das religiöse Leben der Mönche. Dieses Ideal wird weitgehend von allen anerkannt. Zum Streitpunkt wird: Wozu braucht man – neben den Mönchen – Priester? Zumal Priester, die nicht aus der Stadt kommen, die keiner gewählt hat, die Distanz halten? Was leisten sie für die teure Bezahlung, den Zehnten der Erträge? Wenn man doch selbst nach dem Vorbild der Jünger heilig leben kann oder von den Mönchen religiös betreut wird: Wozu braucht es da noch Priester? Kritik am Zustand der Kirche, Programme, um sie zu reformieren, oder neue Lebensformen findet man in der Religionsgeschichte des Hochmittelalters überall. Die entscheidende Frage dabei war immer, ob man die Kirche von innen heraus reformieren kann oder ob eine neue Kirche von Grund auf neu gebaut werden muß.

Ketzer sind diejenigen, die von der katholischen Kirche als «Ketzer» verurteilt worden sind. Diese Definition ist pragmatisch. Sie macht deutlich, daß es keine inhaltlichen Maßstäbe gibt, mit denen Rechtgläubige von Falschgläubigen unterschieden werden können. Diejenigen werden zu Ketzern gemacht, die sich weigern, sich der Autorität der römischen Kirche zu unterwerfen: die Häresie des Ungehorsams. Dabei dürfen die Veränderungen in der Kirche allerdings nicht außer acht gelassen werden, denn die Erfindung der Ketzer ist die Konsequenz aus zwei Entwicklungen:

Zum einen versucht das mittelalterliche Papsttum die Vielfalt der lokalen Bischofskirchen zu einer zentral geleiteten Institution umzugestalten. Wesentliche Elemente dieses Prozesses sind (a) die Professionalisierung der Kirche, die wirksame Kontrollen der Geistlichen institutionalisiert; mit den neuen Mönchsorden, besonders der Zisterzienser und Dominikaner, erwächst den örtlichen Geistlichen eine Konkurrenz und zusätzliche Kontrolle; (b) die systematische Ausbildung des Kirchenrechts und seine Durchsetzung, besonders mit dem Herrschaftsinstrument der Inquisition; diese ist zunächst eine Instanz zur Klärung von Disziplinarfällen unter Geistlichen; erst in ihrer Anwendung auf Laien gibt sie der untersuchenden Seite ungleich mehr Möglichkeiten; (c) die Entwicklung der Theo-Logik (Dogmatik); an die Stelle der vieldeutigen Erzählung und Gegenerzählung tritt die eindeutige logische Deduktion. Andererseits sind nicht alle Gruppen und religiösen Bewegungen, die sich dieser Entwicklung entzogen und sie bekämpften, notwendig zu Ketzern geworden. Besonders die Franziskaner, aber auch die Waldenser und Beginen sowie einzelne lokale und regionale Kirchen konnten sich der Zentralisierung entziehen. Ketzergeschichte ist nicht die Geschichte von Randgruppen. Sie ist ein zentraler Bestandteil der Religionsgeschichte des Mittelalters und der frühen Neuzeit.

Ketzer sind weder als Überbleibsel vorchristlicher Religionen noch als Import nicht-europäischer Religionen zu verstehen, sondern vor allem als eine Erscheinung des lateinischen Mittelalters. Weder in den Ostkirchen noch im Judentum und nur in begrenztem Maße im Islam hat es ähnliche Formen der Ausgrenzung und Verfolgung gegeben.

Die vorliegende Darstellung konzentriert sich auf das lateinische Christentum und zeitlich auf das Hochmittelalter etwa vom Jahr tausend bis zur Vernichtung der Katharer zu Anfang des 14. Jahrhunderts. Einen so schmalen Band über die Ketzer zu schreiben, ist riskant. Denn Parteilichkeit begegnet nicht nur in den mittelalterlichen Quellen, Vorurteile lassen falsche Fragen stellen, und viele Ergebnisse sind zu schnell pauschalisiert worden. Die Verhältnisse sind an jedem Ort nur in ihrem lokalen Kontext richtig zu verstehen. Der Fall des Pyrenäendorfs Montaillou, dessen Geschichte Emmanuel Le Roy Ladurie minutiös dargestellt hat, ist ein Beispiel dafür, wie genau das soziale Netz untersucht werden muß, um die wirklichen Akteure zu finden. Die Verhörprotokolle der Inquisition in Montaillou decken rund zwanzig Jahre ab und füllen (im Druck) drei dicke Bände. Die lokalen Bedingungen von Religion und Ausgrenzung, ihre sozialen, wirtschaftlichen, religiösen Kontexte, die Bedeutung der Geschlechter oder der Streit der Pfarreien untereinander um die Heiligenverehrung sind an jedem Ort anders und selten schon untersucht.

Danken möchte ich den Mitarbeitern in Göttingen, Renate Rawe, Heidrun Oberländer, Melanie Möller, Svenja Zimmer und besonders Regina Dohrmann. Sie haben unermüdlich Quellentexte besorgt und kopiert. In Bremen danke ich neben Imke Gräßner besonders Alexandra Wisniewski für ihre engagierte und interessierte Mitarbeit.

In Diskussionen mit dem Publikum bei Vorträgen in Groningen, Berlin und München habe ich gelernt. Eine Herausforderung zur Strukturierung des Stoffes waren die Hörer der Vorlesungen und die Teilnehmer an Übungen, in denen wir gemeinsam Quellentexte gelesen und kommentiert haben, einmal in Tübingen, dann in Göttingen.

Intensive Gespräche über eine Europäische Religionsgeschichte konnte ich mit Burkhard Gladigow führen sowie mit Jörg Rüpke, Jan Bremmer, Otto Gerhard Oexle, Kocku von Stuckrad, Alexandra Grieser, Achim Hack, Michael Stausberg und Nicole Zeddies.

Ulrich Nolte hat im Verlag das Büchlein auf den Weg gebracht und mit seinem Rat begleitet. Achim Hack hat – mitten in der eigenen Habilitation – das Manuskript gelesen und Korrekturen vorgeschlagen.

Gewidmet ist die Darstellung Carsten Colpe zum 76. Geburtstag.

I. Laien und Pfaffen: Die Gregorianische Reform und die Erfindung der Ketzer

Bitterkeit und Aufbruch: Nach dem Millennium

Die ersten Ketzer traten nach der Jahrtausendwende auf. Die Spätantike brachte bereits die Muster der Ausgrenzung und der Autorisierung hervor, wie aus einer religiösen Gruppe als Reformbewegung eine «fremde Religion» wird oder umgekehrt eine Reformbewegung sich die Mehrheit unterwirft. In der Zeit danach, also im frühen Mittelalter, gab es reichlich religiöse Auseinandersetzung und wüste Beschimpfung, auch den Vorwurf gegen Einzelne, ein Ketzer zu sein. Aber es gab keine Ketzerei als Massenphänomen. So erscheint es wichtig zu klären, wie es zu dem «plötzlichen» Auftreten der Ketzer um das Jahr 1000 kam.

Die Beobachtung dieser neuen Ketzerbewegung beruhte auf (nur!) zwei mittelalterlichen Quellen: den *Historiae* des Rodulfus Glaber (gest. 1047) und dem *Chronicon* des Adhemar de Chabannes (988–1034).

Der Mönch Rodulfus Glaber (lat. «der Glatzkopf») blickt in seinen fünf Büchern *Historiae* von der Mitte des Jahrhunderts (1046) auf die Geschichte des Jahres 1000 zurück. Vieles, was er erzählt, steht nur bei ihm. Seine Interpretationen sind oft sehr individuell. Er muß deshalb als «ein trefflicher Zeuge für mönchische Vorurteile, nicht für historische Fakten» gelten (Arno Borst). Das Millennium war für ihn der entscheidende Zeitpunkt, auf den sich seine Hoffnungen richteten. Denn er war ein eifriger Reformer in den Reformbewegungen der burgundischen Klöster, aber in der praktischen Umsetzung erlebte er dauernd Enttäuschungen und zog darum von Kloster zu Kloster, von einer Niederlage in die nächste.

In seiner Sicht waren die ersten Ketzer als «Zeichen der Zeit» (d. h. der Endzeit kurz vor dem Jüngsten Gericht und dem Beginn des Himmelreiches) zu verstehen: Der Teufel war nach tausend Jahren Gefangenschaft wieder aktiv. So waren sowohl die Ketzer innerhalb als auch die anderen fremden Religionen außerhalb der Christenheit Agenten des Teufels – sprungbereit, in das Herz der Christenheit einzudringen. Diese tiefe Einsicht in die vielfältigen Ereignisse der Zeit enthüllte der Reformer am Ende seines Lebens. Im Jahre 1009 geschah etwas, das in Europa einen Schock auslöste: Der «verrückte» Kalif al-Hakim zerstörte das wichtigste christliche Heiligtum in Jerusalem, die Grabeskirche. Rodulfus (*Hist.* 3, 24) gibt aber keineswegs dem Sultan die Schuld. Vielmehr sieht er ihn nur als ausführendes Werkzeug einer großen Weltverschwörung. Als nämlich der Teufel sah, daß um das Jahr 1000 viele Christen nach Jerusalem wallfahrteten «wegen des bedeutenden Erinnerungstags des Herrn», wurde er neidisch. «Durch das ihm aus der Hand fressende Volk der Juden beginnt er das Gift seiner Bosheit den Christen vorzukosten», schreibt Rodulfus. Die Juden von Orléans – so weiter – bestachen einen Wandermönch namens Robert, der in der Verkleidung eines Pilgers einen hebräisch geschriebenen Brief an den Sultan überbrachte. Die Juden warnten darin, die Christen wollten das Reich der Muslime erobern. Der Sultan ließ sich hinreißen, die christliche Kirche in Jerusalem zu zerstören. Bald merkte er aber, daß er nur mißbraucht wurde, und die Sache kam ans Tageslicht. Daraufhin beschlossen die Christen in Europa, die Juden zu bestrafen und sie aus ihren Städten zu vertreiben. Sie wurden auf verschiedenste Arten getötet, so daß schließlich im ganzen Römischen Reich kaum noch ein Jude zu finden war. Nur ein paar mußten übrig bleiben, «als Zeugen für ihr Verbrechen wie für das Blutvergießen Christi». Der verkleidete Wanderasket aber kehrte zurück und nahm wieder mit den Juden vertrauten Umgang auf, er wurde zum «Häretiker». Rodulfus leitet das Wort fälschlich von *haerere* «hängen bleiben» ab: er sei an Freundschaften mit den Juden zu sehr hängen geblieben *(illum Iudaeorum amicitiis nimis haerere)*. Ein Mit-Pilger erkannte den Wanderprediger zufällig, und sein Verbrechen flog auf. Er wurde verurteilt und verbrannt. Die Mutter des Emirs von Babylon (gemeint ist El-Hakim), eine überzeugte Christin namens Maria, sorgte für den Wiederaufbau des Jerusalemer Tempels Christi mit poliertem und bestem Steinmaterial. Jetzt strömte erst recht alle christliche Welt nach Jerusalem. Das Wirken des Teufels, die drohende Katastrophe für die Christenheit, hatte sich in das Gegenteil verkehrt, die Christen hatten die eine fremde Religion ausgerottet, der Anführer der anderen bekehrte sich, und der Geheimagent erlitt seine gerechte Strafe.

Gleich im Anschluß folgt der Bericht über die ersten Ketzer, die Ketzer von Orléans (*Hist.* 3, 26): Eine Frau, eine Italienerin zudem und, wie man sagt, «voll des Teufels», vermochte alle zu verführen zu ihrer Häresie, nicht nur die ungebildeten und schlichten, sondern im Gegenteil, gerade gebildetere aus dem Stand der Kleriker. Die zwei geheimen Anführer der Häresie (Häresiarchen) waren sogar die besten unter den Klerikern, befreundet mit höchsten Kreisen am Königshof. Sie versuchten, andere Mitglieder zu werben. Als sie einen Presbyter mit gesundem Verstand *(sanum)* aus der Nachbarstadt in ihre Geisteskrankheit (*vaesania*) ziehen wollten, indem sie durch Gesandte das Geheimnis ihrer perversen Theologie erläuterten, ging der aber zum allerchristlichsten Grafen der Stadt. Dieser meldete «die Krankheit der Schafe Christi» an den König, der sofort nach Orléans eilte und eine Versammlung der Kleriker, Äbte und einiger Laien einberief. Jeder mußte öffentlich bekennen, daß «er glaube, was der katholische Glaube durch die Lehre der Apostel ohne Änderung bewahrt und predigt». Auch von den beiden abtrünnigen Theologen wurde eine Unterwerfung verlangt: Sie sollten ihren Glauben an die Lehre der Kirche erklären, die seit den Jüngern Jesu unverändert gepredigt wurde. Voraussetzung für dieses Unterwerfungsritual war, daß die Gegner der Häresiarchen die Macht des Königs auf ihre Seite gebracht hatten. Die zwei Theologen wollten sich nicht unterwerfen: Sie könnten ihren Glauben besser begründen. Sie gaben damit zu, daß sie anders fühlten, und viele schlossen sich ihnen an, «hingen» (*haerere*) ihrer Partei an. Die beiden Anführer wurden nun isoliert von denen, die sich mit ihnen solidarisierten; sie wurden im Geheimen weiter ausgefragt. Sie seien schon lange Mitglied und erwarteten, daß sich alle ihnen anschließen würden. Die Dreieinigkeit sei falsch – trotz der eindeutigen Aussagen des Alten und Neuen Testaments. Himmel und Erde seien ewig, also ohne Schöpfer entstanden. Alle Anstrengung der Frömmigkeit und Rechtfertigung der Christen, denen doch als Preis die ewige Belohnung winke, seien vergebliche Mühe. Damit waren sie der Häresie der Epikureer überführt.

Rodulfus erlaubt sich eine ausführliche Widerlegung der Häresie (*Hist.* 3, 28–30), auch wenn er kein Riese im Geiste ist. Mit dem Wort des Paulus 1 Kor 11, 19: «Es muß auch Häresien geben, damit sich die Gläubigen bewähren» *(oportet et haereses esse, ut hii qui ex fide sunt probentur)*, setzt er zum Beweis der katholischen Wahrheit an. Aber seine Gegenargumente sind erstaunlich. Er verwendet kaum Bibelzitate. Für den Beweis eines Schöpfers beruft sich Rodulfus auf den «ersten Beweger». Das ist nicht die schwer beweisbare Erzählung von Gott dem Schöpfer, sondern ein ganz unbiblisches Argument, das von Aristoteles stammt. Jedes Leben ist ja Bewegung, und jede Bewegung braucht einen Anstoß von außen. Der Anstoßende ist wiederum von einem anderen angestoßen, und der wiederum von einem vierten. Das *perpetuum mobile* gibt es nicht. Aber irgendetwas muß den ersten Anstoß gegeben haben. Gott ist «das erste Bewegende», ein Neutrum. Rodulfus bleibt also ganz auf der Ebene einer philosophischen Logik, nicht der einer biblischen Erzählung von dem Gott, der aus Ton den ersten Menschen formte. Das ist schon ganz die Art zu argumentieren, die erst ein Jahrzehnt später der erste Scholastiker, Anselm von Canterbury (1033–1109), benutzen wird. Hier beginnt eine neue Art der Definition von Religion und ihrem Inhalt, um eine Gruppe auszugrenzen, die nicht mehr rechtgläubig ist. Die Anfänge der Scholastik liegen in der Definition der Ketzer. Dogmatik entsteht in der wasserdichten, unwiderlegbaren Abwehr der Alternativen. Beim Streit über die Schöpfung geht es letztlich um die Ontologie Gottes, über etwas, wovon es keine Anschauung und Evidenz mehr gibt, wo Autorität geglaubt werden muß. Spräche man über Bibeltexte, so gäbe es eine Möglichkeit zum Dialog und zum Streit. Aber die Bibel wird nur summarisch genannt: Sie beschreibe die Wunder und die Schöpfung Gottes überall.

Die Apologie kehrt sich sogleich um in Polemik. Denn wer sich nicht als Geschöpf empfinde, Gott nicht als seinen Schöpfer lobe, ihm diene und opfere, der verliere seinen Status zwischen Gott und Tier, der werde selbst zum Tier.

Die beiden Kleriker ließen sich nicht von der Wahrheit überzeugen (*Hist.* 3, 31). Da drohte man ihnen an, man werde sie auf Geheiß des Königs und mit Zustimmung des Volkes verbrennen. Sie behaupteten aber, sie würden unversehrt aus dem Feuer hervorgehen. Es handelte sich also um ein «Gottesurteil», durch das eine der Parteien Gott zum Schiedsrichter anrief. Das war noch nicht die Ausführung der Todesstrafe nach einem Gerichtsurteil; diese Strafe für Ketzer wurde erst viel später eingeführt. Als die beiden Häresiarchen in Flammen aufgingen, schrieen sie, sie seien durch teuflische List über den Gott und Herrn des Universums getäuscht worden und müßten nun für ihre Gotteslästerung hier in dieser Welt und dort im Jenseits ewig leiden. Einige der Umstehenden wollten aus menschlichem Mitleid die halb Verbrannten noch retten, «doch die unerbittliche Flamme (Gottes, nicht der menschlichen Richter) verzehrte sie und verwandelte sie sofort in Asche.» Also hatte Gott selbst gegen sie entschieden. Alle anderen Sektenmitglieder wurden, wo man ihrer habhaft wurde, auf die gleiche Weise bestraft. «So blitzte die Religion des katholischen Glaubens überall um so strahlender, nachdem die Geisteskrankheit der übelsten Verrückten ausgelöscht war.» Das ist also noch das frühmittelalterliche archaische Ordal: Wenn ein Streit zweier Parteien nach menschlichem Ermessen nicht gelöst werden kann, muß Gott entscheiden. Die schwächere Partei ruft ihn zu Hilfe und setzt sich der Prüfung aus, indem sie einen Zweikampf oder hier, unter Klerikern, die Feuerprobe eingeht. Wenn sie unversehrt zwischen zwei Feuern hindurch geht, hat Gott ihre Partei als die rechte erwiesen. Rodulfus beschreibt, wie die Bürger von Orléans das Feuer extra heftig entfachten, so daß die Unterlegenen gar keine Chance hatten. Die Sieger der Probe konnten nun ohne Widerspruch ihre Wahrheit verkünden. Dies geschieht aber bei Rodulfus zugleich in der neuen Weise der logischen Beweisführung, die dann als Scholastische Theologie einen Siegeszug antreten sollte und den «rechten Glauben» in einer Weise bewies, der nur noch für professionelle Theologen nachprüfbar war.

Setzt man allerdings die «Ketzer von Orléans» in den historischen Kontext, ergibt sich ein völlig anderes Bild als das einer aus allen Löchern schlüpfenden Häresie. Erst im Nachhinein sah Rodulfus eine gemeinsame Herkunft vom Teufel, der im Anbruch des Millenniums seine Agenten einsetzte; ähnlich der andere Historiker, Adhemar von Chabannes. Orléans war Zankapfel zweier Adelsfamilien, der Blois und der Kapetinger, die beide auf den französischen Thron wollten. Beide versuchten, ihren Mann auf die Cathedra des Bischofs zu setzen. Am Hof stritten beide Parteien; im Klerus die gleiche Spaltung. Die beiden später zu Ketzern Erklärten hatten hohe Stellungen unter Bischof Theoderich. Der Gegenkandidat Odolrich gab jedoch nicht auf und bewegte den König nach acht Jahren, am 27. Januar 1021, den regierenden Bischof abzusetzen und ihn, einen Mann der Blois, auf den Bischofsstuhl zu setzen. Die Vertrauten des abgesetzten Bischofs weigerten sich, mit Odolrich zusammenzuarbeiten. In dieser Situation holte man aus der Mottenkiste den Vorwurf der Ketzerei hervor, um die unliebsamen Opponenten zum Schweigen zu bringen. Wer nicht gehorsam war, war ein Ketzer. Mottenkiste deshalb, weil die Vorwürfe aus den alten Ketzerhandbüchern der Spätantike stammten. Die unterlegene Partei im Streit von Orléans «Epikureer» zu nennen, nach einer antiken Philosophen-Schule, die mit dem Christentum gar nichts zu tun hatte, ist ein Beleg dafür. Die anderen Philosophen, darunter auch christliche Theologen wie Augustinus, fanden die Lehre des Epikur schädlich für den antiken Staat, weil er von Pflichten wenig hielt und aus Gott nicht einen staatstragenden Überpräsidenten machen wollte. Die Kleriker von Orléans hatten sich nie auf diesen antiken Philosophen berufen.

Wozu braucht man die Kirche? Legitimationskrisen

Rodulfus beschreibt eine Vierzahl von Häresien, so wie er alles, was ihm wichtig ist, als Vierer (*Quaternitas*) bündelt. Er will den Beweis führen, daß der Teufel am Ende der tausendjährigen

Herrschaft Christi mit seinen Getreuen zum letzten Angriff seine Mannschaft schickt. «Dieses Vorzeichen paßt zur Weissagung des Johannes, denn er hat gesagt, daß nach Ablauf von 1000 Jahren der Satan losgelassen werde (Apokalypse 20, 7)» (*Hist.* 2, 23). So nennt er sein viertes Beispiel, den Bauern Leuthard im burgundischen Vertus, einen Agenten des Satan (*legatus Satani*). Leute wie Leuthard würden sich auf die Heilige Schrift berufen, selbst wenn sie zu ihr im Widerspruch stünden, um möglichst behutsam und schlau zu täuschen. So habe der Bauer geglaubt, den evangelischen Geboten zu entsprechen, wenn er seine Frau verließe. Wenn Leuthard die Bauern seines Dorfes aufrief, den Zehnten zu verweigern, so kritisierte er eine funktionierende Einrichtung, die aber nicht gerade gut in der Bibel fundiert ist. Der Bischof kam und wies in der Predigt nach, daß der Bauer die Bibel falsch auslegte, belehrt die anderen Bauern über ihre Pflicht zur Zahlung des Zehnten. Und der Bauer, der den Rückhalt für seinen Widerstand gegen die Kirche verloren hatte, stürzte sich aus Verzweiflung in einen Brunnen. Selbstmord war im Mittelalter eine Sünde, mit der man sich selbst unwiderruflich vom Heil ausschloß, eine Todsünde.

Die Kirchen standen in einer Autoritätskrise, nicht das Christentum. Die Weigerung des Leuthard und seiner Dorfgenossen, die Kirche durch den Zehnten einfach weiterzufinanzieren, zeigt das an. Nach zwei Jahrhunderten, in denen jedes Jahr erneut die Normannen mit ihren Schiffen die Atlantikküste heimsuchten, blieben diese nun aus, weil sie eigene feudale Reiche begründeten und so seßhaft wurden. Und doch war das Land voller umherziehender Haudegen, die sich an jedem Streit beteiligen – gegen Beuteanteil. Dabei vergriffen sie sich gern an den Schätzen der Kirchen, die möglichst sichtbar gezeigt werden sollten, also kaum geschützt waren. Das freie Gewaltpotential wurde noch vermehrt, als sich das Erbrecht zugunsten der ältesten Söhne änderte: Die Erben der Burgen und der Immobilien zahlten die jüngeren Brüder mit Rüstung, Pferd und Helfern aus. Diese nannten sich nun «Ritter» und suchen Arbeit und Streit. Sie waren immer unterwegs, ließen sich nur auf Zeit engagieren, und sobald sie sich ihren Anteil an der Beute genommen hatten, verschwanden sie wieder. Sie kosteten das Leben gierig aus, das nächste Abenteuer könnte den Tod bringen. Weltliche Ordnungsmächte waren ohnmächtig oder weit entfernt; vor allem aber beteiligen sie sich selbst an den Fehden und stellen die Ritter für eine Zeit in ihren Dienst. Die Schätze in den Kirchen gehörten zwar den Heiligen der Kirche, aber was brauchten Petrus oder Maria oder Martha Geld und Gold? Das kam doch nur den Priestern und Mönchen zugute, die nicht dafür gearbeitet hatten.

In dieser anarchischen Situation waren kirchliche Institutionen gefragt, wurden aber auch abgelehnt. Konnten Kirchen ein eigenes Heer aufstellen? Dazu mußte eine Schwelle überschritten werden: Das Schwert in die Hand zu nehmen ist – jedenfalls vom Ideal her – Aufgabe der Laien, nicht der Priester und Mönche. Die Rechtfertigung des religiös sanktionierten Krieges ist eine der fundamentalen Änderungen des 11. Jahrhunderts. Das ist die Linie hin zu den Kreuzzügen. Eine zweite Linie ist der Aufbau einer Ordnungsmacht neben dem Adel. Dies sollte im Investiturstreit zum Streit über die «Freiheit der Kirche», *Libertas ecclesiae*, führen. Die Kirchen und nicht zuletzt das größte Kloster im Herzen Frankreichs, Cluny, bauten einen «runden Tisch» auf, der Regeln für die Fehden aufstellte: die Gottesfriedensbewegung, *Pax Dei/Treuga Dei*. Die dritte und stärkste, die antiklerikale, aber religiöse Bewegung des Jahrhunderts fragte, ob eine lokale Institution überhaupt nötig sei. Überall liefen Wanderprediger herum, die christliches Leben attraktiver darstellen konnten. Wozu ortsfeste Kirchen und fest angestellte Heilsmittler?

Es gab ja die lokalen Heiligen. Sie verbanden Laien und Kleriker zu einer Gemeinschaft. Gemeinsam lebten sie in der Stadt des Jakobus, stifteten in das Kloster des Hl. Dionysius, verteidigten den Turm des Georg; schlugen sie eine Brücke über den Fluß, wurde diese vom Hl. Nepomuk beschützt. Die lokalen Heiligen würden auch im Jüngsten Gericht als Patrone ihre Klientel bevorzugen.

Leben wie Jesus und seine Jünger: Wo gab es damals Priester?

Die Geschichte der Verketzerung erweist sich als Rechtfertigung der (real existierenden) Kirche, während die Kritik an ihr sich in einer doppelten Kritik, einer von innen und einer von außen, äußert. Die Ketzer verlangten nicht eine Abschaffung, sondern eine Verbesserung der Kirche. Die Zuspitzung auf eine Alternative «Pfaffen oder Laien» entstand durch die historische Situation des 11. Jahrhunderts. Die Frage, wer die lokalen Eliten der Kirche bestimmen und einsetzen durfte, die dann zum mächtigen Feind werden konnten, ist nur ein Teil der fundamentalen Veränderung der Religion des Mittelalters, die durch Papst Gregor VII. forciert wurde. Die betroffenen lokalen Kirchen und die Laien setzten der Gregorianischen Reform vielfach heftigen Widerstand entgegen.

Die grundlegende Veränderung der Religion bestand in einer neuen Definition dessen, was Kirche sei: Kirche wurde zu einer Körperschaft ausschließlich der Priester und Mönche; diese waren dem Papst in Rom zum Gehorsam verpflichtet. Das wurde mittels zweierlei Strategien durchgesetzt: Einerseits ging es im sogenannten Investiturstreit um die Vertreibung des Volkes aus der Kirche und die Aufhebung seines Mitspracherechts. Dieser Vorgang läßt sich als Versuch beschreiben, Priester und Bischöfe von ihren lokalen Verknüpfungen und ihren Geldgebern abzuschneiden. Das zentrale Thema der lateinischen Kirche war die Professionalisierung der Religion. Die Gregorianische Reform versuchte, für das römische Papsttum eine Stellung zu gewinnen, die sich unabhängig machte von den lokalen Herrschern. Der konkrete Streitpunkt: Wer sollte die lokalen Chefs der Kirchen ernennen: die römische Zentrale oder die lokale Kirche, die sich in die örtlichen Herrschaftsverhältnisse einordnete oder oft auch eine eigene Politik betrieb, aber eben keine «römische»? Die römische Reform war ein Eingriff in die Autonomie der lokalen Kirchen. «Die Kirche» war die Kirche eines Bistums und die konkrete Pfarrkirche; Gregors Partei wollte daraus eine Organisation machen, die hierarchisch von

Rom aus regiert wurde. Wer sich diesem Programm entgegenstellte, wurde zum Ketzer erklärt.

Anderseits wurde von seiten der kirchlichen Reformer in Rom Kritik an den Priestern gegen die eigenen Kollegen, die innerkirchlichen Gegner, betrieben. Antiklerikalismus war nicht nur eine Haltung der Laien. Die kirchlichen Reformer führten die Auseinandersetzung auf einer polemischen Ebene: Die Priester, die nicht von romtreuen Bischöfen eingesetzt waren, nannten sie Häretiker. Sie hingen angeblich der Häresie des Simon (*simoniaca haeresis*) an, sie waren Simonisten.

Simon, der Magier, – das berichtet Lukas in der Apostelgeschichte 8,15–25 – sah, daß die Apostel Wunder wirken konnten, während er seine Klientel zunehmend verlor. So nahm er die Apostel beiseite und bot ihnen Geld, wenn sie ihm ihre Wundermacht verkauften. Aber die Macht Gottes läßt sich nicht kaufen, sie ist Gnade und Geschenk. In einer späteren Erzählung, den «Taten des Petrus», wird der Magier Simon zum Lebensfeind des Petrus in Rom. Während Petrus als der erste Papst die Christen in Rom betreute, wurden diese abgeworben durch die Zaubertricks des großen Blenders Simon. (Die Polemik, die falsche Religion sei nicht Gott verpflichtet, sondern hänge einem Menschen an, hat sich im übrigen erhalten bis in die Gegenwart: Muslime hießen im offiziellen Sprachgebrauch bis vor kurzem noch Mohammedaner, als glaubten sie an Mohammed und nicht an Gott/Allah.) Der letzte Trick wurde ihm zum tödlichen Verhängnis. Er kündigte an, daß er zu seinem Vater in den Himmel auffahren werde. Er flog auch tatsächlich weit hinauf, aber dann stürzte Gott ihn in die Tiefe (*Acta Petri* 31–33). So wurde Simon zum Modell für die Ketzer: nach außen höchst anziehend, aber am Ende konnten sie ihren hohen Anspruch (Simon sah sich ja sogar als Sohn Gottes) nicht einlösen. Seit Irenäus von Lyon im 2. Jahrhundert die Gegner der Kirche beschrieben hatte, war Simon der Ur-Typ des Ketzers. Wie er, so waren die Simonisten – das warfen die Gregorianer ihnen vor – mit Geldzahlungen an ihre Bischofssitze gekommen: Bestechung und Bestechlichkeit statt Berufung durch Gott und seinen Stellvertreter, den Papst.

Simon Magus, der Prototyp des Ketzers, will mit seiner Himmelfahrt beweisen, daß er Gottes Sohn ist, stürzt jedoch nach kurzem Höhenflug in den Tod. Der Teufel sieht grinsend seinen Anhänger fallen, der schon die gleichen wilden Haare, Klauen, bleckenden Zähne angenommen hat, aber ihm droht das gleiche Schicksal. Petrus (mit dem Schlüssel der Kirche) und Paulus sehen bangend zu. – Säulenkapitell aus Autun (Kathedrale Saint-Lazare), etwa 1130/1145.

Der Begriff der Häresie stammt aus der Antike und bezeichnete zunächst nur eine von mehreren Gruppen, die nicht einer Meinung waren, sich aber zusammengehörig fühlten. Paulus befürwortete das Vorhandensein von «Häresien», um den besseren Weg zu finden. Erst spät wurde daraus ein Begriff der Verurteilung eines «falschen» Weges.

Auch unter den Reformern war umstritten, wie man mit den früher eingesetzten Priestern und Bischöfen umgehen solle. Und wenn man sie absetzte, würden dann alle Handlungen, die solch ein «häretischer» Priester oder Bischof durchgeführt hatte, die Taufen, Ehen und vor allem die Weihen, ungültig? Und wie weit zurück müßte man damit gehen? Das zöge eine unendliche Folge von Absetzungen nach sich. Drei Vorschläge waren in der Diskussion: (1) Petrus Damiani (1007–1072) setzte sich in seiner Abhandlung *Liber gratissimus* (1052/61) dafür ein, die einmal ordinierten Priester nicht abzusetzen. Mit Augustin, der zu Beginn des 5. Jahrhunderts einen ähnlichen Konflikt zu lösen hatte, empfahl er eine sanfte Lösung: Es sei die Kirche, die die Sakramente austeile, nicht der konkrete Priester. Damit mußte die Vergangenheit nicht aufgerollt werden. Diese Lösung schützte aber noch vor einer prinzipielleren Gefahr: Wenn einige Priester von der Kirche selbst intern für illegitim erklärt werden, dann wird daraus schnell eine Kritik an den Priestern überhaupt, und damit wird die ganze Institution Kirche fragwürdig. Aber genau das geschah dann auch. (2) Auf der Gegenseite schrieb Kardinal Humbert von Silva Candida als die Speerspitze der Gregorianischen Reform seine *Libri tres adversus Simoniacos* (1058), in denen er die Absetzung der Simonisten zum Gesetz erhob. Schuld sei letztlich die Macht der Laien in der Kirche. Um aber nicht potentiell jeden Priester für absetzbar erklären zu müssen, wenn nur der Verdacht der Simonie bestünde (selbst der Papst wurde aus diesem Grund 1046 in Sutri abgesetzt), unterschied er zwischen den schlechten Hirten (*mercennarios* «Angestellte»), die man ertragen, und den Dieben (*fures*), die man bestrafen und hinauswerfen müsse. (3) Es gab aber auch noch Radikalere. Man stand vor dem Dilemma, ob die Kirche ganz klein und sauber wieder anfangen sollte oder ob die, die in der Christenverfolgung «umgefallen» waren (die *lapsi*), wieder in ihr Amt zurückkehren durften. Die für den radikalen, unkompromittierten Neuanfang waren, die Leute um Bischof Novatius (Märtyrertod im Jahre 258), nannte man «die Reinen» (griech. *katharoí*, latinisiert *cathari*) – so wie die radikalen Christen aus der Spätantike. Hier beginnt die Karriere des Begriffs Katharer zur Bezeichnung der Ketzer schlechthin. Die Gregorianer des 11. Jahrhunderts lehnten die radikale saubere Elitekirche ab. Sie wollten die große Kirche des lateinisch sprechenden Europa, zentral geleitet von Rom aus. Mit der Erfindung der Simonie als Häresie war das Instrument zu einem revolutionären Umbau der Kirche geschaffen.

Kreuzzüge und die Religion der Laien

Um Unabhängigkeit zu gewinnen, suchte Gregor auch nach militärischer Eigenständigkeit. Die Rechtfertigung und die Instrumentalisierung eines aus religiösen Gründen geführten Krieges als Heiliger Krieg gehen auf den Kreis um Gregor in Rom zurück. Die mäßigen Erfolge der Gottesfriedensbewegung in Frankreich verlangten nach einer besseren Lösung. Die Gregorianer entwickelten das Ziel, die freien Gewaltpotentiale, die Frankreich heimsuchten, zu bündeln und in einer großen Expedition unter «der Fahne Petri» aus Europa fort zu senden: zur Eroberung des Heiligen Landes, im Namen und mit dem Recht einer Armee des Papstes. Dies konnte erst der Nachfolger Gregors VII., Urban II., 1096 realisieren. Gregor selbst aber erreichte das Ziel schon teilweise: Die Normannen, die bis dahin als Heiden galten, profitierten davon, als sie 1061 im Namen Petri Sizilien von den Muslimen «befreiten», 1066 dann England eroberten.

Der Kreuzzug wurde freilich nicht wie geplant zum Instrument der Kirche. Die Predigt des Papstes richtete sich an Laien und versprach ihnen beides: Lohn im Diesseits und im Jenseits. Die Exklusivität der Gregorianischen Kirche als Kirche ausschließlich der Geistlichen wurde – unbeabsichtigt – dadurch konterkariert, daß der Papst selbst für die Laien einen eigenen, kirchenunabhängigen Heilsweg eröffnete. Mit dem Wort Jesu «Wer mir nachfolgen will, der nehme sein Kreuz auf sich und gehe hinter mir!» (bei Matthäus 16,24) bot er jedem Ritter an, ein Jünger Jesu zu werden. Das Kreuz auf sich zu nehmen geschah konkret in der Form von Stoffkreuzen, die auf Rücken oder Schulter genäht wurden. Damit war das Gelübde öffentlich dokumentiert. Ebenso versprach Urban II. vollmundig jedem Kreuzzugteilnehmer einen vollen Ablaß der Sünden(-strafen auf Erden). Wer immer sich also zum Kreuzzug entschloß, hatte bereits das Heil als Lohn. Es bedurfte keiner weiteren Handlungen der Priester. Damit machte sich die Kirche selbst entbehrlich.

Der Lohn im Jenseits für die Teilnahme an einem Kreuzzug erweiterte für den Laien eine alte Möglichkeit des Heilserwerbs. Eine Bußform und ein Heilsgewinn bestanden traditionellerweise in der Wallfahrt, je mühsamer, desto heilsamer. Die Jerusalemwallfahrt war die mühsamste. Doch auch wenn sich der – völlig unerwartete – Erfolg des Ersten Kreuzzugs auf die Predigt der Kirche zurückführen läßt, so war er doch in seinem Verlauf kein vom Legaten des Papstes geleitetes Unternehmen. Zwei Gruppen verfolgten unterschiedliche Ziele: Die eine waren die Pilger. Sie hießen zwar *pauperes*, «Arme», waren aber keineswegs mittellos. Ihr Ziel war es, auf dem Landweg nach Jerusalem zu gelangen, um die Heiligen Stätten zu besuchen, und durch diese Anstrengung Buße zu tun. Der Landweg aber war durch die Eroberungen eines Großteils von Kleinasien durch die Türken kaum mehr passierbar.

Die andere Gruppe war die der berittenen Herren, aus denen erst in dieser Zeit ein eigener Stand der Ritter, der *milites,* wurde. Sie wurden keineswegs mit einem «Vergelt's Gott!» angeworben. Der Papst versprach den Teilnehmern, daß sie ihre bisherige Existenz als «Räuber» wieder gutmachen konnten, indem sie «Christi Soldaten» wurden. Das war eine ganz außergewöhnliche Neuerung, weil bis dahin «Soldaten Christi» die Bezeichnung für die Mönche war. Mit dem neuen Namen erhielten die als Banditen verschrienen Ritter eine neue Identität, die sie mit den Kämpfern für das Heil, den Mönchen, auf eine Stufe hob. Außerdem wurde ihnen eine ungewöhnlich großzügige Bezahlung angeboten: Sie durften alles behalten, was sie erbeutet hatten. Nach dem ersten großen Erfolg des Aufrufs zum Kreuzzug wurde diese Gewinnbeteiligung Stück um Stück zurückgenommen. Aber dennoch zeigte sich die Wirkung: Viele *milites* richteten sich schon «unterwegs» in ihren neu eroberten Herrensitzen ein, und es wurden immer weniger Ritter, je länger der Weg nach Jerusalem dauerte. Das war durchaus im Sinne der Auftraggeber, denn der Pilgerweg nach Jerusalem zu Lande sollte durch militärische Stationen geschützt werden. Aber in Antiochien wäre der ganze Zug aus Pilgern und Rittern fast zum Stehen gekommen, hätte ihn nicht ein Bauer namens Petrus – an der Stelle des verstorbenen päpstlichen Legaten – mit seinen Visionen vorangetrieben.

So läßt sich eine doppelte Auswirkung der päpstlichen Revolution des 11. Jahrhunderts erkennen: (1) Die Kirche wollte sich von Laien unabhängig machen. Kirche wurde als Gemeinschaft der vom Papst autorisierten Priester und der Mönche abgegrenzt, die Laien hatten keinen Ort in der Kirche. (2) Mit dem Kreuzzug eröffnete der Papst einen Weg zum Heil, der unabhängig von einer weiteren Handlung der Kirche von den Laien selbsttätig unternommen werden konnte. Sie mußten nicht einmal ihren Beruf ändern: Kriegführen wurde zu einer religiösen Tätigkeit.

Die Pataria in Mailand

Die Ausbildung lokaler Kirchen und lokaler Religion hat verschiedene Ursachen. Oder besser: Die bunte Vielfalt der lokalen und regionalen «Mikro-Christenheiten» war der Normalfall im mittelalterlichen Europa, während Zentralisierung als real durchsetzbare, kontinuierliche Herrschaft unerreichbar blieb. Das Fehlen eines Staates mit den Durchsetzungsmöglichkeiten von Herrschaft, nämlich mit Gesetzen, die in einem fest umgrenzten Gültigkeitsbereich auch befolgt werden mußten, mit entsprechenden Sanktionen, das Fehlen von Verwaltung und Bürokratie, das Fehlen einer Repräsentanz der Herrschaft, von Steuern samt Steuereintreibern, Soldaten, Polizei usw. machten lokale und zeitlich punktuelle Herrschaft mit Konfliktaustragung unter Personen zum Normalfall. Dies läßt sich mit dem Herrschaftsmodell der regulierten Anarchie umschreiben. Das heißt, es gab Regeln, die durch «Ehre» geschützt und eingehalten wurden. Eine zentrale Rolle hatte dabei der Eid als Selbstverpflichtung. Aber er band nur jeweils die betroffenen Personen; mit dem Tod spätestens endete das Recht und mußte neu ausgehandelt werden. Transpersonale Modelle versuchten dem persönlichen Treuverhältnis über den Tod hinaus Dauer zu geben. So etwa das Modell von den beiden Körpern des Königs, einem vergänglichen, der ins Grab gelegt wurde, und einem unvergänglichen, der seinen Tod überdauerte und vom Nachfolger gefüllt wurde.

Städte als differenzierte Sozialgebilde entstanden erst im 12. Jahrhundert. Die antiken Städte und ihre Reste waren vom Ende der Antike bis ins Hochmittelalter hinein eher eine Konzentration von gut geschützten Bauernhäusern. Öffentlichkeiten, die einen offenen Austausch auch mit Fremden ermöglichten, entstanden erst in der «Renaissance des 12. Jahrhunderts». Eine gewisse Ausnahme und Vorreiterrolle spielten die italienischen Kommunen.

Einen gut dokumentierten Fall stellt Mailand im 10. und 11. Jahrhundert dar. Hier bildete sich eine sehr selbstbewußte, städtische und zugleich religiöse Gemeinde, die ihre Priester selbst einsetzte. Die bisherigen wurden ausgestoßen: Ihre Schuld sei, daß sie heirateten. Sie wurden polemisch als Nikolaiten bezeichnet. Petrus Damiani sagt über sie in seiner *Epistola* (65 p 233,[1]): «Sie werden zu Recht Nikolaiten genannt, weil sie die tödliche Krankheit gar von Amts wegen gutheißen. Das Laster schlägt gar in Ketzerei um, wenn es durch die Bejahung verkehrter Glaubenslehre gestützt wird.» Die Mailänder nannten sich Pataria. Ihrem Selbstverständnis zufolge hatten sie die Urkirche realisiert. Die unterlegene Gruppe in Mailand rief sich den Papst zu Hilfe. Als Petrus Damiani schließlich die römische Seite der Vermittlung übernahm, bereitete ihm die Pataria einen ohrenbetäubenden Empfang. Bedrängt von der «militanten Laienreligiosität» hielt Petrus ein Strafgericht über den bisherigen Klerus: Provokant und anmaßend wies er dem Mailänder Erzbischof den Schemel zu seinen Füßen als Platz an, neben sich zur Rechten setzte er den Bischof von Lucca. Der so degradierte Klerus argumentierte, daß Mailand als die Kirche des Ambrosius (des Mailänder Bischofs, der im 4. Jahrhundert Augustinus geweiht hatte) immer frei und keinem römischen Gesetzgeber untertan gewesen sei (p 231,[5–10]). Petrus Damiani dagegen beruft sich auf das Primatswort des Papsttums: «‹Du bist Petrus und auf diesen Felsen werde ich die Kirche bauen.› (Matthäus 16,18). Christus hat dem römischen Schlüsselbewahrer des ewigen Heils das Recht der Herrschaft sowohl auf Erden als auch im Himmel übertragen. Wer einer Kirche ihre Rechte entzieht, tut Unrecht; wer das Vorrecht der Kirche von Rom, das ihr doch vom obersten Haupt aller Kirchen [Christus] übertragen wurde, wegzunehmen versucht, stürzt zweifellos in eine Häresie. Er ist als Häretiker zu bezeichnen.» (p 234,[3]) Die Gründung der Mailänder Kirche sei zwar fast genauso alt wie die römische, aber ihr Gründer, Nazarius, verdanke der Taufe durch den Apostel Petrus sein Christsein. Rom sei also die Mutter(kirche), Mailand die Tochter (p 235,[7]). Das weibliche Bild ist deutlich gezeichnet: «Ihr habt aus den Brüsten der Mutterkirche die Milch des apostolischen Glaubens gesogen» (p 236,[3]). Bereits Ambrosius habe die Pest der Nikolaiten beklagt. Damiani zählt alle Vergehen auf und nennt Namen, wird dann aber milde: Nach dem Grundsatz Leos I. über die Wiederaufnahme der Kleriker, die in eine schismatische oder eine häretische Sekte gerutscht (*delapsi* p 237,[15]) sind, müssen sie nicht noch einmal ordiniert werden. Das Bekennen des Fehlverhaltens und Versprechen künftiger Treue zur römischen Kirche genügt. Dann erfolgt ihre «Wiederaufnahme» (*receptio*). Hier ist zum ersten Mal «die Häresie des Ungehorsams» gegenüber der römischen Kirche ausgesprochen. Papst Gregor VII. formulierte es so: «Keiner kann als Katholik gelten, der nicht übereinstimmt mit der römischen Kirche» (*Quod catholicus non habeatur, qui non concordat Romanae ecclesiae*; Register II 55a p. 207,[26]). Später, in der Verschärfung der Auseinandersetzung zwischen Papst und Kaiser, nachdem die Verweigerung der Teilnahme am Abendmahl keine Wirkungen mehr zeigte und die Gnade der Kirche nicht mehr gefragt war («Halsstarrigkeit des Ketzers»), wurde daraus das Verbrechen der Häresie mit der Absetzung von der Herrschaft. Und wieder erinnert der Richter an die Verfahrensweise von Papst Leo (Papst 440–461) gegen die «Reinen» (*Cathari*), gegen die Rigoristen.

Petrus Damiani weiß den Mailändern zu schmeicheln, wenn er ihren Ortspatron nennt. Genau zu der Zeit wurden als Personifikationen der Städte ihre Stadtheiligen aufgebaut; die Porta Romana in Mailand ziert die Geschichte des Nazarius. Als später Kaiser Friedrich Barbarossa den Mailändern «ihre» heiligen drei Könige raubte und sein Kanzler sie dem Dom in Köln schenkte, traf das nur weniger bedeutende Heilige, aber der Zorn der Mailänder war dennoch groß.

«Daß in den Auseinandersetzungen zur Zeit der Pataria auch soziale Gegensätze aufeinanderprallten, ist unbestreitbar. ... Daß es nicht nur den Führern der Pataria, sondern auch vielen Anhängern um ein religiöses Ziel ging, geben auch die antipatarinischen Chronisten Arnulf und Landulf der Ältere zu» (Keller 1973, 330 f.). Diese Aussage bezieht sich auf den langen Streit um die Herkunft der «religiösen Bewegungen», die im 19. Jahrhundert und in der Zeit des Kalten Krieges zwischen DDR-Historikern und «bürgerlichen» Historikern Stoff für ideologische Grabenkämpfe gab. Sind die Ketzer ein Ausdruck von Klassengegensätzen, die «Proletarier des Mittelalters», Vorbild der Kommunisten? Oder wollen sie als schlichte, fromme Christen nur eine Kirche nach «evangelischen» Grundsätzen, ohne Ämterhierarchie? Das neue Ideal, wie Jesus und seine Apostel leben zu wollen, wird gleich noch vorzustellen sein.

Ketzer waren im 11. Jahrhundert keine einheitliche Bewegung. Als Ketzer bezeichnete die römische Reformpartei diejenigen innerhalb der Kirche, die sich dem revolutionären Umbau zu einer vom Papst aus regierten Hierarchie widersetzten. Vielmehr sollte es bei der eingespielten Zusammengehörigkeit, dem sozialen Netz von Familien bleiben, die gemeinsam Stadt und Kirche bestimmten. Zu den Gegnern gehörten völlig verschiedene Gruppen: Juden, Bischöfe, gebildete Theologen, Adelige, solche, die die Bibel wörtlich nahmen, Bauern, die es nicht einsahen, den Zehnten an inkompetente und faule Priester zu zahlen. Das waren keine Minderheiten – im Gegenteil. Und es handelte sich auch nicht um von außen eingeführte Religionen.

2. Es brodelt: Religiöse Aufbruchsbewegungen des 12. Jahrhunderts

Cluny und die Kreuzzüge

Im Gegensatz zu den großen und kleinen Adelsfamilien besonders in Frankreich, denen viel an dauernden Auseinandersetzungen gelegen war, um so kein festes Übergewicht, keinen Kern von Macht wachsen zu lassen, bestand das Interesse von Cluny, dem Kloster in Burgund, in einem möglichst ruhigen Umfeld. Cluny brachte die lokalen Herren zu Vereinbarungen in der «Gottesfriedensbewegung» zusammen. Freilich war weniger ein dauerhafter Frieden das Ziel, als vor allem der Schutz der Kirchengüter.

Cluny war eine Besonderheit, weil die vielen zugehörigen Klöster keine selbständigen Häuser waren, sondern nur Ableger. Anders als der Papst in Rom verfügte der Abt in Cluny über eine echte Zentrale mit einer dauerhaften Herrschaft. Freilich war das noch weit entfernt von dem Kommunikationsnetz, das dann die Zisterzienser aufbauten. Aber seine Reform und die langen tatkräftigen Abtsperioden des 11. Jahrhunderts garantierten die zentrale Bedeutung Clunys als Ordnungsmacht weit über Frankreich hinaus.

Ein ehemaliger Mönch aus Cluny, nun Papst Urban II., rief 1095 die gewaltbereiten, marodierenden bewaffneten Banden, darunter viele aus der Erbfolge verdrängte jüngere Söhne, auf, Krieger Christi zu werden und wie die Jünger seinem Ruf zu folgen. Die Kreuzfahrer gehörten zu den religiösen Aufbruchsbewegungen, die das 12. Jahrhundert prägten. Das neu erfundene Instrument Kreuzzug wurde zu einem Modell, das auch für andere Gelegenheiten einsetzbar war: Nicht nur für die bewaffnete Pilgerfahrt nach Jerusalem und die kriegerische Befreiung des Heiligen Landes von den Muslimen, sondern auch für den Spanienkreuzzug wurden dieselben geistlichen Belohnungen gewährt. Die nächste Stufe war erreicht, als sich die Kreuzzüge gegen die nicht-christlichen «Heiden» im Osten Europas richteten. So rief besonders Bernhard von Clairvaux (um 1090–1153) in einer Predigt (*Epistola* 457) zum sog. Wendenkreuzzug (1147) auf. Nicht mehr nur die bewaffnete Pilgerfahrt zum heiligen Ort war heilswirksam, sondern auch der Kampf an sich, wenn er denn als Krieg für die Christenheit unternommen wurde.

Eine entscheidende Wendung nahm der Kreuzzugsgedanke, als er sich dann gegen Christen richtete: Der Vierte Kreuzzug wurde von dem «Reiseunternehmen» Venedig (denn ab dem Zweiten Kreuzzug war der Landweg kaum noch passierbar und man war auf den Seeweg über das Mittelmeer angewiesen) für das eigene Interesse benutzt, den Konkurrenten Konstantinopel zu schwächen. Die Kreuzfahrer belagerten und eroberten 1204 mit Konstantinopel eine christliche Stadt und kehrten – mit geplünderten Reliquienschätzen – nach Hause zurück, ohne je einen Heiden gesehen zu haben. Schließlich richtete sich der Kreuzzug 1209–1229 gegen die Katharer (Albigenser), im Herzen Europas gegen eine ganze Grafschaft, deren Bewohner man zu Nichtchristen erklärte.

Von Beginn an war das Instrument des Kreuzzugs zum Krieg gegen die muslimische Herrschaft in Spanien benutzt worden. Und hier waren Clunys Interessen unmittelbar berührt: Die Könige von Spanien finanzierten das Kloster in erster Linie, damit die Mönche die Sorge für ihre Seelen übernahmen. Die Mönche von Cluny nahmen die Mäzene in das Buch des Lebens auf, aus dem die Namen der Verstorbenen Jahr um Jahr an ihrem Todestag wieder ins Gedächtnis (*memoria*) und die Gemeinschaft der Lebenden aufgenommen wurden; eine Seelenmesse wurde gelesen, ihre Namen aber waren für das Jüngste Gericht in das Bürgerverzeichnis des Himmelreiches eingetragen. Umgekehrt sorgten die spanischen Könige dafür, daß Ablegerklöster der burgundischen Mutter jeweils an der Grenzlinie der «Rückeroberung» (Reconquista) gegründet wurden. Der militärischen Eroberung Spaniens gegen die Muslime sollte die Christianisierung folgen.

1199, also gleichzeitig mit dem Ersten Kreuzzug, verließ eine Gruppe um Stefan Harding das Adelskloster und gründete ein neues Kloster: Cîtaux, nach dem sie sich Zisterzienser nannte. Cluny wurde zur «alten Dame». Bald schloß sich ihnen der Adelige Bernhard mit seiner Familie an, gründete nicht lange danach sein eigenes Kloster in Clairvaux. Er wurde zum aggressiven Kritiker der Pelzmäntel und des Luxuslebens von Cluny. Durch Askese und eigene Arbeit sollten sich die Mönche unabhängig von Laien machen, also nicht wie Cluny auf den Reichtum der Könige angewiesen sein. Die beiden Äbte der konkurrierenden Klosterinstitutionen, Bernhard in Clairvaux und Petrus Venerabilis in Cluny, führten die Auseinandersetzung nicht zuletzt durch die Art der Bekämpfung der fremden und verbotenen Religionen und Ketzer.

Petrus Venerabilis

Petrus Venerabilis (um 1094–1156) ist von besonderem Interesse, weil er gegen die Ketzer, die Juden und die Muslime jeweils eine eigene Schrift verfaßt hat. Bei ihm läßt sich das Muster der Ausgrenzung und des Herrschaftsanspruchs untersuchen. Er war Abt des Klosterverbandes von Cluny 1122–1156. Zwar hatte Cluny erstmals in den Zisterziensern einen starken Konkurrenten, war aber keineswegs im Untergehen begriffen, sondern auf dem Höhepunkt seiner Macht.

Petrus von Bruis steht für eine Bewegung in Frankreich, die gegen die Kirche kämpfte, von der Ablehnung der Heilsnotwendigkeit der Sakramente über das Mönchtum bis zum Bildersturm. Er starb etwa 1132/33 in einem Feuer von Kirchenbildern, in das die wütenden Stifter und Verehrer dieser Bilder ihn hineinstießen. Er war der Typus des Wanderpredigers der Zeit nach der Gregorianischen Reform, der die theoretischen Reformansätze der Kirche radikal in die Praxis umsetzte. Nur die Evangelien galten für ihn als kanonische Autorität, nicht das Alte Testament, die Apostelbriefe, die Kirchenväter.

Erst nach dessen Tod schrieb Petrus Venerabilis ein Brieftraktat «Gegen die Leute des Petrus von Bruis» (*Contra Petrobrusi-*

anos), weil die Bewegung nicht mit dem Tod des Wortführers erlosch. Petrus bekämpfte den radikalen Reformer und Wanderasketen, der sich auf das Vorbild Jesu und seiner Jünger berief, mit dem ganzen Arsenal der Polemik gegen Häretiker, aber lehnte – im Unterschied zu Bernhard – jede Gewaltanwendung ab. Den Laienprediger habe der Tod zu Recht getroffen. Aber der Abt von Cluny rief keineswegs dazu auf, Leute wie diesen zu verfolgen und mit dem Tode zu bestrafen.

Gegen Bernhard nahm Petrus auch den anmaßenden Intellektuellen, den Theologen Peter Abaelard (1079–1142) in Schutz, dessen Verfolgung im Kapitel 4 darzustellen sein wird. Petrus dagegen bot ihm Unterschlupf und gewährte Abaelard in Cluny einen sicheren Platz. Um so mehr muß man fragen, warum Petrus Venerabilis die Anhänger des Petrus von Bruis nicht gewähren lassen wollte. War denn das Ideal der Urkirche nicht das Kriterium für die Reform der Kirche? Aber Abaelard war ein einzelner Intellektueller, zum Mönchtum konvertiert; seine Klostergründungen zerfielen schnell wieder. Apostoliker wie Petrus von Bruis dagegen bedrohten die Grundlagen des religiösen Lebens der Zeit, weil sie nach der Legitimation fragten, eine Alternative für Laien boten – und damit weithin Anhänger fanden.

Auch gegen die Juden, die (wie in Orléans gesehen) im 11. und 12. Jahrhundert als Gruppe mit einer nicht-christlichen Religion sichtbar werden, fühlte sich Petrus herausgefordert, einen Traktat zu schreiben, «Gegen die eingefleischte Halsstarrigkeit der Juden» (*Contra inveteratam durietiem Iudaeorum*). Wohl gleichzeitig, aber für Cluny mit weit bedeutenderen Folgen wegen des Engagements in Spanien, verfaßte Petrus schließlich seine Schriften über und gegen den Islam, nämlich v. a. die «Zusammenfassung der ganzen Ketzerei» (*Summa totius heresis*) und den «Traktat gegen die Sekte der Sarazenen» (*Contra sectam Saracenorum*, im folgenden *CS*). Schon am Titel sieht man, daß die anderen Religionen des Mittelalters oft unter der gleichen Perspektive gesehen wurden wie die Gegner innerhalb des Christentums: als Ketzer.

Eine Religion oder eine Häresie? Christliche Bilder vom Islam

Petrus reihte sich nicht ein in die Kreuzzugsbegeisterung der Falken von Rom, zumal der jetzt regierende Papst Eugen III. ein Schüler von Bernhard von Clairvaux war. Er verfolgte auch nicht die Linie der früheren Äbte von Cluny, die die Ritter aus Frankreich gern weit weg auf ein fremdes Ziel leiten wollten.

Stattdessen sah er es als seine vordringliche Aufgabe an, sich mit den Muslimen auseinanderzusetzen, die mit den Christen zusammenlebten. Doch sollte das nicht mit militärischer Gewalt durchgeführt werden, sondern mit dem «Schwert des Glaubens und dem Schild des Heils» (*CS prol.* 10 u.ö.). Dazu machte er sich als 50jähriger auf die Reise in die spanischen Filialen des cluniacensischen Klosterverbandes. Offenbar hatte er dort von den vielen Versuchen der christlichen Mönche gehört, die Muslime von der höheren Wahrheit der christlichen Religion zu überzeugen. Sein Grundsatz «nicht mit Gewalt, sondern mit Verstand» (*non vi, sed ratione*) schien ernsthaft in Gefahr. Die spanischen Könige, zugleich Mäzene von Cluny, wollten Erfolge sehen. Der militärischen «Rückeroberung» des Landes sollte die religiöse Rückeroberung der Muslime und Juden folgen.

Dazu glaubte Petrus sich besser rüsten zu müssen. Die Glaubensgrundsätze mußten erst bekannt sein, bevor man sich mit den Gegnern auseinandersetzen und sie zur christlichen Religion bekehren konnte. «Es gab niemanden, der antwortete, weil es niemanden gab, der verstand» (*CS prol.*17). Deshalb suchte er ein Übersetzerteam, um den Koran ins Lateinische zu übersetzen. Dies war nicht leicht, weil die, die das Arabische beherrschten, ganz anderes übersetzten: Fachbücher für Astronomie, Astrologie, Pharmakologie, Medizin waren die Kenntnisse, nach denen das lateinische Europa verlangte. Und das zeigte die kulturelle Überlegenheit der Muslime. Der Abt von Cluny gab viel Geld für die Übersetzung des Koran. Er widmete diese in seinem Brief über die Übersetzung (*ep. de translatione* 2) Bernhard von Clairvaux in der Erwartung, der wortgewaltige Zisterzienser möge daraus eine Missionsschrift an die Muslime schreiben.

Bernhard schrieb sie nicht; er propagierte den Krieg gegen die Muslime. So verfaßte Petrus den Traktat selbst. Schon mehr als vierhundert Jahre vorher, eine Generation nach dem ersten Auftreten des Islam, hatte Johannes von Damaskus in seinem Häresien-Handbuch den Islam als neueste und letzte Häresie aufgenommen. Petrus mußte lange überlegen, ob der Islam eher als christliche Häresie zu verstehen war oder als heidnische Religion. Im Prolog zu seiner Schrift *Contra sectam Saracenorum* zählte er einen Katalog der Namen früherer Häresien auf, unter denen er den Manichäern ein ausführliches Kapitel widmete (*CS prol.* 4). Es sei die Pflicht der Leiter der Kirche, gegen jede Häresie das Wort zu erheben (*CS prol.* 9). Aber war der Islam eine Häresie oder ein heidnischer Ritus (*ritus paganus*; *CS* 12)? Jedenfalls gehe von ihm ein tödliches Virus aus, das die Christenheit anstecken könnte (*CS prol.* 17).

Die beiden folgenden «Bücher» sprechen die Muslime direkt an, hatte Petrus doch erwartet (*prol.* 20), daß seine Schrift auch ins Arabische übersetzt würde. «Ich greife euch an, nicht wie meine Landsleute das häufig tun, mit Waffen, sondern mit Worten; nicht mit Gewalt, sondern mit Vernunft» (*CS* 1, 24). «Ich lade euch ein zum Heil» (*CS* 1, 27, wiederholt 2, 94). Von den Muslimen dagegen hatte er gehört, was das Wort «Streitet nicht mit den Schriftbesitzern!» eigentlich bedeute: Man kann den Streit mit den Gläubigen der anderen Buchreligionen, also mit Juden und Christen, am besten vermeiden, wenn sie nicht mehr widersprechen. Mit dem Satz sei also gemeint: Mord ist besser als Streit (*CS* 1, 40)! Diese boshafte Unterstellung nimmt er nun ausführlich auf und zeigt den Muslimen am Beispiel christlicher Mission, wie gewaltlos diese vorgehe. Die Christen sprächen oft mit den Juden und hörten doch erst einmal zu (*CS* 1, 50). Mit dem Vorbild der heidnischen Angeln, die sich zum Christentum bekehrten, rät er auch den Muslimen, sich dem Christentum anzuschließen, da sie doch ohnehin schon viele Gemeinsamkeiten mit der christlichen Religion teilten. Hier kann er die neue Koran-Übersetzung nutzen. (*CS* 1, 55). Nun werfen die Muslime ja den anderen Schriftreligionen vor, sie hätten zwar von Gott das gleiche Buch offenbart bekommen, aber nicht vollständig. Die Polemik der Muslime, daß die Juden die Tora, also die Offenbarung Gottes, bei der Rückwanderung aus dem Exil verloren hätten (*CS* 1, 64–76), sei ein alter Topos, ein Ammenmärchen, wie Petrus glaubhaft versichert. Erst recht gelte das für das Evangelium (c. 86). Dem ersten apologetischen Buch von *Contra sectam* folgte das zweite polemische, das belegen will, daß die Prophetien der hebräischen Bibel alle mit Christus eingetreten seien. Deshalb habe der Anspruch der Muslime, gerade ihre Religion erfülle die noch unerfüllten Prophezeiungen, keine Berechtigung.

Aus dem ganzen Traktat kann man nicht erkennen, ob die Übersetzung des Koran viel geholfen hat. Das «Streitet nicht mit den Schriftbesitzern!» (Koran, Sure 29, 46) ist jedenfalls ohne Kontext und geradezu ins Gegenteil seiner Bedeutung verdreht. Als Urheber des Koran sieht Petrus den Teufel (*CS* 1, 43). Das ist als Entschuldigung für Mohammed gemeint, der sich von den undurchschaubaren Finessen des Teufels umgarnen ließ. Aber das fügt sich ein in das Bild der Ketzer, die doch alle als Diener des Teufels arbeiten.

Füchslein – oder Wölfe?
Die Zisterzienser und die Ketzerei

Der alten Dame Cluny, reich, etabliert, selbstbewußt, stand das neue Mönchtum gegenüber: Die Zisterzienser breiteten sich schnell über Europa aus. Die vier ersten Klöster gründeten wieder Tochterklöster; ihre Äbte waren kreativ, machtbewußt, organisatorische Könner. Die Ideen wurden Jahr für Jahr auf Konferenzen ausgetauscht, gewürdigt, verworfen und beschlossen. Dazu kam der direkte Austausch untereinander in einem europaweiten Kommunikationsnetz. Die ersten aus dem Orden hervorgegangenen Päpste ließen eine Vision von einer mönchischen Elite entstehen, die Europa bestimmte. Doch wer sich in der Vielfalt der religiösen Bewegungen Gehör verschaffen wollte, mußte vor Ort präsent sein und sich in die Konflikte einmischen. Den vielen lokalen Bewegungen war vor allem eines gemeinsam: der innerkirchliche oder laikale Antiklerikalismus. Im Unterschied zu den nur auf lokaler Ebene um ihre Autonomie kämpfenden

Bewegungen organisierte der geistige Kopf, Bernhard von Clairvaux, seine mönchische Elite schlagkräftig. Er betrieb eine aggressive Strategie, mit der die Zisterzienser sich profilieren konnten: den Kampf gegen die Muslime im Heiligen Land, gegen die Heiden im Osten und gegen die radikalen Christen im eigenen Land. Dank seiner Predigten und seiner Organisationsarbeit wurden die vielen, sehr unterschiedlichen religiösen Bewegungen zu einer gemeinschaftlichen Organisation hochstilisiert, wurden die wandernden Asketen nach dem Vorbild Jesu und seiner Jünger zu den Feinden der Kirche: Es gebe überall, wo die Zisterzienser seien oder wo sie offenbar erst noch gebraucht würden, auch eine europaweite Gegenkirche, die Ketzer. Die rhetorische Strategie läßt sich an folgendem Beispiel erkennen: Anlaß war der Bericht eines befreundeten Mönches. Bernhard war nach langer Krankheit gerade dabei, Predigten über das Hohe Lied zu halten. Diese Predigten wurden sofort in den Klöstern des Ordens verteilt und vorgelesen. Wie die Briefe Bernhards (von denen nur die zur Publikation überarbeiteten literarischen Kleinkunstwerke in den Klosterschreibwerkstätten in die «Werke» übertragen wurden), so dienen die Predigten der Kommunikation im Klosterverbund. Als Bernhard gerade über den Vers 2, 15 «Die Füchslein zerstören den Weinberg des Herrn» predigte, schrieb ihm der Mönch aus einem befreundeten Kloster, Everwin von Steinfeld (in der Eifel, rund 300 km von Clairvaux entfernt), er habe soeben Christen erlebt, die ihn sehr beeindruckt hätten. Sie seien so perfekt wie die Perfekten (ein Ehrenname für die Mönche) in ihrer Askese. Und sie beriefen sich auf das Evangelium und die Jünger, deren apostolischem Leben (*vita apostolica*) sie nachzuleben suchten. Es müsse sich dabei um eine neuartige, den ursprünglichen Jüngern zum Verwechseln ähnliche Häresie handeln. Everwin forderte Bernhard auf, die nächste Predigt diesen radikalen Christen zu widmen. Sie seien doch die Füchslein, die den Weinberg des Herrn vernichteten.

Bernhard, der bei den beiden ersten Predigten (*SC* 63/64) über die Füchslein noch an die verschlagenen und schlechten Mönche im Kloster gedacht hatte (*SC* 65,1 *SBO* 2. 172.9), nahm die Nachricht sofort auf. Und so verbreitete sich mit der

Die Füchslein schauen begierig auf die Trauben des Weinbergs. Christus warnt die «Braut» (des Hohen Liedes 2,15, wo die Füchslein genannt sind) und die Töchter Jerusalems vor der Gefahr. Die Sakramente der Kirche können nicht mehr ausgeteilt werden, wenn die Fässer (der Ausschnitt zeigt sie nicht) nicht mehr gefüllt werden. – Darstellung aus dem *Hortus deliciarum* der Herrad von Hohenburg, um 1190, f. 225ʳ.

neuen Predigt innerhalb einer Woche des Jahres 1143 das entsprechend aufbereitete Bild von den Ketzern von Köln über ganz Europa. Bernhard unterstellte dieser Gruppe, die sich über die sündigen Priester erhob und die Sakramente für unnötig erklärte, einen Umsturz der Ordnung. Aber da wir Everwins Bericht vorliegen haben, werden gewisse Unterschiede zu Bernhards predigthafter Rhetorik deutlich. Nach Everwin beriefen sich die Ketzer von Köln ganz auf die Bibel und folgten dem Vorbild Jesu und seiner Jünger:

> Sie sagen, nur bei ihnen sei Kirche, weil nur sie auf dem Wege Christi folgten und sie echt dem Leben der Jünger beständig folgten. Sie strebten nicht nach den Dingen der Welt, besäßen weder Häuser, Äcker, Geld, genau wie Christus nichts besaß und seinen Jüngern keinen Besitz erlaubte. Ihr dagegen, sagen sie zu uns, verkuppelt Haus zu Haus, Acker zu Acker, jagt nach dem Weltlichen. Selbst die bei Euch als die Vollendetsten gelten, also die Mönche und Kanoniker, auch wenn sie's nicht privat besitzen, so besitzen sie's doch als Besitz der Institution. Sie sagen von sich: Wir sind die Armen Christi, haben keinen festen Wohnsitz, fliehen von Stadt zu Stadt; wie Schafe

> in einem Rudel Wölfe leiden wir Verfolgung mit den Jüngern und den Märtyrern. Indem wir ein heiliges und äußerst strenges Leben führen, uns im Fasten halten, Tag und Nacht in Gebeten und Anstrengungen durchhalten, nur das Lebens-Notwendige von denen für unsern Lebensunterhalt erbitten.
> Wir halten das aus, weil wir nicht von dieser Welt sind. Ihr dagegen liebt die Welt und haltet Frieden mit der Welt, weil ihr von der Welt seid: Pseudo-Jünger, die nur flirten mit dem Wort Christi, suchen nur nach ihren Interessen und ließen Euch und eure Vorfahren aus der Bahn geraten; wir und unsere Vorfahren, aus dem Geschlecht der Jünger, blieben in der Gnade Christi und werden da bleiben bis zum Ende der Welt. Um uns und euch unterscheiden zu können, sagte Christus: *An ihren Früchten sollt ihr sie erkennen* (Matthäus 7,16). Unsere Früchte sind die Nachfolge Christi.

Interessant ist an dem Bericht («sie sagen») die darin durchscheinende Situation von Bekenntnis und Verhör («Wir – Ihr»). Der Dialog könnte stellenweise authentisch sein; es gibt hier noch nicht die den anderen in den Mund gelegte Aussage, die übertrieben ist und sich selbst lächerlich macht. Die Bibel, also Christi Gebot, war die Norm; von grundlegender Bedeutung waren außerdem die Geisttaufe, die Bibel und das Vaterunser. Was nicht in der Bibel steht, sondern erst durch die Tradition aufgekommen ist, lehnten diese Christen ab: Besitztum, die Priesterkirche samt dem Papst, Kirchengebäude, die Sakramente der Kindertaufe, der Ehe. Auch das Fegefeuer und die stellvertretenden Taten der Heiligen stünden nicht in der Bibel. Sie lebten vegetarisch.

Das Ergebnis dieses Falls in Köln nach der öffentlichen Disputation war, daß, weil die traditionelle Kirche so dicht in das Sozialsystem der Stadt verwoben war, die Wanderasketen, selbst wenn sie recht hätten, nicht gewinnen durften. Die gelehrten Vertreter der Kirche konnten wenigstens einige Fragen offenhalten im Beisein des Erzbischofs und des Stadtadels. In den folgenden Tagen wurden die Ketzer belehrt, kamen aber nicht wieder zu Verstand. Ketzerei war also eine Geisteskrankheit. Da reichte es einigen «aus dem Volk»; sie schleppten die Unbelehrbaren gewaltsam aus der Verhandlung und verbrannten sie auf einem Scheiterhaufen. «Wir wollten das nicht», merkt Everwin an. Aber der Scheiterhaufen war schon angezündet, und die Wahrheit wurde wieder einmal statt durch Überzeugung mit Gewalt durchgesetzt. Hier fand kein ordentliches Gerichtsverfahren statt, weder kirchlich noch städtisch, das zum Todesurteil geführt hätte, sondern der Feuerbeweis. Ob das noch dem Verfahren eines Gottesurteils folgte, ist nicht erkennbar. Everwin jedenfalls bewundert die Asketen, die geradezu mit Freude den Tod auf sich nahmen; selbst sehr fromme Christen zeigten nicht solchen Mut.

Nun also, was Bernhard aus diesem Bericht macht: In zwei langen Predigten wendet er den lokalen Fall zu einem Generalangriff auf das ganze Christentum: «Von jenem riesigen Weinberg spreche ich (jetzt), der die ganze Erde erfüllt.» Groß sei die Zahl der Füchslein, die ihn zerstören wollen, klein die Zahl der Verteidiger. Die eine Predigt (65) beschäftigt sich nur mit dem Thema Ehe und Sexualität. Bernhard tut so, als hätte ihm Everwin mitgeteilt, die Ketzer von Köln verwürfen die Ehe überhaupt. Er wirft ihnen vor, sie öffneten nicht nur der Promiskuität eines jeden mit jeder die Tür, sondern es würde überhaupt jede Ordnung und Norm über den Haufen geworfen.

Die Ketzer von Köln unterschieden zweierlei, so hatte Everwin berichtet: Einmal sei die Ehe nur unter Partnern erlaubt, die unberührt seien, zuvor also keine Ehe eingegangen waren. Damit waren die Ketzer von Köln «päpstlicher als der Papst», wenn sie sogar den Ausnahmefall, die kirchlich scheidbare Lösung von Ehen, verboten (dazu im folgenden Kapitel). Andererseits lebten diese Apostel auf ihrer Wanderschaft mit Frauen zusammen, ohne jedoch sexuelle Liebe mit ihnen zu teilen. Sie beriefen sich dabei auf die Apostel. Nun ist das nicht direkt biblische Überlieferung, aber die geschwisterliche Partnerschaft zwischen Paulus und Thekla (als Syneisakten) war solch eine rein geistige Ehe. Ein Wanderprediger eine Generation vor den Asketen von Köln, Robert von Arbrissel (1045–1116), rühmte sich solch einer Askese mitten unter seinen weiblichen Jüngerinnen und wurde zum angesehenen Gründer der Institution der «Doppelklöster», in denen Nonnen und Mönche getrennt wohnten, aber den Gottesdienst zusammen feierten.

Was macht Bernhard daraus? Bernhard tut so, als öffne die Ablehnung der Ehe nun jeder Perversion und dem Zusammenbruch der öffentlichen Moral die Tür, wo die *vita apostolica* doch gerade Askese predigte und lebte. Die Frage müßte also in gleichem Maße an die Institution des Mönchtums gerichtet werden (also an Bernhard selbst). Askese war immer eine Art von Arbeitsteilung zwischen der Trägergesellschaft, die die Asketen durchfütterte und Nachwuchs erzeugte, aus dem neue Mönche rekrutiert werden konnten, und den «Schmarotzern», die dafür das Surplus an Heil verdienen und verteilen konnten.

Bernhard stand selbst in dieser Paradoxie: Auf der einen Seite hatte er mit seinem Mönchsgelübde Verzicht auf Familie und Nachkommenschaft geleistet, auf der anderen Seite preist er wie kein zweiter das sexuelle Liebesleben als Bild für Glauben und christliches Leben: Heiße Liebe solle der Glaube an Christus sein, nicht der Alltagstrott eines Ehelebens. Auf einer Leiter, so beschreibt er den Aufstieg, sucht der Christ in das Schlafzimmer seiner Angebeteten zu gelangen. Die ersten Stufen sind Angst vor Strafe, Furcht vor dem Herrn, dann aber Freude am Gesetz usf. Und weiter steigt die Lust, bis der Liebhaber dann durchs Fenster in das Schlafzimmer einsteigt und die sexuelle Erfüllung sucht. Sicher ist das alles «spirituell», aber keiner seiner Zeitgenossen hat so kühn sexuelle Sprache verwendet.

Wie christlich war Europa? Das Beispiel der christlichen Ehe

Everwin sprach von zwei verschiedenen Apostolikergruppen. Die einen erklärten die sakramentale Ehe vor dem Priester für wertlos. Diese Frage war auch unter den Kirchenrechtlern umstritten. Gratian (?–um 1160) etwa, der die Grundlage aller weiteren Gesetzbücher zum kirchlichen Recht schuf, befand um 1160: «die Vereinbarung unter den Menschen macht die Ehe» (*consensus facit matrimonium*; so auch Luther, wenn er die Ehe nicht mehr als Sakrament, sondern als «ein weltlich Ding» versteht). Daß nur das Sakrament die Ehe gültig schließt und sogar gottgefällig macht, war eine Überhöhung, die einige Kirchenrechtler im 12. Jahrhundert erst aufstellten; andere Kirchenrechtler teilten die Kritik der Ketzer.

In Everwins Bericht und Bernhards Reaktion geht es zentral um den Bereich Liebe, Sexualität und um die Zeugung oder den Verzicht auf Nachkommen. Genau das aber war ein Hauptthema der Feudalgesellschaft des 12. Jahrhunderts. Die drei Möglichkeiten der Adeligen, sich zu realisieren, standen zur Debatte: die jüngeren Brüder als risikobereite Abenteurer mit dem Ziel, mit einer Witwe (die sie vielleicht selbst zur Witwe gemacht hatten) Reichtum und Herrschaft zu erlangen; die Zweitältesten, die als Kirchenfürsten hohen Einfluß gewannen, aber – da ohne eigene Kinder – die Nachfolge nicht vererben konnten (sie konnten nur einen Neffen positionieren oder aber verhindern, daß eine Adelsfamilie ihre Macht konzentrierte); die dritte Möglichkeit waren die eigentlichen Erben der Familienmacht, des feudalen Adels. Die ältesten Söhne erbten das konzentrierte Familienvermögen, das nun weiter zusammengehalten und durch eine Heirat vermehrt werden sollte, möglichst in der Verwandtschaft, damit nichts vom Erbe an andere Familien gegeben werden mußte.

Ehen waren in einer Feudalgesellschaft ein zentrales Mittel des Zusammenhaltes der Gesellschaft. Die lange Debatte über die Sakramentalität der Ehe war die Spitze eines Versuchs der Kirche, gegen die vorhandenen weltlichen Herrschaften eine Ordnung durchzusetzen, die ihr erlaubte, das Gewicht der Herrschaften zu steuern. Gleichzeitig wurde in der Debatte um die Askese gefragt, ob sie ausschließlich im Kloster legitim gelebt werden könne oder ob sie auch als religiöse Praxis für Laien heilsbedeutsam wirke (vgl. das Beispiel des Leuthard, der ja seine Frau entlassen hatte, s. oben). Erst um 1100 setzte die Kirche die christliche Ehe als Sakrament mit Heilswirksamkeit durch, und das auch nur im Adel. Wer legitime Erben haben wollte, mußte sakramental verheiratet sein.

Die Ehe des Königs Philipp I. von Frankreich zeigt den Konflikt: Die Kirche versuchte, durch die strikte Handhabung des Ehesakramentes die weltlichen Adelsfamilien zu schwächen. Indem sie keine Auflösung einer einmal eingegangen Ehe zuließ und durch einen überscharfen Inzestbegriff die Heirat mit näheren Verwandten verbot, unterminierte sie die Grundlagen der Feudalgesellschaft. Wenn es keinen legitimen Nachkommen in einer Adelsfamilie gab, zerfiel das Erbe in viele Teile. Das Inzestverbot, vorher zum Beispiel in den irischen Bußbüchern nur auf «Mutter und Schwester» begrenzt, wurde nun ausgedehnt auf Verwandte bis zum sechsten/siebten Grad und zwang so zu einer Heiratspolitik, die ständig wertvolle Stücke aus dem Besitz in immer wieder andere Familien transferierte. Eine Familie konnte ihren Besitz nicht mehr durch Verwandtenehen ausdehnen. So arbeitete die Kirche der Strategie der adligen Familien im 11. Jahrhundert – das Erbe zu konzentrieren – entgegen

König Philipp wurde zweimal exkommuniziert, und die Beschlüsse einer lokalen kirchlichen Synode, auf der die Bischöfe seiner Region – unter seinem Vorsitz – seine Ehe legitimierten, wurden wieder aufgehoben. Die Kirche Südfrankreichs (diesmal mit dem Papst, Urban II.) stand gegen die königstreue Kirche Nordfrankreichs. Der König hatte eine zweite Frau «darübergeheiratet» (*superduxerat*). Der ersten hatte er eine Wohnung (eher ein Gefängnis) zugewiesen. Als Grund wurden Ehebruch und Inzest angegeben. Die zweite war die Frau eines Vasallen. Dieser gab sie ab, weil er vom König seinen Besitz abgerundet haben wollte. Die neue «Ehe» wurde von den Bischöfen nicht in Frage gestellt. Nur einer, Ivo von Chartres, erklärte sie für sündhaft. Ivo war ein «Römer», von keinem gewollt, von allen geschnitten; er hatte erst spät, mit 50 Jahren, durch päpstliche Einsetzung das Bischofsamt erlangt. Der zuständige Erzbischof von Sens verweigerte die Weihe. Einmal im Amt, versuchte Ivo in immer neuen Anläufen, über den Fall der fehlerhaften Ehe des Königs die Solidarität der nordfranzösischen Kirche mit dem nordfranzösischen Adel zu brechen. Aber alle Bischöfe, bis auf Ivo, kamen, um die Zweitehe des Königs einzusegnen. Da wandte sich Ivo direkt an den Papst. Dieser verbot die Ehe. 1105 schworen der König (mittlerweile Witwer!) und seine «Un-Gattin», sie würden sich nie wieder sehen, es sei denn unter Zeugen – was sie nicht davon abhielt, weiter zusammenzuleben wie zuvor.

Der Fall zeigt: Das Ehesakrament war in erster Linie eine notwendige Legitimation für die seßhaften Adelsfamilien, die einen legitimen Erben benötigten. Zu dem Druck, unbedingt einen männlichen, gesunden Nachkommen zeugen zu müssen, wenn die Familie Bestand haben sollte, kam der Priester hinzu, der verhindern konnte, daß mit Hilfe einer zweiten Frau Erben gezeugt wurden, falls die erste Ehe kinderlos blieb, aus ihr nur Mädchen oder debile Knaben hervorgingen oder geeignete männliche Erben zu früh verstarben. Daß eine Ehe einer kirchlich-sakramentalen Einsegnung bedurfte, war ein Verfahren zur Verhinderung der Machtkonzentration einzelner Familien. Andererseits waren Kirche und Adel so miteinander verflochten, daß die Koalitionen quer durch sie hindurch gingen.

Die Katharer verwarfen das Ehesakrament aus mehreren Gründen: Zum einen lehnten sie für sich selbst die Ehe ab, soweit sie gleich den Mönchen in Askese lebten, mit dem Anspruch, perfekter als die Perfekten zu leben. Zum andern aber sahen sie im Ehesakrament eine Möglichkeit der Machtkontrolle über die Laienfamilien, das durch Annullierung oder Bestätigung auch der Willkür preisgegeben war, je nach der jeweiligen Machtkonstellation.

Die Katharer und die Predigtmission: Bernhard von Clairvaux im Languedoc

Nicht nur der Gegensatz von Klerus und Laien ist maßgeblich für die «Erfindung» der Ketzer. Ebenso bedeutsam ist die Verschiedenheit der zwei Kulturen Süd- und Nordfrankreichs. Hier überhaupt von einer Einheit zu sprechen und sie als durch die Geographie gegeben zu behaupten, ist erst das Ergebnis der nationalstaatlichen Einigung und Zentralisierung in Paris durch die Französische Revolution.

Die sprachliche Verschiedenheit, das Provenzalische (*langue d'oc*, daher auch der Landschaftsname) im Süden und das Französische (*langue d'oïl*) im Norden, spiegelt eine alte kulturelle und politische Differenz, mit der auch eine kirchliche Eigenständigkeit verbunden war. Im 12. Jahrhundert entwickelten sich zwei längerfristige Strategien: (1) Mit der Konsolidierung eines Königtums in der Île de France (*Francia*) in der Familie der

Kapetinger entstand ein Kern, der durch dauerndes Wachstum des Familienbesitzes, Heiraten und Lehensvergabe eine Nationalmonarchie anstrebte. Die eben behandelte Ehe eines ihrer Begründer war der Stein des Anstoßes, mit dem die «Römer» den Aufstieg dieser Familie zu begrenzen versuchten. Die Ketzer von Orléans zeigten das gleiche Bestreben. Aber auf längere Sicht war die Zusammenarbeit mit der stabilen Dynastie für beide Seiten lohnend. (2) Zum andern versuchte die römische Kirche im gesamten französischen Gebiet, vorbei an den etablierten lokalen Kirchen und gegen deren erbitterten Widerstand, ihre Macht dauerhaft zu festigen, nicht nur durch die zahllosen Reisen der – oft französischen – Päpste. Der Widerstand im Languedoc war heftiger, weil sich nordfranzösische Eroberungsgelüste und die römische Kirche in eine selbstbewußte, eigenständige Kultur drängten. Die Gegner der römischen Kirche wurden zu Ketzern erklärt, für die man den Namen *Cathari* oder Albigenser verwendete (sie selbst nannten sich nicht so, sondern «gute Menschen», *boni homines*).

Damit erwarb die Kirche den Rechtstitel, einen Krieg gegen die Ketzer zu führen in Form eines legitimen und notwendigen Kreuzzuges. Und so erzwang das nordfranzösische Königtum in Zusammenarbeit erst mit den Zisterziensern, später mit den Bettelorden, besonders den Dominikanern, gewaltsam die Unterwerfung. Aber es wurde zunächst nur ein politischer Sieg; religiös dauerte die Eigenständigkeit Südfrankreichs noch fast 100 Jahre länger (s. Zeittafel S. 120 f.).

Es ist typisch, daß man im Konfliktfall einen Nordfranzosen holte: Der erfolgreiche Organisator der zisterziensischen Klostergründungen sollte gegen die lokale Kirche des Languedoc eingesetzt werden. Bernhard von Clairvaux machte sich von Mai bis August 1145 auf eine Predigtreise. Zur Vorbereitung verlangte er vom Grafen von Toulouse Unterstützung (*ep.* 241), indem er ihm den Wanderprediger Heinrich von Lausanne als Kriminellen schilderte. Mit großer Geste beklagte er erst, wie sich die Kirchen (der «Römer») entvölkerten. Ein einziger (*solus/totus*) Häretiker sei schuld, daß alle in den Untergang stürzten. Daß die Katharer die Säuglingstaufe ablehnten, stellte

Bernhard dar, als würden sie Unschuldige verstoßen. Und polemisch warf er Heinrich vor, er mache das Predigen zum Broterwerb. Anfänglich hatte der Bischof von Le Mans diesem ausdrücklich die Predigterlaubnis gegeben, mußte sie dann aber – bedrängt – zurückziehen, weshalb Heinrich aus Franzien in den Languedoc auswich. Schlichtere Gemüter (*simpliciores*) und Frauen (*matronae*) seien seine Unterstützer. All das war nicht kriminell. Bernhard mußte aber dieses Katastrophenbild zeichnen, weil er den Grafen um Unterstützung für eine Delegation von «Römern» bitten wollte, vom Apostolischen Stuhl delegiert unter der Leitung des Bischofs von Ostia, dem Kardinal Alberich. Warum sollte sich der Graf von Toulouse der feindlichen Übernahme der Kirchen in seiner Grafschaft öffnen? Bernhard sagt im letzten Satz: «Es ist zu Deinem Heil und dem Deiner Leute.» Und: «Du mußt den Römern freie Hand lassen, gemäß Deiner Macht, die Dir von Oben verliehen ist.»

Der Graf mußte nicht. Und er tat es nicht. So wurde Bernhards Predigtreise alles andere als ein Erfolg. In der Nähe von Toulouse predigte er in Verfeil, dem Sitz des Satans (*sedes Satanae*). Erst verließen die Honoratioren, dann der Rest der Bürger die Kirche. Als Bernhard dann vor die Kirche ging und weiterpredigte, schlossen alle die Fensterläden, und als er immer noch nicht aufhörte, übertönten alle seine Stimme durch Trommeln an die Tore. In Toulouse und Albi ging es ihm nicht besser. Der Kardinal wurde mit «Eseln und Trommeln» empfangen. Indem er das Glaubensbekenntnis laut betete, konnte Bernhard die Situation noch auffangen.

Nach diesen Mißerfolgen und weil ihre Klöster nun boykottiert wurden, ließen sich die Zisterzienser auf militärische Gewalt ein im Interesse der Römer und der (Nord-)Franzosen, zu denen sie selbst gehörten. Sie begleiteten nicht nur die Ritter, sondern beteiligten sich selbst. 1181 leitete der Kardinallegat Heinrich von Marcy einen Feldzug gegen Toulouse.

Noch nahm der König von Paris nicht persönlich teil. Die Ritter waren nordfranzösische jüngere Söhne, die zusammen mit dem Ablaß beträchtliche Beute versprochen bekamen, nämlich das Vermögen der Ketzer behalten zu können und schließlich sogar den Besitz derer, die nicht gewaltsam die Ketzer bekämpften, wie der Graf von Toulouse. Ein solcher Haudegen, der nichts verlieren, aber jede Menge gewinnen konnte, war Simon de Montfort, Großvater des englischen «Vaters der Demokratie».

Das 12. Jahrhundert war ein Jahrhundert des Aufbruchs. Neue Regionen wurden Siedlungsgebiete der Europäer. Da waren zum einen die Kreuzzüge, die Europäer in den Osten und in den Vorderen Orient ziehen ließen. Auch im Inneren Europas rodeten sich junge Generationen Siedlungsflächen für neue Städte, bis in die Gebirge hinein. Neue Lebensformen entstanden, auch religiöse. Das Mönchtum wurde vielfältig; an erster Stelle standen die ehrgeizigen Zisterzienser. Zugleich wurde klar, daß es in der Welt noch andere Religionen und religiöse Lebensweisen gab.

Diese Pluralität und Verschiedenheit zu akzeptieren, fiel manchen Theologen schwer. Aus dem 12. Jahrhundert ist hier eine Kontroverse zu berichten. Die *diversitas religionum*, hier als die Existenz von mehr als einem Orden (das war die Hauptbedeutung des Wortes *religio* weithin im Mittelalter), wurde von vielen, besonders den alten Orden, als Ärgernis angesehen. Da komme bald dieser, bald jener, kleide sich ungewöhnlich, führe neue Essensvorschriften ein, ändere die Liturgie.

Dem entgegnete Anselm von Havelberg 1145: Der Heilige Geist wehe, wo er wolle, und verteile seine Gaben häufig und in verschiedensten Formen. Die von Gott in der Schöpfung realisierte Vielheit rechtfertige auch die Vielheit religiöser Lebensformen. Gottes Wille schließe eine gewaltsame Vereinheitlichung geradezu aus und verlange Duldung statt Verurteilung. Ja, der Bestand der Welt beruhe, so Otto von Freising, auf den zahllosen verschiedenen und unterschiedlich blühenden Gemeinschaften; hätten sie nicht ihre Verdienste vor Gott, so hätten die Sünden die Welt schon in den Untergang geführt.

3. Schwarze Messen und Satansjünger: Ketzerstereotypen

Teufels-, nicht Gottesdienste: Ein «Augenzeuge» berichtet

Gegen die Sympathie und die Solidarität der Bevölkerung mit den Laienbewegungen konnte deren Unterdrückung kaum etwas ausrichten. Erst als der Bericht des Wanderpredigers Konrad von Marburg (gest. 1233) über die geheimen Kulte der Ketzer veröffentlicht wurde, war aller Welt und vor allem den Klerikern klar, daß diese Kultgemeinschaften mit aller Gewalt nicht nur bekämpft, sondern ausgerottet werden mußten.

Konrad von Marburg beschreibt, wie die Ketzer ihre «Gottesdienste» feierten. Papst Gregor IX. schickte diesen Bericht als Rundschreiben (Enzyklika *Vox in Rama*) im Sommer 1233 in alle Welt. Zur gleichen Zeit konnte der Bremer Erzbischof bei demselben Papst einen Kreuzzug gegen die friesische Volksgruppe der Stedinger durchsetzen. Mit den beiden Berichten wird ein Verbrechen beschrieben, das in den folgenden Jahrhunderten zum «Tatbestand» aller Ermittlungen der Inquisitoren gegen Ketzer und Hexen wurde: Ketzer feierten nicht nur unautorisierte Gottesdienste, sondern Teufelsdienste.

Zunächst zum Teufelsdienst, wie ihn Konrad von Marburg beobachtet haben will. Dieser hatte die päpstliche Autorität zum Predigen erhalten, zunächst um für den Kreuzzug zu werben und Spenden dafür einzusammeln. Auf seinen Predigtreisen kam er auch an den Hof der Thüringer Landgrafen. Dabei lernte er Elisabeth von Thüringen kennen; er nutzte sie als seine Heilige aus, wollte als ihr Beichtvater seine Pläne durchsetzen – sie war aber schließlich die Klügere. Er wurde nicht von ihr zum Universalerben eingesetzt. So setzte er auf eine andere Karte: die Jagd auf Ketzer.

In einem Brief von 1231 erteilte ihm der Papst freie Hand (Kurze 1996, 340–343). Wie er aus Briefen der Erzbischöfe von

Mainz und Trier entnehmen könne, habe der Feind Unkraut gesät, das den Acker des Herrn zu überwuchern drohe. Konrad habe zwar schon Erfolge gehabt und Häretiker, ja sogar viele ihrer «Paten» (Häresiarchen) ausgerottet. Um den «Füchslein, die den Weinberg des Herrn zerwühlen», in den Grenzen Deutschlands auf den Fersen bleiben zu können, übertrug der Papst dem Kreuzzugsprediger größere Rechte: Er konnte sich frei andere Geistliche zu Mitarbeitern wählen, er konnte den weltlichen Arm zu Hilfe holen, falls nötig. Die weltlichen Helfer erhielten einen Erlaß von Sündenstrafen in Höhe von drei Jahren. Zu bekämpfen waren nicht nur die Häretiker selber, sondern auch diejenigen, die sie unterstützten, die ihnen Unterschlupf gewährten und die sie verteidigten. Aber zu der Frage, wie denn die Ketzer zu erkennen seien, worin die Verkehrtheit der Ketzer bestehe, enthielt dieser Freibrief kaum genauere Handlungsanweisungen.

Dies nutzten die ersten Inquisitoren aus. Sie zeigten sich als «Richter Gnadenlos». Konrad war nicht der Einzige. Auch andere waren als Kreuzzugsprediger des Wortes Gottes beauftragt und verfolgten Laien als Ketzer. Insbesondere gegen Reiche erhoben sie den Vorwurf der Ketzerei und verbrannten Tausende. So berichtet die Chronik von Worms, ein Laienbruder der Dominikaner und ein Laie seien durch die Lande gezogen. Sie hätten mit päpstlicher Vollmacht die lokalen Herren aufgefordert, den Satz auszusprechen: «Diese da sind Häretiker; wir ziehen die Hände ab von ihnen.» Die Verurteilten hätten noch im Feuer Jesus Christus und die heilige Jungfrau angerufen, ihnen beizustehen. Der Chronist findet das nicht nur unberechtigt, sondern beklagt die Inquisitoren als «elende Seuche und einen überaus harten Urteilsspruch, von Gott gestattet». Die Inquisitoren behaupteten schlicht, sie könnten Ketzer erkennen. Diese ungeregelte und unkontrollierbare Ketzerjagd könne niemand gutheißen, sie könne jeden treffen und niemand sei davor zu schützen. Konrad sammelte ein Kreuzfahrerheer gegen einen der Großen des Reiches, den Grafen von Sayn. Auf einer Synode klagte Konrad den Grafen der Ketzerei an. Noch hielten aber der König und zwei Erzbischöfe ihre Hand über diesen. Auf

In der Hölle findet man die schlimmsten Widersacher der Religion: Die feisten Mönche, die sich persönlich Geld aneignen, die Raubritter und Juden. In den oberen Stockwerken umarmen sich homosexuelle Mönche. Zur Strafe müssen sie die Untat, die sie auf Erden begangen haben, nun ewig wiederholen. Was einmal geheime Lust war, wird nun widerlich. Hier sind zwei Ketzer zu sehen: Der eine hat durch verbotene Bankgeschäfte sein Leben finanziert; der andere muß mit einem Zungenkuß die scheußliche Kröte küssen. – Darstellung aus dem *Hortus deliciarum* der Herrad von Hohenburg, um 1190, f. 255r.

dem Heimweg wurde Konrad auf offener Straße ermordet. Den Wormser Inquisitoren ging es später genauso.

Kaum hatte der Papst von der Ermordung des Konrad erfahren, veröffentlichte er unter dem Namen *Vox in Rama* dessen Schlüsselbericht darüber, was denn die Verkehrtheit der Ketzer (*haeretica pravitas*) sei. Mit merkwürdig unpassenden Bibelzitaten gespickt, beklagt der Papst in dem offenen Brief, daß die Söhne die Eingeweide der Mutter – gemeint ist die Kirche – zerbeißen. Alle Menschen, die ganze Schöpfung müsse sich der Seuche entgegenstellen. Dann wird es konkret (c. 12). Die Aufnahmerituale in die Sekte werden folgendermaßen beschrieben:

> Stets wenn ein Neuling in diese Aufnahme findet, muß er zunächst eine Kröte küssen. Dann tritt er zu dem schwarzen Kater, der eine Säule rückwärts herabklettert; ihn muß er gleichfalls küssen – auf die Hinterbacken. Nach einem Gebet werden die Kerzen gelöscht und in der Dunkelheit findet eine Sexorgie statt, auch homosexuell. Wenn

sie genug an dem abscheulichsten aller Verbrechen haben, zünden sie wieder die Lichter an und dienen einem Mann, der oben herum wie die Sonne hell erstrahlt, unten herum aber struppig wie ein Kater aussieht. Von dem Neuling reißt der Zeremonienmeister ein Stück des Gewandes ab und übergibt so den Neuling dem «Leuchtenden». Alle lästern Gott, lassen sich an Ostern das Abendmahl geben, um den Leib des Herrn dann ins Klo zu spucken. Am Ende werde der Teufel, ihr Gott, die Herrschaft im Himmel antreten und Gott von dort vertreiben. (*Vox in Rama* 12–22; bei Hergemöller, Krötenkuß 1996, 25–39)

Um der Verbreitung dieser Pest Einhalt zu gebieten, die bereits den Körper der Kirche befallen habe, seien tiefe Schnitte nötig. Das Krebsgeschwür sei zu entfernen und das Gesunde zu retten. Das weltliche Schwert sei für die Vernichtung derer zuständig, die ihnen die Boten des Papstes als Kranke gemeldet haben.

Rituale und Antirituale: Die Stedinger

Zur gleichen Zeit gestattete Papst Gregor IX. einem anderen einen Kreuzzug, der ähnlich fanatisch wie Konrad von Marburg die Unterordnung der Menschen in seinem Bistum erkämpfen wollte: Erzbischof Gerhard II. Der Kreuzzug sollte sich gegen die Stedinger richten. In der Zeit des Nationalsozialismus wurden die Stedinger als ein herausragendes Beispiel dafür gewertet, wie sich germanischer Glaube und die in Europa entstandene und bodenständige Religion gegen das aus dem Orient importierte Christentum noch im 13. Jahrhundert zur Wehr setzte. Die Chronisten geben dagegen als Grund für die Unabhängigkeitserklärung des Gebietes der Stedinger an, daß die Mannen des Grafen von Oldenburg deren Frauen und Mädchen raubten. Die Stedinger ließen sich das nicht gefallen und trieben sie aus ihrem Gebiet. Das muß ein organisierter Aufstand gewesen sein. Außer den unzugänglichen Mooren schufen sie sich noch einen Steinwall, um ihre eigene «Herrschaft» gegen jeden Fremden abzuschließen. Diese könnte etwa 1203 begonnen haben. Ein schwacher Erzbischof und die Krise im Reich zwischen Welfen und Staufern ließen diese eigenständige Gemeinde zunächst unbehelligt. Der 1219 eingesetzte Erzbischof von Bremen jedoch, Gerhard II., setzte alles daran, daß ein Kreuzzug gegen die Stedinger ausgerufen wurde. Sicher war ein Motiv sein Bruder, der als Erzbischof von Utrecht von aufständischen westfriesischen Bauern, den Drenthern, 1227 grausam ermordet worden war. Ein von diesem finanzierter Kriegszug endete im Fiasko: Das Heer wurde geschlagen, der zweite Bruder, Hermann von der Lippe, fiel. Zwei Brüder hatte Gerhard also schon verloren im Kampf gegen die eigensinnigen Friesen. Der Plan, die Zisterzienser als Vorkämpfer christlicher Religion anzusiedeln, schlug fehl. Der Bremer stiftete im Osten des Stedingerlandes ein Kloster für Zisterzienserinnen, das Kloster in Lilienthal. Kurz darauf gründete der Graf von Oldenburg an der Westseite ein weiteres Zisterzienserkloster in Hude. Aber die Stedinger verjagten die Mönche und Nonnen sofort.

Der Bischof forderte seitdem vom Papst, gegen die Stedinger einen Kreuzzug auszurufen. Die Beschlüsse der Bremer Fastensynode vom 21. März 1231 stellten fest, daß die Stedinger keine Christen seien. In den folgenden Punkten, so die Bremer Synode, hätten sich die Stedinger von der Kirche getrennt:

– Sie würden die Schlüsselgewalt der Kirche nicht anerkennen, vor allem die Exkommunikation. – Die Verweigerung, an die Stedinger Sakramente zu verteilen, hatte der Bremer Erzbischof offenbar ohne große Folgen ausgesprochen. Ob die lokalen Priester sich nicht daran hielten oder die Stedinger keinen Bedarf danach hatten, ist unklar. Nach dem Kreuzzug wurden jedenfalls die Friedhöfe neu geweiht, wahrscheinlich weil da auch Bestattete lagen, die nicht nach dem Ritual und mit den Sakramenten der Kirche bestattet worden waren. Auch die Weigerung, den Zehnten zu zahlen, ein typisches Mittel des Widerstandes, wurde von den zu kurz gekommenen Klerikern gern als Kennzeichen anti-christlichen Verhaltens gewertet.
– Sie würden die Lehre der heiligen Kirche verachten. – Das bedeutet freilich nicht, daß sie neue Lehren hervorgebracht hätten, eben eine spezielle Ketzerlehre.
– Sie hätten Kleriker gefangengenommen und umgebracht. –

Gregor IX. traute (siehe Konrads Bericht) Ketzern alle Grausamkeiten zu. So beschreibt er in einem Brief, daß die Stedinger Blut wie Wasser behandelten, Menschen zerstückelten und zum Spaß kreuzigten, Christus zum Spott. Sie seien zu Tieren geworden.

- Sie hätten Klöster und Kirchen beraubt. – Die Ansiedlung von Zisterziensern stellte eine Bedrohung dar, vor der auch andernorts die ansässigen Bauern Angst hatten.
- Meineide seien bei ihnen gewissermaßen Gebot. – Derselbe Vorwurf wurde auch gegen die Katharer erhoben (Lateranum III, c. 21).
- Sie hätten den Leib Christi (die Hostie im Abendmahl) schrecklicher behandelt, als man das erzählen dürfe. – Der Papst ist da allerdings deutlich: Sie hätten bei der Plünderung von Kirchen Hostien aus den Kelchen herausgeschüttet und seien darauf herumgetrampelt.
- Sie würden sich Rat von Dämonen (*querere responsa demonum*) holen.
- Sie fertigten Wachsbilder an. – Das waren nicht etwa Bilder von germanischen Gottheiten, sondern Votive (*ex voto*), die in die Kirche gestiftet wurden. Ein christlicher Brauch, der zum Nutzen wie zum Schaden eingesetzt werden konnte; letzteres war verboten. Besonders Erkrankungen wurden, durch die entsprechenden Organe, aus Wachs gegossen, symbolisiert, Gott bzw. dem oder der Heiligen zur Sorge übergeben. Man konnte solche Wachsbilder aber auch zerbrechen, durchbohren, einschmelzen. Im Mittelalter wurden christliche Rituale in ihrer Wirksamkeit weitgehend ähnlich eingeschätzt wie magische – daher der Begriff «Schadenszauber». Magie oder Zauber sind erst seit der Reformation zu dem erklärt worden, was Religion nicht sein soll, also zu einem Negativbegriff.
- Sie holten von Wahrsagerinnen Rat. – Mit dem gelehrten Wort Pythonissa ist ein Allgemeinplatz benannt, den man gegen jeden erheben konnte; das gilt erst recht für den folgenden Vorwurf der Ketzerei.
- Sie würden andere äußerst gottlose Werke der Finsternis vollbringen.

- Darüber hinaus hätten sie, obwohl immer und immer wieder danach gefragt, sich geweigert, Genugtuung zu leisten und eine Strafpredigt anzunehmen bzw. hätten in den Worten des Papstes «hartnäckig» die kirchlichen Lehren, Gebote und Zurechtweisungen abgelehnt.

Zusammengenommen sind die Vorwürfe so allgemein und traditionell, daß sie weder bewiesen werden müssen noch widerlegt werden können. Die Ketzerei bestand im Ungehorsam gegenüber der römischen Kirche. Die kirchliche Strafe war der Ausschluß von den Sakramenten. Die brauchten die Ketzer aber gar nicht, solange ihr alter Pastor ihnen das Abendmahl gab, die Kinder taufte und die Toten bestattete. Also waren die Strafmittel der Kirche am Ende. Wenn die Synode auch Mord als eine Tat der Stedinger hervorhob, hätten dagegen eigentlich die zuständigen Ordnungshüter einschreiten müssen. Ein Kreuzzug dagegen forderte «selbständige Unternehmer» von außen auf, auf Kosten der zu Bestrafenden eine Strafaktion zu unternehmen. Vielleicht war mittlerweile ein zusätzliches weltliches Element hinzugekommen. Seit 1224 bzw. 1232 (Friedrichs II. Ketzerbann war nun auch in Deutschland Reichsrecht) war nämlich die Reichsacht die Strafe gegen Ketzer. Was ein religiöses Gremium entschieden hatte, wurde zugleich weltliches Recht.

Endlich, am 17. Juni 1233, gab Papst Gregor IX. dem Erzbischof von Bremen nach und zeichnete das Unternehmen gegen die Stedinger als Kreuzzug aus. Nun konnte man überregional werben und ein großes Heer auf die Beine stellen. Dominikaner predigten den Kreuzzug. So kamen zwei große Heere zustande, besonders vom Niederrhein und aus Flandern, angeführt vom Herzog von Brabant. Im Juli 1233 und Mai 1234 zogen zwei Kreuzzüge gegen die Stedinger. In der Schlacht bei Altenesch 1234 wurden die Stedinger vernichtend geschlagen.

Mit der Bibel gegen die theologische Autorität

Die Bibel ist erst durch die Reformation zu der Autorität geworden, an der Religion und christliches Handeln beurteilt und gemessen werden. Nun stehen aber in der Bibel Gebote, die keineswegs eingehalten werden. Daß Kleidung keine Knöpfe haben dürfe, daß Fleisch nur genossen werden dürfe, wenn es geschächtet wurde, daß man keinen Eid schwören dürfe. Die Reformatoren sagten dazu, die hebräische Bibel sei ein national gültiges Gesetz, «der Juden Sachsenspiegel», dessen überzeitlicher und über die Nation der Juden hinaus gültiger Gehalt nur von Theologen bestimmt werden könne. Als sich die Revolutionäre von 1525 (Stichwort «Bauernkrieg») weigerten, neu eingeführte Abgaben der Landesfürsten zu akzeptieren und sich dafür auf die Bibel beriefen, wies Luther das zurück, indem er auf der Trennung von zwei Reichen bestand: ein religiöses Reich, das erst künftig realisiert werden könne; ein weltliches Reich, das vorläufig mit dem Gewaltmonopol der Landesherren der Kirche den Freiraum religiösen Lebens garantieren und die Störer dieses «Friedens» in die Ordnung zwingen müsse.

Valdes (über ihn mehr im 6. Kap.) beauftragte und bezahlte als erster zwei Geistliche, die Bibel – oder doch größere Teile daraus – aus dem Lateinischen in die provenzalische Volkssprache zu übersetzen; andere sorgten um 1200 gleichfalls dafür, daß die Heilige Schrift für Franzosen, Provenzalen und Deutsche lesbar wurde: die Katharer und die Beginen. Unter den Katharern war allerdings auch eine größere Zahl von Notaren, die durchaus lateinische Urkunden schreiben und verstehen konnten. Vorlesen konnten offenbar viele, Lateinisch verstehen dagegen nur wenige – vor allem wenn es um spitzfindige Argumente der Gebildeten unter den Klerikern ging. Die Biblizisten (um die apostolischen Gruppen zusammenzufassen) erhoben gar nicht den Anspruch, die Bibel theologisch zu interpretieren; sie zitierten sie schlicht und verstanden sie wörtlich. Die Bibel wurde vielfach zum Gegenstand der Verehrung im Kult. Vielleicht das beste Beispiel ist die Initiation der Katharer. Für das *consolamentum* brauchte man das Buch, es wurde über den Kopf des Novizen gehalten. Nicht nur die Bibel, auch andere Bücher werden genannt. Wenn jemand mit einem Buch angetroffen wurde, war das schon fast ein Indiz dafür, daß er Ketzer sein müsse. Und so gingen die Katharer dazu über, einzelne Seiten, das abgeschriebene Vaterunser und kleinstformatige Bücher bei sich zu tragen. Erhalten hat sich nach dem Untergang der Katharer kaum etwas, immerhin die Übersetzung des Neuen Testaments sowie wenige andere liturgische Bücher (*Rituale*).

Feindbilder

Die Auseinandersetzung mit den anderen Religionen wurde oft in der Form eines «Dialogs» verfaßt. Darin waren aber nicht die Argumente aufgezeichnet, die in wirklichen Gesprächen echte Vertreter der Religionen ausgesprochen hätten. Ein Dialog war vielmehr ein Lehrvortrag, der erfundene Partner reden ließ, die «anderen» natürlich ohne Überzeugungskraft. In den literarischen «Dialogen» fanden sich lauter Vorurteile aus alten Büchern. «Dialoge» waren aus Büchern abgeschriebene, nach einem literarischen Muster verfaßte Schriften. Sie beruhten auf dem gemeinsamen Suchmuster und polemischen «Arsenal».

Das Muster war zwar abgewandelt, aber es paßte mehr oder weniger sowohl auf die christlichen Häresien als auch auf die nicht-christlichen Religionen. Bei der Frage, ob der Islam eine Häresie sei, neigte Petrus Venerabilis zum Nein, weil diese Gläubigen zum einen eine Menge aus der christlichen Tradition kannten, aber in der grundsätzlichen Ablehnung sämtlicher Sakramente noch die Häretiker überträfen (*CS* 14). Scharf äußert sich Petrus dagegen in der *Summa*: Der Teufel schickt einen Häretiker und die Juden, um Mohammed den Koran einzuflüstern. Die Argumente gegen die Ketzer sind die gleichen wie die gegen die Juden und Muslime, darunter besonders die folgenden:

- Die Hartnäckigkeit, die keinem Argument «aller Menschen» zugänglich ist, Taubheit, Blindheit, Dummheit. Wenn sie sich auf den wörtlichen Sinn der Schriften berufen, «judaisieren» sie, d. h. sie verstehen nur die wörtliche Oberfläche, nicht aber den tieferen, den entscheidend christlichen Schriftsinn.
- Die fehlende Zugehörigkeit zur Kirche wird gedeutet als Verweigerung der Treue und Unterwürfigkeit gegenüber Gott; *perfidia* hat die Doppelbedeutung des falschen Glaubens, aber auch der boshaften Untreue bis hin zum Verrat (p 98–110), zu Lügen und Irrtümern (p 106–107).

- Ketzerisches Denken ist eine Geisteskrankheit (*vaesania)* oder schlimmer noch, eine Seuche, ansteckend wie die Pest. Der Islam etwa ist ein todbringendes Virus und tödliches Gas (*virus letiferum*, *letalis haustus*).
- Ketzer sind Bestien und haben tierische Eigenschaften: Wölfe in Schafspelzen, Füchse, Rindvieh, Judensäue. Oder sie küssen einen Kater auf den Hintern.
- Ketzer sind keine Menschen; ein Stereotyp, das bereits in der antiken Auseinandersetzung mit fremden Religionen auftaucht. Der Traktat gegen die Juden, den Tacitus der Eroberung Jerusalems durch Titus im Jahre 70 vorausschickt, enthält schon alle diese Elemente (Tacitus, *historiae* 5, 1–11).

Die Katharer des 12. Jahrhunderts

Der «authentische» Bericht des Konrad von Marburg über die Aufnahme unter die Ketzer, gewissermaßen die Taufe der neuen Mitglieder mit Krötenkuß und schwarzem Kater, entsprang der sadistischen Phantasie eines gehässigen Fanatikers. Doch daß andere einen so unwahrscheinlichen Bericht auch glaubten, setzt die Vorurteile voraus, die man schon lange gegen «die Besonderen» hegte. Konrad von Marburgs Bericht entfaltete erst später seine giftigen Wirkungen (besonders bei den Hexenverfolgungen), auch wenn der Papst sie zum Anlaß nahm, die Inquisition einzusetzen und zu einem mächtigen Instrument gegen die Ketzer aufzubauen.

Aber die Inquisitoren waren meist gut ausgebildete Männer, die sorgfältig vorgingen. Die Dominikaner vor allem lernten, sich Argument für Argument mit ihren Gegnern auseinanderzusetzen. Die Vorlesungen in Theologie waren ganz so aufgebaut, daß erst einmal alle Argumente *pro*, dann die Argumente *contra* aufgeführt wurden, dann die *Summe* gezogen und die Frage entschieden wurde. Die großen dogmatischen Vorlesungen, die sog. theologischen Summen (*Summa theologiae contra gentiles*, «Ergebnisse der Theologie gegen die Heiden») wie die berühmteste des Thomas von Aquin, sind Handbücher für jedes denkbare und gehörte Argument der Ketzer.

Die «guten Christen», wie die Katharer sich nannten, konnten sich mit starken Argumenten darauf berufen, daß die Traditionen der katholischen Kirche auf wackeligen Füßen stünden. Aus der Kritik folgten die Ablehnung und eigene Gegenrituale. Erst in der späteren Phase kam es zu einer strikten Gegenstruktur, einer anderen Kirche. Der Vorgang beginnt also nicht als eine Mission weniger Menschen, die eine neue Religion aus dem Osten nach Europa importieren, sondern mit Kritik und notwendiger Veränderung. Oft begründet, weil ein bestimmter Mißstand in der eigenen Gemeinde nicht abgestellt, sondern vertuscht würde, durch Schlamperei die Pfarrei nicht mehr gut versorgt oder gar ein unverantwortliches Verhalten des Priesters nicht geahndet wurde. Wer ordentlich eingesetzt war, konnte sich viel herausnehmen, solange der Bischof nichts gegen ihn unternahm. So gingen die Christen zu einem anderen Priester oder wählten einen anderen in einer anderen Kirche. Oder sie wandten sich an die mobile Form der Heilsträger, die wandernden Asketen. Und so wie die katholische Partei in der Stadt sich Hilfe von außerhalb holte, so auch die «guten Christen». Die hohe Mobilität sorgte für solche Kontakte.

Oft solidarisieren sich zwei Parteien in einem solchen Konfliktfall, in dem auch andere Konflikte sich äußern: soziale, wirtschaftliche, politische, Generationenkonflikte, Familienstreitigkeiten. Die religiöse Auseinander-Setzung (und Neu-Zusammen-Setzung) ist der Teil von lokalen Konflikten, der sich mit Zeichen deutlich absetzt und die Verbindung mit anderen Gruppen außerhalb sucht, überlokal. Die Kritik wird nach außen deutlich, wenn die Kritiker sich zusammenschließen und die besseren Rituale feiern. Dieser Schritt ist als rituelle Differenzierung zu beschreiben, d. h. das Ritual unterscheidet sich in Handlung und Begründung von dem der anderen religiösen Gruppe. Das ist ein prinzipieller Vorgang für die Identität sich unterscheidender religiöser Gemeinschaften, wie man ihn mit der Anthropologin Mary Douglas nicht nur bei fernen Völkern in der Südsee, sondern auch in der Industriegesellschaft zu beobachten gelernt hat. Eines ihrer Beispiele sind die katholischen Gastarbeiter aus Irland, die im Gegensatz zu den protestantischen Londonern freitags ihren Fisch essen und einmal im Jahr ihre Prozessionen feiern. Die Unterscheidung der Rituale ist eine entscheidende Stufe in der Herausbildung einer neuen religiösen Gemeinschaft. Dies sei an einigen Ritualen der Katharer beschrieben:

Grundlegend war eine Differenzierung innerhalb der katharischen Gemeinden: Hörer (*audientes*), Gläubige (*credentes*), Perfekte (*perfecti* und *perfectae*). Aber es gab keine Priester. Die Dreiteilung in der katholischen Kirche mit Mönchen (*religiosi*), Priestern (*clerus*) und Laien (*laici*) war hier aufgelöst in eine Zweiteilung: die Asketen als Heilsträger und die Gläubigen als Heilsempfänger. Aus der Sicht der katholischen Kirche waren die Perfekten auch Laien, aber das teilten sie mit vielen katholischen Mönchen, die oft auch keine Weihe zum Priester hatten. Die Gruppe der Hörer entsprach etwa den Katechumenen, einer Einrichtung der antiken Kirche: Menschen, die in die Kirche eintreten wollten, blieben eine Zeitlang im Wartestand und erhielten einen Unterricht über die Lebensführung als Christen.

Erst im IV. Laterankonzil 1215 wurde eine christliche Lebensführung auch für Nicht-Mönche und Nicht-Kleriker systematisch denkbar. Mindestens einmal im Jahr mußten die Laien-Christen zur Pflichtbeichte und -kommunion kommen. Die Laien und gerade die Verheirateten wurden ausdrücklich als Träger der Kirche aufgenommen – auf Kosten der Unterwerfung unter den Beichtvater. Die Katharer blieben bei der älteren «Arbeitsteilung», daß die Perfekten für das Heil, die Laien aber für das Auskommen der Asketen arbeiteten. Das Heil konnte man nicht leben, man mußte es sich rechtzeitig vor dem Tod holen. Zugespitzt gesagt: Nicht gut leben, sondern gut sterben war das religiöse Ziel. Insofern galten die meisten Rituale und die überaus strenge Ethik nur Perfekten (so wie in der katholischen Kirche den Mönchen), und die «Gläubigen» suchten am Ende des Lebens noch unter die Perfekten aufgenommen zu werden, im Sterberitual (*haereticari, haereticatio*).

So ist das berüchtigtste der katharischen Rituale zu bewerten, die *endura*. Wer sein Stündlein kommen spürte, ließ eine Perfekte oder einen Perfekten rufen. Die Sterbenden ließen sich selbst zur Perfekten/zum Perfekten weihen und lebten dann bis zum baldigen Tode in perfekter Askese, d. h. sie aßen gar nichts mehr. Das ist also nicht als «Selbstmord durch Hungern» zu bewerten, sondern als Initiation zum Katharer in letzter Minute. Wie in der Alten Kirche war der Wunsch, zu den Perfekten aufgenommen zu werden, mit einer längeren Vorbereitungszeit verbunden. Sünde hingegen bedeutete den Ausschluß aus der Gemeinde. Allerdings konnte das katharische *consolamentum* auch mehrfach erneuert werden. Für weniger tiefgreifende Verfehlungen gab es das *apparellamentum*.

Die *endura* (oder das Kranken-*consolamentum*) war eine Sonderform des *consolamentum*, der Aufnahme unter die eigentlichen Katharer, die «guten Christen». Dieses Ritual entsprach der Taufe. Es wurde aber nicht – wie bei den Katholiken – Säuglingen gespendet und auch nicht mit Wasser symbolisch vollzogen. Johannes der Täufer hatte zum Zeichen der Buße die Menschen mit Wasser gereinigt. Aber im Angesicht Jesu sagte er, daß Jesus nicht mehr mit Wasser, sondern mit Geist und Feuer taufen werde (Markus 1,7, Matthäus 3,11 und in allen Evangelien). Aus der polemischen Sicht der Katharer übte also die katholische Kirche ein vorchristliches Ritual aus. Sie dagegen führten die richtige, biblische Geisttaufe durch in Form der Handauflegung. Erst wenn man zu Verstand gekommen sei, könne man sich bekehren und einweihen lassen. Mit der Firmung als einem der sieben Sakramente hat die katholische Kirche ein ähnliches Ritual, das die Zustimmung nachholt, wenn die Menschen «das Gute vom Bösen unterscheiden» können.

Da nicht immer rechtzeitig zur Todesstunde ein Perfekter erreichbar sein konnte, gab es noch ein Ritual, das vorläufig die Aufnahme (*receptio*) durchführte, die aber erst in der letzten Stunde rechtswirksam wurde, die *convenientia* («Vertrag»). Die Gläubigen verpflichteten sich, später unter die Perfekten aufgenommen zu werden, die Perfekten verpflichteten sich, ihnen das *consolamentum* zu spenden. Wenn dann in der Todesstunde das Ritual nicht rechtzeitig zustande kam, galt es dennoch als gegeben.

Ein Abendmahl wurde unter den Katharern nicht ausgeteilt. Der zentrale Ritus in der römischen Kirche, der zudem eindringliche Begründung in den Evangelien und in den Paulusbriefen besitzt, wurde von ihnen abgelehnt. Wieder war die Begründung für das katholische Ritual in einem Punkt fragwürdig, nämlich wie denn aus dem Brot und Wein das *corpus Christi* und sein Blut werden könne. Das Konzil von 1215 erklärte die Transsubstantiation in dem Abschnitt, der die Lehren der Katharer verurteilte (c. 1 DH 802): Die Substanz des Brotes und des Weines verwandelt sich im Wunder der Messe in Christi Körper und Blut. Die Katharer hatten hierfür keinen alternativen Ritus.

Zentral dagegen war das Vaterunser. Und hier wurden die Kritik und fundamentale Gegenposition gegen das substantielle Denken der Katholiken verständlich. Im Vaterunser beteten sie die vierte Bitte anders als die Katholiken: nicht «unser täglich Brot gib uns heute», sondern «unser überirdisch Brot» (*panem nostrum supersubstantialem)*. Auch in diesem Punkt waren sie ganz bibeltreu: Der Text des Vaterunser wird zweimal im Neuen Testament überliefert. Die lateinische Übersetzung gibt dasselbe Adjektiv des griechischen Texts (*epioúsion*) unterschiedlich wieder: Lukas 11,3 mit *panem cotidianum* «tägliches Brot», Matthäus 6,11 mit *panem supersubstantialem* «überirdisches Brot». Die Katholiken beteten mit Lukas, die Katharer mit Matthäus. Das Florentiner Ritual, eines der wenigen originalen Zeugnisse der Katharer, unterscheidet gelehrt: Es gab zwar in der Bibel auch ein anderes überirdisches Brot, das Manna, durch das Gott sein Volk Israel in der Wüste vor dem Tod rettete. Aber das kann nicht das «Brot des Lebens» sein, denn «eure Väter sind tot» (*Rituale* p 153.[11]). Daraus folgt schließlich, daß mit dem überirdischen Brot die Gebote Christi gemeint sind: *hoc est corpus meum* (*Rituale* p 154.[17 f]). Das Buch, also das Wort Gottes, zu essen, ist denn auch die Aufgabe, die Gott dem «Evangelisten» (richtig müßte es dem «Seher» heißen: Apk 10,9–11) Johannes stellte. Die «Übergabe des Vaterunser» war die Alternative zum Abendmahl. Normalerweise war mit der *receptio* des Vaterunser auch das *consolamentum* verbunden. Das *Rituale* spricht auch von einer Bitte um Sündenvergebung (p 156.[8]).

Das, was die katholischen Polemiker gerne als Ersatz für das Altarsakrament sahen, das tägliche, wohlfeile Brotbrechen, war nicht der alternative Ritus, sondern ein Gebet vor dem Essen und Brotbrechen, in der Regel wohl das Vaterunser. Das durften nur die Perfekten sprechen und diejenigen, die im Ritual das Vaterunser übergeben bekommen hatten, ohne daß sie notwendig auch rezipierte *perfecti* geworden waren. Vielleicht ist dies der Unterschied, den Everwin zwischen *audientes* und *credentes* macht. Boshaft bezeichneten die Katharer die Gebete der katholischen «Kapläne» als Verballhornung von *canes belantes*, von «bellenden Hunden».

Doch die Katharer konnten sich darauf berufen, daß bereits im Neuen Testament Kritik an den Sakramenten geübt wird. Das Johannesevangelium kennt offenbar die Sakramente Taufe, Buße und Abendmahl der anderen Evangelien. Aber es erzählt sie nicht und widerspricht ihnen entschieden. «Ich bin das Brot des Lebens» oder «Ich bin das lebensspendende Wasser» und die Taufe mit Feuer und Geist sind als Kritik an der sakramentalen Auffassung des Christentums zu verstehen, dem das Johannesevangelium einen (in Andeutung prädestinierten) Dualismus entgegensetzt. Es bedurfte keiner eingeschleppten Religion eines östlichen Dualismus – im Neuen Testament gibt es schon eine deutliche dualistische Alternative. Die Schriftbeweise der Katharer sind voller Zitate aus dem Johannesevangelium.

Die wahre Religion und das Gleichnis vom Unkraut unter dem Weizen

Das Neue Testament kennt eine wunderbare Erzählung, die fast wie die «Ringparabel» für Toleranz steht: Menschen sollen sich nicht anmaßen zu entscheiden, welche Christen gut und welche schlecht sind, sondern dies Gott überlassen. Und doch wurde die Parabel zur Legitimation für ein Gericht von Menschen über Menschen (Matthäus 13,24–30; Auslegung als Parabel 36–43).

> Und Jesus erzählte ihnen noch ein anderes Gleichnis: Mit dem Himmelreich ist es wie mit einem Mann, der guten Samen auf seinen Acker säte. Während nun die Leute schliefen, kam sein Feind, säte Unkraut unter den Weizen und ging wieder weg. Als die Saat aufging und sich die Ähren bildeten, kam auch das Unkraut zum Vorschein.

Da gingen die Knechte zum Gutsherrn und sagten: Herr, hast du nicht guten Samen auf deinen Acker gesät? Woher kommt dann das Unkraut? Er antwortete, das hat ein Feind von mir getan. Da sagten die Knechte zu ihm: Sollen wir gehen und es ausreißen? Er entgegnete: Nein, sonst reißt ihr zusammen mit dem Unkraut den Weizen aus. Laßt beides wachsen bis zur Ernte. Wenn dann die Zeit der Ernte ist, werde ich den Arbeitern sagen: Sammelt zuerst das Unkraut und bündelt es, um es zu verbrennen; den Weizen aber bringt in meine Scheune!

Schon in der (bei Gleichnissen eher seltenen) Ausdeutung als Parabel wird aus *einem* Feind *eines* Bauern *der* Feind Jesu (37). Der Acker ist die Welt, die guten Samen sind die Söhne des Reiches, die Unkrautsamen die Söhne des Bösen. Die Pointe wird verdorben: Der Rat, solange Menschenzeit ist, kein Urteil über Weizen oder Unkraut zu fällen, sondern das Gott zu überlassen, wird übertönt durch starke Worte über das apokalyptische Endgericht «die Ernte ist das Ende der Welt»: Die Arbeiter der Ernte

wird der Menschensohn (Jesus) aussenden, und sie werden aus seinem Reich alle zusammenholen, die andere verführt und Gottes Gesetz übertreten haben, und werden sie in den Ofen werfen, in dem das Feuer brennt. Dort werden sie heulen und mit den Zähnen knirschen. Dann werden die Gerechten im Reich des Vaters wie die Sonne leuchten. Wer Ohren hat, der höre!

Der «Ofen» ist das Glutfeuer in Apk. 21,8, die wie die Sonnen leuchtenden Gerechten sind die aus Dan. 12,3, wie überhaupt der Vorgang als eine Umkehrung der drei Männer im Feuerofen aus Dan. 3 erscheint.

Die weitere Auslegungsgeschichte zeigt, wie sich die Maßnahmen gegen die Ketzer jeweils gegenüber dieser Anweisung Jesu rechtfertigen mußten. Hier sei nur eine genannt: Eine zynische Umkehrung des Gemeinten erfährt das Gleichnis in der gelehrsamen Erzählung *Exemplum*, die Caesarius von Heisterbach (um 1180–nach 1240) für seine Novizen zu Belehrung und künftigem Verhalten erzählt (*dialogus miraculorum* 5, 21). Bei der Belagerung der Stadt Béziers, einer Katharerhochburg, wird deutlich, daß man nur nach endlos langen Untersuchungen herausbekommen kann, wer dort Katharer, wer Katholik ist. Auf das Gleichnis Jesu angesprochen, das doch in dem Fall bedeute, daß man die Stadt dem Gericht Gottes überlassen müsse, antwortet der Abt und zugleich General des Heeres: «Tötet sie alle! Es kennt der Herr die Seinen!»

Die Unmöglichkeit, die Ketzer zu unterscheiden, löst der Abt also nicht so, daß er alle leben und Gott dann das Urteil überläßt, sondern er befiehlt, alle zu töten, weil im Jüngsten Gericht Gott alle noch einmal richten werde. Er maßt sich schon auf Erden die Rolle des Richters im Jüngsten Gericht an.

Als Argument wurde von den Katholiken wiederholt vorgebracht, daß man die Menschen nicht nach ihrem religiösen Verhalten und Glauben scheiden könne in Zu-uns-Gehörige und Ketzer. Dabei ließen sich zwei Verhaltensweisen rekonstruieren: (1) Die Ketzer waren sich der Unterschiede gar nicht bewußt. Erst spät nahmen sie neben der Bibel auch eine Erzählung auf, die den Dualismus noch deutlicher ausspricht. Hier spielte die Übersetzung der alten Henochtradition eine wichtige Rolle, die soeben in der byzantinischen Religion wiederentdeckt worden war. (2) Die Laien im Languedoc nahmen neben den Heilsversicherungen, wie sie die Pfarrkirchen boten, auch die Segen der Mönche und nun als dritte Form auch die der wandernden Mönche an, der Bettelorden wie die der «Guten Christen». Daß die eine Gruppe, die jetzt Konkurrenz bekam, sich gegen die Konkurrenten wehrte und sie als schlechte Christen verdammte, störte diejenigen nicht, die möglichst viel und gutes Heil erhalten wollten. Ob einer der Heilsvermittler ein schlechtes Gut vertrieben hatte, würde sich erst viel später erweisen.

Erst jetzt begann die Trennung in zwei Kirchen: Wie die römische Kirche sich zur zentralisierten Herrschaftskirche entwikkelte, so entstand die katharische Kirche, in der Spezialisten den Gläubigen das Heil brachten, unter dem Druck der drohenden Vernichtung von außen aus den lokalen Religionen in Italien und Südfrankreich. In dieser Situation nahmen die Katharer dann einen Popen aus Bulgarien auf, der mit seinen Schöpfungsmythen den Dualismus radikalisierte. «Die Einführung des radikalen Dualismus nach Italien durch Niketas, die anschließende Anpassung und Verbreitung, beschleunigte und war sogar vielleicht der Wendepunkt für den Schritt des italienischen Katharismus von einer primär ethisch-praktischen zu einer theologisch-dogmatischen Form.» (Lorenzo Paolini in: Biller 1994, 87) Und Herbert Grundmann (1968, 213.) sieht darin eine Spaltung zwischen den Gläubigen und den Perfekten, den Spezialisten. «Die Katharer bemühen sich, Gelehrte zu werden, während man sie lieber populär gehabt hätte».

4. Religion als Verbrechen: Gesetze und Verfahren gegen die Ketzer

Die Prozesse gegen Abaelard

Der Fall des Abaelard (1079–1142) ist deshalb so interessant, weil zum einen Beschreibungen und Stellungnahmen von mehreren Seiten zeigen, wie umstritten seine Verurteilung war, zum anderen aber an seinem Fall zum ersten Mal eine Art von Verfahren eingerichtet wurde, das für die nachfolgende Zeit ein Vorbild gab. Für seinen Fall wurde das Verfahren ausgebildet; «kurzen Prozeß» machte man erst später, als das Procedere zum Alltag wurde. Abaelard wurde zweimal wegen seiner Theologie verurteilt: 1121 auf der Synode von Soissons und bald 20 Jahre später in Sens 1140.

Was machte diesen Theologen zum Stein des Anstoßes? Da gab es vieles, was andere ärgern konnte: Sein enormes Selbstbewußtsein war gepaart mit einem Selbstmitleid, das die Schuld an Niederlagen immer bei anderen suchte, bis hin zum Verfolgungswahn, der allerdings, wie sich zeigte, nicht unbegründet war. Trotz brutaler Verwundungen und gewaltsamer Unterdrückung begann Abaelard immer wieder von neuem und hatte viele Anhänger. All das erregte Neid bei den Kollegen. Aber das Gefährliche an ihm, weshalb ihn die Kollegen mundtot machen mußten, war etwas anderes: Abaelard hatte eine Methode entwickelt, mit der er jedes Streitgespräch gewinnen konnte. Sie stellte ein Grundprinzip der Religion in Frage: Es gibt eine Wahrheit, und diese eine Wahrheit liegt in den Händen der Kirche. Sie wird vertreten und durchgesetzt durch die, die jeweils das Bischofsamt besetzen. Kirche – Tradition – Amt – legitimieren sich durch die eine Wahrheit. Aber Abaelard hatte plötzlich zwei Wahrheiten.

In seinem Buch «Ja und Nein» (*Sic et non)* hatte Abaelard für die grundlegenden Fragen des Glaubens eine Aufstellung gemacht, mit der man auf jede Frage unterschiedliche Antworten geben konnte, weil die Tradition der Kirche, die autorisierten «Kirchenväter» der Antike, sich in der lebendigen Diskussion der spätantiken Philosophen-Theologen oft widersprochen hatten.

Ein Beispiel zeigt, wie Abaelard keine Chance zur Provokation mit seiner Methode ausließ: Als der Onkel seiner Geliebten und heimlich geheirateten Frau Heloise dem bald zwanzig Jahre älteren berühmten Gelehrten in privater Rache den Körperteil hatte abschlagen lassen, mit dem er seine Ehre beschädigt hatte, entschloß sich der zwangsweise zum Asketen Gewordene zum Mönchtum. Man wies ihn in das berühmte Kloster des Heiligen Dionysios ein (Saint-Denis), das reich beschenkte Kloster im Norden von Paris, das sich die Könige von Frankreich zur Grablege auserkoren hatten. Das Leben am kurzen Zügel und die Enge argwöhnischer «Brüder», verbunden mit der klösterlichen Disziplin des Schweigens, konnte der redegewandte Professor schwer ertragen. Da fiel ihm auf, daß unmöglich der Heilige Dionysios (Areopagita) der Gründer des Klosters sein könne. Das wäre derjenige Philosoph, den Paulus als einzigen Athener hatte bekehren können. Und dieser Philosoph hatte – jedenfalls galt er als der Autor – die Hierarchie der Himmelschöre der Engel beschrieben, das Spiegelbild der irdischen Hierarchie der Bischöfe. Abaelard aber hatte eine Stelle gefunden, in der der berühmte Kirchenvater Beda zeigte, daß es einen anderen, unbedeutenden Dionysios gegeben hatte, einen Bischof von Korinth. Als Abaelard dies kundtat, herrschte helle Aufregung im Kloster. Das folgende Zitat aus der Erinnerung des Abaelard (*historia calamitatum* [=Brief 1 an Heloise] c. 40) zeigt, wie man mit dem Nestbeschmutzer umging:

> Die Brüder liefen zum Abt und zeigten ihm an, was sie mir zur Last legten. Dieser hörte es gerne und freute sich über die Gelegenheit, mich einmal demütigen zu können; denn da er ein sittenloseres Leben führte als alle übrigen, so fürchtete er sich vor mir um so mehr. Vor versammeltem Konvent – auch die Brüder wurden gerufen – drohte er mir schwer und sagte, er wolle mich unverzüglich vor den König schicken, damit er eine Strafe über mich verhänge. Als ob ich den Ruhm und die Ehre des Königreichs antastete! In der Zwischenzeit, bis er mich dem König vorführen wollte, ließ er mich streng be-

aufsichtigen. Vergebens erklärte ich mich bereit, eine Buße nach der Ordensregel auf mich zu nehmen, falls ich etwas verbrochen hätte. Da erschauerte ich tief vor der Schlechtigkeit dieser Menschen, und da ich schon lange ein so feindseliges Schicksal ertragen hatte, war ich völlig verzweifelt, als ob sich die ganze Welt gegen mich verschworen hatte. So floh ich denn ...

Der Abt ließ Abaelard gar nicht zu Wort kommen, denn sonst hätte er beweisen müssen, daß die Autorität des Kirchenvaters in Zweifel zu ziehen wäre. Das hatten die Klosterbrüder vorher versucht: Eine Autorität, die so viel später und ohne genaue Kenntnis der lokalen Verhältnisse schrieb, der Historiker Beda im fernen England, konnte das nicht so genau wissen wie einer, der Athen und Korinth mehrfach besucht hatte und dann Abt des Klosters St. Denis geworden war. Aber Quellenkritik bleibt umstritten, da steht Autorität gegen Autorität. Der Abt dagegen stritt nicht, er drohte. Der Abt, der König, die Ehre Frankreichs gegen einen vorlauten Mönch. «Falls ich etwas verbrochen hätte», sagte Abaelard, will heißen: Ich habe doch nichts verbrochen. Und wenn, muß man mir das erst einmal beweisen. Ich stehe zu jeder Diskussion bereit. Aber hier wurde nicht diskutiert.

Als Abaelard zum zweiten Mal verurteilt wurde, war es anders. Jetzt stand ihm der große Bernhard von Clairvaux gegenüber, die größte kirchliche Autorität des 12. Jahrhunderts. Auf den ersten Blick könnte es scheinen, als führte Bernhard aus Haß und Neid einen Feldzug gegen den Dialektiker und setzte dabei alle Machtmittel ein, die dem Professor nicht zur Verfügung standen. Bei näherem Hinsehen allerdings wurde hier ein Verfahren erprobt, das verhältnismäßig fair dem Schwächeren Gelegenheit einräumte, seine Position zu verteidigen. Bernhard stand für die Welt der Mönche, die aus den biblischen Schriften Bestätigung ihrer Lebensform finden wollten. Eine aufregend moderne Sprache, die der Sprache der Liebe, wie sie die Troubadours sprachen, nahe kam und zugleich in Konkurrenz zu ihnen trat. Kein Wunder, daß Bernhard das Liebeslied der hebräischen Bibel in Predigten auslegte, das Hohe Lied. Mönchsein war für ihn wie Verliebtsein: das Bett mit duftenden Rosen vorbereiten für die Geliebte; sich nach Küssen sehnen; nicht Angst haben vor Gott, sondern ganz verrückt nach ihm sein. Am schlimmsten sei der Alltagstrott, die erkaltete Liebe. Für seinen neuen Lebensstil hatte Bernhard die Möglichkeiten aufgegeben, die er als Adeliger, als Held im Krieg, als begehrter Gründer einer Dynastie hätte verwirklichen können. Die Entscheidung für das Kloster war aber kein Verzicht, sondern er wurde auf diese Weise zum Organisator und Kopf einer machtvollen Organisation in ganz Europa, der religiösen Bewegung der Zisterzienser. Die Liebe zu Gott war auch eine Liebe zur Macht.

«Liebe zu den Wissenschaften und Lust auf Gott», so kennzeichnete der Zisterzienser Jean Leclercq den Gegensatz zwischen Abaelard und Bernhard. Abaelard, etwa zehn Jahre älter als Bernhard, stammte gleichfalls aus dem Adel und verzichtete auf die gleichen Entfaltungsmöglichkeiten seiner Standesgenossen. Er machte eine andere Karriere: In der Stadt war im 12. Jahrhundert die Öffentlichkeit entstanden, in der es Diskussionen, Standpunkte, ein Publikum gab und junge Menschen Lust an Wissen gewannen. Das war die Welt des Abaelard. Er zog die Studenten an sich, wurde zum Star der Professoren. Aber mit seiner dialektischen Methode des «Ja und Nein» konnte er jede Autorität aushebeln. Hierarchien galten nicht mehr, sobald es zu Diskussionen kam. Abaelard mit seiner genialen, arroganten Art pflegte viele Freunde, aber noch viel mehr Feinde.

An Abaelard wurde erstmals ein neues Verfahren institutionalisiert, das später zum Ketzerprozeß ausgebaut wurde. Den Prozeß in Sens stellt Abaelard in seiner Autobiographie (c. 38) so dar, als sei er unter Gewalt zum Widerruf seiner Theologie gezwungen worden. Doch es läßt sich ein in mehreren Schritten vorangehendes Verfahren erkennen. Im Evangelium gibt Jesus seinen Jüngern den Rat, wie man mit Konflikten umgehen soll:

> Wenn dein Bruder sündigt, dann geh zu ihm und weise ihn unter vier Augen zurecht! Hört er auf dich, so hast du deinen Bruder wiedergewonnen.
>
> Hört er aber nicht auf Dich, dann nimm einen oder zwei Männer mit, denn jede Sache muß von zwei oder drei Zeugen entschieden werden.
>
> Hört er auch auf sie nicht, dann sage es der Gemeinde (Kirche)!

> Hört er aber auch auf die Gemeinde nicht, dann sei er für dich wie ein Heide oder ein Zöllner. Amen ich sage euch: Alles was ihr auf Erden binden werdet, das wird auch im Himmel gebunden sein, und alles was ihr auf Erden lösen werdet, das wird auch im Himmel gelöst sein. (Matthäus 18,15–17)

In Gang gekommen war der Prozeß dadurch, daß der Abt Wilhelm von Thierry, mit Bernhard gut befreundet, eine Liste mit Sätzen aus Abaelards Schriften erstellte, die angeblich im Widerspruch zur Lehre der Kirche standen. Dieser erste Schritt konnte so beantwortet werden, daß Abaelard diese Sätze zurücknahm oder so veränderte, daß sie nicht mehr Anstoß erregten. Das ging ohne Öffentlichkeit. Abaelard wollte aber den Konflikt gerade in die Öffentlichkeit tragen, um seine geniale Argumentation vor aller Augen unter Beweis zu stellen. Die Synode von Sens bot dazu Gelegenheit. Abaelard kam früher, bot Vorlesungen an, forderte zum Rede-Duell. Das Verfahren schloß aber die Öffentlichkeit aus, sah zuerst ein Vier-Augen-Gespräch, dann eine Wiederholung vor zwei Zeugen vor. Bernhard wollte sich eigentlich nicht mit dem neuen Star messen. Mit dessen neuer Methode, der Logik als einer Theologik, konnte er nicht konkurrieren. Überhaupt war das Verfahren kein gleichberechtigtes Gespräch, sondern ein Mittel der Unterordnung. Abaelard ließ sich nicht einschüchtern, war auch nicht so diplomatisch, wenigstens an einigen Stellen nachzugeben. Er wollte vor aller Augen eine Diskussion, die er gewinnen würde. Aber das Verfahren nahm seinen Lauf, der nächste Schritt stand an: «Vor der Kirche», das war die Versammlung der Bischöfe der Region. Und plötzlich gab es Alternativen: Der Legat des Papstes wollte den Prozeß vor ein anderes, ein päpstliches Gremium bringen. Schließlich hatte Jesus dem Petrus den Schlüssel übergeben (das steht bei Matthäus 16,18), während die Bischöfe sich auf die oben zitierte Stelle Matthäus 18,17 beriefen, wo dem Kollektiv der Nachfolger Christi («ihr») die Gewalt der Schlüssel übertragen wird. Und ein Bischof schlug vor, nach kanonischem Recht zu verfahren: Demnach wurde die Anklage verlesen, und der Angeklagte hatte das Recht zu reden. Falls er falsch gelehrt hatte, den Vorwurf nicht entkräften konnte, sollte er anschließend auf ewig schweigen. Aber keine dieser Möglichkeiten wurde gewählt. Stattdessen mußte Abaelard zuerst sein Buch selbst ins Feuer werfen und dann seinen Glauben bekennen, indem er den vorgeschriebenen Text sprach. An vielen Stellen hätte er gerne erklärt, daß man das differenzieren müsse. Aber man zwang ihn, das Credo der Tradition zu sprechen, ohne Änderung. Der Abweichler hatte seine Fehler vernichtet, er hatte sich zur Kirche bekannt. Anschließend wurde er in der Klosterhaft überwacht.

Abaelard schreibt an einer Stelle, er habe über Jahre hinweg, sobald zu einer Synode zusammengerufen wurde, die Schrekkensvision vor Augen gehabt, man plane, ihn

> als «Ketzer oder Heiden» vor ihre Versammlungen und Schulen zu schleppen. Denn der Blitz trifft ja immer die Gipfel! Ja oftmals versank ich in Verzweiflung, daß ich plante, das Gebiet der Christenheit überhaupt zu verlassen und zu den Heiden überzulaufen, um bei den Feinden Christi in Ruhe christlich zu leben, unter welchen Bedingungen es auch sei. Ich glaube, sie würden um so eher geneigt sein, mich bei sich aufzunehmen, je weniger sie wegen der gegen mich erhobenen Anklage in mir einen Christen vermuten durften; vielleicht würden sie deswegen um so mehr meinen, sie könnten mich zu ihrer Religion bekehren. Ich ergriff jedoch eine Gelegenheit, mit der ich diesen Anschlägen ausweichen zu können glaubte – und geriet in die Hände von Christen, noch dazu von Mönchen, die bei weitem brutaler und schlechter waren als die «Heiden» (*historia calamitatum* 46, die Gipfel in c. 33).

Da man ihm die Diskussion nicht erlaubt hatte, setzte er seine Angst in ein geschriebenes Gespräch um. Da unterhalten sich ein Jude, ein Christ und ein Philosoph. Der weise Heide kommt einem gebildeten Muslim am nächsten, jedenfalls ist er ein konsequenter Monotheist. Offenbar mag Abaelard sich mit dieser Gestalt des fiktiven Gesprächs gerne identifizieren. Das ist ein Vorgang, der bei den «Ketzern» öfter zu finden ist. Der Schimpfname, den die anderen ihnen geben, wird zur positiven Selbstbezeichnung: Ich, Abaelard, will lieber ein «Heide» sein als einer dieser Neider, Böswilligen, Tyrannen, die sich Mönche nennen.

Nun aber die andere Seite, die für sich das Recht beanspruchte, einen wie Abaelard zu verurteilen. Sie berief sich auf eben dieses Wort Jesu, für die Kirche als Institution der Norm gewissermaßen das Grundgesetz. Aus der Bewegung um den Charismatiker Jesus wurde eine Institution. Institutionen brauchen Sanktionen, mit denen sie ihre Mitglieder notfalls zwingen können, an den gemeinsamen Zielen mitzuarbeiten. Die Sanktionen wurden damit begründet, daß der Gründer der Kirche es so wollte. Aber was genau er wollte, mußte bis aufs i-Tüpfelchen genau diskutiert werden: Jesus übergab seinen Nachfolgern die «Binde- und Lösegewalt» oder auch «Schlüsselgewalt» in der Welt wie im Himmel. Das heißt: Die Nachfolger, verfaßt als Kirche, vermittelten oder verboten den Weg zum Heil. Man mußte sich irgendwie arrangieren mit den Besitzern des Schlüssels. Die verschiedenen Bibeltexte, in denen diese Gewalt über den Weg zum Heil formuliert ist, unterscheiden einen oder mehrere Schlüssel, einen oder mehrere Besitzer. Einmal hat Christus allein den Einen Schlüssel zur Welt der Toten (Offenbarung 1,18); er allein öffnet oder verschließt den Weg in das Reich Gottes (Matthäus 7,21–23). Aber es gibt die gleiche Szene in etwas anderer Form: Da hat er die (also mehrere) Schlüssel übergeben an Petrus (Matthäus 16,19), oder aber – wie in dem hier zitierten Vers – an alle Jünger. Aus den verschiedenen Worten ergibt sich ein Konflikt: War allein dem Petrus-Papst der Schlüssel übertragen worden und konnte er dieses Recht weiterverleihen und wieder entziehen? Oder hatten alle Apostel die Schlüssel erhalten, dann waren die jeweiligen Orts-Bischöfe oder gar alle Jünger Jesu Inhaber eines Schlüssels. Dann hatte der Papst über sie keine besonderen Rechte. In jedem Fall begründeten aber dieses Wegerecht und der Schlüsselbesitz die spirituelle und säkulare Gewalt der Kirchenfunktionäre über die Laien. Die Kirche besaß also das Recht und die Pflicht, ihren Mitgliedern Sünden nachzulassen oder sie festzuhalten, so daß diese sie auch im Himmel noch belasteten; das Recht, auszuschließen und wieder zuzulassen, zu strafen und zu begnadigen; dazu die Pflicht, für das Seelenheil zu sorgen, als Stellvertreter und im Auftrag Jesu. Letztlich war zwar Jesus derjenige, der entscheiden und Gnade walten lassen würde, aber vorläufig öffnete oder versperrte die Kirche den Weg zum Heil. Die Monopolstellung der Kirche konnte den Erwerb des Gutes «Heil» kontrollieren: Bisweilen war es leichter zu bekommen, bisweilen wurde es äußerst knapp zugeteilt. Aber die Kirche war gewissermaßen der Großhändler; ob Gott es reichlich zur Verfügung stellte oder ob es schon bald vergriffen sein würde, blieb eine Unsicherheit, die umstritten war. Während man den Griechen und den Muslimen vorwarf, sie ließen jeden in den Himmel oder in das Paradies, der sich nicht ausdrücklich weigerte, begrenzte die lateinische Kirche mehr oder weniger rigoros das Gut Heil.

Angriff auf die Staatsgewalt: Die Rechtfertigung der Todesstrafe

Heil konnte man nicht nur in der katholischen Kirche erwerben, also von Priestern, die der römische Papst eingesetzt hatte und die in seinem Namen über die Schlüsselgewalt verfügten. Heil boten am jeweiligen Ort die lokalen Heiligen.

Die Vervielfältigung des Heilsangebots, ein religiöser Markt, die Konkurrenz – all dies führt eher zu einer erhöhten Nachfrage als zu einem Verlust. Die moderne Situation der Religionen in den USA zeigt das. Demgegenüber war der Kampf um das Monopol der römischen Kirche, die das Heil als allein durch die Sakramente möglich erklärte, um das Jahr 1200 und unter Papst Innozenz III. ein einmaliger Vorgang in der Europäischen Religionsgeschichte: Hier wurde die Niederlage bei den Versuchen, durch Predigten zu überzeugen und die Vielfalt zur Einheit zusammenzubringen, durch die Aufnahme des römischen Rechts in einen Triumph gewandelt. Der Ungehorsam der Nicht-Römer wurde juristisch zum «Verbrechen» erklärt. Der Weg vom Scheitern der Predigtmission zum Zwingen unter die römische Form des Christentums (von der *persuasio* zur *coercitio* «von der Überzeugung zum Zwang», so Manselli) vollzog sich in der Generation vor 1200. Erst wurden die Bischöfe, dann die Priester auf die römische Kirche verpflichtet, dann wurde das Zwangsinstrument auf die Laien übertragen.

Beobachtet man, wie es zur Todesstrafe für Ketzer kam, so fällt auf, daß die Kirchenrechtler des Papstes auf ein Gesetz aus der Antike zurückgriffen. Mit dem Gesetz *Quisquis* von 391 hatten die römischen Kaiser, ständig in Angst vor Attentaten und Usurpatoren, sich eine geradezu heilige Unberührbarkeit zugelegt. Wer immer ihnen bedrohlich werden könnte, bedrohte weniger sie als Menschen, sondern «verletzte die kaiserliche Würde», beging das *crimen laesae maiestatis*. Es handelte sich um eine Art von Notstandsgesetz, das wesentliche Rechte von Angeklagten außer Kraft setzte und teils unter Folter Zeugen befragte, die normalerweise unter der Würde eines römischen Gerichts waren: Sklaven etwa, die Intimes über ihren Herren verrieten. Der Angeklagte mußte noch nicht einmal etwas getan haben, allein der Verdacht genügte, wenn Zeugen ihn bestätigten. So ließ sich Recht zum «Strafrechtsterror» instrumentalisieren. Noch die erste große Sammlung kirchlichen Rechts auf der Grundlage des römischen Rechts, die des Gratian (etwa 1140 abgeschlossen), zitiert das Gesetz zwar, verwirft es aber. Es sei nicht anwendbar auf Bischöfe, die der Häresie der Simonie anhingen, obwohl sie also ihrem Vorgesetzten, dem Papst in Rom, nicht gehorchten. Es gebe doch gar keinen römischen Kaiser mehr. Und weder der mittelalterliche Kaiser noch der Papst konnten ohne Widerspruch solch eine heilige Unberührbarkeit für sich beanspruchen. Dennoch wurde schließlich die Möglichkeit geschaffen, das *crimen laesae maiestatis* mit seiner außerordentlichen Machtbefugnis für das Gericht anzuwenden: Nicht den Bischof oder Kaiser verletzten die Ketzer, sondern die Majestät Christi! Die kirchlichen Richter mußten die beleidigte Majestät Christus rächen. Auf dem Konzil, das der Papst – zum dritten Mal im Lateran in Rom – 1179 zusammenrief, war die Verschärfung erstmals deutlich: In der Bulle *ad abolendam*, 1184 veröffentlicht, bestimmte der römische Papst, daß die Strafe für einen Ketzer auch seine Familie treffen solle: Sein Besitz solle konfisziert werden, nach eben dem Gesetz zur Majestätsverletzung.

Die nächste Verschärfung zeigte sich in der Bulle *vergentis in senium* von 1199 des neuen Papstes Innozenz III., in der das antike Kaiser-Gesetz nun voll auf die Ketzer anwendbar wurde. Entscheidend war, daß die kirchlichen Gerichte damit Todesurteile aussprechen und das Vermögen der Verurteilten einziehen konnten, die sie dann an die weiterverschenkten, die sie für die Durchsetzung der Gewalt benötigten. So war der «Kreuzzug» gegen die Südfranzosen mit ihrer katharischen Religion zu finanzieren. Die kirchlichen Gerichte verschafften sich auf diese Weise eine Macht auch im weltlichen Bereich: Sie sprachen nicht mehr nur geistliche Strafen wie Bußaufgaben aus, sie bestraften nicht mehr nur die Angestellten ihrer Institution, also Priester und Bischöfe. Sie konnten jetzt Laien zu realen Strafen zwingen. Die weltlichen Herrschaften saßen nicht mit zu Gericht, mußten aber das Todesurteil oder andere Strafen vollstrecken.

In der Bulle *ad extirpanda* aus dem Jahre 1252 schließlich führte Papst Innozenz IV. das schärfste Mittel ein, «um radikal auszureißen», was sich mit den üblichen Mitteln nicht bekämpfen ließ. Für das Verfahren der Inquisition war ja ein Geständnis notwendig. Indizien allein oder Zeugenaussagen genügten bei dem Untersuchungsverfahren nicht. Der Schuldige mußte sich selbst für schuldig erklären; das Prinzip der Beichte, daß man sich selbst vor Gott zu seiner Schuld bekennen muß, blieb grundlegend. Aber wer als Angeklagter das Verfahren kannte, wußte das zu vermeiden. Da fand sich im römischen Recht ein Mittel, das der Papst nun zur Anwendung zuließ und empfahl: die Folter. Im römischen Recht war das Mittel gegen Diebe und Räuber erlaubt gewesen, also gegen kleine Kriminelle ohne soziale Anerkennung, gegen Angehörige der Unterschicht, gegen Ausländer, aber römische Bürger waren ausdrücklich von körperlichen Strafen ausgenommen. An Nicht-Römern hatte die *res publica Romana* (Republik, «Staat») ihre Überlegenheit exerziert. Was aber sollte Jahrhunderte später der Kirche dieses Recht geben? Was sollte das für ein Verbrechen sein, das erlaubte, Menschen Verwundungen und ein Leben lang quälende körperliche Beeinträchtigungen, Schmerzen, Behinderungen zuzufügen, ohne daß sie schon dieses Verbrechens überführt waren, also eine Strafe «verdient» hatten? Die überaus schroffe Bulle – zunächst an die italienischen Kommunen – arbeitete mit dem Recht, das dort seit den 1220er Jahren üblich wurde, weil man anders das Kartell des Schweigens nicht in den Griff bekam.

Die Behörde, in dem Fall der Leiter der Untersuchung, ist gehalten, alle Ketzer, die er gefangen hält [die Angeklagten sind schon «Ketzer» vor ihrer Verurteilung!], zu zwingen, auch bis hin zu körperlicher Beschädigung und der Gefahr, dabei getötet zu werden, ihre Irrtümer ausdrücklich zu bekennen gewissermaßen als Räuber und Mörder der Seelen und als Diebe der Sakramente Gottes und des christlichen Glaubens. Außerdem soll man sie zwingen, andere ihnen bekannte Ketzer anzuklagen. Dazu den Besitz von denen, die Anhänger sind, die Unterschlupf gewähren, die ihnen sonst helfen. Analogie sind die Räuber und Diebe von irdischen Gütern, die man zwingt, ihre Bandenkomplizen preiszugeben und die Verbrechen zu bekennen, die sie getan haben (c. 25, [Selge, Texte 77]).

Das neue Beweismittel Folter fand dank seiner Wirkung schnell Verbreitung. Anfangs überließ man diesen Teil gerne noch den politischen Ämtern, aber zur Abkürzung des Verfahrens und zur einfacheren Überprüfung der Ergebnisse wurde mehr und mehr vor den Augen des Inquisitors gefoltert.

Das Verfahren war angesichts der Mauer der Solidarität, gegen die die Ketzerjäger liefen, ein verzweifeltes Mittel. Wenn es keinen einzelnen Täter, keine kriminelle Tat, keinen Schaden, keine Leiche gibt, fällt es schwer, einen Schuldigen zu finden. Arbeitsteilung in einer «kriminellen Vereinigung» verteilt die Verantwortung auf viele, und niemand ist eigentlich schuldig. Wer sie bekämpfen will, muß die Einzelnen wieder freilassen – oder eine Gesamtschuld finden, für die jedes einzelne Mitglied verantwortlich gemacht werden kann.

Inquisition statt Gottes Urteil

Das Verfahren der Inquisition stellt einen erheblich Sprung in der Rechtsgeschichte dar. Ein Fortschritt? Harold Berman hat in *Recht und Revolution* (1983) diesem Sprung die lobende Bezeichnung einer Revolution verliehen. Im 12. Jahrhundert wurde ein rationales Recht eingeführt, das römische Recht. Genauer gesagt wurde nun erst durch mittelalterliche Juristen das in der Spätantike gesammelte und kodifizierte (nämlich im *Codex Theodosianus* 438 und im *Codex Iustinianus* 529 n. Chr.) römische Recht systematisch geordnet und in seinen Prinzipien durchschaubar gemacht. Um 1200 entwickelten die kirchlichen Juristen ein Verfahren, das sich auf die römischen Prinzipien eines Prozesses berufen konnte. Es erlaubte zum einen dem Richter, Nachforschungen (*inquisitiones*) zu unternehmen, d. h. Zeugen zu befragen und vor allem den Beschuldigten mit genauen Fragen so weit zu bringen, daß er wußte, worin sein möglicher Fehler lag und ob er diesen zu verantworten hatte. Niemand sollte verurteilt werden, ohne daß er der Schuld überführt war.

> Das Verfahren sollt ihr nicht zur Verurteilung weiterführen ohne einleuchtende und öffentlich gemachte Beweise (*apertae probationes*) bzw. ohne das persönliche Geständnis (*confessio propria*). Denn es ist immer noch besser, eine Tat ungestraft zu lassen, als einen Unschuldigen zu verurteilen (Synode von Narbonne 1243, c. 23 [Selge, Texte 66]).

Diese sehr weise Maxime, die Macht der Richter nicht zu übertreiben, fehlte vielen anderen Gesetzen und Verfahrensregelungen. Was das Verfahren aber nicht vorsah, war, daß man auch die Unschuld beweisen konnte. Auch wer nicht verurteilt worden war, wurde nicht unschuldig. Man blieb weiter unter Verdacht; nur die Beweise fehlten. Schlimmer noch: Wenn jemand nicht gestand, konnte ihm das als Hartnäckigkeit ausgelegt werden, das typische Kennzeichen der unbelehrbaren Ketzer. Die Beteuerung der Unschuld war also ein Hinweis darauf, daß der Beklagte in Wirklichkeit doch schuldig war. Die Einführung der Folter zeigte noch mehr, daß die Inquisition zum Verfahren werden konnte, Schuldige zu produzieren. Allerdings gab es einen Grundsatz, der dem Prinzip nach das Mittel der Folter entschärfte: Das unter der Folter erpreßte Geständnis war noch nicht die *confessio* im Gerichtsverfahren. Dafür mußte es noch einmal bei klarem Verstand und aus freiem Willen in der Öffentlichkeit wiederholt werden. Die Nötigung der Folter führte nicht zum Beweis der Wahrheit. Die Folter durfte dem Prinzip nach nicht wiederholt werden, es sei denn, neue Verdachtsgründe waren dem Angeklagten vorzuhalten. Soweit die Entschärfung. Aber einmal gefoltert worden sein, das zermürbt jeden

Widerstand. Freunde und Verwandte durch ein Geständnis retten zu können, statt sich unter ständig erhöhten Schmerzen immer neue Namen herausquetschen zu lassen, auch das kann heldenhaft sein. Und das Geständnis vermittelte auch zwei Möglichkeiten: Das Urteil wandelte sich oft in eine mildere Strafe als den Tod, etwa in ein gezwungenermaßen asketisches Leben im Gefängnis. Und eine *confessio* verpflichtete die Kirche zur Absolution, zur Entschuldung. Gott konnte gnädig sein.

Die Möglichkeit des freiwilligen und spontanen Geständnisses war rational sicher eine Verbesserung gegenüber dem Gottesurteil. Denn das römische Recht mit seiner Einsetzung eines Richters, also eines professionell ausgebildeten Mannes, ersetzte das bisherige Verfahren: Zwei Streitparteien trugen ihre Sache möglichst überzeugend oder emotional erregend vor. Sie versuchten, möglichst viele für sich zu gewinnen. Vor ihnen stand die Gemeinde, in der sie auch sonst lebten, die beide Streitparteien kannte. Ein erfahrener Mann gab dann als Schiedsrichter der plausibleren Darstellung recht. (Dieses Schlichten von Streitfällen gehört noch heute zum angelsächsischen Recht.) Aber in Fällen von Ketzerei: Wer war die andere Partei, der Geschädigte? Eigentlich war es Gott. Da Menschen die Wahrheit nicht erkunden konnten, mußte Gott selbst sprechen. Das war der Hintergrund für die sogenannten Gottesurteile oder Ordale. Beliebt war die Form, daß zwei ausgewählt wurden, die den Streit durch einen Zweikampf entscheiden sollten. Die Kirche lehnte die Form des Zweikampfes und das Recht des Stärkeren ab. Stattdessen entwickelte sie Rituale, in denen Gott – ohne mögliche menschliche Tricks – eingreifen würde: Bei der Feuerprobe mußte der Proband durch zwei Feuer hindurchgehen, glühendes Eisen tragen o. ä., und Gott bewahrte oder strafte ihn. Wie wir gesehen haben (Kap. 2, S. 15), unterschied sich das Verfahren oft genug kaum von einer Hinrichtung durch Verbrennen. – Die Wasserprobe forderte das Untertauchen des gefesselten Probanden. Wenn das Wasser ihn untertauchen ließ, war Gott seiner gnädig (wie in der Taufe); wenn er oben schwamm, wollten ihn die Elemente nicht akzeptieren. – Die Abendmahlprobe forderte, daß der Proband die Hostie aß;

wenn er sie würgte, war die Ketzerei offenbar. Gerade für Christengemeinden, die statt des Brotabendmahls das Geistabendmahl feierten, war das Herunterschlucken der Hostie eine Zumutung, die sie schwer erfüllen konnten.

Parallel zur Einführung der neuen Untersuchungsverfahren um 1200 sprach das IV. Laterankonzil unter der straffen Führung von Papst Innozenz III. ein Verbot dagegen aus, daß Bischöfe und Priester weiterhin Gottesurteile als religiöses Ritual anordneten und liturgisch Gottes Urteil erflehten oder sich auch nur daran beteiligten (Lateranum IV, c. 18).

Ein Rest des alten Verfahrens läßt sich noch darin erkennen, daß auf die Aussage noch ein Eid geleistet werden mußte. Die Abnahme des Eides widerspricht der Bergpredigt, in der Jesus sagt, unter Christen (wie unter Juden) dürfe kein Eid verlangt werden (Matthäus 5,33–37). Der Eid war aber für die mittelalterliche Gesellschaft ein unverzichtbares Element der Herrschaft. Denn in der schwach ausgebildeten Staatlichkeit des Mittelalters beruhten dauerhafte Herrschaftsverhältnisse nicht auf den Mitteln der Durchsetzung, die der Staat seit der frühen Neuzeit ausgebildet hatte. Die Herrschaft des Staates umfaßt ein geschlossenes Gebiet mit festen Grenzen. Die Bewohner müssen die Waffen abliefern, eine bewaffnete Polizei wacht über den inneren Frieden; Richter urteilen in ihrem Bezirk nach Gesetzen und setzen mit Hilfe der Polizei die Urteile durch; Steuern finanzieren die Ausgaben und werden notfalls mit Gewalt eingetrieben. Vertreter der Herrschaft sind als Bürokratie präsent, so daß sie jederzeit und flächendeckend alle Einwohner, die möglichst einen festen Wohnsitz haben sollen, erreichen und zur Erfüllung ihrer Pflichten – zu diesen kann auch die Wehrpflicht gehören – zwingen können. Für diese Herrschaft bedarf es einer umfangreichen Archivierung, die alle Vorgänge schriftlich macht, so daß bei einem Wechsel einer Amtsperson jeder Nachfolger den Fall sofort weiterverfolgen kann. Dieses Verfahren wurde in der Inquisition entwickelt (s. u. S. 82). Im Mittelalter gab es alle die eben genannten Mittel der Herrschaftsdurchsetzung nicht oder jedenfalls nur in Ansätzen. Herrschaft beruhte auf persönlichen Vereinbarungen und auf der Selbstverpflichtung in Form von Eiden, Gaben und Gegengaben. Beim Tod eines der Beteiligten mußte die Vereinbarung neu bestätigt werden. Stetigkeit wurde nur dadurch erreicht, daß der Herrscher dauernd reiste und mit seinen Getreuen notfalls gewaltsam die Pflichten eintrieb, also die Präsenz des «Staates» in eigener Person darstellte, nicht durch Repräsentanten.

Das widerrufene Geständnis: Der Prozeß gegen die Templer

Ein berühmtes Beispiel zeigt das Funktionieren des Inquisitionsverfahrens: Der Prozeß gegen die Templer und hier besonders gegen ihren Ordensmeister Jacques de Molay (um 1243–1310) in den Jahren 1307 bis zur Hinrichtung am 12. Mai 1310.

Die Templer waren als der erste geistliche Ritterorden 1120 in Jerusalem gegründet worden und hatten ihr Kloster direkt auf dem Tempelberg errichtet, wo einst der Tempel der Juden gestanden hatte und später die Muslime ihren Felsendom gebaut hatten. Dieser war nun eine christliche Kapelle, darum herum die Gebäude und Stallungen der Ritter-Mönche. Ihre Aufgabe war es, Jerusalem militärisch zu sichern, damit die Pilger ungehindert zu den Heiligen Stätten gelangen konnten. Sie trugen einen weißen Mantel mit einem roten Kreuz darauf, Kreuzfahrer als Beruf. Sie waren direkt vom Papst (weit weg in Rom) privilegiert, keinem sonst unterstellt – ein außerordentliches Privileg gegenüber anderen Orden, aber auch eine Gefahr. Die Kolonien der Europäer im Heiligen Land ließen sich nicht auf Dauer halten, Jerusalem ging 1187 an die Muslime verloren, die Küstenstadt Akko fiel ein Jahrhundert später, 1291. Doch die Templer waren weiter präsent, irgendwann würden sie wieder ins Heilige Land ziehen. Für diesen Fall mußten sie vorbereitet sein. Sie besaßen in Europa ein dichtes Netz an Templerhäusern, militärisch organisiert in Kommenden und Balleien, regional in Provinzen gegliedert. Sie wußten die Geldwirtschaft zu nutzen und waren eine wirtschaftliche Macht.

Die Potenz dieser straff geführten, militärisch austrainierten Truppe mit gut gewählten Standorten und doch dank ihres geldwirtschaftlichen Geschicks nicht an Grundbesitz gebunden, sondern beweglich, machte sie ihren Konkurrenten unheimlich. Dazu kam ihre Arroganz. Die war zwar auch in anderen Orden durchaus zu finden, aber die Privilegien der Templer machten sie überlegen und scheinbar unangreifbar – solange die Päpste ihre Hand über sie hielten. Scheinbar – denn in Europa war eine so unabhängige Organisation den Königen und Grafen eine stete Bedrohung der eigenen Herrschaft. Ganz besonders der König von Frankreich, Philipp IV. und seine Berater, sahen in den Templern ihren Gegner, den es nicht nur zu besiegen, sondern zu vernichten galt. Der Kampf wurde mit einem kosmischen Kampf verglichen, bei dem es nicht mehr um rivalisierende Mächte ging, sondern um das Überleben der Menschheit: die apokalyptische Schlacht. «Himmel und Erde erbeben beim Hauch eines solchen Verbrechens, und die Elemente stürzen aus ihrer Ordnung.» Die Auseinandersetzung um politische und wirtschaftliche Macht wurde in der Öffentlichkeit als ein notwendiger Kampf gegen das Böse und um den Bestand der Welt behauptet. Die Ritter des Ordens aber als Agenten des Bösen zu verstehen, ist nicht sofort plausibel. Deshalb überzogen die Vertreter des Königs sie mit einem Vorwurf, der nicht zu widerlegen war: dem Vorwurf der Ketzerei. Die unheimliche Machtposition und Überlegenheit der Templer mußte auf einer Quelle beruhen, zu der die anderen Orden oder Herren keinen Zugang hatten. Der Verdacht wurde gestreut, sie seien Magier, sie besäßen geheimes Wissen. Vorwürfe, die man nicht beweisen, aber auch nicht widerlegen konnte und die dennoch entscheidende Vorteile für eine der Parteien schufen.

In einer gut geplanten Aktion ließ der französische König am 13. Oktober 1307 überall in Frankreich die Ordensmitglieder verhaften und sofort foltern. Ein Vorgang, der dem Verfahren widersprach, weil der König nicht als Richter zuständig war und das zuständige Inquisitionsgericht den Prozeß noch gar nicht vorgelegt bekommen hatte. Doch der Großmeister der Templer, Jacques de Molay, sagte unter der Folter, er wolle vor aller Öffentlichkeit seine Schuld gestehen. Der König berief eilends eine öffentliche Versammlung ein und ließ den Meister und etwa 40 der Brüder vor die Menge treten. Statt des Bekenntnisses aber machte Jacques de Molay das Vergehen des Königs öffentlich, indem er den Mantel fallen ließ und seine Folterwunden zeigte. «Seht, ihr Herren, daß sie uns zu sagen zwangen, was sie wollten. So wie ihr mich seht, so sind auch alle anderen ohne Schuld.» Die Kardinäle, die der König als Zeugen des geständigen Großmeisters dabei haben wollte, waren entsetzt über den König und alarmierten den Papst.

Der Kanzler des französischen Königs erklärte sieben Monate später, der Großmeister habe «freiwillig und ohne Folter» sein Geständnis abgelegt. Das heißt aber nicht, daß er nie gefoltert wurde, sondern nur, daß er zu dem Zeitpunkt, da das Protokoll seines Geständnisses niedergeschrieben wurde, gerade nicht gefesselt und auf die Folter gespannt war – dies konnte aber durchaus unter der Drohung neuer Folter, im Angesicht der Folterwerkzeuge, sein. So stellte die Seite des Königs den Großmeister als einen Mann hin, der sich der nichtigen Angst vor Folter, die er sich nur vorstellte, hingegeben habe. Seine Standhaftigkeit wurde als Hartnäckigkeit eines rückfälligen und unbelehrbaren Ketzers dargestellt, der nur zum Schein einmal abgeschworen habe. Er mußte als Exempel für alle Ketzer gnadenlos hingerichtet werden. Lange hatte der Großmeister an den Papst appelliert. Denn der war für ihn der einzig zuständige Richter. Aber der französische König wußte die Auslieferung zu verzögern, zu hintertreiben. Und schließlich überließ der Papst ihm die Templer zur Hinrichtung.

Bücher vergessen nicht: Protokolle und Rasterfahndung

Die Inquisition beruhte auf dem Nachforschen, dem geduldigen Fragen an unterschiedlichen Orten, unter sehr vielen Menschen, der Klärung kleiner Hinweise, bis sich schließlich das Netz mit seinen Zentren zeigte. Der Fall des Pyrenäendorfs Montaillou erschloß sich dem Bischof-Inquisitor erst nach langen Jahren. Nachdem er 1304 die Bedeutung des Dorfes erkannt und in kleinen Überraschungsrazzien schon den Rädelsführer entdeckt zu haben glaubte, doch nicht den richtigen erwischt hatte, ließ er im Sommer 1309 das ganze Dorf verhaften und verhören. Einzelne aus dem Dorf wurden danach immer wieder befragt. Schließlich hatte der Bischof Jacques Fournier 1320 die Brüder Clerici als die katharischen *perfecti* erkannt und erneut festnehmen lassen. Aber jetzt mußte er ihnen nachweisen, daß sie Ketzer waren. Es folgten unendliche Verhöre der Zeugen und der Angeklagten; 1324 erging das Urteil zu strengem Kerker. Einen Monat später starb Petrus Clerici im Kerker, wie schon drei Jahre zuvor sein Bruder. Die Pointe im Fall Montaillou liegt darin, daß der katholische Pfarrer des Dorfes als der «Hauptketzer» identifiziert wurde.

Die Untersuchung des 200-Seelen-Dorfs dauerte rund zwanzig Jahre, die Protokolle der Zeugenaussagen füllen drei umfangreiche Bände im Druck, über 1500 Seiten. Im Index zur modernen Ausgabe sind rund 1750 Personen und 700 Orte genannt. Das Register des Bernard de Caux enthält sogar 5518 Namen. Diese Namensfülle konnte sich keiner im Kopf merken. Die Inquisition war auch deshalb so «erfolgreich», weil sie jedem Befragten seine frühere Aussage vorlesen konnte, dadurch die Zeugen häufig in Widersprüche verstrickte. Dazu mußten die Inquisitoren eine neue Wissensorganisation erfinden. Wenn man die Herrschaftsverwaltungen dieser Zeit kennt, die oft jahrelang vergeblich nach einer für ihre Herrschaft grundlegenden Urkunde suchten, dann wird die organisatorische Leistung der Inquisitoren deutlich. Zunächst benutzten sie ein dickes Buch, keine Einzelakten, in die sie die Verhöre auf Lateinisch eintrugen. Dieses Buch bekam Seitenzahlen, Kopf- und Fußzeilen, Ränder rechts und links. Oben am Kopf (lat. *in capite*) wurde das «Kapitel» durch eine Überschrift notiert. Dann folgten die abgeschlossenen Urteile mit Datum, Ort, Zeugen, Strafmaß und – nachgetragen – Entlassung. Während die dann protokollierten Verhöre der Reihe nach, also chronologisch, geordnet wurden, gab es zwei Verzeichnisse auf den ersten Seiten: einen «Index aller Personen des folgenden Buches» und ein Ortsregister.

Ketzerverhöre waren eine besondere Form der Selbstaussage. Anfangs noch ganz offen, wie etwa in dem Verhör von Montaillou, kamen zunehmend Fragenkataloge in Gebrauch. Die dort lateinisch notierten Fragen, auch in ihrer volkssprachlichen Übersetzung unverständlich, sollten die in fremder Umgebung Verhörten beantworten; die Aussage wurde wiederum lateinisch protokolliert. Die Androhung der Folter, die Angst vor langer Kerkerhaft, vor dem Verlust der Ehre ließ viele etwas bekennen, was sie nie getan hatten.

5. Erlöschen oder Erwürgen: Das Ende der Katharer, die Waldenser und der Aufstieg der Bettelorden

Die Vernichtung der Katharer

Die Katharer waren die größte religiöse Bewegung des Mittelalters. Sie bestanden aus vielen unterschiedlichen Gruppen mit unterschiedlichen Ritualen und unterschiedlichem «Glauben». Insofern ist der Begriff «Bewegung» angemessen. Im Kampf zwischen den Katharern und den «Römern» (also den Vertretern der römischen Papstkirche) gewannen beide an Profil: die römisch-katholische Kirche als nicht nur gedachte spirituelle Einheit, sondern als praktizierte Herrschaftsform und «die» Katharer als eine andere Religion und eigene Institution. Wir würden aus der Erfahrung der Reformation eher den Begriff der Konfession wählen; religionswissenschaftlich kann man den Begriff zweier Religionen verwenden. Denn beide Gruppen nannten sich zwar Christen, aber im Kampf und Widerstand waren die Angehörigen beider Gruppen jeweils auf Unterstützung von außen angewiesen. Es lassen sich drei Stadien der Trennung der Wege und der Ausdifferenzierung zweier Religionen erkennen: (1) «Katharer» war zunächst eine Sammelbezeichnung für antiklerikale Reformbewegungen; (2) durch andere Rituale grenzten sich die Katharer mehr und mehr von den Katholiken ab (siehe Kapitel 3, S. 50–53); (3) schließlich unterschieden sich Katholiken und Katharer durch unterschiedliche Auslegungen der Bibel und durch neue Lehren, die kaum noch biblisch waren. Dazu gehörte auf katholischer Seite die Lehre vom Fegefeuer, auf katharischer Seite das Verständnis des Schöpfungsmythos als Kampf zweier Mächte, des guten Gottes gegen den bösen (oder abgefallenen) Gott, der Spiegel des Kampfes der guten Menschen (*boni homines*) gegen die bösen Katholiken ist. Erst in dieser Phase spielen auch Missionare aus dem Osten eine Rolle.

Diese jetzt klar definierte soziale Gruppe mit einer eigenen Sprache, eigenen Kultur, eigenen Religion wurde erst von außen durch Predigten zu bekehren versucht, dann in einem Kreuzzug zwanzig Jahre lang bekriegt, schließlich fünfzig Jahre lang durch eine neue Institution, die Inquisition, verfolgt und mit «Siedlern» durchsetzt. Sie konnte sich danach noch einmal reorganisieren und bald vierzig Jahre im Untergrund halten, bis schließlich die letzten Perfekten festgenommen und hingerichtet wurden. Die erste Phase der Katharergeschichte, die Predigtmission, noch ins 12. Jahrhundert gehörend, ist schon in Kapitel 3 dargestellt. Mit der Jahrhundertwende, als Papst Innozenz III. das Amt übernahm (1198–1216) und die römische Kirche zu einer straffen Herrschaft organisierte, setzt die zweite Phase ein, der Krieg gegen die Katharer. Dieser führte zu einer Schwächung des großen Grafengeschlechts der Raimunde von Toulouse, nicht aber zur Kapitulation des südfranzösischen Selbstbewußtseins mit seiner eigenen Religion.

Der Languedoc (Okzitanien) war eines der großen Herrschaftszentren im Europa des 11. und 12. Jahrhunderts. Graf Raimund, der sich nach seinem Lieblingsheiligen von Saint Gilles nannte, war 1096 der mächtigste Herrscher, der sich dem Ersten Kreuzzug anschloß, und hätte König von Jerusalem werden können. Er wollte aber in seine Grafschaft zurückkehren. Im 12. Jahrhundert baute derweil im Norden, um Paris herum, die Familie der Kapetinger ihre Herrschaft auf und aus. Franzien und Okzitanien standen einander gegenüber, im Süden bildete sich das Königreich Aragon zu einer Macht aus. Die Grafschaft der Grafen von Toulouse zu besitzen, wurde zum Ziel der Franzosen im Norden. Indem die römische Kirche in der Grafschaft auf Widerstand beim Aufbau ihrer Institution stieß, fanden sich die zwei Mächte zusammen: Die römische Kirche sprach das Urteil, die Franzosen vollstreckten die Strafe, als Bezahlung standen die enteigneten Güter der «Ketzer» zur Verfügung. Der Krieg wurde als Kreuzzug ausgerufen.

Die Vorgeschichte ist leicht zu durchschauen. Hier wurde ein Kriegsgrund provoziert. Ein arroganter Legat des Papstes, Peter von Castelnau, verlangte vom Grafen von Toulouse, er solle gegen seine eigenen Leute, ja, seine eigene Familie vorgehen und die Ketzer ausliefern. Zwar versprach der Graf, die Häresie in seinem Land zu bekämpfen, das blieb aber ein Lippenbekenntnis. Der Legat hob daraufhin die Herrschaft durch eine Exkommunikation auf und wollte mit den herrschaftshungrigen Gegnern des Grafenhauses eine Koalition schmieden. Da wurde er im Januar 1208 ermordet. Täter und genaue Hintergründe blieben ungeklärt; aber der Grund für den Krieg war da. Der Papst schickte die Nachricht von dem Mord an alle Herrscher Europas und rief zugleich zu einem Kreuzzug gegen die Ketzer im Languedoc auf. Wie bei der Kolonisierung in den Orientkreuzzügen gelte das Recht der Eroberer. Der König von Frankreich sah, was das für Konsequenzen für jeden europäischen Herrscher haben konnte, und intervenierte: Raubritter könnten sich als Kreuzfahrer mit kirchlichem Einverständnis große Besitzungen aneignen. Er forderte deshalb den Papst auf, nur nach dem neu festgeschriebenen Ketzer-Verfahren Güter zu konfiszieren. Seine Sorge war berechtigt, wie der Fall des Simon de Montfort zeigt.

Zunächst aber versuchte Graf Raimund alles, um den drohenden Krieg noch abzuwenden. Dafür verlangte die Kirche von ihm, alle großen Burgen auszuliefern und sich selbst in einem öffentlichen Unterwerfungsritual lächerlich zu machen.

Der fast nackte (nur mit einem Hemd bekleidete) Graf wurde vor das Portal der Kirche geführt. Dort mußte er vor dem Legaten und den mehr als 20 Erzbischöfen und Bischöfen auf den Leib Christi und auf die dort ausgestellten Heiligenreliquien schwören, den Befehlen der Heiligen Römischen Kirche in allem zu gehorchen. Darauf schlang der päpstliche Legat dem Grafen seine Stola um den Hals und riß ihn fort in die Kirche durch das Spalier (der Mönche?), die auf ihn einprügelten. In der Kirche mußte der Graf sich nun ganz nackt ausziehen und den anbeten, der hier in der Krypta als Märtyrer verehrt wurde: Peter von Castelnau, seinen schlimmsten Feind.

> O Gott, welch ein gerechtes Urteil! Hatte er ihn als Lebenden verachtet und seinen Tod in Auftrag gegeben, so wurde er jetzt gezwungen, ihm als Toten seine Verehrung zu erweisen. (Peter des Vaux de Cernay, *Historia Albigensis* 77 f.)

Ohne seine wichtigsten Burgen, gebunden durch den Eid auf die römische Politik, hoffte Raimund dennoch weiter: Er ließ sich selbst zum Kreuzfahrer erklären in der Erwartung, der Kreuzzug ließe sich begrenzen und sich allein gegen seinen alten Widersacher, gegen Raimund Roger Trenceval, richten. Der saß in Carcassonne, der stärkste Burg-Stadt weit und breit.

So nahm der wohl größte und schlimmste Krieg des Mittelalters seinen Lauf, ein blühendes christliches Land im Herzen Europas wurde zur Kolonie herabgezwungen. Zu Beginn stand der häßliche Fall von Béziers, der das ganze Problem der Verbindung von Gewalt, Machtgier und religiöser Enteignung zeigt (siehe Kapitel 3, S. 63). Zwanzig Jahre dauerte der Krieg. Im Frieden von Paris 1229 verpflichtete sich der okzitanische Adel, die Katharer nicht mehr zu unterstützen. Damit war er entmachtet, mußte den Mönchen und Priestern, die die römische Kirche ihnen vorsetzte und die sich auf seinem Besitztum breit machten, alle Freiheiten einräumen. Die Okzitanier hatten ihre politische Macht verloren. Aber die Macht der Katharer war ungebrochen; sie lag jetzt in den Städten, getragen von der Solidarität der Bürger-Familien. Die Entmachtung und Enteignung des Adels hatten das Selbstbewußtsein und die anti-klerikale, anti-römische Haltung der Okzitanier nur noch verstärkt.

In der dritten Phase, dem Katharertum der Städter, begann die Inquisition ihre Nachforschungen als ein mit großen Rechten ausgestattetes Unternehmen. Die Bischöfe mit ihren eigenen Behörden und Spitzeln stießen auf die Solidarität der Bürger. Stärkste Waffen der Römer waren das Gefängnis und die «Wüstung». Die Untersuchungshaft, wenige Tage, in denen die Verdächtigen sich nicht frei bewegen konnten, machte viele schon mürbe, obwohl die Gefängnisse oft große freie Flächen hatten und Besucher kommen und Essen bringen konnten. Die Gefangenen bekannten schon in diesen ersten Tagen Fakten, die oft gar nicht stimmten. Dabei wurden anfangs meist Namen von Bürgern genannt, die bereits verstorben waren und die ein würdiges Begräbnis empfangen hatten, oft sogar in den Klöstern der Inquisitoren oder der Stadtkirche, denen sie etwas gestiftet hatten. Die Inquisitoren aber ließen sie exhumieren und die Leichen verurteilen. Tote wurden zur Todesstrafe verurteilt, an den Pranger gestellt, an den Galgen gehängt, dann verbrannt. Alles wurde zu Asche, so daß auch die Seele nie mehr gerettet werden konnte: Es war nichts mehr da, was auferstehen konnte. Das traf die Toten weniger, wohl aber stürzte es die überlebende Familie in Schande und Armut. Die Strafe für die Katharer, die auf diese Weise posthum identifiziert wurden, umfaßte nämlich außerdem den Einzug des Vermögens und die sog. «Wüstung». Das Wohnhaus der Familie wurde unbewohnbar gemacht: die Tür gesprengt, das Dach zerstört, Löcher in die Wände gehauen. Diese Strafe traf auch Familien und Nachkommen, die sich selbst als katholisch bekannten.

Die Waffe der Bürger lag in der Solidarität, im Schweigen und in der «Verstellung». Die Solidarität hielt so lange, bis der König von Frankreich den Bürgern von Toulouse 1279 ein Angebot machte: Im Unterschied zum Kreuzzug hatte der König das Vermögen der Familien zwar eingezogen, es aber nicht weitervergeben. So konnte er jetzt anbieten, ihnen das Kapital zurückzuerstatten. Dafür mußten sie die Herrschaft des Königs anerkennen und den Widerstand gegen die Priester aufgeben. Die Solidarität hatte ein halbes Jahrhundert gehalten. Mittlerweile war das Haus der Raimunde von Toulouse, der Stadtherren und Personifikation Okzitaniens, ausgestorben. Jetzt nahmen die Familien das Angebot an, gaben solidarisch den Widerstand auf. Die Untersuchungen über die städtischen Eliten, die John Mundy (1997) anhand des herrlich vollständigen Archivs der Stadt Toulouse durchgeführt hat, zeigen: Es hat praktisch niemand die Schwäche der anderen Familien ausgenutzt, Opportunisten scheint es nicht gegeben zu haben. Man findet alle Familien wieder, die vor dem Krieg die Oberschicht gebildet hatten. Und sie waren nach 1279 wieder handlungsfähig.

Was die katholischen Inquisitoren oft zur Verzweiflung trieb, war das, was sie als «Verstellung» ansahen. Die hatte zwei Seiten: Einmal versicherten sich die Christen ihres jenseitigen Heils gerne mehrfach. Einer Stiftung in der Stadtkirche stand nicht entgegen, daß man das Grab in oder nahe einer Kapelle oder durch eine andere Stiftung von den Bettelorden erwarb. Das Sterbesakrament konnte man darüber hinaus von den Wanderasketen der Katharer empfangen. Daß die zwei ersten Möglichkeiten erlaubt waren, die letzte aber nicht, behaupteten die Katholiken. Der Wunsch, zu den Geretteten im Himmelreich zu gehören, war besser mit mehreren Optionen abzusichern. Ohne darin ein Vergehen zu sehen, praktizierten die Laien des Mittelalters einen religiösen Pluralismus: Es gab in der Stadt nicht nur die eine Stadtkirche mit ihren vielen Priestern, es gab Kapellen, Bildstöcke am Wege, es gab mehrere Klöster, das Spital. Da waren durchaus Wahlmöglichkeiten und Mehrfachoptionen offen. Warum da die Wanderasketen der Katharer ausgeschlossen sein sollten, war schwer begreiflich. Später, so werden wir noch sehen, gibt es einen Streit der Priester mit den Bettelorden, weil sie die Spende der Seelsorge und der Sakramente für sich allein beanspruchten.

Hinzu kam, daß die Anhänger der Katharer nicht bekennen mußten. Zumal sie oft nicht wußten oder nicht verstanden, was an den Ritualen der Katharer Falsches, an denen der Römer aber Richtiges sei. Die Innerlichkeit, die Erlaubnis, selbst etwas zu tun und zu interpretieren, was die anderen nichts angeht, gehört zum typischen Verhalten von gnostischen Gruppen. Bei den schiitischen Muslimen etwa kann die Praxis ganz sunnitisch-orthodox aussehen, das religiöse Wissen bleibt im eigenen Kreis geheim, esoterisch. Ähnlich verhielt es sich auch im Christentum des 13. Jahrhunderts. Man konnte nach außen hin einen katholischen Habitus zur Schau stellen, innerlich aber katharischer Überzeugung sein. Man durfte nicht sich, man durfte nicht die anderen, man durfte nicht das Wissen verraten.

Das Ergebnis der Vereinbarung 1279 mit dem König in Paris war: Die Städte wurden katholisch, der Katharismus mußte aufs Land ausweichen. Die letzte Phase begann: Katharer im Untergrund auf dem Lande. Mit der Eroberung der großen Burgen Montségur und Queribus, in die die Katharer geflüchtet waren, schien das okzitanische Christentum vernichtet. Doch die Reorganisation der Katharer-Kirche durch die zwei Brüder Petrus und Bernhard Auterii zeigt, wieviel Rückhalt die Katharer noch besaßen. Der katholische Bischof Jacques Fournier (der so den Aufstieg zum Papst erreichte, als Bendikt XII.)

brauchte mehr als zwanzig Jahre, um mit Gewalt und Geduld den Katharismus auszurotten. Gewaltsam endete der Katharismus mit dem Tod des letzten Perfekten. Das spricht gegen die harmonische Lösung, von der Herbert Grundmann gesprochen hat: Die Bettelorden hätten, was die Ziele angehe, das Katharertum nahtlos abgelöst. Die katholische Kirche benötigte massive Gewalt und eine mächtige Institution. Und einmal geschaffen, suchte sich die Inquisition immer neue Felder. Zwei große Gruppen haben die Inquisition überlebt, aber mußten dafür zahlen: die Waldenser und die Franziskaner.

Die Wiederherstellung der Urgemeinde: Die Waldenser

Eine Gruppe in der Armutsbewegung seit etwa 1170 nannte man die «Armen von Lyon» oder, nach dem Kaufmann Valdes (?–gest. zw. 1184 und 1218, der Vorname Petrus wird erst spät erstmals genannt), der als Vorbild und Gründer der Gruppe galt, Waldenser, französisch Vaudois. Ähnlich wie der eine Generation jüngere Franz von Assisi war Valdes im Handel oder als Bankier tätig, besaß Kontakte außerhalb der Stadt, wandte sich dann aber von diesen Tätigkeiten ab. Er gehörte zu den Vornehmen der Stadt, war kein Außenseiter. Zu seinem Entschluß zu einem Leben als Jünger Jesu soll ihn ein Lied über das Leben des Heiligen Alexios bewegt haben, das auf dem Markt ein fahrender Sänger vortrug: Ein reicher junger Mann gibt Karriere und erfolgversprechende Heirat auf. Er lebt als Einsiedler zunächst in der syrischen Wüste und kehrt dann als Bettler in die Heimat zurück. Unerkannt an der Treppe seiner Eltern lebend, heilt er und vollbringt Wunder.

Diese griechische Legende kam schon vor den Kreuzzügen nach Europa und beeindruckte als Modell der Armutsbewegung. Valdes gab einiges Geld dafür aus, daß ein Priester die biblischen Bücher in die moderne Sprache des Volkes übersetzte. Er und seine Begleiter wollten Jünger Jesu werden, fühlten sich von seinen Aufträgen angesprochen. Neben dem engeren Jüngerkreis der zwölf Apostel ist in der Bibel (Matthäus 9,35–10) noch von einem größeren Kreis die Rede, die Siebzig, die jeweils zu zweit ohne Gepäck durch die Lande wandern, predigen, Kranke heilen. Sie dürfen dafür keinen Lohn verlangen, «denn umsonst habt ihr empfangen, umsonst sollt ihr geben» (Matthäus 10,8).

Solche Bewegungen von wandernden Asketen funktionierten aber nur, wenn es Gemeinden gab, die sie unterstützten, die Nahrung produzierten, die für Kleidung sorgten, die Unterschlupf gegen Verfolgung boten und von denen der Nachwuchs kam. Sie wurden bei den Waldensern «Freunde» (*amici*) genannt, bei den Katharern waren es die «Gläubigen» (*credentes*).

Die Waldenser wurden zunächst kaum verfolgt. Manche Bischöfe schickten die Wanderasketen aus ihrer Diözese weg: Zum einen zeigt das, daß die Bistümer die wichtigste regionale Gliederung der Kirche waren und Probleme beseitigt waren, wenn sie außerhalb der Grenzen lagen. Zum andern bewirkte diese Maßnahme aber erst recht die Verbreitung dieser Reformbewegung; denn die Ausgewiesenen predigten nun in einer anderen Diözese. In Südfrankreich und Italien überzeugten sie viele Christen durch ihre Ernsthaftigkeit und Glaubensüberzeugung. Auf dem III. Laterankonzil (1179) erhielten sie sogar eine Bestätigung ihrer Lebensform – im Unterschied zu der Verdammung anderer Gruppen wie der Katharer auf demselben Konzil. Valdes hatte sich ausdrücklich auf ein Glaubensbekenntnis verpflichtet, das seine Rechtgläubigkeit bewies (EFV 32–36; Pawlik 329–331).

Zunächst mußte Valdes das Glaubensbekenntnis unterschreiben. Seine Anhänger bekamen erstens die Zusage, in Armut leben zu dürfen, und zweitens die Erlaubnis zu predigen, allerdings mußten die lokal zuständigen Kirchenmänner dies je für ihren Bereich bestätigen, die *missio* erteilen. Das tat zum Beispiel der Bischof von Lyon. Aber als 1182/83 ein neuer Bischof eingesetzt wurde, zog dieser die Erlaubnis zurück. Dem widersetzte sich Valdes mit den gleichen Worten wie Petrus den Hohenpriestern: «Man muß Gott mehr gehorchen als den Menschen» (Apostelgeschichte 5, 29). Jesus habe seinen Jüngern den Auftrag gegeben: «Predigt das Evangelium jedem Geschöpf!» (vgl. Matthäus 16,15). Diese Antwort auf Augenhöhe verstand der Bischof als Anmaßung und Ungehorsam. Da die Waldenser die Aufsicht durch einen Propst ablehnten, verbot er ihnen die Predigt, schloß sie von den Sakramenten aus, ließ sie aus seiner Diözese vertreiben. Die Tätigkeit und der Zulauf der Waldenser stellten ein Prinzip der Kirche in Frage: die Priester in den Pfarreien.

Eine Erläuterung muß hier eingefügt werden: Predigen war nicht unmittelbar an das Amt des Priesters gebunden. Eher im Gegenteil: Zu predigen war ein eigener Auftrag, über den die Bischöfe verfügten. Priester verteilten die Sakramente. Predigen dagegen – oft mit einer speziellen Auftrag verbunden, etwa für die Kreuzzüge zu werben – war Aufgabe von Menschen, die reisen mußten. Das konnten also die Priester gar nicht leisten, weil sie die tägliche Pflicht hatten, in ihrer Kirche, an ihrem Altar die Messe zu lesen und das Abendmahl auszuteilen. Insofern beauftragten die Bischöfe für einen gebundenen Zweck Menschen, die oft nicht Priester in einer Pfarrei waren. Das konnten Nicht-Geweihte sein, sogar Frauen, gerne auch Mönche. Die Zisterzienser übernahmen solche Predigtreisen, siehe das Beispiel der Reise des Bernhard von Clairvaux ins Ketzernest. Später waren es die Mitglieder des Dominikaner-Ordens, die – weil sie nicht wie die Klosterbrüder der Pflicht unterworfen waren, am Ort bleiben zu müssen (*stabilitas loci*) – geradezu zu «den Predigern» wurden. Die Abkürzung der Dominikaner *o. p.* bedeutet *ordo praedicatorum*, «Prediger-Orden». Oft wurden diese Prediger aber auch gebeten, die Beichte abzunehmen und die Seelsorge zu übernehmen. In der Reformation des 16. Jahrhunderts wandten sich die Gemeinden oft mit der Bitte an die populären Prediger, die «Leutpriester», sie sollten die evangelischen Grundsätze einführen – im Widerstand zu den Pastoren der Gemeinden, die oft dank ihrer Pfründe über ein Einkommen verfügten, das sie von der Zustimmung und Wahl der Gemeinde unabhängig machte.

Nicht zuletzt die Selbstverpflichtung der Waldenser, gegen andere falsche Prediger vorzugehen – und dabei sind die Katharer ausdrücklich genannt – paßt eigentlich genau zu der Predigtmission, mit der die «Römer» die Südfranzosen wiedergewinnen wollten. In öffentlichen Streitgesprächen forderten die Waldenser die Katharer heraus. Der Kleriker Durandus von Huesca, der sich den Waldensern anschloß, verfaßte eine genaue Beschreibung der Katharer und ihrer Lehren, um sie zu widerlegen, den *Liber antiheresis*. Er argumentierte mit einer ausgezeichneten Kenntnis der Bibel, aber auch der antiken «Kirchenväter». Gleichzeitig wollte er den Vertretern der katholischen Kirche deutlich machen – besonders als er nach Valdes' Tod (etwa 1206) die Leitung der völlig zersplitterten Bewegung übernahm –, daß die Waldenser ohne jede Abweichung die Lehre der Kirche vertraten. Es müsse betont werden, daß die Waldenser das Ideal der Urkirche (*vita apostolica*) renovieren wollten, die Katharer dagegen eine zweite (ihre «wahre») Kirche gegen die katholische Kirche stellten und unbiblisch eine dualistische Lehre vom Sturz der Engel propagierten. Er führte für die Waldenser den Namen «katholische Arme» (*pauperes catholici)* ein, um die Zugehörigkeit zur Kirche zu dokumentieren.

Die Prediger wurden in einer langen Ausbildung besonders in Bibelkunde sorgfältig vorbereitet. Sie kannten große Teile des Neuen Testaments auswendig, dazu Auszüge aus dem Alten Testament, darunter die Psalmen und Hiob. Nach Abschluß der Ausbildung waren sie *magistra* bzw. *magister* und wurden in Zweiergruppen ausgesandt (wie die Jünger: Markus 6,9), oft ein Neuling mit einem erfahrenen Prediger, damit sie langsam in ihre Aufgabe hineinwuchsen. Die Katharer pflegten das gleiche Prinzip.

Erst mit der Entscheidung des Konzils von Verona 1184 unter dem Namen *Ad abolendam diversarum haeresium pravitatem* («Zur Beseitigung der kriminellen Energie der unterschiedlichen Ketzer», EFV 50–53; Pawlik 42 f.) wurden die Waldenser mit den Katharern, Patarinern und Humiliaten gleichgesetzt, wurde gegen sie und ihre Unterstützer eine generelle Verhaltensweise festgelegt: Wer ohne Erlaubnis predigte und wer über die Sakramente anderer Ansicht war als die unantastbare Kirche, wen die kirchlichen Häupter für Häretiker hielten, der wurde auf immer in den Bann (*anathema*) getan. Geistliche sollten ihr Amt verlieren, Laien, die von dieser Krankheit infiziert waren, wurden dem weltlichen Gericht übergeben, um dort die entsprechende Strafe zu empfangen. Bischöfe, die nicht gegen diese Häretiker vorgingen, sollten für drei Jahre vom Amt suspendiert bleiben. Falls ein Gerücht über eine Ketzerei auftauche, so sollten die Pfarrmitglieder einen Eid schwören, daß es bei ihnen keine Ketzer gebe. Verweigerten sie den Eid, waren sie Ketzer. Die Berufung auf das Eidverbot, das in der Bibel ja festgeschrieben ist, nutzte nichts.

Die Entscheidung *Ad abolendam* ist aber eher ein Zeichen dafür, daß die päpstliche Kirche vor allem in den Städten Italiens wenig Einfluß hatte: Welche italienische Stadt würde sich einer anderen unterwerfen? Die lokalen Gemeinden hatten ihre Autonomie ausgebaut. Orvieto ist ein Beispiel dafür, wie ein vom Papst (wegen eines Streites um Besitzrechte) erlassenes Verbot über die ganze Gemeinde, die heilsamen Sakramente zu empfangen, sofort die Katharer einlud: An Stelle der «Römer» übernahmen nun sie die religiöse Versorgung mit ihren eigenen Sakramenten. Daß am Ende doch ein Sieg des Katholizismus daraus wurde, war wiederum nur auf lokaler Ebene möglich. Die katholische Minderheit formierte sich, ihr Anführer wurde aber bald ermordet. Der Kult um diesen lokalen Märtyrer brachte den Umschwung zugunsten der Katholiken, nicht die von außen, von Rom eingesetzte kirchliche Autorität.

Die Waldenser und (in vielem ähnlich) die Humiliaten hatten zahlreiche Anhänger zunächst in Südfrankreich und Norditalien, dann aber auch in den deutschsprachigen Gebieten. Auch im Deutschen Reich entstand wieder die gleiche Situation: In den Auseinandersetzungen mit Ansprüchen des Papstes setzten die einen auf den Kaiser und seinen Amtmann, die anderen auf den Papst und seinen Bischof. Da auf lokaler Ebene die Eliten der Stadt die Wahl des Bischofs mitbestimmten, kam es in manchen Städten zu einer doppelten Bischofsherrschaft (Schisma). Geradezu einer Selbstentmachtung kam es gleich, wenn die katholische Partei die anderen kollektiv vom Abendmahl und den anderen Sakramenten ausschloß. Ein solches Interdikt forderte die anderen Christen geradezu heraus, die Versorgung mit Sakramenten solidarisch in die eigene Hand zu nehmen. Wanderprediger, die schon die Predigt übernommen hatten, konnten mit den Argumenten der päpstlichen Reform des 11. Jahrhunderts die Sakramente der unwürdigen Priester für ungültig erklären oder gar aus der Bibel heraus beweisen, daß die von den Katholiken ausgeübten Rituale nicht biblisch seien. In Deutschland verbreiteten sich solche Biblizisten wie die Waldenser im 13. und 14. Jahrhundert, und es kam zu stabilen Gemeinden über Generationen hinweg. Die Inquisitionsakten etwa aus Brandenburg und Pommern oder das vielfach abgeschriebene und aktualisierte Handbuch des Passauer Anonymus belegen, daß die Waldenser in Österreich und in den Gebieten östlich der Elbe weit verbreitet waren, die als Siedlungsgebiete ab der Mitte des 12. Jahrhunderts auch mit Hilfe von Kreuzzügen neu erschlossen wurden.

Der Passauer Anonymus betont, daß es unter den Waldensern keine Hierarchie gebe. Alle Gläubigen waren zum Predigen aufgefordert. Auch wenn die Waldenser-Prediger die Ehe ablehnten und Valdes für sein asketisches Leben seine Frau verlassen hatte, so waren in den Gemeinden alle gleichberechtigt, ohne bezahlte Ämter, mit gemeinsamem Besitz. Im Unterschied zu den Katharern mit ihrer scharfen Trennung von Religiösen und Unterstützern war die Gemeindebildung unter den Waldensern die Grundlage einer gänzlich anderen Form des religiösen Gemeinschaftslebens. Am Ende der Ausbildung legten die Prediger die Gelübde ab, Gott und seinen Geboten zu gehorchen, sich nicht in einer Ehe und Familie an Ehepartner und Kinder zu binden, also sexuell enthaltsam und ohne Besitz zu leben, den Lebensunterhalt durch eigene Handarbeit zu verdienen sowie die Verpflichtungen nicht mehr Eltern und Geschwistern gegenüber auszuüben, sondern gegenüber den neu gewonnenen Brüdern und Schwestern.

Das sind die Gelübde, die auch die Mönche ablegten (sie haben nichts gemeinsam mit der Priesterweihe). Mit einem Unterschied: Bei den Waldensern gab es keinen «Vater» über den Brüdern und Schwestern, dem man Gehorsam leisten, dem man sich – oft zähneknirschend – unterwerfen mußte.

Die Verpflichtung zur Handarbeit war zwar auch schon in den Gelübden der Zisterzienser um 1100 enthalten gewesen, sie war aber als Zumutung für die adeligen Mönche bald wieder geringeren Brüdern überlassen worden. Die Armutsbewegung machte dagegen das Leben der geringeren Brüder zum einzig erlaubten. Mit der Ausweisung aus der Heimat war das bloße

Überleben zu einem Problem geworden. Anders als bei den Mönchen war das Leben der Waldenser nicht finanziert durch die Arbeit von anderen, sondern durch eigenes Handwerk. Schlichte Kleidung und Barfußlaufen in Sandalen waren Kennzeichen der Prediger. Hier wurde also die einfache Lebensweise der Mönchsväter verwirklicht, die seinerzeit den Zisterziensern vorgeschwebt hatte, als sie sich von den Benediktinern trennten: Die «evangelische» Utopie einer religiösen Lebensgemeinschaft, wie sie in der Apostelgeschichte (2,42–47) beschrieben ist:

> Sie blieben aber beständig beieinander in der Apostel Lehre und in der Gemeinschaft und im Brotbrechen und im Gebet. ... Sie hielten allen Besitz gemein. Ihre Güter und Habe verkauften sie und teilten sie aus unter alle, je nach dem was jemand brauchte. Und sie waren täglich beieinander einmütig im Tempel und brachten das Brot hin und her in den Häusern. ...

Ein kostspieliger Schutz vor der Verketzerung: Die Franziskaner

«Mindere Brüder» ist auch der Name einer großen neuen und wohl folgenreichsten Bewegung, der Franziskaner. Das 13. Jahrhundert ist für die religiösen Bewegungen dadurch charakterisiert, daß einerseits das IV. Laterankonzil beschied, es werde keine neuen Orden mehr geben. Damit war die Entwicklung des 12. Jahrhunderts mit ihren zahlreichen neuen Formen religiösen Gemeinschaftslebens und deren Anerkennung abgebrochen. Die Gruppen, die sich nun um charismatische Persönlichkeiten bildeten, mußten sich mit den vorhandenen Orden abstimmen und deren Regeln übernehmen. Das gelang nicht immer und führte oft zu Ärger.

Andererseits entstanden am Anfang des Jahrhunderts zwei neuartige, schnell wachsende Bewegungen, die der Papst des Konzils und seine Nachfolger akzeptierten unter der Voraussetzung, daß sie sich durch eine Regel institutionalisierten. Die beiden Bettelorden der Franziskaner und der Dominikaner schlossen in vielem an die Apostel-Bewegungen des 12. Jahrhunderts an. Sie wurden im Lauf des 13. Jahrhunderts mit der Ketzerbekämpfung beauftragt. Die Dominikaner waren der straff geführte Orden, der sich die Predigt und das Ausfindigmachen der Ketzer vor allem in Südfrankreich zur Hauptaufgabe gemacht hatte. Anders die Franziskaner; sie blieben eine Bewegung, die sich immer wieder entzog, so daß man sie weder einordnen noch benutzen konnte. Auch die Bestätigung ihrer Regel durch den Papst konnte sie nicht bändigen. Sie war immer ein schützendes Dach und damit unverzichtbar, aber unter diesem Dach war viel Bewegungsraum. Schon die frühen Franziskaner nannten sich «Clowns Gottes» (*ioculatores Dei*). Wenn sie in die Kritik gerieten, eine ihrer Aussagen Widerspruch erregte, konnten sie sich mit dem Bild der ungebildeten und nicht ganz ernstzunehmenden, aber liebenswerten Verrückten wieder aus der Affäre ziehen. Dieser Selbstschutz bedeutet allerdings nicht, daß die Franziskaner ungebildet gewesen wären, im Gegenteil: Sie bauten in Konkurrenz zu den Dominikanern schnell ein Studium auf, aus dem hochgebildete und energische, organisationsfähige Persönlichkeiten hervorgingen. Ein Franziskaner besetzte immer einen der Lehrstühle an der Pariser Universität.

Mochte auch der Zwang bestehen, sich eine Regel zu geben, die vor den kirchenrechtlichen Prüfungen der Römer Bestand hatte, so war diese Regel doch nur der äußere Rahmen. Die Franziskaner hatten ein Vorbild: die mitreißende Gestalt des Franz von Assisi (1181/82–1226) und sein Leben gegen alle Regeln seiner Zeit. Schon sein Spitzname «der kleine Franzose» zeigt an, daß seine Mutter ihn für etwas Besonderes hielt. Da war die berühmte Szene, als Franz sich von seinem Vater lossagte und das aller Welt zeigte, indem er seine Kleider herunterriß, die sein Vater aus den besten Modegeschäften bezogen hatte, und sich unter den Schutz des Bischofs von Assisi stellte. Der Konflikt mit dem Vater war schon länger aufgebrochen, weil Franz viel Geld für die Restaurierung von Kirchen und für Arme ausgegeben hatte. Getreu dem Evangelium lebte er von da an als Bettler und konsequenter Jünger Jesu, der sich nicht um Geld, Familie, ein Haus, nicht einmal ein Bett kümmerte. Wie viele vor ihm erregte er Unwillen. Zumal sein gewinnendes Wesen, seine kindliche Gläubigkeit andere anzog, darunter viele, die einmal das Unternehmen ihrer Eltern hätten weiterführen sollen. Die junge Elite italienischer Städte machte sich selbst zu Außenseitern und verachtete vor aller Augen die Werte der Eltern. Statt die glänzende Karriere in der aufstrebenden Oberschicht fortzuführen, wurde sie Bettler. Wenn das Schule machte! Und es machte Schule. Die Hoffnungsträger, die sich verweigerten, trugen stolz das Schimpfwort «Verrückte» als Bezeichnung für ihre Gruppe. Prozesse blieben ohne Erfolg; den Entschluß zur freiwilligen Armut konnte kein weltliches Gericht verbieten. Doch aus religiöser Sicht schwebte über ihnen die schärfste Waffe. Ihr Leben sei nicht das der wahren Jünger, sondern das von Pseudo-Aposteln. Nach außen hin zum Verwechseln ähnlich, aber vom Inhalt das genaue Gegenteil: Franz und seine Freunde seien Ketzer. Dagegen half auf Dauer nur eines: Der Papst mußte diese Lebensform bestätigen. Franz pilgerte, wohl 1209, mit elf Freunden (also als einer der zwölf Jünger Jesu) nach Rom und erlangte die Audienz beim Papst, Innozenz III. Da der Bischof von Assisi sich gerade am päpstlichen Hofe aufhielt und sich für die Gruppe verwandte, erklärte der Papst die Lebensform für rechtmäßig. Franz beschäftigte sich ungern mit organisatorischen Fragen, wo denn die vielen neuen Mitglieder der Bewegung wohnen sollten, wie sie essen sollten, welche Stellung die Franziskaner unter anderen Einrichtungen und Gruppen nach den Kategorien des kirchlichen Rechts haben sollten. Deshalb bestimmte der Papst einen Kardinal zu ihrem Anwalt. Ugolino von Ostia gelang es, die Konflikte rasch zu klären und seine schützende Hand über die neue Bewegung zu halten. Die Anerkennung durch den Papst bedeutete zweierlei: Vorbei war es mit der charismatischen Kindlichkeit und der Weigerung, sich die Einrichtungen und Regeln einer Institution zu geben, sich als Jünger Jesu der Sorglosigkeit anzuvertrauen nach der Devise «Sorget nicht für den kommenden Tag. Sehet die Vögel am Himmel, sie säen nicht, sie ernten nicht und ihr himmlischer Vater ernährt sie doch!» Dafür erwarben die Franziskaner die Sicherheit, nicht dauernd unter der Drohung zu stehen, als Ketzer angeklagt zu werden. Doch selbst mit der römischen Anerkennung wurde der Vorwurf der Ketzerei oft genug gegen die Franziskaner erhoben.

Die Gruppe der minderen Armen oder minderen Brüder (*fratres minores)* wollte kein neuer Orden werden. «Bruderschaften», *fraternitates,* gab es eigentlich überall, Gemeinschaften von Laien, meist verheirateten (beispielsweise die Weingärtner eines Ortes), die sich organisierten und dabei einen Heiligen zum Schutzpatron wählten. Die Weingärtner trugen beispielsweise das Bild ihres Heiligen Urban an dessen Heiligenfest durch die Stadt, oder die Viehzüchter den Heiligen Laurentius. Als Beweis, wie sie ihr Heiliger schützte und förderte, zeigten sie ihren Reichtum auf den Prozessionen und bewiesen ihre Dankbarkeit mit Gaben wie dem Bau einer Kapelle, dem Glasfenster für die Stadtkirche, den Namen für ihre Kinder, dem Bildstock am Weg zu den Weinbergen. Bruderschaften waren eine Form der Selbstorganisation, die nicht von oben, von der Herrschaft, von der Stadt oder von der Kirche organisiert waren.

Franziskus und seine Bettelbrüder stellten ihre Bruderschaft unter das Leitbild Christi. Wie er «nackt» lebte, so wollten auch sie «nackt dem nackten Christus nachfolgen» (*nudus nudum Christum sequi)*. Das war eine neue Qualität der *vita-apostolica*-Bewegung. Das Leben Jesu wurde konkret und mit der Alltagserfahrung begreifbar: das Christus-Baby zu windeln, in die Krippe zu legen, ihm als Hirte Milch hinstellen zu dürfen. Die franziskanische Frömmigkeit erlaubte allen, Jesus als einen Menschen zu erfahren, zu bemuttern, eine Krippe zu zimmern – oder in Jerusalem auf der Via dolorosa einmal das schwere Kreuz zu schleppen. Das war nicht mehr der Christus als König fern im Himmel, als goldene Monstranz, in lateinischer Sprache. Das menschliche Leben Jesu nachzuleben, besonders die Passion nachzuleiden, die «Nachahmung Christi», *imitatio Christi*, wurde mehr und mehr Inhalt des Lebens des Franziskus. Als er nach einer langen Zeit aus der Einsamkeit zurückkehrte mit den blutenden Wunden, die man von den Bildern des gekreuzigten, auferstandenen Christus kannte, da war Franz zum zweiten Christus, zum *alter christus,* geworden. Statt des Bildes der Heiligen, der Maria oder des Christus trugen die Franziskaner auf den Prozessionen jetzt ein Bild des Franziskus herum, das zugleich die großen Wunder seines Lebens bildlich darstellte.

Dennoch stellte Franz das ethisch bestimmte Leben der Apostel nicht gegen die Verteilung der Sakramente durch die Pastoren. Der Klerus erfüllte eine unverzichtbare Aufgabe:

> Der Herr gab und gibt mir solches Vertrauen in die Priester, die nach dem Modell der heiligen römischen Kirche leben nach den Regeln ihrer Ordnung (*Ordo*). Selbst wenn ich von ihnen verfolgt werde, will ich zu ihnen zurück rennen. Und hätte ich so viel Weisheit wie Salomo und fände armselige Weltpriester in ihren Pfarreien, in denen sie leben, so wollte ich doch nie gegen ihren Willen dort predigen. Ich will sie fürchten, lieben und ehren als meine Herren .... Ich will auch gar nicht den Gedanken aufkommen lassen, ob sie Sünde in sich haben. In dieser Welt gibt es nichts von dem Sohn des Allerhöchsten, was zu greifen wäre denn sein heiliger Leib und Blut, die allein die Priester erhalten und an andere weitergeben. Diese heiligsten Mysterien sollen verehrt, über alles andere hochgehalten und in teuren Gefäßen aufbewahren werden. (Testament des Franziskus, in den *Opuscula*, ed. K. Esser, ^{2}1989, 438 f.)

Trotz der großen Wertschätzung, die Franz hier den ansässigen Priestern zeigt, wurde die neue Bewegung ein großes Ärgernis für die Konkurrenten. Da war ihre ansteckende Frömmigkeit, die viele zum Eintritt in die Bruderschaft und bald auch Schwesternschaft bewegte und schließlich auch die ergriff, die ihren Beruf weiter betrieben, aber auch in frommer Gemeinschaft leben wollten. Und durften diese Franziskaner außer predigen (und wieder weiterwandern) auch die Seelsorge übernehmen und damit – besonders umkämpft – die Sterbebegleitung und das Begräbnis? Denn das war der Zeitpunkt, an dem die Menschen, wenn sie ihr Erbe aufteilten, auch für ihr Seelenheil sorgten und im voraus diejenigen ausstatteten, die sich nach dem Tode um ihre Seele kümmern konnten.

Die Umwandlung der kompromißlosen und – aus der Sicht der Städter – ebenso naiven wie populären Bewegung in einen regulierten Orden bot Schutz vor den Ketzerprozessen. Welche Gewalt in diesen steckte, zeigt die Vernichtung selbst eines so mächtigen Ordens wie des Templer-Ordens. Mit ihrer Popularität, dem großen Herzen, das vieles verstehen und wenig verdammen mochte, schließlich der ansteckenden Religiosität, die das ernste

Anliegen manchmal unter dem Mantel der»Verrücktheit» der Verfolgung entzog, bildeten die Franziskaner eine neue Form der Religion. Sie konnte vielerlei Bewegungen auffangen und mitlaufen lassen, die im 12. Jahrhundert unreguliert existieren konnten, in der Zentralisierung seit Innozenz und seinem IV. Laterankonzil 1215 sich aber entweder römischen Bedingungen unterwerfen mußten oder verboten und verfolgt wurden.

Die Chiliasten: Joachim von Fiore und die Franziskanerspiritualen

Durch das einmal offiziell bestätigte Privileg ihrer Lebensweise konnten sich innerhalb eines Ordens eigene Gruppen entwikkeln, die der Idee einer straffen Organisation, wie sie etwa die Zisterzienser oder die Dominikaner verkörperten, widersprachen. Sie blieben geschützt. Unter dem Namen der Franziskaner konnten neue Bewegungen entstehen, die die bestehende Kirche als Auslaufmodell betrachteten und sich dafür auf das Tausendjährige Reich beriefen, das in der Johannes-Apokalypse der Bibel angekündigt ist. Als Sammelbegriff hat man dafür den Namen Franziskanerspiritualen geprägt. Hier sind nur als bedeutende Häupter Joachim von Fiore und Petrus von Olivi vorzustellen, deren Schriften die Aufregung verständlich machen.

Eine Generation vor Franz von Assisi lebte Joachim von Fiore (etwa 1135–1202). Zu einem der berühmtesten Männer des Mittelalters wurde er allerdings erst in der Neuzeit, zumal im 19. Jahrhundert. Die Idee eines Dritten Reiches, das die Zeit kirchlicher Institution ablöst, wurde in der Aufklärung und der Französischen Revolution zum Vorbild für eine Religion, die sich von der kirchlichen Theologie nichts mehr vorschreiben lassen, gleichwohl ihre intellektuelle Erhabenheit mit einer religiösen Tradition verbinden wollte.

Joachim, zunächst als Notar im Königreich Sizilien ausgebildet, wurde zum Asketen als Jerusalem-Pilger, zum Einsiedler, dann zum Zisterzienser-Mönch. Glücklos bei den zielstrebigen Zisterziensern, gründete er schließlich in Kalabrien das einsame Kloster San Giovanni in Fiore und begründete als Sechzigjähriger mit päpstlicher Erlaubnis schließlich einen eigenen Orden: einen kontemplativen, der nicht in den alltäglichen Zielen aufgehen, sondern Träger einer großen Verheißung sein sollte. Denn um das Jahr 1200, das hatte Joachim durch seine Forschungen in der Bibel herausgefunden, beginne eine neue Epoche der Welt- und Heils-Geschichte. Die Welt, diese Welt schreite fort und müsse nicht erst zusammenbrechen, um einer neuen Welt im Himmel Platz zu machen.

Das war eine grundlegende Veränderung des bisherigen Weltbildes. Bislang stand im Vordergrund, daß das Ende der Welt schreckliche Qualen für die Menschen bringen und dann das letzte, himmlische Reich beginnen werde. Die Herrschaft des Gegen-Christus/Antichristus, die das Zeichen für den Schlußakt der Heilsgeschichte bilde, sei zwar noch nicht eingetreten, aber viele Antichristen könne man mit dem Namen des einen oder anderen Menschen der eigenen Zeit benennen. Meist waren es die Namen von Herrschern und Gegnern, die die Gelehrten ins Buch der Geschichte eintrugen, für den Papst oder für ihren christlichen Herrscher Partei nehmend. Dieses Ende sollte nicht, jedenfalls jetzt noch nicht, eintreten. Gerade die Reformbewegungen des 11. Jahrhunderts, etwa die der Regularkanoniker, waren in Gang gekommen, weil Gott vor dem Ende noch eine Gnadenfrist gegeben hatte. Die Kreuzzüge des 12. Jahrhunderts wurden gepredigt, weil Gott mit dem Verlust des Heiligen Landes die Sünden bestraft habe, aber noch eine weitere Gnadenfrist einräume, in der die Christen ihre Sünden wieder ausgleichen konnten durch die Buße der bewaffneten Wallfahrt. Aufhalten konnte das Ende – vorläufig – das Bollwerk: das Reich, die Kirche.

Ganz anders das Weltbild, das mit Joachim von Fiore erst die Idee eines Gelehrten war, dann von anderen populär gemacht und verketzert wurde, im Spätmittelalter und der Reformationszeit aber mehr und mehr das Denken bestimmte. Nach Joachim stand nicht das Weltende bevor, sondern es begann von den meisten unbemerkt, ohne den großen Knall, eine dritte Epoche, das Tausendjährige Reich: Gott herrsche mit seinen Auserwählten in einer Friedensepoche von tausend Jahren (wie Apokalypse 20,4–6). Nach dem griechischen Wort für tausend, *chilia*, nennt man daher die Anhänger dieser Bewegung Chiliasten. Joachim machte aus dem bisherigen zweistufigen Modell der Heilsgeschichte ein dreistufiges: Die offenen Prophezeiungen des Alten Testaments seien nicht durch das Neue Testament erfüllt, vielmehr gebe es einen dreifachen Aufbau: Auf die Zeit des Vaters und des Alten Testaments folge die Zeit des Sohnes und der von ihm eingesetzten Kirche und schließlich die Zeit des Geistes und der Heiligen Gemeinschaft.

Die Spiritualen waren der Anfang und Kern der Epoche des heiligen Geistes, die eigentlich gar keine Herrschaft mehr benötigte. Ein Endkaiser und Herrscher über die ganze Welt, der seine Krone niederlegen und das «Fried-Reich» eröffnen würde (der dritte Friedrich), ein Engel als Papst, ein christlicher Messias, der ganz anders als die jetzt regierenden Herrscher und Päpste für Gerechtigkeit und Gleichheit sorgen würde – das waren die Gestalten der Hoffnung, die sehr populär wurden. Die konkreten Personen, denen man das zutraute – der Stauferkaiser Friedrich II. und der greise Papst Coelestin V. 1294 – erfüllten die Erwartungen nicht, aber die Hoffnungen lebten weiter. Auch in Jeanne d'Arc, Jan Hus und Martin Luther sah man später Träger dieser Hoffnung.

Damit stellten das «Dritte Reich des Geistes» und der Spritualen-Orden die bestehende Ordnung, eine hierarchische Kirche, die mit Herrschaft und Gewalt die Ordnung garantierte, in Frage. Joachim war sich wohl bewußt, daß er sich am Rande der kirchlichen Lehre bewegte, denn er sicherte sich mit einem Revers ab, daß er sich der Kirche unterwerfen werde. Und man kann aus seinen Prophetien herauslesen, daß das Alte neben dem Neuen bestehen bliebe. Jedenfalls erhielt Joachim zunächst noch die Unterstützung der päpstlichen Kurie, auch noch von Innozenz III. Aber bereits nach seinem Tode 1202, als seine Lehre verbreitet wurde und sich in eine Bewegung umsetzte, wurde ein erster Punkt beanstandet. Innozenz ließ Joachims Lehre von der Trinität verbieten, verschonte aber ausdrücklich die anderen Teile seiner Lehre. Der verurteilte Satz ist eine scheinbar dogmatische Spitzfindigkeit: ob denn die drei Personen der Dreieinigkeit Gottes – Vater, Sohn und Heiliger Geist –

außerdem auch noch eine Einheit bildeten, die gewissermaßen eine vierte Person darstelle? Diese Behauptung hatte Joachim dem Kirchenjuristen Petrus Lombardus vorgeworfen und ihn damit zum Ketzer erklärt. Der Ketzervorwurf wurde nun umgekehrt. Ein Satz ist dafür bedeutsam: Die Einheit Gottes ist deshalb entscheidend, weil sich von ihr die Einheit der Christen in der einen Kirche und die Einheit der Herrschaft ableitet. Die Kirche, das war für den Papst des IV. Laterankonzils wichtig, ist ein «höchstes Ding», das mehr ist als nur die Summe und Einigkeit seiner Personen (c. 2 = DH 803–808).

Zu einer geheimnisvollen Chiffre des anbrechenden Reiches wurde dabei ein Wort aus der Apokalypse (Offenbarung des Johannes 14,6): «Dann sah ich einen anderen Engel. Er flog hoch am Himmel. Er hatte die Aufgabe, den Menschen auf der Erde ein ewiges Evangelium zu verkünden, allen Nationen, Stämmen, Sprachen und Völkern.» Das ewige Evangelium war nicht identisch mit dem bereits offenbarten Evangelium und es mußte in die Volkssprachen übersetzt werden. Zum Skandal wurde es, als ein Franziskaner, Gerhard von Borgo San Donnino, erklärte, daß es dieses Evangelium bereits gebe. Die drei großen Schriften des Joachim von Fiore seien der Inhalt dieses dritten Testaments. Aus dem Alten und dem Neuen Testament sei um 1200 der Geist für das ewige Evangelium hervorgegangen. Eine Theologen-Kommission in Anagni untersuchte den Fall 1255; der Franziskaner wurde zu lebenslänglicher Haft verurteilt. Joachim aber sei nicht schuld an der Fehlinterpretation. In der Tat: ein neues Heiliges Buch, das die andern beiden aufhob, das war eine skandalöse Interpretation des rätselhaften Wortes aus der Offenbarung.

Das neue Evangelium prophezeite als Anfang des Reiches des Geistes ein Datum: 1260. Wer würden die Kleinen oder Kleinsten sein, denen die Prophezeiung galt? Viele kleine Gruppen bildeten sich, die sich von Gott ausersehen glaubten. Die Inquisition sah die Kirche bedroht und bestrafte in ihrem großen Glaubensfeldzug um 1300 auch kleine Gruppen unnachsichtig.

Posthum bestraft wurde die 1281 verstorbene Mailänderin Guglielma. Sie hatte erklärt, eine Frau werde der Engelspapst sein, alle Ämter der Kirche mit Frauen besetzen, die Juden und Sarazenen bekehren und damit das «Dritte Reich des Friedens» eröffnen. Die Frau wurde aus ihrem Grab exhumiert und die Leiche zum ewigen Tod verurteilt, indem ihre Knochen verbrannt wurden und ihr so die Voraussetzung für die Auferstehung des Fleisches genommen wurde. Die Anhänger wurden gejagt und ebenfalls verurteilt.

Wichtiger noch wurde die Bewegung unter (Bruder) Fra Dolcino (gest. 1307) innerhalb des Franziskanerordens, die sich Apostolische Brüder nannte. Diese zeigten, daß sie noch ärmer waren als die Bettelbrüder des großen Ordens: Sie waren wahrhaftig so wie die Apostel Jesu. Die Apostolischen Brüder in Bologna, über deren Prozeß von 1299 die Akten erhalten sind, wurden unter Druck gesetzt, sollten sich unterordnen. Doch als Ausersehene Gottes hatten sie eine Aufgabe, die keinen Gehorsam gegenüber Bischöfen und Ordensgenerälen mehr ertrug. Raubzüge und offene Rebellion gegen kirchliche Autoritäten folgten. Alle Mittel der Strafe nutzten nichts gegen diese Armenrevolution, und kaum einer ließ sich dazu bewegen, gegen sie zu kämpfen; es gab ja nichts zu erben. Erst ein Kreuzzugsablaß brachte wieder genügend Militär auf die Beine, um die Aufstände niederzuschlagen. Fra Dolcino geriet am Gründonnerstag (gleich Jesus) 1307 in Gefangenschaft und wurde mit einigen Gefährten öffentlich verbrannt.

Vielleicht die bedeutendste Gruppe unter den Franziskanern, die sich als die Träger der neuen Geistkirche sahen, waren die Spiritualen in Südfrankreich. Der Südfranzose Petrus Johannis Olivi (etwa 1247–1298) war eine bedeutende, wenn auch umstrittene Gestalt im Franziskanerorden. Er hatte in Paris studiert und wurde in eine Reformkommission berufen, die den Orden wieder auf die ursprüngliche Armut verpflichten sollte. Nicht nur daß man als Individuum nichts sein eigen nennen dürfte, sondern auch die Dinge, die das Kloster besaß, sollte man «armselig» nutzen (*usus pauper*). Ein zum Bischof gewählter Franziskaner sollte beispielsweise nicht in die herrschaftlichen Häuser seiner Vorgänger ziehen. Angesichts der anderen Orden und ihres kollektiven Reichtums und ihrer gesellschaftlichen Stellung eine Zumutung. Eine interne Untersuchung verbot Olivi, das zu lehren, und zog seine Bücher ein. Da diese Form der Inquisition aber innerhalb des Ordens blieb, wurde Olivi zwei Jahre später rehabilitiert. Erst am Ende seines Lebens vollendete er seinen Kommentar zur Apokalypse, ausgelegt auf die eigene Zeit: *Lectura super Apocalypsim*. Olivi versteht Franziskus als den, der das neue Zeitalter eröffnet, die Regel des «zweiten Christus» als das neue Evangelium. Nur die wahren Jünger des neuen Christus, also die Spiritualen unter den Franziskanern, verstünden sie recht. Die Verfolgung der Spiritualen bringe die bösen Kräfte in der Kirche zum Vorschein. Was Joachim von Fiore bewußt ungenau ausgedrückt hatte, füllt Olivi mit genauen historischen Daten und Personen. Die Verfolgung sei, wie unter den Christen der Verfolgungszeit, von der die Apokalypse spricht, der Beweis dafür, daß die Spiritualen nur Geduld und Leidensfähigkeit entwickeln müßten: Hartnäckigkeit gegen die falschen Doktoren in der Kirche, gegen die Pseudopropheten und den Antichristen, der auf den Papstthron steigen werde. Wieder war eine Deutung der Gegenwart mit einer unbestimmten Zukunftsaussage verbunden, die – erst nach dem Tod des Propheten auf aktuelle Ereignisse übertragen – den Konflikt entzündete. Zudem war um die Wende zum 14. Jahrhundert zu beobachten, wie die Dominikaner die Inquisition in der Konkurrenz zu den viel populäreren Franziskanern nutzten und wie die Franziskaner versuchten, die Spiritualen innerhalb des Ordens zu bändigen. Da das nicht gelang, ließen sie die Solidarität zu den Spiritualen fallen, um nicht selbst in den Verdacht der Ketzerei zu geraten.

Damit entfiel aber auch jede Kontrolle über die Spiritualen. Olivi mußte der siebte Engel der Apokalypse sein, dessen Haupt heller strahlte als die Sonne und der das letzte Siegel an dem großen Buch mit Gottes Versprechen für die Endzeit löste. Sein Grab wurde zum Wallfahrtsort eines Heiligenkultes. Es war die Region, in der die Ketzerei der Katharer gerade gewaltsam erdrückt worden war. Hinzu kam, daß die beiden obersten Autoritäten für die Franziskaner, das Amt des Papstes und das des Ordensgenerals, lange schwach und nun überhaupt nicht besetzt waren.

Der neue Papst, Johannes XXII. (Amtszeit 1316–1334), selbst ein Südfranzose, ließ sich mit seinen 72 Jahren weniger auf die Frage ein, ob das Ketzerei sei oder nicht. Er sorgte mit Energie und gezielten kleinen Schritten wirkungsvoll dafür, daß diejenigen, die die Spiritualen förderten, schützten oder gewähren ließen, versetzt wurden. Und er stärkte die Kräfte im Orden, die sich nicht als die Ärmsten der Armen mit diesen solidarisierten, sondern für ihr eigenes Leben vorsorgten. Er hob eine Anordnung seines Vorgängers auf, daß Franziskaner keine Vorratsräume anlegen dürften und in billigster Kleidung gehen müßten. Darüber sollten die jeweiligen Oberen entscheiden. Zynisch bestimmte die Bulle *Quorundam exigit* des neuen Papstes, Armut sei etwas Großes, aber die Einheit sei das Größere. Der Satz der Franziskaner, «Christus und seine Apostel haben weder privat noch gemeinsam Eigentum besessen», sei häretisch. Das widersprach dem Armutsgebot, für das die radikalen Franziskaner hundert Jahre lang gekämpft hatten, und das widersprach der Regel des großen Vorbilds Franziskus. Mit päpstlicher Autorität wurde auf diese Weise der Grundsatz des Franziskanerordens außer Kraft gesetzt, der die Werte der Gesellschaft in Frage gestellt hatte. Vier Spirituale beugten sich dem nicht und wurden in Marseille verbrannt. Wer die Schriften des Olivi las, wurde bestraft, das Grab des Heiligen wurde zerstört. Als Inquisitoren eingesetzt und mit der Verfolgung beauftragt wurden die Rivalen der Franziskaner, die Dominikaner.

Diese Haltung des Papstes, die Popularität der Franziskaner und die Aufhebung des apostolischen Armutsgelübdes brachten den deutschen König, Ludwig den Bayern, dazu, den Vorwurf der Ketzerei gegen den Papst selbst zu erheben. Er verlangte die Einberufung eines Konzils. Ludwig, beraten von Marsilius von Padua, zog nach Rom, ließ sich durch Volkes Stimme die Kaiserkrone verleihen, erklärte Papst Johannes für abgesetzt und ließ sich durch den neu gewählten Papst 1328 zum Kaiser krönen.

Der Streit zeigt an, wie sich die bisherigen Autoritäten gegenseitig untergruben und neue Kräfte aufstiegen. Johannes XXII. war effektiv in seinen Maßnahmen, strukturierte energisch die päpstliche Verwaltung, setzte die Finanzierung der Kirche mit dem Zehnten wieder überall durch, sorgte für eine verläßliche Grundlage des Kirchenrechts. Aber religiös und theologisch brach er mit den apostolischen Grundsätzen, die auf der Grundlage der Bibel die Kirche gestalten wollten. Die Popularität der Kirche in Gestalt der Franziskaner wurde gebrochen, der unbarmherzige Dominikanerorden ausgebaut. Der Versuch, eine neue Autorität mit Mehrheitsentscheidungen aufzubauen, die Konzilien, führte nicht zu einer neuen Gemeinsamkeit, sondern machte die Unterschiede zwischen den Vertretern der einzelnen Nationen erst recht bewußt. Das Zeitalter der Inquisition, das Zeitalter der gespaltenen Autoritäten (das sogenannte *Schisma*, gesprochen S-chisma, nach dem griechischen Wort für «Spaltung») und der Landeskirchen begann.

6. Die mittelalterlichen Gesellschaften und ihre Religionen

«Die» Kirche

In den Auseinandersetzungen zwischen den Vertretern der Französischen Revolution 1789 und dem Ancien Régime war ein zentraler Streitpunkt die Gleichheit der Rechte. «Freiheit, Gleichheit, Brüderlichkeit» bedeutete die Aufhebung aller traditionellen Herrschaftsrechte in ihrer Verschiedenheit und Bevorzugung einzelner. Der Forderung nach Gleichheit aller widersetzte sich der Adel, dann aber auch die Kirche, weniger die Kleriker – aus ihren Reihen kam ein guter Teil der führenden Köpfe der Revolution. Aber die Institutionen der Kirche, ihre Gebäude, der Grundbesitz, der nicht verkauft oder für Industrieansiedlung zu verwenden, also dem Wirtschaftskreislauf entzogen war, die Vorrechte und Steuerfreiheiten standen im Widerspruch zum neuen Monopol des Staates: über alles und jeden politisch abstimmen und alles kontrollieren zu können. Staatliche Verfolgung etwa endete bislang an den Toren der Klöster und Kirchen; Adelige, die sich dorthin geflüchtet hatten, waren erst einmal sicher.

Der Anspruch der Revolutionäre, daß alle gleich sein müßten, machte erst deutlich, daß es vorher keinen Staat im heutigen Sinne gegeben hatte. Die revolutionäre Gewalt, die benötigt wurde, um das Staatsmonopol durchzusetzen, zeigt, daß es vor der Revolution keine einheitliche Rechtsordnung gab, sondern viele Herrschaften und Rechte. Das gilt in noch viel stärkerem Maße für das Mittelalter. In jedem Dorf oder jeder Stadt waren mehrere Herrschaften wirksam: Die einen mußten ihren Zehnten an ein Kloster hundert Kilometer entfernt, die anderen ihre Pacht an einen Altar-Priester in dieser Kirche, andere an eine Kapelle bezahlen. Das Holz gehörte einem Vogt, das Fischereirecht mußte man einer Grafenfamilie in Naturalien bezahlen, Getreide mahlen durfte nur der Müller, der das Recht dazu wiederum einem Kloster zu bezahlen hatte. Recht gehörte jemandem. Und es starb mit seinem Besitzer; der Nachfolger mußte es erneuern. Das heißt, Recht mußte durchgesetzt werden und war keine dauerhafte Ordnung. Mit welcher Schärfe es eingefordert, wie Widerspruch und Widerstand gebrochen werden mußten, hing von den jeweiligen Personen ab. Ob die Besitzer des Rechts überhaupt rechtmäßige Besitzer waren und wie hoch die Zahlungen sein müßten, war eine Sache des Aushandelns.

Weder das Papsttum noch das Kaisertum war im Mittelalter eine kontinuierliche Herrschaft, beide erhoben umfassende Ansprüche, hatten aber nicht die Mittel einer Institution, sie dauerhaft durchzusetzen. «Die» Kirche als die römische Papstkirche gab es als theoretischen Anspruch bei Theologen und Juristen; sie war aber keine reale Macht. Die mittelalterliche Kirche war die Vielzahl der Bistümer. Für überregionale Probleme trafen sich die Bischöfe in Synoden; manchmal reiste der Papst dazu an. Begrenzt auf einzelne Projekte gingen sie Vereinbarungen ein. Aus dieser Sicht war der Papst der Bischof von Rom. Schon in ihrer eigenen schwierigen Diözese konnten sich die Päpste oft nicht durchsetzen, erst recht kaum in der üblichen Konkurrenz der Stadtstaaten in Italien.

Laien, Kleriker, Asketen: Formen der Religion und ihre Träger

Eine Religionsgeschichte des Mittelalters darf sich nicht auf die Geschichte der Institution Kirche beschränken. Sie muß alle religiösen Lebensformen einbeziehen, ob sie nun kirchlich sanktioniert waren oder nicht, und damit weit über den engen Religionsbegriff des Mittelalters hinausgehen. *Religiosi* waren im Mittelalter nur die Mönche, nicht einmal die Kleriker. Das ganz dem Gottesdienst, Beten und Fasten gewidmete Leben übte als die einzig gültige «Religion» seine Faszination aus. Viele Laien wollten noch auf dem Sterbebett zum Mönch werden; auch bei den Katharern war das zu beobachten.

Für die westliche oder lateinische Religion ist charakteristisch, daß sie mit den Mönchen einerseits, den Priestern andererseits je eine geschlossene Gruppe geschaffen hat, deren Beruf die Religion ist. Diese Gruppen bilden aber deshalb keine «Kaste», weil sie sich nicht reproduzieren. Das Ehe- und Familienverbot verknüpfte im Mittelalter die professionell Religiösen sozial mit dem Adel (oder auch den Angestellten des Adels), aus denen sich die Mönche, Bischöfe und Priester rekrutierten. Im 12. Jahrhundert änderte sich dies, indem neue soziale Gruppen religiöse Gemeinschaften bildeten, professionelle wie nicht-professionelle. Solch soziale Öffnungen und – da das selten ohne Widerstand der bisher monopolisierten sozialen Schicht geht – Revolutionen nennt man (soziale) Bewegungen, etwa die Arbeiterbewegung oder die Frauenbewegung. Herbert Grundmann (1935) wählt – nach anderen – für die Veränderung, in der auch die Ketzer erfunden wurden, den Begriff der religiösen Bewegung. Dabei hebt er das religiöse Motiv so hervor, daß der soziale Prozeß geradezu darauf reduziert wird.

Er widerspricht damit den Sozialhistorikern des 19. Jahrhunderts (und intellektuellen Führern der Arbeiterbewegung), die in den Ketzern eine soziale Revolution sahen, die im Mittelalter schon die Arbeiterbewegung begründet hätten, aber von der Kirche mit Hilfe des Ketzer-Vorwurfs niedergeschlagen worden seien. Die erzählenden Quellen heben oft hervor, daß es sich bei den Menschen in den Städten, die eine selbstbestimmte Religion praktizieren wollten, um Handwerker und Frauen handelte. Die religiös gewählte «Armut» wird gar mit Mittellosigkeit und Unterschicht gleichgesetzt. Unter den Handwerkern, einer in den Städten zum Bürgertum aufstrebenden Mittelschicht, werden besonders die Weber genannt. Ihr religiöses Interesse erklärt sich Max Weber (1922, 294) so: «Der Handwerker hat ... während seiner Arbeit wenigstens bei gewissen, in unserem Klima stark stubengebundenen Gewerben – so in den Textilhandwerken, die daher überall besonders stark mit sektenhafter Religiosität durchsetzt sind – Zeit und Möglichkeit zum Grübeln.» Wo man aber größere Zahlen bilden kann (etwa in den Registern der Inquisition), da zeigt sich, daß die Befragten nicht signifikant aus nur einer sozialen Schicht kamen. Für die Unterschicht dagegen hatten die Inquisitoren kein Interesse; sie befragten und verunsicherten die führenden Köpfe der Fürstentümer, der Städte, der Dörfer und die Klientel der großen Familien. Die Religion selbst bestimmen zu können, indem man den Pfarrer selbst wählte (Kurze), war ein wesentliches Motiv, das sich gegen römische Fremdbestimmung auflehnte. Insofern ging es bei dem Aufbruch des 12. Jahrhunderts auch um den Aufstieg sozialer Schichten, vor allem aber um die Solidarität in den (mehrere soziale Schichten umfassenden) lokalen Einheiten wie Grafschaften, Städten, Regionen.

Zu der selbstbestimmten Religion gehörten neben der Pfarrei andere soziale Institutionen, die nicht zum Zweck der Religion eingerichtet waren, die sich gleichwohl über Religion definierten; im 12. Jahrhundert traten vor allem Städte und ihr Stadtpatron hervor. Der Heilige der Stadt war der Empfänger der Spenden, von denen ein Teil als Pfründe dem Kult zugute kam. Aus dieser Perspektive hatten die Kleriker ihre Pflicht dem Heiligen gegenüber, der in einem Freundschaftsverhältnis zu seiner Gemeinde stand, von dieser geehrt, gepflegt, beschenkt wurde. – Jede Mühle hatte ihren Heiligen, jedes Wirtshaus, jede Handwerkerinnung. Die Kathedrale der Stadt zu bauen, die Glasfenster zu finanzieren trug sowohl dazu bei, das Heil zu gewinnen als auch den Kult zu finanzieren und die Bewunderung und den Neid der Nachbarstädte zu erregen.

Religion als Institution und Religion als notwendiger Teil und Sicherheit im Leben der Menschen sind auseinanderzuhalten, aber die doppelte Perspektive erst ergibt den Gegenstand der Religionsgeschichte. Die Geschichte der Ketzer ist aus der Differenz und Konkurrenz der beiden Aspekte von Religion im Mittelalter entstanden: dort, wo die Institution sich absolut zu setzen versuchte gegenüber den Bedürfnissen der gelebten Religion, wo sie die Sicherheit versagte, zur Religion dazuzugehören, indem die Kleriker den Zugang zu den Heilsgütern versperrten. Aber das Instrument war stumpf, sobald es mehr als einmal angewendet wurde.

Wer sich zu den wahren Christen zählte, brauchte eine Autorität, die das plausibel machte und die anderen ins Unrecht des falschen Glaubens setzte. Solange Normen nicht kraft Staat garantiert und durchgesetzt werden konnten, lag ein hoher rhetorischer Aufwand darin, die eigene Position zu rechtfertigen, am besten für «Not-wendig» zu erklären. Das immer neue Spiel des Aushandelns war deshalb so schwierig, weil die frühen Christen die Werte der Gesellschaft, in der sie lebten, auf den Kopf stellten: Die Ersten werden die Letzten sein; Gott hat sein Wissen den Weisen verborgen, den Ungebildeten aber offenbart; sorge dich nicht um den nächsten Tag, gründe keine Familie; Reiche kommen noch schwerer in den Himmel als ein Kamel durch ein Nadelöhr. Eine der rhetorischen Strategien, Plausibilität zu behaupten, lag in der Figur der Mehrheit. In der Antike wurden Einwände oft damit beantwortet, daß sie nur eine private Meinung repräsentierten. «Alle Welt» sei da anderer Meinung. Der *consensus omnium* (alle Welt ist sich einig) beweise das. Das findet man in der Rede von der Katholizität: Die ganze Welt sei Beweis und Zeuge, daß der Glaube wahr sei, das habe man immer und überall so geglaubt. Das ist eine «schweigende Mehrheit», die man nicht wirklich fragen kann, weil sie nicht in der Auseinandersetzung mitredet, auch bei einer Abstimmung nicht die zahlenmäßige Überlegenheit beweisen könnte. Es gibt sie nicht im Hier und Jetzt. Das hindert nicht daran, sie als Zeugen aufzurufen. So argumentiert etwa der *Passauer Anonymus*: Beweis für die Rechtmäßigkeit der römisch-katholischen Kirche sei «die Verbreitung des Glaubens, weil der Ruf der Kirche in die ganze Welt ging, bis an die Enden der Erde»; die Häretiker gebe es dagegen nur in wenigen Ländern. Zu dem Argument der regionalen Verbreitung tritt das der größeren Zahl: «Die Menge der Gläubigen, weil das gesamte Menschengeschlecht unsern Glauben hat, darunter die Philosophen, die Gebildeten, die Regierenden. Der Häretiker dagegen sind nur wenige und auch darunter wiederum nur die Armen, die Arbeiter, die Frauen und die Laien.»

In einer Überarbeitung dieses Handbuchs für Inquisitoren aus dem östlichen deutschsprachigen Gebiet steht allerdings genau das Gegenteil: Die Ketzerei der Waldenser «ist, wie sie sagen, uralt, seit den Zeiten des Papstes Silvester (bzw. Konstantins), und es gibt fast kein Land, in dem sie nicht sich eingeschlichen habe.» (*Passauer Anonymus* bei Patschovsky 1968, 110 f.).

Das Argument ist also auch umkehrbar: Die jeweils «Rechtgläubigen» waren oft in der Minderheit. Aber auch das gehörte schon zur antiken Rhetorik: Philosophen kokettierten damit, daß nur ganz wenige, dafür aber die Elite, die Welt durchschaue, während das gewöhnliche Volk sich von der Verkleidung blenden lasse. Die Wahrheit kenne nur die elitäre Minderheit. Und leicht gerät das zum Umkehrschluß: Weil wir in der Minderheit sind, muß unsere Position wahr sein.

Von ähnlicher Qualität ist die Berufung auf das Alter einer Wahrheit oder Bewegung: Der *Passauer Anonymus* sagt um 1260/66 etwa «Das beweist die Dauer, weil (die römisch-katholische Religion) von der Zeit der Apostel an besteht; die Autoritäten der Ketzer dagegen sind gerade erst erfunden wie die Ortlieber, die Runkarier und so weiter.» Die Waldenser allerdings seien deshalb gefährlicher, weil sie schon lange und weit verbreitet existierten. Ähnlich bei den Katharern: Sie beriefen sich darauf, daß es ihre Gemeinschaft lange im Verborgenen und im Orient gegeben habe, die Dauer aber sei der Beweis dafür, daß man Wahrheit nicht ausrotten könne.

Eine Religion für Frauen?

Die Asymmetrie der christlichen Religion zugunsten der Priester – die Religion muß durch Mittler vollzogen werden – verstärkt sich noch, wenn es um Frauen geht. Um ein Amt in der römischen Kirche ausüben zu können, vom einfachsten Priester bis zum Papst, muß man ein Mann sein. In der Askese-Religion des Mönchtums besitzen zwar Frauen ihre eigenen Rechte auf Nonnenklöster. Aber wenn sie die Messe feiern wollen, benötigen sie einen männlichen Priester. Die Sünden können sie nur einem Mann beichten, denn nur ein Mann darf die Sakramente, hier also die Absolution, erteilen. Insofern erscheint die mittelalterliche christliche Religion der römischen Kirche als eine reine Männerangelegenheit.

Die Begründung für die Exklusivität, daß ausschließlich Männer die Religion und das Heil austeilen können, leitete man aus der Bibel ab, unter anderem aus der Tatsache, daß Jesus ausschließlich Männer unter die zwölf Jünger berief. Wahrscheinlich liegt das daran, daß der engere Kreis der Zwölf – im Unterschied zu dem viel größeren Kreis der Anhängerschaft Jesu – die Erneuerung der zwölf Stämme im neuen Israel und das Volk Gottes vertritt. Weiter ist im Hebräer-Brief Christus, der Mann, das Urbild aller Priester. Und der Epheserbrief stellt die Analogie auf: «Der Mann ist das Haupt seiner Frau gerade so wie Christus das Haupt der Kirche ist.» (Eph 5,23) Und hatte nicht der Apostel Paulus geboten «Das Weib schweige in der Gemeinde!» (1 Kor 14,34 f)? Sicher, es gab Jüngerinnen, wie Maria Magdalena, Maria und Martha; eine Apostolin gar, die in der Tradition durch eine männliche Endung ihres Namens gezähmt wurde (Röm 16,7). Die Tradition wußte von einer geistlichen Freundin des Paulus, Thekla. Aber für das Priesteramt war das männliche Geschlecht die Voraussetzung. Das zieht sich bis in die Gegenwart durch kirchliche Verlautbarungen (DH 4830–41).

Unter den Klerikern wurde im Laufe der hier beschriebenen Zeit der Zölibat zur Pflicht, zunächst im höheren Klerus, dann aber auch bei den einfachen Priestern. Wenn man keine Kinder haben, keine Familie gründen, keine Frau umarmen darf, schützt man sich vor dem Gefühl der Liebe dadurch, daß man Frauen als gefährlich, verführerisch, sündhaft abstößt. Man hat Angst vor Frauen. In den theologischen Schriften des Mittelalters finden sich viele ausgesprochen frauenfeindliche Sätze. Eva bürdet man das ganze Unheil auf: Wenn sie Adam nicht verführt hätte, wären wir nie aus dem Paradies vertrieben worden. Sexualität ist die Situation, in der die Sünde von Generation zu Generation weitergegeben wird: Das neugeborene Kind bringt in sich die Erbsünde mit auf die Welt. Das ist schwerlich die Aussage der Schöpfungsgeschichte in der Bibel. Unter den Juden, die die gleiche Bibel lesen, hält man sich an den Brauch, am dritten Tag (dienstags) zu heiraten, weil Gott zu dem Werk dieses Schöpfungstages nicht nur einmal sagte «Und siehe, es erwies sich als gut», sondern «es erwies sich als gut gut». Sexua-

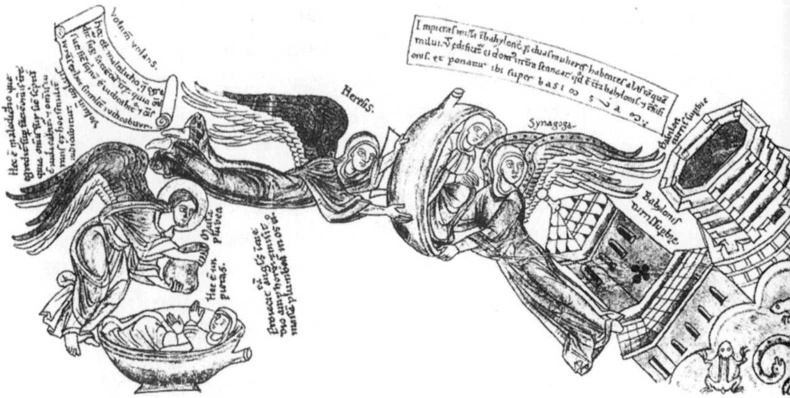

Die Weissagung des alttestamentlichen Propheten Sacharja (lat. Zacharias 5,3) wird christlich interpretiert. Der Prophet sah in der Ferne zwar schon den Messias, aber auf der Welt lastet die Gottlosigkeit (*impietas*) – wie selbstverständlich in weiblicher Gestalt dargestellt: In einem Scheffel wird sie von zwei gefügelten Frauen, der Häresie und der Synagoge, zum Turm der menschlichen Überheblichkeit getragen, der jedoch im Sumpf, bei Kröten und Schlangen, keinen Baugrund findet. – Darstellung aus dem *Hortus deliciarum* der Herrad von Hohenburg, um 1190, f. 65^{r}.

lität ist eine Gabe Gottes, die seine Schöpfung fortsetzt. Nicht die Bibel, nicht das Christentums an sich ist körperfeindlich und gegen die Sexualität. Es war die Angst der Spätantike, die Kräfte und den Verstand zu verlieren. So wurde Sexualität zum gefährlichen Ort, an dem man sein Leben an die Sünde verlor, und die männlichen Autoren ängstigten sich, verteufelten die Frauen.

Anders dagegen erscheint das Bild, wenn man – wie oben dargestellt – die Religion der Menschen betrachtet. Schon unter den Heiligen, die sich eine Laiengruppe wählen konnte, waren viele Frauen. Seit dem Hochmittelalter wurde gerade Maria zur Patronin der Bürger-Gemeinden, also von Laien bevorzugt gewählt. Neben der besonderen Stellung der Mutter Jesu gab es unter den Jüngerinnen Jesu Frauen, wie Maria und Martha oder Maria Magdalena. Maria hielt selbst dann noch an Christus fest, als alle männlichen Jünger geflohen waren – gerade auch Petrus. Das wurde Frauen voll Bewunderung angerechnet, führte für sie aber nicht zu einem leitenden Amt. Die vielen weiblichen Heiligen aus allen Zeiten der Kirchengeschichte wurden zu Patroninnen des Stadtviertels, der Arbeit, der besonderen Nöte und Krisen gewählt. Darunter gab es auch Heilige für Frauen in ihren Nöten und Sehnsüchten.

In den Berichten über Ketzergruppen fiel den kirchlichen Berichterstattern immer auf, wenn sich Frauen unter den Verdächtigen befanden. Das scheint keine Seltenheit gewesen zu sein. Und auch in jenen neuen Lebensformen, die nicht der Ketzerei beschuldigt wurden, spielten Frauen eine Rolle: Clara etwa neben Franz von Assisi. Offenbar waren Frauen im Mittelalter nicht ausschließlich ans Haus gebunden, an Familie und eine fest zugewiesene Rolle. Wallfahrten und religiöse Lebensformen, auch solche, die nicht auf Dauer eingehalten werden mußten, boten offenbar Alternativen zum und im Alltagsleben. Und wie häufig machte aus der bewunderten Ehefrau der frühe Tod ihres Mannes eine junge Witwe ohne Aussichten auf eine neue Verbindung, ohne Schutz, mit materiellen Sorgen? Die Klöster der großen Orden, auch der neuen wie der Zisterzienser und der Prämonstratenser, nahmen bevorzugt reiche und adelige Frauen mit einer Mitgift auf.

Frauen also als fragwürdiges Kennzeichen von neuen religiösen Lebensformen gehörten zur klerikalen Rhetorik. Rodulfus Glaber führt eine seiner Ketzergruppen darauf zurück, daß eine Frau, noch dazu Ausländerin, die Irrlehre mitgebracht habe; Bernhard sieht in der Tatsache, daß Frauen unter den Katharern von Köln waren, schon den Beweis der Ketzerei. Was ist daran Übertreibung, Unterstellung, Polemik? Es gibt einige größere Untersuchungen durch Inquisitoren, die genügend großes Zahlenmaterial bieten, daß man an ihnen statistische Werte ablesen kann: Bei einer Untersuchung im Jahr 1241/42 wurden an einem Ort rund 650 Personen verhört. Sie wurden unterteilt in Anhänger der Katharer (etwas über die Hälfte), der Waldenser (etwa ein Drittel) und solche, die sich beiden Gruppen zurechneten – überraschend, wenn man die Gegnerschaft zwischen beiden Gruppen kennt. Unter den damals verhörten Katharern waren rund 30 Prozent Frauen, bei den Waldensern dagegen deutlich mehr, über 50 Prozent. In einer anderen Inquisitionskampagne wenige Jahre später im Bistum Toulouse, also im Zentrum des Katharismus, wurden aus 106 Ortschaften fast 5600 Zeugen verhört, fast ausschließlich Katharer, und zwar deren weibliche und männliche Perfekte. Der Frauenanteil betrug vor dem Kreuzzug 40 Prozent, fiel dann auf etwa 30 Prozent, nahm weiter ab, bis um die Mitte des Jahrhunderts wieder rund 30 Prozent Frauen in der religiösen Elite der Katharer wirkten.

Bei den Waldensern ermöglichte das Ideal der Urkirche wie allen Christen auch den Frauen eine eigenständige Rolle. Eine Hierarchie, in der man qua officio eine Herrschaft besaß, gab es unter den Waldensern nicht. Der hohe Anteil an Frauen unter den Waldensern erklärt sich aus der Lebensform. Völlig anders stellt sich die Frage dagegen bei den Katharern: Da stößt man zunächst auf ein Paradox. Die dogmatischen Aussagen sind zum Teil noch frauenfeindlicher als die der römischen Kirche. Manche männlichen Perfekte scheuten sich dermaßen vor jedem Körperkontakt mit Frauen, daß sie die Hände verhüllten.

In dualistischen Religionen bildete sich oft eine ambivalente Haltung zu Frauen, die von einem Extrem ins andere kippte, aus der Kontaktvermeidung in die sexuelle Freizügigkeit. Das ist in der Spätantike in den Gruppen der Gnosis zu beobachten. Dogmatisch waren Frauen hier – eher noch schärfer als im Katholizismus – Träger und Verbreiter des Bösen. Es gab sogar die Behauptung, daß Frauen nicht gerettet werden könnten. Aber der Satz wurde schnell entschärft: Die Seelen der Frauen wandelten einfach ihr Geschlecht und erhielten so doch Zutritt zum ewigen Heil. Und unter den Trägern des Heils, die als Perfekte das Heil an die Gläubigen verteilten, waren eben viele Frauen. Das andere Extrem zeigt sich an dem Pfarrer der Gemeinde von Montaillou: Während über lange Sommermonate die Männer mit ihren Schafen unterwegs in den Bergen waren, hatte der Pfarrer seinen festen Platz im Dorf. Als ihn eine junge Witwe aufsuchte, damit er ihr Trost zuspreche, überredete er sie zum Sex – in der Kirche. Mit der Autorität des Priesters oder des Katharers? Er war ja beides in einem. Der Dualismus ermöglichte es nicht, durch gutes Leben seine Situation zu bessern. Man war bestimmt zum Heil oder verworfen.

Frauen und Religion lassen sich nicht auf einen klaren Nenner bringen. Die Emanzipierten lassen sich nicht so einfach von den Frauenfeindlichen trennen. Das Beispiel der Elisabeth von Thüringen mag das noch einmal vor Augen führen: Schon zu Lebzeiten hatte sie «Armut» insofern gelebt, als sie von ihrem Reichtum den Armen abgab. Mit dem Tod ihres Mannes, des Landgrafen von Thüringen, gab sich die Witwe und Ausländerin radikal dem religiösen Leben hin. Mit Franz von Assisi teilte sie die Unruhe bei der Suche nach der rechten Lebensform. War es besser, in ein Kloster einzutreten, als Klausnerin bzw. Eremitin zu leben, das Wort Gottes zu verkündigen und sich der Pflege der Kranken zu widmen oder als Bettlerin durch die Lande zu ziehen? Franz von Assisi und Elisabeth von Thüringen entschieden sich schließlich für ein Büßerleben, weder im Kloster noch in der Welt. Beide entfernten sich von den traditionellen Formen der Frömmigkeit: nach dem Leben Jesu sich auszurichten, vor allem seine Armut, Leiden und Erniedrigungen auf sich zu nehmen. So war sie weder Nonne noch Franziskanerin oder Clarissin geworden. Sollte man sie als Semireligiose bezeichnen oder eher unbestimmt als Begine? Sie legte Wert darauf, daß sie ein Leben der Schwestern in der Welt führte. Nach ihrem Tode versuchten viele, sie für ihre Ordensverehrung zu vereinnahmen, ganz besonders der Ketzerjäger Konrad von Marburg. Sie hätte als Adlige jederzeit in ein Kloster eintreten können, mit den Sicherheiten und gewissen Annehmlichkeiten der Institution. «Nicht aus Schwäche oder Widerspruch, sondern um der Vollkommenheit willen geriet sie in die Aporie (Zwickmühle) von persönlichem Gestaltungswillen und organisatorischen Zwängen. Und konnte ihr viel schwerer entkommen als die männlichen Zeitgenossen.» (K. Elm) Ob Heilige oder Ketzerin – der Grat dazwischen war schmal und konnte jederzeit neu definiert werden.

Zeittafel

	Römische Kirche	Religiöse Bewegungen
11. Jahrhundert: Gregorianische Kirchenreform und Widerstand der Bistümer		
1022	Die Ketzer von Orléans: Im Streit um den Bischofsstuhl werden die Verlierer zu Ketzern erklärt; Gottesurteil.	Bäuerlicher Widerstand gegen den Zehnten (Leuthard)
seit 1059	Zentralistische Kirchenreform (Gregor VII.); «Simonie»	Pataria in Mailand
1095	Aufruf zum Kreuzzug (Urban II.)	Kreuzzugsbewegung als Laienreligion
12. Jahrhundert: Apostolisches Leben, Wanderprediger und lokale Gegenkirche		
1099		Vervielfältigung der Orden, beginnend mit den Zisterziensern
1138		Petrus von Bruis wird verbrannt.
1143	Der Bischof von Köln läßt Lynchmord zu. Die Zisterzienser warnen vor den Ketzern.	Katharer von Köln werden verbrannt
1163	Die Synode von Tours schließt Ketzer aus.	Katharer in Köln und Bonn werden verbrannt.
1167		Die Katharer begründen eine Kirche: die Synode in St. Félix-Lauragais. «Radikalisierung» der Katharer.
		Predigttätigkeit des Niketas (Bogomile aus Bulgarien). Die italienischen Katharer-Prediger lassen sich von Bulgaren (Bogomilen) ordinieren.
ab 1180	Die Zisterzienser predigen das Fegefeuer gegen Ketzer und griechische Kirche: Nur die Kirche verfüge über das Heil.	
1179	III. Laterankonzil	Die Waldenser werden diszipliniert.

	Römische Kirche	Religiöse Bewegungen
13. Jahrhundert: Innozenz III. – Die gewaltsame Vernichtung der Katharer		
1204	Der Vierte Kreuzzug endet mit der Eroberung Konstantinopels.	
1215	IV. Laterankonzil: Verurteilung der Lehren der Katharer und Waldenser	
1221		Die Gemeinschaft des Franziskus von Assisi muß sich eine Ordnung geben.
1209/ 1229	«Kreuzzüge» gegen die Albigenser; Vasallen des nordfranzösischen Königs erobern die Grafschaft Toulouse.	
1229		Friede von Paris: Der Adel wird katholisch.
1231	Inquisition gegen die Katharer.	Elisabeth von Thüringen stirbt.
1234	Kreuzzug gegen die Stedinger.	
1244		Die Burg Montségur fällt.
1279		Diplom von Paris: Restitution der Vermögen der Familien von Toulouse: Die Städte werden katholisch.
1294	Wahl des «Engelspapstes» Coelestin V.	
14. Jahrhundert: Katharer im Untergrund		
1295	Neues Bistum Pamiers	
1296		Petrus Clerici flieht für vier Jahre in die Lombardei.
1304		Inquisition in Montaillou
1309		Massenverhaftung
1321		Petrus Clerici stirbt.

Literaturhinweise zu den Kapiteln

Auf dem knappen Raum, den die Reihe vorsieht, können nur ein paar grundlegende Werke und für den Text wichtige Aufsätze genannt werden. Eine umfassende Bibliographie und verläßliche Information gibt das Handbuch Lambert ³2002 (erheblich überarbeitet, während die dt. Übersetzung Darmstadt 2001 der 2. Auflage 1992 folgt [nicht identisch mit dem ND 2001 der ersten Aufl.]. Das Katharer-Kapitel der zweiten Auflage ist als eigenes Buch ausgearbeitet Oxford 1998; dt. Darmstadt 2001 (in der deutschen Ausgabe viele Fehler). Schon sprachlich ein Genuß bleibt Borst 1953. Für Einzelheiten immer noch grundlegend Grundmann 1935 und 1976. Dazu Wehrli-Johns 1996. Wichtige Aufsätze von Kurze 1996 und Patschovsky 2001. Die Arbeiten von Peter Segl liegen noch nicht gesammelt vor. Die Forschung wird mit sehr unterschiedlichen Interessen durchgeführt, die wissenschaftlichen Standards sind verschieden. Viele Quellen sind nicht oder unzureichend ediert. Viele lokale Bereiche sind noch nicht untersucht.

Grundinformationen über alle Bereiche des Mittelalters findet man im Lexikon des Mittelalters, Zürich, München 1, 1980–89, 1999 und Registerband; ND Stuttgart: 1999, München 2002. (Herausragendes, international konzipiertes Lexikon; Bibliographie; unverzichtbar für schnelle – dank guter Untergliederung der Artikel – und gründliche Information.

1. Laien und Pfaffen

Rodulfus Glaber, ed. 1989. Zerstörung der Jerusalemer Grabeskirche: Ess 1977. Adhemar de Chabannes: Neue (praktisch die erste) Ausgabe: Chronicon. Ed. P. Bourgain. CCM 129. Turnhout: Brepols 1999. Landes 1995. – *Gregorianische Reform:* «Reformrhetorik» Hermann Jakobs in: Kottje/Maurer 1989. Tellenbach 1936. Tellenbach 1988. Tilman Struve: LexMA 4(1989), 1686–88. – *Simonie:* Petrus Damiani: Epistola 40, ed. Kurt Reindl (MGH-Briefe der Deutschen Kaiserzeit 4/1). München 1983 (MGH Ldl. 1, 1891, 15–75). Humbert von Silva Candida: Ed. F. Thaner. In: MGH Libelli de lite, Band 1, 1891, 95–253. Blumenthal 1982, 100–117. – *Kreuzzüge und Ritter:* Auffarth 1989. Auffarth 2002. Nunc fiant Christi milites, qui dudum extiterunt raptores. «Nun sollen zu Christi Soldaten werden, die bislang sich als Raubmörder durchgeschlagen haben.» Fulcher von Chartres 1. 3,7. Althoff 1981. Borst 1976. – *Spätantikes Verfahren* der «Gestürzten» (Lapsi) und der «Reinen» (Cathari) in der Gregorianischen Reform als Modell angeführt: Petrus Damiani und Humbert von Silva Candida, MGH, Libelli de lite 1, bes. p. 112[29] (weiteres im Register). Jan N. Bremmer: The Rise and Fall of the Afterlife. London 2002, 64–69.

2. Es brodelt

Grundlegende Religionsgeschichte des 12. Jahrhunderts. Constable 1996. Die Ketzerkonzepte bei Lourdaux/Verhelst 1976. – *Kreuzzüge nicht nur ins Heilige Land:* Hehl 1994. Zisterzienser und Cluny: Auffarth 2000. Wollasch 1996.– *Petrus Venerabilis:* Iogna-Prat 1998. Norbert Bulst: Petrus (Nr. 74) LexMA 6(1993), 1985–87. Editionen: Contra Petrobrusianos, ed. James Fearns. CCM 10. Turnhout 1968. Das Urteil über Peter von Bruis bei G. Barone: Petrus (Nr. 18) von Bruis. LexMA 6(1993), 1964 f. mit

Raoul Manselli: Il secolo XII, 1983, 67–100. Contra inveteratam durietiem Iudaeorum, ed. Yvonne Friedman. CCM 58. Turnhout 1985. Dazu (mit der Literatur) Schreckenberg 1997, 180–193. Petrus Venerabilis: Die Schriften zum Islam. Hrsg., übersetzt von Reinhold Glei. CIsC 1. Altenberge 1985. [darin CS].– *Bernhard von Clairvaux*, Sermones super Canticum [SC] in Band 5 und 6 der Werke 1990–1999. Everwin von Steinfeld. Dinzelbacher 1998. Duby 1985 und 1989.

3. Schwarze Messen und Satansjünger

Hergemöller 1996. *Stedinger:* Schmidt 1982/83. Köhn 1979 und 1991. Patschovsky 1990. *Import einer orientalischen dualistischen Religion:* Rottenwöhrer 1990 mit meiner Rezension in: Wissenschaft und Weisheit 56(1993), 70–75. Hamilton 2004.

4. Religion als Verbrechen

Prozeß des Abaelard: Borst 1958/1988 (ein Muster für spannende und gut recherchierte wissenschaftliche Prosa). *Der Templer-Prozeß* bes. Fried 1985. *Ketzergesetze in der Tradition von der Antike bis ins Mittelalter* sind grundlegend aufgearbeitet von Zeddies 2003.

5. Erlöschen oder Erwürgen

Katharer: Lambert 1998. Mundy 1997. Stodt 1996. *Waldenser:* Audisio 1996. *Franziskaner:* Feld 1994 muß mit der Rezension von Johannes-B. Freyer gelesen werden: Wissenschaft und Weisheit 58(1995), 330–338.

6. Die mittelalterlichen Gesellschaften und ihre Religionen

Zur Einordnung in die Europäische Religionsgeschichte s. Auffarth 2004. Mitterauer 2003, 152–198.

Bibliographie

Quellen

Bernhard von Clairvaux: Werke, lateinisch-deutsch, hrsg. von Gerhard A. Winkler. Innsbruck 1990–1999.

DH Heinrich Denzinger; Peter Hünerfeld (Hrsg.): Enchiridion symbolorum, definitionum et declarationum de rebus fidei et morum. Freiburg [37]1991 [lat. Texte mit paralleler dt. Übersetzung].

EFV Enchiridion fontium Valdensium, ed. Giovanni Gonnet, Band 1, Torre Pelice 1958. (nur lat. Texte), der 2. Band umfaßt die Neuzeit.

Everwin von Steinfeld, MPL 182, 676A–680A [unter den Briefen Bernhards als ep. 432].

Hortus deliciarum. Herrad of Hohenbourg, Hortus deliciarum., hrsg. von Rosalie Green u. a.. London 1979.

Seifert, Petra (Einführungen); Pawlik, Manfred (Übersetzungen): Geheime Schriften mittelalterlicher Sekten. Augsburg 1997 [nur deutsche Texte; gute Einführung].

Thouzellier, Christine (ed.): Rituel cathare (Sources chrétiennes 236). Paris 1977.

Rodulfus Glaber: John France (ed.), Rodulfus Glaber, Historiae; Vita. Oxford 1989 [lat.-engl.].

Selge, Kurt-Viktor (Hrsg.): Texte zur Inquisition (Texte zur Kirchen- und Theologiegeschichte 4). Gütersloh 1967 [nur lateinische Texte, ohne Übersetzung und Kommentar].

Wakefield/Evans: Heresies of the High Middle Ages, translated with Notes by Walter L. Wakefield; Austin P. Evans. New York 1969, ND. [umfassend (865 S.); nur englisch; kommentiert].

Forschungsliteratur

Althoff, Gerd: Nunc fiant Christi milites, qui dudum extiterunt raptores. Zur Entstehung von Rittertum und Ritterethos. in: Saeculum 32(1981), 317–333.

Audisio, Gabriel: Die Waldenser. Die Geschichte einer religiösen Bewegung. Dt. von Elisabeth Hirschberger. München 1996.

Auffarth, Christoph: «Ritter" und «Arme" auf dem Ersten Kreuzzug. Zum Problem Herrschaft und Religion, ausgehend von Raymond von Aguilers. in: Saeculum 40(1989), 39–55.

Auffarth, Christoph: Irdische Wege und himmlischer Lohn. Kreuzzug, Jerusalem und Fegefeuer in religionswissenschaftlicher Perspektive. (VMPIG 144), Göttingen 2002.

Auffarth, Christoph: Das Ende der Katharer im Konzept einer Europäischen Religionsgeschichte. In: Kocku von Stuckrad; Brigitte Luchesi (Hrsg.): Religion im kulturellen Diskurs – Religion in Cultural Discourse. Festschrift für Hans G. Kippenberg zu seinem 65. Geburtstag (RGVV 52). Berlin; New York 2004, 291–305.

Auffarth, Christoph: Pluralismus im Mittelalter? Besichtigung einer Epoche der Europäischen Religionsgeschichte (Religionen in der pluralen Welt 1). Münster 2005.

Biller, Peter; Hudson, Anne (ed.): Heresy and Literacy 1000–1530. Cambridge 1994.

Blumenthal, Uta-Renate: Der Investiturstreit. Stuttgart 1982.

Borst, Arno: Die Katharer (SMGH 13). Stuttgart 1953. Als Taschenbuch Freiburg 1991, mit einem Nachwort von Alexander Patschovsky.

Borst, Arno (Hg.): Das Rittertum im Mittelalter. WdF 349. Darmstadt 1976.

Borst, Arno: Abaelard und Bernhard. In: A. B.: Barbaren, Ketzer und Artisten. Welten des Mittelalters. München 1988, 351–376.

Constable, Giles: The Reformation of the 12th Century. Cambridge 1996.

Dinzelbacher, Peter: Bernhard von Clairvaux. Darmstadt 1998.

Duby, Georges: Ritter, Frau und Priester. Die Ehe im feudalen Frankreich. Paris 1981; dt. Frankfurt 1985; stw 735, 1988.

Duby, Georges: Die Frau ohne Stimme. Liebe und Ehe im Mittelalter (Kleine kulturwissenschaftliche Bibliothek 13). Berlin 1989.

Elm, Kaspar, Die Stellung der Frau in Ordenswesen, Semireligiosentum und Häresie zur Zeit der Elisabeth. In: Sankt Elisabeth, Fürstin – Dienerin – Heilige. Sigmaringen 1981, 7–28.

Elm, Kaspar, in: Conrad Eckart Lutz/Ernst Tremp (Hrsg.): Pfaffen und Laien – ein mittelalterlicher Antagonismus. Freiburg/Schweiz 1999.

Ess, Josef van: Chiliastische Erwartungen und die Versuchung der Göttlichkeit. Der Kalif al-Hakim 386–411 H. AHAW-PH 1977,2. Heidelberg 1977.

Feld, Helmut: Franziskus von Assisi und seine Bewegung. Darmstadt 1994.

Fried, Johannes: Wille, Freiwilligkeit und Geständnis um 1300. Zur Beurteilung des letzten Templergroßmeisters Jacques de Molay. Historisches Jahrbuch 105(1985), 388–425.

Given, James: Inquisition and Medieval Society. Power, Discipline and Resistance in Languedoc. Ithaca; London 1997.

Grundmann, Herbert: Religiöse Bewegungen im Mittelalter [...] (Historische Studien 267). Berlin 1935; ND mit einem Anhang 1961; 1970.

Grundmann, Herbert: Ausgewählte Aufsätze, Teil 1: Religiöse Bewegungen (SMGH 25,1). Stuttgart 1976.

Hamilton, Janet; Hamilton, Bernard: Hugh Eteriano, contra Patarenos (MMed 55). Leiden 2004.

Hehl, Ernst-Dieter: Was ist eigentlich ein Kreuzzug? Historische Zeitschrift 259 (1994), 297–336.

Hergemöller, Bernd Ulrich: Krötenkuß und Schwarzer Kater. Ketzerei, Götzendienst und Unzucht in der inquisitorischen Phantasie des 13. Jahrhunderts. Warendorf 1996.

Iogna-Prat, Dominique: Ordonner et exclure. Cluny et la société chrétienne face à l'hérésie, au judaisme et à l'Islam 1000–1150. Paris 1998.

Köhn, Rolf: Die Verketzerung der Stedinger durch die Bremer Fastensynode. Bremisches Jahrbuch 57(1979), 15–85.

Köhn, Rolf: Die Stedinger in der mittelalterlichen Geschichtsschreibung, in: Niedersächsisches Jahrbuch 63(1991), 139–202.

Kottje, Raymund; Maurer, Helmut (Hrsg.): Monastische Reformen im 9. und 10. Jahrhundert. VuF 38. Sigmaringen 1989.

Kurze, Dietrich: Klerus, Ketzer, Kriege und Prophetien. Gesammelte Aufsätze. Warendorf 1996.

Lambert, Malcolm: The Cathars. Oxford 1998; dt. Geschichte der Katharer. Darmstadt 2001.

Lambert, Malcolm: Medieval Heresy – Popular Movements from Gregorian Reform to the Reformation [1977]. Oxford ³2002; dt. Häresie im Mittelalter. Darmstadt 2001.

Landes, Richard: Relics, Apocalypse, and the Deceits of History: Ademar of Chabannes 989–1034. Cambridge, MA 1995.

Lourdaux, Willem; Verhelst, Daniel (Ed.): The Concept of Heresy in the MA, 11th–13th c (Mediaevalia Lovaniensia I 4). Leuven 1976.

Mitterauer, Michael: Warum Europa? Mittelalterliche Grundlagen eines Sonderwegs. München 2003.

Mundy, John H.: Society and Government at Toulouse in the Age of the Cathars (Pontifical Institute of Medieval Studies: Studies and Texts 129). Toronto 1997.

Oberste, Jörg: Zwischen Heiligkeit und Häresie (Norm und Struktur 17), 2 Bde. Köln u. a. 2003.

Patschovsky, Alexander: Wie wird man ein Ketzer? In: Peter Dinzelbacher; Dieter R. Bauer (Hrsg.): Volksreligion im hohen und späten Mittelalter. Paderborn 1990, 145–162.

Patschovsky, Alexander: Ketzer, Juden, Antichrist. Gesammelte Aufsätze. Konstanz 2001 (als e-book: www.uni-konstanz.de/fuf/philo/geschichte/patschovsky/aufsaetze).

Rottenwöhrer, Gerhard: Der Katharismus. 4 Bände, Bad Honnef 1982–1993, bes. Band 3: Die Herkunft der Katharer nach Theologie und Geschichte. 1990.

Schmidt, Heinrich: Zur Geschichte der Stedinger. In: Bremisches Jahrbuch 60/61 (1982/83), 27–94.

Schreckenberg, Heinz: Die christlichen Adversus-Iudaeos-Texte [2] 11.–13. Jh. Mit einer Ikonographie des Judenthemas bis zum IV. Laterankonzil. Bern [3]1997.

Stodt, Christoph: Katharismus im Untergrund. Die Reorganisation durch Petrus Auterii 1300–1310. Tübingen 1996.

Tellenbach, Gerd: Libertas Ecclesiae. Stuttgart 1936, ND 1996.

Tellenbach, Gerd: Die westliche Kirche vom 10. bis zum frühen 12. Jahrhundert. (Karl Ludwig Schmidt (Hrsg.): Die Kirche in ihrer Geschichte, 2 F1) Göttingen 1988.

Weber, Max: Wirtschaft und Gesellschaft. Hg. von Johannes Winckelmann. Tübingen [5]1985.

Wehrli-Johns, Martina: Voraussetzungen und Perspektiven mittelalterlicher Laienfrömmigkeit seit Innozenz III. Eine Auseinandersetzung mit Herbert Grundmanns «Religiösen Bewegungen». Mitteilungen des Österreichischen Instituts für Geschichte 104(1996), 286–309.

Wollasch, Joachim: Cluny. Das Licht der Welt. Zürich; Düsseldorf 1996.

Zeddies, Nicole: Religio et sacrilegium. Studien zur Inkriminierung von Magie, Häresie und Heidentum, 4.–7. Jahrhundert. EHS III 964. Frankfurt 2003.

Personenregister

C.H.BECK WISSEN

in der Beck'schen Reihe

Der Glaube an Hexen ist weltweit verbreitet – auch heute noch. In beinahe allen Kulturen gab oder gibt es Menschen, die glauben, daß bestimmte Personen mit Hilfe magischer Kräfte Nutzen oder Schaden stiften und mit Geistern und Dämonen in Kontakt treten können. Wolfgang Behringer, einer der führenden Experten zur Geschichte der Hexenverfolgung, schildert in diesem Band knapp und präzise die Traditionen des Hexenglaubens, die Zeit der großen Prozesse und Hinrichtungen in Europa sowie die spätere Rezeption und Vermarktung. Und auch die heutige Situation wird nicht ausgespart.

Wolfgang Behringer, geb. 1956 in München, lehrt als Professor für Neuere Geschichte an der University of York in England.

Wolfgang Behringer

HEXEN

Glaube, Verfolgung, Vermarktung

Verlag C.H.Beck

Mit 4 Abbildungen und 3 Tabellen

Die Originalausgabe erscheint in der Reihe C. H. Beck Wissen.

1. Auflage. 1998
2., durchgesehene Auflage. 2000
3., durchgesehene Auflage. 2002
4. Auflage. 2005

Sonderausgabe. 2008
(Teil der Geheimwissen-Box, ISBN 978 3 406 56286 0)

© Verlag C. H. Beck oHG, München 1998
Gesamtherstellung: Druckerei C. H. Beck, Nördlingen
Umschlaggestaltung unter Verwendung des Entwurfs
von Uwe Göbel, München
Printed in Germany

www.beck.de

Inhalt

I. Einleitung

Menschen in vielen Kulturen glauben, daß bestimmte Personen ohne natürliche Hilfsmittel schädliche Wirkungen hervorrufen können. Über den Wahrheitsgehalt solcher Zuschreibungen können innerhalb derselben Gesellschaft Differenzen bestehen, oft wird der Hexenglaube von einer dominierenden weltanschaulichen Strömung, einer Hochreligion oder dem Rationalismus der westlichen Zivilisation bekämpft. Da der Hexereivorstellung ein Inversionsmotiv zugrundeliegt, die Verkehrung zentraler gesellschaftlicher Normen, tritt sie mit einer gewissen Notwendigkeit mit ähnlichen Inhalten auf. Deviantes Sozial- und Sexualverhalten gehören zu diesem Bild, bestimmte Merkmale im Erscheinungsbild, eine Affinität zur Nacht, der Kontakt mit Geistern und Dämonen, auch esoterische Zusammenkünfte mit schrecklichen Untaten wie Kannibalismus oder rituellem Kindermord. Darüber hinaus werden den Hexen märchenhafte Fähigkeiten zugeschrieben, deren archaischer Gehalt nicht allein funktional erklärt werden kann. Dazu gehören der Flug durch die Luft, Tierverwandlung, Zukunftsvorhersage und die Beeinflussung des Laufs der Natur. Wiederholt ist auf die schmale Trennlinie zwischen Hexerei und Heiligkeit hingewiesen worden.

Die Hexen werden in diesem Buch als Teil eines größeren Themas betrachtet, welches eine Reihe akademischer Disziplinen beschäftigt hat, wobei Ethnologie und Geschichtsforschung den größten Beitrag geleistet haben. Die Spannweite der Fächer ist jedoch breiter. Die etwa dreihundert Dissertationen, die im deutschen Sprachraum in diesem Jahrhundert zur Hexerei und verwandten Gebieten geschrieben worden sind, verteilen sich auf die Disziplinen Geschichte, Recht, Theologie, Psychologie, Soziologie, Ethnologie, Medizin, Sprachwissenschaften, Volkskunde und Fächer, die sich mit den alten Zivilisationen beschäftigen. Veränderte Fragestellungen und interdisziplinäre Zusammenarbeit haben die historischen Hexenverfolgungen in ein neues Licht gerückt. Früher betonte Bedingungen wie die christliche Dämonenlehre, der römische Inquisitionsprozeß, die legale Tortur im Strafverfahren, frauenfeindliche Phantasien von Klerikern oder fiskalische Absichten des Staates haben an Erklärungswert verloren. Die Entdeckung, daß Hexenverfolgungen primär von der Bevölkerung gewünscht und notfalls gegen den Willen der Obrigkeit durchgeführt worden sind, entschuldigt nicht die Anteile der Kirche, der Justiz und des Staates an den Verfolgungen, hat sie aber relativiert. Stattdessen hat die Analyse sozialer und psychischer Strukturen an Bedeutung gewonnen. Europäischer und außereuropäischer Hexenglaube erweisen sich als stärker vergleichbar als früher angenommen. Folter und Tötung von Hexen gab es auch außerhalb des christlichen Kulturkreises. Hexerei und Hexenverfolgung sind Themen, welche die ganze Menschheit betreffen.

Dieses Buch folgt nicht dem engen Hexenbegriff, der bis vor kurzem von Historikern oder Ethnologen gebraucht worden ist. Die christliche Definition durch den Teufelspakt ist ebenso partikular wie die von Edgar Evan Evans-Pritchard (1902–1973) propagierte Betonung der körperbezogenen Erblichkeit. Derartige Hexereibegriffe, die periphere oder regionale Phänomene als Kriterien der Definition betonen, versagen an den konkreten Einzelfällen und verhindern die Vergleichbarkeit. Weder in heutigen Gesellschaften noch im historischen Europa hat es jemals eine einheitliche Hexereivorstellung gegeben. Die regionalen Begriffe waren in Europa so verschieden wie im heutigen Afrika, und auch die Inhalte der Begriffe waren nicht völlig identisch. Nur ein erweiterter Blickwinkel ermöglicht die Erfassung der Spezifik der europäischen Auseinandersetzung mit dem Hexenglauben. Dies erscheint wichtig, weil in Europa jene Ablehnung des Hexenglaubens wurzelt, die während der Epoche des Kolonialismus in andere Kulturen exportiert wurde. Der dadurch hervorgerufene Kulturkonflikt erinnert in vielfacher Hinsicht an die historischen innereuropäischen Konflikte, die insofern prototypischen Charakter besitzen.

Die europäische Kultur hat Definitionen von Hexerei hervorgebracht, die sich gravierend von traditionellen Vorstellungen unterscheiden. Grundlegend war die Perspektive der christlichen Dämonenlehre. Nach Augustinus (354–430) beruhte jede Form der Superstition oder der Magie – schwarze wie weiße – auf einem ausdrücklichen oder stillschweigenden Pakt mit dem Teufel. Für mittelalterliche Theologen wie Burchard von Worms (965–1025) waren Hexen Personen, die sich selbst, durch teuflische Illusionen verblendet, Kräfte zuschrieben, die sie in Wirklichkeit nicht besaßen. Spätmittelalterliche Theologen wie der Verfasser des *Malleus maleficarum* (Hexenhammer) Heinrich Kramer/Institoris (1430–1505) sahen in den Hexen Mitglieder einer großen, gegen die christliche Gesellschaft gerichteten Verschwörung, die durch Gottes Zulassung immensen Schaden anrichten konnten und vernichtet werden mußten. Frühneuzeitliche Verfolgungsgegner wie Johann Weyer (1515–1588) konnten dagegen in den angeblichen Hexen nur melancholische Frauen erkennen, denen man mit Nachsicht und Liebe begegnen sollte, um sie von ihren Wahnvorstellungen zu heilen. Für Vertreter des europäischen Rationalismus und der Aufklärung war Hexerei inexistent, die Tötung angeblicher Hexen schreiendes Unrecht, Justizmord, wie August Ludwig Schlözer (1735–1809) anklagte. Im Zeitalter der Romantik erklärte Jacob Grimm (1785–1863) die Hexen zu „weisen Frauen“, welche die Geheimnisse einer alten Volkskultur bewahrt hätten und deswegen von der christlichen Kirche verfolgt worden seien. Der französische Revolutionshistoriker Jules Michelet (1798–1874) betrachtete sie als „Ärztinnen des Volkes“, Opfer der feudalen Unterdrükkung und Vorläufer der sozialen Revolution.

Der Abstraktionsschub, den die Interpretation der Hexerei mit dem Aufstieg der Gesellschaftswissenschaften erlebt hat, kann am besten anhand dreier Theoretiker verdeutlicht werden, die den Rahmen zur Interpretation der Hexenthematik schufen. Soziologen im Gefolge Émile Durkheims (1858–1917) betrachten die Hexereivorstellung als Mittel zur Selbstvergewisserung der Gesellschaft, die sich anhand von Devianz über ihre Normen verständigt. Die Psychologie sieht seit Sigmund Freud (1856–1939) als Grundlage der Hexereivorstellungen ins Unterbewußtsein verdrängte Triebregungen und in den Hexen Objekte einer Projektion zur Ableitung eigener Ängste und Aggressionen. Die Ethnologie interpretiert seit Bronislaw Malinowski (1884–1942) Hexenfurcht und Antihexereibewegungen als Krisensymptome einer Gesellschaft. Magie war für ihn wie für Freud ein Mittel zur Wunscherfüllung, die als Folge defizitärer Technik in primitiven Gesellschaften notwendig hervortritt.

Hexenglaube und Hexenverfolgung stellen nicht nur ein Phänomen der Vergangenheit dar. In den urbanen Zentren der westlichen Zivilisation bezeichnen sich Dissidenten aus dem esoterischen oder feministischen Milieu als „neue Hexen". Die Hexenpanik in der Nordprovinz der Republik Südafrika, wo im Jahr 1996 etwa dreihundert Menschen wegen Hexerei von lokalen Tribunalen verurteilt und hingerichtet wurden, ist nur das jüngste Beispiel für das Aufbrechen der traditionellen Hexenfurcht. Die vom African National Congress Nelson Mandelas gestellte Provinzregierung in Pietersburg zeigte sich entsetzt und richtete Asyldörfer zum Schutz der Verfolgten ein. Moderne Antihexereibewegungen in Afrika und anderen Teilen der heutigen Welt verdeutlichen wie die historischen Pogrombewegungen in Europa, worum es bei dem traditionellen Hexereibegriff geht: um die Auseinandersetzung mit „dem Bösen". Grundlage dafür ist die nie zu lösende und immer aktuelle Frage nach den Ursachen der Leiden und Übel in der Welt, von Unglück, Krankheit und Tod. Dieses Thema mit Bezügen zum Theodizeeproblem ist ebenso zeitlos und kulturübergreifend wie die Auseinandersetzung der Menschheit mit ihren physikalischen Grenzen, den Gesetzen der Natur und der Möglichkeit ihrer Überschreitung.

Der vorliegende Versuch eines Überblickes betrachtet das Thema Hexen als anthropologisches Phänomen mit historischer Dimension. Vier Kapitel behandeln Hexenglauben, Hexenverfolgung, den Kampf dagegen, sowie die Verwertung und Vermarktung des Themas. Gemäß dem Charakter der Reihe wird auf Fußnoten verzichtet. Wichtige Quellentexte zu den historischen Hexenverfolgungen sind in den Sammlungen von Joseph Hansen, Alan Kors und Edward Peters sowie vom Autor dieses Buches zu finden. Die kursiv gesetzten Buchtitel kehren nicht unbedingt im Literaturverzeichnis wieder. Dieses enthält ein Verzeichnis der unverzichtbaren und aktuell wichtigsten Buchtitel. Biographische Daten finden sich jeweils bei den Erstnennungen der Akteure im Text. Zeittafel und Register sollen die Übersichtlichkeit erhöhen.

Abb. 1: Teufelsanbetung und Hexenflug,
aus: Johannes Tinctoris, *Contra sectam Vaudensium,* ca. 1460

II. Hexenglaube

Die sozialistische Regierung des westafrikanischen Landes Benin (bis 1975 Dahomey) ließ nach ihrer Machtübernahme eine Briefmarke mit dem Thema *La lutte contre la sorcellerie (Forces du Mal)* drucken. Die Antihexereikampagne wollte sie als eine Form des Klassenkampfes verstanden wissen, da Reichtum im traditionellen Afrika gemäß der Vorstellung der Begrenztheit der Güter oft auf Zauberei zurückgeführt wird. Die Bevölkerung fing jedoch an, alte Frauen zu jagen, die für eine Tetanusepidemie mit hoher Kindersterblichkeit verantwortlich gemacht wurden. Anstatt eine Impfaktion zu beginnen, ließ die Regierung Geständnisse der Hexen im Radio verbreiten. Die Frauen gaben an, sich in Waldkäuze verwandelt und kleine Kinder verhext zu haben, um deren Seelen in Tiere verwandeln zu können, die sie dann auffraßen. Diese Zusammenfassung eines rezenten Ereignisses aus einem „Entwicklungsland" mit hoher Kindersterblichkeit, dessen Einwohner mehrheitlich traditionellen „Naturreligionen" anhängen (18% Katholiken, 15% Muslime), läßt eine Fülle von Motiven anklingen, die im antiken Strigenglauben, im alteuropäischen Hexenglauben und in der Vorstellungswelt Afrikas, Südostasiens und Amerikas gleichermaßen zu finden sind.

Solche kulturübergreifenden Ähnlichkeiten bedürfen einer Erklärung. Die bekannte Alternative Kulturdiffusion oder Strukturgenese kann dabei aus methodischen Gründen nicht entschieden werden. Gemeinsame Ursprünge würden am einfachsten die Gemeinsamkeiten in den Vorstellungen erklären, sie müßten allerdings weiter zurückreichen als die Besiedelung Amerikas, also viele Jahrtausende. Aussagen über das Alter magischer Vorstellungen, von Tierverwandlung, magischem Flug etc. können ebenfalls kaum getroffen werden. Prähistoriker legen jedoch bei einer Reihe von Artefakten, Felsbildern oder Höhlenmalereien magisch-religiöse Bezüge nahe. Sicherheit bekommen wir mit dem Einsetzen schriftlicher Überlieferung. Hier kann man sehen, daß Beschwörungen und Texte zur Hexenabwehr zu den ältesten überlieferten Texten der Menschheit gehören. Der Nachweis einer gemeinsamen Abstammung aller Hexereivorstellungen ist freilich methodisch unmöglich. Im Zeitalter der Mythenbastelei stieß eine solche Vorstellung auf dezidierte Ablehnung. Malinowski hat darauf verwiesen, daß magische Vorstellungen und Praktiken fast überall die gleiche Funktion erfüllten und impliziert, daß der Hexenglaube von der Arktis bis Australien in ähnlicher Weise immer wieder neu entstanden sei. Das würde freilich letztlich bedeuten, daß er nicht nur durch äußere Bedingungen hervorgerufen wird, sondern auch in der menschlichen Psyche angelegt ist. Psychologen haben *magische Verhaltensweisen im Kindesalter* festgestellt, die auf Versuchen einer Selbstdeutung der Umwelt ohne ausreichendes Wissen beruhen. Sicher besteht hier ein Zusammenhang zur Beliebtheit von Zaubermotiven in Märchen. Nach der Psychoanalyse Freuds sind Omnipotenzphantasien ohnehin im menschlichen Unbewußten angelegt.

Freilich sind Hexereivorstellungen weder gleichförmig noch gleichmäßig verteilt. Untersuchungen über *Hexerei und Antihexerei in Afrika* haben gezeigt, daß Hexereivorstellungen in manchen afrikanischen Gesellschaften keine Rolle spielen, weil Unglück Göttern oder Ahnengeistern zugeschrieben wird, während in anderen unter vergleichbaren Bedingungen sozialer Organisation und Ökonomie die überwiegende Mehrheit der Bevölkerung an Hexerei glaubt. Die frühen Feldstudien wie die Evans-Pritchards haben Beispiele von Gesellschaften in Afrika vorgeführt, bei denen der Glaube an Hexerei das soziale Leben in hohem Maße strukturierte. Der Anthropologe Max Marwick versuchte in den 50er Jahren, solche allgemeinen Aussagen auf eine statistische Basis zu stellen und sammelte bei den Cewa in Ostafrika 200 Fälle von „Unglück", dessen Umstände und Interpretation er verglich. Dabei stellte er fest, daß Unglück bei allgemeiner Fragestellung zu 100% auf Hexerei zurückgeführt wurde, bei den konkreten Fällen immer noch zu 54%. Nur ein Viertel der Befragten führte das

Unglück auf natürliche Ursachen oder Gott zurück, der Rest verteilt sich auf Ahnengeister und Personen, die nicht als Hexen betrachtet wurden. Bei 74% der Fälle von Hexerei (79 von 107) wurde die Hexe oder der Zauberer namentlich identifiziert (54 Männer, 35 Frauen). In 78% der Fälle waren vermuteter Täter und Opfer matrilinear verwandt, in 21% angeheiratet oder entfernt verwandt. Nur in 1% der Fälle waren sie überhaupt nicht miteinander verwandt. Soziale Nähe war nicht nur bei den Cewa konstitutiv für Verhexungsangst, Kategorien wie Verwandtschaft oder Nachbarschaft spielen in allen Gesellschaften eine herausragende Rolle.

Intensiver Hexenglaube ist keineswegs beschränkt auf rurale Gebiete oder die niederen Bildungsschichten. 1968 hielten an der Universität von Ghana 41% der Studenten die Existenz von Hexerei für wahrscheinlich, weitere 35% waren sich ganz sicher. Ähnliche Zahlen sind von höheren Schulen in Sambia bekannt, wo die Behauptung „Zauberer machen Leute krank" nur von 9% der Befragten verneint, von 83% dagegen bejaht wurde, davon 62% mit „strongly agree". Intensiver Hexenglaube bedeutet nicht ständige Angst, sondern ein Bewußtsein latenter Gefahr, vergleichbar Verkehrsunfällen in Großstädten. Isaac Schapera wies nach, daß in Botsuana Hexerei vor Ankunft der Europäer der Gerichtsbarkeit der Häuptlinge unterstand und Folter und Tötung Instrumente der vorkolonialen Justiz waren. Zwei Sammelbände von Max Marwick und Mary Douglas über *Witchcraft* demonstrierten 1970 den hohen Forschungsstand zum komplexen Phänomen der afrikanischen Hexerei und setzten für die internationale Forschung Standards. Auf die Zunahme der Antihexereibewegungen seit der Entkolonialisierung geht exemplarisch der Sammelband *Witchcraft in contemporary Tanzania* ein, der Aufschlüsse über Hexenverfolgungen der Moderne gibt.

Für Asien und Australien/Ozeanien gehörte Hexerei nicht wie für die afrikanische Ethnologie zu den erstrangigen Gegenständen, obwohl Malinowski bereits 1922 in seiner klassischen Feldstudie *Argonauts of the Western Pacific* wie in den folgenden Studien auf das Phänomen der bösen Zauberer (bwagau) und der „fliegenden Hexen“ (mulukwausi) hingewiesen hatte. Sein Befund, daß alle wichtigen Lebensstationen von Magie begleitet sind und schwere Unglücksfälle und der Tod fast immer auf Hexerei zurückgeführt werden, wurde von anderen Ethnologen wie Reo F. Fortune bestätigt. Philipp Kuhns Untersuchung *Soulstealers. The Chinese Sorcery Scare of 1768* präsentiert das Beispiel einer historischen Hexenpanik in einer asiatischen Hochkultur. Ethnien in Ländern mit so unterschiedlichem kulturellen Hintergrund wie das christlich-animistische Papua-Neuguinea, die islamischen Länder Indonesien und Malaysia oder das buddhistische Thailand kennen gleichermaßen Hexereivorstellungen. Der Sammelband *Understanding Witchcraft and Sorcery in Southeast Asia* verdeutlicht, daß man sich in manchen Ethnien über den Hexenglauben eher lustig macht, während andere ihm einen hohen Stellenwert beimessen. Das Ausmaß moderner Antihexereibewegungen in Asien wird für das hinduistische Indien in Sohaila Kapurs *Witchcraft in Western India* deutlich.

Im modernen Amerika mischen sich Hexereivorstellungen der Einwanderer aus Europa, Afrika und Asien mit denen der Native Americans (Indianer). In der Karibik und in Brasilien besteht trotz christlicher Missionsbemühungen ein starker afrikanischer Einfluß, der in dem Aufstieg der aus Westafrika stammenden Voodoo-Religionen mit ihren ausgeprägten Verhexungsängsten zum Ausdruck kommt. Für die Erforschung des altamerikanischen Hexenglaubens waren die Arbeiten der Kulturanthropologen um Franz Boas (1858–1942) und ihrer frühen Rezeption der russischen Schamanismusforschung wegweisend. Clyde Kluckhohn hat in seiner klassischen Feldstudie *Navaho Witchcraft* auf rezente Hexenprozesse in den Reservaten hingewiesen, die zu Tötungen führten. Sonderfälle stellen die alten Hochkulturen Mexiko und Perú dar, über deren Hexereivorstellungen bereits aus dem 16. Jahrhundert Berichte vorliegen. In Mexiko haben Nagualismus (Tierseelenglaube) und Hexenglaube Missionierung, Entkolonialisierung und Revolution überlebt. Die katholische Kirche verzichtet noch heute auf die Evangelistensymbole (Adler, Stier, Löwe), um deren Verehrung zu verhindern. Aus dem 19. Jahrhundert werden Hexenverbrennungen berichtet, die lokale Gerichte gegen den Willen der Regierung durchführten. Morde an vermeintlichen Hexen dauern bis in die Gegenwart an. Nach den drei großen ethnologischen Handbuchserien zu den Indianern Nord-, Mittel- und Südamerikas wurde die Hexereiproblematik in dem Sammelband *Witchcraft and Sorcery of the American Native Peoples* von den arktischen Inuit bis zu den Mapuche-Indianern in Chile vergleichend behandelt. Hexereivorstellungen erscheinen bei den seßhaften Pueblo-Indianern besonders ausgeprägt, mit einer an das historische Europa erinnernden Akzentuierung der Ernteschädigung. Sie ist aber auch bei ehemals nomadischen Indianern wie den Apache vorhanden. In ihrem Fall können Hexenprozesse vor der Seßhaftmachung in Reservaten nachgewiesen werden.

Auch in Europa gab es nach der Streichung des Hexereidelikts aus dem Strafrecht illegale Aktionen, bei denen vermeintliche Hexen bedrängt und getötet, oft in ihren Häusern eingeschlossen und mit diesen verbrannt worden sind. Der Hexenglaube ist auch heute noch in beträchtlichem Maße verbreitet. Meinungsumfragen haben gezeigt, daß der Anteil der hexengläubigen Bevölkerung – je nach Art der Fragestellung – durchschnittlich zwischen zehn und dreißig Prozent der Gesamtbevölkerung liegt. Bei einer 1973 durchgeführten Umfrage des Institutes für Demoskopie in Allensbach lag der Anteil der Hexengläubigen bei 11% (2% sicher, 9% vielleicht) der westdeutschen Bevölkerung (8% der Männer, 13% der Frauen). Anders sah das Ergebnis aus, wenn das Reizwort „Hexen" vermieden wurde. Das „Anwünschen" von Krankheiten hielten 23% der Bevölkerung für möglich (Männer 15%, Frauen 28%). In einer 1986 durchgeführten Befragung des Forsa-Instituts hielten 13% der Westdeutschen Hexerei, 21% Krankheitszauber für „möglich". Umfragen der demoskopischen Institute in Allensbach 1989 und des Wickert-Instituts 1991 ergaben Werte von 16% bzw. 14%. Insgesamt hat der Hexenglaube in Deutschland den repräsentativen Umfragen (jeweils ca. 2000 Befragte) zufolge innerhalb einer Generation leicht zugenommen, wenngleich 85–90% der Befragten den Hexenglauben jeweils entschieden ablehnten.

Die Hexengläubigen bilden mit 10–15% der Bevölkerung in einer der entwickeltsten westlichen Gesellschaften eine stabile Minderheit. Ihr Sozialprofil entspricht im Hinblick auf Alter, Geschlecht, Stadt-/Landverteilung, Parteipräferenz, Religiosität, Bildung und soziale Schicht den Erwartungen. Ihr Idealtypus ist eher weiblich und alt, lebt auf dem Land, besitzt geringe Bildung und gesellschaftliche Position. Eine starke Korrelation besteht zwischen Hexenglaube und Frömmigkeit, insbesondere bei einem ausgeprägten Glauben an einen personalisierten Teufel. Eine Erhebung des Gallup-Institutes von 1988 zeigt für den Teufelsglauben in den USA mit 66% und in Irland mit 57% hohe Spitzenwerte. In Deutschland ist der Glaube an die Existenz eines personalen Teufels mit 24% am stärksten unter den regelmäßigen Kirchgängern ausgeprägt, wobei – für manche vielleicht überraschend – kein Unterschied zwischen Katholiken und Protestanten besteht, obwohl dies bei den Funktionären durchaus der Fall ist. Papst Johannes Paul II. hat das Festhalten der katholischen Kirche an der Vorstellung von einem personalen Teufel wiederholt bekräftigt. Nach einer Umfrage von 1976 teilten 79% der katholischen und 40% der evangelischen Priester in Deutschland die Auffassung, daß der Teufel als Person existiere. Bei nichtaktiven Kirchenmitgliedern ist der Teufelsglaube mit 3% jeweils erstaunlich gering. Im Durchschnitt glaubten 12% der Bevölkerung daran (Männer 9%, Frauen 14%), also etwa soviele, wie an die Existenz von Hexen glauben.

Die Untersuchungen von Ernesto de Martino (1908–1965) für Süditalien, Jeanne Favret-Saada für das Hainaut oder Inge Schöck für Südwestdeutschland haben gezeigt, daß der *Hexenglaube in der Gegenwart* nach Zuschreibungsmustern und sozialen Mechanismen funktioniert, die Anthropologen und Historikern bekannt sind. Struktur und Persistenz des Hexenglaubens wird als Folge seiner Verankerung im sozialen Leben betrachtet, seiner Funktion bei der Bewältigung von angsterregenden Situationen und interpersonalen Konflikten.

Er dient der Strukturierung der Wahrnehmung und vereinfachten Kategorisierung der Umwelt und stellt damit ein ordnendes und entlastendes Moment dar. Unerwartetes Unglück, das Auftreten plötzlicher und unheilbarer Krankheiten können auf die Einwirkung „böser Leute“ zurückgeführt werden, auf magische Kräfte, Zauberei oder Hexerei (Kontingenzreduktion). Mit dieser Diagnose verknüpft ist die spannungslösende Möglichkeit der aktiven Bekämpfung. Hexereiverdächtige Personen haben in ihrem Dorf oft eine lange Verdachtskarriere hinter sich, bei der Nachbarn über Jahrzehnte hinweg Beobachtungen gesammelt haben. Manchmal galten ganze Familien als verdächtig. Willem de Blécourt hat anhand von niederländischen Beispielen gezeigt, welch eine zentrale Rolle Hexenfinder in der europäischen Volkskultur bei der Bestätigung konkreter Verdächtigungen spielen.

Im Hintergrund dieser Funde steht die klassische Untersuchung Evans-Pritchards *Witchcraft, Oracles and Magic among the Azande*, welche bei einer ländlichen Bevölkerung im kolonialen Ostafrika durchgeführt wurde und die Normalität des Umgangs mit Magie in einer bäuerlichen Gesellschaft demonstriert. Bei den Azande werden bestimmte Formen von Unglück auf das Einwirken von Hexerei (mangu) zurückgeführt, etwa wenn ein Mann über eine Wurzel stolpert und sich das Bein bricht. Der Einwand, dies sei eine natürliche Ursache, wird mit dem Hinweis auf die spezielle Situation entkräftet. Die Wurzel sei zwar immer dort, aber noch nie habe dies zum Beinbruch geführt. Der Unglücksfall führt zum Überdenken der sozialen Beziehungen, notfalls unter Hinzuziehung eines Spezialisten (witch doctor), der durch Orakeltechnik den Verursacher des Unfalls enthüllen soll. Der Konflikt kommt zum Abschluß, indem der Verunglückte die gestörte soziale Beziehung repariert und den Anlaß für weiteren Schadenzauber beseitigt. Hexerei wird dabei auf das Vorhandensein eines Organs zurückgeführt, dessen Besitz erblich ist. Die Hexe kann nicht persönlich verantwortlich gemacht werden, weil die Hexerei auch ohne ihr Zutun geschehen kann. So eigenartig diese Analyse klingen mag, so hilfreich war die Offenlegung derartiger strukturfunktionalistischer Mechanismen für das Verständnis des Hexenglaubens in anderen Kulturen, von Südostasien über Amerika bis Europa. Keith Thomas hat mit seiner Studie *Religion and the Decline of Magic* gezeigt, in wie hohem Maße noch das frühneuzeitliche England durchdrungen war von Spezialisten für magische Dienstleistungen und die Frage aufgeworfen, ob nicht der Wegfall der kirchlichen Abwehrmagie aufgrund der Einführung der Reformation zu einem Anstieg der Hexenfurcht in der Bevölkerung geführt haben könnte.

Zahlreiche Regionalstudien haben seither für die alteuropäische Gesellschaft die Bedeutung von Orakeltechniken und Hexenfindern gezeigt und nach dem Vorbild Evans-Pritchards oder Thomas' die sozialen Mechanismen hinter Hexereibeschuldigungen, die meist aus Spannungen in der Nachbarschaft erwuchsen, gesucht. Die sozialhistorische Theoriebildung gelangte um 1970 zu einer Zuspitzung in der These Alan Macfarlanes, die Erhöhung der sozialen Spannungen während des Übergangs vom Feudalismus zum Kapitalismus habe zu einem sprunghaften Anstieg der Hexenprozesse geführt, mit denen sich reichere gegen ärmere Gemeindemitglieder zur Wehr setzen wollten, die aufgrund verweigerter Nachbarschaftsunterstützung Drohungen ausgestoßen hatten. Die Vermutung, Hexenverfolgungen hätten zur Durchsetzung des Kapitalismus gedient, erwies sich jedoch als zeitgebunden. Rainer Walz hat in seiner Untersuchung zum Hexenglauben im Dorf nachgewiesen, daß sich Hexereiattributionen keineswegs bestimmten Konflikttypen unterordnen lassen, sondern sich „an alle für das Dorf der Frühen Neuzeit charakteristischen neuralgischen Punkte ankristallisieren" konnten. Aufgrund dieser Multifunktionalität stand Hexerei in Beziehung zu allen nur möglichen Krisenerscheinungen. Negative Gefühle wie Neid und Haß oder die Angst davor spielen eine tragende Rolle bei Hexereibeschuldigungen. Die Beziehung zwischen Hexen und ihren Opfern hat Philip Mayer auf die verblüffend einfache Formel gebracht: „Hexen und ihre Ankläger sind Menschen, die sich mögen sollen, dies aber in Wahrheit nicht tun".

Jenseits soziologischer Erklärungen wurde bei der Erklärung von Hexereivorstellungen der Bogen zu jenem religiösen Spezialistentum gespannt, das in außereuropäischen Gesellschaften nach einem tungusischen Wort als Schamanismus bezeichnet wird. Mit der Expansion des Russischen Reiches in jene Gebiete, die heute noch den Schamanismus als Mehrheitsreligion angeben (Burjatien, Jakutien, Udmurtien), war seine Erforschung zu einer Domäne der russischen Ethnologie geworden. Ihre Forscherleistung kulminierte in Werken wie Sergej Michailowitsch Shirokogoroffs (1887–1939) *Psychomental Complex of the Tungus*, worin die Funktion schamanistischer Ekstatiker mit ihren Jenseitskontakten, magischen Flügen, Wahrsagetechniken und Heilkünsten im Kontext eines intakten religiösen Hintergrundes dargestellt wird. Amerikanische Kulturanthropologen um Franz Boas dehnten den Schamanismusbegriff auf die zirkumpolaren Kulturen und die amerikanischen Ureinwohner aus, ebenso fand er in Teilen Chinas, Japans und in Korea Anwendung. In seiner kulturvergleichenden Untersuchung *Le chamanisme et les techniques archaiques de l'extase* zog Mircea Eliade (1907–1986) den Schluß, daß es sich um eine universale Erscheinung handele.

Wie schon die Missionare des 16. Jahrhunderts stießen die Wissenschaftler des 20. Jahrhunderts auf Ähnlichkeiten zwischen religiösen Vorstellungen von Indianern oder Eskimos mit den Geständnissen europäischer Hexen, insbesondere anhand der für beide Komplexe zentralen Vorstellung des magischen Fluges. Vor diesem Hintergrund konnte die Rolle einiger Hexenfinder in der europäischen Geschichte besser gewürdigt werden, die aus der Schar der Wahrsager (cunning men) durch besondere Jenseitsbezüge herausragen. Noch Carlo Ginzburg hatte Anlaß zu dem Mißverständnis gegeben, er wolle die tatsächliche Existenz einer Hexensekte behaupten. Tatsächlich verstanden sich die im 17. Jahrhundert im Friaul als *Benandanti* („Wohlfahrende") bezeichneten Personen als Gegner der Hexen, da sie in ihren nächtlichen Ekstasen die Hexen erkennen konnten, was sie in ihren Gemeinden zu Heilern und Hexenfindern qualifizierte. Schamanistisch begabte Individuen wurden fortan in vielen Ecken Europas in historischen Dokumenten entdeckt, Gábor Klaniczay hat vergleichbare Vorstellungen quer über den Balkan rekonstruiert, die den Benandanti ähnlichen „Krsniki" wurden von der Ethnologin Maja Boskovic-Stulli noch in den 60er Jahren auf den dalmatinischen Inseln gefunden und interviewt. Damit eröffnete sich ein neuer Zugang zur alteuropäischen Märchenwelt, in der sich archaische mit literarischen Vorstellungen mischen. Dort war die Rede von Drachen und Feen, von der Fahrt in den Venusberg und dem Spiel der guten Gesellschaft (ludus bonae societatis), von eigenartigen Göttinnen und dem Kontakt mit Toten, der Erlangung von prophetischen Gaben und Heilkräften, wie sie auch in außereuropäischen Kulturen weit verbreitet sind.

In Europa wurden magische Flugvorstellungen von der christlichen Kirche bekämpft. In diese Richtung deuten bereits die Bestimmungen in frühmittelalterlichen „Volksrechten" gegen den heidnischen Strigenglauben, etwa die Bestimmungen im lombardischen Recht König Rotharis (ca. 606–652), in den alemannischen und fränkischen Rechten oder in einem Sachsenkapitular Karls des Großen (747–814). Seine Bedeutung beleuchten die zahlreichen Varianten des Regino von Prüm (ca. 840–915) zugeschriebenen *Canon Episcopi*, einer Mahnung an die Bischöfe, gegen die Zauberer in ihren Diözesen vorzugehen. Nach einem einleitenden Absatz über die Bekämpfung der Zauberer, Männer wie Frauen, folgt eine lange Passage über bestimmte Frauen, welche glauben, nachts mit der heidnischen Göttin Diana auszufahren und weite Strecken in der Luft zurückzulegen. Die große Menge der Leute, die an die Realität dieser phantastischen Erzählungen glaube, entferne sich vom rechten Glauben wegen der Annahme, daß es eine andere Macht neben Gott gebe. Die Bischöfe sollten solche Vorstellungen durch ihre Priester in allen Kirchen bekämpfen und zurechtrücken, daß solche Flüge nur im Traum durch teuflische Illusionen geschähen. Diese Traumtheorie gelangte über die Kirchenrechtssammlung des Bischofs Burchard von

Worms (965–1025) und das *Decretum* Gratians von Bologna (?–ca. 1160) in das *Corpus Juris Canonici.*

Bedeutsam sind diese Texte wegen ihrer großen Bedeutung für das Verständnis des Hexenglaubens. In Überlieferungsvarianten werden volkssprachliche Glossen der Geisterschar gegeben, „welche das dumme Volk hier *striga holda* nennt". Den wohlwollenden Nachfahrenden in den ältesten Handschriften (Corrector Burchardi, Cap. V, Paragraph 70 und 90) wurde eine diabolisierte *striga unholda* zur Seite gestellt (Paragraph 170–171). Welche Glaubensvorstellungen sich im Hochmittelalter hinter der Bezeichnung „Striga" verbarg, ist unbekannt, doch die Beziehung zum Hexenglauben ist evident. Daß man sie bereits im 11. Jahrhundert nicht mehr für Dämonen, sondern für Menschen hielt, beweist ein Dekret König Colomans von Ungarn (ca. 1074–1116, reg. 1095–1116) gegen den Strigenglauben („De strigis vero que non sunt, ne ulla questio fiat"). Eine der ältesten, erhaltenen Gerichtsrechnungen aus Tirol weist für das Jahr 1296 eine Ausgabe für die Verbrennung zweier Strigen (pro exustione duarum strigarum) im Bozener Unterland auf. Die im frühen 14. Jahrhundert von der Inquisition entdeckten Hexen wurden als „stregule" bezeichnet, in der rätischen Schweiz, werden die Hexen noch heute als „Striegen" bezeichnet, der italienische Begriff *strega* spricht für sich.

Der quellenkritische Hinweis auf den langfristigen Überlieferungszusammenhang der christlichen Superstitionskritik, wie sie in Dieter Harmenings Habilitationsschrift *Superstitio* zum Ausdruck kommt, ist ernst zu nehmen. Spätantike Aberglaubenskataloge wie der des Bischofs Caesarius von Arles (ca. 470–503) waren verbreitet und dienten als Musterbücher für spätere Autoren. Es ist aber ungeklärt und vielleicht unklärbar, inwieweit es als Reflex des Canon Episcopi gesehen werden kann, wenn der südfranzösische Inquisitor Bernardo Gui (1261–1331) in seinem einflußreichen Handbuch für Inquisitoren unter dem Kapitel *De sortilegiis et invocatoribus daemonum* Anweisung gibt, Frauen zu fragen, ob sie glaubten, in gewissen Nächten mit den Feen auszufahren. Jenseits der normativen Ebene erhalten wir mit den Verhörprotokollen aus Ketzerprozessen so viele Hinweise auf reale populäre Glaubensvorstellungen, daß sich der alleinige Verweis auf einen topischen Charakter verbietet. Luisa Muraro hat in ihrer Studie *La Signora del gioco* zwei Mailänder Prozesse von 1384 und 1390 neu präsentiert, in denen Frauen gegenüber dem Inquisitor an der Realität ihrer Ekstasen festhielten. Nikolaus Cusanus (1401–1464) berichtete 1457 in einer Predigt über eigene Erfahrungen mit solchen Frauen aus den Alpentälern, welche einer Göttin Richella gefolgt sein wollten, einer Mutter des Reichtums und Glücks, die im Deutschen Hulda genannt werde. Solche Motive eröffnen den Weg in die *Traumzeit* Alteuropas, um den von Hans-Peter Duerr verwendeten Begriff der australischen Aborigines aufzugreifen. Zahlreiche der in Anti Aarnes (1867–1925) und Stith Thompsons (1885–1976) *Motif-Index of Folk Literature* klassifizierten Motive werden in Verhörprotokollen von Hexenprozessen als Erlebnisse berichtet. Der russische Märchenforscher Vladimir Propp (1895–1970) folgerte zurecht, *Die archaischen Wurzeln des Zaubermärchens* hingen mit jener Bewußtseinsschicht zusammen, in der lineare Zeitvorstellungen und euklidischer Raum gegenstandslos werden.

Eine spezifisch europäische Zutat zum Hexenglauben war die Interpretation nach den Vorgaben der spätantiken christlichen Theologie. Für die römische Antike war charakteristisch, daß – von Skeptikern wie Horaz (65–8 v. Chr.) oder Lukian von Samosata (120–180) abgesehen – an die Möglichkeit der Zauberei geglaubt und ihr Mißbrauch (maleficium) unter Strafe gestellt wurde. Dies läßt sich vom römischen *Zwölftafelgesetz* (ca. 450 v. Chr.) bis zur kaiserlichen Gesetzgebung der Spätantike nachvollziehen. Schadenzauberer sollten seit der Zeit des Kaisers Diocletian (ca. 245–313, reg. 284–305) lebendig verbrannt werden, während wohltätige Zauberei zunächst ungestraft blieb. Im Gegensatz dazu bezweifelten Christen die Wirksamkeit der Zauberei, betrachteten jedoch ihren Versuch – ob zu guten oder bösen Zwecken – als teuflisch. Demgemäß wurde seit der Zeit des Kaisers Constantius II.

(317–361, reg. 337–361), der alle Magier als Feinde des menschlichen Geschlechts (humani generis inimici) bezeichnete, die Todesstrafe auf jede – weiße und schwarze – Magie gesetzt. Diese Zaubereigesetzgebung ist in den *Codex Theodosianus* und danach in den *Codex Justinianus* eingegangen, die Rechtskodifikation des byzantinischen Kaisers Justinian I. (482–565, reg. 527–565), die durch die Rezeption des Römischen Rechts in Europa seit dem Zeitalter der Renaissance eine lange Nachwirkung entfaltete. Der Kirchenvater Augustinus begründete die für das christliche Europa grundlegende semiotische Magietheorie in *De Doctrina Christiana* folgendermaßen: Wer magische Operationen anstellt, erwartet eine physikalisch unmögliche Wirkung, die nur durch den Teufel erlangt werden kann. Magie im weitesten Sinne, etwa auch Amulette, Vorzeichenbeobachtung und Losverfahren (sortilegium), bekam damit den Status eines Zeichens, welches das Erscheinen des Teufels hervorrief.

Die Konsequenz der christlichen Magiedefinition kann an zahlreichen neu christianisierten Gesellschaften demonstriert werden. Deward E. Walker hat am Beispiel der Nec-Percé-Indianer nachgewiesen, daß in der traditionellen Religion der negative Komplex Hexerei/Zauberei dem positiven des Heilers und Schamanen gegenüberstand. Beide bezogen ihre Kraft von Schutzgeistern. Der Schamane war aufgrund divinatorischer Fähigkeiten Spezialist zur Entdeckung und Bekämpfung von Hexerei. Mit der Christianisierung am Ende des 19. Jahrhunderts wurde das Gegensatzpaar Zauberer und Schamane zusammengeworfen und dem Teufel, dagegen christlicher Priester und Arzt Gott zugeordnet. Diesen Prozeß der Umbewertung nichtchristlicher Systeme kann man genauso bei den Eskimo, in Afrika, auf den Philippinen oder im frühmittelalterlichen Europa zeigen, beispielsweise bei der Unterwerfung der Sachsen unter die Herrschaft Karls des Großen. Der Prozeß der Christianisierung Europas kam erst im Spätmittelalter zum Abschluß. Der Begründer der polnischen Jagiellonendynastie Großfürst Jagiello von Litauen (ca. 1351–1434, reg. 1377–1434) konvertierte erst bei der polnischen Thronbesteigung als Wladislaw II. Jagiello im Jahr 1386, die Christianisierung der Bevölkerung wird man mit zeitlicher Verzögerung ansetzen müssen.

Die Rückseite des düsteren Bekehrungskapitels nach dem Motto „Taufe oder Tod“ war eine relative Milde gegenüber Glaubensirrtümern der Bekehrten. Charakteristisch für die Geistlichkeit des Früh- und Hochmittelalters war die Behandlung von Zauberern und Zaubergläubigen als Personen, die sich in einem Glaubensirrtum befanden und daher mit Bußen belegt werden mußten. Die Bußbücher sind voll mit solchen Bestimmungen. Jörg Haustein hat darauf hingewiesen, daß das Tötungsgebot der mosaischen Gesetzgebung (*Exodus 22,18:* „Eine Zauberin sollst du nicht leben lassen“) bei Theologen wie Hrabanus Maurus (ca. 784–856) umgedeutet wurde in einen Ausschluß aus der Gemeinde, und Parallelen zu der milden Haltung in den europäischen Kolonien in der Frühen Neuzeit gezogen.

Nach verbreiteter Auffassung bahnte sich in der christlichen Theologie des 13. Jahrhunderts eine veränderte Einstellung gegenüber der Zauberei an. Thomas von Aquin (1225–1274) erläuterte in der *Summa contra gentiles* nicht nur ausführlich die augustinische Zeichentheorie, derzufolge magische Worte, Gegenstände oder Handlungen Signale an den Teufel für ein geheimes Einverständnis darstellten, sondern erweckt den Eindruck, daß Hexentaten mit Hilfe des Teufels tatsächlich ausgeführt werden konnten. Spätmittelalterliche Inquisitoren wie Bernardo Gui in seiner *Practica Inquisitionis* reicherten das zeitgenössische Wissen um die Techniken der Zauberer mit zahlreichen Details an. Der Inquisitor des Königreichs Aragon Nikolaus Eymericus (ca. 1320–1399) stellte in seinem *Directorium Inquisitorum* Zauberer und Magier 1376 den Ketzern gleich, welche den Teufel anbeten. Auch dies war freilich bereits in der augustinischen Zeichentheorie und der Betrachtung heidnischer Priester als Teufelsanbeter angelegt.

Inwieweit die Diabolisierung der Magie in der Bevölkerung akzeptiert wurde, kann man aufgrund der Quellenlage schwer sagen. Einerseits läßt sich beobachten, daß die Figur des Teufels in den Verhörprotokollen einen Stellenwert bekommt, andererseits behaupteten die befragten Magier noch in der frühen Neuzeit beharrlich, die Wirkung ihrer Mittel sei „natürlich". In den zahlreichen Aussagen von der Hexerei verdächtigten Personen und von Zeugen, die wir aus dem 16. und 17. Jahrhundert besitzen, bekommt man den Eindruck, daß die theologisch so wichtige Wirksamkeit des Teufels für die Bevölkerung keine entscheidende Rolle spielte. „Weiße Magie" und Wahrsagerei wurde gerne und ständig in Anspruch genommen, und dies mit einem reichhaltigen Repertoire an Zaubermitteln bis hinein in die gesellschaftlichen Oberschichten. „Schwarze Magie" galt als verwerflich wegen der Schäden, für die der Zauberer bzw. die Hexe direkt verantwortlich gemacht wurde, nicht etwa Gott oder der Teufel, wie von Theologen beklagt wurde. Der Umgang mit Magie war durch jene instrumentelle Haltung bestimmt, die Marcel Mauss (1872–1950) in seinem *Entwurf einer allgemeinen Theorie der Magie* diagnostiziert oder Malinowski und andere bei ihren Feldforschungen vorgefunden hatten. Das Leben nicht nur der einfachen Leute war durchdrungen von Magie. Wie Ernesto de Martino in *Il mondo magico* entgegen den Theorien Durkheims feststellte, stand diese Magie subjektiv nicht im Widerspruch zur Kirche. Wie diese begleitete sie alle wichtigen Stationen und Krisensituationen des Lebens, eröffnete jedoch einen Weg zum aktiven Handeln. Magie war lebensnotwendig, weil sie das Gegenmittel gegen Hexerei war, mochte die Kirche davon halten was sie wollte.

Wie in manchen Regionen Afrikas oder anderen Teilen der Welt standen auch in Europa die Hexen in einem Spannungsverhältnis zu übersinnlichen Mächten einerseits, zu ihren Nachbarn andererseits. Die Figur des Hexenfinders (witchdoctor), der durch Orakel und Wahrsagerei den Verdacht gegen bestimmte Personen bestätigen soll, ist offenbar eine universelle Erscheinung. Der erhärtete Hexereiverdacht führte auch im traditionellen Europa keineswegs zu einer Anklage vor Gericht. Vielmehr war den Geschädigten daran gelegen, den Zauber aufzuheben oder den Schaden wieder gutzumachen. Zur Erhöhung der Wirksamkeit wurden solche Ersuchen nicht selten in ritueller Form gestellt. In frühen Protokollen von Hexenprozessen finden wir häufig die Angabe, der vermutete Zauber sei daraufhin tatsächlich zurückgezogen worden. Diese Selbstregulation im Falle von Hexereiverdächtigungen ohne Einschaltung der Obrigkeit oder der herrschaftlichen Gerichtsbarkeit muß in Europa eine lange Tradition besessen haben, denn in den Protokollen finden sich oft Angaben, eine bestimmte Person sei bereits seit vierzig Jahren im Verdacht, oder über eine bestimmte Familie sei allgemein bekannt, daß sie seit Generationen Hexen seien, oder daß bereits Mutter und Großmutter im Verdacht gestanden hatten. Die Tatsache, daß auch bei solchen manifesten und dauerhaften Hexereiverdächtigungen keine Spur in den offiziellen Aufzeichnungen auftaucht, läßt erkennen, daß eine Strafverfolgung die Ausnahme, Koexistenz die Regel war.

In vielen Dörfern lebten Menschen, die über Generationen als Hexen bekannt waren. Ihre Zauberkraft wurde durch Abwehrmagie und Gegenzauber in Schach gehalten. Bekanntlich war es ein Kennzeichen der traditionellen katholischen Kirche, daß sie mit eigenen Mitteln in diesen Kampf einzugreifen bestrebt war, um ihre Kraft unter Beweis zu stellen. Wetterglocken zum Schutz vor Hagel, das Tragen geweihter Gegenstände, die heute oft unter folkloristischen Gesichtspunkten betrachteten Benediktionen für Haus, Stall, Vieh und Feld, Flurprozessionen und Umzüge dienten keinem anderen Zweck als dem Schutz vor Verhexung. Das Kreuzzeichen hatte neben seiner theologischen Symbolik apotropäische Bedeutung. Das Brauchtum nicht nur der bäuerlichen Bevölkerung war von der Verehrung bestimmter Heiliger bis zum Abbrennen von Jahresfeuern, auf die nicht selten Puppen gesetzt wurden, in hohem Maße von der Hexenvorstellung durchdrungen. Viele Erscheinungsformen der kirchlichen Magie wurden im Zeitalter der Aufklärung zusammen mit den Hexenprozessen verboten.

Die Frage, warum bevorzugt Frauen mit magischen Delikten in Verbindung gebracht wurden, erlaubt nur eine komplexe Antwort. In der christlichen Theologie hatte die größere Anfälligkeit des weiblichen Geschlechts für Anfechtungen des Teufels topischen Charakter. Allerdings erklärt dies nicht, warum in islamischen, hinduistischen oder animistischen Kulturen ähnliche Stereotype anzutreffen sind. Auch die in Europa häufig anzutreffende Arbeitsteilung, derzufolge Hexerei weiblich, der witch doctor jedoch männlich ist, scheint wenig mit christlichem Einfluß zu tun zu haben. In manchen europäischen Ländern wie in Island oder bei den Finnen und Esten war die Vorstellung des männlichen Zauberers stark verwurzelt. Kirsten Hastrup hat gezeigt, daß nur eine von 22 in Island hingerichteten „Hexen" weiblich war. Ähnlich ist das Bild in der ethnologischen Forschung. William und Claudia Madsen haben darauf hingewiesen, daß das Hexereikonzept bei den Tzotzil oder Nahuatl sprechenden Mexikanern wie zur Zeit des Aztekenreiches männlich sei, während bei den benachbarten Zapoteken Hexen und Heilerinnen stets Frauen sind.

Der Ethnologe Siegfried F. Nadel betrachtet Ängste vor Verhexung als Folge des Geschlechterkonflikts, wenn reale Frauenmacht in Widerspruch stand zu einer rechtlich untergeordneten Position, kann jedoch keinen signifikanten Unterschied zwischen dem Hexenglauben in matrilinearen und patrilinearen Gesellschaften entdecken. Die Attribution von Hexerei war nicht einfach das Produkt einer patriarchalischen Gesellschaft, doch erfuhr sie hier eine spezifische Ausprägung. Esther Goody hat den Akzent auf das Fehlen legaler Möglichkeiten der Aggression gelegt. Die Kategorie Geschlecht (gender) hat auch die Historiker beschäftigt. Christina Larner (1934–1983) hat darauf hingewiesen, daß Männer entsprechend ihrer gesellschaftlichen Position Aggressionen eher mit Gewalt, Frauen eher verbal äußerten. Die Konzentration der Anklagen auf alte Frauen wird damit begründet, daß diese oft Anlaß zu Bitterkeit, andererseits mehr Freiheiten von direkter männlicher Kontrolle gehabt hätten. Auch wurde auf die einfache Tatsache hingewiesen, daß Witwen sozial gefährdet waren, weil der Schutz des Mannes fehlte. Heide Wunder hat darauf aufmerksam gemacht, daß Hexereivorwürfe oft in der traditionellen Domäne der Frau entstanden, nämlich den Bereichen Hauswirtschaft mit Geburt, Kinderbetreuung und Krankenpflege. Aus diesem Grund wurden Verdächtigungen oft von Frauen gegen andere Frauen erhoben. Robert Muchembled und andere Historiker haben herausgearbeitet, daß die Erörterung von Hexereiverdächtigungen im Dorf wesentlich das Werk der Frauen war, deren interne Diskussionen über das Anwachsen von Gerüchten, die eventuell vor Gericht als Beweis angeführt werden konnten, entschieden.

Lyndal Roper hat die Körperbezogenheit des Hexereivorwurfs für die europäische Kultur hervorgehoben und darauf aufmerksam gemacht, daß die psychologischen und tiefenpsychologischen Dimensionen ungenügend berücksichtigt worden sind, daß dies aber für die frühe Neuzeit gerade anhand der Verhörprotokolle in Hexenprozessen möglich wäre, da die Verdächtigten stets Lebensgeschichten rekonstruieren und wie bei der Psychoanalyse Wendepunkte der biographischen Entwicklung herausarbeiten sollten. James Sharpe vertritt die Ansicht, daß die in der Anthropologie wichtigen Themen Menarche, Menstruation, Schwangerschaft, die Fähigkeit des Stillens oder die Menopause in ihrer historischen Beziehung zur Zauberei erst noch untersucht werden müssen. Die Schweizer Mediävistin Monica Blöcker hat die strukturalistische These gewagt, daß Frauen in der vormodernen Kosmologie kognitiv dem naturhaften Bereich zugeordnet waren, zu dem neben dem Element Erde auch die Luft gerechnet wurde, und daher vermehrt für Unwetter verantwortlich gemacht wurden. Diese Diskussion bleibt trotz der zahlreichen Beiträge weiter offen. Zu bedenken bleibt, daß Zeitgenossen Hexerei nicht als Teil eines verdeckten Geschlechterkampfes verstanden. Die Hexenforschung hat sich einstweilen auf die Formel Christina Larners geeinigt, Hexerei sei „geschlechtsbezogen, aber nicht geschlechtsspezifisch“ (sex-related, not sex-specific).

Die Hexe spielt in der Tiefenpsychologie als Inversionsmotiv zur fruchtbaren, nährenden und befriedigenden Frau eine Rolle, wobei die bei einer bestimmten Patientengruppe auftretende Form der Stereotypisierung auf eine anthropologisch bedingte Angstebene verweist, zu der geschlechtsspezifische Aspekte der Mutterbeziehung hinzukommen können. In der Ethnopsychoanalyse findet sich die zugespitzte Formulierung, die Hexe sei „die fressende phallische Mutter der symbiotischen Phase“, auf die Neid und Gier projiziert werde.

Auf einer anderen Ebene liegen die Studien zur Psychologie des Hexengläubigen von seiten der Vorurteilsforschung. Nach den bahnbrechenden *Studies in Prejudice* bilden Neigung zu Aberglauben und Stereotypenbildung, der Glaube an das Bestimmtwerden des Einzelschicksals durch geheimnisvolle Mächte und das Denken in starren Kategorien Kriterien der Persönlichkeitsstruktur der „Authoritarian Personality“, aus welchen sich die Anhängerschaft Hitlers konstituierte. Theodor W. Adorno (1903–1969) vermutete, daß Ich-Schwäche „eine der wichtigsten Ursachen der Stereotypie und des Hanges zum Aberglauben ist“. Zurückgegriffen wird hier auf Kategorien Freuds, die wie der in seinem Essay *Das Ich und die Abwehrmechanismen* (Wien 1936) genannte Begriff der Projektion in der Psychologie allgemeinere Anerkennung gefunden haben. Er steht auch im Hintergrund von Sündenbocktheorien (scapegoat theories) in der Sozialpsychologie, die Ausgrenzungsprozesse auf Stigmatisierung zurückführen (labeling approach). Tatsächlich kann man bei Etikettierungsvorgängen beobachten, daß neben sozialer Devianz auch Normabweichungen wie psychische Krankheit oder körperliche Auffälligkeiten eine Rolle spielten, die von Hautblutungen über Warzen bis zu dem berühmten „Hexenmal“ reichen, welches die Anhänger des Hexenhammers als reguläres Beweismittel (stigma diaboli) in das Strafprozeßrecht einführen wollten. Der im Zusammenhang der Stereotypenforschung von Robert K. Merton entdeckte Mechanismus der *Self-fulfilling Prophecy* hat auch für den Hexenglauben Bedeutung. Die Gruppendynamik von Antihexereibewegungen wurde bislang kaum erforscht, doch werden sie von der Soziologie wohl nicht zu Unrecht in die Nachbarschaft nativistischer Widerstandsbewegungen und des vormodernen sozialen Protestes gerückt.

Einige Ethnologen haben sich in den vergangenen Jahrzehnten der Ansicht afrikanischer Kollegen geöffnet, daß Hexerei für diejenigen, die daran glauben, Realität besitzt. Beigetragen hat dazu die Diskussion über den Todeszauber in Melanesien. Personen, welchen von ihrer Gemeinschaft das Lebensrecht abgesprochen wird, versterben innerhalb weniger Tage, ohne daß äußerliche Gewalt angewendet wird. Versuche von Anthropologen oder Missionaren, ihr Leben zu retten, blieben ergebnislos. Derartige Phänomene kratzen ebenso an der europäischen Auffassung von der Nichtexistenz des Schadenzaubers wie neuere Erkenntnisse über die psychosomatischen Ursachen von Krankheiten. Wenn Zauberei und Hexerei aufgrund eines allgemein akzeptierten, von Täter und Opfer geteilten Glaubenssystems wirksam sein können, wären sie nicht einfach, wie der Soziologe Elliot P. Currie meinte, *crimes without victims*, sondern müßten unter Strafe gestellt werden, selbst wenn ein Indizienbeweis nach westlichem Strafprozeßrecht unmöglich wäre. Genau diese Diskussion wird gegenwärtig in Ländern Afrikas und Südostasiens geführt.

Abb. 2: Hexenflug, Wetterzauber, Teufelsanbetung, Teufelsbuhlschaft. Titelholzschnitt von: Peter Binsfeld, *Tractat von Bekanntnuß der Zauberer und Hexen,* München 1591

III. Hexenverfolgung

Hexenverfolgung kann es überall geben, wo man an Hexen glaubt. Entgegen der Interpretation, die im Anschluß an Evans-Pritchard in den Sozialwissenschaften viele Anhänger gewonnen hat, kann man der Mehrzahl der neueren Untersuchungen entnehmen, daß Hexerei kein wertneutrales Mittel zur Aufrechterhaltung eines sozialen Gleichgewichts war, sondern als Inbegriff des antisozialen Verhaltens empfunden wurde. Diese Klassifikation liegt in der Definition der Hexerei, deren Symbolsystem eine Umkehrung der gesellschaftlichen Werte bedeutet. Die Beispiele dafür reichen von den arktischen Inuit bis zu den Regenwaldbewohnern Neuguineas. In traditionellen Gesellschaften mit personalisiertem Hexereikonzept werden Personen, die im Verdacht der Hexerei stehen, wegen ihrer vermuteten besonderen Fähigkeiten mit Vorsicht behandelt, doch fast stets mit der Option, sie notfalls zur Rechenschaft zu ziehen. Die Sanktionen reichen vom Zwang zur Rücknahme des Zaubers über die Verbannung bis zur Tötung, und zwar kulturübergreifend durch physische Auslöschung mit Hilfe des Feuers.

In Europa waren Hexenverfolgungen im engeren und im weiteren Sinn während des größten Teils der Geschichte illegal. Edith Ennen hat ihre Forschungen in dem Satz zusammengefaßt, Zaubereiprozesse seien für das Früh- und Hochmittelalter nicht prägend gewesen. Wiederholt hören wir jedoch von Todesstrafen gegen Wahrsager, Zauberer und Wettermacher, die von „staatlichen" oder kirchlichen Institutionen verhängt wurden, wobei Folter oder Gottesbeweise zur Überführung dienten, etwa bei der Hexenverfolgung (maleficae et incantatrices) der fränkischen Königin Fredegunde (?–597) um 580 in Paris, bei der Folterung und Hinrichtung eines Zauberers und einer Hexe namens Rudpurg im Jahr 899 nach dem plötzlichen Tod König Arnulfs (ca. 850–899), oder bei der Verbrennung dreier Erntezauberinnen (perditrices frugum) bei Freising im Jahre 1090. Die Tatsache, daß gerade in diesem

Jahr eine Sedisvakanz der Hexenverfolgung bei der Bischofsstadt Raum bot, deutet auf eine Grenzsituation zur Illegalität hin, zumal Mönche des nahen Klosters Weihenstephan von einem Märtyrertod der Frauen sprachen, für ein ordentliches Begräbnis sorgten und den Vorfall der Nachwelt überlieferten.

Daß Pogrombewegungen gegen Zauberer oder Hexen größere Ausmaße annehmen konnten, verdeutlicht die berühmte Gewitterpredigt des Bischofs Agobard von Lyon (769–840), in welcher von der Häufigkeit der Lynchjustiz gegen vermeintliche Wettermacher berichtet wird, sowie von der Tötung von Zauberern, die man für das große Viehsterben von 810 verantwortlich machte. Im Jahr 1080 ermahnte Papst Gregor VII. (reg. 1073–1085) den Dänenkönig Harald (reg. 1076–1080) wegen des Brauches, alte Frauen und Priester für Stürme und Krankheiten verantwortlich zu machen und auf grausamste Weise umzubringen. Der Papst erklärte, daß diese Katastrophen Strafen Gottes seien und die Rache an Unschuldigen dessen Zorn nur erhöhen würde. Für das Jahr 1115 vermerkte eine Grazer Chronik lakonisch, daß dreißig Frauen an einem Tag verbrannt worden seien (*concrematae sunt triginta mulieres in Greez una die*). Bei der relativen Quellenarmut dieser Zeit wird man sicher mit weiteren sporadischen, von der Kirche nicht gebilligten Hexenverfolgungen rechnen können. Generell kann man sagen, daß die Unterdrückung des Wunsches nach Hexenverfolgung durch Kirche oder Staat bei gleichzeitigem starken Hexenglauben in vielen Teilen Europas zu Akten der Lynchjustiz geführt hat. Dies gilt für den Alpenraum ebenso wie für Skandinavien oder das orthodoxe Rußland. In Ungarn war Lynchjustiz zur Zeit der Osmanenherrschaft üblich, weil die türkische Obrigkeit sich weigerte, Hexereianklagen vor Gericht zu verhandeln. Beispiele wie die Tötung eines Adeligen in Wolhynien, der von einer aufgebrachten Menge unter Führung des Pfarrers und des örtlichen Adels wegen vermeintlichen Schadenzaubers (Epidemie) auf den Scheiterhaufen gesetzt wurde, sind nur überliefert, wenn – wie in diesem Fall durch die Ehefrau – Klage gegen die Mörder erhoben wurde. Janusz Tazbir meint, daß die Hälfte aller Opfer in Polen und der Ukraine durch Lynchjustiz verbrannt wurde, doch würde man sich genauere Belege für solche Aussagen wünschen. Das vorhandene Material verdeutlicht immerhin, daß die Selbsthilfe gegen vermeintliche Zauberer in Europa nicht unbekannt war.

Von diesem Hintergrund hebt sich mit dem eigentlichen *Zeitalter der Hexenverfolgung* ein definierbarer Zeitraum von 350 Jahren ab, in dem Hexenverfolgungen prinzipiell legalisiert und in so systematischer Weise betrieben wurden, daß sie sich zum Gesamtbild einer Verfolgungsperiode addieren. Systematische Hexenverfolgungen fanden auch während dieses Zeitraums nicht überall und dauernd statt, sondern waren an Ausnahmesituationen gebunden. Die Hexenforschung hat Einzelprozesse und *small panic trials* mit 4–19 Opfern unterschieden von größeren Hexenverfolgungen mit zwanzig und mehr Opfern, den *large-scale witch-hunts*. In einigen Fällen fanden sehr viel größere Verfolgungen statt, mit mehr als hundert oder mehr als 250 Opfern innerhalb weniger Monate in einem überschaubarem Areal, in einzelnen Fällen sogar mit mehr als 500 Opfern. Da eine derartige Erscheinung in den außereuropäischen Kulturen, den sogenannten „primitiven Kulturen" oder der islamischen, indischen oder chinesischen Zivilisation, ebenso den nichtrömischen christlichen Gesellschaften (Armenien, Georgien, Äthiopien, Griechenland oder Rußland) unbekannt geblieben ist, werden immer noch, wie schon in der ersten historischen Abhandlung des Aufklärers Christian Thomasius (1655–1728) *De origine ac progressus processu inquisitorii contra sagas*, als Voraussetzung der europäischen Hexenverfolgungen die ideologischen Rahmenbedingungen gesehen, welche durch das Römische Recht und die römisch-christliche Theologie für die lateinische Christenheit abgesteckt worden sind.

Tatsächlich kann man in der Formierung der christlichen Verschwörungstheorien im Hochmittelalter nicht mehr als eine Vorbedingung sehen, denn entscheidend für die Entstehung des kumulativen europäischen Hexenbegriffes waren Entwicklungen des ausgehenden 14. und frühen 15. Jahrhunderts. Angebliche frühere Massenverfolgungen in Südfrankreich wurden von Norman Cohn und Richard Kieckhefer ebenso als Fälschungen enttarnt wie ein frühes Gutachten des Juristen Bartolus von Sassoferato. Diese vor allem durch den Schriftsteller Étienne-Léon Lamothe-Langon (1786–1852) fingierten Quellen haben durch ihre Aufnahme in die grundlegende Quellensammlung Joseph Hansens (1862–1943) lange Verwirrung gestiftet. Mit der Quellenkritik wurde deutlich, daß erst während der Jahrzehnte um 1400 aus früher bereits bekannten Bestandteilen jene elaborierte Hexenvorstellung zusammengebaut worden ist, zu welcher neben dem theologisch notwendigen Teufelspakt der strafrechtsrelevante Schadenzauber gehörte, weiter die bereits von Thomas von Aquin sanktionierte geschlechtliche Vermischung der Hexen mit den Dämonen (Teufelsbuhlschaft) sowie der Flug durch die Luft (Nachtfahrt, Unholdenflug) zum Besuch der großen Hexenversammlung (Hexentanz, Hexensabbat). In der Rechtspraxis erwies sich die Hexentanzvorstellung als gefährlich, weil die Verdächtigten nach den Mitschuldigen gefragt wurden, die sie auf den Versammlungen gesehen haben sollten. Durch Folteranwendung konnte jene Kettenreaktion in Gang kommen, die zu Massenhinrichtungen führte.

Das Zeitalter der legalen Hexenverfolgungen begann in Europa um 1430 und endete um 1780. Der Verfolgungszeitraum lag in seinem Schwerpunkt nicht im „finsteren Mittelalter", sondern in der Neuzeit. Der Höhepunkt der Hexenverfolgungen ereignete sich in den Jahrzehnten zwischen 1560 und 1630, mit absoluten Verfolgungsspitzen in den 80er Jahren des 16. Jahrhunderts und in dem Jahrfünft 1626–1630. Während des restlichen 17. Jahrhunderts kam es immer wieder zu Verfolgungswellen. Noch die ganze erste Hälfte des 18. Jahrhunderts blieb die Gefahr von Hexenprozessen in Mittel- und Osteuropa virulent, während sich die ökonomisch und wissenschaftlich fortschrittlichen Länder Westeuropas zwar meist nicht de jure, aber de facto davon verabschiedet hatten. Der Hexenglaube galt längst als Zeichen bedauernswerter Rückständigkeit, als in den katholischen Territorien Süddeutschlands in den 1750er Jahren noch einmal eine ganze Serie von Hexenhinrichtungen stattfand. Doch erst die letzte legale Hexenhinrichtung, die zum Entsetzen der protestantischen Öffentlichkeit in dem reformierten Schweizer Kanton Glarus durchgeführt wurde, rief 1782 europaweit Empörung hervor.

In der Verfolgung der im frühen 12. Jahrhundert auftauchenden dualistischen Häresie der Katharer und der sich seit 1175 rasch verbreitenden apostolischen Bewegung der Waldenser wurden jene Strukturen entwickelt, welche später die organisierte Hexenverfolgung einleiteten: Vom Papst ernannte Inquisitoren, meist Theologen aus dem neugegründeten Dominikanerorden, ermittelten von Amts wegen (ex officio) gegen die Glaubensabtrünnigen. Nach öffentlichen Predigten, in denen die Bevölkerung zur Zusammenarbeit aufgerufen wurde, wurden Verdächtige in einem ausgeklügelten Vernehmungsverfahren ihrer Häresie überführt. Auf dem IV. Laterankonzil wurde 1215 der Einsatz der Folter im Inquisitionsverfahren gebilligt. Die Zwangsmittel und die Zusammenfügung aller vermeintlichen Nachrichten über die Lehren und die Taten der Ketzer führten zur Entwicklung der Vorstellung von der rituellen Teufelsanbetung. Dieser Vorwurf wurde nicht nur gegen Ketzer, sondern auch gegen die Juden erhoben. Die neuere Forschung hat deutlich gemacht, wie sehr das Judenstereotyp die Ausbildung des Hexenstereotyps beeinflußt hat. Ketzer bildeten zwar eine Verschwörung gegen die Kirche, doch Schadenzauber warf man ihnen nicht vor. Die Schuldigen für die periodischen Seuchenzüge des Spätmittelalters suchte man bei den Aussätzigen. Den Leprakranken warf man vor, aus Rache die Brunnen vergiftet zu haben. Dieser Vorwurf wurde im 14. Jahrhundert in Savoyen auf die Judengemeinden übertragen. Das obskure Pulver, mit dem die Juden ihren Schaden ausübten, taucht in den späteren Hexenprozessen ebenso auf wie der Blutmythos, Ritualmorde zur Erzeugung von Zaubermitteln, Marienfeindschaft oder die geheimen nächtlichen Zusammenkünfte. Nicht umsonst wurden die Zusammenkünfte der Hexen mit den hebräischen Worten Synagoge oder Sabbat bezeichnet. Während die *Synagoga*

Satanae in den frühen Traktaten öfters anzutreffen war, setzte sich später der Begriff *Hexensabbat* durch.

Die Gründe, warum in den Jahrzehnten um 1400 aus den traditionellen Feindbildstereotypen des teufelsanbetenden Ketzers und des brunnenvergiftenden Juden das Stereotyp der Hexensekte entwickelt wurde, sind nicht ganz enträtselt. Jean Delumeau hat die These verfochten, die europäische Kultur sei im 14. Jahrhundert von einer kollektiven Angst befallen worden. *La Peur en Occident* habe sich in den Schreckensdarstellungen in der religiösen Kunst und in den Hexenverfolgungen manifestiert, entstanden sei sie durch die äußere Bedrohung Europas durch den Islam, das vermehrte Auftreten von Hungersnöten und die Wiederkehr der Pest 1349 und die Kirchenspaltung, das Schisma von 1378. In diesem Wirrwarr von Argumenten fehlt freilich der logische Zusammenhang mit dem Hexenthema. Frantisek Graus hat bestritten, daß das Auftreten der Pest eine so große Zäsur bewirkt habe, wie behauptet. Ängste sind im Zusammenhang mit dem Schisma sicher aufgetreten, doch müßte erst noch gezeigt werden, daß sich Gebirgsbauern tatsächlich um die Wirksamkeit der erteilten Sakramente sorgten. Auch die Eroberung Moskaus durch die Mongolen oder Konstantinopels durch die Osmanen dürfte denen, welche sich in den Hochtälern Savoyens vor Hexen fürchteten, gleichgültig gewesen sein.

Schauplatz der Entstehung des „Superverbrechens" waren die Länder des ehemaligen Herzogtums Savoyen, zu denen unter Amadeus VIII. (1383–1451, Herzog 1416–1434) das ganze Gebiet um den Genfer See inklusive des Pays de Vaud gehörte, das obere Wallis, das Aostatal, das Gebiet um den Residenzort Chambéry und das ganze Piemont bis Nizza. Savoyen wuchs in den Jahrzehnten um 1400 eine eigenartige Zentralität zu, die in die Wahl Amadeus VIII. zum (Gegen-) Papst mit dem Amtsnamen Felix V. (amt. 1439–1449) auf dem Konzil von Basel mündete. Wie man der Zusammenstellung Massimo Centinis entnehmen kann, gewann in Savoyen seit den 1390er Jahren nach den Juden- und Waldenserverfolgungen das Magieproblem zunehmend an Bedeutung. In den

Statuta Sabaudiae, die Herzog Amadeus im Zuge seiner Staatsbildung erließ, war 1430 in noch traditioneller Terminologie viel von Zauberei die Rede. Zehn Jahre später heißt es in einer Erklärung des Papstes Eugen IV. (ca. 1383–1447, amt. 1431–1447), in Savoyen wimmele es von *stregule vel stregones seu Waudenses*.

Entscheidend für die Diagnose des Verbrechens war die erste Sitzungsperiode des Konzils von Basel. Die Begrifflichkeit des Anfang der 1430er Jahre verfaßten Traktates *Errores Gazariorum* ähnelt der in savoyischen Inquisitionsprozessen, erstmals greifbar 1388 im Ketzerort Pinerolo (Synagoga, Gazari). Auf diese Zeitebene wurde später die Entstehung der *secta strigiarum* datiert. Um 1400 fanden im Piemont und der Dauphiné, weitere Prozesse statt, in denen Ketzerei, Zauberei und Strigenglauben aneinanderrücken und mit der Feuerstrafe belegt werden. Der auf dem Konzil von Pisa gewählte Papst Alexander VI. erwähnt 1409 in einer Urkunde für den Inquisitor Pons Feugeyron, daß unzählige Christen und perfide Juden *novas sectas* gegründet hätten, und der Blick auf „sortilegi, divini, demonum invocatores, carminatores, coniuratores, superstitiosi, augures, utentes artibus nefariis et prohibitis" zu richten sei. Eine Bezeichnung für die neue Sekte existierte noch nicht, als 1418 Papst Martin V. (1368–1431, amt. 1417–1431) und 1434 Eugen IV. diesen Inquisitor in seinem Amt bestätigten.

Die Forschung konnte in den vergangenen Jahren neben Feugeyron weitere Akteure bei der Kreation des Superverbrechens namhaft machen, etwa den Inquisitor Uldry de Torrenté (vor 1400–1445) aus dem Dominikanerkonvent im savoyischen Lausanne, der zwischen 1428 und 1439 zahlreiche Prozesse in den Diözesen Lausanne, Genf, Sion, sowie den Städten Fribourg und Neuchâtel durchgeführt hat, bevor er Prior wurde. Erstmals nachweisbar ist Torrentés Tätigkeit 1428 im Wallis, wo nach Ansicht Johann Fründs (ca. 1400–1469) das Hexenverbrechen geboren wurde. Der Luzerner Chronist berichtet, wie bei diesen Verfolgungen in eineinhalb Jahren 200 Menschen verbrannt worden seien. Dem Zentrum der dominikanischen Reformbewegung in Basel kam eine wichtige Relaisfunktion bei der Verbreitung der neuen Hexereivorstellung zu. Sein Prior war zwischen 1431 und 1434 Johannes Nider (ca. 1380–1438), der Verfasser des *Formicarius*. Nider verdankt seine Informationen außer Torrenté, einem Inquisitor der Diözese Autun (Erzbistum Lyon) und dem Berner Landrichter Peter von Ey (amt. 1413 – vor 1406), der im Berner Oberland Zaubereiprozesse durchgeführt hatte. Niders dämonologischer Traktat gehörte zu den verbreitetsten Produkten dieser Gattung, er wurde 1475 als einer der ersten gedruckt und später häufig dem Hexenhammer beigebunden. Ein anderer Akteur war der Oberrichter der Dauphiné, Claude Tholosan (amt. 1426–1449), der während seiner Amtszeit gegen 258 Personen Hexenprozesse angestrengt hat. Seine Erfahrungen hat Tholosan um 1436 in dem Traktat *Ut magorum et maleficiorum errores* dargelegt. Zum Ausmaß dieser ersten Hexenverfolgungswelle in der europäischen Geschichte gibt es keine Schätzungen, doch könnten sie den zeitgenössischen Andeutungen über zahlreiche weitere Opfer zufolge mehr als fünfhundert Personen betroffen haben. Interessant wären auch Untersuchungen über Reaktionen auf diese Ereignisse im europäischen Rahmen. Der österreichische Jurist Fritz Byloff (1875–1940) hat darauf aufmerksam gemacht, daß nicht nur die bekannten Skandalprozesse gegen Jeanne d'Arc und Agnes Bernauer im selben Zeitraum stattfanden, sondern sich in Südtiroler Gerichtsrechnungen in den Jahren nach 1430 Ausgaben für Verbrennungen häufen („von der vetter Hansin und anderen, die verprannt sind").

Drei Traktate lieferten fast zugleich ausführliche Beschreibungen zu einem Zeitpunkt, als Papst Eugen IV. das Konzil trotz seiner konziliaristischen Mehrheitsfraktion anerkannte und Basel für drei Jahre Zentrum der Christenheit war. Folgerichtig machte der Papst 1437 mit einer Bulle alle Inquisitoren auf die Sekte der zauberischen Teufelsanbeter aufmerksam. Als der Papst im September das Konzil nach Ferrara verlegte und die in Basel verbliebene Mehrheit Amadeus VIII./Felix V. zum Gegenpapst wählte, konnte dies die Propagierung des neuen Verbrechens nur fördern. Als Sekretär des Konzilspapstes lieferte Martin Le Franc (ca. 1410–1461) um 1440 eine weitere ausführliche Beschreibung der Hexensekte in seinem *Le Champion des Dames,* welche unter anderem Tholosans Verfolgungen im Dauphiné erwähnt, wo sich die „vouldroies" zu ihrer „sinagogue" versammelten, um ihre „sorseryies" zu begehen. 1440 also hatte die Sekte endlich ihren Namen. Der auf den alten Strigenglauben zurückgehende Begriff *strega* und der aus den Waldenserverfolgungen stammende, an die Hexenjagden im Pay de Vaud anklingende französische Begriff *Vaudenses* fanden amtliche Anerkennung. Im Deutschen wurde der schwyzerdütsche Begriff *hexerye,* der erstmals 1419 in Luzern in einem Verfahren gegen einen Mann namens Gögler auftaucht, auf das neue Schwerverbrechen übertragen. Nach Fründ inquirierte Torrenté im Wallis bereits gegen die *ketzerye der hexsen.*

Kennzeichnend für die frühen Hexenverfolgungen ist, daß sie sich – wie auch sämtliche Papstdekrete des 15. Jahrhunderts – gegen Männer und Frauen gleichermaßen richten. Mit der Öffnung der Kirche gegenüber der Vorstellung eines realen Hexenfluges wurde die im Canon Episcopi sanktionierte alte Vorstellung von den nachtfahrenden Frauen aktualisiert. Der führende spanische Theologe Alfonsus Tostatus (1400–1455) rechtfertigte 1440 in dem Bibelkommentar *De maleficis mulieribus, que vulgariter dicuntur bruxas* den Hexenflug. In aggressiver Form polemisierte der dominikanische Inquisitor und Konzilstheologe Nikolaus Jacquier (?–1472) in seinem *Flagellum haereticorum fascinariorum* mit den Erfahrungen über die neue Hexensekte gegen die Gültigkeit des alten Canon Episcopi. Einen Entwicklungssprung machte die Hexentheorie Ende der 1450er Jahre durch die berüchtigten Verfolgung der „Vauderie" in der Bischofsstadt Arras, die mehrere Erfahrungsberichte über das neue Hexenwesen anregte. Folgerichtig finden sich um 1460 theologische Bemühungen um die systematische Einordnung der Sekte in den größeren europäischen Ländern. Der Superior der lombardischen Dominikanerprovinz Girolamo Visconti (ca. 1415–1478) beantwortete die Frage *An strie sint velut heretice iudicande* im Jahr 1460 positiv und bestätigte nach einer Diskussion des Canon Episcopi auch die Realität des Hexensabbats.

Erstmals finden sich in diesem Zusammenhang bildliche Darstellungen des Fluges mit Hilfe von Dämonen in Buchminiaturen, zunächst in handgeschriebenen Ausgaben des „Champion des Dames" und des Traktats *Contra Sectam Vaudensium* des Jean Taincture (vgl. Abb. 1). Möglicherweise gab es sogar eine gesteuerte Bildpropaganda zu dieser Thematik, denn es fällt auf, daß im ausgehenden 15. Jahrhundert von Dänemark bis Slowenien luftfahrende Frauen, die auf Teufeln, Tieren oder Gegenständen reiten, in der Freskierung von Kirchenräumen auftauchen. Naturgemäß lassen sie sich weniger genau datieren als Buchmalereien, doch hat Jens Johansen aufgrund der Analyse derartiger Darstellungen in 17 dänischen Kirchen eine Datierung auf den Zeitraum nach 1450 vorgeschlagen. Untersuchung bedürfte die These, ob die Kirchenmaler für diese Thematik bereits auf gedruckte Musterbücher oder andere einheitliche Vorlagen zurückgreifen konnten, ob sie populäre Vorstellungen verbildlichten oder im Auftrag der zuständigen Bischöfe Exempel aus den frühen Dämonologien in der Art der *Biblia pauperum* für die Leseunkundigen in leichtverständliche Bilder übersetzten. Illustrierte dämonologische Traktate kamen erst um 1490 auf und bewirkten binnen kurzem eine ungeheure Popularität der Hexen als Bildsujet.

Der aus der elsässischen Reichsstadt Schlettstadt stammende Heinrich Kramer (Institoris) gehörte wie andere Dämonologen des 15. Jahrhunderts zu den dominikanischen Inquisitoren, die sich auch bei der Bekämpfung anderer Glaubensabweichungen (Waldenser, Husiten, u.a.) und der Juden hervortaten. Kramer propagierte seit seiner Ernennung zum Inquisitor für sämtliche Diözesen Deutschlands jene aktive Hexenverfolgung, die mit seinem Namen verbunden wird. Seine Aktivitäten seit Anfang 1480 in Südwestdeutschland stießen jedoch auf so anhaltenden Widerstand, daß Kramer nach Rom reiste, wo er von Papst Innozenz VIII. (1432–1492, amt. 1484–1492) die berüchtigte Bulle *Summis desiderantes affectibus* erwirkte, in der die Notwendigkeit der Hexeninquisition in Deutschland autorisiert, und er zum päpstlichen Beauftragten ernannt wurde. Ausgestattet mit dieser Blankovollmacht versuchte Kramer auf seiner Rückreise 1485 in der Tiroler Hauptstadt Innsbruck eine Hexenverfolgung vom Zaun zu brechen. Brutaler Zwang, der unmäßige Einsatz der Folter, Verweigerung jeder Verteidigung und systematische Verdrehung der Aussagen der verhörten Frauen kennzeichneten seine Prozeßführung, wie Heide Dienst gezeigt hat. Bürgerschaft und Geistlichkeit der Stadt, der Tiroler Adel und der zuständige Bischof der Diözese Brixen sahen sich zum Einschreiten gezwungen. Bischof Georg Golser (ca. 1420–1489) bezeichnete nach gründlicher Untersuchung den Hexenjäger als eine Person, die wegen hohen Alters „ganz kindisch" geworden sei, suspendierte die Verfolgung und forderte den Inquisitor zum Verlassen der Diözese auf. Alle verdächtigten Frauen wurden freigelassen. Die Regierung der Grafschaft Tirol ließ nie wieder eine Hexenverfolgung zu.

Die gescheiterte Innsbrucker Hexenverfolgung bildete das Motiv für die Abfassung des *Malleus maleficarum,* wobei Kramer mit den Texten theologischer Autoritäten wie Augustinus oder Thomas von Aquin ebenso willkürlich verfuhr wie mit den Aussagen der verhörten Frauen. Trotzdem erregte der später so genannte „Hexenhammer" großes Interesse. Die Erfindung des Buchdrucks trug erheblich dazu bei, denn dieses neue Medium erlaubte erstmals die marktorientierte Produktion. Der Schwerpunkt der Rezeption lag Anfang der 1490er Jahre, und es wird traditionell mit auf die Wirkung dieses Werkes zurückgeführt, wenn die Hexenverfolgungen in Mitteleuropa genau zu diesem Zeitpunkt einen Höhepunkt erlebten. Es ist bezeichnend, daß die Gegenschrift des Konstanzer Juristen Ulrich Molitor (1442–1507) *De laniis et phitonicis mulieribus, Teutonice unholden vel hexen,* welche in Form eines Dialogs die Möglichkeit der Tierverwandlung, des Hexenfluges und damit auch des Sabbatbesuchs bestritt, noch größere Verbreitung fand. Molitors Schrift wurde in den Jahren nach 1490 etwa zehnmal aufgelegt und mit dem Titel *Von Unholden und Hexen* auch ins Deutsche übersetzt.

Sechs Holzschnitte eines unbekannten Künstlers in der bei Hist gedruckten Speyerer Ausgabe von Molitors Traktat, welche die phantastischeren Komponenten des Hexereidelikts – Hexenschuß, Tierverwandlung, Hexenflug, Sabbatmahl, Teufelsbuhlschaft und Wetterzauber – ins Bild setzten, begründeten 1493 die Popularität des Hexensujets in der europäischen Druckgraphik. In das im selben Jahr erscheinende *Liber Cronicarum* des Nürnberger Humanisten Hartmann Schedel wurde offenbar in letzer Minute noch ein Hexen-Holzschnitt eingefügt. Albrecht Dürer (1471–1528) begann spätestens 1497 mit der Produktion von Hexenbildern, gefolgt von anderen berühmten Künstlern seiner Zeit wie Hans Baldung Grien (1485–1545), Niklaus Manuel Deutsch (ca. 1483–1530), Urs Graf (ca. 1485–1525) oder Albrecht Altdorfer (1480–1538). Wie Jane P. Davidson herausgearbeitet hat, gehörten die Hexen zu den verbreitetsten Bildthemen dieser Zeit. Da die frühe Druckgraphik bereits für den Markt produziert wurde, kann man auf eine erhebliche Nachfrage nach diesen Bildern schließen. Entgegen der Ansicht von Charles Zika deuten solche Produktionen, bei denen etwa die weibliche Sexualität thematisiert wurde, nicht unbedingt auf einen ausgeprägten Hexenglauben der Künstler oder Käufer. Die pornographischen Bilder Baldungs oder die ästhetischen Darstellungen weiblicher Nacktheit bei Dürer belegen keine *Fear of Flying*, sondern demonstrieren nur, daß die Hexe zu einem beliebten Sujet der Frauendarstellung geworden war.

Das Ausmaß der vorreformatorischen Verfolgungen ist bislang nur unzulänglich erforscht. Kramer spricht 1486 von den 48 Opfern seiner Verfolgung in der Diözese Konstanz. Nach dem Innsbrucker Fiasko dürfte Kramer im Elsaß gewirkt haben, in der Umgebung seines Schlettstädter Konvents. Vielleicht hatte er auch mit der Vertreibung der Juden aus dieser Stadt zu tun. 1488 rief er in der Diözese Trier zu Hexenverfolgungen auf und im selben Jahr wurden 35 Hexen in Metz verbrannt. In einem *Ratschlag Unhulden* an den Nürnberger Rat von Anfang Oktober 1491 rühmt sich Kramer, daß aufgrund seiner Inquisitorentätigkeit bisher „mehr als 200 Hexen“ hingerichtet worden seien. Das weitere Wirken des Inquisitors bleibt bislang im dunkeln. Die Jahrzehnte zwischen 1470 und 1520 waren Krisenjahre, in denen nach Sündenböcken gesucht wurde. Auch wo – wie in den Schweizer Städten – kein päpstlicher Inquisitor auf der Bühne erschien, kam es zu Todesurteilen wegen angeblicher „Hägxerye“. In Frankreichs Osten und Deutschlands Westen rheinabwärts bis in die Niederlande gab es bis Anfang der 1520er Jahre immer wieder kleinere Verfolgungen. Das Ausmaß der vorreformatorischen Hexenverfolgungen wurde Ende des 16. Jahrhunderts mit 3000 Opfern angegeben, doch ist nicht ersichtlich, worauf diese Quantifizierung basiert.

Abgesehen von Teilen der Schweiz, Frankreichs und Nordspaniens waren es die Alpentäler Oberitaliens (Val Tellina, Valcamonica, etc.), in denen die vorreformatorischen Verfolgungen ihre volle Wirksamkeit entfalteten. Hier verbrannten Inqusitoren wie der Dominikaner Bernardo Rategno (ca. 1450–1510) in der Diözese Como Hunderte von Menschen und berichteten darüber in gedruckten Erfahrungsberichten. Nach der Mitteilung des Dominikaners Bartholomäus Spina (ca. 1480–1546) von 1525 wurden durch die Inquisition von Como über zwanzig Jahre lang jährlich etwa tausend Personen wegen Hexerei verhaftet und hundert verbrannt. Widerstand dagegen wird zuerst sichtbar mit der 1505 publizierten Schrift *De lamiis, quas strigas vocant* des franziskanischen Philosophen Samuel de Cassinis aus Mailand, welcher die Wirklichkeit des Hexenfluges, des Hexensabats und damit der neuen Hexenvorstellung unter Berufung auf den Canon Episcopi in Frage stellte. Diesem Widerstand schloß sich mit Andrea Alciati (1492–1550) einer der bedeutendsten zeitgenössischen Juristen an. Man wird den Rückgang der Verbrennungen in Italien auf einen Wandel der öffentlichen Meinung zurückführen müssen, bei dem die Politikergeneration Niccolo Machiavellis (1469–1527) dem Fanatismus der Inquisitoren ein Ende bereitete. Waren es in Italien Humanisten und

Politiker und in Deutschland Humanisten und Reformatoren, so trat in Spanien die Inquisitionsbehörde selbst den Greueln entgegen. Auf einer 1526 nach Granada einberufenen Konferenz wurde beschlossen, in Hexenfragen sehr vorsichtig zu verfahren und dem Hexenhammer keine autoritative Bedeutung zuzugestehen.

Das 1532 verabschiedete Strafrecht Karls V., die *Constitutio Criminalis Carolina*, ignorierte das angebliche Hexenverbrechen und enthält nur einen traditionellen Artikel gegen Schadenzauber (Art. 109), dessen Behandlung durch drei prozeßrechtliche Artikel besonders skrupulös geregelt wird (Art. 21, 44, 52). Mit dem Ende der Hexenverfolgungen hörten auch die Neuauflagen der dämonologischen Literatur auf. Manche Zeitgenossen hatten aufgrund dieser Veränderungen den Eindruck, die Verfolgungsperiode sei beendet. Freilich mag hier der Wunsch der Vater des Gedankens gewesen sein, denn bei genauem Hinsehen zeigt sich, daß an einigen Orten weiter Hexenprozesse stattfanden. Mit der Erfindung des illustrierten Einblattdrucks wurde in dieser prozeßarmen Zeit die Durchführung von Hexenverbrennungen sogar als besondere Sensation verkauft. Einer dieser Vorfälle betraf in Deutschland 1533 die Verbrennung einer Frau in Schiltach bei Basel, ein zweiter die Hinrichtung von vier Hexen in Wittenberg im Jahre 1540. Der Holzschnitt dafür stammte aus der Werkstatt von Lukas Cranach, dem Propagandisten des Reformators Martin Luther. Dieser Sündenfall des Luthertums konnte den Anhängern sowenig behagen wie ähnliche Vorfälle im Bereich der reformierten Kirchen. Kurz nach Johannes Calvins (1509–1564) Einzug in Genf wurden 1545 mehrere Männer als Hexen verbrannt, und Calvin drängte aktiv auf Ausdehnung der Verfolgung. In Jütland kam es 1543 sogar zu einer Hexenjagd, der 52 Personen zum Opfer fielen. Die dänische Regierung erließ daraufhin restriktive Bestimmungen. Im katalanischen Tarragona erlaubte 1548 ein Inquisitor die Verbrennung von sieben Frauen. Die Supremá war darüber so entsetzt, daß sie den Inquisitor bestrafen ließ. Es war der letzte Fall einer Hexenhinrichtung durch die katalanische Inquisition.

Im Vergleich zu dieser zögerlichen Prozeßtätigkeit bedeutete das Wiedereinsetzen großer Hexenverfolgungen ein dramatisches Ereignis. *Warhafftige und Erschreckhenliche Thatten und Handlungen der 63 Hexen und Unholden, so zu Wiesensteig mit dem brand gerichtet worden sind* berichtete eine Neue Zeitung 1563 aus der kleinen lutherischen Reichsherrschaft Wiesensteig des Grafen Ulrich XVII. von Helfenstein (1524–1570, reg. 1548–1570) auf der Schwäbischen Alb. Anfang der 1560er Jahre bekam das Hexenthema plötzlich neue Aktualität quer durch Europa, vom lutherischen Norwegen bis zum katholischen Sizilien. Gutinformierte Zeitgenossen wie der Organisator der Gegenreformation Petrus Canisius SJ (1521–1597) in Deutschland stellten fest, daß Hexen jetzt allenthalben verbrannt würden und es niemals zuvor so viele gegeben habe. Warum kam es aber zu diesen plötzlichen Pogromen? Gedacht wurde an eine vergrößerte Akzeptanz der Hexenvorstellung des Hexenhammers durch aufstachelnde Predigten, an die Verhärtung der konfessionellen Fronten mit dem Einsetzen der Gegenreformation und dem Auftreten der reformierten Partei, an den Staatsbildungsprozeß, der durch stärkere administrative Erfassung der Untertanen einen intensiveren Zugriff auf ihren Glauben bzw. Aberglauben ermöglichte. Im Bereich der Justiz wurde der Übergang vom älteren Akkusationsprozeß zum Inquisitionsprozeß genannt, bei dem staatliche Gerichte von Amts wegen unter Einsatz der Folter ermittelten, was im Zusammenhang mit der Hexentanzvorstellung besonders gefährlich war.

Alle genannten Theorien haben den Nachteil, daß sie nicht die Synchronität des Verfolgungseifers bei sehr unterschiedlichen regionalen Voraussetzungen erklären können. Auch in Gebieten ohne Rezeption des Römischen Rechts ist ein Anstieg der Hexenprozesse zu verzeichnen, und es ist kein Zufall, daß gerade in England und Schottland 1563 jeweils ein *Witchcraft Act* erlassen wurde und Hexenprozesse begannen. Betrachtet man einen konkreten Fall, dann bleibt von den großen Theorien wenig übrig. In einem Jahrzehnte dauernden Schadensersatzprozeß vor dem Reichskammergericht, den eine hexereiverdächtige Frau und ihre Söhne gegen den Grafen von Rechberg anstrengten, wurde immer wieder der Hergang der Verfolgung von Zeugen der beteiligten Parteien geschildert. Dabei wird sichtbar, daß die Bauern der Ritterherrschaft Illereichen 1562 vor das Schloß des Grafen Rechberg marschierten und diesen als Grund- und Gerichtsherrn zur Gewährung von „Schutz und Schirm" aufforderten, nachdem ihre Felder überschwemmt waren und das Vieh starb. Kein eifernder Geistlicher ist hier in Sicht, und der Graf, der offensichtlich noch niemals mit Hexenfragen beschäftigt gewesen war, wurde von dieser Situation überrascht. Gedrängt von den Untertanen begann er mit einer Verfolgung, bei der gelehrtes Recht und elaborierte Dämonologie keinerlei Rolle spielten. Als Hexenfinder diente wie bei vielen frühen Hexenverfolgungen ein herbeigerufener externer Scharfrichter, der sich mit Gegenzauber (Weihwasser, geweihtes Salz, etc.) und Hexenfolterung auskannte. In sozialgeschichtlicher Hinsicht dürfte es schwerfallen, zu beweisen, daß in Wiesensteig oder Illereichen 1562/63 der Kapitalismus eingeführt, ein Staat gebildet oder die Bauernschaft einem besonderen Akkulturationsprozeß unterzogen worden ist. Hier ging es um Schadenzauber, die Beseitigung der Verursacher einer vermeintlichen „unnatürlichen" Häufung von Unglück.

Freilich läßt sich dieses lokale Unglück einordnen in den Kontext vieler ähnlicher Vorfälle. Eine Erklärung für das synchron einsetzende Interesse für die Hexen bietet das Phänomen der Klimaverschlechterung, die als *Kleine Eiszeit* (Little Ice Age) bezeichnet worden ist. Klimahistoriker bezeichnen damit eine relative Kälteperiode, die nach der langen Warmzeit des Hochmittelalters die nördliche Hemisphäre betraf. Die generelle Abkühlung traf eine Gesellschaft mit fragiler Subsistenz. Witterungsbedingte Mißernten führten zu Teuerungskrisen, von denen vor allem Wein und Brot betroffen waren, weil Rebstöcke und Brotgetreide als mediterrane Pflanzen in besonderem Maße kälteempfindlich sind. Ketzer, Aussätzige oder Juden, die seit dem Hochmittelalter verfolgt wurden, waren nicht mit dem Wetter in Verbindung zu bringen, wohl aber die wettermachenden Hexen. Vielleicht liegt hier überhaupt das entscheidende Ingredienz für das Entstehen des neuen „Superverbrechens“ der Hexerei in den Westalpen nach 1420, denn die Hochtäler waren naturgemäß von der Abkühlung besonders betroffen. Die Winter wurden länger, die Gletscher wuchsen, die Vegetationsperiode verkürzte sich, die Ernten waren gefährdet und damit das tägliche Brot. Damals stellte man sich in diesem Gebiet auf den Almweidebetrieb um. Nach den Vorboten im 14. und 15. Jahrhundert, in den 1430er Jahren und im Zeitraum zwischen 1480 und 1520, setzte nach einer Latenzphase von vierzig Jahren um 1560 die Kernphase der Kleinen Eiszeit ein. Auf den kalten Winter 1561/62 folgte der niederschlagsreiche Sommer, der Überschwemmungen mit anschließenden Epidemien bei Mensch und Tier verursachte. Damit begann eine Epoche widriger Witterungslagen, die von den Betroffenen oft als „unnatürlich“ empfunden wurden.

Vor dem Hintergrund der durch mehrere Indikatoren nachgewiesenen Abkühlung lassen sich andere Zeitphänomene neu einordnen, etwa die grassierende Endzeiterwartung in theologischen Traktaten, welche sich an die vermeintlichen Zeichen Gottes knüpften. Von Bedeutung war die Auseinandersetzung der Stuttgarter Prediger Matthäus Alber (1495–1570) und Wilhelm Bidembach (1538–1572) mit den brandgefährlichen Ansichten ihres Esslinger Kollegen Thomas Naogeorgus, der die Hexen für das außerordentliche Hagelunwetter vom 3. August 1562 verantwortlich machte und eine Verfolgung nach Wiesensteiger Muster forderte. Ihre *Summa etlicher Predigen vom Hagel und Unholden* ging noch 1562 in Druck und erlebte bis ins frühe 17. Jahrhundert hinein Nachdrucke. Alber und Bidembach traten mutig den Aggressionen der Bevölkerung entgegen und verfochten die orthodox-lutherische Auffassung vom Wetterzauber in der Tradition des Reformators Johannes Brenz (1499–1570), der zufolge allein Gott verantwortlich sei. Diese Argumentation hatte nur einen kleinen Fehler: Prinzipiell hielt auch Brenz in seiner *Predigt von dem Hagel und Ungewitter* an der Legalität von Hexenverbrennungen fest. Deswegen kam es 1564/65 zu einer zweiten heftigen Debatte. Johann Weyer griff Brenz wegen seiner Inkonsequenz öffentlich an: Wenn die Hexen kein Wetter machen könnten, sei es nicht nur unmenschlich, sondern illegal, die Todesstrafe gegen sie zu verhängen, denn das Reichsrecht sah nur die Todesstrafe wegen Schadenzaubers vor. Folge dieser Attacken war – wie in Schottland – die Veränderung der Gesetzgebung in den deutschen Territorien. Um die Lücke zwischen Reichsrecht und theologischer Verurteilung der Hexerei zu schließen, verschärften Württemberg, die Kurpfalz und Kursachsen binnen weniger Jahre ihr Recht, sodaß künftig Schadenzauber für ein Todesurteil nicht mehr erforderlich war, sondern böser Wille und der Pakt mit dem Teufel ausreichten.

Daß wir es bei den Verfolgungen nicht mit einem lokalen oder regionalen Ereignis zu tun haben, kann man daran ablesen, daß in ganz Europa ein Anstieg der Verfolgung magischer Delikte stattfand, auch dort, wo es nicht zu Hexenverfolgungen kam. Serielle Untersuchungen der Inquisitionsregister in südeuropäischen Ländern führten zu dem Ergebnis, daß die magischen Delikte die Ketzereien an Häufigkeit ablösten. In Neapel dominierten sie seit 1570, in Venedig seit 1585, im Friaul seit 1595. In vielen Gegenden Nordeuropas bildete die Hungerkrise von 1570 einen Markstein der Entwicklung. Im Schweizer Kanton Zürich oder im Elsaß begannen jetzt systematische Hexenverfolgungen. Entsprechend setzte überkonfessionell eine Blütezeit der Dämonologie ein, die auf die mittlerweile alten Lehren des Hexenhammers zurückgriff, auch wenn sie auf protestantischer Seite nach dem evangelischen Schriftprinzip Textstellen der Bibel (Exodus 22,18 etc.) in den Vordergrund rückte. Der Nachfolger Calvins im Genfer Gottesstaat und Autor von *Les Sorciers* (Lyon 1572) Lambert Daneau (1530–1596) reflektiert das Wiedereinsetzen der Verfolgungen in Savoyen und in der Westschweiz. Ausgedehnte Hexenjagden begannen praktisch gleichzeitig im Elsaß, in der Champagne oder dem niederdeutschen Hochstift Osnabrück, oft im Zusammenhang mit der Hungerkrise von

1570. Der berühmte Jurist Jean Bodin (1530–1596), dessen *Démonomanie des Sorciers* (Paris 1580) zu den übelsten Produkten des Genres gehört, zieht als Beispiel Hexenprozesse in Ribemont 1576 heran, die wegen ihrer Widerrechtlichkeit durch das Parlement von Rouen beanstandet worden waren.

England und Frankreich erlebten nach einem starken Anstieg seit 1560 in den 1580er Jahren den Höhepunkt der Hexenverfolgungen. Ebenso sind im Baltikum, in Ungarn und Österreich vermehrt Hexenprozesse zu beobachten. Im Pays de Vaud, dem Waadtland des reformierten Kantons Bern, wurden zwischen 1581–1620, wie Peter Kamber im einzelnen nachgewiesen hat, nicht weniger als 970 Menschen als Hexen verbrannt, insgesamt dürften es über tausend gewesen sein. Dies war mit Abstand die größte Hexenverfolgung im protestantischen Europa. Zwischen einem Inquisitionsgericht in Spanien, einem Landgericht in der Schweiz, einem Stadtgericht im Baltikum, einem Adelsgericht in Ungarn oder einem Assize Court in England gab es nur wenig Gemeinsamkeiten. Wenn sie alle gleichzeitig ihre Aufmerksamkeit den magischen Delikten zuwandten, mußte es dafür einen Grund jenseits der politischen, juristischen, sozialen und konfessionellen Strukturen geben.

Ihren bisherigen Höhepunkt erreichten die europäischen Hexenverfolgungen Ende der 1580er Jahre in so entfernten Gebieten wie Britannien, Frankreich, den spanischen Niederlanden, Deutschland, Teilen Oberitaliens und der Schweiz. Der Trierer Kanoniker Johann Linden erwähnt in seinen *Gesta Treverorum* für die Amtszeit des Erzbischofs Johann VII. von Schönenberg (amt. 1581–1599) folgenden Hintergrund der Hexenverfolgungen: „Kaum einer der Erzbischöfe hat mit so großer Beschwernis, mit solchem Verdruß und unter solcher Not die Diözese regiert wie Johann (…). Dazu mußte er in der ganzen Zeit seiner Regierung den ständigen Mangel an Brotgetreide, die Unbill der Witterung und den Mißwachs auf den Feldern mit seinen Untertanen aushalten. Denn nur zwei Jahre von den neunzehn waren fruchtbar, die Jahre 1584 und 1590 … Weil man allgemein glaubte, daß der durch viele Jahre anhaltende Mißwachs durch Hexen und Unholden aus teuflischem Haß verursacht werde, erhob sich das ganze Land zu ihrer Ausrottung ...". Der *Tractatus de confessionibus maleficorum et sagarum* des Trierer Weihbischofs Peter Binsfeld (1545–1598) spiegelt die Erfahrungen der Trierer Verfolgungen wider und prägte die Auffassungen der katholischen Verfolgungspartei in Deutschland (Abb. 2).

Die Kurtrierer Verfolgung war mit über 350 Opfern die bis dahin größte Verfolgung in Deutschland. In ganz Süddeutschland dürften – vom Rheinland bis Bayern – während dieser Verfolgungswelle mindestens zweitausend Menschen als Hexen verbrannt worden sein. Eine *Erweytterte Unholden Zeyttung* berichtete von Hexenverfolgungen in zahlreichen Territorien und lieferte ein Panorama der von den Hexen bewirkten Unwetter und Verwüstungen. Da Hexenverfolgungen für manche Gebiete Deutschlands überhaupt neu waren, bestand ein erheblicher Informationsbedarf. Dieser wurde in der Buchmessestadt Frankfurt unter anderem gedeckt durch ein *Theatrum de Veneficis,* welches frühere Hexentraktate und Zeitungsberichte in einem Sammelband zusammenfaßte, sowie in literarischer Form in der *Historia von D. Johann Fausten,* welche 1587 das Motiv des Teufelsbundes thematisierte und zu einem Thema der Weltliteratur erhob. Doch auch in den anderen Verfolgungsländern wurde das Informationsbedürfnis befriedigt. Der schottische König James VI. (1566–1625), später als James I. König von England, zog in seiner *Daemonologie* selbst die Summe aus den umfangreichen schottischen Verfolgungen der Jahre um 1590, den zweitgrößten im protestantischen Europa nach der im Berner Pays de Vaud.

Über die Hexenverfolgung im Herzogtum Lothringen (ca. 400 000 Einwohner) steht eine zusammenfassende und vergleichende Studie noch aus. Unter der Regierung des Herzogs Charles III. (1543–1608, reg. 1552–1608), der als führendes Mitglied der 1576 gegründeten *Ligue de défense de la Sainte Église Catholique* und enger Verwandter der Guise eine wichtige Rolle in der französischen Politik spielte, fanden die größten Hexenverfolgungen im französischen Sprachraum statt.

Im Hinblick auf den militanten Katholizismus der Lothringer, die seit dem Massaker von Vassy 1562 an den Hugenotten die Toleranzpolitik des Königtums mit blutigen Mordaktionen beantworteten, bilden die Hexenverfolgungen ein interessantes Seitenstück. Der lothringische Procurateur Générale Nicolas Rémy (ca. 1528–1612) rühmte sich in seiner *Daemonolatria* (Lyon 1595), während der vergangenen fünfzehn Jahre 900 Hexenhinrichtungen bewirkt zu haben. Unter Henry II. (1564–1624, reg. 1608–1624) und seinem Generalstaatsanwalt Claude Rémy (amt. 1612–1631), der 1606 den Vater im Amt ablöste, wurden die Verfolgungen fortgesetzt. Robin Briggs rechnet mit dreitausend Hexenprozessen und 2700 Opfern. Falls sich dies bewahrheiten sollte, wäre es die weitaus größte Hexenverfolgung in der ganzen europäischen Geschichte. Dem an der Nahtstelle zwischen Frankreich und dem Reich gelegenen Lothringen kam damit, wie in der Politik so auch in der Hexenfrage, eine zentrale Funktion zwischen deutschem und französischem Sprachraum zu, die noch der weiteren Untersuchung bedürfte, besonders im Hinblick auf den politischen Katholizismus in den spanischen Niederlanden und in Deutschland.

Nach den großen Verfolgungen am Ende des 16. Jahrhunderts war die Zeit gekommen für eine Summe der Dämonologie. Diese Aufgabe fiel dem in Antwerpen geborenen spanisch-niederländischen Jesuiten Martin Delrio (1551–1608) zu, der wegen seiner Gelehrsamkeit von Justus Lipsius als Wunder des Zeitalters bezeichnet wurde. Seine vor dem Hintergrund harter Hexenverfolgungen in Brabant unter Erzherzog Albert und der Infantin Isabella (reg. 1598–1621) publizierten *Disquisitionum magicarum libri sex* (Löwen 1599/1600) bilden den Höhepunkt der europäischen dämonologischen Literatur. Mit 25 Ausgaben reichten sie an die Verbreitung des Hexenhammers heran, der zwischen 1576 und 1669 noch sechzehnmal nachgedruckt wurde und insgesamt 29 Auflagen erlebte, doch dürfte der Hexenhammer für Buchkäufer eher von historischem Interesse gewesen sein, während Delrios Abhandlungen wegen ihrer Systematik noch bis 1755 in Zentren des Buchdrucks wie Köln, Lyon oder Venedig nachgedruckt wurden. Zusammen mit Binsfeld war es vor allem Delrio, der in der zeitgenössischen Diskussion als Autorität für die Ansicht herangezogen wurde, daß in Hexenprozessen nach Ausnahmerecht verfahren werden dürfe. Delrio war weder Inquisitor noch Richter, besaß aber als ehemaliger Vizekanzler von Brabant (1578–1580) politische Erfahrung und beförderte durch Gutachten die Verfolgungen in katholischen Ländern. Hier sah er den Gegner in der Partei der *Politiker,* welche die eifrigen Katholiken in ihrer religiösen Erneuerung der Gesellschaft behinderten.

Während die westeuropäischen Länder um 1600 unter dem Einfluß des Calvinismus oder der von Delrio perhorreszierten Politiker die Verfolgungen beendeten (Vgl. Kap. IV), stieg ihre Intensität in Zentraleuropa noch weiter an. Ansätze zu Massenverfolgungen zeigten sich im krisengeschüttelten ersten Drittel des 17. Jahrhunderts in mehreren Wellen: um 1600, um 1608, um 1612 und 1616–1618. Der *Discours des Sorciers* (Lyon 1602) des Parlamentsrats Henry Boguet (1550–1619) berichtet über seine Verfolgungen in der Franche Comté; das *Compendium Maleficarum* (Mailand 1608) des Ambrosianermönchs Francesco Maria Guazzo nahm Verfolgungen in den italienischen Alpentälern zum Anlaß des Berichts. Der Parlamentsrat von Bordeaux Pierre de Lancre (ca. 1555–ca. 1630) reflektiert mit seinem *Tableau de l'Inconstance des mauvais Anges et Démons* (Paris 1612) die Hexenverfolgungen im Labourd, dem französischen Baskenland. Im Hintergrund jeder Dämonologie stand eine große Verfolgung, doch gab es durchaus auch Verfolgungen, die keinen Historiographen fanden und nur aus den Akten oder seriellen Quellen rekonstruiert werden können.

Die Klimax der Verfolgungsperiode fand in den Jahren 1626–1630 statt, als in Mitteleuropa ein Verfolgungsfieber ausbrach, das alles frühere in den Schatten stellte. Die Wirren des Dreißigjährigen Krieges bildeten den Hintergrund für das ungelöste Problem der Knappheitskrisen, die durch lange kalte Winter, späte Frühjahre und feuchte Sommer ausgelöst wurden. Dazu kam ein in der europäischen Agrargeschichte einmaliges meteorologisches Ereignis. Das Tagebuch des Friedrich Rüttel in Stuttgart meldet für den 24. Mai 1626 Hagel von mehr als einem Meter Höhe, für den 26. Mai schneidend kalten Nordwind, für den 27. Mai so starken Frost, daß das Wasser einfror und nicht nur Wein, Roggen und Gerste, sondern sogar das Laub an den Bäumen schwarz wurde. Die polaren Frostnächte im fortgeschrittenen Frühjahr riefen blankes Entsetzen hervor. Chroniken wie die der Familie Langhans im unterfränkischen Zeil (Hochstift Bamberg) stellen den Konnex zum Beginn der Hexenverfolgungen her: „Anno 1626 den 27. May ist der Weinwachs im Frankenland im Stift Bamberg und Würtzburg aller erfroren, wie auch das liebe Korn, das allbereit verblüett. Im Deichlein und in der Aue, in der Altach wie auch ander Orten zu und umb Zeil, [ist] alles erfroren, das bei Manns Gedenken nit beschehen und ein große Theuerung verursacht ... Hierauf ein großes Flehen und bitten unter dem gemeinen Pöffel, warumb man so lang zusehe, das allbereit die Zauberer und Unholden die Früchten sogar verderben, wie dan ir fürstliche Gnaden nichts weniger verursacht solches Übel abzustrafen, hat also seinen Anfang dis Jars erreicht ...“. Publikationen wie der *Thewrungs Spiegel* eines Würzburger Geistlichen im folgenden Jahr beschäftigten sich mit der Frage, ob Hexen für Frost, Hagel und Preissteigerungen verantwortlich gemacht werden konnten.

Denn es blieb nicht bei einer Anomalie. Das Jahr 1628 wird von Klimahistorikern als „Jahr ohne Sommer“ bezeichnet. Eine 1629 veröffentlichte *Neue Zeitung von sechshundert Hexen, Zauberern und Teufelsbannern, welche der Bischof von Bamberg hat verbrennen lassen* stellt ebenfalls einen direkten Zusammenhang zwischen Klimakatastrophe, Mißernte und Hexenverfolgung her. Dieser entsetzlichen Verfolgung fiel der langjährige Hochstiftskanzler Dr. Georg Haan (1568–1628) samt Familie zum Opfer. Die Bamberger Verfolgungen wurden noch durch die im Hochstift Würzburg übertroffen, wo in den Jahren 1626–1630 etwa 900 Menschen verbrannt wurden, darunter viele Adelige und hohe Geistliche. *Es wird Wirtzbürgisch Werck werden,* zitiert der Kurkölner Hexenkommissar Heinrich Schultheis (ca. 1580–1646) einen Stadtrat, und dies war im Hinblick auf die Verfolgungen in den Territorien des Kölner Kurfürsten Ferdinand von Bayern (1577–1650) nicht übertrieben. Mit 2000 Hexenverbrennungen im Erzstift und dem Herzogtum Westfalen gilt er als Verantwortlicher für die entsetzlichste Hexenjustiz im deutschsprachigen Raum. Gerhard Schormann hat argumentiert, Ferdinand habe für seinen *Krieg gegen die Hexen* „ein zentral gesteuertes Exstirpationsprogramm“ gehabt. Diese Deutung entspricht dem Bedürfnis nach einer Erklärung des Unbegreiflichen, doch ist ihr von Thomas Becker und Walter Rummel widersprochen worden. Auf der Grundlage serieller Quellen führen sie den Beweis, daß die Verfolgungen erst Jahrzehnte nach dem Regierungsantritt (Koadjutor seit 1594) ausbrachen, als im Zusammenhang mit der Agrarkrise von 1626 die Inhaber der Gerichtsherrschaften von der Bevölkerung massiv unter Druck gesetzt wurden.

Zu den politisch Verantwortlichen für die größten Verfolgungen gehörten die vornehmsten Fürsten des Reiches, die drei geistlichen Kurfürsten, angeführt von dem Kurfürsten/Erzbischof von Mainz, als Reichserzkanzler Inhaber des obersten Reichsamtes nach dem Kaiser. Neben den Kurfürsten und Erzbischöfen von Köln und Trier finden wir auf der Täterliste die fränkischen Bischöfe und Fürsten der fränkischen Hochstifte Würzburg, Bamberg und Eichstätt, die Bischöfe von Augsburg und von Straßburg, von Minden und Osnabrück, den Fürstabt von Fulda und den Bischof von Breslau. Wohl gab es auch geistliche Territorien mit wenig Hexenhinrichtungen, doch waren diese insgesamt besonders betroffen. Dafür kann man strukturelle Gründe anführen wie das Fehlen großer Städte, die defizitäre Staatlichkeit, die hohe Selbständigkeit von Domkapitel, Rittern und Bauerngemeinden, wobei der politische Partikularismus in krassem Widerspruch stand zu dem hohen ideologischen Anspruch im Zeitalter der Gegenreformation.

Die großen Verfolgungen korrespondierten nicht zufällig mit den entsprechenden Persönlichkeiten auf den Bischofsstühlen. Im Falle Johann Christophs von Westerstetten (1565–1637) summieren sich die etwa 300 Opfer aus seiner Zeit als Fürstpropst von Ellwangen (reg. 1603–1613) zu denen seiner Eichstätter Zeit (reg. 1612–1637), wobei an beiden Orten die Verfolgungszeit mit seiner Regierungszeit identisch war. Man muß es im Zusammenhang mit der Entwicklung bestimmter Persönlichkeitsstrukturen sehen, wenn die erste Generation von Bischöfen, die im Geist fanatischer Härte gegen sich selbst und andere erzogen worden war, zu Radikallösungen neigte. Grundlage dieser Verhärtung war eine *Verdüsterung des Weltbildes,* die gelegentlich Anzeichen einer chiliastischen Endzeitstimmung trägt und damit das subjektive Bewußtsein einer Ausnahmesituation, die Ausnahmemaßnahmen erlaubte. Götz von Pölnitz hat mit Gespür für psychologische Feinheiten in seiner Biographie des Würzburger Reformbischofs Julius Echter von Mespelbrunn (1545–1617, reg. 1573–1617) geschrieben: „Die ganze Generation ... beherrschte ein Kampfgeist äußerster Härte, der sich zum Teil gegen die Glaubensgegner, zum Teil auch gegen Schädlinge im eigenen Lager, am schärfsten aber gegen das eigene Ich und alles, was man an ihm als sündig empfand, richtete". Der Fundamentalismus mag durch die konfessionelle Konfrontation gestärkt worden sein. Es ist wohl kein Zufall, daß die größten Hexenverfolger in Deutschland dem Sonderbund der *Katholischen Liga* angehörten. Deren Neigung zur gewaltsamen Problemlösung, die im Falle der Hexen die Anwendung eines Ausnahmerechts (processus extraordinarius) für ein Sonderverbrechen (crimen exceptum) bedeutete, kulminierte im Vorfeld des Restitutionsedikts.

Wie der Blick auf die Mittelmeerländer oder Irland lehrt, war dies keine offizielle Politik der katholischen Kirche. Papst Urban VIII. (1568–1644, amt. 1623–1644) blickte mit Verachtung auf die *Zelanten* in Deutschland. Der Jesuit Friedrich Spee (1591–1635) begriff die Hexenverfolgungen als „die unselige Folge des frommen Eifers Deutschlands".

Tabelle 1: Die größten Hexenverfolger in Deutschland

Opfer	Staat	Fürstbischof	Regierungszeit
2000	Kurköln	Ferdinand von Bayern	(1612–1637)
900	Würzburg	Philipp Adolf von Ehrenberg	(1623–1631)
768	Kurmainz	Georg Friedrich Greiffenklau	(1626–1629)
700	Ellwangen/ Eichstätt	Johann Christoph Westerstetten	(1612–1636)
650	Kurmainz	Johann Adam von Bicken	(1601–1604)
600	Bamberg	Johann Georg II. Fuchs	(1623–1633)
361	Kurmainz	Johann Schweikhard	(1604–1626)
350	Kurtrier	Johann VII. von Schönenberg	(1581–1599)
300	Würzburg	Julius Echter von Mespelbrunn	(1573–1622)

Angesichts der ideologisch verblendeten *Hexenbischöfe*, ein zeitgenössischer Begriff, der auf Johann Georg II. Fuchs von Dornheim Anwendung fand, verdient das Verhalten Bayerns als Vormacht der Gegenreformation besondere Aufmerksamkeit. Mit dem mit der Lothringer-Prinzessin Renata (1544–1602) verheirateten Herzog Wilhelm V. (1550–1622, reg. 1579–1597) war hier in den 1580er Jahren die Aktionspartei an die Macht gelangt und prompt wurden 1590 Hexenverfolgungen durchgeführt, gerechtfertigt von so berühmten Theologen wie Gregor von Valencia (1551–1603) und Jacob Gretser (1562–1625). Die erste Verfolgung blieb die größte, weil einflußreiche Politiker Einhalt geboten. Obwohl der mit Elisabeth von Lothringen-Vaudémont (1574–1635), Tochter Herzog Karls II., verheiratete Bayernherzog Maximilian I. (1573–1651, reg. 1598–1651) an der Spitze der Katholischen Liga stand, verhinderten die *Politiker,* wie sie auch hier von den innenpolitischen Gegnern genannt wurden, in harten Auseinandersetzungen mit den Eiferern nicht nur weitere Verfolgungen, sondern gewannen mit Adam Tanner (1572–1632) einen jesuitischen Moraltheologen, der sich ihrem Rechtsstandpunkt anschloß. Der Geheime Rat wurde zu einem Bollwerk der Verfolgungsgegner, das auch unter dem Eindruck der großen Verfolgungswelle der Jahre 1626–1630 nicht nachgab.

Die Beurteilung der bayrischen Außenpolitik hat vor einigen Jahren zu einer Debatte zwischen Konrad Repgen und

Robert Bireley SJ geführt, der eine bestimmte Gruppe bayerischer Räte, die für die unbedingte Durchführung des Restitutionsediktes eingetreten waren, als „Extremisten" bezeichnet hat. Repgen verwahrte sich dagegen mit dem Argument, derartige Begriffe beruhten auf liberalen „Mißverständnissen", denn die angeblich „Moderaten" hätten dieselbe Politik mit denselben Argumenten mitgetragen. In einer Periode des Glaubenszwanges und des unfreien Wortes waren Argumente oft formelhaft. Beide Parteien argumentierten mit der *Ehre Gottes,* der Reinheit des Glaubens und dem Willen zum Frieden. Es macht aber einen Unterschied, ob der Friede vorzeitig durch Verhandlungen oder erst nach der Tötung aller Gegner eintreten sollte. Besonders deutlich wird dies in der Hexenfrage mit den innenpolitischen Optionen, entweder gemäß dem Gleichnis *Vom Unkraut unter dem Weizen* zum Schutz Unschuldiger auf Hexenjagden zu verzichten, oder das Übel um jeden Preis mit der Wurzel auszurotten. Es ist kein Anachronismus, den Gegensatz von radikalen Ausrottungsphantasien auf der einen Seite, Güterabwägung zum Wohl der Untertanen und des Landes auf der anderen zu sehen, denn diesen Gegensatz sahen auch die Zeitgenossen. Der Analyse der Hofratsprotokolle zufolge blieben die Fronten der Parteien in allen Streitfragen stabil.

Das Beispiel Bayern, mehr noch das des katholischen Südeuropas und Irlands zeigt, daß die alte Frage der konfessionellen Verteilung der Hexenverfolgungen trotz der Rolle Lothringens, der spanischen Niederlande und der geistlichen Territorien nicht eindeutig zuungunsten des Katholizismus beantwortet werden kann, selbst wenn man die von der Regierung im elsässischen Ensisheim aus regierten vorderösterreichischen Territorien im Elsaß und im Breisgau, in den Landvogteien Hagenau und Ortenau, wo zusammen an die tausend Menschen wegen Hexerei hingerichtet worden sind, noch hinzurechnet. Diese Gebiete standen nicht unter einer zentralen Kontrolle, vielmehr hatten die Habsburger die Gerichtshoheiten aus finanziellen Gründen an Dutzende von Adeligen, Prälaten und Städten verpfändet. Allein in der Kleinstadt Thann im Elsaß wurden 140 Menschen als Hexen verbrannt, das

1622 eingeweihte Kapuzinerkloster wurde teilweise aus den konfiszierten Nachlässen der Hingerichteten erbaut. Obwohl unter österreichischer Oberherrschaft, gehörte dieser deutsch-französische Grenzraum damit zu den zersplittertsten Gebieten in Europa.

Macht man die Gegenprobe im protestantischen Europa, so erkennt man ähnliche Konstellationen. Auf der einen Seite die Kurpfalz, England und Holland mit wenigen Hexenhinrichtungen, auf der anderen Seite das calvinistische Pays de Vaud mit einer endemischen Verfolgung von lothringischen Ausmaßen. Das Pendant zu den katholischen Hochstiften bilden auf calvinistischer Seite die Grafschaften mittlerer Größe. Die von Gerhard Schormann angeführten 400 Hexenhinrichtungen in den Nassauischen Grafschaften, 400 in der Grafschaft Büdingen, über 300 in der Grafschaft Schaumburg, etwa 300 in der Grafschaft Lippe, über 250 in der seit 1604 calvinistischen Landgrafschaft Hessen-Kassel sprechen eine deutliche Sprache. Ungeklärt erscheint noch die Position der lutherischen Kleinterritorien, doch gibt es Anzeichen dafür, daß Mecklenburg das lutherische Lothringen sein könnte und auch im politisch zersplitterten Thüringen und in Vorpommern mehreren hundert Hinrichtungen vollzogen wurden, während sich die mächtigeren Territorien Kursachsen und Württemberg sowie der skandinavische Norden vergleichsweise zurückhielten.

Starke weltliche Regierungen neigten dazu, Hexenverfolgungen zu verhindern. Dies galt für die weltlichen Kurfürstentümer Kurpfalz, Kursachsen, Kurbrandenburg und Böhmen, aber auch für Bayern und Österreich, also den ganzen Osten des Reiches. Interessant ist sicher der Fall des Kaisers Rudolf II. (1552–1612, reg. 1576–1612). Obwohl dieser wegen seiner fortschreitenden Melancholie oder Geisteskrankheit für verhext gehalten wurde, löste seine Krankheit im stabilen Zentrum der Macht keine Hexenverfolgung aus. Pogromlustige Bauern hatten aber nicht nur hier keine Chance, sondern auch in den kosmopolitischen Reichsstädten Nürnberg oder Frankfurt. Überhaupt kann man feststellen, daß die großen europäischen Städte keine Neigung zu Hexenverfolgungen zeigten. Amsterdam oder London, Paris oder Neapel, Mailand oder Madrid, Wien oder Rom, Stockholm oder Prag erlebten – unabhängig von ihrer Konfession – wohl Zaubereiprozesse mit einzelnen Hinrichtungen, aber keine Hexenverfolgungen. In solchen Metropolen ansässige Regierungen behandelten Hexereiklagen restriktiv. Alfred Soman hat nachgewiesen, daß das Parlement de Paris, der oberste Gerichtshof über einen Großteil Frankreichs, nur wenig über hundert Hexenhinrichtungen unbeanstandet passieren ließ (Vgl. Kap. IV). Schon aus Gründen der Staatsräson konnte man in größeren Territorien mit einem System von *checks and balances* keine Verfolgungen zulassen. Vielleicht ließ auch die reale Machtkonzentration die Furcht vor Zauberei schrumpfen.

Instruktiv ist der Konflikt zwischen der Tiroler Regierung in Innsbruck und der Talschaft Prättigau, deren Gemeinden die Obrigkeit immer wieder zu Hexenverfolgungen aufgefordert hatten. Innsbruck unterdrückte solche Pogrombewegungen unnachsichtig. In den Jahren 1649 bis 1652 konnte sich die Talschaft von Österreich freikaufen und dem Schweizer Kanton Graubünden anschließen. Sofort brach in den sich selbst überlassenen drei Hochgerichten der Talschaft unter selbstgewählten Richtern eine Epoche wilder Hexenverfolgungen an, die als *Groos Häxatöödi* in die Landesgeschichte eingegangen ist. Bei den Hexenjagden zwischen 1652 und 1660 spielten Römisches Recht oder theologische Überlegungen keine Rolle. Sie fanden auf Drängen der Bauerngemeinden statt, *damit das Böse ausgerottet werde.* Mit über hundert Personen wurden in kurzer Zeit mehr Hexen hingerichtet als in dem sehr viel größeren Land Vorarlberg. Als Vorbild konnten zu diesem Zeitpunkt die Verfolgung des benachbarten Reichsgrafen Ferdinand Carl Franz von Hohenems dienen, der in seiner Grafschaft Vaduz zwischen 1648–1651 und 1677–1680 etwa 300 Menschen als Hexen verbrennen ließ. Bei nur 3000 Einwohnern waren dies 10% der Bevölkerung, eine Verfolgungsintensität, die weder in Lothringen noch in Kurköln erreicht wurde. Im Unterschied zu den Richtern im Prättigau hatte der Graf einen Herren über sich. Kaiser Leopold I. setzte ihn wegen seiner skandalösen Verfolgungen ab und ließ ihn den Rest seines Lebens unter Arrest halten. Mit seinen Ländern wurden die Fürsten Liechtenstein belehnt.

Tabelle 2: Die größten Hexenverfolgungen in Europa

Opfer	Staat	Konfession	Zeitraum	Lage
2700	Lothringen	katholisch	1580–1620	F
2000	Kurköln	katholisch	1626–1635	D
2000	Kurmainz	katholisch	1590–1630	D
1200	Würzburg	katholisch	1616–1630	D
1000	Bern	calvinistisch	1580–1620	Ch
1000?	Mecklenburg	lutherisch	1570–1630	D
1000?	Schottland	calvinistisch	1560–1670	UK
907	Vorderösterreich	katholisch	1560–1650	F/D
600	Ungarn	katholisch	1710–1750	U
900	Bamberg	katholisch	1616–1630	D
450	Ellwangen	katholisch	1588–1627	D
400	Grafschaft Nassau	calvinistisch	1590–1660	D
387	Mergentheim	katholisch	1590–1665	D
361	Kurmainz	katholisch	1601–1604	D
358	Luxemburg	katholisch	1580–1630	Lux
350	Kurtrier	katholisch	1581–1595	D

Theodore K. Rabb hat die turbulenten Jahre um 1600 unter dem Aspekt eines *Struggle for Stability* gesehen. Dies hat einiges für sich, denn mit der seit 1630 spürbaren Ernüchterung gegenüber ideologisch bedingten Hexenverfolgungen und Religionskriegen, der Stabilisierung des europäischen Staatensystems, der Ökonomie und der Ernährung, dem Ende der großen Epidemien, dem Verschwinden von Lepra und Pest in der zweiten Hälfte des 17. Jahrhunderts, nahmen Hexenprozesse eine veränderte Stellung ein. Mit der Professionalisierung und Säkularisierung der Eliten wurden größere Hexenverfolgungen zum unerwünschten Störfaktor, zum Skandal. Nur in rückständigen Gebieten Osteuropas, in Polen, Böhmen und Ungarn, aber auch in Süddeutschland, Österreich, der Schweiz und vereinzelt in Italien wurden nach 1700 noch Hexen hingerichtet. Dabei machte sich eine interessante Entwicklung bemerkbar: eine starke Abnahme der klassischen Hexen, der alten alleinstehenden armen Frauen. Bei dem berüchtigten Zauberer-Jackl-Prozeß im Erzstift Salzburg waren 80% der Prozeßopfer junge Männer. Sucht man nach Gründen für die Zunahme der Männer und der jüngeren Altersgruppen unter den Opfern, so stößt man auf die Tatsache, daß im Alpenraum, worauf sich die Hexenverfolgungen allmählich wieder konzentrierten, stets auch Männer verdächtigt worden waren. Weiter, daß die Polemik gegen Hexenverfolgungen stets den Schutz der Frauen in den Vordergrund gestellt hatte. Als Problemgruppen blieben am Ende jene Delinquenten übrig, deren Eigenschaften/Charakteristiken im Zeugenstand auch heutige Juristen zur Verzweiflung treiben können: labile, seelisch gestörte Personen und Kinder, denen Geständnisse nicht abgepreßt werden mußten, sondern die von sich aus tolle Phantasien über Verwandte oder Nachbarn äußerten.

Besessenheit gehört zu den Krankheitsbildern, mit denen die Moderne wenig anfangen kann und die als psychische Defekte interpretiert werden. In schamanistischen Kulturen gilt das Einfahren eines Geistes als wesentliches Zeichen für die Erwähltheit des religiösen Spezialisten und kann durch bestimmte Techniken (Meditation, Tanz, Drogen, Ernährung, Schmerz, etc.) herbeigeführt werden. In den afrokaribischen Religionen wird Besessenheit zur Kontaktaufnahme mit den Geistern (*spirits*) durch ein Medium induziert. Das traditionelle Europa führte Besessenheit wie afrikanische und indianische Gesellschaften häufig auf Verhexung zurück. In der christlichen Kultur wird der eingefahrene Geist als Teufel interpretiert, und die Frage nach dem Urheber der Besessenheit gehörte zu den Standardfragen beim Exorzismus. Neben individuellen Besessenheitsfällen traten Fälle von kollektiver Besessenheit auf, wobei Nonnenkonvente, Priesterseminare, Internate (Alumnate) und Altersheime (Hospitäler) unter geistlicher Führung eine besondere Gruppendynamik entwickelten. Fälle wie die der Ursulinen von Loudon regen bis heute die Phantasie von Roman- und Drehbuchautoren an.

Als 1629 in Aschaffenburg ein *Newer Tractat von der verführten Kinder Zauberey* gedruckt wurde, hatte sich die Anfälligkeit von Kindern für das Hexenwesen bereits als Topos tief in die dämonologische Literatur gegraben. Bereits der Hexenhammer war davon ausgegangen, daß die Töchter von Hexen wieder Hexen seien, doch während der großen Verfolgungen des ausgehenden 16. Jahrhunderts zeigte sich, daß alle möglichen Kinder an der Generierung von Hexereiverdächtigungen beteiligt sein konnten. Als nach Beendigung der großen Verfolgungen bei den Erwachsenen Ernüchterung einkehrte, stellte sich heraus, daß die Phantasie von Kindern nicht zum Stillstand zu bringen war. In manchen Fällen ventilierten sie Hexereiverdächtigungen mit einer Hartnäckigkeit, daß die Obrigkeiten tätig werden mußten. Wie heute in Fällen von Kindesmißbrauch gestaltete sich die Bewertung der kindlichen Zeugenaussagen schwierig. Zwar brauchten Selbstbezichtigungen bei Minderjährigen (unter 14) nicht berücksichtigt zu werden, doch wie stand es mit der Bezichtigung der angeblichen Verführer? Die Ansicht, Kinderhexenprozesse seien Folgen von Kindsmißbrauch, könnte in einzelnen Fällen zutreffen, bei der großen Masse der Verfahren ist dies aber nicht der Fall. Ein Großteil der späten Hexenprozesse wurde tatsächlich durch Kinder ausgelöst. Dieser Umstand könnte dazu beigetragen haben, daß das Zeitalter der Aufklärung der Pädagogik so große Aufmerksamkeit schenkte.

Die legalen Hexenverfolgungen im Bannkreis der europäischen Kultur lassen sich inklusive der Kolonien zeitlich und räumlich eingrenzen. Ausnahmen blieben legale Hexenhinrichtungen in den riesigen europäischen Kolonien: auf den spanischen Philippinen, in den spanischen Vizekönigreichen Perú und Mexiko, auf den Mittelmeerinseln und in Nordafrika. Im kolonialen Mexiko konnten zwanzig Verbrennungen nachgewiesen werden, unter den anderen Tribunalen Lateinamerikas keine. Selbst die Anzahl der verhandelten magischen Delikte blieb vor den Inquisitionstribunalen in Lima mit 119, in Mexico City mit 144, und in Cartagena de Indias im heutigen Kolumbien mit 188 vergleichsweise gering. Dort wäre 1633 beinahe eine Frau wegen Hexerei verurteilt worden, doch der oberste Rat der Inquisition in Madrid untersagte dies. Eine zwischen 1621–1641 bestehende Hexenpanik unter der schwarzen Bevölkerung wurde unterdrückt. Kaum anders war die Situation im portugiesischen Brasilien, von wo immerhin 33 Verdächtige zur Aburteilung nach Lissabon transportiert wurden, in Neufrankreich (Kanada), wo eine Person hingerichtet worden ist, und in den niederländischen Kolonien.

Am meisten Hexenhinrichtungen sahen die Neuenglandstaaten (spätere USA), und auch hier waren es nicht mehr als vierzig, davon die Hälfte bei den Salem Witch Trials in Massachussetts. Erik Midelfort hat darauf hingewiesen, daß das Fehlen von Hexenverfolgungen trotz intensiven Hexenglaubens mit der Situation dieser Länder zu tun hatte. Wenn es in den Kolonien überhaupt zu Hexereianklagen kam, dann nur zwischen Kolonisten, kaum je gegenüber den indigenen Völkern, obwohl diese als Heiden doch per definitionem Verehrer des Teufels und Zauberer waren. Abgesehen von dem 1540 verbrannten Kaziken Chichimecatecuhtli von Texcoco waren nicht einmal Medizinmänner satisfaktionsfähig. Es ist interessant zu sehen, daß nur die Angehörigen der eigenen Kultur gefährlich erschienen. Diese Beobachtung eröffnet eine Perspektive auf die Tatsache, daß es in den Ländern unter der Herrschaft des Osmanischen Reiches (Bulgarien, Rumänien, Griechenland, Serbien, Albanien) oder den fremdbeherrschten Ländern Irland, Island oder Lappland so wenig Hexenprozesse gab. Auch ihre Bewohner wurden „wie Untermenschen und Naturvölker“ behandelt.

Erheblich unfreundlicher als in den Kolonien nimmt sich der Überblick über die Hexenhinrichtungen in Europa selbst aus, wo viele tausend Menschen den Verfolgungen zum Opfer fielen. Wie fragil auch immer die Grundlage solcher Berechnungen sind, rechtfertigt sich der Versuch doch durch das überraschend eindeutige Ergebnis, daß einem Zentrum der Hexenverfolgungen in Mitteleuropa eine Peripherie mit sehr viel weniger Hexenhinrichtungen gegenüberstand. Der Widerwille der berüchtigten Spanischen Inquisition gegen Hexenverbrennungen wurde schon erwähnt. Noch weniger Hinrichtungen gab es in den Küstenländern Irland und Portugal. Die Inquisitionsbehörde in Evora behandelte in etwa 300 Jahren 11743 Fälle, davon 291 (= 2,5%) wegen magischer Delikte (Aberglauben, Wahrsagerei, Zauberei, Hexerei). Diese führten zu einer einzigen Hexenhinrichtung im Jahr 1626. Von den Inquisitionsbehörden in Coímbra und Lissabon, denen die portugiesischen Besitzungen in Afrika, den atlantischen Inseln und Brasilien unterstanden, sind keine Todesurteile wegen Hexerei bekannt. Dem standen sechs Hexenhinrichtungen vor weltlichen Gerichten gegenüber. In den katholischen Ländern Irland oder Portugal waren demnach die Hinrichtungszahlen in Bezug zur Größe der Bevölkerung weit niedriger als in England, den Niederlanden oder sogar den englischen Kolonien, wo bei einer Kolonialbevölkerung von 100000 Personen immerhin 40 Todesurteile gefällt worden sind (= 0,04%). Das alte Vorurteil über eine generelle Relation von Verfolgung und Konfession erweist sich als insgesamt unhaltbar.

In einem etwas anachronistischen Verfahren auf die heute existierenden Länder verteilt und zu Vergleichszwecken die mutmaßlichen Bevölkerungszahlen des Jahres 1600 hinzugefügt, bekommt man auf der Grundlage der gegenwärtigen Forschungsergebnisse folgendes Bild der legalen Hexenverfolgungen in Europa:

Tabelle 3: Intensität der Hexenverfolgungen in Europa

Land	Hinrichtungen	Einwohnerzahl
Irland	2	1000000
Portugal	7	1000000
Island	22	50000
Estland/Livland	65	
Rußland	99	15000000
Slowenien	100	
Finnland	115	350000
Niederlande	200	1500000
Schweden	300	800000
Spanien	300	8100000
Liechtenstein	300	3000
Norwegen	350	400000

Land	Hinrichtungen	Einwohnerzahl
Belgien/Luxemburg	500	1300000
Ungarn	800	3000000
Tschechien/Slowakei	1000?	2000000
Österreich	1000?	2000000
Dänemark	1000?	570000
Italien	1000?	13100000
Britannien	1500	6500000
Frankreich	4000?	20000000
Schweiz	4000	1000000
Polen/Litauen	10000?	3400000
Deutschland	25000	16000000

„Deutschland, so vieler Hexen Mutter“, hatte Friedrich Spee 1631 geschrieben, und diese Zeitdiagnose bestätigt sich in der retrospektiven Statistik: Die Hälfte der Hexenverbrennungen entfällt auf die Länder auf dem Boden des heutigen Deutschland. Freilich gab es Deutschland als Nationalstaat noch nicht, sondern nur etwa dreitausend weitgehend unabhängige politische Gebilde unter dem Dach des Heiligen Römischen Reiches deutscher Nation, in denen etwa ein Fünftel der geschätzten 80 Millionen Einwohner Europas lebte. Die Überlieferung ist so dicht, daß keine größere Verfolgung unbekannt bleiben dürfte. Am Beispiel Frankreichs und Britanniens kann man sehen, wie sehr die großen Verfolgungen (Lothringen, Schottland) statistisch ins Gewicht fallen. Innerhalb aller Länder ist die Verfolgungsintensität ungleich verteilt, Zentren der Verfolgung lassen sich jeweils klar ausmachen. Lücken in den Quellen sind in der einschlägigen Literatur diskutiert. Der ausführliche Kommentar, den eine solche Zusammenstellung benötigte, kann hier nicht gegeben werden. Ein Beispiel: Hans Eyvind Naess hat in seinen Untersuchungen der Gerichtsprotokolle und -rechnungen von Norwegen 863 Hexenprozesse zutage gefördert, die zu 280 Hinrichtungen führten. Aufgrund einiger fehlender Jahrgänge hat er diese Zahl vorsichtig auf 350 hochgerechnet. Genauere Forschungen könnten in Irland vielleicht weitere Todesurteile zutage fördern, in Rußland mögen manche Prozesse lokaler Gerichte nicht überliefert worden sein. Zahlen für Serbien und Albanien fehlen ganz, Prozesse aus Kroatien und Rumänien sind in den ungarischen, aus Litauen, Weißrußland und der Ukraine in den Zahlen für Polen enthalten. Bei den mit Fragezeichen versehenen Ziffern handelt es sich um Schätzungen auf der Basis von Hochrechnungen, die vielleicht zu hoch sind, vielleicht im Falle Polens um mehr als das Doppelte. Die übrigen Zahlen bedeuten Untergrenzen, von denen nicht zu erwarten ist, daß sie dramatisch überschritten werden könnten. Die Zahl der geführten Prozesse, die mit anderen Urteilen (Kirchenbuße bis Verbannung) oder Freisprüchen endete, mag doppelt bis dreimal so groß gewesen sein. Angaben, die weit über solchen Zahlen liegen, entbehren jeglicher Grundlage. Die oft genannte Zahl von „neun Millionen Hexen", die auf eine methodisch fehlerhafte Hochrechnung des Quedlinburger Stadtsyndikus Gottfried Christian Voigt (1740–1791) zurückgeht, 1869 durch den Wiener Professor Gustav Roskoff (1814–1889) übernommen und durch die NS-Propaganda bekannt gemacht wurde, sollte nicht mehr verwendet werden.

Die Opfer der europäischen Hexenverfolgungen waren zu etwa 75%–80% weiblich, was dem geschlechtsbezogenen Hexenglauben in Mitteleuropa entsprach. Man könnte darüber spekulieren, wie die Geschlechtsverteilung ausgesehen hätte, wenn der Schwerpunkt der Verfolgungen nicht dort, sondern in Nordeuropa gelegen hätte, denn in Island waren 90%, in Estland 60% und in Finnland 50% der Verurteilten Männer. Auch im Alpenraum und im Amtsbereich des Parlement de Paris, welches Verfolgungen weitgehend unterdrückte, waren die ca. 1300 Appellationsfälle gleichmäßig auf die Geschlechter verteilt. Im für die Mehrzahl der Hexenverbrennungen verantwortlichen Mitteleuropa wurden dagegen bereits zur Zeit des Hexenhammers, dann erneut in der zweiten Hälfte des 16. Jahrhunderts, fast ausschließlich Frauen als Hexen verfolgt. Der Zusammenbruch des Hexenstereotyps während der großen Verfolgungen bewirkte seit 1590 in einigen Gebieten eine Veränderung. Gleichzeitig kann man beobachten, daß sich die soziale Zusammensetzung der Opfer veränderte. Zu den armen und oft alten Frauen aus dem bäuerlichen Milieu kamen reiche Bürgersfrauen und ihre Männer, bis es in den großen Hexenjagden an Main und Rhein auch die reichsten Bürger, Kleriker, Adelige und Mitglieder der Regierung traf. Vieles spricht dafür, daß von der Verfolgung betroffene Personen gezielt diese sozialen Gruppen, die politische Verantwortung trugen, in die Verfolgung hineinzogen, um diese zu beenden. In Bamberg oder Würzburg waren sie weit überproportional betroffen. Deshalb verdient es Beachtung, daß sich die Gegner der Verfolgung von Weyer bis Spee nicht auf die Rettung von Bürgermeistern, sondern auf die der Frauen konzentrierten, also das mitteleuropäische Hexenstereotyp im Kern angriffen.

Daß der Schwerpunkt der Hexenverfolgungen in Zentraleuropa lag, hat etwas mit der charakteristischen Ausprägung der ökologischen Krise des 16. und frühen 17. Jahrhunderts zu tun, jedoch auch mit Bevölkerungsdichte und Siedlungsstruktur, dem Zustand der Landwirtschaft und der Infrastruktur. Die von der Kleinen Eiszeit besonders betroffenen Gebiete Nord- und Osteuropas waren dünn besiedelt, in Island überwog Einzelhofsiedlung. Mit den Nachbarschaftskonflikten fehlten die sozialen Spannungen, auf denen Hexereiverdächtigungen gediehen. Für die Mittelmeerwelt oder die vom Golfstrom umspülten Küstenregionen war eine Abkühlung belanglos, nicht jedoch für das dicht besiedelte kontinentale Binneneuropa, wo Probleme der Infrastruktur dazukamen. Wilhelm Abels Untersuchung der Hungerkrise von 1570 hat gezeigt, daß die Preissteigerungen in Zentraleuropa weitaus höher waren als in west- oder südeuropäischen Städten. Es ist kein Zufall, daß Konjunkturen der Hexenverfolgung synchron mit den Kälteperioden der Kleinen Eiszeit verliefen. Späte Fröste, feuchte Sommer und heftige Hagelfronten schädigten die Ernten und gefährdeten damit die Subsistenz, die durch Mißernten einsetzenden Teuerungen erhöhten die sozialen Spannungen, denn während die unteren Gesellschaftsschichten in ihrer Existenz bedroht waren, profitierten Händler von der Not. Mangelernährung oder Hunger begünstigten den Ausbruch seltener oder epidemischer Krankheiten, für die ihrerseits Hexerei verantwortlich gemacht werden konnte. Wegen dieser sozialgeschichtlichen Grundkorrelation können die Konjunkturen der Hexenverfolgung sowohl mit den frühneuzeitlichen Preiskurven, als auch mit der Entwicklung der lokalen Bevölkerungsstatistiken in Zusammenhang gebracht werden. Hinzu kam eine langfristige Teuerung aufgrund eines Mißverhältnisses von Bevölkerungsentwicklung und Nahrungsmittelproduktion, die in den Jahren seit 1580 in eine entscheidende Phase trat, als sich endogene Strukturkrise und Klimaverschlechterung überlagerten. Diese Anspannung löste sich erst mit dem schlagartigen Bevölkerungsrückgang durch die großen Pestepidemien im dritten und vierten Jahrzehnt des 17. Jahrhunderts.

Die Psychologie des Hexenjägers ist ein weites und nur unsystematisch bearbeitetes Feld. Der Freud-Schüler und reformierte Theologe Oskar Pfister (1873–1956) hat in *Das Christentum und die Angst* am Beispiel Calvins gezeigt, wie die Botschaft des Neuen Testaments in ihr Gegenteil verkehrt wird, wenn zur Verteidigung von Dogmen, Riten oder Institutionen und einer pathologischen Angst um der „Ehre Gottes" willen Menschenleben geopfert werden. Die Beobachtung, daß viele Theologen sich Gott nicht als gütigen Vater, sondern als fundamentalistischen Dogmatiker vorstellten, der bei geringen Anlässen in wilden Zorn ausbrechen konnte, wurde schon von Zeitgenossen der Hexenverfolgungen gemacht, beispielsweise von Spee, welcher formulierte, der Gott der Hexenverfolger ähnele den Götzen der Heiden. Bereits den Zeitgenossen war klar, daß Hexenverfolgungen mit den Zeiten moralischer Offensiven oder dem Auftreten von Figuren zusammenfiel, die von dem amerikanischen Soziologen Howard S. Becker (1928–?) als „moralische Unternehmer" bezeichnet worden sind. In diesem Zusammenhang ist die Methode zur Erstellung von Persönlichkeitsprofilen interessant, wie sie von einer Gruppe von Soziologen um Max Horkheimer (1895–1973) entwickelt worden ist. Es mag zunächst wie eine Banalität klingen, daß die Charaktereigenschaften der *Autoritären Persönlichkeit* nicht nur auf die Wähler der

Nationalsozialisten zutrafen, sondern auch auf jene Juristen, Theologen und Fürsten, die sich in den Jahrzehnten um 1600 bei Hexenverfolgungen engagierten. An Plastizität gewinnt diese Beobachtung, wenn man damit die Persönlichkeitsmerkmale jener Personen vergleicht, die Hexenverfolgungen verhinderten. Die Relativierung der Schuld der Institutionen bedeutet zugleich die Betonung individueller Schuld, insbesondere wenn man sich vor Augen hält, daß Hexenjagden von zahlreichen Zeitgenossen verzweifelt bekämpft wurden.

Die Unterdrückung der Pogrombewegungen bedeutete – wie vor Beginn des Zeitalters der Hexenverfolgungen – stets ihr Abdrängen in die Illegalität. Im Bereich des Parlement de Paris sind in den Ardennen mindestens 71 Personen wegen Hexerei illegal hingerichtet worden, weil sich die Justiz dem populären Verfolgungsverlangen widersetzte. Die Frage nach dem quantitativen Verhältnis von legalen und illegalen Verfolgungen ist schwer zu beantworten, da unsere Quellen nur Aufschluß geben über kirchliche oder staatliche Verwaltungshandlungen, in denen Rädelsführer oder Anstifter zu Progrombewegungen zur Rechenschaft gezogen wurden. Um solch einen Anstifter handelte es sich vermutlich bei jenem Mann namens Gögler, der 1419 den Begriff Hexerei aktenkundig machte und in Luzern dafür bestraft wurde. Mehrere österreichische Regierungen griffen im 16. Jahrhundert hart gegen Anführer von Pogrombewegungen durch. Mehrfach wurden solche Aufhetzer hingerichtet, beispielsweise 1590 in Nürnberg. Dieselbe Problematik stellte sich oft unter der Kolonialherrschaft. Die Regierung von Deutsch-Ostafrika versuchte vor dem Ersten Weltkrieg, rigoros gegen *witch-doctors* durchzugreifen, wenn ihre Aktionen zur Tötung von Hexen geführt hatten. Da die Europäer nicht mehr an Hexerei glaubten und ihre Gesetzgebung mitbrachten, war die rituelle Tötung von Hexen plötzlich illegal. Traditionelle Abwehrmittel, wie Giftorakel, wurden verboten. Für die betroffenen Gesellschaften war dieser Schutz der Hexer unverständlich. In Ostafrika wurde fortan versucht, die von den Ältestenräten Verurteilten zum Selbstmord zu bewegen, oder es wurden Mordaufträge gegeben. Derartige Tötungen kommen auch heute noch in Gesellschaften vor, in denen diese Fälle nicht vor Gericht landen, etwa in den Indianerreservaten der USA. Von Ländern wie Papua-Neuguinea weiß man nur, daß sie regelmäßig dort stattfinden. Dasselbe gilt für Länder Südostasiens mit islamischem Hintergrund, wie Malaysia oder Indonesien. Anthropologen sehen sich einem Quellenproblem gegenüber, da ihre Informanten schweigsam werden, wenn sie über illegale Aktionen berichten sollen.

Seit etwa 1900, als eine Hungersnot zu einer Antihexereikampagne in Kenia führte, kam es im Süden des Kontinents in Abständen von etwa zehn Jahren immer wieder zu derartigen Bewegungen, die seit den Forschungen von Audrey Richards in Sambia (damals Nordrhodesien) in den 30er Jahren von den Ethnologen untersucht werden. Ihre These, sozialer Wandel sei eine Ursache für diese Reinigungsbewegungen, ist unter Einbezug der Tatsache, daß im traditionellen Afrika Hexen regelmäßig getötet wurden, modifiziert worden. Eher scheint es so zu sein, daß die Organisationsform der überregionalen Bewegung, die Elemente des Islam und des Christentums assimilierte, bei der junge externe *witch-doctors* die lokalen Ältestenräte in ihrer Verantwortung entlasteten, eine Antwort auf den Druck der kolonialen oder postkolonialen Justiz darstellte. Über die Zusammenhänge zwischen diesen Bewegungen, der Giriama-Bewegung in Kenia seit 1900, der Bumcapi-Bewegung in Sambia in den 30er Jahren, der Mpulumutsi-Bwanali-Bewegung in Malawi in den 40er Jahren, der Kamcape-Bewegung in Tanzania in den 60er Jahren, kann man nur Mutmaßungen anstellen. Das Ziel der Antihexereibewegungen ist nicht primär die Tötung der Hexen, sondern die Beendigung der Hexerei. Ihr Auftreten weist Gemeinsamkeiten mit spätmittelalterlichen Inquisitoren und Bußpredigern auf. Sie kündigen ihre Ankunft vorher an, was die Spannung in den betroffenen Dörfern steigert. Durch Ansprachen oder Predigten werden dann die Hexen aufgefordert, Buße zu tun, zu bekennen, ihre Zaubermittel abzuliefern und eine Strafe zu akzeptieren. Unter dem Druck der Gemeinden ergreifen Verdächtigte die Gelegenheit, sich von ihrer Schuld zu reinigen. Die abgelieferten Zaubermittel werden öffentlich verbrannt. Ob solche Bewegungen für den Anstieg von Tötungen von Hexen verantwortlich sind oder eher den Druck mindern, ist offenbar unbekannt.

Auffällig sind die Vorgänge in einigen Gesellschaften der Dritten Welt nach der Entkolonialisierung. Sie ähneln den Ereignissen in der graubündener Talschaft Prättigau nach ihrer Befreiung von österreichischer Vorherrschaft. Plötzlich vom Druck einer restriktiven Gerichtsherrschaft befreit, bricht sich das populäre Verlangen nach der Ausrottung der Hexen Bahn. Seit der Unabhängigkeit Indiens sollen allein an der Westküste mehrere tausend Menschen Hexenverfolgungen zum Opfer gefallen sein, darunter auch in Großstädten wie Bombay. Einem *witchcraze* in Belgisch-Kongo (Zaire) am Vorabend der Unabhängigkeit fielen 1958 etwa 250 Menschen zum Opfer. Welche Ausmaße diese Verfolgungen annehmen können zeigt das Beispiel Tansanias. Nach Angaben des Anthropologen Simeon Mesaki von der Universität Dar-es-Salaam sollen im Zeitraum von 1970 bis 1984 insgesamt 3333 Menschen als Hexen getötet worden sein, davon 69% Frauen. In dem suahelisprachigen Land mit dominanter islamischer Hochreligion war mit 2120 Fällen das traditionell lebende Bantuvolk der Sukuma (Regionen Mwanza und Shinyanga) besonders betroffen, von dem 1985 bis 1988 weitere 826 Morde an vermeintlichen Hexen gemeldet wurden. Nach Ansicht Mesakis war das *Witch-Killing in Sukumaland* Ergebnis der Zwangsverdorfung (*villagisation*) der sozialistischen Regierung von Julius Nyerere (1922–1999, reg. 1961–1985, Parteichef bis 1987), bei der eine halbnomadische Bevölkerung in Ujamaa-Dörfern seßhaft gemacht wurde. Der enorme Anstieg sozialer Spannungen bei gleichzeitiger Schwächung traditioneller Strukturen (Ahnenkult, Häuptlingstum) und steigenden ökologischen Problemen (Erschöpfung der Böden, Rückgang der Erträge) führte zu einem Rekurs auf traditionelle Vorstellungen. Da die Justiz den Morden tatenlos zusah, setzte die

Regierung 1988 eine Sonderkommission ein, die zur Bestrafung von Angehörigen der Exekutive und einiger Politiker führte, welche die Mordaktionen gedeckt hatten. Ray Abrahams (Cambridge) stellt einen direkten Zusammenhang zwischen der tansanischen Unabhängigkeitsbewegung und den mit der Unabhängigkeit beginnenden Hexenmorden her, insofern Propagandisten der späteren Staatspartei den Hexenglauben während des antikolonialen Kampfes zum Signum afrikanischer Identität gegenüber der Kolonialmacht erhoben hatten. Auffällig ist das Zusammentreffen der Hexenverfolgungen mit der Regierung des Präsidenten Nyerere, der als Verantwortlicher für Hexenmorde jeden alteuropäischen Regenten übertreffen würde.

Wie der Ethnologe R. G. Willis hervorhob, versprechen die Antihexereibewegungen ein *Instant Millenium,* den sofortigen Anbruch eines ewig währenden Friedensreiches ohne Leid und Unglück, eine heile Welt ohne Vertröstung auf die Zukunft oder das Jenseits. Auch hier liegt eine Gemeinsamkeit zu den mittelalterlichen Judenpogromen oder den Hexenverfolgungen in Europa, deren Verantwortliche im Lichte der neuesten Forschungen oft wie Getriebene erscheinen, die sich aus politischen Gründen an die Spitze einer populären Antihexereibewegung setzen, um ihre eigene Machtbasis zu erhalten. Die Abhängigkeit der europäischen Verfolgungen an die Stimmung in der Bevölkerung erklärt auch ihren Bezug zu den vormodernen Subsistenzkrisen.

Der Akzent, der in diesem Kapitel auf die sozialhistorischen Hintergründe gelegt wurde, soll weder bedeuten, daß Teuerungen oder Mißernten notwendigerweise zu Hexenhinrichtungen führten, noch daß es keine anderen Gründe für Hexenprozesse gegeben habe. Seßhaftigkeit und Siedlungsstruktur sind als wichtige Faktoren angesprochen worden. Beziehungen konnten immer schieflaufen, unnatürliche Krankheiten oder Schadensfälle unabhängig von den großen Konjunkturen auftreten und zu Interpretationen Anlaß geben. Lokale Hagelschläge, individuelle Erkrankungen, Besessenheit, Liebeszauber, Stadtbrände oder die Eskalation von Nachbarschaftskonflikten waren ebenso unabhängig von meteorologischen Gegebenheiten wie der Amtsantritt eines fanatischen oder profilierungssüchtigen Juristen oder Theologen. In kultureller Hinsicht haben wir es mit einer Interaktion zu tun. Die meisten Historiker stimmen darin überein, daß Hexenverfolgungen nur dort zustande kamen, wo sich das Interesse der politisch Verantwortlichen mit dem der Untertanen traf.

Abb. 3: Hexentanz, Gerichtsverhandlung und Verbrennung zweier Frauen im Schweizer Kanton Bern am 28. August 1568. Kolorierte Federzeichnung in der Sammlung des Johann Jacob Wicke (1522–1588).

IV. Kampf gegen die Hexenverfolgungen

Angesichts der Tatsache, daß das im 15. Jahrhundert entwickelte Hexenmuster in ganz Europa und seinen Kolonien stets verfügbar war, stellt sich die Frage, warum nicht wesentlich mehr als 50000 Menschen in 350 Jahren als Hexen hingerichtet worden sind. Die Antwort liegt zweifellos darin, daß in der europäischen Gesellschaft stets eine erhebliche Skepsis gegenüber dem Hexenglauben und dem Fanatismus der Hexenverfolger bestanden hat. Die frühchristlichen Zweifel an der Wirksamkeit jeglicher Zauberei dämmten das Verlangen nach Verfolgungen wirksam ein und absorbierten andere Formen des Kampfes gegen Hexenverfolgungen. Erst die Autorisierung von Hexenverfolgungen durch das Papsttum im 15. Jahrhundert führte zur Entwicklung einer Kritik jenseits der traditionellen Bahnen. Daß damit Antiklerikalismus und antirömische Empfindungen verbunden wurden, überrascht angesichts damaliger Zeitströmungen kaum.

Das topische Argument, vor dem Auftauchen der päpstlichen Inquisitoren habe es keine Hexen gegeben, taucht zu Beginn des 16. Jahrhunderts in der gedruckten Literatur auf. Meinungsführer des Humanismus bezogen aktiv gegen den inquisitorischen Hexenglauben und die Hexenverfolgungen Stellung. Der Kampf italienischer Intellektueller gegen die Hexenverfolgungen, der in Alciatis Diktum von einer *nova holocausta* gipfelte, wurde bereits erwähnt. Im Norden zeichnete Erasmus von Rotterdam (1465–1536) in seinem *Lob der Narrheit* bis in habituelle Details das Porträt eines Inquisitors, der hinter allem, was er nicht versteht, den Teufel wittert, und sämtliche Widersprüche mit Hilfe des Scheiterhaufens erledigen will. In diesem Zusammenhang wird auf die Bibelstelle (Exodus 22,18) angespielt, mit der üblicherweise Hexenverfolgungen als göttlicher Auftrag gerechtfertigt wurden. In der Reichsstadt Metz kam es 1519 zur Konfrontation des dominikanischen Inquisitors Nikolaus Savini mit dem Stadtsyndikus Agrippa von Nettesheim (1486–1535), der die Verteidigung einer hexereiverdächtigen Frau zu jener prinzipiellen Anklage gegen den „blutgierigen Mönch“ erweiterte, die er zunächst in Briefwechseln der Gelehrtenwelt und dann in *De vanitate scientarum* (cap. XCVI) einer europäischen Öffentlichkeit bekanntmachte. Solche Kritik von kaum zu überbietender Schärfe verdeutlicht, warum nördlich der Alpen die Tätigkeit der Inquisition in diesen Jahren für immer endete.

Der große Aufbruch der reformatorischen Bewegung hat dazu seinen Teil beigetragen. Mit der Spaltung der Kirche und der Entstehung der evangelischen Landeskirchen war einer päpstlichen Inquisition nördlich der Alpen der Boden entzogen. In den Augen von Luther, Zwingli und Calvin unterschieden sich weite Teile der katholischen Frömmigkeit und des katholischen Ritus kaum von der Zauberei der Bauern, häufig liest man in reformatorischen Pamphleten von „papistischer Zauberei“. Der schlagartige Rückgang der Hexenhinrichtungen in den Jahren nach 1520 erklärt, warum das Hexenproblem nicht auf der Agenda der Reformation stand. Es wäre aber übertrieben, diesen Rückgang der Reformation zuzuschreiben. In Spanien war es gerade die institutionalisierte Inquisition, welche die Hexenverfolgungen zunächst unter ihre Kontrolle brachte und dann 1526 praktisch beendete. Der Oberste Rat (Suprema) der spanischen Inquisition schärfte allen Inquisitoren 1538 noch einmal ein, daß der Hexenhammer keine Autorität sei, der man Glauben schenken dürfe. Auch die Inquisitionsbehörden in Portugal und Italien waren an Hexenverbrennungen nicht interessiert. In der kaiserlichen Gesetzgebung spielte sie keine Rolle. Die Regierungszeit Kaiser Karls V. war in dieser Beziehung ein glückliches Zeitalter.

Mit dem überraschenden Wiedereinsetzen der Hexenverfolgungen seit 1560 lieferte der deutsch-niederländische Arzt Johann Weyer in seinem häufig nachgedruckten Standardwerk *De praestigiis daemonum* eine Fülle von theologischen, juristischen und medizinischen Argumenten, warum hexereiverdächtige Menschen auch dann nicht hingerichtet werden durften, wenn sie selbst von ihrer Schuld überzeugt waren. Diese Argumentation war wichtig, da es unbestreitbar Frauen gab, die sich selbst für Hexen hielten. Indem Weyer dies ihrer Melancholie zuschrieb, bereitete er jene psychologische Theorie der Unzurechnungsfähigkeit vor, welche in der europäischen Rechtsprechung später eine so große Rolle spielen sollte. Obwohl mit Jean Bodin einer der Geistesgrößen der Zeit gegen Weyer antrat, ging seine Saat in den 1580er Jahren auf, als die Verfolgungen international ihrem Höhepunkt zustrebten. Reginald Scot (1538–1599) wies in seinem Gefolge in dem höchst ironischen Buch *The Discoverie of Witchcraft* (London 1584) auf die Rolle der Sozialisation für den Hexenglauben hin. Ein Jahr später brachte der Philosoph und Parlamentsrat in Bordeaux Michel de Montaigne (1533–1592) seine berühmten Einwände gegen Bodins Fanatismus zu Papier. Getrieben von Mitleid für die Opfer und Wut auf die brutalen Verfolger erschien im selben Jahr mit den *Christlich Bedenken von Zauberey* des Heidelberger Professors Hermann Witekind (1524–1603) eine frontale Kritik der Verfolgungen, gepaart mit der originellen Idee, daß Menschen, die sich selber für Hexen hielten, nicht Strafe, sondern Liebe und Zuneigung benötigten, um ihre Geisteskrankheit überwinden zu können. Diese Form der Argumentation fand in dem *Gründlichen Bericht von Zauberey* des calvinistischen Pfarrers Anton Praetorius (ca. 1555–1625) eine Fortsetzung. Beide versuchten, die Unmöglichkeit des Hexereidelikts mit Hilfe der Logik, der Physik und der Naturgesetze nachzuweisen.

Etwa gleichzeitig bahnte sich eine konfessionelle Polarisierung an, deren Anfänge noch nicht ganz geklärt sind. Unter dem Einfluß des spanischen Theologen Gregor von Valencia SJ wurde in Bayern 1590 der Rekurs auf protestantische Verfolgungsgegner wie Weyer und Brenz verboten. In Trier mußte 1592 der katholische Theologe Cornelius Loos (1546–1595), der in seiner radikalen Schrift *De vera et falsa magia* die sarkastische These aufgestellt hatte, Hexenprozesse seien die Kunst, aus Blut Gold zu machen, im Beisein des Verfolgungsbefürworters Binsfeld abschwören, um sein Leben zu retten. Konnte schon bisher in der heiklen Hexenfrage selten offen argumentiert werden, so galt dies jetzt für Katholiken vermehrt. Katholische Verfolgungsgegner suchten nun nach neuen Methoden der Argumentation und fanden sie in der Kritik der grausamen und oft widerrechtlichen Prozesse. Die Argumentation, welche die Theorie des Ausnahmeverbrechens (*crimen exceptum*) einschränken wollte und auf der strikten Einhaltung des gültigen Strafprozeßrechts (*processus ordinarius*), der Carolina, beharrte, war seit den 1560er Jahren von dem Frankfurter Juristen Johann Fichard (1511–1581) weiterentwickelt und von dem Rostocker Juristen Johann Georg Goedelmann (1559–1611) öffentlich propagiert worden. Sein *Tractatus de magis, veneficis et lamiis, recte cognoscendis et puniendis* konnte bei scheinbarer Anerkennung des Hexenverbrechens Verfolgungen verhindern. Die Bedeutung, die Günter Jerouschek der Auseinandersetzung mit den Hexenprozessen für die Entwicklung des Indizienrechts beimißt, ist hier bereits erkennbar, und es ist bezeichnend, daß ein berühmter Zeitgenosse wie der Naturrechtslehrer Johannes Althusius (1557–1638) das Bemühen um Verrechtlichung durch ein Geleitwort unterstützte. Der Herausgeber einer deutschen Übersetzung, der Superintendent Georg Nigrinus (1530–1602) aus Hessen, brandmarkte bereits 1592 die Hexenverfolgungen als „papistische" Besonderheit. In der anonymen Schrift *Was von gräulichen Folterungen und Hexenbrennen zu halten ist* wird 1608 die Konsequenz einer völligen Ablehnung der Folter gezogen, wie sie später auch der calvinistische Prediger Johann Greve (1584–1624) aus Arnheim in seiner Schrift *Tribunal Reformatum* forderte.

Entgegen einer verbreiteten Annahme gilt es festzuhalten, daß die frontale Kritik der Hexenverfolgungen am Ende des 16. Jahrhunderts ziemlich erfolgreich war. In einigen deutschen Ländern, darunter der calvinistischen Kurpfalz oder den erasmianischen Herzogtümern Jülich-Kleve-Berg, lehnten die Regierungen Hexenhinrichtungen generell ab. In Frankreich erließ das Parlement de Paris, nachdem die Forderung nach Verfolgung lauter wurde, im Jahr 1587 ein Edikt, welches Hexenhinrichtungen von der Zustimmung des obersten Gerichtes abhängig machte. Versuche von Anhängern der katholischen Liga, den Ausnahmeprozeß einzuführen, wurden nach der Inthronisation Heinrich von Navarras als König Henri IV. (1553–1610, reg. 1589/1594–1610) abgeblockt. 1601 ließ das Parlement de Paris wegen Übergriffen auf französisches Gebiet einen Henker zu lebenslanger Galeerenstrafe verurteilen, der sich rühmte, in Brabant 274 Hexen hingerichtet zu haben. Es ist bezeichnend, daß der exponierte Bodin in diesem Milieu keine Karriere machen konnte und der Dämonologe Boguet sein Machwerk 1611 selbst aus dem Verkehr zog, weil es seiner Karriere schadete. Die Kontrolle der Todesurteile im Amtsbereich des Parlement de Paris, der ungefähr ein Drittel des heutigen Frankreich umfaßte, führte dazu, daß bei insgesamt 1272 Appellationen nur 115 Hexenhinrichtungen zugelassen wurden, die letzte im Jahr 1625. Ähnlich war die Entwicklung in England, wo die Bereitschaft zur Bestätigung von Todesurteilen seit dem Ende der 1580er Jahre zurückging. Obwohl König James I. 1604 die Hexereigesetzgebung verschärfte, führten die Gerichte kaum mehr Verbrennungen durch. Die Hexen in Shakespeares *Macbeth* wirken bereits wie eine Parodie. Wie fragil die Befriedung der Gesellschaft allerdings noch war, verdeutlicht die populäre Antihexereibewegung um den Hexenfinder Matthew Hopkins in der Anarchie des Bürgerkrieges 1645, die mit ca. 200 Hinrichtungen das Ausmaß mitteleuropäischer Verfolgungen erreichte.

Eine Hexenpanik im Baskenland stellte 1609 die Gerichtssysteme Frankreichs und Spaniens auf die Probe. Die Hexenverfolgung im französischen Labourd, der etwa 80 Menschen zum Opfer fielen, wurde auf Intervention des Königs Henri IV. durch ein Mitglied des Parlaments von Bordeaux beendet. Als die Hexenverfolgung nach Spanien übergriff, entsandte die Suprema den Inquisitor Alonso Salazar Frías zur Untersuchung dieses Phänomens. Der Geistliche überprüfte etwa zweitausend Aussagen von Inhaftierten und Zeugen und kam zu dem Schluß, daß kein einziger der Verdächtigten schuldig sein könne, selbst wenn er dies von sich selbst behauptete. Salazar zog die Konsequenz, daß es Hexerei vermutlich überhaupt nicht gebe und empfahl, generell keine Todesurteile mehr zuzulassen. Die Suprema folgte diesem Rat, erklärte alle Hexenprozesse lokaler Magistrate für illegal und bekämpfte sie fortan mit Härte. Die statistische Bestandsaufnahme zeigt, daß die Inquisition zwischen 1540 und 1700 auf der iberischen Halbinsel, den kanarischen Inseln, den Mittelmeerinseln und in Lateinamerika in 19 Tribunalen über 44 000 Fälle, darunter annähernd 4000 magische Delikte verhandelt hat. Todesstrafen wegen Hexerei wurden keine mehr verhängt. Allerdings sollte man die Aktivitäten der Inquisition nicht verharmlosen, da während desselben Zeitraums 775 Menschen wegen Kryptojudentums, als Anhänger Luthers oder Calvins oder wegen Homosexualität und Bigamie hingerichtet wurden. Etwa doppelt so viele fielen der portugiesischen, halb so viele der römischen Inquisition zum Opfer.

Aus ganz anderen Gründen fanden Hexenverbrennungen in den nördlichen Niederlanden (Generalstaaten) ein Ende. Hier gab es keine zentrale Kontrolle, aber einen gesellschaftlichen Konsens der herrschenden Eliten. Während des Freiheitskampfes gegen die katholische Großmacht Spanien war Holland seit den 60er Jahren des 16. Jahrhunderts zum Refugium von Glaubensflüchtlingen aus ganz Europa geworden. Hier blieb der irenische Humanismus lebendig, sephardische Juden und evangelische Gemeindechristen wie die Taufgesinnten, die im übrigen Europa schneller noch als Hexen auf dem Scheiterhaufen landeten, fanden eine neue Heimstätte und veränderten die Zusammensetzung der Gesellschaft. Bei religiösen Bewegungen wie den Mennoniten hatten christliche Ideale wie die Ablehnung jeglicher Gewaltanwendung zur Verweigerung des Kriegsdienstes und der Todesstrafe geführt. Von der Macht des Teufels hielten sie wenig. Ebenso war das Interesse der regierenden Calvinisten an Hexenbränden begrenzt. Eine Art informeller Öffentlichkeit hielt nach den Massakern der Religionskriege am Ende des 16. Jahrhunderts den Hexenglauben für diskreditiert. Die letzte Hexenverbrennung in den Niederlanden fand 1603 in Nimwegen statt.

Seit der Entkriminalisierung der Hexerei in den ökonomisch fortgeschrittenen westeuropäischen Ländern wurden die Verfolgungen in Zentraleuropa immer mehr zum schrekkenerregenden Sonderfall. Auf ihrem Höhepunkt in den Jahren 1626–1630, als die vornehmlich katholische Blutjustiz selbst das Kriegsgeschehen in den Schatten stellte, griffen katholische Intellektuelle, die vorher aus Parteiräson geschwiegen hatten, in den Meinungskampf ein. Der Ingolstädter Moraltheologe Tanner publizierte in seiner *Theologia Scholastica* den in München erreichten Diskussionsstand und verglich die Hexenverfolgungen mit den Christenverfolgungen unter Kaiser Nero. Zeitgenossen wußten, wer damit gemeint war, nämlich die Hexenbischöfe von Eichstätt, Bamberg, Würzburg, Mainz, Köln und Trier. Gegen sie richtete sich auch der 1628 gedruckte *Malleus Judicum, Das ist: Gesetzhammer der unbarmherzigen Hexenrichter* des Kitzinger Stadtarztes Cornelius Pleier. Ausgehend von Tanner entwickelte Spee unter großen Anfeindungen seine berühmte *Cautio Criminalis*. Unter der scheinbaren Prämisse, daß es Hexen gebe, unterzog er den Hexenprozeß einer so radikalen Kritik, daß sie selbst hartgesottene Zeitgenossen beeindruckte. An mehreren Stellen des Buches vermerkte Spee, es gebe noch eine äußerst wichtige Wahrheit, für welche die Zeit noch nicht reif sei. Da er zuvor bereits alle Argumente gegen die Hexenprozesse systematisch aufgeführt hatte, blieb zu vermuten, daß er die Wahrheit meinte, daß es überhaupt keine Hexen gebe und alle hingerichteten Menschen unschuldig gewesen seien. Spees anonym und unter Umgehung der Zensur veröffentlichte Schrift löste erregte Diskussionen im Jesuitenorden und in der Öffentlichkeit aus. Bald kursierten deutsche Übersetzungen und Schriften anderer Autoren, die denselben Tonfall anschlugen. Zu nennen ist die *Christliche Erinnerung an Gewaltige Regenten* des Thüringer Superintendenten Johann Matthäus Meyfahrt (1590–1642), der den Verantwortlichen Höllenstrafen androhte, falls sie nicht augenblicklich ihre Menschenopfer einstellten.

Länder ohne Hexenverbrennungen, in denen der Hexenglaube zurückging, nachdem weniger von Hexen die Rede war, gaben den Gegnern der Verfolgungen ein starkes Argument in die Hand. Bereits Johan van Heemskerk verwendet diesen erasmianischen Topos in seiner *Batavischen Arcadia.* Es sollte zu einem Standardargument der Rationalisten und Aufklärer werden. Colbert (1619–1683) machte schließlich 1682 Hexenhinrichtungen in ganz Frankreich von einer Zustimmung des Königs abhängig und erreichte damit binnen weniger Jahre eine starke Verminderung der Hexenverbrennungen, ohne das Delikt aus dem Strafgesetzbuch zu entfernen. Südeuropa, Westeuropa, Skandinavien und das Baltikum bildeten etwa seit 1700 einen mächtigen Block von Ländern ohne Hexenhinrichtungen. Rationalismus und Empirismus verliehen der traditionellen Skepsis eine wissenschaftstheoretische Absicherung. Die Mechanik und die Welt des kontrollierten Experiments faszinierte jene Wissenschaftler, die von Zauber und Wundern nichts mehr hören wollten. Die Physik des Galileo Galilei (1564–1642) oder die rationalistische Philosophie des René Descartes (1596–1650), derzufolge Gegenstände ausschließlich durch mechanische Krafteinwirkung, Zug oder Druck, bewegt wurden, waren unvereinbar mit magischen Vorstellungen, Hexenflügen oder einem Bild von Gott, der ständig mit Engeln und Teufeln in die Natur hineinspukte. Zahlreiche Geistesgrößen der zweiten Hälfte des 17. Jahrhunderts wie Thomas Hobbes (1588–1679), Baruch Spinoza, Pierre Bayle, Cyrano de Bergerac, Nicole Malebranche, Johann Valentin Andreae oder Gottfried Wilhelm Leibniz beförderten aktiv den Abschied von den Scheiterhaufen.

Während bis etwa 1630 der Kampf gegen Hexenverfolgungen im Vordergrund der kritischen Bemühungen gestanden hatte und sich das Ende der Hexenprozesse eher stillschweigend vollzog, weil es die agierenden Gruppen vorzogen, keine Allianz von reaktionären Theologen und Volkszorn zu provozieren, begannen in England Intellektuelle, den Hexenglauben anzugreifen und die Verteidiger des Hexenglaubens öffentlich herauszufordern. Thomas Hobbes widmete in seinem *Leviathan* mehrere ausführliche Abschnitte der Frage der Dämonologie, wobei er den Hexen- und Teufelsglauben in ungekannter Drastik der Lächerlichkeit preisgab und die katholische Kirche als das eigentliche Reich der Finsternis darstellte. Wenngleich andere Anglikaner und Presbyterianer diese Auffassung teilen mochten, repräsentierte Hobbes in der Hexenfrage noch keine Mehrheitsmeinung. Daß nicht nur Anhänger protestantischer Sekten und der anglikanischen Orthodoxie dem Hexenglauben anhingen, verdeutlichen die *Philosophical Considerations touching the Being of Witches* des Philosophen und Mitglieds der Royal Society Joseph Glanvill. Die englische Oberschicht war in ihrer Meinung gespalten. Samuel Pepys (1633–1703) fand Glanvills Hexenbuch in seinem berühmten Tagebuch „sehr gut geschrieben, aber nicht sehr überzeugend" (24. 11. 1666). Noch während der Periode der Restauration und Jahre vor der letzten Serie von Hexenhinrichtungen in England in den 1680er Jahren griffen Hobbesianer wie John Wagstaffe in seiner *Question of Witchcraft Debated* 1669 oder der Arzt John Webster (1610–1682) mit seinem *The Displaying of Supposed Witchcraft* Glanvill in aggressiver Form an wegen dessen Versuch, „to defend these false, absurd, impossible, impious and bloody opinions" (London 1677, S. 36). Die Glorious Revolution von 1688 bildete die entscheidende Wendemarke, nach der keine Hexen in England mehr verbrannt wurden. Mit der Herausbildung der politischen Parteien im englischen Parlamentarismus wurde die Hexenfrage zur Parteisache, bei der tendenziell nur noch Tories und zuletzt nur noch Schotten am Hexenglauben festhalten wollten. Der konservative schottische Abgeordnete James Erskine, Lord Grange, der 1736 eine Rede gegen die Streichung des Hexereidelikts aus dem Strafrecht hielt, machte sich damit allerdings nur noch lächerlich und besiegelte seinen politischen Abstieg.

Weitere Hexereidebatten wurden Ende des 17. Jahrhunderts in den Niederlanden durch Balthasar Bekkers (1634–1698) berühmten Titel *De Betooverde Wereld* (Die bezauberte Welt) ausgelöst, der jede Macht des Teufels auf Erden leugnete. Dieses umfangreiche, umständliche und durch zahlreiche Wiederholungen gekennzeichnete Buch wurde binnen weniger Jahre in alle europäischen Hauptsprachen übersetzt. Mit 175

Beiträgen dürfte die Bekker-Debatte zu den umfangreichsten der Frühaufklärung gehören, 75% davon griffen Bekker in schwerer Form an. Wie gefährlich der philosophische Frontalangriff gegen den Hexenglauben immer noch war, zeigt die Amtsenthebung des calvinistischen Pfarrers in einem Land, in dem seit langem keine Hexen mehr verbrannt worden waren. In Deutschland provozierte 1701 der Juraprofessor Christian Thomasius, ein Frühaufklärer im Gefolge des Philosophen Christian Wolff (1679–1754) an der preußischen Reformuniversität Halle, mit seiner Dissertation *De crimine magiae* einen ausufernden Streit, der die Szenerie im protestantischen Norden beleuchtete. Thomasius, der sieben Jahre zuvor beinahe selbst mit einem Gutachten noch an einer Hexenverurteilung mitgewirkt hätte, wenn er nicht von Kollegen in Halle davon abgehalten worden wäre, enfaltete in zweieinhalb Jahrzehnten eine fortwährende Propaganda gegen Hexenglauben und Hexenverbrennungen, in der er von befreundeten Medizinern, Physikern und Theologen unterstützt wurde. Der Verlauf der Debatte läßt erkennen, daß die Hexenfrage in Deutschland wie in den westeuropäischen Ländern nicht nur zu einem zentralen Anliegen der Frühaufklärung, sondern auch zu einem Mittel geworden war, reaktionäre Juristen und Theologen bloßzustellen, etwa jene sächsischen Pietisten, die Thomasius einst aus Leipzig vertrieben hatten. Während noch in Teilen Mittel- und Osteuropas Hexenverbrennungen stattfanden, wandelte sich das Hexenthema zu einer Waffe in der Hand der Aufklärer.

Die späten Hexenverbrennungen, die noch ungenügend erforscht sind, weil sie bereits die Zeitgenossen peinlich berührten und bis heute aus Nationalstolz gerne verschwiegen werden, stehen in einem seltsamen Spannungsverhältnis zur scheinbar überlegenen und distanzierten Argumentation der Aufklärer. Auf den britischen Inseln wurden in einer schottischen Prozeßserie bis 1727 noch Hexen hingerichtet. In Frankreich mokierte sich Voltaire am Beispiel des Jesuiten Pére Girard, der 1730 beinahe durch das Parlament der Provence zum Tod verurteilt worden wäre, über den Stand der

Diskussionen. 1743 wurde der Priester Bertrand Guillaudet in Dijon lebendig verbrannt, 29 Verdächtigte saßen in Lyon ein, von denen fünf durch das Parlament von Burgund zum Tode verurteilt wurden. Freilich waren derartige Skandalfälle in Frankreich die Ausnahme, legale Hexenhinrichtungen kamen in ganz Westeuropa, Südeuropa und Nordeuropa, in den europäischen Kolonien in Amerika, Asien und Afrika, aber auch im größeren Teil der Einzelterritorien in Mitteleuropa nach 1700 nicht mehr vor, vereinzelte Hexenprozesse konnten skandalisiert und als Medium der Aufklärung eingesetzt werden.

Eine Problemzone bildeten Süddeutschland und der Alpenraum, wo man von einer Wiederkehr der Hexenpaniken sprechen kann. Betroffen davon war das Kurfürstentum Bayern und die umliegenden katholischen Hochstifte Freising, Augsburg und Salzburg, Teile Österreichs und Jugoslawiens, sowie einige Schweizer Kantone. Die Tatsache, daß die späten Fälle meist unter dem Begriff *veneficium* (Giftmord) geführt wurden, wird man als Defensivstrategie bewerten müssen. In Freising wurden 1717–1721 noch einmal sechzehn Personen hingerichtet, in Bayern nach 1720 mindestens fünfzehn Personen, darunter zwei in der Hauptstadt München. In einer Prozeßserie wurden von den Provinzregierungen in Landshut, Burghausen und Straubing zwischen 1749 und 1756 sieben Personen hingerichtet. Im Hochstift Augsburg ereignete sich 1727/28 eine Hexenpanik, der vier Personen zum Opfer fielen, weitere Hinrichtungen sind 1745 und 1766 belegt. 1746/47 kostete eine Panik in der schwäbischen Reichsabtei Obermarchthal sieben Frauen das Leben. In der Fürstabtei Kempten verurteilte der gleiche Bannrichter 1755 und noch einmal 1775 eine Frau zum Tod. Fürstabt Honorius Roth von Schreckenstein (reg. 1760–1785) bestätigte dieses Todesurteil („Fiat justitia!“, 11. April 1775), doch wurde es, wie Wolfgang Petz herausgefunden hat, nicht mehr vollzogen. Die psychisch labile Maria Anna Schwägelin (1734–1781) verstarb Jahre später im Gefängnis.

Die Feststellung, daß am Ende des Zeitalters der Hexenverfolgung, wie auf seinem Höhepunkt, die geistlichen Territorien noch einmal eine herausragende Rolle spielten, wäre allerdings nur die halbe Wahrheit. Während im katholischen Ticino eine letzte Serie von Hinrichtungen 1721 endete, begann im calvinistischen Kanton Zug 1737 eine Panik, der sechs Frauen zum Opfer fielen und die Prozesse in den Nachbarkantonen Luzern und Schwyz nach sich zog. Immer noch verstarben manche der oft betagten Beschuldigten in Haft, immer noch wurde die Tortur angewandt, im Schweizer Kanton Graubünden zuletzt 1779 gegen Ursula Padrutt im rätischen Oberhalbstein. Vor diesem Hintergrund nimmt sich der Skandalprozeß gegen die Dienstmagd Anna Göldi (1734–1782), die am 18. Juni 1782 im reformierten Glarus hingerichtet wurde, weniger exotisch aus, als oft angenommen. Der größte Problemfall schließlich war Ungarn, wo – nachdem die osmanischen Behörden Hexenverfolgungen lange unterdrückt hatten – die Hexenverfolgungen erst zwischen 1710 und 1760 ihren Höhepunkt erreichten und bis nach 1770 andauerten. Noch in den 50er Jahren des 18. Jahrhunderts wurden hier 143 Hexenprozesse geführt, die in mindestens 21 Todesurteile mündeten, in den 60er Jahren waren es noch 47 Prozesse und in den 70er Jahren immer noch acht, die zu wenigstens drei Exekutionen führten, zuletzt 1777 im nordungarischen Késmárk (Kezmarok). Ein ähnliches Muster zeigt Polen, wo nach einer Hexenpanik mit fünf Hinrichtungen 1744 im schlesischen Teppenbuden bis in die 1750er Jahre zahlreiche Prozesse geführt worden sind, ehe 1756 Preußen und Österreich und 1775 der Sejm dagegen einschritt. Die Legalität der Verbrennung zweier Frauen in Posen 1793, die während der Wirren der 2. polnischen Teilung stattfanden, wird daher von manchen Historikern bestritten.

Die Exekution der Nonne Maria Renata Singerin (1678–1749) in Würzburg wurde zum Ausgangspunkt einer Debatte im katholischen Süddeutschland, in Österreich und Oberitalien. Nachdem der Jesuit Georg Gaar in einer bald gedruckten Rede am Scheiterhaufen die bischöfliche Hexenjustiz rechtfertigte, griff der Abt Girolamo Tartarotti (1702–1761) aus dem damals österreichischen Rovereto, Verfasser des Werkes *Del Congresso notturno delle Lammie,* diese Barbarei an und machte den Hexenpater lächerlich. Radikalere italienische Aufklärer wie Scipio Maffei (1675–1755) aus Verona zeigten sich von den Rücksichtnahmen des Abtes auf das christliche Magieverständnis enttäuscht. In drei umfangreichen Werken, von denen *L'arte magica annichilata* die Absicht am besten widerspiegelt, bestritt Maffei jegliche Möglichkeit der Magie. Der publizistische Streit der Aufklärer mit konservativen Klerikern unter Führung des Franziskanerprovinzials Benedetto Bonelli (1704–1783) dauerte in Italien die ganzen 1750er Jahre an. Durch den Erfurter Kirchenhistoriker Jordan Simon (1719–1776) wurden die Argumente Maffeis ins katholische Deutschland übertragen. 1761 erschien in Frankfurt/Main seine Schrift *Das große weltbetrügende Nichts oder die heutige Hexerei und Zauberkunst.*

Die großen katholischen Territorienkomplexe der Habsburger und Wittelsbacher waren zu diesem Zeitpunkt geprägt durch einen Court/Country-Gegensatz, wo relativ autonome Provinzen gegen den Willen der Zentralregierung am Hexenparadigma festhielten. Die Regierungen erarbeiteten Strategien zur Durchsetzung der Aufklärung in der Peripherie. Kaiserin Maria Theresia (1717–1780, reg. 1740–1780) verhinderte durch direktes Eingreifen den Vollzug bereits gefällter Todesurteile 1756 in Mähren (heute Slowakei) und 1758 in Slawonien (heute Kroatien). Im Bayern des aufgeklärten Kurfürsten Max III. Joseph (reg. 1745–1777) wurde der Schlag gegen den konservativen Klerus regelrecht inszeniert mit einer in den Jahren 1766–1770 durchgeführten Debatte, welche der Theatinerpater Ferdinand Sterzinger (1721–1786) mit seiner *Akademische Rede von dem gemeinen Vorurtheile der wirkenden und thaetigen Hexerey* auslösen durfte. Sie wurde zu einer der größeren nationalen Debatten im Deutschland des Alten Reiches, mit etwa 60 selbständigen Schriften und einer breiten Anteilnahme der Öffentlichkeit zwischen Wien und Hamburg. Wie zuvor in England, den Niederlanden, Preußen, Frankreich oder Italien ging es auch hier um die Existenz des Hexereidelikts und die Dummheit des Hexenglaubens überhaupt. Die geistlichen Gegner der Aufklärer mußten mißvergnügt registrieren, daß sie als Anhänger einer besiegten Ideologie unter der Rubrik Aberglauben mit den Hexen und Hexengläubigen in einen Topf geworfen wurden. Bis in das Zeitalter des Kaisers Joseph II. (reg. 1765–1790) erforderte die Gegnerschaft gegen das Hexereidelikt Mut, wie man Johann Pezzls (1756–1838) Roman *Faustin oder das philosophische Jahrhundert* entnehmen kann. Die Beendigung der Hexenverbrennungen wurde zu den ganz großen Aktivposten der Aufklärung gerechnet, ein Sieg des Lichtes über die Finsternis.

Das katholische Europa hatte damit zum protestantischen aufgeschlossen, wo in den Jahren nach 1760 eine Debatte um das Wesen der Gespenster die Nerven der Aufklärer strapazierte. Der damals schon berühmte schwedische Naturforscher und Philosoph Emanuel Swedenborg (1688–1772) berichtete nach einer Berufungsvision in den Jahren 1749–1758 in der *Arcana coelestia* über seine Erfahrungen mit dem Geisterreich, wobei die christliche Dämonenlehre fröhliche Urständ feiern konnte. Dies rief im preußischen Königsberg den Philosophen Immanuel Kant (1724–1804) auf den Plan. 1766 legte er in seiner Satire *Träume eines Geistersehers, erläutert durch Träume der Metaphysik* nahe, daß weder die Existenz von Geistern noch die Unmöglichkeit ihrer Existenz wissenschaftlich nachweisbar sei. Darin unterschieden die Anhänger der Theorien Swedenborgs sich nicht sehr von den Philosophen Wolffscher Prägung, „Luftbaumeister der mancherlei Gedankenwelten, deren jeglicher die seinige mit Ausschließung anderer ruhig bewohnt". Gegenüber der haltlosen Metaphysik ist wie gegenüber den Phantastereien des „Erzgeistersehers" kritischer Verstand gefordert. Swedenborgs „acht Quartbände voll Unsinn" böten nichts als „eine zusammenhängende Täuschung der Sinne". Aufgabe der Philosophie sei es, die „Grenzen der menschlichen Vernunft" zu erforschen. Kants Ausführungen über die Subjektivität des Erkenntnisvermögens in der *Kritik der reinen Vernunft* müssen auch vor diesem Hintergrund gesehen werden.

Die Beseitigung des Hexereidelikts aus der europäischen Strafgesetzgebung ist noch nicht vergleichend untersucht worden. Im deutschsprachigen Raum zog die erregte öffentliche Debatte um den „Justizmord“ an Anna Göldi einen Schlußstrich unter die Hexenprozesse. Das Strafrecht Kaiser Josephs II. enthielt 1787 keinen Artikel über Zauberei mehr. Trotz der harschen Kritik in der „Encyclopedie“ hielten französische Strafrechtskommentare noch 1780 am Straftatbestand „Magie & Sortilège“ fest, und erst nach der Französischen Revolution wurden 1791 die „crimes imaginaires“ gestrichen. Während einige Länder für Hexerei oder Zauberei nie eine formelle Hexereigesetzgebung entwickelt hatten und sie deswegen auch nicht wieder streichen mußten, dürften in den meisten Ländern die Magiedelikte in der gesellschaftlichen und politischen Umbruchszeit um 1800 im Zuge der generellen Strafrechtsreformen beseitigt worden sein. Ausgerechnet in einem der englischen Krone unterstehenden Land ohne Hexenverfolgungen, im katholischen Irland, blieb der von England eingeführte *Witchcraft Act* am längsten in Kraft. Die öffentlichen Diskussionen bei seiner Beseitigung im Jahre 1821 demonstrierten noch einmal, daß selbst im industrialisierten England eine Minderheitsmeinung nach wie vor von der Existenz der Hexen und der Notwendigkeit ihrer Bestrafung überzeugt war.

Die Entkriminalisierung des Hexenverbrechens durch den europäischen Rationalismus findet ihr Gegenstück in der veränderten Einstellung gegenüber anderen Verbrechen. Forschungen zur Kriminalitätsgeschichte haben ergeben, daß soziale Abweichungen wie Homosexualität von Männern (*sodomia*) oder Kindsmord junger Mütter inklusive Abtreibung (*infanticidium*) ganz ähnliche Konjunkturen aufweisen wie das Hexenverbrechen. Nach einem rasanten Aufstieg im 15. Jahrhundert sahen sie einen Höhepunkt der Verfolgung in den Jahren um 1600, danach eine schrittweise Entkriminalisierung in Relation zum Entwicklungsstand der jeweiligen Gesellschaft. Die Untersuchung serieller Quellen legt nahe, daß wegen dieser Delikte in Europa mehr Menschen hingerichtet worden sind als wegen Hexerei. Ähnliche Konjunkturen bei „Verbrechen" wie Bigamie, Inzest oder Blasphemie zeigen, daß wir es mit generellen Trends in der europäischen Strafrechtsentwicklung zu tun haben. In der Frühen Neuzeit kam es im Zuge des Staatsbildungsprozesses, religiösen Reformbewegungen mit nativistischen Zügen und einer angespannten ökonomisch-ökologischen Situation unter dem Eindruck der Kleinen Eiszeit zum Versuch verstärkter moralischer und sozialer Kontrolle abweichenden Verhaltens unter religiösen Gesichtspunkten. Die schrittweise Säkularisierung der Eliten führte zu einer weitgehenden Entkriminalisierung der Hexerei, so daß, abgesehen von fundamentalistischen Fanatikern, die westliche Gesellschaft kaum mehr in der Lage ist, im Gebrauch von Magie ein Verbrechen zu sehen.

Die Negation des Hexenverbrechens welche mit der europäischen Expansion in große Teile der Welt exportiert worden ist, wurde nicht überall akzeptiert. Sobald koloniale Justizadministrationen begannen, die europäische Hexereigesetzgebung auf Angehörige anderer Kulturen anzuwenden, kam es zu ernsthaften Problemen. Als 1922 das englische Hexereigesetz in Ostafrika eingeführt wurde, kam es sofort zu dessen Problematisierung, da es als Schutz der Hexen mißverstanden wurde. Als ganz unakzeptabel wurde empfunden, daß es gemäß der christlichen Tradition *witches* und *witch-doctors* gleichermaßen kriminalisierte. In der Folge kam es zu Novellierungsversuchen dieser Gesetzgebung, welche versuchten, afrikanischen Vorstellungen von der Realität der Hexerei Rechnung zu tragen. Aus denselben Gründen gibt es in Indonesien Bestrebungen, die niederländisch-koloniale Gesetzgebung zu ersetzen. Am weitesten ging bisher das westafrikanische Kamerun, wo seit den 80er Jahren des 20. Jahrhunderts vor offiziellen Gerichten wieder Anklagen wegen Hexerei entgegengenommen und traditionelle Wahrsager (*witch-doctors*) als Zeugen akzeptiert werden. Die Verurteilten sind dort meistens Männer. Wie im Zeitalter der Hexenverfolgungen in Europa zeigt sich in einigen Ländern der Dritten Welt eine Tendenz der politisch Verantwortlichen, Pogrombewegungen, an deren Eindämmung sie gescheitert sind, zur Erhaltung der eigenen Machtbasis zuzulassen. Eindeutig stimmt in vielen Ländern der Welt heute das Empfinden der Bevölkerung nicht (oder noch nicht) überein mit den aus Europa übernommenen Rechtsnormen.

Der Kampf gegen Hexenverfolgungen ist also nicht zuende, und es besteht kein Grund zur optimistischen Prognose, daß er jemals enden könnte, wenn es stimmt, daß der Glaube an okkulte Wirkungen in der menschlichen Psyche angelegt ist. Wenn Theodor W. Adorno in seinen *Minima Moralia* schrieb, Okkultismus sei „die Metaphysik der dummen Kerle“, so entsprach der Grad seiner moralischen Entrüstung der des heiligen Augustinus, ohne daß er dessen Optimismus über ein bevorstehendes Ende des Aberglaubens noch teilte. Seine Bemerkungen über das Läppische des Geoffenbarten seit den frühen Tagen des Spiritismus, wo „das Jenseits nichts Erheblicheres kundgetan [hat] als Grüße der verstorbenen Großmutter“, ähnelt den Argumenten von Gegnern der Hexenverfolgung aus dem 16. Jahrhundert. Wenn die Hexen so mächtig seien wie behauptet, warum lebten dann die alten Mütterlein in Armut und mühten sich jeden Tag aufs Neue mit schweren Lasten? Warum überhaupt stellten Könige teure Armeen auf, wenn sie mit Zauberei günstiger zum Ziel kommen konnten? Die kleine Saat des Zweifels unterminierte das geschlossene System des Hexenglaubens gründlicher als die Konkurrenz anderer geschlossener Glaubenssysteme. Zur Beendigung der Hexenhinrichtungen führte jedoch die gründliche juristische Kritik des Verfahrens, die kein Ausnahmerecht für angebliche Ausnahmeverbrechen mehr zuließ. Die Hochschätzung des Grundsatzes der Rechtsstaatlichkeit war die wichtige Lehre, die aus der Zeit der Hexenverfolgung gezogen wurde.

V. Verwertung und Vermarktung

Die Angst der Menschen läßt sich in verschiedene Währungen ausmünzen, in die der politischen Macht ebenso wie die des ökonomischen Gewinns. Mit kaum einem anderen Sujet konnte der Teufel so kräftig an die Wand gemalt werden wie mit dem Hexenthema. Mit ihm ließ sich von der Kanzel donnern oder eine Waffe in innenpolitischen Auseinandersetzungen gewinnen. „Moralische Unternehmer" wie der Verfasser des Hexenhammers haben damit den Einfluß ihres Ordens vermehrt, Juristen wie Jean Bodin die Macht des Staates befördert, Verleger wie Nikolaus Basse am kommerziellen Erfolg gearbeitet. Neben den vielen kleinen Heilern und *witchdoctors* profitierten auch professionelle Hexenjäger wie der berüchtigte Matthew Hopkins davon, der in den Wirren des englischen Bürgerkrieges das Machtvakuum nutzte und von Gemeinde zu Gemeinde reiste, um gegen Geld Hexen aufzuspüren. Die politischen Separatisten in Schottland nutzten im 18. Jahrhundert das Hexenthema ebenso wie nativistische Bewegungen im heutigen Afrika.

Die kreative Umprägung der Hexenvorstellung erfolgte in der Romantik, deren Beginn Francisco Goya (1746–1828) nicht umsonst mit seinem berühmten Capriccio *Der Schlaf der Vernunft gebiert Ungeheuer* kommentierte (Abb. 4). Jacob Grimm betrachtete die Hexen als „weise Frauen", Hüterinnen alter Überlieferungen bzw. konkret der germanischen Kultur. Seine nationalistische Mythenkonstruktion stieß im bürgerlichen Zeitalter auf breite Zustimmung und auf herben Spott. So bemerkte der Germanist Moriz Haupt (1808–1874) über das Treiben der Altertumsvereine, es werde bald kein roter Hahn und kein stinkender Bock mehr in der Welt sein, der nicht Gefahr laufe, für einen germanischen Gott erklärt zu werden. Jules Michelet porträtierte die Hexe in *La Sorcière* als „Ärztin des Volkes" und Kämpferin gegen feudale Unterdrückung, welche von einer Verschwörung der Fürsten und Juristen, Theologen und Mediziner gnadenlos verfolgt worden sei, deren Einsatz aber unvergeßlich bleibe, ein Kraftquell des Kampfes gegen Unterdrückung.

Neue Bedeutung gewann das Hexenthema im Kontext des Konflikts zwischen Staat und katholischer Kirche, der nach der Verurteilung des Rationalismus und Liberalismus durch Papst Pius IX. (1792–1878, amt. 1846–1878) im sogenannten *Syllabus* das geistige Klima in einigen europäischen Ländern prägte. Mit der Propagierung der päpstlichen Unfehlbarkeit auf dem 1. Vatikanischen Konzil 1870 gewann das Hexenthema Bedeutung in der Polemik gegen dieses Dogma. Ein Großteil der älteren Forschung entstand im Spannungsfeld dieser Auseinandersetzungen. Selbst der kühle Joseph Hansen betonte: „Die Elemente des Wahns, auf denen [die Hexenverfolgung] sich aufgebaut hat, werden noch heute fast ausnahmslos in den Lehren der geltenden religiösen Systeme weitergeführt. Insofern wohnt also unseren historischen Darlegungen auch ein besonderes aktuelles Interesse bei". Andrew Dickson White (1832–1918), ehemaliger amerikanischer Botschafter in Berlin und Präsident der Cornell University (Ithaca/New York), fügte wegen des Versuchs christlicher Fundamentalisten, die Freiheit der Forschung einzuschränken, einen langen Abschnitt über „Hexenwahn" in seine *History of Warfare of Science with Theology and Christendom* ein.

Eine andere Nutzanwendung des Hexenthemas wurde im Kontext der okkultistischen Bewegung entwickelt, die zum Fin de Siècle vor allem in den großen europäischen Metropolen Paris und London, Wien und Berlin florierte. Die Verbindungen von Theosophie und Spiritismus zu Frühkommunismus, Frauenbewegung, Vegetarismus, Lebensreformbewegung und Antivivisektionsbewegung, aber auch zum Antisemitismus, zeugen von der Unruhe der damaligen Gesellschaft. Unter dem Pseudonym „Aleister Crowley" gründete der Bierbrauerssohn Edward Alexander (1875–1947) einen satanistischen Thelema-Orden, dessen amerikanischem Ableger der Scientology-Erfinder Ron Hubbard angehörte. Mit Gerald B. Gardner (1884–1964) wurde ein anderer Crowley-Jünger zum Stifter einer Hexenreligion auf der Grundlage von Publikationen der Ägyptologin Margaret Alice Murray (1863–1963), die in ihrem *The Witch Cult in Western Europe* die abstruse These von der Fortexistenz eines archaischen Fruchtbarkeitskultes seit der Steinzeit aufgestellt hatte. In hohem Alter verfaßte sie das Vorwort für Gardners *Witchcraft Today*, welches die angeblich immer noch existierende Hexenreligion nach den Murrayschen Vorgaben beschrieb. Gardners „Wicca-Coven" fanden in England Zulauf und verbreiteten sich durch Auswanderer in die USA. Auseinandersetzungen innerhalb dieser Bewegung führten seit den 60er Jahren zu einer Spaltung in verschiedene neopagane und feministische Richtungen.

In Deutschland erlebte die Verwertung des Hexenthemas einen besonders unerfreulichen Sonderweg. Trug eine erste Vermarktung der Hexenverfolgungen in Lemgo 1925 noch den Charakter eines touristischen Ereignisses – mit Vorträgen, Umzug, Ausstellung, Stadtführer und Stadtführungen – so verwandelte der Popagandist Alfred Rosenberg dies im Kontext des NS-Kirchenkampfes zur Attraktion mit politischer Nutzanwendung. 1933 wurde für die Offenburger „Fasnet" die Hexenfigur erfunden und als Paradeobjekt des NS-Kulturbetriebs weiterentwickelt. Im Kontext des NS-Folklorismus entstanden an vielen Orten in Deutschland „Hexengruppen", die im Karneval oder zu politischen Anlässen tätig wurden, etwa um als „cheer-leader" der NS-Bewegung Parteiprominenz mit germanischen „Hexentänzen" zu empfangen. Die politische Nutzanwendung wurde von Autorinnen wie Mathilde Ludendorff (1877–1966), selbst Führerin einer neopaganen Bewegung, geliefert. In ihrem Pamphlet *Christliche Grausamkeit an Deutschen Frauen* schrieb sie, Christen hätten den „Hexenwahn gelehrt, Hexenverfolgung zur religiösen Pflicht erhoben, und zu diesem Verbrechen an den Frauen" angereizt. Ergebnis waren jene „grauenvollen Folterungen und Verbrennungen der neun Millionen ‚Hexen' ..., die die Christen auf dem Gewissen haben". Wie die „Sowjetgreuel" für den Marxismus sei die Hexenverfolgung „Gradmesser für den Wert der Lehren, auf die sie sich gründen".

Zur Radikalisierung dieser Argumentation kam es im Milieu des völkischen Feminismus. Friederike Müller-Reimerdes vertrat in ihrer Abhandlung *Der christliche Hexenwahn. Gedanken zum religiösen Freiheitskampf der deutschen Frau*, einem „Kampfruf für jede nordisch-bewußte Frau", 1935 die Ansicht, „jüdische Denkart, liberalistische Entwurzelung und art- und rassefremde Seelen- und Geistesgesetze der christlichen Priester- und Dogmenkirche" hätten „der deutschen Frauenwürde die tiefsten und blutigsten Wunden" geschlagen. Antiklerikalismus, Feminismus und Rassismus verbinden sich bei Müller-Reimerdes, wenn sie doziert, die „rassewidrige Weltanschauung" des Christentums habe zur „Entartung deutschen Mannestums" geführt, das sein „artgemäßes Heldentum, das einst nur gleichwertige Frauen ertragen konnte, mit orientalischem Mannestum vertauscht hat". Tausend Jahre lang hätten deutsche Frauen „unter einer nur vom Manne geformten, unwürdigen Stellung im Volksleben [ge]litten", systematisch habe die Kirche „blonde Frauen und Mütter, die Trägerinnen nordischen Rasseerbguts" auszurotten versucht. Männer seien nur hingerichtet worden, „um der Frauenausrottung den Mantel ‚fachlich-sachlicher' Begründung zu leihen und sie dadurch den christlichen Völkern gleichsam ‚mundgerecht' zu machen". Gegenüber der christlichen Kirche, „diesem konsequentesten Männerkollektiv", solle das feierliche Gelübde stehen: „Ich werde ein Rächer meiner gemarterten Schwestern werden!"

Der Aufschwung des neuen Feminismus, der seit Mitte der 70er Jahre unter dem Motto „die Hexen sind zurückgekehrt" auch in Westeuropa zu Frauendemonstrationen in der Nacht zum 1. Mai geführt hat, hat die historischen Hexen unter dem Aspekt der „Wiedergewinnung weiblicher Macht und Spiritualität" populär gemacht. Aus Amerika kam es dabei zum Vergleich der Hexenverfolgung mit dem Holocaust. Während dessen Überlebende mit Vergleichen zurückhaltend blieben, stellte Mary Daly in ihrem Buch *Gyn/Ecology* die provokante These auf, „daß Frauen mehr gelitten hätten als alle Opfer von Rassismus und Völkermord". Die Botschaft, die Hexenverfolgung sei in Wirklichkeit ein „Gynozid“ gewesen, der den Holocaust an den europäischen Juden weit in den Schatten stelle, wurde an der Schnittstelle von esoterischem Neopaganismus und Feminismus geboren, wo nicht geforscht, sondern gefühlt und geglaubt wird. Dalys Übersetzerin Erika Wisselinck zitierte 1986 in ihrer Publikation *Hexen. Warum wir so wenig von ihrer Geschichte erfahren und was davon auch noch falsch ist. Analyse einer Verdrängung* sogar Mathilde Ludendorff als Autorität. Neuer Feminismus, völkische Frauenbewegung und nationalsozialistischer Neopaganismus reichen sich hier die Hand. Anja Malanowski und Anne-Bärbel Köhle klagen in ihrem Buch *Hexenkraft:* „Problematisch wird es allerdings, wenn neonazistische Glatzköpfe und spirituelle Frauen dieselben Steilhänge hinaufschwitzen, um dort ihre Sonnwendfeier zu begehen. Denn unglücklicherweise ziehen die Kraftplätze Schwarzmagier wie weise Frauen an, üben eine allumfassende Faszination aus. Und einige Hexencoven beziehen sich auf dieselben historischen Wurzeln wie Nazis: die (magische) Macht der Germanen“. In der amerikanischen New-Age-Bewegung hat diese Verbindung erhebliche Irritationen ausgelöst, seitdem die feministische Katholikin Rosemary Ruether die Geschichtsklitterungen der New Yorker „Hexe“ Miriam Simos alias „Starhawk“ einer fundamentalen Kritik unterzogen hatte, wie aus dem New Yorker Sammelband *Magical Religion and Modern Witchcraft* erkennbar wird.

Die Gruppierungen der „neuen Hexen“, deren Anhängerschaft in den USA auf 250 000 geschätzt werden, können ohne historische Legitimation leben, da sich ihre Selbststigmatisierung auf einen Archetypus bezieht, der ihre Dissidenz gegenüber westlicher Religion und Wissenschaft gleichermaßen adäquat zu symbolisieren scheint. Soziologische Untersuchungen über die „neuen Hexen“ in den USA zeigen, daß hier sinnsuchende Mittelständler überwiegen, bei überproportionalem Frauenanteil mit nord- und westeuropäischer Herkunft. Als Kontaktmedien dienen nach einem Überblick von Shelley Rabinovitch aus dem Jahr 1996 persönliche Gespräche in Bioläden, Vegetariervereinigungen, Frauengruppen und Ökozirkeln, daneben entsprechende Zeitschriften und ganz allgemein die esoterische Literatur. Während der vergangenen zehn Jahre wurden mehr Bücher über Geheimkulte und Hexen geschrieben und verkauft als in Jahrhunderten vorher, so daß jeder Interessierte sich sein Set an Ritualen selbst zusammenbasteln kann. Es mag sein, daß solche Bewegungen kompensatorische Funktion besitzen und einsame und unsichere Menschen anziehen, wie Inge Schöck schreibt, doch stellt sich die Frage nach der Signifikanz einer solchen Aussage, wenn man gleiches über die Besucher von Kirchen, Popkonzerten oder Parteiveranstaltungen behaupten kann. Es scheint weniger kennzeichnend für das Esoterikmilieu zu sein, als für eine Gesellschaft, in welcher viele Individualisten wenigstens in der Freizeit von Dogmen verschont sein wollen, traditionelle Institutionen die Bedürfnisse religiös interessierter Menschen nicht mehr befriedigen können und an Bindekraft verlieren.

Der Soziologe Nachman Ben-Yehuda hat darauf hingewiesen, daß das okkultistische Revival wesentlich ein Medienereignis ist. Der Aberglaube auf schmuddeligen Jahrmärkten und in den Anzeigenspalten tritt in den Hintergrund gegenüber gutbürgerlichen New-Age-Seminaren und der Scheinwelt der Talkshows. Die Astrologie ist zum Millionengeschäft geworden, die amerikanischen Filmindustrie setzt mit nichtkirchlicher Metaphysik Milliarden um. Auch wenn die Unterhaltungsfunktion bei diesem „Potpourri des Gefälligen" im Vordergrund steht, läßt sich der Glaube an das Übernatürliche nicht in eine Funktion der postmodernen Spaßkultur auflösen. Angesichts der seit Jahren boomenden Esoterikmessen, deren bisherige Spitze ein „Welt-Hexen-Kongreß" 1975 in Bogota bildete, kann gesagt werden: Die Zahl der Gläubigen wächst, die Heilserwartung abseits der traditionellen Kirchen ist groß, der Vorrat an Ideen hingegen begrenzt. Die Wiederkehr bekannter Vorstellungen in neuer Kombination und wechselnder Akzentuierung, auch immer glanzvollerer Verpackung, kennzeichnet den magischen Markt. Exotische Volksmedizin wird von der Esoterik-Industrie benutzt, um den Hexenbegriff positiv aufzuladen und von der dämonologischen Interpretation zu lösen. Das Phänomen des Schamanismus hat dabei eine Leitfunktion übertragen bekommen, was neben zahlreichen Schwindlern auch einigen religiösen Spezialisten der Dritten Welt ein Auskommen sichert.

Das öffentliche Interesse an den Hexen führte seit den 80er Jahren zu einer neuen Breite der Vermarktung. Die Landesausstellungen im Saarland und in der Steiermark im Hexenhammer-Gedenkjahr 1987 wurden von einem ausgreifenden *Hexenfolklorismus* umlagert. Konsumartikel (Hexenkräutertees, Hexenliköre, das überbackene Sandwich „heiße Hexe" einer Kioskkette, etc.) wurden kreiert, Lieder komponiert, Theaterstücke geschrieben, Hexendenkmäler errichtet, Tourismuskonzepte erarbeitet, etwa für die Region um den Blocksberg im Harz. Dem Hexentourismus folgte die Souvenirindustrie mit Kinderspielzeug, Schlüsselanhängern, Autoaufklebern und Hexenpuppen. Während sich die Verhexungsangst in einem traditionellen Segment der Gesellschaft fortpflanzt und sich die Kirchen nur zögernd von ihrem dämonologischen Traditionsballast trennen, betonen Science Fiction und Fantasy die märchenhaften und positiven Aspekte der Hexenvorstellung und des Okkulten. Konstrukteurinnen feministischer Feenwelten wie Marion Zimmer Bradley sind heute international bekannter als Jacob Grimm. Kinderbücher wie *Die kleine Hexe* kombinieren das rebellische Potential der Kindheit mit Omnipotenzphantasien. Eine bekennende Hexe läuft nach einem Bonmot von Marcello Truzzi nicht mehr Gefahr, auf dem Scheiterhaufen zu landen, sondern zu einer Party eingeladen zu werden. Wegen derartiger Eskapismen schon von einer *Wiederverzauberung der Welt* zu sprechen, wäre aber übertrieben.

VI. Epilog

Bekanntlich hat ein Zweig der Esoteriker, der den Hexenbegriff nicht für sich reklamiert, am meisten mit den Visionen der alten Hexen gemeinsam, nämlich die Gemeinde der Ufo-Gläubigen, die davon träumt, Außerirdischen mit übersinnlichen Fähigkeiten begegnet, von ihnen durch die Lüfte entführt und sexuell benutzt worden zu sein. Die Entrückten, von deren Jenseitskontakten Operationsnarben als Stigmata künden sollen, glauben, nach der Rückkehr mehr zu wissen als andere Sterbliche. Ohne Zwang entwickeln sie Vorstellungen von Entrückungen, für die in unserer Gesellschaft eigentlich kein Bedarf besteht. Dies verweist ebenso wie Berichte über Nahtoderlebnisse darauf, daß selbst die spektakulärsten Bestandteile der Hexenvorstellung zwar nicht vernünftig, aber doch in der menschlichen Natur angelegt sind.

Die Suche nach den Träumen der Hexen würde demnach letztlich in den Grenzbereich zwischen Physiologie und Psychologie führen, den zerebralen Raum, in welchem physikalische Reize in jene Empfindungen und Bilder übersetzt werden, deren Deutung in traditionellen Kulturen die Aufgabe religiöser Spezialisten gewesen ist. Mittelalterliche Theologen waren nicht auf Dauer erfolgreich mit ihrem Versuch, den Hexenglauben in das Reich der Träume zu bannen. Hexen personifizierten für große Teile der europäischen Bevölkerung eine Bedrohung durch feindliche Mächte, welche das Individuum und sein soziales Umfeld, mitunter auch ganze Gemeinschaften in ihrer materiellen oder metaphysischen Existenz zu bedrohen schienen, nicht viel anders, als wir dies in außereuropäischen Gesellschaften finden können. Wo an Hexen geglaubt wird, kann es auch heute noch zu (illegalen) Hexenhinrichtungen kommen. Hexenverfolgungen waren und sind der Versuch, jenseits von Kirche und Staat in Selbsthilfe „das Böse" zu bekämpfen.

Die Brisanz der historischen Hexenverfolgungen in Europa liegt darin, daß sich Vertreter der Kirche oder des Staates an die Spitze der populären Pogrombewegungen stellten. Dies war allerdings nur für einen begrenzten Zeitraum und einzelne Gebiete der Fall, eine generelle und langdauernde Verfolgung hat es nie gegeben, und den europäischen Hexenverfolgungen fielen weniger Menschen zum Opfer als gemeinhin angenommen. Hexenverfolgungen in anderen Teilen der Welt, darunter im heutigen Afrika, sind qualitativ und quantitativ mit den europäischen vergleichbar. Jede Parallelisierung mit den systematischen Vernichtungsprogrammen der NS-Zeit ist unhaltbar. Die Opferzahl ist kein Maßstab für die Bedeutung der Thematik. Gesellschaften ohne Hexenhinrichtungen können durchdrungen sein von Verhexungsängsten und den dadurch in Kraft gesetzten sozialen Mechanismen. In ihrem Fluchtpunkt liegt die Gewaltanwendung, wenn keine gesellschaftlichen Gegengewichte bestehen, akzeptable soziale und wirtschaftliche Verhältnisse sowie intakte juristische und politische Ordnungsmechanismen.

Die Verschiedenheit der angstbesetzten Hexenbilder verweist auf ihren Charakter als Konstrukt, das nach einem Diktum der Anthropologin Monica Wilson einen der Schlüssel zum Verständnis einer Gesellschaft liefert. Die Ambivalenz der alteuropäischen Hexenvorstellung erfuhr ihr Echo in der Rezeption. Die Hexe konnte zum Symbol der Frauenbewegung werden, weil sie seit der Zeit der Romantik zum Gegenbild der patriarchalischen Gesellschaft stilisiert worden ist. Die Erfindung dieser Tradition fußt auf der Tatsache, daß Frauen von den europäischen Hexenverfolgungen weit überdurchschnittlich betroffen waren. Führende Gegner der Verfolgungen in Europa haben daher ganz gezielt den Schutz der Frauen in den Vordergrund gestellt, darunter – um noch ein Klischee zu widerlegen – im Zölibat lebende Ordenstheologen wie Friedrich Spee. Ihr Konstrukt des unschuldigen Opfers entfernte sich weit von der Realität jener Personen, die tatsächlich mit Magie umgingen. Nicht nur in der Gesellschaft, sondern auch in der Wissenschaft hat sich lange die Doppelung des Themas gehalten. Viele Forscher interessierten sich für die Verfolgung Unschuldiger in den Hexenprozessen, andere hingegen gerade für die angeblich nicht existierenden Hexen, deren soziale Stellung, ihre magische Praktiken und ihre heterodoxen religiösen Vorstellungen.

Hexerei ist ein Menschheitsthema, liefert sie doch eine Erklärung für das Unglück in der Welt und eröffnet die Hoffnung auf eine aktive Beinflussung des Schicksals jenseits der Gesetze der Natur. Indem wir uns damit beschäftigen, erfahren wir viel über kollektive und individuelle Sorgen und Hoffnungen, Deutungsmuster und Verhaltensformen. Mehr als in normativen Quellen und selbst in Autobiographien oder Briefwechseln treten uns in den Protokollen der Hexenprozesse Menschen plastisch vor Augen und führen uns ein in die konkreten Probleme ihrer Zeit. Mit ihrer Analyse gewinnen wir Einblicke in das Alltagsleben, den zeitgenössischen Umgang mit der Natur oder das Verhältnis zwischen den Geschlechtern, über Probleme der Wahrnehmung und der Wahrheitsfindung vor Gericht, über kulturelle Barrieren zwischen einfacher Bevölkerung und gebildeter Oberschicht, über die Dynamik von Stereotypenbildungen, insbesondere in gesellschaftlichen Krisenzeiten, über die Fragilität naturwissenschaftlicher Hypothesen, sowie die Gefährlichkeit von Fanatikern in Politik, Wissenschaft, Justiz oder auch nur in der Nachbarschaft.

Mit traditionellen medizinischen oder psychologischen Argumenten konnte der „Hexenwahn“ nie ganz abgestellt werden, da die Doktrin von der realen Macht eines personalen Teufels jede vernünftige Argumentation außer Kraft zu setzen imstande war. Wie zentral das Hexenthema für die europäische Kultur war, kann man daran sehen, daß sie als einzige eine rationalistische Philosophie entwickelt hat, welche nur noch mechanische Kräfte als wirkkräftig anerkannte, den allmächtigen Gott in Naturgesetze und mathematische Gleichungen verbannte, übernatürliche Eingriffe in den Lauf der Welt bestritt und damit der Macht des Teufels und der Magie jegliche theoretische Basis entzog. Die Fortschrittsphilosophie im Zusammenspiel mit tatsächlichen sozialen Verbesserungen, dem Sieg über den Hunger und die epidemischen Krankheiten, war bisher der gelungenste Versuch, Hexenverfolgungen zu verhindern. Erst das Verschwinden der alten Schrecken ermöglichte die Erfindung neuer Mythen.

Abb. 4: Francisco Goya, *Der Schlaf der Vernunft gebiert Ungeheuer, Capricho von 1797.*

Anhang

Literatur

Quelleneditionen

Wolfgang Behringer (Hg.), Hexen und Hexenprozesse in Deutschland, München 1988. 4., aktualisierte Aufl. München 2000.

Joseph Hansen (Hg.), Quellen und Untersuchungen zur Geschichte des Hexenwahns und der Hexenverfolgung im Mittelalter, Bonn 1901. Neudruck Hildesheim 1963.

Alan C. Kors/Edward Peters (Hg.), Witchcraft in Europe, 1100–1700. A Documentary History, Philadelphia 1972. – 10. Aufl. 1992.

Georg Luck, Magie und andere Geheimlehren der Antike. Mit 112 neu übersetzten und einzeln kommentierten Quellentexten, München 1990.

Sammelwerke

Ray Abrahams (Hg.), Witchcraft in contemporary Tanzania, Cambridge 1994.

Bengt Ankarloo/Gustav Henningsen (Hg.), Early Modern European Witchcraft. Centres and Peripheries, Oxford 1990.

Hans Bächtold-Stäubli (Hg.), Handwörterbuch des deutschen Aberglaubens, 10 Bde., 1927–1942. Reprint München 1986.

Dieter R. Bauer/Wolfgang Behringer (Hg.), Fliegen und Schweben. Annäherung an eine menschliche Sensation, München 1997.

Nachman Ben-Yehuda (Hg.), Deviance and Moral Boundaries. Witchcraft, the Occult, Science Fiction, Deviant Sciences and Scientists, Chicago 1985.

Andreas Blauert (Hg.), Ketzer, Zauberer, Hexen. Die Anfänge der europäischen Hexenverfolgungen, Frankfurt/M. 1990.

Thomas A. Brady/Heiko A. Oberman/James D. Tracy (Hg.), Handbook of European History 1400–1600. Late Middle Ages, Renaissance and Reformation, 2 Bde., Leiden 1994.

Jeremy Cohen (Hg.), From Witness to Witchcraft. Jews and Judaism in Medieval Christan Thought, Wiesbaden 1996.

Mary Douglas (Hg.) Witchcraft. Confessions and Accusations, London 1970.

Gunther Franz/Franz Irsigler (Hg.), Hexenglaube und Hexenprozesse im Raum Rhein-Mosel Saar, Trier 1995.

Gustav Henningsen/John Tedeschi (Hg.), The Inquisition in Early Modern Europe. Studies on Sources and Methods, Dekalb 1986.

Walter Hirschberg (Hg.), Neues Wörterbuch der Völkerkunde, Berlin 1988.

Mihály Hoppál (Hg.), Shamanism in Eurasia, Göttingen 1984.
Ari Kiev (Hg.), Magic, Faith and Healing. Studies in Primitive Psychiatry, London 1964. 2. Aufl. London 1996.
Gábor Klaniczay/Eva Pócs (Hg.), Witch-Beliefs and Witch-Hunting in Central and Eastern Europe, Budapest 1994.
Hartmut Lehmann/Otto Ulbricht (Hg.), Vom Unfug des Hexen-Processes. Gegner der Hexenverfolgung von Johann Weyer bis Friedrich Spee, Wiesbaden 1992.
James R. Lewis (Hg.), Magical Religion and Modern Witchcraft, New York 1996.
Shirley S. Lindenbaum/Mary Zelienetz (Hg.), Sorcery and Social Change in Melanesia, Adelaide 1981.
Sönke Lorenz (Hg.), Hexen und Hexenverfolgung im deutschen Südwesten. Katalog der Ausstellung, Ostfildern 1994.
Sönke Lorenz/Dieter R. Bauer (Hg.), Das Ende der Hexenverfolgung [= Hexenforschung 1], Stuttgart 1995.
Bronislaw Malinowski (Hg.), Magic, Science and Religion, 1925; Magie, Wissenschaft und Religion, Frankfurt/Main 1973.
Max Marwick (Hg.), Witchcraft and Sorcery. Selected Readings, London/New York 1970. 2. Auflage 1982. Reprint 1990.
John Middleton/E. H. Winter, (Hg.), Witchcraft and Sorcery in East Africa, London 1963.
Robert Muchembled (Hg.), Magie et sorcellerie en Europe du Moyen Age à nos jours, Paris 1994.
Peter Segl (Hg.), Der Hexenhammer. Entstehung und Umfeld des Malleus maleficarum von 1487, Köln/Berlin 1988.
Alfred Soman (Hg.), Sorcellerie et Justice Criminelle (16e–18e siècles), Hampshire 1992.
Helfried Valentinitsch (Hg.), Hexen und Zauberer, Graz 1987.
Deward E. Walker (Hg.), Witchcraft and Sorcery of the American Native Peoples, Moscow/Idaho 1989.
C. W. Watson/Roy Ellen (Hg.), Understanding Witchcraft and Sorcery in Southeast Asia, Honolulu 1993.
Erich Zöllner (Hg.), Wellen der Verfolgung in der österreichischen Geschichte, Wien 1986.

Untersuchungen

Wolfgang Behringer, Hexenverfolgung in Bayern. Volksmagie, Glaubenseifer und Staatsräson in der frühen Neuzeit, München 1987. – 3., um ein Nachwort erweiterte Auflage 1997.
Elisabeth Biesel, Hexenjustiz, Volksmagie und soziale Konflikte im lothringischen Raum, Trier 1997.
Andreas Blauert, Frühe Hexenverfolgungen. Ketzer-, Zauberei- und Hexenprozesse des 15. Jahrhunderts, Hamburg 1989.

Ian Bostridge, Witchcraft and its Transformations, ca. 1650–ca. 1750, Oxford 1997.
Robin Briggs, Witches and Neighbours. The Social and Cultural Context of European Witchcraft, London 1996.
Fritz Byloff, Hexenglaube und Hexenverfolgung in den österreichischen Alpenländern, Berlin/Leipzig 1934.
Massimo Centini, Streghe, roghi e diavoli. I Processi di stregoneria in Piemonte, Cuneo 1995.
Stuart Clark, Thinking with Demons. The Idea of Witchcraft in Early Modern Europe, Oxford 1996.
Norman Cohn, Europe's Inner Demons: An Enquiry inspired by the Great Witch-Hunt, London 1975.
Rainer Decker, Die Hexen und ihre Henker. Ein Fallbericht, Freiburg/Br. 1994.
Peter Dinzelbacher, Heilige oder Hexen. Schicksale auffälliger Frauen in Mittelalter und Frühneuzeit, Zürich 1995.
Mary Douglas, Natural Symbols. Explorations in Cosmology, London 1973. – Ritual, Tabu und Körpersymbolik, Frankfurt/M. 1973.
Hans Peter Duerr, Traumzeit, Frankfurt/M. 1978.
Kai T. Erikson, Wayward Puritans, New York 1966.- Die Widerspenstigen Puritaner. Zur Soziologie abweichenden Verhaltens, Stuttgart 1978.
Edgar Evan Evans-Pritchard, Witchcraft, Oracles and Magic among the Azande, Oxford 1937. – Hexerei, Orakel und Magie bei den Zande, Frankfurt/Main 1978.
Jeanne Favret-Saada, Les mots, la mort, les sorts, 1977. – Die Wörter, der Zauber, der Tod. Der Hexenglauben im Hainland von Westfrankreich, Frankfurt 1981.
Gloria Flaherty, Shamanism and the Eighteenth Century, Princeton/New Jersey 1992.
Valerie I. J. Flint, The Rise of Magic in Early Medieval Europe, Oxford 1991.
Marie Theres Fögen, Die Enteignung der Wahrsager. Studien zum kaiserlichen Wissensmonopol in der Spätantike, Frankfurt/Main 1997.
Reo F. Fortune, Sorcerers of Dobu, London 1932.
Sigmund Freud, Das Unheimliche, Wien 1919.
Carlo Ginzburg, I Benandanti, Turin 1966.
Carlo Ginzburg, Storia notturna. Una decifrazione del Saba, Turin 1989. – Hexensabbat, Berlin 1990.
Joseph Hansen, Zauberwahn, Inquisition und Hexenprozeß im Mittelalter und die Entstehung der großen Hexenverfolgung, München 1900.
Dieter Harmening, Superstitio, Berlin 1979.
Gustav Henningsen, The Witches' Advocate. Basque Witchcraft and the Spanish Inquisition (1609–1614), Reno/Nevada 1980.
Günther Jerouschek, Die Hexen und ihr Prozeß. Die Hexenverfolgung in der Reichsstadt Esslingen, Sigmaringen 1992.

Sohaila Kapur, Witchcraft in Western India, Hyderabad 1983.
Richard Kieckhefer, European Witch-Trials. Their Foundation in Popular and Learned Culture, 1300–1500, London 1976.
Gábor Klaniczay, Heilige, Hexen, Vampire. Vom Nutzen des Übernatürlichen, Berlin 1991.
Clyde Kluckhohn, Navaho Witchcraft, Boston 1944.
Philip A. Kuhn, Soulstealers. The Chinese Sorcery Scare of 1768, Cambridge/Mass. 1990.
Eva Labouvie, Zauberei und Hexenwerk. Ländlicher Aberglaube in der frühen Neuzeit, Frankfurt/M. 1991.
Karen Lambrecht, Hexenverfolgung und Zaubereiprozesse in den schlesischen Territorien, Köln 1995.
Christina Larner, Enemies of God. The Witch-Hunt in Scotland, London 1981.
Henry Charles Lea, Materials Toward a History of Witchcraft, 3 Bde., Philadelphia 1939. Reprint New York 1957.
Brian P. Levack, The Witch-Hunt in Early Modern Europe, London/New York 1987. – 2. Auf. 1993.- Hexenjagd, München 1995.
Claude Lévi-Strauss, Anthropologie Structurale, Paris 1958. – Strukturale Anthropologie. Aus dem Frz. v. Hans Naumann, Frankfurt/Main 1971.
Ioan M. Lewis, Ecstatic Religion. A study of shamanism and spirit possession, 2. Aufl. London 1989.
Rolf-Michael Lüking, Vom Unwesen der Magie. Annäherung an das Fremde über den sogenannten Todeszauber im Südwestpazifik, Münster/Hamburg 1993.
William Madsen/Claudia Madsen, A Guide to Mexican Witchcraft. With a Commentary by Gonzalo Aguire Beltrán, Mexico City 10. Auflage 1992.
Bronislaw Malinowski, Argonauts of the Western Pacific, 1922. – Argonauten des westlichen Pazifik, Frankfurt/M. 1979.
Ernesto de Martino, Sud e Magia, Mailand 1959.
Philipp Mayer, Witches, Grahamstown 1954.
Erik Midelfort, Witch-Hunting in South-Western Germany, 1582–1684. Social and Intellectual Foundations, Stanford/Calif. 1972.
William Monter, Ritual, Myth and Magic in Early Modern Europe, Brighton 1983.
Robert Muchembled, Le roi et la sorcière. L'Europe des buchers XVe-XVIIIe siècle, Paris 1993.
Tamara Multhaupt, Hexerei und Antihexerei in Afrika, München 1989.
Luisa Muraro, La Signora del gioco. Episodi della caccia alle streghe, Mailand 1976.
Martine Ostorero / Agostino Paravicini Bagliani / Kathrin Utz Tremp / Catherine Chène (Hgs.), L'Imaginaire du Sabbat. Edition critique des textes les plus anciens, Lausanne 1999.

P. Parin/F. Morgenthaler/G. Parin-Matthey, Fürchte deinen Nächsten wie dich selbst. Psychoanalyse und Gesellschaft am Modell der Agni in Westafrika, Frankfurt 1971.
Geoffrey Parrinder, Witchcraft. European and African, London 1958.
Christian Pfister, Klimageschichte der Schweiz, Bern 1988.
Joska Pintschovius, Zur Hölle mit den Hexen. Abschied von den weisen Frauen, Berlin 1991.
Herbert Pohl, Hexenglaube und Hexenverfolgung im Kurfürstentum Mainz, Wiesbaden 1988.
Vladimir Propp, Die historischen Wurzeln des Zaubermärchens, München/Wien 1987 [EA Leningrad 1946].
Diane Purkiss, The Witch in History, London 1996.
Lyndal Roper, Oedipus and the Devil, London/New York 1994. – Ödipus und der Teufel, Frankfurt/Main 1995.
Walter Rummel, Bauern, Herren und Hexen. Studien zur Sozialgeschichte sponheimischer und kurtrierischer Hexenprozesse, 1574–1664, Göttingen 1991.
Inge Schöck, Hexenglaube in der Gegenwart. Empirische Untersuchungen in Südwestdeutschland, Tübingen 1978.
Michael Schönhuth, Das Einsetzen der Nacht in das Recht des Tages. Hexerei im symbolischen Kontext afrikanischer und europäischer Weltbilder, Münster/Hamburg 1992.
Gerhard Schormann, Der Krieg gegen die Hexen. Das Ausrottungsprogramm des Kurfürsten von Köln, Göttingen 1991.
Hans Sebald, Witch-Children, New York 1995. – Hexenkinder. Das Märchen von der kindlichen Aufrichtigkeit, Frankfurt/M. 1996.
James Sharpe, Instruments of Darkness. Witchcraft in England 1550–1750, London 1997.
Sergej Michailowitsch Shirokogoroff, Psychomental Complex of the Tungus, Schanghai/London 1935.
M. Stephen, Sorcerer and Witch in Melanesia, Melbourne 1987.
Joachim Sterly, Kumo. Hexer und Hexen in Neu-Guinea, München 1987.
Keith Thomas, Religion and the Decline of Magic. Studies in Popular Beliefs in Sixteenth and Seventeenth Century England, London 1971.
Lynn Thorndike, History of Magic and Experimental Science, 8 Vols., New York 1923–1958.
Manfred Tschaikner, ‚Damit das Böse ausgerottet werde'. Hexenverfolgungen in Vorarlberg im 16. und 17. Jahrhundert, Bregenz 1992.
Hans de Waardt, Toverij en Samenleving. Holland 1500–1800, Rotterdam 1991.
Rainer Walz, Hexenglaube und Magische Kommunikation im Dorf der frühen Neuzeit. Die Verfolgungen in der Grafschaft Lippe, Paderborn 1993.
Harald Wiesendanger, In Teufels Küche. Jugendokkultismus: Gründe, Folgen, Hilfe, Düsseldorf 1992. – Frankfurt/M. 1995.

Zeittafel

358	Kaiser Constantius II. verbietet jede Magie
426	Augustinus *De civitate Dei*
500 ca.	Aberglaubenskatalog des Caesarius von Arles
534	*Codex Justinianus*
580 ca.	Hexenverbrennungen der Königin Fredegunde in Paris
820 ca.	Predigten des Bischofs Agobard von Lyon
906	Regino von Prüm *Canon Episcopi*
1010 ca.	*Decretum* des Bischofs Burchard von Worms
1080	Papst Gregor VII. ermahnt Dänenkönig wegen Hexenjagden
1100	König Coloman von Ungarn bestreitet Strigenglauben
1215	Beschluß des IV. Laterankonzils zur Ketzerverfolgung
1266–1273	Thomas von Aquin *Summa theologiae*
1296	Verbrennung zweier Strigen in Südtirol
1324	Bernard Gui *Practica Inquisitionis haereticae pravitatis*
1348–1350	Pestepidemien, anschließend Judenpogrome
1376	Nicolas Eymerich *Directorium Inquisitorum*
1384	Mailänder Inquisitionsprozeß wegen la Signora del Gioco
1386	Großfürst Jagiello von Litauen und Polen wird Christ
1388	Waldenser / Zaubereiprozesse in Pinerolo/Piemont
1409	Papstdekret erwähnt *novas sectas*
1419	Begriff *Hexerey* in einem Luzerner Strafprozeß genannt
1428 ca.	Erste massive Hexenverfolgungen (Savoyen, Dauphiné)
1431	Johann Fründ berichtet von neuer Sekte der *Hexssen*
1431–1449	Konzil von Basel
1435 ca.	*Errores Gazariorum*: Traktat über das neue Verbrechen
1440	Papst Eugen IV.: *stregule* und *Waudenses* in Savoyen
1450	Hexenflüge als Thema von Kirchenmalereien
1457	Predigten des Nikolaus Cusanus
1459	Prozeß wegen *Vauderie* in Arras
1474	Heinrich Kramer/Institoris wird Inquisitor
1480–1525	Zeit endemischer Hexenverfolgungen in Westeuropa
1484	Innozenz VIII. Bulle *Summis desiderantes affectibus*
1485	Scheiternde Hexenverfolgung in Innsbruck
1486	Heinrich Kramer *Malleus Maleficarum* (Hexenhammer)
1489	Ulrich Molitor *De laniis et pythonicis mulieribus*
1493	Hexenflüge als Thema von Holzschnitten
1505–1520	Massive Kritik der Hexenverfolgungen in Italien
1505	Samuel Cassinis *De lamiis, quas strigas vocant*
1515	Andrea Alciati kritisiert „nova holocausta“
1519	Agrippa von Nettesheim verteidigt „Hexe“ in Metz
1520–1560	Rückgang der Hexenverfolgungen
1526	Spanische Inquisition gegen Hexenhinrichtungen

1532	*Constitutio Criminalis Carolina*
1540	Verbrennung des Kaziken Chichimecatecuhtli in Texcoco
1540	Hexenhinrichtungen in Luthers Wittenberg
1543	Hexenpanik in Dänemark
1545	Hexenhinrichtung in Calvins Genf
1560–1660	Klimaverschlechterung („Kleine Eiszeit")
1562	Neubeginn von Hexenverfolgungen
1562–1565	Kontroverse um die Möglichkeit des Wetterzaubers
1563	Johann Weyer *De praestigiis daemonum*
1563	Hexereigesetzgebung in England und Schottland
1570	Große Hungerkrise, Hexenverfolgungswelle
1570–1630	Hexenverfolgungen in Mecklenburg
1572	Hexereigesetzgebung in Kursachsen
1572	Lambert Daneau *Les Sorciers*
1580–1620	Hexenjagden im Wallis, in Lothringen und Kurtrier
1580–1630	Hexenverfolgungen in Luxemburg
1580	Jean Bodin *De daemonomania magorum*
1586	*Theatrum de Veneficis*
1587	Hexenkrise in Frankreich / Parlement de Paris reagiert
1587	*Historia von D. Johann Fausten*
1589	Peter Binsfeld *De confessionibus maleficorum et sagarum*
1590	Hexenverfolgungen in Süddeutschland, Westfalen, Schottland
1592	Cornelius Loos *De vera et falsa magia* / Revokation
1595	Nicolas Rémy *Daemonolatria*
1598	James VI. von Schottland *Daemonologie*
1598–1601	Hexenverfolgungen in den Spanischen Niederlanden
1600	Martin Delrio *Disquisitionum magicarum libri sex*
1600–1604	Prinzipienstreit in München
1600	Hexenjagd in Burgund
1602	Henri Boguet *Discours de Sorciers*
1603	Ende der Hexenverbrennungen in den Generalstaaten
1607–1618	Hexenjagd in der Fürstprostei Ellwangen
1608	Fancesco Maria Guazzo *Compendium Maleficarum*
1609	Hexenjagd im französischen Baskenland
1610	Gutachten des Inquisitors Alonso Salazar Frías
1611/12	Hexengesetzgebung in Bayern
1612	Pierre de Lancre *Tableau de l'inconstance*
1616–1618	Hexenjagden in den Hochstiften Mainz, Bamberg, Würzburg
1626	Jahrtausendkälte Ende Mai: Fröste vernichten Ernte
1626–1630	Höhepunkt der Hexenjagden in Deutschland
1628	Hochstift Bamberg verbrennt Kanzler Dr. Georg Haan
1628	Cornelius Pleier *Malleus Judicum*
1631	Friedrich Spee *Cautio Criminalis*
1645	Hexenpanik im England der Bürgerkriegszeit

1652–1660	Die „Groos Häxatöödi“ im Prättigau/Graubünden
1660	Thomas Hobbes *Leviathan*
1661–1662	Hexenpanik in Schottland
1668–1676	Hexenpanik in Schweden
1669	Letzter Nachdruck des Hexenhammers
1669	John Wagstaffe *The Question of Witchcraft Debated*
1677–1680	Zauberer-Jackl-Prozeß im Erzstift Salzburg
1677–1680	Hexenpanik in der Grafschaft Vaduz
1692	Hexenpanik in Salem/Massachussetts
1693	Balthasar Bekker *De Betoverde Wereld*
1701	Christian Thomasius *De crimine magiae*
1710–1730	Höhepunkt der Hexenverfolgungen in Ungarn
1727	Letzte Hexenhinrichtung in Schottland
1736	Aufhebung der Hexereigesetzgebung in England
1743	Zaubereiprozesse in Dijon und Lyon
1749	Hexenhinrichtung in Würzburg / Hexenpredigt Pater Gaars
1750	Scipio Maffei *Arte Magica Destrutta*
1755	Letzter Nachdruck von Delrios „Disquisitiones Magicae“
1755	Hexenverfolgungswelle in Ungarn
1756	Hexenhinrichtung in Landshut/Kurfürstentum Bayern
1766–1770	Bayerischer Hexenkrieg
1768	Hexenpanik in China
1777	Hexenhinrichtung in Kézmárk (Ungarn)
1781	Tod der Maria Anna Schwägelin in stiftkemptischer Haft
1782	Letzte legale Hexenhinrichtung in Europa: Anna Göldi
1783	August Ludwig Schlözer prägt den Begriff *Justizmord*
1786	Gottfried Christian Voigt: „neun Millionen Hexen“
1791	Aufhebung der Hexereigesetzgebung in Frankreich
1797	Francisco Goya *Der Schlaf der Vernunft gebiert Ungeheuer*
1835	Jacob Grimm interpretiert Hexen als „weise Frauen“
1843	Georg Wilhelm Soldan *Geschichte der Hexenprozesse*
1860–1900	Illegale Tötungen von Hexen in Mexiko und Rußland
1862	Jules Michelet *La Sorcière*
1897	Sigmund Freud interessiert sich für die Hexen
1900	Joseph Hansen *Zauberwahn, Inquisition und Hexenprozeß*
1900	Antihexereibewegung in Afrika
1935	NS-Ideologen instrumentalisieren die Hexen
1948–1980	Tötungen hunderter von Hexen im Westen Indiens
1958	Hexenpanik in Belgisch-Kongo
1960 ca.	Verbreitung der neopaganen „Hexen“ in den USA
1962–1988	Endemische Hexenverfolgungen in Tanzania
1968	Frauenbewegung erhebt Hexe zur Symbolfigur
1977	Hexenpanik in der Volksrepublik Benin
1988	Regierungskommission wegen Hexenpogromen in Tanzania
1996	Hexenpanik in Südafrikas Nordprovinz

Register

Aus dem Verlagsprogramm

Kulturgeschichte bei C.H.Beck – eine Auswahl

Lyndal Roper
Hexenwahn
Geschichte einer Verfolgung
Aus dem Englischen von Holger Fock und Sabine Müller
2007. 470 Seiten mit 66 Abbildungen. Gebunden

Brian P. Levack
Hexenjagd
Geschichte der Hexenverfolgungen in Europa
Aus dem Englischen von Ursula Scholz
Neuausgabe in der Beck'schen Reihe. 3. Auflage. 2003.
296 Seiten mit 13 Abbildungen. Paperback
Beck'sche Reihe Band 1332

Wolfgang Behringer
Kulturgeschichte des Klimas
Von der Eiszeit zur globalen Erwärmung
2007. 352 Seiten mit 44 Abbildungen. Gebunden

Norbert Schindler
Wilderer im Zeitalter der Französischen Revolution
Ein Kapitel alpiner Sozialgeschichte
2001. 448 Seiten. Gebunden

Ingeborg Walter/Roberto Zapperi
Das Bildnis der Geliebten
Geschichten der Liebe von Petrarca bis Tizian
2007. 160 Seiten mit 18 Abbildungen, davon 9 in Farbe. Gebunden

Egon Friedell
Kulturgeschichte der Neuzeit
Die Krisis der europäischen Seele von der Schwarzen Pest
bis zum Ersten Weltkrieg
Mit einem Nachwort von Ulrich Weinzierl
172 Tsd. der Gesamtausgabe. 2007. 1580 Seiten. Leinen

Geschichte Frankreichs

Günther Haensch/Hans J. Tümmers
Frankreich
Politik, Gesellschaft, Wirtschaft
Unter Mitarbeit von Peter Huber und Rudolf Steiner.
3., völlig neubearbeitete Auflage. 1998.
443 Seiten mit Karten, Schaubildern und Tabellen. Paperback
Beck'sche Reihe Band 831
Reihe „Länder"

Alfred Grosser
Wie anders ist Frankreich?
2. Auflage. 2005.
240 Seiten. Gebunden

Roger Dufraisse
Napoleon
Revolutionär und Monarch. Eine Biographie
Aus dem Französischen von Suzanne Gangloff
Mit einem Nachwort von Eberhard Weis.
4. Auflage. 2005.
184 Seiten mit 12 Abbildungen. Paperback
Beck'sche Reihe Band 1352

Érik Orsenna
Portrait eines glücklichen Menschen
Der Gärtner von Versailles,
André Le Notre 1613–1700
4. Auflage. 2003. 144 Seiten. Leinen

Alain Demurger
Der letzte Templer
Leben und Sterben des Großmeisters Jacques de Molay
Aus dem Französischen von Sabine Müller und Holger Fock
2. Auflage. 2005.
390 Seiten mit 8 Abbildungen und 4 Karten. Leinen

Kleine Bibliothek der Weltweisheit – die Hörbücher

Hildegard von Bingen
Über die Liebe
Gesprochen von Grischa Huber
2007. Einzel-CD mit 16-seitigem Booklet

Epiktet
Das Buch vom geglückten Leben
Gesprochen von Stephan Benson
2007. Einzel-CD mit 16-seitigem Booklet

Epikur
Philosophie des Glücks
Gesprochen von Peter Jordan und Stephan Schad
2007. Einzel-CD mit 16-seitigem Booklet

Balthasar Gracián
Handorakel und Kunst der Weltklugheit
Gesprochen von Axel Milberg
2007. Einzel-CD mit 16-seitigem Booklet

Konfuzius
Gespräche
Gesprochen von Stefan Kurt und Stephan Schad
2007. Einzel-CD mit 16-seitigem Booklet

Verlag C.H.Beck München

Kleine Bibliothek der Weltweisheit – die Hörbücher

Michel de Montaigne
Von der Freundschaft
Gesprochen von Burghart Klaußner
2007. Doppel-CD mit 16-seitigem Booklet

Friedrich Nietzsche
Ecce homo
Gesprochen von Martin Wuttke
2007. Doppel-CD mit 16-seitigem Booklet

Arthur Schopenhauer
Über das Mitleid
Gesprochen von Jens Wawrczeck
2007. Doppel-CD mit 16-seitigem Booklet

Seneca
Von der Kürze des Lebens
Gesprochen von Gerd Böckmann
2007. Einzel-CD mit 16-seitigem Booklet

Die Weisheit des Alten Testaments
Gesprochen von Walter Schmidinger und Angela Winkler
2007. Einzel-CD mit 16-seitigem Booklet

Verlag C. H. Beck München

C.H.BECK WISSEN
in der Beck'schen Reihe

Zuletzt erschienen:

2213: Walter, **Haydns Sinfonien**
2214: Müller, **Andrew Lloyd-Webbers Musicals**
2215: Bockmaier, **Händels Oratorien**
2364: Schreiner, **Konstantinopel**
2391: Bleckmann, **Der Peloponnesische Krieg**
2395: Bossong, **Das Maurische Spanien**
2406: Konrad, **Geschichte der Schule**
2407: Kolb, **Das antike Rom**
2408: Keidel, **Migräne**
2412: Hennicke/Fischedick, **Erneuerbare Energien**
2413: Benz, **Die Protokolle der Weisen von Zion**
2414: Kamp, **Burgund**
2415: Leppin, **Die christliche Mystik**
2416: Schuh, **Biowetter**
2417: Streit, **Was ist Biodiversität?**
2418: Otto, **Das antike Jerusalem**
2419: Simek, **Die Edda**
2420: Kaiser, **Föderalismus**
2421: Holzberg, **Ovids Metamorphosen**
2422: Schröter, **Geschichte Skandinaviens**
2423: Reinhard, **Geschichte des modernen Staates**
2424: Geulen, **Geschichte des Rassismus**
2425: Klinger, **Die Hethiter**
2427: Mehl, **Shakespeares Hamlet**
2428: Sarnowsky, **Der Deutsche Orden**
2430: Köckert, **Die Zehn Gebote**
2431: Maaß, **Das antike Delphi**
2432: Schneider, **Geschichte der antiken Technik**
2433: Stickler, **Die Hunnen**
2434: Petersdorff, **Geschichte der deutschen Lyrik**
2435: Samerski, **Johannes Paul II.**
2436: Nachtigall, **Bionik**
2437: Dreher, **Das antike Sizilien**
2438: Bossong, **Die Sepharden**
2440: Stroh, **Cicero**
2441: Schlögl, **Echnaton**
2442: Hoffmann, **Max Planck**
2443: Sallaberger, **Das Gilgamesch-Epos**
2504: Büttner, **Rubens**
2508: Schlink, **Tizian**
2509: Zimmermann, **Lovis Corinth**
2551: Hölscher, **Die griechische Kunst**
2552: Zanker, **Die römische Kunst**
2553: Deckers, **Die frühchristliche und byzantinische Kunst**
2554: Reudenbach, **Die Kunst des Mittelalters 800–1200**
2556: Tönnesmann, **Die Kunst der Renaissance**
2601: Weber/Wehling, **Geschichte Baden-Württembergs**
2605: Elmshäuser, **Geschichte Bremens**
2614: Tullner, **Geschichte Sachsen-Anhalts**

C.H.BECK WISSEN

in der Beck'schen Reihe

Die Verfolgung von vermeintlichen Ketzern und Hexen, von ehemaligen Juden und Muslimen gilt als eines der dunkelsten Kapitel in der Geschichte des Christentums. Gerd Schwerhoff bietet einen umfassenden Überblick über die Inquisition von der Verfolgung der Katharer und Waldenser im Hochmittelalter über die berüchtigte Spanische Inquisition und das «Heilige Offizium» am Beginn der Neuzeit bis zu ihrem Niedergang im 18. Jahrhundert. Er beschreibt anschaulich, wie ein Inquisitionsprozeß ablief, und zeigt, daß die Inquisitoren nicht nur mit Folter und Scheiterhaufen gearbeitet haben, sondern sich vor allem auch subtiler, geradezu moderner Machttechniken bedienten. Nicht zuletzt geht das Buch der schwarzen Legende nach, die sich bis heute um die Inquisition rankt.

Gerd Schwerhoff, geb. 1957, ist Professor für Geschichte der Frühen Neuzeit an der Technischen Universität Dresden. Seine Forschungsschwerpunkte liegen im Bereich der Sozial-, Kultur- und Religionsgeschichte der Frühen Neuzeit.

Gerd Schwerhoff

DIE INQUISITION

Ketzerverfolgung in Mittelalter und Neuzeit

Verlag C. H. Beck

Mit zwei Abbildungen und einer Karte

Die Originalausgabe erscheint in der Reihe C. H. Beck Wissen.

1. Auflage. 2004
2., durchgesehene Auflage. 2006

Sonderausgabe. 2008
(Teil der Geheimwissen-Box, ISBN 978 3 406 56286 0)

© Verlag C. H. Beck oHG, München 2004
Gesamtherstellung: Druckerei C. H. Beck, Nördlingen
Umschlagmotiv: Flammen auf einem spanischen Büßerhemd
aus dem Jahre 1512
Umschlaggestaltung unter Verwendung des Entwurfs
von Uwe Göbel, München
Printed in Germany

www.beck.de

Inhalt

Danksagung

Bedanken möchte ich mich für logistische Hilfe bei Corinna von Bredow und Jens Wehner, für kritische Lektüre bei Christian Hochmuth, Kim Siebenhüner und Jörg Oberste, für lang zurückliegenden wertvollen Rat bei Gabriela Signori sowie für umfassende Unterstützung, insbesondere für klug dosierte Grausamkeiten im Kürzungsprozeß, beim Lektor des Verlags C. H. Beck, Ulrich Nolte.

I. Einleitung

«Die Inquisition» – ein historischer Begriff, der die Phantasie anregt und starke Bilder hervorruft: fanatische und sadistische Ketzerverfolger, düstere Folterkeller, massenhafter Tod in den Flammen. Die Inquisition steht für die Schattenseiten abendländischer Geschichte schlechthin. «Zwischen den Scheiterhaufen der mittelalterlichen Inquisition und den Krematorien faschistischer Konzentrationslager» (Grigulevič) werden Verbindungen gezogen. «Folter im Namen Gottes» titelte das Nachrichtenmagazin «Der Spiegel» im Juni 1998 anläßlich der Öffnung des römischen Inquisitionsarchivs. Überschrift für den Artikel im Inneren des Heftes, der die Blutspur einer Einrichtung nachzeichnen wollte, die Millionen Menschen zu Tode gebracht habe: «Gottes willige Vollstrecker» – Goldhagen läßt grüßen. Wer sich auf das Wagnis einer Inquisitionsgeschichte einläßt, so zeigen die Beispiele, begibt sich in ein Spannungsfeld von empörter Verurteilung und bemühter Verteidigung. Sine ira et studio läßt sich Geschichte ohnehin kaum je schreiben, und die Geschichte der Inquisition erst recht nicht. Neuere Forschungen haben jedoch viele der gängigen Urteile über sie in Frage gestellt oder zumindest relativiert. Dieses Büchlein möchte einige dieser neuen Akzente skizzieren. Einige Grundlinien seien an den Anfang gestellt.

In ihrer Düsternis steht die Inquisition im kollektiven Gedächtnis für eine ganze «dunkle» Epoche: das Mittelalter. Demgegenüber bleibt festzuhalten: Die Inquisition wurde erst im 13. Jahrhundert etabliert und umfaßte also keineswegs das gesamte Mittelalter; sie kann sogar mit Fug und Recht als Modernisierungsphänomen innerhalb der Epoche interpretiert werden. Auf der anderen Seite reichte die Inquisition weit in die Neuzeit hinein, erst um 1800 läßt sich eine deutliche Zäsur feststellen. Sie überwölbt die herkömmliche Epochengrenze und deckt mithin ziemlich genau jene «alteuropäische» Phase okzidentaler Geschichte ab, in der sich die politische, religiöse und ökonomische Ordnung institutionell verfestigt. Eine langfristig angelegte Betrachtung läßt sowohl Unterschiede als auch Gemeinsamkeiten zwischen der mittelalterlichen und der neuzeitlichen Phase der Inquisition deutlich hervortreten. Während das mittelalterliche System päpstlicher Legaten zur Ketzerbekämpfung vom Anspruch her universell war, stellten die spanische und portugiesische, z.T. auch die römische Inquisition der Neuzeit eher staatliche Veranstaltungen dar und lassen sich eher als Behörden mit klarer Struktur und Hierarchien beschreiben. Das einigende Band zwischen den Epochen bestand vor allem im inquisitorischen Verfahren zur Bekämpfung von Häresien, wie es bereits Mitte des 13. Jahrhunderts entwickelt und mit Modifikationen bis zum 18. Jahrhundert angewandt wurde. Dieses Verfahren, das umfassende Geheimhaltungstechniken, zukunftsweisende Befragungstechniken auch jenseits der körperlichen Folter und den methodischen Einsatz der Schrift umfaßte, machte die angesprochene Modernität der Inquisition aus, wobei darin kein positives Werturteil eingeschlossen sein soll.

Ebenso wie diese Gemeinsamkeiten verdienen aber auch die mannigfachen regionalen Differenzen und die sehr wechselhaften Verfolgungskonjunkturen hervorgehoben zu werden. Die Inquisition war zu keiner Zeit ihrer Existenz eine allgegenwärtige und immer aktive Einrichtung, sondern oft nur ein Papiertiger. Es handelte sich – trotz aller zukunftsweisenden Elemente – nicht um eine totalitäre Machtmaschinerie, sondern um eine typisch vormoderne Einrichtung, die in ständigen Auseinandersetzungen mit konkurrierenden (weltlichen wie kirchlichen) Herrschafts- und Gerichtsinstanzen lag und die unter einem eklatanten Mangel an Vollzugsmacht litt. Erfolg konnte sie nur dann verbuchen, wenn sie erfolgreich mit anderen Mächten kooperierte und hinreichende Unterstützung aus der Bevölkerung erfuhr.

Dieses Charakteristikum macht wiederum andere Züge der Inquisition plausibel. Bis heute wird die Vermischung von religiöser Überzeugung mit politischen oder ökonomischen Interessen unter dem Stichwort «Instrumentalisierung der Religion» als Negativposten der Inquisitionsgeschichte angeprangert. Aber auch diese Verklammerung beider Sphären ist typisch für die betrachtete Epoche. Wenn weltliche Herrscher die päpstliche Ketzerverfolgung zum Instrument ihrer eigenen Interessen machten, wie es im mittelalterlichen Frankreich im Fall der Templer ebenso geschah wie später bei Jeanne d'Arc, dann spiegelt sich hierin gleichsam der Normalfall einer Epoche, in der Politik und Religion noch nicht funktional geschieden waren. Und wenn die Inquisition sich zum Teil aus den konfiszierten Gütern ihrer Opfer finanzierte, dann ging sie hier den gleichen Weg, den viele andere Gerichte ebenfalls – wenngleich nicht derart konsequent – einschlugen.

Überhaupt wäre der Vergleich zwischen der Praxis inquisitorischer Ketzerverfolgung und derjenigen anderer weltlicher oder kirchlicher Gerichte lohnend, der hier leider nur gelegentlich eingebracht werden kann. Eine große Schnittmenge existiert schon im Hinblick auf das Verfahren. Denn der summarische Ketzerprozeß stellte nur eine Ausprägung jener Verfahrensform dar, die als «Inquisitionsprozeß» auch bei kontinentaleuropäischen weltlichen Kriminalgerichten üblich war. Kirchliche Inquisitoren behaupteten mithin keineswegs ein Monopol auf die Anwendung von Inquisitionsprozessen! Auch die Zuständigkeiten überschnitten sich: Einerseits griff die Inquisition weit über den Kernbereich der Häresie aus und ahndete Delikte wie Wucher, Magie, Hexerei, Gotteslästerung oder Sitten- und Sexualvergehen. Umgekehrt besaß sie fast nie und fast nirgends ein Monopol auf die Verfolgung von Ketzern. Bischöfliche, landesherrliche oder städtische Gerichte waren hier oft ebenfalls aktiv, und ihre Verfolgungspraxis war zum Teil wesentlich härter als diejenige der Inquisition. Konkurrenz gab es überdies nicht nur zwischen weltlicher und geistlicher Gerichtsbarkeit, sondern auch innerhalb der letzteren. Bischöfe und päpstliche Inquisitoren wetteiferten bisweilen um das Recht zur Ahndung von Häresien. Und auch die Antipoden der Inquisition kamen oft aus dem Klerus. Mit Bernard Délicieux enstammte der schärfste Kritiker der dominikanisch geführten Inquisition in Südfrankreich dem Franziskanerorden, dessen Mitglieder andernorts als Inquisitoren fungierten. *Die* Kirche existierte in Mittelalter und früher Neuzeit ebensowenig wie *die* Inquisition.

Die Verfolgung Andersgläubiger gehört schließlich nicht zu den exklusiven Charakteristika der Papstkirche. Der führende protestantische Theologe Philipp Melanchthon befürwortete 1536 die Todesstrafe für die Täufer – als angebliche Gotteslästerer, nicht als Ketzer. 1553 wurde auf Betreiben Jean Calvins der Gelehrte Michael Servetus (der im übrigen zunächst von der katholischen Inquisition im französischen Vienne festgenommen worden war) wegen seiner eigenwilligen Dreifaltigkeitstheologie hingerichtet. Und im elisabethanischen England wurden Hunderte von katholischen Geistlichen exekutiert; freilich lautete formal der Vorwurf gegen sie nicht auf Häresie, sondern auf Hochverrat. Die von Rom verketzerten Protestanten und Anglikaner bedienten sich mithin anderer Tatbestände als dem der Häresie. Und fast immer agierte hier die Staatsgewalt direkt. Nur in der Tradition der römischen Mehrheitskirche bildeten sich jene spezifischen Formen institutioneller Ketzerverfolgung aus, die hier unter dem Begriff Inquisition dargestellt werden sollen.

Die Darstellung kann auf dem soliden Fundament der Arbeit von Generationen von Historikern aufbauen. Seit gut einhundert Jahren hat sich die Inquisitionsgeschichtsschreibung langsam aus dem Sog konfessioneller Auseinandersetzungen gelöst, und in den letzten Jahrzehnten hat die Beschäftigung mit dem Stoff noch einmal an Intensität zugenommen. Insbesondere die Bearbeitung der enormen Aktenmassen über regionale Inquisitionsprozesse und -tribunale hat große Fortschritte gemacht. Diese Akten geben Auskunft über die Arbeit des inquisitorischen Repressionsapparates. Sie berichten aber auch vom Leben derjenigen, die von den Inquisitoren verfolgt wurden, und geben so gleichsam nebenher wichtige Einblicke in das Alltagsleben, in religiöse Mentalitäten und Handlungsmöglichkeiten einfacher Zeitgenossen – ein weiterer zentraler Aspekt, der im Rahmen dieser Skizze nicht entfaltet werden kann. Carlo Ginzburg hat vom «Inquisitor als Anthropologen» gesprochen, der gleichsam als Vorfahr des Ethnologen die Lebenswelt der einfachen Menschen erkundete. Der italienische Historiker wußte selbst, daß er mit seiner provozierenden Charakterisierung nur die halbe Wahrheit traf. Denn der Inquisitor beobachtete nicht nur, er handelte auch, indem er abweichendes religiöses Verhalten diagnostizierte und sanktionierte. Ebenso wie es heute Polizei und Justiz tun, konstruierte er damit ein Stück gesellschaftlicher Wirklichkeit, indem er Verhalten als abweichend etikettierte. Nicht selten neigte er dazu, sich diese Wirklichkeit nach seinen Vorannahmen und Verdachtsmomenten zurechtzubiegen, sie etwa mit Kategorien zu erschließen, die er aus der Lektüre der Kirchenväter kannte. Mittels seiner subtilen, bisweilen auch rabiaten Befragungstechniken gelang es ihm im Zweifel immer, sein Vorverständnis mit der Wirklichkeit zur Deckung zu bringen. Das Imaginarium der Inquisition konnte so fatale Wirkungen in der Lebenswelt hervorrufen wie im Fall der spanischen *Conversos*, die in ihrer Masse wohl erst durch die Aktionen der Inquisition und durch die Zwangstaufe verketzert wurden. Ganz fatal wurde es, wenn sich inquisitorische Verschwörungsängste in Phantasien über schwarze Messen luziferanischer Ketzer oder gar zauberischer Unholde entluden. So können Inquisitionsakten beides enthalten, ein lebhaftes und angemessenes Bild der Zeit und die Verzerrungen inquisitorischer Stereotype.

Nicht nur die zeitgenössischen Inquisitoren, auch die nachgeborenen Historiker haben ihr Imaginarium. Als «Mythenjäger» (Elias) haben sie die Pflicht, herkömmliche Bilder auf ihre Stichhaltigkeit zu untersuchen und, wenn notwendig, zu revidieren. Zudem haben sie die Entstehung und Wandlung von Mythen aufzuklären, denn diese Mythen selbst sind geschichtsmächtig. Auch dazu macht das vorliegende Buch einen Ansatz. Schließlich steht der Historiker in der Pflicht, zum Mythos Stellung zu nehmen und Urteile zu fällen. Das ist weniger einfach als es scheint. Manch wohlfeile Anklage gegen die Schrecken der Inquisition erscheint durch die neuere Forschung überholt. Umgekehrt birgt ein revisionistischer Ansatz die Gefahr einer Verharmlosung. Das ist ebensowenig die Absicht des Verfassers wie konfessionelle Apologetik. Auch die Revisionen der neueren Forschung machen klare Werturteile über das Wirken der

Inquisition nicht obsolet. Sie bleibt ein Beispiel für die fatalen Konsequenzen eines Apparates, der den wahren Glauben mit inhumanen Mitteln verteidigen wollte, eines Apparates, der vielleicht weniger aufgrund seiner vielbeschworenen Grausamkeit und des oft übertrieben gezeichneten Blutzolls, als vielmehr aufgrund der Entwicklung subtiler Machttechniken zukunftsweisend bis hinein in die Moderne wirkte.

II. Kirche und Ketzer bis zum 12. Jahrhundert

Als monotheistische Offenbarungsreligion besitzt das Christentum einen absoluten Wahrheits- und Exklusivitätsanspruch. Seine Vertreter verkünden die göttliche Wahrheit auf der Grundlage der heiligen Schriften des Alten und des Neuen Testamentes. Darin unterschied sich das Christentum von den meisten anderen Religionsgemeinschaften der Antike, denen der Gedanke an eine verbindliche und einzig wahre Lehre fremd anmutete. Die Christen aber provozierten religiöse Auseinandersetzungen sowohl nach außen, gegenüber anderen Glaubensrichtungen, als auch nach innen, gegenüber heterodoxen christlichen Strömungen. Erbitterte Streitigkeiten um christliche Rechtgläubigkeit muten heute fremdartig an, der Ruf nach Toleranz und friedlicher Koexistenz erscheint uns vernünftig und im Licht des Gebotes der Feindes- und Nächstenliebe sogar christlich. Die Mehrzahl der Christen in den letzten zwei Jahrtausenden (eingeschlossen diejenigen, die von der Mehrheit als Ketzer stigmatisiert wurden) konnten diese Perspektive nicht einnehmen. Die Frage des rechten Glaubens berührte die existentiellsten Angelegenheiten; auf der Suche nach dem allein selig machenden Weg zum ewigen Heil schienen Kompromisse kaum möglich.

In den ersten dreihundert Jahren nach der Zeitwende sahen sich die Christen zunächst selbst staatlicher Verfolgung ausgesetzt, u. a., weil sie den zur Loyalitätssicherung verpflichtend gemachten religiösen Kaiserkult nicht praktizieren wollten. Nachdem Kaiser Konstantin (306–337) in der Schlacht an der Milvischen Brücke unter dem Christusmonogramm seinen entscheidenden Sieg errungen hatte, erlangte das Christentum aber 313 mit dem Mailänder Toleranzedikt eine offizielle Duldung. In den folgenden Jahrzehnten expandierte es von einer mäßig bedeutsamen Sekte zu einer reichsumspannenden Großorganisation und wurde 380 von Kaiser Theodosius I. (379–395) zur römischen Staatsreligion erhoben. Zugleich vollzog sich im Inneren des Christentums ein allmählicher Klärungsprozeß, in dessen Verlauf sich das christliche Dogma herausbildete und umgekehrt abweichende Meinungen unterdrückt wurden. Dabei ging es nach 311 z. B. um die Frage, ob die Gültigkeit eines Sakraments vom Gnadenstand des Spenders abhängig sei (Donatistenstreit) oder, noch grundsätzlicher, um verschiedene Auffassungen über das Wesen Christi. Gegen die Anhänger des alexandrinischen Presbyters Arius (gest. 336) fixierten die Konzilien von Nicaea (325) und Konstantinopel (381) das in Zukunft gültige Trinitätsdogma. Trotzdem sollte der Arianismus bei vielen germanischen Nachfolgereichen des 5. und 6. Jahrhunderts vorherrschend bleiben; für die mittelalterlichen Theologen Westeuropas wurde er zum Synonym für Glaubensabweichung schlechthin. Andere Spielarten der Ketzerei entsprangen nicht innerchristlichen Auseinandersetzungen, sondern eher einer Synthese von außer- und vorchristlichen Elementen mit der neutestamentlichen Botschaft. Einige frühchristliche Häresien übernahmen aus der synkretistischen Glaubensströmung der Gnosis das Postulat eines Dualismus zwischen dem guten und dem bösen Prinzip, einem guten, reinen und einem bösen (Schöpfer-)Gott, zwischen der materiellen, fleischlichen Welt und dem immateriellen Reich des Geistes. In dieser dualistischen Weltsicht wurzelte noch die mittelalterliche Bewegung der Katharer, von denen sich seit dem Beginn des 13. Jahrhunderts das Wort Ketzer ableiten sollte.

Terminologisch faßte man die Abweichung vom rechten Glauben jedoch klassisch mit dem stigmatisierenden Begriff «Häresie» (von griechisch *hairesis*: Wahl, Neigung). Er beinhaltet eine Verfälschung der ursprünglichen reinen Lehrmeinung durch die Heterodoxen. Häretiker, das waren in der Sicht der orthodoxen Kirche Menschen, die sich in verwerflicher Selbstüberschätzung ihre eigene Variante des Christentums schufen, sei es durch teuflische Verführung, sei es aufgrund moralischer Defekte. Vor allem zeichnen sich Häretiker durch ihre Hartnäckigkeit aus: Aus einem einfachen Irrtum wurde Ketzerei, wenn die Betroffenen gegen die Belehrungen der Amtsträger an ihrer Meinung festhielten. Dabei sahen schon die frühen Christen in den Häretikern eine Art notwendiges Übel, um die Zuverlässigen unter den Christen zu erkennen (1 Kor 11,19).

Seit dem zweiten Jahrhundert sind Auseinandersetzungen mit häretischen Personen und Strömungen bekannt. Das Bemühen um die Festigung rechtgläubiger Positionen begann mit Apologeten wie Irenäus von Lyon und Tertullian und kulminierte in den Werken der Kirchenväter, insbesondere des Augustinus. Praktische Maßnahmen gegen enttarnte Ketzer beschränkten sich in den Anfängen auf die bestehende Kleingruppe: Die Rechtgläubigen sollten sich abwenden und die Betroffenen so sozial isolieren. Bei Verweigerung der Bekehrung sollten die Häretiker aus der Gemeinde ausgeschlossen werden. Man befolgte damit den Rat des Apostels Paulus, sich nach ein- oder zweimaliger Warnung von Häretikern zurückzuziehen (Tit 3,10). Gleichzeitig sollte man sich und andere vor den Irrlehren schützen und sich um die Rückgewinnung der Häretiker bemühen.

Spätestens als das Christentum Staatsreligion geworden war, erlangte das Häresie-Problem eine neue Dimension: Es wurde zur potentiellen Gefahr auch für den römischen Staat. Durchaus in vorkonstantinischer Tradition sahen die nunmehr christlichen Herrscher in den Glaubensabweichlern eine Gefahr für die Einheit des Bekenntnisses in ihrem Herrschaftsbereich und einen Akt öffentlichen Aufruhrs, der als Majestätsverbrechen (*crimen laesae majestatis*) geahndet werden konnte. Das hatte Auswirkungen für das Verfahrensrecht wie für die Strafen. Beim Majestätsverbrechen wurde die Einhaltung vieler sonst streng vorgeschriebener Restriktionen nicht gefordert, indem hier etwa Unfreie oder schlecht Beleumundete als Zeugen auftreten konnten oder die Verteidigungsmöglichkeiten eingeschränkt wurden. Was die Strafen anging, so traten neben die Beschlagnahmungen von Häusern und Kirchen, neben Versammlungsverbote, Verbannung, Bücherverbrennungen und Geldstrafen nun vor allem die Güterkonfiskation, die teilweise auch für die Erben galt, und natürlich auch die Todesstrafe. Bereits in die vorchristliche, diokletianische Zeit datiert dabei die Androhung des Feuertodes für die gnostische Strömung der Manichäer.

Neben dem weltlichen Herrscher kam vor allem dem Bischof als Vorsteher der Ortskirche die Fürsorgepflicht für Rechtgläubigkeit aller Christen in seinem Sprengel zu. Wegweisend für das Mittelalter sollten die Auffassungen des Kirchenvaters Augustinus (354–430), seit 395 Bischof im nordafrikanischen Hippo Regius, werden. Wenn auch die Geduld (*tolerantia*) nach seiner Auffassung eine soziale und christliche Grundtugend darstellte, so fand diese Tugend doch im Umgang mit den Häretikern ihre Grenze. Aus dem biblischen Satz *compelle intrare* (Lk 14,23 – «Zwinge sie, hineinzukommen», spricht der Herr zu seinem Knecht, als zu seinem geladenen Gastmahl niemand erscheinen will) machte er eine theologisch legitimierte Verfahrensweise gegen hartnäckige, bekehrungsunwillige Ketzer. In Zwangsmaßnahmen sieht er das letzte Rettungsmittel gegenüber dem drohenden Verlust des Seelenheils der Betroffenen; auch ein Arzt müsse schließlich seinem Patienten Schmerz zufügen. Die Todesstrafe jedoch lehnte er ab.

Aus dem Frühmittelalter hören wir wenig über die Auseinandersetzung zwischen Orthodoxie und Häresie. Offenbar blieben die inneren Herausforderungen begrenzt. Die Jahrhunderte nach dem Fall Roms hatten die alten Häresien weitgehend zum Verschwinden gebracht. Die Energien der Kirche waren jetzt fast völlig durch die Heidenmission und den – oft mit rüder Sprache und Gewalt geführten – Kampf gegen pagane Formen des «Aberglaubens» gebunden. Dogmatische Streitfragen blieben auf die Welt der gelehrten Theologen, des Klerus und der Klöster begrenzt und führten nicht zu häretischer Gemeinschaftsbildung. Das Auftauchen erster kleiner Ketzergruppen am Beginn des 11. Jahrhunderts mag umgekehrt als Zeichen für den vorläufigen Abschluß der christlichen Missionierung und eine beginnende Internalisierung christlicher Lehren betrachtet werden. Vermehrt wurden der Abstand zwischen Klerikern und Laien als kritikwürdig empfunden, ebenso das häufig wenig vorbildliche Verhalten der Geistlichkeit. Volksbewegungen allerdings erwuchsen daraus vorerst nicht. Die kirchlichen und weltlichen Gewalten hatten keine frische Anschauung von Ketzern und griffen bei ihrer Behandlung auf antike Vorbilder zurück. Dabei oszillierte das Vorgehen zwischen den beiden extremen Polen Überzeugung (*persuasio*) und Zwang (*coercio*). 1022 fand in Orléans die «erste offizielle Ketzerverbrennung Frankreichs, ja vielleicht Europas» (Fichtenau) statt. Mehrere hohe Geistliche wurden wegen Leugnung der Jungfrauengeburt Christi, der Passion und der Auferstehung sowie Ablehnung von Taufe und Eucharistie als Ketzer auf dem Scheiterhaufen verbrannt; entschieden hatte über ihr Schicksal eine Bischofssynode in Gegenwart König Roberts des Frommen.

Das Beispiel sollte langfristig Schule machen, kurzfristig repräsentierte es aber keineswegs einen common sense. Wenige Jahrzehnte später beantwortete Bischof Wazo von Lüttich (gest. 1048) eine Anfrage über die Behandlung manichäischer Häretiker mit dem Verweis auf das biblische Gleichnis vom Unkraut im Weizen. Dieses Unkraut hatte der Feind eines Gutsherren unter den guten Weizen gesät. Der Herr gab Anweisung, das Unkraut mit dem Weizen wachsen zu lassen bis zur Ernte, damit nicht mit dem Unkraut auch der Weizen herausgerissen werde. Die Ernte, so deutete Jesus selbst sein Gleichnis, sei das Jüngste Gericht, bei dem die Söhne des Bösen, das Unkraut also, ihrer gerechten Strafe zugeführt würden (Mt 13,24–30. 36–43). Deswegen plädierte Wazo für Geduld und Langmut mit den Häretikern. Bischöfe könnten nur mit geistlichen Sanktionen (z. B. Exkommunikation) gegen Ketzer vorgehen, ihre Aufgabe sei es, Leben zu bringen und nicht den Tod.

Die Ambivalenz zwischen Überzeugung und Zwang mußte vorläufig nicht ausgetragen werden. In der zweiten Hälfte des 11. Jahrhunderts hören wir kaum mehr von ketzerischen Gruppen. Die gregorianische Reformbewegung hatte viele umstrittene Praktiken zu beseitigen versucht, etwa die Ämterkäuflichkeit (Simonie, auch sie als Häresie bezeichnet!) und die Priesterehe, und den Ketzern damit den Wind aus den Segeln genommen. Der Investiturstreit und die orthodoxe Reformbewegung beschäftigten eine breite Laienöffentlichkeit. Diese Mobilisierung gipfelte im enthusiastischen Echo breiter Bevölkerungsschichten auf den ersten Kreuzzugaufruf Papst Urbans II. 1095. Auf Dauer freilich enttäuschte die Reform viele Anhänger durch ihren vielfach lediglich formell-rechtlichen und auf den Klerus bezogenen Charakter. Bedürfnisse der Laien fanden kaum Berücksichtigung, obwohl deren Potential aufgrund des sozialgeschichtlichen Strukturwandels des 12. Jahrhunderts wuchs: Mit dem Bevölkerungswachstum entstanden neue Städte, die horizontale (räumliche) wie vertikale (soziale) Mobilität nahm zu. Vor diesem Hintergrund erhoben sich Wanderprediger wie Tanchelm von Antwerpen (gest. 1115), Peter von Bruis (gest. 1132/33) oder Arnold von Brescia (gest. 1155), die mit ihren Forderungen nach einer Verchristlichung der Lebensführung eine gewisse Massenbasis erobern konnten.

Ein Standardverfahren im Umgang mit Häretikern entwikkelte sich auch in jener Zeit noch nicht. Nach dem Bericht des Abtes Guibert von Nogent (gest. 1124) wurden 1114 einige Ketzer in Soissons vom Bischof verhört und – weil sie leugneten – dem Gottesurteil des geweihten Wassers unterworfen. Dabei empfingen die Probanden die Kommunion und wurden in ein vorher exorziertes Gewässer geworfen. Weil das Wasser sie nicht annahm, sondern sie «wie ein Stock» schwammen, wurden sie inhaftiert. Eine Volksmenge lynchte die Ketzer, noch bevor eine Bischofssynode über ihr Schicksal entscheiden konnte, ein Vorgehen, das vom Chronisten als «gerechter Eifer» charakterisiert wird. Die beteiligten Geistlichen aber waren unsicher, welche Bestrafung die Ketzer verdienten. Auch der berühmte Zisterzienserabt Bernhard von Clairvaux (1090–1153) schwankte in seinen um 1145 entstandenen Ketzerpredigten noch zwischen Überzeugung und Zwang. Als Motto wählte Bernhard eine Zeile aus dem Hohen Lied (2,15), nach dem die kleinen Füchse, die die Weinberge verwüsten, gefangen werden sollen. Allegorisch könne man unter den Weinbergen die Kirchen, unter den Füchsen aber die Häretiker verstehen. Diese Füchse solle man zuerst mit Worten «fangen» und so für die Kirche zurückgewinnen. Wer sich indes nicht bekehren wolle, den solle man nach dem Rat des Apostels (Tit 3,10 ff.) meiden. Unter den gegenwärtigen Umständen sei es jedoch angemessener, die Ketzer zu verjagen oder zu verbannen. In Anspielung auf den Kölner Lynchmord an einigen Katharern (vgl. Kap. III.1) mißbilligte er zwar den Glaubenszwang und riet zur Überzeugung, lobte jedoch ebenso wie Guibert den frommen Eifer der Täter und rechtfertigte in diesem Zusammenhang auch eine öffentliche Gewalt, die mit ihrem Schwert die Ketzer in die Schranken weise. Ein Jahrhundert später hatten sich die Gewichte zwischen Überzeugung und Zwang endgültig verschoben. Thomas von Aquin (1224–1274) vertrat in seiner um 1270 abgefassten «Summe» dezidiert die Auffassung, hartnäckige Ketzer seien dem weltlichen Gericht zur Bestrafung zu übergeben. Und dieses Gericht, das jeden Münzfälscher und andere Übeltäter mit dem Tode bestrafe, könne den Häretiker als einen größeren Verbrecher rechtmäßig töten. So werde das Unkraut herausgerissen, ohne den Weizen gleichermaßen zu beschädigen.

III. Die päpstliche Inquisition im Mittelalter

1. Vorgeschichte und Entstehung

Irritiert berichtet 1143 Everwin von Steinfeld, Abt des Eifler Prämonstratenserklosters Steinfeld, in einem Brief an Bernhard von Clairvaux von der Entdeckung einer kleinen Gruppe halsstarriger Häretiker in der Nähe von Köln. Eine eifrige Volksmenge habe sie gegen seinen Willen ergriffen und auf dem Scheiterhaufen verbrannt. Everwins Bericht ist einer der frühesten Belege für das Auftreten einer neuen, mächtigen Häretikerbewegung in Westeuropa. Als Katharer (abgeleitet von griech. *katharos*, «rein»; manchmal auch von *catus*, lat. Katze) sollten sie in die Geschichte eingehen, wovon schließlich in der deutschen Sprache die stigmatisierende Fremdbezeichnung für alle Häretiker abgeleitet wurde: Ketzer. Die Eigenbezeichnung als «Arme Christi» (*pauperes Christi*) deutet auf ihr Selbstverständnis hin: Leben in der Nachfolge der Apostel, ohne Besitz. Andere Gebote und Gebräuche werden erst in späteren Quellen deutlicher faßbar: Ablehnung der meisten Sakramente, radikale Absage an Geschlechtsverkehr und Ehe, Verweigerung der Eidesleistung, Schärfung des Tötungsverbotes. Die kleine Zahl der «Vollkommenen» (*perfecti*) war diesem asketischen Ideal besonders verpflichtet, während die große Masse der «Gläubigen» (*credentes*) weniger rigorose Moralvorschriften zu befolgen hatte. Von der traditionellen christlichen Theologie weit entfernt erscheint die dualistisch angelegte Kosmologie und Theologie der Katharer, ihre strikte Entgegensetzung von reiner Seele und böser Welt, gutem Gott und dem Satan als dem höllischen Weltenschöpfer.

Wenn auch auf Dauer nicht im Rheinland, so konnten die beschriebenen Häretiker doch insgesamt schnell an Boden gewinnen, eigene Bistümer gründen und Synoden abhalten. Ihre Zentren lagen vor allem in Südwestfrankreich (wo sie nach ihrem Hauptort Albi Albingenser genannt wurden) und in Nord- und Mittelitalien (wo sie oft als Patarener firmierten). Auch wenn es bei den Katharern spätestens seit den 1180er Jahren zu inneren Spannungen und Abspaltungen kam, gewannen sie Anhänger bei den einfachen Leuten ebenso wie in den höchsten regionalen Adelskreisen. Von vielen wurde die katholische Kirche als zu «verweltlicht» und damit unglaubwürdig empfunden. Die Katharer präsentierten mit ihren «Vollkommenen» eine Alternative in Gestalt einer Priesterelite, die ihre moralischen Prinzipien kompromißlos zu leben versprach. Die einfachen Gläubigen mußten sich der rigoristischen Lebensführung zunächst nicht unterwerfen, aber auch ihnen winkte eine Heilsgarantie in Gestalt der Geisttaufe (*consolamentum*).

Die Katherer blieben nicht die einzige Herausforderung an die römische Kirche. Ab 1173 formierte sich um den Kaufmann Valdes in Lyon eine Gruppe von *pauperes Christi*, die bald als «Arme von Lyon» oder nach dem Stifter einfach als Waldenser bezeichnet wurden. Es handelte sich um eine stark am Evangelium orientierte Bewegung, die trotz rechtgläubiger Glaubensbekenntnisse von Papst Lucius III. 1184 zu Ketzern erklärt wurde, vor allem wegen der von ihr praktizierten Laienpredigt. Mit der Zeit entfernte sie sich in Lebensführung und Anschauung weiter von der Orthodoxie, verachtete Altäre und Kreuzverehrung, lehnte Schwören, Lügen und Töten als Todsünde ab und verwarf die Lehre vom Fegefeuer als unbiblisch.

Wie sollte die Kirche derartige, bisher unbekannte Massenbewegungen bekämpfen? Der eingangs zitierte Bericht Everwins zeigt eine Hilflosigkeit im Umgang mit den neuen Gegnern, die sich so schnell nicht verlieren sollte. In der ersten Zeit gelangen der Orthodoxie kaum durchschlagende Erfolge. Das zur Verfügung stehende Instrumentarium war begrenzt. Die Bischöfe, Hauptträger der kirchlichen Ketzerverfolgung, gingen lokal zersplittert gegen die Ketzer vor und waren unsicher, wie hart sie durchgreifen sollten. Als eigene Strafmaßnahme stand der Kirche die Exkommunikation zur Verfügung, ein Schwert, das gegen Menschen stumpf bleiben mußte, die die Legitimität der Kirche ohnehin bestritten. Vor der Bestrafung mußten zudem Entdeckung und Überführung erfolgen. Auch hier fehlte es an effizienten Methoden. Gottesurteile, wie sie 1114 in Soissons praktiziert wurden, waren bereits in dieser Zeit umstritten. Das Vierte Laterankonzil sollte sie 1215 als unzulässigen Versuch, Gott zu zwingen, endgültig verbieten.

Das späte 12. Jahrhundert wurde vor diesem Hintergrund zu einer Phase des Experimentierens im Umgang mit Ketzerei. Viele in dieser Zeit propagierte Maßnahmen stellten Mosaiksteine im sich langsam herauskristallisierenden System der Ketzerbekämpfung dar. Bereits in den Entschließungen des Dritten Laterankonzils von 1179 finden sich ein bedingter Aufruf zum Kreuzzug gegen die Ketzer und entsprechende Ablaßversprechen für deren Gegner. Neben dem Anathema, dem Ausschluß aus der kirchlichen Gemeinschaft, drohte das Konzil den Ketzern und ihren Unterstützern auch körperliche Bestrafung an: Obwohl die Kirche keine blutigen Strafen verhänge, könne die Angst vor körperlicher Bestrafung doch der seelischen Bekehrung Vorschub leisten, so hieß es. Die vielleicht wichtigste Bestimmung jedoch verfügte die Konfiskation des Besitzes, die nicht nur den Häretiker selbst, sondern seine gesamte Familie und Nachkommenschaft treffen sollte. Die Güterkonfiskation stammte ursprünglich aus dem Römischen Recht und hatte dort im Fall von Majestätsverbrechen Anwendung gefunden (Gesetz *Quisquis* von 397).

In seiner Dekretale *Ad abolendam* von 1184 bestimmte Papst Lucius III., Häretiker, die ihren Irrtümern nicht öffentlich abschwören wollten oder rückfällig waren, sollten dem «weltlichen Arm» zur geschuldeten Strafe (*animoadversio debita*) übergeben werden. Alle Unterstützer der Ketzer, so der Papst weiter, verfielen überdies dem Verdikt der Infamie, der Unehrenhaftigkeit, und verloren damit ihre Fähigkeit zur Ausübung öffentlicher Ämter, ebenso ihre Gerichts-, Testaments- und Erbfähigkeit. Zukunftsweisend waren auch die päpstlichen Bestimmungen zum Aufspüren der Ketzer. Alle Bischöfe sollten zwei- oder dreimal im Jahr verdächtige Pfarreien visitieren. Drei oder mehr Personen von gutem Leumund, wenn nötig auch die gesamte Nachbarschaft, wurden eidlich verpflichtet, ihm Verdächtige anzuzeigen; als Vorbild diente hier das seit Jahrhunderten bekannte Sendgerichtsverfahren mit seinen Geschworenen (*testes synodales*). Die Angezeigten hatten sich in der Regel durch einen Reinigungseid vom Ketzereiverdacht zu befreien. Jeder Eidesverweigerer galt als Ketzer, weil die Häretiker die Ableistung eines Schwures aufgrund biblischen Gebotes (Matt. 5,34) generell für unstatthaft hielten. Damit bekam der Purgationseid des Verdächtigen, der zum traditionellen Instrumentarium von weltlichen und kirchlichen Strafverfahren gehörte, im Kontext des Ketzerverfahrens eine neue Funktion als probates Mittel zum Aufspüren von Ketzern.

In eine neue Phase trat die kirchliche Ketzerbekämpfung, als Innozenz III. 1198 auf den Papstthron gelangte. Dieser «Juristenpapst» baute die Kurie zu einer umfangreichen Zentralbehörde aus, systematisierte das Kirchenrecht und betonte sowohl gegenüber konkurrierenden weltlichen Gewalten als auch gegenüber den anderen Bischöfen seine herausgehobene Stellung als Stellvertreter Christi auf Erden. Dem Ketzerproblem versuchte er sowohl mit Integrationsangeboten als auch mit Repression beizukommen. So konnte er die Humiliatenbewegung und einen Teil der Waldenser wieder in den Schoß der Kirche zurückführen. In diesem Kontext ist auch das Wohlwollen für die Büßergemeinschaft des heiligen Franziskus von Assisi zu sehen. Davon, daß Innozenz andererseits entschlossen den Kampf gegen die häretischen Bewegungen aufnahm, zeugt nicht zuletzt seine gezielte Förderung antihäretischer Prediger wie z. B. des Dominikus, des Gründers und Namensgebers des Predigerordens.

Die Ketzergesetzgebung Papsts Innozenz III. (Dekretale *Vergentis in senium* von 1199) ging von dem Grundsatz aus, daß gegen Ketzer ebenso verfahren werden solle wie gegen Majestätsverbrecher, und rechtfertigte so z. B. weitreichende Güterkonfiskationen. Die Parallelisierung von Verbrechen gegen die weltliche und die göttliche Majestät, die Schaffung eines *crimen laesae maiestatis divinae*, öffnete einer Legitimierung der Todesstrafe durch die Kirche Tür und Tor. So wurde immer deutlicher festgeschrieben, daß die Ketzer vor weltlichen Gerichten mit der Todesstrafe zu rechnen hatten. Den Präzedenzfall bildete ein Ketzergesetz des Königs Peter II. von Aragón von 1197/98; dort wurde den Häretikern als Hochverrätern neben der Güterkonfiskation auch der Feuertod angedroht. Wegweisend sollte dann die Ketzergesetzgebung Kaiser Friedrichs II. werden, insbesondere eine Bestimmung vom März 1224 für die Lombardei: Vom Bischof überführte und verurteilte Ketzer sollten an die lokalen Gewalten überstellt und mit kaiserlicher Autorität verbrannt werden. Wolle man sie zur Abschreckung leben lassen, dann sollten sie nach dem Prinzip der spiegelnden Strafe die Zunge verlieren, mit der sie den Glauben der Kirche geschmäht und den Namen des Herrn gelästert hätten. Nicht nur diese Strafe belegt, daß sich in den Augen des Herrschers Häresie, Gotteslästerung und Majestätsbeleidigung einander stark angenähert hatten. Auch in den Konstitutionen von Melfi von 1231 für Sizilien wird die Häresie als eine schwere Form des Majestätsverbrechens verurteilt.

Seinen wichtigsten Beitrag zur Ketzerverfolgung lieferte Papst Innozenz III. mit der Initiierung eines neuartigen Untersuchungsverfahrens, dem Inquisitionsprozeß (*inquirere* = aufspüren), der das wichtigste Charakteristikum der neuen kirchlichen Ketzerverfolgung werden sollte. Nicht umsonst gab das Verfahren der ganzen Institution ihren Namen! Gleichsam den nordwesteuropäischen Normalfall eines Strafprozesses bis zum 13. Jahrhundert stellte der Akkusationsprozeß dar. Er folgte der Maxime «Wo kein Kläger, da kein Richter»; ohne Anklage durch eine Streitpartei unterblieb die rechtliche Überprüfung und Sanktionierung eines Sachverhaltes. Aus eigenem Antrieb konnte ein Richter nicht tätig werden, er hatte lediglich die formale Korrektheit des gerichtlichen Streitaustrags zu überwachen, der mit archaischen Beweismitteln (Gottesurteilen, Reinigungseiden) ausgefochten wurde. Der Inquisitionsprozeß beruhte dagegen auf einer völlig anderen Rechtsphilosophie. Danach konnte der Richter unter bestimmten Umständen – nämlich dann, wenn der schlechte Leumund (*mala fama*) einer Person ruchbar wurde – von sich aus tätig werden und ein Verfahren eröffnen (Offizialmaxime). In diesem Zusammenhang sollte er sich über die materielle Wahrheit ins Bild setzen, d. h. er mußte versuchen, für die Schuld eines Angeklagten tatsächliche Beweise zu finden.

Ein Zwischenstück in der Entwicklung vom Akkusations- zum Inquisitionsprozeß bildete das kanonische Infamationsverfahren. Hier galt bereits die Offizialmaxime: Ein Bischof konnte gegen verdächtige kirchliche Amtsträger aufgrund ihres schlechten Leumunds aus eigenem Ermessen tätig werden. Allerdings blieb es dem Angeklagten dann gestattet, sich mit Eiden von der Anklage zu reinigen – für einen einflußreichen Prälaten wohl keine allzu schwere Aufgabe. Die Neuerung von Innozenz III. bestand nun darin, daß er seine Legaten spätestens seit 1206 (Dekretale *Qualiter et quando*) nach der materiellen Wahrheit des Vorwurfes forschen und auf der Grundlage dieser Erkenntnisse entscheiden ließ. Einige Jahre später, mit dem achten Kanon des Vierten Laterankonzils 1215, wurde das Verfahren *per inquisitionem* als verbindlich etabliert. Zunächst ging es dabei alleine um das innerkirchliche Verfahren gegen Kleriker. Auf die persönliche Integrität der Zeugen wurde großer Wert gelegt, eine Vorsichtsmaßnahme, die später im Ketzerprozeß bewußt beiseite gelassen wurde. Es dauerte jedoch noch einige Zeit, bis der Inquisitionsprozeß als Instrument zur Verfolgung von Häretikern adaptiert wurde. Die Begriffe *inquirere* bzw. *inquisitio* begegnen in diesem Kontext zum ersten Mal im Jahr 1229. Im November dieses Jahres faßte ein Konzil in Toulouse weitreichende Beschlüsse darüber, wie die Sicherung des Friedens und die Ketzerbekämpfung in Südfrankreich nach dem Ende des Albigenserkreuzzuges vonstatten gehen sollten (vgl. Kap. III.2). In jedem Ort, so hieß es dort, sollten Suchtrupps, bestehend aus einem Priester und drei Laien, sorgfältig nach Ketzern forschen und diese den kirchlichen Behörden anzeigen. Damit wurde das alte Instrument der Synodalzeugen modifiziert und modernisiert; eine Art dauerhaft bestehende Spezialpolizei sollte einzig für die Verfolgung von Ketzern zuständig sein. Ein wichtiger Schritt hin zur Professionalisierung der Ketzerverfolgung war damit getan, auch wenn diese Aufspürtrupps noch keine Gerichtsvollmachten besaßen und sich strikt im Rahmen der bischöflichen Gerichtsbarkeit bewegten. Aber die Beauftragung einer bestimmten Gruppe von Inquisitoren lag gleichsam in der Luft.

Diesen Schritt sollte Papst Gregor IX. (1227–1241) vollziehen, der bereits als Legat des Innozenz-Nachfolgers Honorius III. aktiv in der Ketzerbekämpfung tätig war und von Beginn an die dominikanischen Predigerbrüder systematisch förderte. Im Januar 1231 übernahm er das Antiketzergesetz Friedrichs II. von 1224 in sein Register und verschaffte damit der Strafe des Feuertodes auch im kirchlichen Bereich Eingang. Wenn wenig später in der Dekretale *Excommunicamus* von der «geschuldeten Strafe» (*animadversio debita)* die Rede ist, der die Verurteilten zuzuführen seien, dann ist damit zweifellos der Feuertod gemeint. Im gleichen Jahr beauftragte der Papst eine ganze Reihe von Legaten mit der Ketzerbekämpfung. Während der Auftrag für Konrad von Marburg im Oktober noch etwas vage formuliert ist (vgl. Kap. III.3), gilt der Brief Gregors IX. an zwei Regensburger Predigerbrüder mit dem Initium *Ille humani generis* vom 22. November 1231 als Schlüsseldokument für die Etablierung der Inquisition. Er bildet den Auftakt zu einer ganzen Reihe nahezu gleichlautender Ketzerbekämpfungsaufträgen des römischen Bischofs. Darin erteilt der Papst den jeweils angesprochenen Dominikanern den Auftrag zur gewissenhaften Suche nach Ketzern, zu ihrem Verhör und zum Vorgehen gegen sie gemäß päpstlichem Statut. Man kann dieses Schreiben wohl kaum als «Geburtsschein» der Inquisition bezeichnen, immerhin aber als wichtige Etappe eines sich länger hinziehenden Geburtsvorganges. Noch hatte sich für die Tätigkeit, die hier beschrieben wurde, kein offizieller Titel eingebürgert. Wenige Jahre später sollte Papst Gregor IX. aber bereits vom Geschäft der Inquisition (*negotium inquisitionis*) bzw. vom Amt der Inquisition (*officium inquisitionis)* sprechen. Seit den 1240er Jahren bürgerte sich die Bezeichnung *inquisitores heretice pravitatis* ein, «Verfolger der ketzerischen Verderbtheit».

Der sich in dieser begrifflichen Fixierung widerspiegelnde Institutionalisierungsschub vollzog sich im zweiten Drittel des 13. Jahrhunderts vor allem in Südfrankreich und in Italien in einem an Rückschlägen nicht armen Trial-and-Error-Verfahren. Eine wichtige Zäsur sollte hier die berühmt-berüchtigte Bulle *Ad extirpanda* darstellen, die am 15. Mai 1252 von Papst Innozenz IV. ausgefertigt wurde; unmittelbar zielte sie auf die Verhältnisse in den oberitalienischen Stadtstaaten, wurde aber bald auch als europaweite Norm für die Inquisition rezipiert. Sie faßte die bisher verstreuten päpstlichen Bestimmungen zur Ketzerverfolgung zusammen und legitimierte erstmals und mit durchschlagender Langzeitwirkung die Anwendung der Tortur im kirchlichen Inquisitionsverfahren. Damit war der Weg zum summarischen Ketzerprozeß des späten Mittelalters endgültig vorgezeichnet. Zu betonen ist aber, daß dieser nur eine besondere Ausprägung jenes Inquisitionsverfahrens darstellte, das im kirchlichen *und* im weltlichen Bereich Anwendung fand. Bis zum Ende des 18. Jahrhunderts blieb dieses Verfahren in vielerlei Variationen die Grundlage der Strafgerichtsbarkeit im größten Teil Europas.

2. Südfrankreich: Das Versuchslabor der Inquisition

Okzitanien, das Gebiet zwischen Pyrenäen und Seealpen im Süden Frankreichs, stellte um 1200 eine kulturell, sprachlich und politisch eigenständige Region dar. Hier – vor allem im Ketzerdreieck von Albi, Toulouse und Carcassonne – hatten zu jener Zeit die Katharer ihre Hochburg, auch wenn sie keineswegs die Mehrzahl der Bevölkerung stellten. Ihre Hauptanhängerschaft besaßen sie in den ländlichen Gebieten, unter den kleinen Leuten ebenso wie unter dem niederen Adel, während sie in den Städten zumeist nur eine kleinere, wenn auch einflußreiche Gruppe waren. Auch wenn die führenden Aristokraten in der Region zumeist katholisch blieben, war ihre Haltung zu den Häretikern – ebenso wie diejenige der meisten anderen – eher durch wohlwollende Indifferenz gekennzeichnet. Ihr nachdrücklicher Aufruf zu moralisch-ethisch eindeutigem Verhalten sicherte den Katharern Sympathien in allen Schichten. Das christliche Heil wurde vielfach bei den Katharern in besseren Händen gesehen als bei den Vertretern der offiziellen Kirche.

Bereits im ersten Jahr seines Pontifikates 1198/99 schickte Papst Innozenz III. zwei Zisterziensermönche mit weitreichenden Vollmachten nach Okzitanien, um den rechten Glauben zu predigen und sicherzustellen, daß alle geistlichen wie weltlichen Waffen gegen die Häretiker und ihre Gönner eingesetzt würden. Ab 1203 kamen neue päpstliche Legaten ins Land, darunter der streitlustige Zisterzienser Peter von Castelnau. Die Sendboten des Papstes versuchten, die zahlreichen regionalen Fehden und Zerwürfnisse zu schlichten und gleichzeitig mit Predigten die Ketzerei zu bekämpfen. Unterstützt wurden sie 1206/07 im übrigen durch Dominikus Guzmán, dessen Bewegung im Jahr 1216 von Papst Honorius III. als Orden der Predigerbrüder offiziell anerkannt wurde. Als Dominikaner, unter dem Namen ihres heilig gesprochenen Gründers, sollte sie künftig bekannt werden.

Vorerst blieb die Antiketzerpolitik des Papstes jedoch nur sehr begrenzt erfolgreich. Nicht zum ersten Mal wurde im Jahr 1207 Raimund VI., der Graf von Toulouse, der wie ein König über weite Teile Okzitaniens herrschte, wegen mangelnder Unterstützung bei der Bekämpfung der Häresie vom Legaten Peter von Castelnau exkommuniziert. Im Januar 1208 fiel dieser Gesandte des Papstes einem Mordanschlag zum Opfer, der zum Kreuzzugsfanal werden sollte. Propagandistisch wurde dem Grafen von Toulouse direkt oder indirekt die Verantwortung für die Bluttat zugeschoben. Dadurch konnten die politischen Bedenken der Könige von Frankreich und von Aragón gegen eine bewaffnete Intervention überspielt werden. Zum ersten Mal riefen päpstliche Gesandte zu einem Kreuzzug gegen den Feind im Inneren der Christenheit auf, versprachen reichlich Ablässe sowie ein Anrecht auf den Besitz der ketzerischen Gegner.

So begannen die sog. Albingenserkriege, die zwanzig Jahre lang den Süden Frankreichs verwüsteten. Sie endeten im April 1229 unter dem jungen König Ludwig IX. mit einem demütigenden Friedensvertrag für den isolierten Graf Raimund VII., der faktisch die Eingliederung Okzitaniens in den Machtbereich der französischen Krone besiegelte. Die Bedeutung des erfolgreichen Kreuzzugs liegt darin, die politischen Rahmenbedingungen für die Etablierung einer effizienteren Ketzerverfolgung geschaffen zu haben. Vielfach waren lokale Adlige als verurteilte Ketzer bzw. Ketzerfreunde enteignet worden, ihr Besitz fiel an die Krone oder an auswärtige Barone. Neue königliche Beamte ordneten die Verwaltung nach nordfranzösischem Muster, alle Städte erhielten Garnisonen. Das Ketzerproblem selbst hatte der Kreuzzug jedoch keineswegs gelöst.

Mit den Bestimmungen des Konzils von Toulouse begann im November 1229 eine Phase systematischerer Repression gegen die Häretiker (vgl. Kap. III.1). Der Graf von Toulouse, seine Vasallen und die Konsuln der Tolosaner Kommune waren beim Konzil anwesend und wurden zur Ketzerverfolgung verpflichtet. Die Kirche konnte nun über den bisher widerspenstigen weltlichen Arm verfügen. Konfisziert werden sollten folgerichtig nicht nur die Güter der Verurteilten, sondern auch die der säumigen weltlichen Herrscher und der Beherberger. Der Wille zur flächendeckenden Kontrolle manifestierte sich in der Bestimmung, daß alle Männer über 14 und alle Frauen über

12 Jahre der Häresie abschwören sollten. Um die Eidesleistung zu kontrollieren, sollten die Namen aller Pfarrkinder aufgeschrieben werden. Wer sich entzog, galt als verdächtig. Neben zahlreichen weiteren Einzelbestimmungen wurde überdies ein wegweisender Strafkatalog für Ketzer beschlossen.

Nur schleppend kamen im Gefolge des Konzils Verfolgungen in Gang. Päpstliche Legaten stießen auf Widerstand, der weltliche Arm verweigerte immer noch häufig die Zusammenarbeit, und das gesamte Verfahren besaß durch die Beteiligung verschiedener Bischöfe eine gewisse Schwerfälligkeit. Im April 1233 aber wurden in Frankreich auf Grundlage der Bulle *Ille humanis generis*, gleichsam nach dem «Regensburger Modell», die Dominikaner mit der Ketzerbekämpfung beauftragt, die im übrigen seit dem Vorjahr auch den Bischofssitz von Toulouse mit einem Ordensbruder besetzt hatten. Ebenfalls im April 1233 sah sich auch Graf Raimund VII. genötigt, antihäretische Statuten zu erlassen. Im Januar 1234 wurden einige Dominikaner als päpstliche Inquisitoren für die südfranzösischen Diözesen eingesetzt, gleichsam die erste Generation, darunter Petrus Seila, Guillelmus Arnaldi und Arnaldus Catala.

Ihre ersten Aktivitäten sind nur durch spärliche chronikalische Zeugnisse überliefert. Es kam zu einer Handvoll Todesurteile, meist aber zur Verurteilung, Exhumierung und Verbrennung bereits Toter – ein Beweis für die Schwäche der Inquisition, denn Zeugnisse gegen bereits Verstorbene waren schneller zu erlangen als solche gegen Lebende. Die Zeugen und Beklagten konnten sich relativ leicht entlasten, indem sie den Verstorbenen die Hauptverantwortung zuschoben. Auf der anderen Seite wirkte die Störung der Leichenruhe und die rituelle Bestrafung der Leichen abstoßend und verstörend auf eine Gesellschaft, deren Mitglieder mit den Toten in einer innigen Erinnerungs- und Gebetsgemeinschaft lebten. Das Vorgehen der Inquisitoren entsprach den seit ca. 1220 entwickelten Schritten: Die Mönche bereisten die Diözesen, predigten, warnten vor Ketzern und drohten Strafen an. Sie riefen dazu auf, zu einem festgesetzten Zeitpunkt vor den Inquisitoren zu erscheinen und das eigene Wissen über Häretiker preiszugeben. Die entsprechenden Aussagen wurden entgegengenommen und schriftlich fixiert. Dabei kam es jedoch häufig zu Regelverstößen: Der Leumund von Zeugen wurde kaum beachtet, so daß auch zwielichtige Personen belastende Aussagen machen konnten; den Beschuldigten wurden die Namen der Zeugen nicht mitgeteilt, was ihre Verteidigung deutlich erschwerte. Die vom Papst vorgeschriebene Konsultation anderer Geistlicher wurde von den mit einem gewissen Elitebewußtsein ausgestatteten Bettelmönchen häufig ignoriert. Strafen wurden zumeist vom weltlichen Arm bereitwillig und schnell vollstreckt, obwohl sich die Zahl der Todesstrafen auf kaum ein Dutzend beschränkt haben dürfte.

Schnell stießen die Inquisitoren auf eine Mauer des Schweigens. Mehr noch, es gab offenen Widerstand sowohl der einfachen Bevölkerung als auch des Adels. Wiederum stellte sich Graf Raimund VII. selbst gegen die Ketzerverfolger. In Albi wurde Arnaldus Catala bei dem Versuch der Exhumierung einer Ketzerin verprügelt, seine Kleider zerrissen; nur knapp entging er einem Lynchmord. In Toulouse wurde 1235 mit dem Inquisitor gleich der ganze Dominikanerkonvent aus der Stadt vertrieben. Zu den regionalen Widerständen kam eine ungünstige politische Großwetterlage: Zwischen 1238 und 1241 war der Konflikt zwischen dem Papst und Kaiser Friedrich II. derartig eskaliert, daß er andere dringende Fragen in den Hintergrund drängte. Der Papst versuchte, den auf seiten Friedrichs stehenden Grafen Raimund VII. dadurch auf seine Seite zu ziehen, daß er die Arbeit der Tribunale vorerst ruhen ließ. Der Graf wiederum trachtete den aufgeflammten englisch-französischen Konflikt für sich zu nutzen und sein Herrschaftsgebiet zu verbreitern. Eine Verschwörung gegen Ludwig IX. scheiterte jedoch; 1242 sah er sich erneut und diesmal endgültig zur Kapitulation gegenüber der Krone gezwungen.

Damit war der Boden für eine erneute Offensive der Inquisitoren bereitet. Insbesondere Petrus Seila und Guillelmus Arnaldi waren Anfang der 1240er Jahre aktiv. Petrus Seila war einer der ersten Gefolgsleute des Dominikus gewesen. Er besuchte in den Jahren 1241/42 die Gegend des Quercy. In seinem Register finden sich die Namen von ca. 600 Verurteilten, wobei sicherlich noch mehr Leute verhört wurden. Als Strafen verhängte er vor allem das Tragen des aufgenähten Kreuzes und bestimmte Leistungen zur Armenversorgung, aber auch Wallfahrten, als besonders schwere Variante diejenige nach Konstantinopel. Andererseits gibt es kein Todesurteil, keine Konfiskation und kein Gefängnis. Es handelt sich wohl vor allem um Fälle, in denen die Menschen innerhalb der Gnadenfrist eigene Vergehen «beichteten». Insofern verzeichnete Petrus Seila Erfolge vor allem durch Milde. Guillelmus Arnaldi scheint dagegen willkürlicher und grausamer vorgegangen zu sein. Seine Ermordung im Mai 1242 sollte zu einem Wendepunkt werden. Zusammen mit etlichen Begleitern fiel Arnaldi einem Mordanschlag kämpferischer Katharer zum Opfer. Die Bluttat von Avignonet provozierte, ebenso wie im Fall des Peter von Castelnau, entschiedene Maßnahmen der Ketzerbekämpfer. In den Blickpunkt rückte nun die kleine Bergfestung Montségur. Seit längerem war sie Zufluchtsstätte und Hochburg der Katharer; außerdem hatte ihr Kommandant bei dem Anschlag auf die Inquisitoren seine Hand im Spiel. Nach fast einjähriger Belagerung durch ein königliches Heer kapitulierte die Festung am 16. März 1244. Freiwillig und ohne Prozeß bekannten sich die katharischen Vollkommenen zu ihrem Glauben. Über zweihundert wurden daraufhin am Fuß des Berges mit dem Feuer gerichtet, unter ihnen auch einige Adlige und Söldner, die sich dem Vorbild der «Vollkommenen» verpflichtet fühlten – ein bemerkenswertes Zeugnis für die Überzeugungskraft der Häretiker.

Nach dem Fall von Montségur kam es zu Verfolgungen durch die Inquisition in bisher unbekannten Größenordnungen. Ihre Protagonisten waren seit 1243 die beiden Dominikaner Bernard de Caux und Jean de Saint-Pierre, Inquisitoren der zweiten Generation. Sie betrieben zwischen Mai 1245 und August 1246 die wohl weitläufigste Untersuchung, die je mittelalterliche Inquisitoren durchgeführt haben. Statt sich der gefahrvollen Reise über Land auszusetzen wie der ermordete Arnaldi, zentralisierte man nun das Verfahren. Flächendeckend zitierten die Inquisitoren alle Einwohner des Lauragais, der Landschaft, die sich südöstlich von Toulouse bis nach Carcassonne erstreckt, in das Kloster von St. Sernin in Toulouse. Aus den nur bruchstückhaft erhaltenen Quellen lassen sich allein über 5400 Verhöre rekonstruieren, wahrscheinlich nur ein Bruchteil aller tatsächlich durchgeführten. Jede männliche Person über 14 und jede Frau über 12 Jahre sollte befragt werden. Notwendigerweise brachte die große Zahl zugleich eine Bürokratisierung des Vorgehens mit sich, etwa die Verwendung standardisierter Frageraster, um über Fakten, Zeitangaben, Treffen und Glauben der Katharer Auskunft zu erlangen. Dabei konnten die Inquisitoren bereits auf einen Stab von Notaren, Schreibern und unterstützenden Amtsträgern zurückgreifen; anders wäre die Massenbefragung der Menschen in kleineren Gruppen von 20–30, bisweilen bis zu 75 Personen kaum zu bewältigen gewesen. Man wollte ein vollständiges und allumfassendes Gesamtbild haben, weniger über Inhalte des Glaubens als über die Beteiligung konkreter Personen an der Ketzerei. Dabei konnte man vielfach die Aussagen mit Verhören vergleichen, die dieselben Personen bereits früher gegenüber anderen Inquisitoren gemacht hatten. Auf diese Weise konnten die Befrager mehr als einhundert Falschaussagen ermitteln sowie geheime Abmachungen und Täuschungsversuche aufdecken. Bei den Betroffenen bewirkte dieses Vorgehen eine Wahrnehmung der Inquisition nicht mehr als punktuelle, vorübergehende Unbill, sondern als eine tief verwurzelte Organisation. Verglichen mit dem Umfang der Befragungen muten die Sanktionen bescheiden an. Die 207 bekannten Urteile beschränken sich meist auf das Tragen von gelben Bußkreuzen; lediglich in 23 Fällen wurde auf dauerhafte Einkerkerung entschieden. Die von Toulouse ausgehenden Untersuchungen trafen, ebenso wie andere in jenen Jahren in Agen, Cahors, Carcassonne und Pamiers, die häretische Infrastruktur schwer und nachhaltig.

Insgesamt bildeten die Verfahren der 1240er Jahre gleichsam die Blaupause, nach der die Inquisition zukünftig verfahren sollte. Nicht zufällig entstanden in dieser Zeit die ersten, wenngleich bescheidenen Inquisitorenhandbücher, die das in der Praxis erworbene Wissen fixierten. Zunehmend routiniert und professionell führten die Inquisitoren in der zweiten Hälfte des 13. Jahrhunderts ihren Kampf gegen die Häresie. Nach wie vor waren die

Katharer dabei das Hauptziel. Diese religiöse Bewegung tritt uns aus den Quellen zwar geschwächt, bis zum Ende des Jahrhunderts aber noch keineswegs völlig gebrochen gegenüber. Auf den Verfolgungsdruck reagierten ihre Vertreter mit Absetzbewegungen auf das Land bzw. ins Gebirge, zeitweilig sogar mit Flucht nach Italien, bis auch dort die Verfolgungen überhand nahmen. Gemeinhin gilt das letztendliche Niederringen der katharischen Häresie als eine der unbestrittenen Erfolge der Inquisition. Aber auch innere Probleme und Widersprüche der dualistischen Religion selbst mögen zu ihrem Niedergang beigetragen haben. So scheinen z. B. die «Vollkommenen» nicht in der Lage gewesen zu sein, dem selbst gesetzten moralischen Standard auf Dauer gerecht zu werden. Auch die katholische Reform zeitigte Wirkung und brachte der Orthodoxie neue Sympathien in der Bevölkerung. Pure Repression allein, so wird man resümieren können, reichte zum Sieg über die Katharer wohl kaum hin.

Ihre größte Krise erlebte die südfranzösische Inquisition gegen Ende des 13. Jahrhunderts. Seit 1280 mehrten sich die Beschwerden der städtischen Notabeln in Carcassonne gegen schwerwiegende Mißbräuche der Ketzerverfolger. Zwar scheiterte die geplante Vernichtung der Inquisitionsregister, aber 1291 entzog König Philipp IV. der Schöne der Inquisition zum ersten Mal die Unterstützung des weltlichen Arms. Zum charismatischen Wortführer der antiinquisitorischen Partei wurde Bernard Délicieux, der Lektor des mit den Dominikanern rivalisierenden Franziskanerklosters. Mit einer persönlich vorgetragenen Appellation an den König erreichte er, daß Philipp 1301 in scharfen Worten Mißbräuche und Verfahrensfehler der Inquisition verurteilte. Er verfügte, die Inquisition könne fortan nur in Übereinstimmung mit der bischöflichen Gewalt und unter Aufsicht königlicher Amtsträger tätig werden, und erwirkte sogar die Ablösung des Tolosaner Inquisitors Foulques de Saint-Georges, der zu den hartnäckigsten Widersachern des Franziskanerlektors gehörte. Als es dann 1303, durch die Predigten Bernards angeheizt und durch königliche Beamte unterstützt, in Carcassonne zu einem Aufruhr kam, der mit der Freilassung von Inquisitionsgefangenen endete, war dies zugleich Höhe-

und Wendepunkt im erfolgreichen Kampf gegen die Inquisition. Die Gefahr eines politischen Aufstandes im alten südfranzösischen Unruheherd vor Augen, reagierte der König deutlich reserviert auf erneute Anschuldigungen gegen die Inquisition. Bernard Délicieux beteiligte sich daraufhin an einer Verschwörung, die zum Ziel hatte, einen Sohn des Königs von Mallorca zum König des Languedoc auszurufen. Die dilettantische Konspiration scheiterte, viele Bürger von Carcassonne und Albi wurden wegen Hochverrats gehängt. Bernard Délicieux wurde erst viel später, 1316, unter geänderten politischen Rahmenbedingungen verhaftet und nach einem langwierigen Verfahren, bei dem mehrmals die Folter angewandt wurde, zu ewiger Einkerkerung verurteilt. Ein Gericht unter Vorsitz dreier Bischöfe (einer davon war Jacques Fournier) befand ihn des Hochverrats und der Obstruktion gegen die Inquisition für schuldig.

Zu dieser Zeit war die Unterdrückung des Katharismus im Kerngebiet der Albigenser fast gelungen. Ein letztes Mal lebte die häretische Bewegung um die Jahrhundertwende im Hochland der Sabartés auf, einer Gebirgsregion nicht weit von der Grenze zum Königreich Aragón, wo der aus Italien zurückgekehrte Pierre Autier als Missionar der Katharer wirkte. Ab 1303 ging der Inquisitor Gottfried d'Ablis mit Razzien und umfangreichen Prozessen gegen diese Gefahr vor, 1307 traf mit Bernard Gui ein weiterer erfahrener Inquisitor in Toulouse ein. Im Laufe des Jahres 1309 nahm man der Reihe nach die wichtigsten «Vollkommenen» gefangen, im April 1310 wurde Pierre Autier in Anwesenheit der beiden Inquisitoren auf dem Scheiterhaufen hingerichtet. Einem einzigen Vollkommenen, Guillaume Bélibaste, gelang die Flucht nach Katalanien ins Exil. Er wurde erst im Zuge der letzten Inquisitionswelle gefaßt, die ab 1318 von Bischof Jacques Fournier, dem nachmaligen Papst Benedikt XII., geleitet wurde. Die letzten Katharer fielen also nicht dem Zugriff eines päpstlichen, sondern eines bischöflichen Inquisitors zum Opfer.

3. Regionale Variationen

Das mittelalterliche Papsttum war eine Institution mit universalem Anspruch und europäischer Ausstrahlung. Als päpstliche Sondergesandte für den Kampf gegen die Häresien konnten die Inquisitoren deshalb ihrem Anspruch nach im Bereich der gesamten abendländischen Christenheit wirken. Gleichwohl stellte die mittelalterliche Inquisition niemals jene totalitäre Großorganisation dar, als die sie in die moderne Vorstellungswelt eingegangen ist. Ihr konkreter Wirkungsbereich war durch das Auftreten ketzerischer Bewegungen determiniert. Im ersten Jahrhundert ihrer Existenz waren das zunächst die Katharer. Während diese Herausforderung im ersten Drittel des 14. Jahrhunderts schon von der geschichtlichen Bühne verschwunden war, behaupteten sich die Waldenser länger und hartnäckiger. Dazu kamen neue Häresien, manchmal in Gestalt einzelner als ketzerisch empfundener Lehrmeinungen, häufig aber auch in Form von massenhaften religiösen Bewegungen: verketzerte Beginen und Begarden, Spiritualen oder Fraticellen, die mit ihrer geistig-mystischen Auslegung des Evangeliums, ihrer Endzeiterwartung und ihren radikalen Forderungen nach apostolischer Armut die Grenzen der Orthodoxie überschritten; später in England die Lollarden und in Böhmen die Hussiten mit ihrer Kritik an Papstkirche und Klerus. Die Inquisition bezog freilich nicht nur gegen Häretiker im engen Sinn Stellung, sondern dehnte die Definition der unter ihre Jurisdiktion fallenden Ketzereien sehr weit aus: So beanspruchte sie Zuständigkeit etwa für die Häresien der Juden, die nach Auffassung vieler christlicher Prediger im Talmud das Alte Testament verfälschten und Jesus lästerten, oder für Gotteslästerung, Magie, Zauberei und später Hexerei.

Trotzdem blieben viele Teile Europas vom Wirken der Inquisition unberührt. So wurden in England keine päpstlich delegierten Ketzerverfolger aktiv. Erst spät wurden dort von König Heinrich IV. 1401 wesentliche Elemente des kontinentalen Ketzerprozesses auf die Insel übertragen. Und selbst danach blieb die Verfolgung von Häretikern in der Hand der Bischöfe. Auch die iberischen Königreiche Kastilien und Leon erfuhren nie den

Segen der mittelalterlichen Inquisition, um eine ironische Formulierung Leas aufzugreifen; in Portugal sah es ähnlich aus. Im spanischen Königreich Aragón dagegen, dem südfranzösischen Ketzergebiet unmittelbar benachbart, kämpfte der Generalinquisitor Nicolaus Eymerich O.P. (gest. 1399) mindestens ebensosehr mit konkurrierenden weltlichen und kirchlichen Gewalten wie mit Häretikern. Mehrmals wurde er vom König in die Verbannung geschickt. Dabei hatten die Monarchen im 13. Jahrhundert selbst die päpstliche Inquisition als Instrument zur Ausdehnung ihrer Herrschaftsbefugnisse gegen das eigene Episkopat in Stellung gebracht. Die mittelalterliche Inquisition besaß viele regionale Profile; nur drei können hier näher beleuchtet werden.

Italien: Norditalien, insbesondere die Lombardei, bildete die Drehscheibe der katharischen Mission vom Balkan in Richtung des Languedoc. Als die Katharer in Frankreich unter Druck kamen, fanden sie in Norditalien einen Schutz- und Rückzugsraum. Und länger als in Frankreich konnten sie sich im späten 13. und 14. Jahrhundert in Italien behaupten. Auch die Waldenser und andere häretische Bewegungen hatten in Norditalien, vor allem der Lombardei, ihre Hochburgen. Die für mittelalterliche Verhältnisse außergewöhnliche urbane Verdichtung des nord- und mittelitalienischen Raumes schuf den idealen Nährboden für religiöse Bewegungen ganz unterschiedlicher Art. Zugleich bedeutete diese Massierung von Stadtkommunen aber auch eine politische Zersplitterung, die ganz eigene Probleme der Ketzerverfolgung nach sich zog.

Bereits Innozenz III. konzentrierte sich nach seinem Amtsantritt auf die Häretiker vor seiner Haustür. Die in seinem zweiten Pontifikatsjahr 1299 erlassene Bulle *Vergentis in senium* zielte konkret auf die Situation in der – im Kirchenstaat gelegenen – Kommune Viterbo und fand wenig später im nicht weit entfernten Orvieto Anwendung. Die italienischen Kommunen bildeten naturgemäß auch in der Folgezeit die Hauptarenen für den Kampf gegen die Ketzerei. In den ersten Jahrzehnten der Inquisition beherrschte der Machtkampf zwischen den Päpsten und Kaiser Friedrich II. die politische Bühne. Unter dem Banner der Guelfen und Ghibellinen bekämpften sich in den italienischen Städten die Anhänger des Papstes und des Kaisers. Dabei stellten diese Banner oft nur neue Etiketten für alte innerstädtische Fraktionen und Parteiungen dar. Häresie und Inquisition auf der einen, die politische Fraktionenbildung auf der anderen Seite gingen in dieser Zeit eine schwer zu durchdringende Symbiose ein. Ghibellinische Herrscher wie etwa Ezzelino da Romano in Verona, Vicenza und Padua oder Uberto Pallavicini in Cremona, Piacenza und Pavia fungierten als Schutzherren der Ketzerpartei.

Andererseits existierten in Italien Faktoren, die eine aktive Häresiebekämpfung beförderten. So besaßen die Bischöfe hier nicht mehr die starke Stellung wie anderswo; sie waren bereits zuvor vom Papst entscheidend in ihrer Eigenständigkeit beschnitten worden. Zweitens besaß die innerkirchliche Reformbewegung, verkörpert vor allem durch die Bettelorden der Franziskaner und Dominikaner, in Italien eine starke Durchschlagskraft. Die Prediger der Bettelorden stießen in den Städten auf positiven Widerhall. Vor allem gelang es, auch die Laien für die katholische Sache zu mobilisieren, indem sie zur Bildung von Bruderschaften und Milizen angeregt werden konnten, Zusammenschlüssen von Laien, die eine Lebensregel annahmen und sich bestimmten Vorschriften unterwarfen, ohne auf die Ehe zu verzichten. Die enge Verzahnung von rechtgläubiger Erneuerungsbewegung und Kampf gegen die Ketzerei läßt sich an der Person des Dominikaners Johannes von Vicenza sinnfällig machen, der im Jahr 1233 eine steile Karriere als charismatischer Erweckungsprediger machte, die in Bologna begann und sich dann auf Padua und Treviso erstreckte. Er war Exponent einer Friedens- und Bußbewegung, die auf eine weit verbreitete Abscheu vor den kriegerischen Auseinandersetzungen in Italien reagierte, und machte sich einen Ruf als Friedensstifter. Als es ihm gelang, im Sommer 1233 die Belagerung der Stadt Verona auf friedlichem Wege zu beenden, wurde ihm sogleich von den Bewohnern die politische Herrschaft angetragen. Am 21. Juli und den drei darauffolgenden Tagen führte Johannes den Vorsitz bei der Verbrennung von 60 Ketzern in der Arena von Verona, bei der die Bischöfe von neun Städten und die politischen Führer der Region anwesend waren. Die hingerichteten Katharer und Waldenser, darunter Angehörige der angesehensten Familien, hatten sich geweigert, auf Johannes' Anordnungen einen Gehorsamseid zu schwören.

1233/34 wurden auch in Italien päpstliche Inquisitoren mit dem bekannten *Ille humanis generis*-Formular eingesetzt, wobei die dominikanischen Ketzerverfolger vorläufig noch eng mit der bischöflichen und der kommunalen Gewalt zusammenarbeiten mußten. So ernannte der Mailänder Erzbischof 1233 eine aus zwölf Mitgliedern bestehende Ketzerverfolgungskommission, der auch zwei Franziskaner und zwei Dominikaner angehörten; sie blieb dem erzbischöflichen Gericht unterstellt. Widerstände blieben nicht aus. 1234 wurde der päpstliche Legat Roland von Cremona in Piacenza von bewaffneten Männern bei der Predigt überfallen, einer seiner Gefährten tödlich verwundet. In den folgenden Jahren nahm die Repression vielerorts zu. So wirkten Anfang der 1240er Jahre in der bekannten Ketzerhochburg Florenz die Inquisitoren Ruggiero Calcagni und Petrus von Verona. Ihre Tätigkeit brachte das weitverzweigte Netzwerk der Ketzerei in der Stadt zum Vorschein und löste schließlich gewalttätige Auseinandersetzungen in den Dimensionen eines veritablen Bürgerkrieges aus, aus denen die Guelfen schließlich als Sieger hervorgingen.

Einen wirklichen Wendepunkt hin zu einer erfolgreichen und nachhaltigen Bekämpfung der Ketzerei bildete die Ermordung des Inquisitors Petrus von Verona. Im April 1252 fiel er einer Verschwörung katharischer Führer der Lombardei zum Opfer. Schnell rankten sich Legenden um diesen Tod, etwa, daß der Ermordete mit dem eigenen Blut «Credo» auf den Boden geschrieben hatte. Bereits im August des Todesjahres leitete Papst Innozenz IV. ein Kanonisationsverfahren ein, und bevor ein Jahr verstrich, war die Heiligsprechung des getöteten Inquisitors als Petrus Martyr perfekt. Mit Rainero Sacconi trat ein entschlossener und überdies kenntnisreicher Inquisitor die Nachfolge an; er hatte ehedem eine führende Stellung unter den Katharern innegehabt. Vor allem nutzte Papst Innozenz IV. die Gunst der Stunde, um am 12. Mai 1252 mit seiner Dekretale *Ad extirpanda* die bisherigen Bestimmungen gegen Ketzerei bündig zusammenzufassen und das Strafverfahren in einem wichtigen Punkt – Einführung der Folter – zu verschärfen. Obwohl von allgemeiner Geltung, zielte die Bulle in erster Linie auf die kommunale Welt Oberitaliens. Der städtische Podestá, der höchste Amtsträger, mußte einen Eid auf die Einhaltung der Ketzergesetzgebung leisten und war letztlich für deren Durchführung verantwortlich, wobei ihm ein Gremium von zwölf Männern zur Seite stehen sollte. Die kommunalen Statuten sollten in der Folge bis Ende des 13. Jahrhunderts weitgehend die päpstlichen Häresiebestimmungen adaptiert haben. Die höchste Autorität in Sachen Ketzerverfolgung lag nach dem Wortlaut von *Ad extirpanda* bei den Bischöfen und den Inquisitoren. Letztere waren als Inhaber einer vom römischen Bischof delegierten Jurisdiktionsgewalt nun tatsächlich Richter. Damit hatte Papst Innozenz IV., vormals ein bekannter Kirchenrechtler, dem «heiligen Amt der Inquisition» eine neue festere Gestalt gegeben als eine korporative *universitas*, als eine unsterbliche Institution, deren Mitglieder wechselten, die aber als solche dauerhaft fortbestand. Folgerichtig regelte dieser Papst 1254 die regionale Zuständigkeit der Ketzerverfolgung. Italien wurde in acht Inquisitionsprovinzen unterteilt, wobei der Dominikanerorden in der Lombardei und im Königreich Sizilien, die Franziskaner dagegen, bereits seit 1246 in die Ketzerverfolgung eingebunden, in den übrigen Regionen die Inquisitoren stellen sollten. Diese Maßnahmen leiteten eine Phase der Konsolidierung der Inquisition in Italien ein, in deren Folge sich die regionale Struktur weiter ausdifferenzierte und die Zahl der Inquisitoren, ihrer Notare und ihrer Familiaren wuchs.

Der Tod Kaiser Friedrichs II. (1250) bzw. seines Sohnes Konrad IV. (1254) hatte die politischen Rahmenbedingungen für diese Entwicklungen entscheidend begünstigt. Zwar konnten sich die ghibellinischen Herrscher Ezzelino (bis 1259) bzw. Umberto (bis 1269) noch einige Jahre in der Lombardei behaupten, aber spätestens mit Niederlage und Tod des Staufers Manfred in der Schlacht von Benevent und der Hinrichtung des Kaiserenkels

Konradin 1268 siegte die päpstliche Partei in Person Karls von Anjou. Im Königreich Sizilien, in Neapel und Sardinien wurde die Inquisition nun ebenso etabliert wie in den bisher für sie unzugänglichen Teilen der Lombardei. Selbst Venedig mußte den Inquisitoren nach längerem hinhaltenden Widerstand seine Tore öffnen, konnte aber Sonderbedingungen aushandeln: So behielt die weltliche Macht einige Zwangsmittel in der Hand, indem sie alle Geldbußen und Konfiskationen einstrich und davon wiederum die Ausgaben des *Sanctum Officium* bestreiten sollte. Lokal flammten gelegentlich weiterhin Widerstandshandlungen auf. 1277 wurde der Inquisitor Konrad von Pagano im Veltlin durch häretische Adlige ermordet. Und 1279 stürmten die Bewohner von Parma im Gefolge eines Prozesses das Dominikanerkloster, verprügelten die Mönche derart, daß einer starb, und vernichteten die Inquisitionsakten. Dennoch befanden sich die Katharer als hauptsächliche Gegenspieler der Ketzerverfolger im letzten Drittel des 13. Jahrhunderts auch in Italien eindeutig in der Defensive, nachdem sie hier länger als in Frankreich relativ ungestört geblieben waren. In Sirmione am Gardasee wurden 1278 178 Vollkommene gefangen, nach Verona geschafft und dort in der Arena verbrannt. 1282 unterwarfen sich ganze Scharen von «Vollkommenen» dem Florentinischen Inquisitor Salomone da Lucca. Eine der letzten großen Offensiven gegen die dualistische Häresie in Italien erfolgte zwischen 1291 und 1309 in der Großstadt Bologna, wo 103 männliche und 37 weibliche Angeklagte vor Gericht gestellt wurden.

Auch nach dem Verschwinden der Katharer blieb die italienische Halbinsel und insbesondere ihr Norden dasjenige Gebiet in Europa, in dem heterodoxe religiöse Bewegungen (bzw. was von der Orthodoxie als Häresie stigmatisiert wurde) am intensivsten auftraten. Folglich wurde die Inquisition hier keineswegs arbeitslos, auch wenn sich ihre Aktivitäten deutlich abschwächten (was ihr nicht zuletzt finanzielle Probleme eintrug). Im späten 13. und im 14. Jahrhundert brachte die Kombination radikaler Armutsforderungen, die auch bei der Geburt der Bettelorden Pate gestanden hatten, mit mystisch-apokalyptischen Spekulationen im Gefolge des Joachim von Fiore eine Vielzahl ketzerischer bzw. verketzerter Gruppierungen hervor, mit denen sich die Inquisition (nicht nur in Italien) auseinanderzusetzen hatte: Joachimiten, franziskanische Spiritualen, Apostelbrüder, Fraticellen u. a. Das vielleicht klarste Profil besaß die norditalienische, radikale Ausprägung der Waldenser, die sogenannten «armen Lombarden». Bereits im 13. Jahrhundert aus den großen Städten verdrängt, blieben sie vor allem in den subalpinen Gebieten Piemonts aktiv. Im Zeitraum zwischen 1312 und 1395 gingen in der Diözese Turin insgesamt dreizehn Inquisitoren gegen über zweihundert waldensische Häretiker vor, von denen 22 zum Tode verurteilt wurden. Trotz allen Eifers ihrer Verfolger überlebte die Bewegung aber bis in die Zeit der Reformation und konnte sich nun mit dem Protestantismus verbinden, vor allem: ihm als Exempel für das Überleben des wahren Glaubens im «dunklen» Mittelalter dienen.

Frankreich: Gegenüber Südwestfrankreich mit den Tribunalen in Toulouse und Carcassonne im Mittelpunkt nimmt sich die inquisitorische Präsenz im übrigen Frankreich eher bescheiden aus. Seit Mitte des 13. Jahrhunderts war das Königreich in zunächst vier, dann sechs Inquisitionsbezirke unterteilt worden. Im Südosten, von der Provence bis hinein in die Alpen, stellten die Franziskaner die Amtsinhaber, in den übrigen französischen Regionen die Dominikaner. Diesem Orden gehörte auch der Pariser Amtsinhaber an, der phasenweise – wie etwa Guillaume Imbert 1307 – den Titel eines Generalinquisitors für ganz Frankreich führte. Eine strikte Weisungsbefugnis gegenüber seinen Kollegen in der Provinz darf man aus diesem Titel allerdings nicht ableiten. Überhaupt zeugen vielfach nur gelegentliche Namenserwähnungen in päpstlichen Schreiben von der Existenz der Inquisition abseits der Brennpunkte der Ketzerverfolgung. So haben vor allem einige öffentlichkeitswirksame Strafverfahren, an denen die Inquisition beteiligt war, die Aufmerksamkeit der Historiographie auf sich gezogen. Dazu zählt das große Strafspektakel im Mai 1239 in Mont Aimé (Champagne), bei dem in Anwesenheit des Königs von Navarra, des Grafen der Champagne und von nicht weniger als 16 Bischöfen

180 Katharer verbrannt worden sein sollen. Es bildete den Höhepunkt der Verfolgungskampagnen des dominikanischen Ketzerverfolgers Robert le Bougre, der 1232/33 seine Tätigkeit als Ketzerverfolger in der Franche-Comté und in La Charité-sur-Loire begann und damit zu den Pionieren der Inquisition gehört. Nach 1244 fiel der Inquisitor, vor dem nach einem wenig später verfaßten Bericht «beinah ganz Frankreich zitterte», in Ungnade und wurde von seinen Mitbrüdern zu ewiger Kerkerhaft bestimmt. Offenbar war Robert persönlich ein fanatischer und wenig ansprechender Zeitgenosse. Die meist später verfaßten Quellen sehen in ihm einen grausamen und korrupten Eiferer, dem viele Unschuldige zum Opfer fielen. Ob seine Prozeßführung tatsächlich irregulär war, ist – ebenso wie bei seinem deutschen Pedant Konrad von Marburg – umstritten.

Ein gutes halbes Jahrhundert später, ab 1307, kam es zu jenem spektakulären Prozeß, mit dem der französische König Philipp der Schöne die Templer vernichtete. Dieser Ritterorden hatte 1291 mit dem Fall des letzten christlichen Brückenkopfes im Heiligen Land, der Festung Akkon, seinen Gründungszweck verloren. Reich mit Sach- und Geldwerten ausgestattet, war er das Ziel finanzieller Begierde des französischen Königs. Bei Philipp fand ein Denunziant offene Ohren, der die Templer der Ketzerei, nächtlicher Orgien und Abgötterei bezichtigte – das ganze Arsenal von Schauergeschichten, die Ketzern seit langem angehangen wurden. Formal war es nun der Generalinquisitor von Frankreich, Guillaume Imbert, der König Philipp IV. von Frankreich im September 1307 die Verhaftung der Tempelritter befahl und der die ersten Schritte der Untersuchung vornahm. Der Dominikaner war persönlicher Beichtvater des Königs und hatte seine Position allein Philipp zu verdanken – ein idealer Strohmann des Herrschers für dessen Vorgehen gegen die Templer. Beim Verfahren ging Philipp jedoch kein Risiko ein: Weltliche Kommissare unterwarfen die Tempelritter nach ihrer Verhaftung einer rechtswidrigen Voruntersuchung einschließlich schwerster Folter und machten sie damit gefügig. Die Inquisition als «Dienerin der Staatsgewalt» (Heinrich Finke): Eindeutig verletzte diese Rollenverteilung die Prärogative der kirchlichen

Gerichtsbarkeit. Nicht umsonst rügte Papst Clemens V. das Vorgehen scharf und bestrafte die Kollaboration Imberts mit der weltlichen Macht, indem er ihn vorübergehend vom Amt suspendierte. Auf die Dauer jedoch mußte der machtpolitisch unterlegene römische Bischof einlenken. Trotzdem spielte die Inquisition beim weiteren Fortgang der Ereignisse keine Rolle mehr, die Schlüsselpositionen in der Untersuchungskommission wurden seit Mitte 1308 von Bischöfen besetzt, die dem Monarchen ergeben waren.

Politische Motive dominieren auch im Verfahren gegen Jeanne d'Arc. 1429 hatte die Jungfrau die englische Belagerung der Stadt Orléans gesprengt und den trägen König Karl VII. zur Königskrönung und Salbung nach Reims geführt. Am 24. Mai 1430 wurde sie vor Compiègne von den Feinden gefangengenommen, im Januar 1431 stand sie in Rouen vor Gericht. Dabei handelte es sich um ein politisches Verfahren reinster Güte, mit dem die burgundisch-englische Partei den von ihr nicht anerkannten Karl VII. und die Partei der Armagnacen (Orléans) diskreditieren wollte. Anders als oft behauptet, kam der päpstlichen Inquisition hier neben Bischöfen und Vertretern der Pariser Universität nur eine Statistenrolle zu. Der gegen Jeanne geführte Prozeß endete mit dem üblichen Verdikt über rückfällige Ketzer: Tod auf dem Scheiterhaufen. Mit dessen Vollstreckung aber war das juristische Kapitel noch nicht abgeschlossen. Seit 1449 kam stotternd ein Revisions- und Rehabilitationsprozeß der Pucelle in Gang, der die formale Unzulässigkeit der Verurteilung feststellen sollte. Auch dies war ein politischer Prozeß, der Karl VII. von dem Vorwurf der Zusammenarbeit mit einer verurteilten Ketzerin und Teufelsdienerin reinwaschen sollte. Mehrere Amtsträger nahmen am Revisionsverfahren im Auftrag des Königs teil, darunter neben Kardinälen und königlichen Räten auch der Inquisitor Jean Bréhal O. P. als die «Seele der Rehabilitation». Nicht immer war das Wirken der Inquisition verderbenbringend.

Deutschland: Wie in Frankreich Robert le Bougre steht auch in Deutschland eine umstrittene Gestalt am Beginn der Inquisitionsgeschichte: Konrad von Marburg. Redegabe und Askese brachten diesen Weltgeistlichen bei seinen Zeitgenossen in hohes Ansehen, als Beichtvater der früh verstorbenen Landgräfin Elisabeth von Thüringen betrieb er deren Heiligsprechung. 1227 sicherte der Papst Konrad brieflich seine Unterstützung als Ketzerverfolger zu; er benutzte sogar den Begriff *inquisitor*, aber von gerichtlichen Befugnissen war noch nicht die Rede. Erst im Zuge seiner überregionalen Antiketzerkampagne verlieh Papst Gregor IX. Konrad im Oktober 1231 ein nicht näher spezifiziertes *officium* mit Vollmachten zur Ketzeraufspürung. Der Weltkleriker Konrad von Marburg und nicht die wenig später beauftragten Dominikanerinquisitoren (vgl. Kap. III.1) machte in den nächsten beiden Jahren durch unnachgiebigen Verfolgungseifer Furore. Mit seinen beiden Gehilfen, dem Dominikaner Konrad Tors und dem Laien Johannes, forschte er vor allem im Rheinland und in Thüringen nach Waldensern und sogenannten Luziferanern (Katharern). Wohl Hunderte solcher angeblicher Ketzer brachte er auf den Scheiterhaufen. Schnell sah er sich wachsender Kritik ausgesetzt, auch von seiten derjenigen Bischöfe, die ihn anfänglich unterstützt hatten. Als er mit einer gerichtlichen Anklage gegen den einflußreichen Grafen von Sayn scheiterte und einem Verbot des Erzbischofs von Mainz zum Trotz mit einer Kreuzzugspredigt gegen die Ketzer begann, wurde er auf dem Weg nach Marburg samt einem Begleiter erschlagen. Bereits viele Zeitgenossen, darunter der Papst und andere hohe kirchliche Würdenträger, hatten Konrads Vorgehen als Rechtsbruch kritisiert. Zum Teil galt die Empörung wohl ebensosehr der Sache wie der Person: Viele der Prozeßmaximen Konrads, etwa die Einschränkung von Verteidigungsrechten oder die Zulassung von Zeugenaussagen Tatbeteiligter, waren damals noch neu und unerhört, sollten später aber zum Standardrepertoire der Ketzerjustiz gehören (Patschovsky). Mit dem Tod Konrads von Marburg, der im Sommer 1233 erschlagen wurde, endete der Paukenschlag der Inquisition in Deutschland, ohne daß «nachfolgend ein großes Orchester eingesetzt» hätte (Kurze). Neben der Diskreditierung der Ketzerverfolgung durch einen Sonderlegaten des Papstes spielte dabei sicher auch die sich verändernde politische Großwetterlage, die Verschlechterung des Verhältnisses zwischen Kurie und Kaiser Friedrich II., eine Rolle.

Die päpstliche Inquisition bildete in den folgenden beiden Jahrhunderten keine feste Größe im deutschen Reich. Während etwa in der österreichischen Kirchenprovinz in der zweiten Hälfte des 13. und in der ersten Hälfte des 14. Jahrhunderts die Bekämpfung der katharischen und waldensischen Häretiker ausschließlich in den Händen des Diözesanbischofes und des herzoglichen Landesherren lagen, gelang es den Bettelorden im benachbarten Königreich Böhmen am Anfang des 14. Jahrhunderts, den Bischöfen die Ketzergerichtsbarkeit für längere Zeit zu entfremden. Trauriger Höhepunkt des rund einhundertjährigen kontinuierlichen Wirkens der Inquisition in Böhmen zwischen 1318 und dem Vorabend des Konstanzer Konzils bildeten die Massenverfolgungen des Gallus von Neuhaus um 1340 in den waldreichen Gegenden Südböhmens, wo sich im Zuge des Landesausbaus des 13. und beginnenden 14. Jahrhunderts auch zahlreiche Waldenser angesiedelt hatten. Die letzte bekannte Aktion eines päpstlichen Inquisitors in Böhmen steht unmittelbar in Zusammenhang mit dem Wirken des Magisters Jan Hus, der Leitfigur einer kirchenkritischen Reformbewegung in Prag. Vier Wochen vor dessen Abreise zum Konzil in Konstanz im August 1414 stellte Nikolaus Wenceslai als päpstlicher Inquisitor dem Magister Hus eine Art Unbedenklichkeitsbescheinigung in Glaubensdingen aus, offenbar eine Gefälligkeit für König Wenzel. Der Inquisitor landete daraufhin vorübergehend im Gefängnis des Konstanzer Konzils. Jan Hus wurde verhaftet, in einem summarischen Ketzerprozeß als hartnäckiger Häretiker verurteilt und am 6. Juli 1415 dem Scheiterhaufen überantwortet. Die sich anschließenden langwierigen religiösen Auseinandersetzungen zwischen katholischer Orthodoxie und der Hussitenbewegung vollzogen sich vorwiegend auf der militärischen Ebene, in Form von Kreuzzügen bzw. bewaffneten Missionszügen. Die Inquisition sollte dabei, jedenfalls in Böhmen, keine Rolle mehr spielen.

Außerhalb Böhmens, im übrigen Deutschland, lassen sich bis weit in die zweite Hälfte des 14. Jahrhunderts nur wenige Ketzerbekämpfer mit päpstlichem Legat feststellen. Die Verfolgung von Häretikern lag in den Händen der Ortsbischöfe und ihrer Amtsträger, wie etwa die Prozesse gegen freigeistige Beginen und Begarden in Straßburg am Beginn dieses Jahrhunderts zeigen. Erst seit einer Initiative Papst Urbans V. vom Oktober 1364 scheint sich die routinemäßige Besetzung der Inquisitorenämter für die meisten deutschen Kirchenprovinzen eingebürgert zu haben, so daß eine zumindest formale Kontinuität der Inquisition bis zur Reformation bestand. In den folgenden Jahrzehnten entfalteten einzelne von ihnen eine beachtliche Tätigkeit, darunter nicht nur Dominikaner. Neben Walter Kerlinger, Heinrich Angermeier und dem bischöflichen Vikar Martin von Amberg (von Prag) tat sich vor allem der Coelestiner-Ordensprovinzial Peter Zwicker hervor. In der österreichischen Steiermark soll er über 100 Ketzer zum Tode verurteilt haben. Anders gestaltete sich dagegen das Schicksal von mehr als 450 Waldensern, die er zwischen 1392 und 1394 in Stettin verhörte. Sie erschienen in der Regel freiwillig, wenn nicht sogar unaufgefordert vor dem Inquisitor und präsentierten sich reumütig und bekehrungswillig. Der Inquisitor honorierte dieses Verhalten durch entsprechend leichte Sanktionen, unter denen die öffentliche Stigmatisierung mit dem Stoffkreuz noch die schwerste darstellte. Eine erneute Inquisition in Brandenburg sollte 1458 an den Tag bringen, daß die Waldensergemeinde insgeheim fortbestand und ihre Untergrundstrukturen sogar noch ausgebaut hatte. Bei dieser erneuten Untersuchung war im übrigen neben dem zuständigen Diözesanbischof Stefan Bodecker sowie dem von ihm bestimmten Inquisitor Johann Kannemann, einem Franziskaner und Erfurter Theologieprofessor, Kurfürst Friedrich von Brandenburg selbst aktiv. Auch die Städte zogen nicht selten Ketzer vor eigene Gerichte. Gegenüber den Aktivitäten der weltlichen Gerichtsbarkeit traten die päpstlichen Inquisitoren an Bedeutung weit zurück, eine Tendenz, die bereits in die Frühe Neuzeit weist.

Von den regelmäßig ernannten päpstlichen Ketzerbeauftragten der Spätzeit haben wir, wenn überhaupt, nur sehr sporadische Nachrichten. Der letzte Inquisitor im Kerngebiet des Reiches, von dem wir ausführliche Tätigkeitsnachweise besitzen, ist Jacob von Hochstraten (ca. 1460–1527), Prior des Kölner Dominikanerklosters und als solcher zugleich Inquisitor in den Kirchenprovinzen Köln, Mainz und Trier. In Wort und Tat kämpfte er gegen die Vertreter der frühen Reformation. Bereits seit 1509 war er gegen den Humanisten Johannes Reuchlin vorgegangen, der mit dem getauften Juden Pfefferkorn in einen heftigen literarischen Schlagabtausch um den ketzerischen Charakter des Talmuds und anderer jüdischer Schriften verstrickt war. Reuchlin appellierte nach Rom und hatte zunächst Erfolg: Der Papst beauftragte den Bischof von Speyer mit der Entscheidung; dieser sprach den Humanisten vom Verdacht der Häresie völlig frei, legte dem Inquisitor die Kosten des Verfahrens auf und drohte ihm bei Ungehorsam mit der Exkommunikation. Die Humanisten bejubelten ihren Erfolg und setzten dem Inquisitor ein wenig schmeichelhaftes Denkmal in den satirischen «Dunkelmännerbriefen». Doch erwies sich der Jubel als verfrüht, die Dominikaner setzten Rom unter Druck und erreichten im Gefolge der Luthersache doch noch eine verspätete Verurteilung Reuchlins. Der protestantischen Ketzerei stellte sich in Deutschland jedoch kein Inquisitor mehr erfolgreich in den Weg. Die Gründe für die Schwäche der päpstlichen Inquisition in Deutschland sind vielfältig. Einmal war die Herausforderung der Ketzerei nicht so massiv wie im Süden, so daß die Reaktion eher moderat ausfiel und sich z. B. die institutionelle Ausprägung (Helfer, Ressourcen) in Grenzen hielt. Zum zweiten war die territoriale Zersplitterung des Reiches dafür verantwortlich, daß die Träger der Verfolgung je nach politisch-rechtlichem Kontext wechselten. Eine eher schwache päpstliche Inquisition bedeutete keineswegs die Abwesenheit von Ketzerverfolgungen.

4. Strukturen, Arbeitsweise, Grenzen

War die mittelalterliche Inquisition eine Institution? Manche Historiker bestreiten das. So spricht der Rechtshistoriker Edward Peters zwar von «den Inquisitoren» und «dem Inquisitionsverfahren», lehnt aber die Rede von «der» Inquisition als unhistorisch ab. Was aber versteht man unter einer Institution? Im engeren Sinn könnte man sie definieren als eine formale Organisation, die auf Dauer angelegt ist, die bestimmte Ämter und wahrscheinlich eine abgestufte Hierarchie ebenso aufweist wie ein materielles Substrat, sprich Besitz. Im weiteren Sinn faßt man unter ‹Institution› alle sozialen Gebilde, die Ordnung und Dauer besitzen bzw. eine solche dauerhafte Ordnung behaupten. Ordnung und Dauer sind nach diesem Verständnis also weniger einfach da, sondern müssen immer wieder symbolisch zur Geltung gebracht werden, um soziale Wirkung zu entfalten. Gleich, ob man ein enges oder ein weiteres Verständnis zugrunde legt, wird man der mittelalterlichen Inquisition ‹Institutionalität› nicht absprechen können. Skepsis gegenüber einer anachronistischen Verzeichnung der Inquisition als einer Super-Institution nach modern-totalitärem Vorbild erscheint dennoch berechtigt. Deswegen sollen hier neben der Struktur und der Arbeitsweise auch die zum Teil engen Grenzen inquisitorischen Wirkens zur Sprache gebracht werden.

Der institutionelle Kern der Inquisition bestand aus zwei Hauptelementen: Da war einmal der *inquisitor heretice pravitatis*, jener «vom Papst mit delegierter Gerichtskompetenz ausgestattete Ketzerverfolgungsspezialist» (Segl), der selbständig die Untersuchungen führte; und zum anderen gab es das spezielle inquisitorische Verfahren, wie es früh in den Handbüchern fixiert worden ist. Daran, daß schon bald nach dem Beginn ihrer Beauftragung die Tätigkeit der päpstlichen Sonderermittler als ein Amt (*officium*) verstanden wurde, gibt es keinen Zweifel. Von seinen Anklägern wurde z. B. Bernard Délicieux 1319 beschuldigt, eben dieses Amt beschädigt zu haben; er beharrte dagegen darauf, lediglich die Mißbräuche einzelner Inquisitoren an den Pranger gestellt zu haben. Zumindest regional bestand eine Kontinuität in der Ernennung von Inhabern dieses Amtes, ebenfalls ansatzweise eine Hierarchie in Gestalt von übergeordneten Generalinquisitoren. Vor allem in Südfrankreich und Italien besaß die Inquisition eigene Gebäude zur Abhaltung ihrer Befragungen und zur Verwahrung der Gefangenen, ebenso Archive, um ihre Protokolle zu verwahren. Überdies standen die Inquisitoren nicht allein: Sie hatten einen Stab von Helfern zur Verfügung, gelehrte Notare und Schreiber ebenso wie einfache Handlanger (*familiares*), die Hilfsdienste ausführten und dafür in den Genuß von rechtlichen Privilegien und Waffenbesitz kamen.

Verfahrensnormen: Die Inquisition war nicht bloß eine formale Organisation. Ihr eigentlicher institutioneller Kern bestand vielmehr in der Tradierung eines professionellen Know-Hows. Dazu gehörte zum einen das Spezialwissen über Merkmale, Erkennungszeichen und Gegenstrategien der einzelnen häretischen Bewegungen. Und dazu gehörte vor allem ein besonderes prozessuales Verfahren zur Ketzerbekämpfung. Inquisition, das war vor allem ein Korpus an explizit formulierten Zielen, Regeln und Praktiken, das – modifiziert – sowohl die Grenzen der päpstlichen Akteure als auch die Zeitwende zur Moderne überschritt und auch die neuzeitlichen Inquisitionen prägen sollte. Dieses tradierte Wissen der Inquisition wurde von einer ganzen Reihe von Handbüchern überliefert. Diese «Manuale» über das Vorgehen der Inquisitoren waren in der Frühzeit recht bescheiden. Das erste derartige Dokument entstand 1242 unter Federführung von Raymund von Peñaforte und umfaßt in der modernen Edition gerade einmal 10 Seiten; es regelte die Verfahrensweise der Inquisition in der aragónesischen Kirchenprovinz Tarragona. Ähnlich verhält es sich mit dem zwei Jahre später entstandenen, wegweisenden südfranzösischen *Ordo processus Narbonensis*. Dieses 1244 von Wilhelmus Raimundi und Petrus Durandi verfaßte Handbuch war der Form nach kein zusammenhängender Traktat, sondern eine Sammlung von Formularen. Mit der Zeit nahmen die Manuale an Umfang zu und wurden zu regelrechten Handbüchern.

Einer der heute bekanntesten Traktate wurde von Bernard Gui (1261/62–1331) verfaßt, Prior des Dominikanerklosters im südfranzösischen Albi, päpstlicher Nuntius und später Bischof von Lodève in den Cevennen. Gui, dessen Person Umberto Eco in seinem Roman *Der Name der Rose* verfremdete, übte 1307–1316 das Amt eines Inquisitors von Toulouse aus und war ab 1319/21 noch einmal für einige Jahre Inquisitor von Toulouse, Albi, Carcassonne und Pamiers. Seine zwischen 1309 und 1323/25 entstandene *Practica inquisitionis haereticae pravitatis* verarbeitet diese Erfahrungen, wurde allerdings im Spätmittelalter wenig rezipiert. Anders verhält es sich mit dem *Directorium Inquisitorum* des Dominikaners und zeitweiligen Generalinquisitors von Aragón, Nicolaus von Eymerich, aus dem Jahr 1376. Als ein weitläufiges, systematisch aufgebautes Wissenskompendium stellte es ein Inquisitorenhandbuch neuen Typs dar. Der erste seiner drei Teile beschäftigt sich mit der übergreifenden Definition von Häresie und liefert sodann eine mehrschichtige Typologie der Ketzerei. Der zweite Großabschnitt gibt eine Schilderung des inquisitorischen Procedere von den ersten, informellen Nachforschungen bis hin zur Urteilsfindung. Im dritten Teil dann werden insgesamt siebzig Fragen zur Autorität und zu den Befugnissen der Inquisitoren, zum Prozeßverfahren und zur Rolle aller Beteiligten formuliert und beantwortet. Der systematische und umfassende Zuschnitt des Werkes sicherte ihm eine große Wirkung. Als erstes Inquisitionshandbuch wurde es 1503 gedruckt, 1578 glossiert und erweitert. Wie kein anderes Werk verkörpert das *Directorium* damit die institutionelle Kontinuität der Inquisition vom Mittelalter in die Neuzeit.

Bereits der *Ordo processus Narbonensis* läßt die wichtigsten Stationen des inquisitorischen Verfahrens erkennen. Es beginnt mit dem Eintreffen des päpstlichen Gesandten und einer Aufforderung an die gesamte Bevölkerung zum Bekenntnis der Schuld. Alle Volljährigen (Frauen ab 12, Männer ab 14) sollen eventuelle Vergehen an einem bestimmten Tag und Ort vor der Inquisition bekennen. Wer freiwillig und ohne namentliche Aufforderung bußwillig und aussagebereit erscheint, dem wird – falls es sich nicht um einen rückfälligen Ketzer handelt – schonende Behandlung zugesichert. Zum ersten Mal taucht hier die Gnadenfrist (*tempus gratiae*) auf, während der freiwilliges Bekenntnis mit Strafnachlaß oder gar -freiheit belohnt wird; sie sollte in Zukunft einen festen Bestandteil des Verfahrens bilden. Die Geständigen müssen nicht nur der Ketzerei abschwören, sondern zugleich den Schwur leisten, andere Häretiker zu denunzieren. Zur Befragung der Geständigen enthält das Handbuch einen reichhaltigen Fragenkatalog (*interrogatorium*) über die Ketzereien der Katharer und Waldenser: Gefragt werden soll, ob jemand einen Häretiker gesehen habe, wo und wann, wie oft und mit wem, ob er Predigten gelauscht habe, ob er einen Ketzer beherbergt oder geführt habe etc. Aussagen oder Geständnisse sollen in Anwesenheit mindestens eines Inquisitors und zweier Zeugen aufgeschrieben und notariell beglaubigt werden; alle Zeugen und Eidesleistungen sollen verschriftlicht und auch diejenigen registriert werden, die nichts gestehen wollen.

Wer nicht freiwillig gesteht, gegen den aber Indizien und Verdachtsmomente sich angehäuft haben, der soll einzeln und namentlich vorgeladen und verhört werden. Eine Verteidigung, so betont der *Ordo* ausdrücklich, sei möglich. Allerdings sollen den Verdächtigen die Namen der Zeugen – entgegen dem herkömmlichen Gebrauch – nicht angegeben werden. Das Schicksal der Verhörten soll gemeinsam mit anderen Prälaten beraten werden. Wer abschwört, erhält die Absolution, wird ggf. von der Exkommunikation befreit und erhält eine Strafe, in der Regel Gefängnis. Absolvierte Ketzer können jedoch auch zu anderen Sanktionen verurteilt werden, namentlich zum Tragen von Bußkreuzen oder zu Bußwallfahrten. Hartnäckige und rückfällige Ketzer schließlich werden definitiv exkommuniziert und an den weltlichen Arm übergeben. Die Todesstrafe ist nicht ausdrücklich erwähnt, weil die Kirche nach altem Gesetz selbst nicht nach Blut dürstet; über die tödlichen Konsequenzen der Überstellung an das weltliche Gericht kann jedoch kein Zweifel bestehen. Diese Tatsache wird auch durch die ausdrückliche Verdammung der Erinnerung an bereits verstorbene Ketzer (*damnatio memoriae*) unterstrichen, deren Knochen ausgegraben und verbrannt werden sollen.

Die zukunftsweisenden Bestimmungen des *Ordo* von 1244 sparen viele Aspekte des Inquisitionsprozesses aus, z. B. die Güterkonfiskation, die immerhin prinzipiell für rechtmäßig erklärt wird. Deutlich ist schon in dieser Fassung das enorme Ungleichgewicht zwischen der Position der Beklagten und den Anklägern, die zugleich Richter waren. Die Stellung der Beschuldigten sollte sich in der Folgezeit noch weiter verschlechtern. Die Einleitung eines Verfahrens konnte jetzt auch durch Denunziationen von Privatpersonen erfolgen. Die Bestimmung über die Geheimhaltung der Zeugennamen gegenüber dem Angeklagten, zur Sicherheit der Zeugen getroffen, konnte in der Praxis dazu führen, daß ihm auch entscheidende inhaltliche Passagen vorenthalten blieben. Und während beim üblichen Rechtsverfahren Verwandte, Minderjährige, schlecht Beleumundete, Verbrecher und Mittäter nicht zeugnisfähig waren, wurden sie im inquisitorischen Ketzerprozeß zugelassen. Die Rechte der Verteidigung und der Appellation wurden weiter eingeschränkt. Schwer wog vor allem die Erlaubnis, im Inquisitionsverfahren auch körperlichen Zwang einzusetzen, um die Ketzer zum Geständnis und zur Denunziation zu bewegen (Bulle *Ad extirpanda*, 1252). Zur Zeit Innozenz' IV. war es den Inquisitoren noch nicht erlaubt, persönlich die Folter anzuordnen bzw. dabei anwesend zu sein. Papst Alexander IV. beseitigte allerdings schon zwei Jahre später auf indirektem Wege dieses Hindernis, indem er den Inquisitoren erlaubte, sich wegen dieser Irregularität gegenseitig die Absolution zu erteilen, und ihnen damit die Aufsichtsführung über die Tortur gestattete.

Inquisitionspraxis: In der historischen Erinnerung ist die Inquisition vor allem mit grausigen Folterpraktiken verknüpft. Zweifellos hatte die Erlaubnis zur Anwendung der körperlichen Peinigung im Inquisitionsverfahren eine verheerende Wirkung. Bereits als allgegenwärtige Drohung und somit als psychisches Zwangsmittel entfaltete sie sicherlich ihre Wirkung. Allerdings hat die Inquisition die Folter keineswegs erfunden. Als Mittel zur Erzwingung von Geständnissen im Kontext von Strafverfahren war sie Bestandteil des Römischen Rechts, wurde freilich in der Antike vornehmlich – außer z. B. bei Majestätsverbrechen – gegenüber Sklaven angewandt. Als ein neues Beweismittel wurde sie von mittelalterlichen Juristen im Rahmen der Wiedererschließung des Römischen Rechts zunehmend rezipiert und ihre Anwendung auch bei Freien für legitim erklärt. Seit den 1220er Jahren wurde die Tortur zunehmend in den Statuten der oberitalienischen Stadtstaaten verankert. Von dort, vom weltlichen Recht, fand sie ihren Weg in das Inquisitionsverfahren. Die kirchliche Inquisition hatte mithin auch keineswegs ein Monopol auf die Anwendung der Folter, sie konnte prinzipiell Bestandteil jedes – weltlichen wie kirchlichen – Kriminalprozesses sein. So pervers uns die Erpressung von Geständnissen durch physische Gewalt heute erscheint, nach der zeitgenössischen Rechtsphilosophie erschien sie oft unverzichtbar: War nicht das Geständnis die Königin der Beweise? Wie sollte man ohne ein solches einen Verbrecher zu schweren Strafen verurteilen, wenn es keine Augenzeugen der Tat gab? Und existierte nicht ein rigides Regelsystem, das den Mißbrauch verhindern sollte?

Diese Regeln zeugen zugleich davon, daß bereits im Mittelalter ein großes Problembewußtsein über die Gefahren der Tortur existierte. Daß man mit ungezügelter Gewalt fast jeden zum Geständnis fast aller Verbrechen bringen könne, ist keine moderne Entdeckung. Das wußten bereits die Inquisitoren. Deshalb bezweifeln viele Historiker, daß die Folter in der Praxis eine beherrschende Stellung eingenommen hat. Der Schluß von der prinzipiellen Zulässigkeit auf die geübte Prozeßpraxis ist jedenfalls unzulässig, wie die überlieferten Prozeßakten zeigen. Die unstreitigen Erfolge der Inquisition beruhten weniger auf der unvergleichlichen Grausamkeit ihres Vorgehens als auf dem Einsatz moderner «Machttechniken» (Given). Hierzu gehörten vor allem die Nutzung des Gefängnisses, der Aufbau eines komplexen Archiv- und Registerwesens sowie ihre flexible Handhabung von Sanktionen. Das Gefängnis stellte für die Inquisitoren nicht allein ein Strafinstrument dar; sie benutzten es zugleich als ein wichtiges Druckmittel zur Erlangung von Geständnissen jenseits des direkten physischen Zwangs. Schon kurzzeitige Haft im dunklen Inquisitionsverlies machte widerstrebende Angeklagte gefügig. Durch eine wohldosierte Mischung aus Abschirmung von der Außenwelt und gezielter Desinformation konnte der Widerstandswille des Gefangenen gebrochen werden.

Daneben gehörte das Sammeln und Systematisieren von Informationen zu den wichtigsten Herrschaftstechniken der Ketzerverfolger, und nicht umsonst sind ihre Archive und Register ebenso zum Ziel feindlicher Anschläge geworden wie sie selbst.

Mit ihrer Hilfe waren sie in der Lage, die Namen von früheren Verdächtigen aufzufinden bzw. nachzuforschen, ob ein Verdächtiger schon einmal vorgeladen oder bestraft worden war. Sie konnten Widersprüche innerhalb der Aussagen eines Verdächtigen suchen und derartige Aussagen nutzen, um Verschleierungsversuche in den Aussagen von anderen zu entlarven. Lag der konkrete Ansatzpunkt für die Informationssammlung so bei einzelnen Verdächtigen, ergab sich durch ihre Vernetzung ein kohärentes Profil ganzer Ketzergemeinden. Langfristig entstand sogar ein Kompendium häretischer Dogmatik und Praktik insgesamt. Die «Datenspeicher der Inquisition» (Scharff) waren zukunftsweisend; niemals zuvor waren derart systematisch Informationen verschriftlicht und gesammelt worden. Dadurch entstanden aber zugleich neue Probleme. Wie sollten etwa die Inquisitoren der Überfülle von Informationen Herr werden und das Wichtige vom Unwichtigen trennen? Ein Ergebnis bildeten die standardisierten Frageschemata, mit deren Hilfe eine große Masse von Befragungen schnell hintereinander bewältigt werden konnten – immerhin verhörte allein die Inquisition von Toulouse Mitte der 1240er Jahre Tausende von Personen. Ob es den Inquisitoren freilich damit gelang, die gegnerischen Lehren und Praktiken angemessen zu erfassen, oder ob sie nicht vielfach eher ihre eigenen Vorurteile reproduzierten, ist strittig.

Mittels Fangfragen oder mit dem Hinweis auf innere oder äußere Widersprüche ihrer Aussagen gelang es den Inquisitoren, die Häftlinge zu Geständnis, Kooperation oder gar Kollaboration zu bewegen. Dabei hing das Schicksal des Häftlings nicht zuletzt von der persönlichen Einstellung des Inquisitors ab. Nach kanonischem Recht mußte ein solcher mindestens vierzig Jahre alt, rechtskundig und lebenserfahren sein. In erster Linie aber sollte ein mittelalterlicher Inquisitor Geistlicher und Seelsorger sein, ein kluger Seelenarzt, der für jede Krankheit das entsprechende Heilmittel bereithielt. Zu seinen Zielen gehörte die Reinerhaltung des christlichen Glaubens ebenso wie die Rettung einzelner Häretiker vor der ewigen Verdammnis. Christliche Milde war den Ketzerverfolgern nicht fremd. Ebensogut aber konnten sie im Bewußtsein ihrer heiligen Mission skrupellos und ohne genaue Beachtung der Verfahrensregeln die Ausrottung der Ketzerei betreiben.

Urteile: Neben dem Zusammenspiel von zermürbender Kerkerhaft und geschickter Verhörstrategie war es vor allem das Sanktionsinstrumentarium der Inquisition, das ihren Erfolg ausmachte. Auch hier ging es zunächst um Reue und Buße, modern gesprochen um Gewissens- und Verhaltenskontrolle, und nicht in erster Linie um Rache und Vergeltung; nur hartnäckige und rückfällige Ketzer durften hingerichtet werden. Als flexibles Instrument der Strafzumessung stand wiederum das Gefängnis an erster Stelle. Die Länge der Haft und ihre Härte – es wurde zwischen *murus durus* und *murus largus* unterschieden – ließen sich je nach Fall fein dosieren. Dasselbe gilt für die vielfältigen privat oder öffentlich zu leistenden Bußen. Zu den wichtigsten gehörte der Zwang zum Tragen von Bußgewändern mit aufgenähten, deutlich sichtbaren gelben Kreuzen. Das bereits 1244 fixierte Verbot, die so stigmatisierten Büßer zu belästigen, deutet an, wie sehr sie dadurch der sozialen Kontrolle durch ihre Umwelt ausgesetzt waren. Das erschwerte einen Rückfall in alte häretische Gewohnheiten. Nicht selten schuf man sich damit eine zur Überanpassung bereite Gruppe von Kollaborateuren, die als *familiares* und Denunzianten der Inquisition nützliche Dienste leisteten.

Todesurteile oder präziser: die Überstellung an den weltlichen Arm, die dann unweigerlich den Scheiterhaufen nach sich zog, waren ein wichtiges, keineswegs aber ein vorherrschendes Strafmittel. So entschied Bernard Gui zwischen 1308 und 1323 ausweislich seines erhaltenen Urteilsbuches an 18 Gerichtstagen über insgesamt 930 Ketzer. Insgesamt 42 davon verurteilte er zum Tode, 307 zu dauernder Kerkerhaft. Rund einem weiteren Drittel der Delinquenten wurden öffentliche Bußleistungen oder die Stigmatisierung mit dem gelben Kreuz auferlegt. Das ist eine vergleichsweise harte Urteilspraxis, auch wenn man bedenkt, daß vielleicht ein Drittel aller derjenigen, die sich vor ihm zu verantworten hatten, freigesprochen wurden. Etliche Kollegen von Gui urteilten milder. Bernard de Caux, auch er Inquisitor von Toulouse, hatte im Jahr 1246 nachweislich 207 Urteilssprüche gefällt, darunter kein Todesurteil und lediglich 23 Gefängnisstrafen, von denen wiederum neun nicht angetreten wurden. Die Regelstrafe war das Tragen des Kreuzes. Auch Geoffroy d'Ablis, zwischen 1303 und 1316 Inquisitor in Carcassonne und damit direkter Kollege von Gui, scheint vornehmlich zeitlich begrenzte Haftstrafen ausgesprochen zu haben, mit der Konsequenz, daß viele der Bestraften später von Bischof Fournier erneut vor sein Gericht zitiert wurden. Natürlich gibt es auch Beispiele für massenhaft lodernde Scheiterhaufen. Nach dem Attentat von Avignonet und der Kapitulation der Ketzerfestung von Montségur wurden 200 Katharer dem Scheiterhaufen überantwortet; erinnert sei auch an die im Februar 1278 in der Arena von Verona verbrannten 166 Ketzer oder die Massenhinrichtungen in Südböhmen in den 1340er Jahren. Aber das war nicht die Regel: Yves Dossat hat geschätzt, daß insgesamt lediglich ein Prozent der Angeklagten vor der Inquisition mit dem Feuertod bestraft wurden.

Grenzen der Macht: Die Inquisition war eine Institution, im Ansatz sogar eine festgefügte Organisation. Aber sie war dies nicht nach dem Maßstab moderner, bürokratisierter Massenverfolgung, sondern nach der Elle mittelalterlicher Institutionalität. Stark und aktiv war die Inquisition jeweils nur für eine überschaubare Zeitdauer in einem begrenzten regionalen oder sogar lokalen Rahmen. Ihre Durchschlagskraft hing dabei entscheidend von den jeweiligen Machtkonstellationen ab, die wiederum sowohl die politische Großwetterlage der europäischen Politik als auch die regionalen Mächte betreffen konnten. Als zentralen Akteuren im Kräftespiel, das über Erfolg oder Mißerfolg der Inquisitoren entschied, kam dabei vor allem den weltlichen Gewalten, den Ortsbischöfen und der jeweiligen Bevölkerung Bedeutung zu. Was das Verhältnis zwischen Inquisition und Politik angeht, so ist auf der einen Seite die Kooperationsunwilligkeit der regionalen Eliten in Südfrankreich oder im nördlichen Italien gerade in der Anfangsphase des Antiketzerkampfes notorisch. Umgekehrt nutzten oft die zentralen Gewalten, etwa die Könige von Aragón oder die französische Krone, die Tätigkeit der Inquisitoren zur Durchsetzung ihrer politischen Zentralmachtinteressen.

Permanente Kompetenzkonflikte mit den Ortsbischöfen, den ursprünglichen Zentralakteuren kirchlicher Ketzerpolitik, durchziehen die gesamte Geschichte der Inquisition. Nach jahrzehntelangen Dauerstreitigkeiten versuchte 1311 das Konzil von Vienne mit der Formulierung der beiden Dekretalen *Multorum querela* und *Nolens* einen Weg des Ausgleichs zu finden. Das Inquisitorenamt, so wird dort ausdrücklich bestimmt, soll vom Diözesanbischof und von dem vom Apostolischen Stuhl bestellten Inquisitor gemeinsam ausgeübt werden. Beide können unabhängig voneinander vorladen und gefangennehmen. Jedoch: Die Anwendung strenger Kerkerhaft, die Folter und die Urteilssprechung ist keinem der beiden ohne Zustimmung des jeweils anderen erlaubt. Für die Gefangenenaufsicht bestellt jede Seite einen Aufseher mit Schlüsselgewalt. Derartige Regelungen konnten die Spannungen auf Dauer nicht beseitigen. So lieferte sich der bischöfliche Inquisitor Fournier bei seinen Ermittlungen im Ketzerdorf Montaillou hinter den Kulissen ein heftiges Duell mit dem päpstlichen Inquisitionstribunal in Carcassonne, bei dem beide Seiten fleißig Angehörige der Gegenpartei inhaftierten. Denn in Montaillou herrschte als «leidenschaftlicher und rachsüchtiger Dorfnapoleon» (Lambert) der Priester Petrus Clerici, ein heimlicher Anhänger der Katharer, der aber trotzdem höchst erfolgreich als Spitzel der päpstlichen Inquisition tätig war. Mit Vorliebe lieferte er den Ketzerverfolgern in Carcassonne persönliche Gegner ans Messer, und zeitweilig schaffte er es, sie erfolgreich gegen den Bischof und seine Informanten zu instrumentalisieren. Kein Wunder, daß das Verhältnis beider kirchlicher Ordnungsmächte zerrüttet war. Von ähnlichen Spannungen zeugt ein Fall aus der Frühphase der Hexenverfolgung. Von Rom kommend begann 1485/86 der Inquisitor Heinrich Institoris in Innsbruck mit Ermittlungen gegen vorgebliche Hexen; an der Kurie hatte er von Papst Innozenz VIII. die berühmte Hexenbulle *Summis desiderantes affectibus* erwirkt, die ihm den Weg zur Verfolgung von Zauberern und Hexen frei machen sollte. Bei der Eröffnung seiner Ermittlungen zunächst noch allseits unterstützt, wurde seine Prozeßführung jedoch schnell als skandalös empfunden. Der Ortsbischof Georg Golser setzte sich an die Spitze des lokalen Widerstandes und pochte auf seine normale Amtsgewalt. Bischöfliche Kommissare erreichten mit einer Nullitätsklage schnell die Freilassung der noch inhaftierten Personen und drohten sogar damit, Institoris wegen unrechtmäßiger Prozeßführung seinerseits verhaften zu lassen. Golser selbst höhnte in einem Brief vom Februar 1486, der (fünfundfünfzigjährige) Ketzerjäger sei wohl wegen seines Alters ganz «kindisch» geworden und leide an Wahnvorstellungen. Derartige Episoden markieren Extrembeispiele und dürfen nicht dazu verführen, den Gegensatz zwischen Inquisitoren und Bischöfen zu überzeichnen. Gewöhnlich handelte es sich um einen Kompetenz- und nicht um einen Meinungsstreit. Häufig waren es gerade die Bischöfe, die sich mit dem Instrument des Inquisitionsprozesses erfolgreich auf Ketzerjagd machten. Insofern liegt der Erfolg der päpstlichen Inquisition gerade darin begründet, daß ihr Handwerkszeug sich auch von anderen, geistlichen wie weltlichen Akteuren, anwenden ließ.

Für den Widerstand der Bevölkerung gegen die Inquisition schließlich wurden bereits etliche Beispiele gebracht. Die Vielzahl konkreter Widerstandshandlungen konnte von schlichter Verweigerung, von falschen Zeugenaussagen oder dem Sich-Entziehen über die Beschimpfung des Inquisitors als «Teufel» oder «Antichrist» bis hin zur Zerstörung der Häuser, der Inquisitionsregister oder zur Ermordung der Inquisitoren reichen – keine Einzelfälle in der Geschichte der Inquisition. Gerade die erfolgreichen Attentate zeigen natürlich auch die Kehrseite des Widerstandes. Langfristig schadeten sie den Gegnern der Inquisition mehr als sie nutzten, weil Märtyrer geschaffen wurden und das entschiedenere Eingreifen der Kurie provoziert wurde. Und natürlich muß die Bedeutung des Widerstandes gegen diejenige allfälliger Kollaboration mit und Denunziation vor der Inquisition abgewogen werden. Oft zeigen die Inquisitionsprotokolle eine Fraktionierung der einheimischen Bevölkerung, die von der Inquisition erfolgreich ausgenutzt werden konnte.

Eine unabgeschlossene Geschichte: Um 1500 lassen die Historiker in der Regel das Mittelalter enden. Die mittelalterliche Inquisition überdauerte diese – eher willkürlich gesetzte – Epochengrenze vielerorts. In Frankreich existierten mindestens in Toulouse und Carcassonne weiterhin päpstliche Inquisitoren. Allerdings taten sie sich vor allem durch Konflikte bei der Ämternominierung und -vergabe hervor. Zu einer krisenhaften Zuspitzung kam es in den 1530er Jahren: Der 1531 zum Inquisitor bestimmte Arnaud de Badet mußte aufgrund einer Häresieanklage weichen, der 1536 ins Amt gekommene Louis de Rochette endete zwei Jahre später unter dem Verdikt der Ketzerei (oder Sodomie) sogar auf dem Scheiterhaufen. Wie in den übrigen Gebieten übernahm nun auch im Languedoc die königliche Gerichtsbarkeit, die bisher bereits der päpstlichen Inquisition enge Grenzen gezogen hatte, die Jurisdiktion in Ketzersachen. In Deutschland war der 1527 gestorbene Jacob von Hochstraten in Köln der letzte profilierte Vertreter der päpstlichen Inquisition. Danach wurde sie in der Rheinmetropole wohl endgültig zum Papiertiger. Auf einen überaus engagierten päpstlichen Inquisitor stoßen wir jedoch noch Mitte des 16. Jahrhunderts weiter westlich, in der südniederländischen Grafschaft Flandern, die bereits früher einen Schwerpunkt inquisitorischer Tätigkeit dargestellt hatte. Peter Titelmans (1501–1572) ging energisch gegen Protestanten vor; er verhandelte zwischen 1548 und 1566 fast 1400 Häresiefälle und war für 127 Hinrichtungen verantwortlich. Insgesamt aber blieb Titelmans – im niederländischen wie im nord- und westeuropäischen Raum überhaupt – die Ausnahme. Ketzerrepression im 16. Jahrhundert bedeutete vor allem staatliche Verfolgung. Nicht nur der Niedergang der Inquisition in vielen Teilen Europas belegt diese Behauptung, sondern auch und gerade ihre erfolgreiche Reorganisation in Spanien und Italien.

IV. Die Spanische Inquisition der Neuzeit

1. Entstehung und Entwicklung

Mit einer Bulle vom 1. November 1478 stellte Papst Sixtus IV. die Weichen für die Einsetzung von zwei oder drei Inquisitoren in der Stadt Sevilla; ihre Ernennung oder Entlassung sollte in die Verfügungsmacht der Krone von Kastilien gestellt sein. Obwohl das päpstliche Schreiben zweifellos auf eine Initiative eben dieser Krone zurückgeht, dauerte es fast zwei Jahre, bis von der Vollmacht Gebrauch gemacht wurde. Am 27. September 1480 wurden in Medina del Campo zwei Dominikaner als Inquisitoren ermächtigt. Nachdem es in Sevilla am 6. Februar 1481 zu einer ersten Verbrennung von sechs Ketzern auf dem Scheiterhaufen gekommen war, weitete sich der Aktionsradius der Inquisition sukzessive aus. Im Februar 1482 wurden sieben weitere Inquisitoren ernannt, darunter der Prior der Dominikaner von Santa Cruz in Segovia, Tomás de Torquemada OP (gest. 1498). Nach Sevilla und Córdoba kamen in den 1480er Jahren weitere Inquisitionstribunale hinzu, vorerst vornehmlich in Andalusien. Bereits 1483 wurde Torquemada in Aragón zum Generalinquisitor ernannt. 1488 etablierte sich im Zuge einer Reform der Regierungsorgane ein eigener Rat für die Inquisition (*Consejo de la Suprema y General Inquisicion*), der zunächst aus drei geistlichen Mitgliedern und einem vierten als Präsidenten bestand. Zum ersten Amtsinhaber als Generalinquisitor für Aragón *und* Kastilien wurde Tomás de Torquemada.

Die Anfänge der Spanischen Inquisition nehmen sich eher unspektakulär aus. Zu einer Zeit entstanden, die wir gemeinhin noch zum Mittelalter rechnen, war um 1480 noch kaum zu erkennen, daß es sich um einen ganz neuen Typus von Ketzerverfolgung handeln sollte, der sich in seiner Struktur deutlich von den Vorläufern abhob und eine neuzeitliche Institution darstellte. Sicherlich, es blieben die päpstliche Legitimation, die kirchlichen Rechtsbefugnisse der Inquisitoren und die generelle Anlehnung an das bewährte Verfahren. Gleichwohl handelte es sich bei der Spanischen Inquisition in erster Linie um eine staatliche Einrichtung, deren hohe Amtsträger von den weltlichen Herrschern ernannt wurden. Der Inquisitionsrat, die *Suprema*, war ein Gremium der Krone neben anderen, allerdings von herausgehobener Bedeutung: Es handelte sich zur Gründungszeit um die einzige Behörde, die die beiden spanischen Königreiche Kastilien und Aragón überwölbte und die somit – langfristig – einen wichtigen Baustein für eine neue, gesamtstaatliche Identität darstellen sollte. Schnell entwickelte sich die spanische Inquisition zu einer regelrechten Behörde mit hierarchischem Aufbau, stringentem Geschäftsgang und flächendeckender Ausbreitung im gesamten Herrschaftsgebiet der spanischen Krone. Aber nicht nur ihre Struktur war eigenartig, sondern auch die Zielgruppe, der sie ihre Entstehung verdankte. Zu beider Verständnis müssen wir auf die Vorgeschichte und die Hintergründe ein wenig näher eingehen.

Neue Inquisition, neue Zielgruppe: Die iberische Geschichte des späten Mittelalters und der beginnenden Neuzeit war politisch durch die Existenz mehrerer Königreiche gekennzeichnet. Neben dem kleinen Königreich Navarra, das lange unter französischem Einfluß stand, bevor es 1515 der Krone von Kastilien inkorporiert wurde, waren das vor allem drei Herrschaftsbereiche: Im Westen der Halbinsel lag Portugal, das mit seiner Expansion auf die Kanaren, die Azoren und Madeira an der afrikanischen Küste bereits ganz atlantisch ausgerichtet war. Die zweite bedeutende Macht, das Königreich Aragón, hatte sich mit dem Fürstentum Katalonien und dem Königreich Valencia wichtige, ehemals selbständige Gebiete einverleibt. Bereits seit Mitte des 13. Jahrhunderts gehörten die Balearen zum aragonesischen Herrschaftsgebiet, seit Ende dieses Jahrhunderts auch Sizilien; später kam Sardinien dazu, und seit 1431 gelang König Alfons V. die Eroberung des Königreichs Neapel. Damit war Aragón die eindeutige Vormacht im westlichen Mittelmeer. Von der Größe und von der territorialen Lage her war dagegen das dritte Königtum Kastilien-Leon die zentrale Macht auf der Iberischen Halbinsel; doch wurde es lange durch schwache Herrscher und innere Bürgerkriege paralysiert. 1474 aber kam Isabella (1451–1504) an die Regierung, seit 1469 verheiratet mit dem Erbprinzen von Aragón, Ferdinand (1452–1516, reg. ab 1479). Dieses Herrscherpaar, das als die «katholischen Könige» in die Geschichte eingehen sollte, trieb den inneren Ausbau eines spanischen Reiches voran; trotz einiger politisch-rechtlicher Eigenständigkeiten war die Vereinigung beider Königreiche mittelfristig besiegelt. Damit einher ging eine entschlossene Expansion nach außen. Binnen gut zehn Jahren wurde in einem harten Krieg die letzte moslemische Bastion auf der Iberischen Halbinsel erobert, das nasridische Königreich. Granada fiel 1492.

Christen, Muslime und Juden bevölkerten die Iberische Halbinsel im Mittelalter. Ihr Zusammenleben (*convivencia*) kennzeichnete in einzigartiger Weise eine politisch-religiöse Kultur, die bisweilen – wohl etwas zu schönfärberisch – als Multikulturalismus beschrieben worden ist. Koexistenz schloß jedoch heftige Konflikte nicht aus. Sie manifestierten sich etwa in den Kämpfen zwischen den Muslimen, die sich im andalusischen Königreich von Granada konzentrierten, und den Christen, die im Rahmen der *Reconquista* nach der völligen Christianisierung Spaniens strebten. Auch war das Zusammenleben nicht von Gleichberechtigung geprägt: Unter christlicher Herrschaft waren sowohl die Muslime als auch die Juden in mancherlei Hinsicht diskriminiert. Aber es gab doch ein pragmatisches Zusammenleben. Mit dem Abschluß der *Reconquista* durch die katholischen Könige am Ende des 15. Jahrhunderts sollten sich die sozio-politischen Rahmenbedingungen entscheidend ändern. Als erste waren die Juden bzw. die Christen jüdischer Herkunft betroffen.

In ganz Europa existierte seit dem 12. Jahrhundert eine wachsende Judenfeindlichkeit. Sie gipfelte 1290 in der Vertreibung aller Juden aus England; Frankreich folgte 1306. Auch im multikulturellen Spanien steigerte sich der Judenhaß seit Mitte des 14. Jahrhunderts, nicht zuletzt durch die Prediger der Bettelorden angeheizt. Die Zahl der jüdischen Gemeinden und ihrer

Mitglieder verringerte sich. Vielfach wurden die Rechte der Juden beschnitten, etwa durch Berufsverbote, Verbote des Austauschs zwischen Juden und Christen (was etwa für Ärzte fatal war) oder diskriminierende Kleidervorschriften. Am Ende des 14. Jahrhunderts kam es zu gewaltsamen Ausschreitungen. Im Sommer 1391 erlebten viele große Städte der Königreiche, etwa Sevilla, Valencia und Barcelona, schwere Judenpogrome. Wer nicht ermordet oder vertrieben wurde, den zwang man, zum christlichen Glauben überzutreten. *Conversos*: so nannte man nicht nur die vom Judentum übergetretenen Neuchristen der ersten Generation, sondern auch ihre Nachfahren. Diese *Conversos* gehörten allen sozialen Schichten an. Vielen neuchristlichen Familien aber gelang ein schneller sozialer Aufstieg in die städtischen und staatlichen Führungsschichten ebenso wie in der kirchlichen Hierarchie, der Konflikte und Konkurrenz verursachte. So gab es Mitte des 15. Jahrhunderts, etwa in Toledo, Streitigkeiten zwischen Neuchristen und altchristlichen Fraktionen. Letztere begannen, ideologisch aufzurüsten und ihre Gegner aufgrund der Herkunft zu diskriminieren.

In der spanischen Gesellschaft des Spätmittelalters verstanden sich nicht nur die Adligen als Ehrenmänner, als *hidalgos*. Die Fixierung auf die Ehre führte zu einer Ausgrenzung von Menschen, die sozial deklassiert oder andersartig erschienen. Mitte des 15. Jahrhunderts setzten Bestrebungen ein, die altchristliche Abstammung zu einem Ausweis von besonderer Ehrenhaftigkeit zu machen. Das Eindringen der Abkömmlinge von Juden und Muslimen bis in die höchsten Kreise setzte, gleichsam als Gegenreaktion, einen verhängnisvollen Diskurs über die Reinheit des Blutes (*limpieza de sangre*) in Gang. Spätestens mit der Verabschiedung eines Statutes in Toledo 1449, nach dessen Bestimmungen kein *Converso* irgendein öffentliches Amt in der Stadt Toledo einnehmen dürfe, war die Tür für diskriminierende Maßnahmen gegenüber Neuchristen weit offen. Verschiedene Institutionen nahmen in den folgenden Jahrhunderten ähnliche Statuten an: Stadträte, Universitäten, Domkapitel und Mönchsorden verweigerten den Neuchristen wegen mangelnder *limpieza de sangre* den Zugang.

Unumstritten sollte die Ideologie von der Reinheit des Blutes nie sein. Viele Institutionen erließen nie entsprechende Statuten; wo sie existierten, wurden sie oft nur schleppend umgesetzt oder gar ignoriert. Und schließlich formierte sich schon früh eine entschiedene Opposition. Bereits Papst Nikolaus hatte in einer Bulle von September 1459 die Idee, Christen einzig aufgrund ihrer Abstammung zu diskriminieren, als unchristlich und irrig verdammt. Selbst die Inquisition sollte später in dieser Frage tief gespalten sein. Viele ihrer Amtsträger vertraten die Reinheitsideologie und trugen durch die Verurteilung von *Conversos* und die stetige Betonung der Gefahr des «Judaisierens» zur ideologischen Verfestigung des Feindbildes bei. Durch ihre Strafpraxis, insbesondere die Ehrenstrafen, wurde zudem die Erinnerung an Verurteilungen durch die Inquisition lebendig gehalten. In der großen Debatte über die Reinheit des Blutes seit den 1580er Jahren nahmen jedoch die Generalinquisitoren, zunächst Gaspar de Quiroga (amt. 1573–1594) und dann sein Nachfolger Fernando Niño de Guevara (amt. 1599–1602), einen sehr kritischen Standpunkt ein. Beide befürworteten weitgehende Reformen und Beschränkungen der Statuten über die Reinheit des Blutes, wurden aber von der *Suprema* überstimmt – ein ungewöhnlicher Vorgang. Das Prinzip der Reinheit des Blutes überlebte die ideologische Kontroverse an der Wende vom 16. zum 17. Jahrhundert und blieb bis ins 18. Jahrhundert hinein wirksam. Trotz seiner begrenzten praktischen Durchschlagskraft symbolisierte es ein verhängnisvolles Ausgrenzungspotential der spanischen Gesellschaft.

Zurück zur Entstehungsphase der Inquisiton, die zweifellos ein zentraler Bestandteil dieser Ausgrenzungsbestrebungen war. 1461 forderte eine Gruppe von Franziskanern, geführt durch Alonso de Espina, unter Verweis auf das französische Vorbild die Einführung einer Inquisition gegen Häretiker. Allmählich verdichteten sich die Stimmen für ein systematisches Vorgehen gegen die Neuchristen. 1477 predigte der Dominikanerprior von Sevilla, Alonso de Hoyeda, vor Königin Isabella über die Gefahr, die von den *Conversos* ausgehe; auch er forderte eine entschlossene Inquisition gegen Häretiker. 1478 bzw. 1481 schließlich gelangten die Advokaten der Verfolgung ans Ziel. Angehörige der Bettelorden spielten bei der Initiierung der neuen Inquisition somit eine Schlüsselrolle – daß ihnen als Inquisitoren in Spanien keineswegs die Zukunft gehörte, war damals noch nicht abzusehen. Was aber waren die Motive der katholischen Könige? Ferdinand und Isabella sahen sich in diesen Jahren mit inneren Unruhen ebenso konfrontiert wie mit dem langen und kostspieligen Krieg gegen das muslimische Königreich von Granada. Die Sicherung der politischen Loyalitäten stand auf der Tagesordnung, und die Herstellung bzw. Bewahrung religiöser Einheit wurde im vormodernen Europa ganz selbstverständlich als die Kehrseite dieser Medaille gesehen. Vor diesem Hintergrund läßt sich der Ausbau der Inquisition als eine Maßnahme zur inneren und äußeren Konsolidierung verstehen. Allerdings nahmen trotz des harten Vorgehens gegen angebliche «Judaisierer» andere *Conversos* weiterhin hohe Staats- und Hofämter ein. Von einer prinzipiell antisemitischen Einstellung Ferdinands und Isabellas wird man also nicht sprechen können. Gegen das Bild einer von vornherein geplanten, rassistisch motivierten und konsequent angelegten ethnischen Purifizierung der Iberischen Halbinsel spricht auch die Tatsache, daß die Masse der ehemals jüdischen Neuchristen unbehelligt blieb; man hat geschätzt, daß höchstens ein Zehntel aller *Conversos* (25 000) bis 1520 vor die Inquisitionstribunale zitiert wurden. Die unter christlicher Herrschaft lebenden Muslime blieben vorerst vollends unbehelligt. Wahrscheinlich folgte die Einrichtung der Inquisition also keinem langfristig angelegten Plan, sondern muß als eine situative Maßnahme gesehen werden, die eine Eigendynamik entwickelte und sich stufenweise radikalisierte.

Die neue, beide Kronen übergreifende Inquisition stieß namentlich in Aragón auf starke Widerstände und Vorbehalte. Aufgrund der tiefverwurzelten alten Gewohnheitsrechte (*fueros*) empfanden die Stände die Neuformierung der Inquisition als Übergriff einer fremden, eben kastilisch geprägten Einrichtung und somit als flagrante Rechtsverletzung. Namentlich die Ernennung des bereits in Kastilien tätigen Torquemada zum Generalinquisitor von Aragón, Katalonien und Valencia durch

König Ferdinand am 17. Oktober 1483 stieß an vielen Orten seines Reiches auf erbitterte Gegenwehr, die z. T. mit militärischer Gewalt gebrochen werden mußte. Dieser Widerstand gipfelte im September 1485 in der Ermordung des Inquisitors Pedro Arbués; trotz Kettenhemd und Stahlhaube unter dem Habit wurde der Dominikaner vor dem Hochaltar der Kathedrale von Saragossa getötet. Nach dem bekannten mittelalterlichen Muster erreichte auch diese Verschwörung das Gegenteil des Erwünschten. Sie führte zu einer Dramatisierung der häretischen Gefahr und zu einer erhöhten Akzeptanz der Inquisition, die ein drakonisches Strafgericht hielt. Langfristig gelang es König Ferdinand, mit dem Instrument der Inquisition seine Autorität zu festigen und lokale Autonomien zu schwächen.

Die Verschwörung von Saragossa bringt einen anderen möglichen Entstehungsgrund der Inquisition ins Blickfeld: Gab es nicht tatsächlich ein weit verbreitetes «Krypto-Judentum» unter den Neuchristen? Lag der Gründung der Inquisition, zumindest nach den Maßstäben der Zeitgenossen, nicht das legitime Ziel der Gefahrenabwehr neuchristlicher Ketzereien zugrunde? Wohl kaum ein Problem im Umfeld unseres Themas ist bis heute so umstritten wie dieses. Historiker wie Netanjahu bestreiten grundsätzlich die Existenz einer nennenswerten Zahl von Krypto-Juden und betonen dagegen mögliche außerreligiöse Motive wie Rassismus, finanzielle Interessen oder politische Instrumentalisierung. Wäre diese Diagnose korrekt, dann hätte die Inquisition in den 1480er Jahren mit ihren Anklagen und Verfolgungen erst diejenige Gefahr konstruiert und dramatisiert, die sie zu bekämpfen vorgab. Andere (etwa Haim Beinart) setzen dagegen, daß noch für spätere Generationen von Neuchristen viele Hinweise auf ein jüdisches Untergrundnetzwerk existierten und die Anklagen keineswegs alle aus der Luft gegriffen seien. Die Wahrheit liegt wohl in der Mitte. Die Existenz einiger «Krypto-Juden» steht außer Zweifel. Die Masse der Neuchristen um 1480 aber waren wohl mehr oder minder überzeugte Christen. Das schloß Sympathien mit den Juden ebensowenig aus wie die Praktizierung eigenwilliger Riten und Überzeugungen – auch ihre altchristlichen Nachbarn lebten und dachten ja keineswegs immer so, wie die katholische Kirche es verlangte.

Zweifellos trug die Tätigkeit der Inquisition zwischen 1480 und 1492 zur öffentlichen Wahrnehmung nicht nur der *Conversos*, sondern der jüdischen Bevölkerung insgesamt als Gegengesellschaft, als gefährliche Randgruppe entscheidend bei. In dieser Frühphase waren die *Conversos* – in einer Größenordnung von über 90% – die absolut wichtigste Zielgruppe der Inquisition. Diese Fixierung auf die geheimen «Judaisierer» mußte zwangsläufig zu deren massenhafter Entdeckung führen. Häufig bekannten sich *Conversos* ohne direkten Zwang zu ihrer Sünde; wenn das Edikt der Gnade verkündet wurde, hatten die Betroffenen ja dreißig oder vierzig Tage Zeit, sich selber zu beschuldigen und nach einer leichten Buße von der Kirche wieder aufgenommen zu werden. So füllten Hunderte und Tausende bußwillige *Conversos* die Gefängnisse der Inquisition. Selbstbeschuldigung, Buße und Rehabilitation erschien ihnen offensichtlich als ein kalkulierbares Risiko, als geringer Preis für künftige Sicherheit. Vor allem konnte man sich auf diese Weise vor der Konfiskation der eigenen Güter schützen, indem man eine Geldzahlung an die Inquisitoren leistete – eine sehr willkommene Einkommensquelle für die Ketzerverfolger.

Judenvertreibung und Converso-Problem: Nach 1492 erlangte die Inquisition der *Conversos* eine neue Qualität, denn aus diesem Jahr datiert der Beschluß der Könige Ferdinand und Isabella, sämtliche Juden aus ihrem Herrschaftsgebiet auszuweisen, die sich nicht der Taufe unterwarfen. Ausweisungsbeschlüsse gegen Juden hatte es in den Jahrhunderten zuvor in vielen Teilen Europas gegeben. Stets aber waren kleine jüdische Minderheiten betroffen. In Spanien dagegen stellten die Juden trotz der Aderlässe der vorausgegangenen Jahrzehnte mindestens 80 000 Menschen aller Bevölkerungsschichten, vom reichen Kaufmann über Beamte und Ärzte bis hin zu armen Handwerkern und Bauern. Der Ausweisungsbeschluß stellte die Betroffenen vor schier unlösbare Probleme. Viele von denjenigen, die in andere christliche Herrschaftsbereiche oder auch ins muslimisch beherrschte Afrika gegangen waren, kehrten nach kurzer Zeit zurück und taten das, was die anderen Glaubensgenossen bereits früher getan hatten, um der Ausweisung zu entgehen: Sie ließen sich taufen.

Die Gründe für das Ausweisungsdekret sind ebenso komplex (und umstritten) wie diejenigen für die Gründung der Inquisition. Wirtschaftliche Motive scheiden weitgehend aus, denn ökonomisch erschien die Ausweisung bereits vielen Zeitgenossen als kontraproduktiv. Maßgeblich waren eher politische Motive. Es handelte sich um einen weiteren Schritt, um die staatliche und die religiöse Einheit zur Deckung zu bringen, ein Schritt zumal, der den starken rassistischen und antisemitischen Kräften Tribut zollte. Die Dramatisierung der *Converso*-Gefahr durch die inquisitorischen Verfolgungsmaßnahmen trug sicherlich ihren Teil dazu bei, nach radikalen Auswegen zu suchen. Die Folge war ein verhängnisvoller Kreislauf. Mit Vertreibungsbeschluß und massenhaften Zwangstaufen wurde nun in großem Maßstab derjenige Personenkreis produziert, der in der Folge ins Fadenkreuz der Inquisition gelangten mußte. Über Juden konnte die christliche Inquisition kaum Jurisdiktionsbefugnisse beanspruchen; waren diese aber erst einmal zum Christentum bekehrt, so stellten heterodoxe oder jüdische Praktiken einen Abfall vom christlichen Glauben dar und konnten somit als Häresie von der Inquisition verfolgt werden. Die Umstände der Zwangstaufen von 1492 legen den Schluß nahe, daß nach diesem Zeitpunkt tatsächlich ein großer Kreis von Krypto-Juden existierte. Wirkliche christliche Überzeugung wird man, jedenfalls kurz- und mittelfristig, kaum unter den massenhaft Zwangsbekehrten erwarten dürfen. Paradoxerweise verschärfte damit der Vertreibungsbeschluß gegenüber den Andersgläubigen die religiösen Verfolgungen innerhalb des Christentums und gab ihnen neue Plausibilität.

Die ersten fünfzig Jahre der Spanischen Inquisition, die Phase zwischen 1480 und 1530, waren in vielerlei Hinsicht ihre aktivste Zeit. Angaben über die absolute Zahl der Verfahren sowie über den Anteil schwerer Strafen gehen weit auseinander. Die Schätzung von 50 000 Inquisitionsopfern allein bis zum Jahr 1512 markiert wahrscheinlich eine absolute Obergrenze; jedenfalls müssen darin auch diejenigen eingerechnet sein, die freiwillig bekannten, eine leichte Buße leisteten und nicht auf einem Autodafé erscheinen mußten. Wahrscheinlich fielen insgesamt zwischen 50 und 75 Prozent aller Verfahren der dreihundertjährigen Inquisitionsgeschichte in die ersten fünfzig Jahre. In der überwältigenden Mehrzahl standen die *Conversos* in ihrem Mittelpunkt. Allein das Tribunal von Toledo beschäftigte sich in diesem Zeitraum mit über 8000 Fällen; meist endeten sie mit Begnadigungen und Geldzahlungen aufgrund des Gnadenedikts. Die Zahl der Überstellungen an den weltlichen Arm war selbst in dieser ersten Hochphase nicht dominierend, jedoch signifikant höher als später gegen alle anderen Zielgruppen; mit einigen hundert Hinrichtungen allein in Toledo ist zu rechnen. Insgesamt reichen die Schätzungen über die Zahl der in persona zum Tode Verurteilten für ganz Spanien (1481–1530) von 1500 (Monter) bzw. 2000 (Kamen) bis zu 12 000 allein für Kastilien (Alpert nach dem zeitgenössischen Chronisten Hernando del Pulgar); in Valencia wurden zwischen 1484 und 1530 von 2160 «Judaisierern» 909 dem weltlichen Arm überstellt. Jenseits der konkreten Opferzahlen aber sind die mentalen Auswirkungen auf das religiöse und politische Klima des Zusammenlebens in Spanien kaum zu überschätzen; nicht zuletzt hatte die Zurückdrängung der *Conversos* aus dem öffentlichen Leben schwerwiegende ökonomische Folgen.

Ernsthaften Widerstand leisteten nicht nur die Vertreter der Neuchristen selbst und die Stände von Aragón, sondern auch viele Theologen und Intellektuelle. Sie kritisierten, daß die *Conversos* bestraft wurden, ohne zuvor fundiert in den christlichen Glauben eingewiesen worden zu sein. Im Fadenkreuz der Kritik standen auch Machtmißbrauch und Korruption mancher Inquisitoren, namentlich des Diego Rodríguez Lucero in Cordoba ab 1499. Sein Sturz führte gleichzeitig zur Absetzung des alten Generalinquisitors Diego de Deza und dessen Ersetzung durch den bekannten Reformbischof Francisco Ximenez (Jiménez) de Cisneros (gest. 1517), den Kardinalerzbischof von Toledo. Hoffnungen auf eine durchgreifende Reform der Inquisition erfüllten sich aber weder unter seiner Leitung noch unter der seines Nachfolgers, des niederländischen Kardinals Hadrian von Utrecht. Spätestens einige innere Aufstände, die den *Conversos* angelastet wurden, ließen die Opposition weitgehend verstummen. In den folgenden Jahrzehnten behauptete die Inquisition ihre Position, jedenfalls in Kastilien unter der altchristlichen Mehrheit, weitgehend unangefochten. Hier repräsentierte sie gewissermaßen die Mehrheitsmeinung und wurde im Zeitalter der Konfessionalisierung zu einem Symbol spanisch-katholischer Identität.

Das Königreich Portugal folgte mit einigen Abweichungen und zeitlichen Verzögerungen dem von Spanien vorgezeichneten Pfad, zumal es zwischen 1580 und 1640 ohnehin vom spanischen König annektiert und in Personalunion regiert wurde. Wie in Kastilien kannte man auch in Portugal keine mittelalterliche Inquisition. Waren die Konflikte zwischen Juden und Christen in dieser bevölkerungsarmen, aber expansiven Gesellschaft bis zum Ende des 15. Jahrhunderts eher selten, so änderte sich das mit der Vertreibung der Juden aus Spanien 1492. Durch den Zustrom von Asylsuchenden verdoppelte sich der jüdische Bevölkerungsanteil in Portugal binnen kürzester Zeit. König Manuel I. reagierte im Dezember 1496 auf die wachsenden Konflikte und Pogrome mit einem eigenen Vertreibungsedikt, das die Juden vor die bekannte Alternative Zwangstaufe oder Vertreibung stellte. Den z. T. unter unwürdigen Umständen zur Taufe genötigten Neuchristen wurde zwar für die nächsten Jahrzehnte der Verzicht auf eine Überprüfung ihrer Rechtgläubigkeit in Aussicht gestellt. Bereits 1515 allerdings erbat Manuel I. vom Papst die Genehmigung einer Inquisition für Portugal, eine Bitte, die er 1531 auf Druck seiner Untertanen erneuerte. Ein längeres Tauziehen zwischen Kurie und Krone um die jeweiligen Einflußmöglichkeiten folgte, untermalt von diplomatischen Versuchen der portugiesischen *Conversos*, die Einführung einer Inquisition zu verhindern. Mit päpstlicher Bulle vom 23. Mai 1536 wurden schließlich drei Inquisitoren für Portugal ernannt, und dem König wurde das Recht zur Benennung eines vierten zugestanden. Langfristig sollten sich im portugiesischen Mutterland drei Tribunale in Coimbra, Lissabon und Evora behaupten; außerdem wurde 1560 in Goa ein für Asien zuständiges Tribunal etabliert. Während dieser Inquisitionsgerichtshof notorisch für sein Vorgehen gegen andersgläubige Seeleute aus der alten Welt wurde, konzentrierte sich die portugiesische Inquisition in der Heimat noch mehr als ehemals die spanische auf die *Conversos*. 1552 wurde ihre Arbeit durch ein *regimento* strukturiert und systematisiert, das – ebenso wie die Einrichtung eines *consejo general* – erkennbar dem spanischen Modell nachgebildet worden war.

Die Verfolgung der Moriscos: Neuchristen rekrutierten sich in Spanien nicht nur aus den Reihen der ehemaligen jüdischen Bevölkerung. Im Zuge der *Reconquista* waren zahlreiche Muslime, bezeichnet als *Mudéjares*, unter christliche Herrschaft gekommen; mit dem Fall des Königreiches von Granada 1492 vergrößerte sich ihre Zahl noch beträchtlich. Eine Reihe von Vereinbarungen garantierte den Muslimen unter christlicher Herrschaft zunächst die Beibehaltung des islamischen Kultus und der eigenen Gerichtsbarkeit. Dennoch betrieb man von Beginn an eine entschiedene Christianisierungspolitik, nur die Methoden waren strittig: Reformbischof Talavera setzte auf Mission durch Überzeugung, Vorbild und materielle Anreize. Als diese Linie wenig Erfolge zeitigte, ging man unter der Ägide des Kardinals und nachmaligen Generalinquisitors Francisco Jiménez de Cisneros zu Bücherverbrennungen und ersten Zwangstaufen über. Dies provozierte u. a. in Granada erste Aufstände, die wiederum den Befürwortern einer harten Christianisierung Argumente lieferten. 1502, zehn Jahre nach der Vertreibung der Juden, wurden alle Muslime Kastiliens vor die Alternative gestellt, sich taufen zu lassen oder auszuwandern. Etliche gebildete und begüterte Vertreter dieser Gruppe verließen das Land in Richtung Nordafrika, die Masse aber ließ sich taufen und blieb.

Aus den *Mudéjares* waren *Moriscos*, Christen maurischer Herkunft, geworden. Rechtlich den Altchristen gleichgestellt, wurden sie mit einem Waffenverbot belegt und standen unter erheblichem kulturellen Assimilationsdruck, wie z. B. die Ächtung der arabischen Sprache zeigt. In den Ländern der Krone Aragón blieben sie noch anderthalb Jahrzehnte unbehelligt, bevor es ab 1519 zu ernsten Konflikten im Zusammenleben zwischen Muslimen und Christen kam. Hier kreuzten sich religiöse und soziale Spannungslinien: Im Zuge einer Erhebung altchristlicher Unterschichten in Valencia setzten diese die Zwangstaufe der großen muslimischen Gemeinde durch, um die fremdgläubigen Landarbeiter ihren Widersachern, den Adligen, abspenstig zu machen. Trotz Niederschlagung des Aufstandes wurden die Taufen weiterhin als gültig angesehen – schließlich, so lautete das schon im Fall der Juden erprobte zynische Argument, hätten die Muslime durchaus eine Wahlmöglichkeit gehabt, diejenige nämlich zwischen Taufe oder Tod. Damit war auch in Valencia und Aragón eine unumkehrbare Dynamik in Gang gesetzt, die 1525 in ein Edikt Kaiser Karls V. zur Zwangstaufe aller verbliebenen Muslime mündete. Damit war in Spanien nun eine den jüdischen *Conversos* strukturell vergleichbare Problemgruppe ehemals muslimischer Neuchristen entstanden, deren Existenz bald die Inquisition auf den Plan rufen sollte. Seit ca. 1530 sind vereinzelte *Morisco*-Prozesse zu verzeichnen, doch blieben große Verfolgungswellen vorerst aus.

Die Zurückhaltung der Inquisition hatte verschiedene Gründe. Erstens hatte 1526 Generalinquisitor Manrique – in der Tradition früherer Abmachungen – mit den Führern der *Moriscos* in Valencia ein (nicht durchweg eingehaltenes) Geheimabkommen geschlossen, nach dem die Inquisition sie für vierzig Jahre von jeglicher Verfolgung verschonen würde, falls sie sich widerspruchslos taufen ließen. Noch 1571 erklärte sich die Inquisition in Valencia gegenüber den *Moriscos* bereit, gegen eine jährliche Zahlung von 2500 Dukaten auf eine weitergehende Konfiskation zu verzichten und Geldstrafen auf eine Höhe von 10 Dukaten zu begrenzen. Mit derartigen Vereinbarungen verschafften sich die Inquisitoren eine Finanzquelle und die maurischen Neuchristen eine Atempause. Zweitens achtete der Adel peinlich auf seine ständischen Vorrechte und schirmte die mehrheitlich unter seiner Gerichtsbarkeit stehenden *Moriscos* vor der Inquisition ab. Drittens schließlich erkannte man den *Moriscos* aufgrund ihrer kulturellen und religiösen Differenz einen anderen Status zu als christlichen Häretikern und Juden. Viele

Theologen plädierten für eine geduldige, längerfristig angelegte Missionsarbeit und konzedierten, daß eine kurzfristige innere Bekehrung nicht möglich war.

Erfolge dieser Mission wurden aber durch die große Solidarität unter den *Moriscos* verhindert, die – bei aller pragmatischen Anpassung an die christliche Umwelt – stolz auf den eigenen Traditionen beharrten. So nahmen die Spannungen zwischen Altchristen und den Maurenchristen mit den Jahrzehnten zu und entluden sich 1568 in Granada, wo die *Moriscos* über 50 Prozent der Bevölkerung stellten, in einem weit ausstrahlenden Bürgerkrieg, der von beiden Seiten mit ungeheurer Grausamkeit geführt wurde. 1570 unterdrückte die Zentralgewalt den Aufstand durch massiven Einsatz von Truppen. Ein Dekret befahl anschließend die Zerstreuung der granadinischen Moriscos über ganz Kastilien, zum Teil als Sklaven. Vor vielen Inquisitionstribunalen, angefangen in Granada, aber auch in Valencia, kam es in der Folge zu einer Welle von Verfahren gegen die *Moriscos*. In der zweiten Hälfte des 16. und am Beginn des 17. Jahrhunderts überstieg ihre Zahl diejenige der angeklagten *Conversos*, aber auch diejenige der Protestanten bei weitem. Wenn auch die Repression, gemessen an der Schwere der Strafen, vergleichsweise mild ausfiel, so zeigt diese Verfolgungskonjunktur doch, daß die christliche Mission durch Vorbild und Überzeugung endgültig durch Zwang und Repression abgelöst wurde. Im Zeitalter der Türkenkriege – die Seeschlacht bei Lepanto im Jahre 1571 bildete hier einen Meilenstein – wurden die *Moriscos* als fünfte Kolonne der Türken betrachtet und bekämpft. Auch auf seiten der Muslime kam es zu einer Verhärtung, nicht wenige zeigten offen ihr Verharren beim islamischen Glauben.

Seit ca. 1580 mehrten sich deshalb die Plädoyers für eine völlige Vertreibung der *Moriscos* aus Spanien. Präzedenzfall dafür war die Austreibung der Juden 1492 – allerdings mit einem entscheidenden Unterschied: Damals hatte es sich um taufunwillige Fremdgläubige gehandelt, jetzt diskutierte man die Exilierung einer Gruppe getaufter Christen! Viele Intellektuelle, darunter durchaus auch Inquisitoren, hielten deshalb eine solche Vertreibung für barbarisch und unchristlich. Durchsetzen konnten sich diese Argumente nicht; rassistische Ausgrenzungsbestrebungen, religiös-kulturelles Einheitsbestreben und ökonomisches Gewinnkalkül – den bisher widerstrebenden Adligen wurde das Land der zu Vertreibenden versprochen – behielten die Oberhand. 1609 wurde die Vertreibung dekretiert; verwirklicht wurde sie in verschiedenen Stufen bis ins Jahr 1640. Alles in allem trieb man ca. 300 000 *Moriscos* ins Exil; eine Minderheit von ca. 20 000 konnte mit Sondererlaubnissen als besonders privilegierte Gruppe oder als Sklaven bleiben, weswegen das gesamte 17. Jahrhundert hindurch einzelne Inquisitionsprozesse gegen diese Gruppe nachweisbar bleiben. Der große Schnitt aber war vollzogen. Auch wenn die *Moriscos* mit ca. 4 Prozent der spanischen Gesamtbevölkerung eine eher kleine Gruppe dargestellt hatten, so war gerade dort, wo sie sich konzentrierten (etwa in Valencia), eine ökonomische Katastrophe die Folge. Die Steuerbelastungen stiegen und das landwirtschaftliche Produktionsniveau sank. Auch für die Inquisition verdüsterte sich vielerorts die Zukunft: So beschwerten sich 1611 die Tribunale von Valencia und Saragossa darüber, daß die Vertreibung ihren Bankrott bewirkt habe, weil sie die 7500 Dukaten, die sie vorher als Grundrenten von den *Moriscos* erhalten hatten, nicht ersetzen konnten.

Protestantenverfolgung und Bücherzensur: Seit den 1520er Jahren wurde auch die Iberische Halbinsel von den Glaubenskontroversen und Reformdiskussionen erfaßt, die Mitteleuropa zu jener Zeit erschütterten und für die der Name Martin Luther stand. Theologen und Gelehrte, z. T. mit Zugang zum königlichen Hof, befürworteten eine Kirchenreform. Viele von ihnen waren enthusiastische Anhänger des Humanisten Erasmus von Rotterdam (1466/69–1536), unter ihnen auch der Generalinquisitor Alfonso Manrique (gest. 1538). Diesen – vergleichsweise wohl eher kleinen – intellektuellen Kreisen drohte im Zuge der religiösen Uniformierung in Spanien bald die Verketzerung als Sympathisanten Luthers. Zunächst rückten kleinere mystische oder spiritualistische Gruppen in den Blickpunkt der Inquisition. Da waren zunächst die Illuministen, die wegen *Alumbradismo* oder *Dejamiento* angeklagt wurden. Sie strebten nach dem völligen Sich-Versenken in Gott auf der Basis der Aufgabe des menschlichen Willens. Seit den 1520er Jahren wurden diese Zirkel von Inquisitoren verfolgt und ihre Mitglieder – eher milde – abgestraft. Auch die *beatas*, weibliche Mystikerinnen, die nicht im Schutz von Klostermauern wirkten, waren immer wieder vom Häresieverdikt bedroht. Bald gerieten auch die Gedanken, Werke und Anhänger des Erasmus in Spanien in den Ruch der Ketzerei, und zwar bereits in einer Zeit, als sie in anderen Teilen des katholischen Europa noch als Gipfel rechtgläubiger Gelehrsamkeit erschienen.

Bis Ende der 1550er Jahre gibt es allerdings kaum wirkliche Indizien dafür, daß die Lutheraner in Spanien eine größere Anhängerschaft gewinnen konnten. 1558/59 änderte sich das. Unter der Führung des Generalinquisitors Fernando de Valdés (gest. 1568) wurden in Sevilla und Valladolid Protestantengemeinden ausgehoben. Es kam zu einer relativ harten Verfolgung, zu einer Reihe von aufsehenerregenden öffentlichen Glaubensakten (*autodafés*) und etlichen Dutzend Hinrichtungen. Angeheizt wurde die Protestantenverfolgung nicht zuletzt durch Philipp II., die Regentin Juana und den alten Karl V., der nach seiner Resignation als Kaiser das Geschehen aus seinem klösterlichen Alterssitz in der Extremadura heraus ängstlich kommentierte. Nach den bösen Erfahrungen in Mitteleuropa ging es für ihn bei der Bekämpfung der lutherischen Häresie eben nicht nur um religiöse Angelegenheiten, sondern ebenso um politischen Aufruhr. Quantitativ gesehen war die Protestantenverfolgung zwischen 1559 und 1566 weniger gravierend als oft angenommen. Vielleicht wurden in diesem Zeitraum insgesamt gut hundert Personen von der Inquisition zum Tode verurteilt. Allein unter Königin Maria der Katholischen wurden in England dreimal so viele Hinrichtungen verzeichnet. Dennoch war die Wirkung der Protestantenverfolgung auf der spanischen Halbinsel nachhaltig: Zum einen konnte sich die Inquisition in diesem Zusammenhang organisatorisch weiter konsolidieren. Zum anderen stellte der Protestantismus durch seine Enthauptung keinerlei wirkliche Herausforderung mehr dar. Viele spanische Intellektuelle und Sympathisanten mit der Reformation wanderten in der Folge aus. Wenn die Inquisition seit 1560 noch Häretiker fand und verurteilte, dann handelte es sich meistens um zugereiste Fremde, etwa um englische oder französische Seeleute, was dazu beitrug, die Spanische Inquisition im ganzen nichtkatholischen Teil Europas bekannt und verhaßt zu machen.

Auch auf dem Gebiet der Zensur bildeten die späten 1550er Jahre einen wichtigen Wendepunkt. Bereits in früheren Jahrhunderten hatte es den Versuch einer Kontrolle des geschriebenen Wortes gegeben; ebenso wurden Handschriften wie der als ketzerisch angesehene jüdische Talmud auf dem Scheiterhaufen vernichtet. Mit der Entfaltung des Buchdrucks jedoch entstand potentiell ein Massenmarkt für religiöse und damit auch für häretische Literatur. Die neuzeitlichen Ketzerverfolger standen nun vor der ungeheuren Aufgabe, nicht nur die Verfasser, sondern auch die Drucker, Händler und Leser ketzerischen Schrifttums systematisch zu kontrollieren. Während die spanische Krone Lizenzen vergab, um die Produktion erlaubter Druckerzeugnisse zu steuern, konzentrierte sich die Inquisition auf die Kontrolle verbotener Bücher. Nach dem Modell auswärtiger Vorbilder (Paris 1542, Löwen 1546) wurde im Sommer 1559 unter der Regie des Generalinquisitors Fernando de Valdés ein umfangreicher Index der verbotenen Bücher zusammengestellt und publiziert. Im Gefolge des großen Tridentiner Index von 1564 verfeinerte man in Spanien 1571 die Zensurbestimmungen. Der neue, erweiterte Index sah z. T. die «Reinigung» von Büchern von verletzenden oder häretischen Passagen vor, um sie vor dem völligen Verbot zu bewahren. Der große zweibändige Index von 1583/84 führte diese Linie ebenso fort wie die späteren Neuauflagen des 17. Jahrhunderts. Er umfaßte 2315 Werke, davon ca. 75 Prozent in lateinischer, 8,5 Prozent in kastilischer und 17,5 Prozent in anderen Sprachen verfaßt, darunter viele, die ohnehin niemals ihren Weg auf den iberischen Büchermarkt gefunden hätten.

Die Inquisition versuchte, Einfuhr und Verkauf verbotener Bücher zu verhindern. In Häfen wie Sevilla oder Barcelona beanspruchte sie das Recht, die Ladung fremder Schiffe als erste zu untersuchen. Daneben wurden Razzien in Buchläden durchgeführt. Vor allem blieb sie aber auf Anzeigen und Denunziationen aus der Bevölkerung angewiesen. Uneinheitlich gestaltete sich die Zensurpraxis aber auch wegen der widersprüchlichen Urteile der Zensoren – was der eine verbot, schlüpfte beim anderen noch durch. Die Reinigung von Büchern und Bibliotheken schließlich war ein überaus zeit- und geldaufwendiges Unternehmen. So blieb die Effizienz der Kontrollmaßnahmen begrenzt und sowohl regional als auch thematisch uneinheitlich. Das traditionelle Bild einer bedrückten und unfreien intellektuellen Kultur in Spanien ist deshalb überzogen, zumal es auch in anderen frühneuzeitlichen Staaten ein System der Bücherzensur gab. Zweifellos förderte die Inquisition mit ihrer Politik aber die geistige Isolation und die intellektuelle Selbstgenügsamkeit der Iberischen Halbinsel, trug zur Abschottung von neuen, fremden Ideen bei und verstärkte die bisweilen rassistische Züge annehmende Fremdenfeindlichkeit.

Erneute Converso-Verfolgung: Die Verfolgungspraxis der Spanischen Inquisition war, was Intensität und Zielgruppen anging, während ihrer gut dreihundertjährigen Existenz von bestimmten Konjunkturen gekennzeichnet; Jean-Pierre Dedieu hat von den «quatre temps» dieser Inquisition gesprochen. Die insgesamt 11458 zwischen 1481 und 1820 vor dem Tribunal von Valencia verhandelten Fälle z. B. verteilen sich auf ganz charakteristische Art und Weise: In den ersten fünfzig Jahren bis 1530 dominiert das Vorgehen gegen die *Conversos*. 2160 von 2354 Fällen, also 91,8 Prozent, lassen sich hier zuordnen. In der Zeit zwischen 1560 und 1620 (für 1530–1560 fehlen die Akten) stechen mit einem Anteil von 73,2 Prozent (2465 von 3366 Fällen) die Aktivitäten gegen die *Moriscos* hervor. Die verstreuten Prozesse gegen – meist auswärtige – Protestanten als dritte Großgruppe unter den Häretikern fallen zahlenmäßig in Valencia kaum ins Gewicht und bleiben auch andernorts hinter den *Converso*- und *Morisco*-Verfahren zurück. Nach 1620 konzentrierte sich die Inquisition in Valencia auf die moralischen und religiösen Defizite der altchristlichen Bevölkerungsmehrheit. Die Inquisition in Toledo hatte sich dieser Vergehen – namentlich Verbaldelikte wie

Blasphemie – bereits seit 1530 verstärkt angenommen. Zwischen 1561 und 1620 überwogen hier allein die Anklagen wegen unorthodoxer Äußerungen, sogenannten *propositiones* (1087), diejenigen gegen neuchristliche oder protestantische Ketzer (843) bei weitem. Diese und andere Daten zeigen nicht zuletzt, wie individuell die Aktivitäten einzelner Tribunale – trotz bestimmter übergreifender Trends – waren. Das gilt verstärkt für das inquisitorische Wirken in der Neuen Welt. In Mexiko etwa waren lange lediglich einzelne Mönche oder Bischöfe als päpstlich approbierte Inquisitoren gegen gotteslästernde Konquistadoren, häretische *Conversos*, durchreisende Protestanten oder idolatrieverdächtige Indianer vorgegangen, bevor 1570 ein förmliches Inquisitionstribunal seine Arbeit aufnahm. Die mindestens tausend Prozesse, die es in den folgenden dreißig Jahren führen sollte, umfaßten vornehmlich Blasphemie- und Bigamie-Fälle, richteten sich aber auch gegen 78 – überwiegend auswärtige – Häretiker und 68 *Conversos*, von denen 13 auf dem Scheiterhaufen hingerichtet wurden.

Im 17. und frühen 18. Jahrhundert lebten im spanischen Kernland die Prozesse gegen *Conversos* wieder auf. Nach 1540 waren diese ja zunächst aus dem Focus der Inquisition geraten. Trotz eines fortbestehenden latenten Antisemitismus waren die Neuchristen relativ integriert und führten ein eher unauffälliges Leben. Das änderte sich seit den späten 1580er Jahren durch den Einfluß ihrer portugiesischen Schicksalsgenossen. Seit etwa 1540, als die portugiesische Inquisition mit ihren Autodafés gegen angebliche «Judaisierer» begann, hatte sich die Richtung des Flüchtlingsstromes umgekehrt. Waren zuvor die spanischen *Conversos* nach Portugal geflohen, so zogen nun die bisher in Portugal ansässigen Neuchristen nach Spanien, zumal nachdem Philipp II. 1580 die portugiesische und die spanische Krone in Personalunion übernommen hatte. Die Rigorosität der portugiesischen Inquisition bzw. die scheinbare Milde ihrer älteren spanischen Schwester trugen dazu ebenso bei wie die Hoffnung auf ökonomische Prosperität im spanischen Weltreich. Seit den 1590er Jahren stellten *Conversos* aus Portugal einen signifikanten Anteil der Angeklagten vor den Tribunalen der spanischen

Inquisition. Dabei gelang es den Wohlhabenderen unter ihnen diesseits und jenseits der Grenze allerdings zunächst, sich mit viel Geld auf Zeit freizukaufen. Lange Zeit profitierten sie von der desolaten Finanzlage des spanischen Staates und von der pragmatischen Politik des Herzogs von Olivares, der als königlicher Premierminister materielle Vorteile über das Ziel religiöser Uniformität stellte. Nach dessen Sturz im Jahr 1643 aber, verursacht durch außenpolitische Mißerfolge ebenso wie durch innere Aufstände und die Loslösung Portugals 1640, wurde der moderate Generalinquisitor Antonio de Sotomayor zum Rücktritt genötigt und durch den Hardliner Diego de Arce y Reynoso (gest. 1665) ersetzt. Die Befürworter eines konsequenten Vorgehens gegen die Neuchristen jüdischer Herkunft setzten sich mit ihren Schreckensbildern einer kryptojüdischen Verschwörung durch. Einmal mehr wurden die *Conversos* zur hauptsächlichen Zielgruppe der Ketzertribunale. Zwischen 1659 und 1739 richteten sich 71 Prozent der Urteile vor den spanischen Inquisitionsgerichtshöfen (2317 von 3260) gegen sie. Die Inquisition verhaftete einen nach dem anderen aus dem Kreis der reichen Kaufleute und erpreßte sie um hohe Geldsummen. Ungefähr zwölftausend neuchristliche Familien gingen ins englische oder niederländische Exil.

Die Verfolgung der *Conversos* setzte sich mindestens bis in die zwanziger Jahre des 18. Jahrhunderts fort. Dabei gingen die Verfolger durchaus selektiv vor, tasteten manchmal z. B. das Firmenvermögen von Verurteilten nicht an, um weitere wirtschaftliche Probleme zu vermeiden. Auch wäre es falsch, sich das Leben potentieller Opfer als eine Kette ununterbrochener Repression und Angst vorzustellen. Die ganze Zwiespältigkeit ihrer Existenz läßt sich etwa am Schicksal des Dr. Diego Mateo Zapata (geb. 1664) veranschaulichen, der von seiner Mutter im jüdischen Glauben erzogen worden war. Dreimal – 1678, 1692 und 1725 – wurde er im Laufe seines Lebens von der Inquisition verhaftet, verbrachte mehrere Jahre in Haft, mußte auf zwei Autodafés abschwören und verlor die Hälfte seiner Güter. Dazwischen lebte er als anerkannter und wohlhabender Gelehrter in Madrid, war Präsident der königlichen Gesellschaft für Medizin in Sevilla und Mitbegründer der Akademie für Medizin in der Hauptstadt, wo er hoch angesehen 1745 starb.

Das Ende der Spanischen Inquisition: In den Jahren nach 1730 ging die Zahl der Verurteilten und Angeklagten radikal zurück. Unter der Handvoll jährlicher Fälle vor einem Inquisitionstribunal befanden sich kaum noch Verfahren gegen Neuchristen; eher beschäftigten sich die Ketzerjäger mit Moral, Sexualität und Magie. Lediglich zweimal, 1763 und 1781, kam es im Anschluß an ein Autodafé noch zu einer Ketzerverbrennung. Der zweite Fall, die letzte Hinrichtung aufgrund eines Inquisitionsurteils, betraf die Visionärin María de los Dolores López, die behauptet hatte, in direktem Kontakt zur Muttergottes zu stehen und Millionen Seelen aus dem Fegefeuer zu retten. Die Geschicke der Inquisition in der Spätzeit waren vor allem von zwei Faktoren bestimmt: Da war einmal der Wille der spanischen Bourbonen-Könige, die Ketzerverfolgungsbehörde strikt den Weisungen der Krone zu unterwerfen und ihre Zuständigkeiten einzuschränken. Zum zweiten hatte die Inquisition mit der Aufklärung zu tun. Der Abwehrkampf gegen die modernen Ansichten über Vernunft und Menschenrechte führte zu einer konservativen Verhärtung inquisitorischer Positionen, die die Behörde gleichzeitig der Unterstützung maßgeblicher intellektueller Eliten beraubte.

Die Schlußakkorde der Iberischen Inquisitionsgeschichte fallen in die ersten Jahrzehnte des 19. Jahrhunderts. Bereits im Krieg mit Frankreich waren viele Güter der Inquisition von der Regierung eingezogen, ihre vormals vom Militärdienst befreiten Helfer eingezogen worden. Der französischen Okkupation und der Einsetzung des Napoleon-Bruders Joseph als spanischem König leistete die Mehrheit der Bevölkerung Widerstand. Nach anfänglicher Kollaboration mit den Besatzern schloß sich die *Suprema* an und wurde durch ein von Napoleon persönlich unterzeichnetes Dekret vom Dezember 1808 verboten. Außerhalb des französischen Machtbereichs beschloß das spanische Parlament, die Cortes, am 22. Februar 1813 ebenfalls die Aufhebung der Inquisitionstribunale; die Reinheit des Katholizismus sei bei den Bischöfen besser aufgehoben, so hieß es zur Begründung. Bereits im Folgejahr setzte der zurückgekehrte König Ferdinand VII. die Inquisition wieder ein. Jedoch konnte dieser Beschluß die Agonie der Ketzerverfolgungstribunale nicht durchbrechen. Nach einer zweiten – durch politischen Druck erzwungenen – Abschaffungsorder 1820 und deren erneuter Aufhebung im gleichen Jahr erklärte der Papst 1829 auf Ansuchen des Königs die Unabhängigkeit der spanischen Inquisition für beendet und übertrug alle Fälle von Ketzerei dem eigenen römischen Tribunal. Der letzte Regierungsakt war demzufolge wenig mehr als eine Formalie: Im Namen der minderjährigen Isabella II. hob die Regentin María Christina am 15. Juli 1834 die Spanische Inquisition endgültig auf. Ihr Vermögen war bereits zuvor der königlichen «Behörde für geraubtes und herrenloses Gut» zugeschlagen worden. Bereits 1821 übrigens war ihre jüngere Schwester, die portugiesische Inquisition, liberalen Reformen im Nachbarland erlegen.

2. Organisation, Verfahren und Delikte

Kreuz, Olivenzweig und Schwert schmückten das allgegenwärtige Wappen der Spanischen Inquisition. Während die letzten beiden Attribute das Gleichgewicht zwischen Gnade und gerechter Strafe symbolisierten, stand das Kreuz für den geistlichen Charakter inquisitorischer Gerichtsbarkeit. Das entsprach ihrem Selbstverständnis, aber nur zum Teil der realen Machtverteilung. Die Spanische Inquisition war zwar ein kirchlich legitimiertes Gericht, stand aber unter der vollen Kontrolle der Krone. Die Inquisitoren wurden vom König ernannt und waren von seiner Unterstützung abhängig, wenn sie auch ihre Autorität und ihre Jurisdiktionsgewalt auf den Papst stützten. Ihre Rechtsprechung reichte weit, war aber prinzipiell auch Restriktionen ausgesetzt. So konnte man gegen Entscheidungen der Inquisition an den Papst appellieren, wie die *Conversos* es im April 1482 taten. Dessen Entscheidung, alle Berufungsfälle nach Rom zu ziehen, wurde allerdings nach einer Intervention König Ferdinands schon nach elf Tagen widerrufen. Das Beispiel zeigt die Grenzen der päpstlichen Macht in Spanien. Kaum ein Personenkreis war vor dem Zugriff der Inquisitoren sicher. Kontrovers war ihre Jurisdiktionsgewalt über Ordensangehörige, aber dem eigenen Selbstverständnis nach beanspruchten sie die Rechtsprechung sowohl über Dominikaner als auch über Jesuiten. Exemt waren lediglich die Bischöfe, Inhaber der ursprünglichen Gerichtsgewalt gegen Häretiker, aber selbst hier gab es Ausnahmen, wie die vorübergehende Verhaftung des greisen Erzbischofs von Granada, Hernando de Talavera, im Jahr 1506 und das jahrzehntelange Verfahren gegen den Primas der spanischen Kirche, Bartholomé de Carranza, ab 1559 zeigen.

Haupt und Glieder: Markante Kennzeichen der Spanischen Inquisition waren ihre bürokratischen und hierarchischen Strukturen. Mit Torquemada war 1483 der erste Generalinquisitor für die Länder der Krone Aragón ernannt worden, der dann ab 1488 in Personalunion auch für Kastilien zuständig war. Er war allerdings ebensowenig das alleinige Haupt der Inquisition wie der nachfolgende Diego de Deza (abgedankt 1507, gest. 1523). Daneben amtierten zeitweilig noch andere Generalinquisitoren. Erst unter dem von Karl V. ernannten Generalinquisitor Kardinal Hadrian von Utrecht kam es dann 1518 zu einer Wiedervereinigung, die sich als dauerhaft erweisen sollte. Ebenso wie die Großinquisitoren wurden auch die sechs übrigen Mitglieder der seit 1488 bestehenden *Suprema* direkt vom König ernannt. Der Rat kam jeden Tag zu Beratungen zusammen. Theoretisch hatte der Generalinquisitor hier nur eine Stimme, und es kam vor, daß die *Suprema* ihren Vorsitzenden zu überstimmen versuchte. Jedoch beanspruchte der Generalinquisitor als Stellvertreter des Papstes eine exklusive und herausgehobene Stellung. Die Korrespondenz mit den lokalen Tribunalen wurde von zwei Sekretariaten, einem für Aragón und einem für Kastilien, erledigt. Ursprünglich mußten die Tribunale nur in außergewöhnlichen Fällen der *Suprema* Rechenschaft ablegen. Beginnend mit den Reformen um 1560 wurde die Berichtspflicht schrittweise ausgedehnt, bis schließlich seit

Mitte des 17. Jahrhunderts alle Urteile vor ihrer Vollstreckung in Madrid bestätigt werden mußten.

Die Tendenz zur Zentralisierung schloß eine starke lokale Präsenz der Inquisition nicht aus. Zunächst waren Tribunale dort gegründet worden, wo die Ketzergefahr am größten erschien, doch mit fortschreitender Institutionalisierung wurden Zuständigkeiten abgeglichen und eine klarere regionale Struktur geschaffen. Vierzehn Tribunale verteilten sich nach dem Abschluß der Ausbauphase über das spanische Kernland. Hinzu kamen Inquisitionsstützpunkte auf Mallorca, den Kanarischen Inseln und dem unter spanischer Herrschaft stehenden Sizilien. In der neuen Welt waren zunächst bischöfliche Inquisitoren tätig, bevor in Mexiko und Lima (1569/70), dann schließlich in Cartagena (1610) eigene Tribunale gegründet wurden. Jedes der schließlich 20 Tribunale sollte mit zwei Inquisitoren besetzt sein, wobei die größeren am Ende des 16. Jahrhunderts in der Regel drei Inquisitoren hatten.

Eine weitere Eigenheit der Spanischen Inquisition – gerade in Abgrenzung zu ihren Vorläufern und der römischen Schwester – bildete die Tatsache, daß es sich bei ihren Inquisitoren um Exponenten einer bürokratischen Juristenelite handelte. Sicherlich, Tomás de Torquemada war Dominikaner, doch von einer Dominanz der Bettelorden kann insgesamt keine Rede sein. In Valencia gehörten zwischen 1482 und 1609 von 52 Inquisitoren nur sechs dem Predigerorden an. Vor allem mußte ein spanischer Inquisitor ein versierter Jurist sein; eines Theologen bedurfte es dabei nicht unbedingt, auch Laien konnten das Amt bekleiden. Die Karriere eines Inquisitors konnte von der Peripherie in die Zentrale nach Madrid führen. Das Amt konnte aber auch Meilenstein für andere hohe geistliche und weltliche Positionen außerhalb der Inquisition darstellen. Häufige Rotation stellte sicher, daß die Inquisitoren sich meist nicht aus der jeweiligen Region rekrutierten und keinen lokalen Loyalitäten, sondern nur ihren Amtsaufgaben verpflichtet waren. Neben den Inquisitoren besaßen die Tribunale einen Stab von Helfern und ein breites Netz von Unterstützern. Pro Gerichtsbezirk wird man im Schnitt mit ca. einem Dutzend fest besoldeter Amtsträger rechnen können, vom *procurator fiscalis*, dem amtlichen Ankläger, über Assessoren und Sekretäre bis hinunter zum Gefängnisaufseher. Dazu kamen weitere Notare, Konsultatoren und insbesondere die zahlreichen Kommissare, die sich aus dem lokalen Klerus rekrutierten; durch sie konnte die Inquisition ihre Autorität auch in weiter entfernten Orten zur Geltung bringen.

Schließlich die *familiares*, die «vertrauten» Laien: Es hatte sie bereits im Mittelalter gegeben, und auch das *Sanctum Offizium* in Rom bediente sich ihrer, aber nirgends blühte das System der Laienhelfer derart wie auf der Iberischen Halbinsel. Sie leisteten umfassende Hilfsdienste für die Inquisition, indem sie etwa nach Entflohenen fahndeten und Verdächtige verhafteten. Für die Erfüllung dieser «Drecksarbeit» (Monter) genossen sie im Gegenzug eine Reihe von Privilegien wie partielle Steuerbefreiung, das Recht, Waffen zu tragen, und dasjenige, nur vor der Inquisition abgeurteilt zu werden. Prinzipiell war die Ernennung eine Ehre, die z. T. hohen Adligen zuteil wurde. Die meisten der *familiares* waren jedoch einfache Leute, Bauern und Handwerker. Ihr zahlenmäßiges Aufkommen war unterschiedlich, z. T. wurden quantitative Höchstgrenzen festgesetzt. 1567 kam im Bezirk Valencia ein Vertrauter der Inquisition auf 42 Haushalte, während 1611 im abgelegenen Galicien das Verhältnis lediglich 1 : 241 betrug, wobei sich die Familiaren zudem noch in wenigen Städten und Orten konzentrierten. Die große Zahl waffentragender, von der normalen Gerichtsbarkeit befreiter Personen erweckte in der Bevölkerung vielerorts Bedenken und provozierte Kritik. Tatsächlich wurden bewaffnete Familiare für eine Vielzahl von Gewalttaten verantwortlich gemacht, die von der Inquisition nur zögernd geahndet wurden. Nicht zuletzt diese Exzesse prägten lange das Image der *familiares* als Mörder, Spitzel und Denunzianten auch in der Geschichtsschreibung. Strukturell gesehen, war dieses System der Laienhelfer ein Versuch, dem notorischen Defizit an Vollzugsmacht zu begegnen, mit dem alle weltlichen und kirchlichen Mächte in der Vormoderne zu kämpfen hatten. Privilegien und Sozialprestige für diejenigen, die sich als Arm der Inquisition zur Verfügung stellten – im alteuropäischen Rahmen war das weder ein völlig außergewöhnliches noch ein unplausibles Geschäft auf Gegenseitigkeit.

Ein in der Forschung heiß diskutierter Punkt ist die Finanzierung der Inquisition. Handelte es sich um eine räuberische Einrichtung, die sich über Konfiskationen und Strafgelder selbst alimentierte und schon allein deshalb ein starkes materielles Verfolgungsinteresse besaß? Ganz falsch ist dieses Bild nicht, bedarf aber einer starken Differenzierung nach Raum und Zeit. Die Konfiskation stellte in der Tat die im kanonischen Recht vorgesehene Standardstrafe für Häresie dar. Bereits bei der Verhaftung wurde das Vermögen der Inhaftierten beschlagnahmt, um daraus die Kosten für das laufende Verfahren zu bestreiten; auch für Freigelassene scheint es häufig nicht einfach gewesen zu sein, die Verfügungsgewalt über ihr Hab und Gut zurückzuerlangen. Waren die Verurteilten reich, dann konnten Konfiskationen beachtliche Summen einbringen. Ein schwer exakt zu bestimmender Anteil der Konfiskationssumme ging jedoch an die Krone; außerdem mußten aus dem konfiszierten Besitz bzw. Vermögen die Verfahrenskosten und eventuelle Schulden bezahlt werden. Neben Konfiskationen kamen als Einnahmequellen auch die erhobenen Geldbußen in Betracht. Bisweilen wurden auch Kompensationszahlungen geleistet, um Konfiskationen abzuwenden oder um sich die Amtsfähigkeit vom Generalinquisitor zurückzukaufen. Je nach Verfolgungskonjunktur konnten die Inquisitoren also von Verhaftungen und Bestrafungen profitieren. Eine dauerhafte finanzielle Absicherung der Inquisition war auf dieser Grundlage nicht zu erreichen, zumal mit dem Ende der ersten großen Verfolgungswellen gegen Mitte des 16. Jahrhunderts die lukrativen Opfer fehlten. Wer nun vor Inquisitionstribunale kam, namentlich die ehemaligen Muslime, war in der Regel arm.

Auf der Suche nach ständigen Einnahmequellen wurden vor allem zwei Wege beschritten. Bereits 1488 hatte der Papst dem König das Recht zugestanden, jeweils ein Kanonikat an einer Kathedrale oder Stiftskirche zur Versorgung der Inquisitoren zu benutzen. Diese Regelung wirkte modellbildend. Kirchliche Pfründe wurden eine wichtige Säule der Inquisitionsfinanzen. Die zweite ständige Einnahmequelle bildeten Grundbesitz und

Renten. Indem die Inquisitionstribunale hier investierten und gleichsam zu selbständigen, von der Krone unabhängigen Wirtschaftssubjekten wurden, machten sie sich aber gleichzeitig von der allgemeinen Konjunktur abhängig. Das konnte paradoxe Folgen haben, wie die Inquisition in Valencia Anfang des 17. Jahrhunderts zu spüren bekam: Die Vertreibung der *Moriscos* beraubte sie vieler ihrer ständigen Einnahmequellen, die zu einem guten Teil aus Feudalabgaben dieser Neuchristen bestanden hatten.

Verfahren: Erste eigene Verfahrensregeln für die Spanische Inquisition wurden bereits im November 1484 aufgestellt und in den folgenden Jahren bis 1500 ergänzt. Diesen eher unsystematischen *instrucciones antiquas* folgte erst 1561 unter der Ägide des Generalinquisitors Fernando de Valdés (amt. 1547–1566, gest. 1568) eine ausführlichere Instruktion. Sie systematisierte und vereinheitlichte das Vorgehen der Inquisitoren durchaus auf den Spuren der mittelalterlichen Tradition und sollte – bei vielfältigen Modifikationen – die entscheidende Verfahrensgrundlage bleiben. Von Anfang an war klar, daß die Inquisitoren von den festen Stützpunkten aus ihre Provinz bereisen mußten, um erfolgreich wirken zu können. Am Anfang waren diese Inspektionen keiner klaren Regelung unterworfen. Gegen Ende des 16. Jahrhunderts hatte es sich dann eingebürgert, daß an allen Orten eines Inquisitionsbezirks mindestens einmal im Jahr eine Visitation stattfinden sollte. 1570 beschloß die *Suprema*, jedes Tribunal solle einen seiner drei Inquisitoren für mindestens vier Monate im Jahr auf Visitationsreise schicken. Der Visitator wurde von einem Sekretär und einem Konstabel begleitet. Kleinere Vergehen erledigte er vor Ort, während schwerere Delikte und umfangreichere Verfahren Konsultationen mit seinen Kollegen erforderlich machten; diese Prozesse wurden deshalb an den Sitzen der Tribunale geführt, wohin Verhaftete überstellt und Zeugen geladen wurden. In der Praxis war die inquisitorische Präsenz weniger stark als die normativen Vorgaben suggerieren, häufig fanden die Visitationen unregelmäßig statt, manche abgelegenen Gegenden wurden nie besucht.

Nach mittelalterlicher Tradition konnte ein Inquisitionsverfahren mit einem Gnadenedikt begonnen werden. Es listete zunächst verschiedenste Formen der Häresie auf. Diese Liste konnte aktualisiert, verändert und erweitert werden. Erst 1630 wurde eine lange Standardversion erstellt, deren Verlesung mindestens eine halbe Stunde gedauert haben muß. Das Gnadenedikt lud dann alle Sünder ein, ihr Gewissen zu erleichtern und sich (oder andere) während der Gnadenfrist – gewöhnlich binnen dreißig oder vierzig Tagen – zu bezichtigen. Das freiwillige Bekenntnis hatte einen Verzicht auf schwere Strafen zur Folge. Nach 1500 griff man dagegen meist zu einer anderen Variante der Verfahrenseröffnung, dem Edikt des Glaubens. Dabei verzichtete man auf eine Gnadenfrist und forderte alle zu Denunziationen auf – ein Vorgehen, das sich vielerorts als nur zu erfolgreich erwies. Trotz des Einsatzes von Spitzeln kamen die meisten Bezichtigungen aus dem sozialen Umfeld der Verdächtigen und hatten ihre Quelle in alltäglichen Nachbarschaftskonflikten und Streitigkeiten. Viele Selbstbezichtigungen waren als Versuche zu verstehen, den Denunziationen anderer zuvorzukommen. Aber nicht überall hatte die Inquisition so Erfolg. In manch abgelegenen Gebieten siegte die Solidarität der Eingesessenen, die herbeireisenden Untersuchungsbeamten stießen auf eine Mauer des Schweigens.

Falsche Anklagen wurden durch die Eigenheiten des Inquisitionsverfahrens begünstigt. Denunzianten und Zeugen wurden durch Geheimhaltungsvorschriften so gut geschützt wie in keinem anderen Gerichtsverfahren. Ihre Namen wurden dem Beschuldigten nicht mitgeteilt. Man wollte sie vor Racheakten schützen und ihre Aussagebereitschaft fördern. Überhaupt wurde die Geheimhaltung schnell zu einem leitenden Prinzip der Inquisition, das die Legendenbildung über ihre finsteren Machenschaften begünstigte. Eine zentrale Rolle dabei spielte das Gefängnis. Vor der Verhaftung eines Verdächtigen hatten eingehende Untersuchungen und Konsultationen zu erfolgen. Das bedeutete aber gleichzeitig, daß gegen einen Verhafteten schwerwiegende Verdachtsmomente existierten und daß er von Anfang an als schuldig galt. Bei seiner Gefangennahme wurde ein Inventar seines Besitzes angelegt, als Basis für die Bezahlung der Verfahrenskosten ebensogut wie als Grundlage für eventuelle spätere Strafzahlungen und Konfiskationen. In der Regel wurden die Gefangenen in eigenen Kerkern der Inquisition untergebracht. Schauermärchen über deren Zustände wurden schon von den Zeitgenossen verbreitet und von späteren Generationen bereitwillig ausgeschmückt. Nun war ein Aufenthalt dort sicherlich alles andere als angenehm, bisweilen sogar aufgrund der Haftbedingungen tödlich; im Vergleich zu bischöflichen, königlichen oder städtischen Gefängnissen aber war die Inquisitionshaft erträglicher. Man bemühte sich um Sauberkeit, hinreichende Verköstigung (auf eigene Kosten) und Beheizung. Beschwerden wurde nachgegangen. So konnte es vorkommen, daß ein Geistlicher in bischöflichem Gewahrsam sich einzig deswegen als Judenfreund ausgab, um sich ins Inquisitionsgefängnis überstellen zu lassen.

Vielleicht schlimmer als die physischen Qualen war die psychische Belastung. Eine Besonderheit des Inquisitionsverfahrens bestand darin, den Verhafteten die Gründe zu verheimlichen. So saßen sie Tage, Wochen und manchmal Monate ohne konkrete Anklage ein. Stattdessen ermahnte das Tribunal den Angeklagten dreimal sehr allgemein, sein Gewissen zu erforschen, die Wahrheit zu sagen und der Gnade der Richter zu vertrauen. Ob schuldig oder nicht, wurde die Widerstandskraft des Verhafteten so entscheidend geschwächt. Wurde die Anklage schließlich präsentiert, dann mußte sich der Verhaftete direkt dazu äußern. Oft ergaben sich Sprachprobleme, etwa in Katalonien. In welchem Idiom auch immer die Aussagen getätigt worden waren, niedergeschrieben wurden sie in der Regel in kastilischer Sprache. In der dem Beschuldigten überreichten Klageschrift waren die Namen der Zeugen und alle auf sie hindeutenden Indizien getilgt. Dabei stellte die Anfechtung der Zeugenaussagen, etwa das Geltendmachen persönlicher Feindschaften, eine der erfolgreichsten Verteidigungsstrategien dar. Nur mußten die Namen der Zeugen eben zunächst erraten werden, und manch Angeklagter verschwendete seine Energien darauf, die Glaubwürdigkeit bestimmter Personen zu demontieren, die sich später gar nicht als Hauptbelastungszeugen entpuppten. Prinzipiell war bei einem Verfahren vor der Inquisition die Unterstützung durch einen Verteidiger möglich. Herrschte ursprünglich das Prinzip der freien Anwaltswahl, so konnten später lediglich speziell vom Tribunal nominierte Verteidiger ausgewählt werden. Deren Qualität und Handlungsspielräume sind umstritten. Aber allein die Existenz von Verteidigern hebt das Verfahren der Inquisition – wie in anderen Punkten – positiv von anderen Strafgerichtshöfen der Zeit ab.

Die Tortur als Mittel zur Erzwingung eines Geständnisses gehörte ebenso zum Prozeßinstrumentarium der Spanischen Inquisition wie bei ihren mittelalterlichen Vorläufern und bei weltlichen Gerichten überhaupt. Die Foltermethoden – vor allem das «Aufziehen» des Verdächtigen, dessen Füße mit Gewichten beschwert waren, mit einem Seilzug und die Streckbank – glichen sich ebenso wie die sehr allgemein formulierten Regeln ihrer Anwendung. Ausgeübt wurde die Folter von einem weltlichen Scharfrichter in Anwesenheit der Inquisitoren, eines bischöflichen Vertreters, eines protokollierenden Sekretärs und meist eines Arztes für Notfälle. Dauerhafte Schäden an Leib und Leben des Gefolterten sollten vermieden werden. Während die Folter in den Anfängen wenig praktiziert worden zu sein scheint, wurde sie nach 1530 eher eingesetzt, um der «Untergrundtätigkeit» möglicher Judaisierer auf die Schliche zu kommen. Immer noch kam sie aber wohl lediglich bei einem Zehntel aller Fälle zur Anwendung. Ausweislich der Protokolle stellte die Tortur für die Inquisitoren keine automatische Erfolgsgarantie dar. Bei weitem nicht alle Gefolterten gestanden; und umgekehrt waren nicht alle schwer Bestraften zuvor gefoltert worden.

Urteile und Autodafé: Das Inquisitionsverfahren konnte zügig abgeschlossen werden, sich manchmal aber auch jahrelang hinziehen. Es stellte jedenfalls keinen zusammenhängenden Prozeß im heutigen Sinn dar, sondern eine Kette einzelner Aktionen, d. h. Zeugenbefragungen, Vernehmungen und Anhörungen. Das Urteil wurde von den Inquisitoren zusammen mit einem Vertreter des Bischofs und weiteren Konsultatoren getroffen.

Als beratende Experten wurden häufig Rechtsgelehrte von außen hinzugezogen. Stimmten die Inquisitoren mit dem Vertreter des Bischofs überein, dann konnten die Konsultatoren aber überstimmt werden. Falls sie divergierten, mußte der Fall seit 1561 vor die *Suprema* in Madrid gebracht werden. Das Spektrum möglicher Urteile gleicht demjenigen der mittelalterlichen Inquisition. Dabei war die Möglichkeit eines Freispruches oder der Entbindung von der Instanz gegeben, doch kam dies einem Eingeständnis der Inquisition nahe, sich bei der Verhaftung geirrt zu haben. Deswegen wurde in Fällen, wo keine Überführung gelang, eher eine Prozeßunterbrechung gewählt; dabei blieb ein Angeklagter unter Verdacht, das Verfahren konnte jederzeit wieder aufgenommen werden.

Die Hauptstrafen der Spanischen Inquisition können in drei Gruppen eingeteilt werden: Abschwörung (*abjuratio*), Wiederversöhnung (*reconciliatio*) und die Überstellung an den weltlichen Arm der Justiz (*relaxatio ad brachium saeculare*). Die insgesamt häufigste und mildeste Art der Sanktion war die *abjuratio*, die je nach Schwere des Vergehens *de levi*, d. h. lediglich vor dem Tribunal im Audienzsaal, oder aber *de vehementi*, d. h. öffentlich vollzogen wurde. Dabei hatten die Betroffenen ihren Irrtümern abzuschwören und ein Treuebekenntnis zur Kirche abzulegen. Neben geistlichen Bußen kamen für sie aber noch eine ganze Reihe teils gravierender Nebenstrafen in Betracht. Attraktiv für die Inquisition waren Geldbußen, die ihr selbst zugute kamen. Das Tragen des Büßergewandes (*sanbenito*, von *saccus benedictus*, geweihter Sack/Kittel) mit dem roten Andreaskreuz war eine weitere Strafmöglichkeit; es konnte für eine bestimmte Zeit oder aber lebenslang verordnet werden, mit der Möglichkeit der Begnadigung oder Ablösung durch eine Geldzahlung. Auch Verbannungen konnten die *abjuratio* ergänzen.

Härtere Sanktionen zog in der Regel – trotz des milde klingenden Begriffs – die Rekonziliation nach sich. Sie betraf Personen, die einer offenkundigen Ketzerei schuldig waren, aber Reue zeigten und um Gnade baten. Neben dem feierlichen Abschwören der Häresie mußten sie ihr Abweichen von der Orthodoxie etwa mit öffentlicher Prügelstrafe, Gefängnis oder gar mit der Überstellung zum Galeerendienst sühnen, verbunden häufig mit Konfiskation von Gütern. Am gefürchtetsten war zweifellos der Galeerendienst, wobei die Strafe meist auf Zeit angelegt war und durchaus reale Rückkehrchancen barg. Sehr große Differenzierungsmöglichkeiten bot die Haft: *Carcer perpetuus* bedeutete gewöhnlich eine dreijährige Gefängnisstrafe, wer zu *carcer perpetuus irremissibile* verurteilt wurde, war in der Regel länger eingesperrt, wobei die Entscheidung über die Entlassung wiederum vom Urteil der Inquisition über Vergehen und «Führung» des Häftlings abhing – eine der vielen modern anmutenden Aspekte der Inquisition. Mit der Hinrichtung schließlich waren – wie bereits im Mittelalter – vor allem zwei Gruppen von Angeklagten bedroht, nämlich die Unbußwilligen und die Rückfälligen. Der weltliche Arm vollstreckte diese Strafe wiederum auf zwei Arten: Reuige wurden vor dem Verbrennen – als Gnadenakt – erwürgt, andere unbarmherzig bei lebendigem Leibe verbrannt. Viele, wenn nicht die Mehrzahl der Todesurteile wurden allerdings in Abwesenheit (*in effigie*) oder *post mortem* vollstreckt.

Das quantitative Profil der Strafen läßt sich aufgrund der summarischen Berichte (*relaciones de causas*) der lokalen Tribunale an die Madrider Zentrale näher bestimmen, deren Zahlen durch Forschungen zu einzelnen Bezirken (Toledo, Valencia oder Galicien) ergänzt werden. Gut jeder fünfte unter den verurteilten *Conversos*, so schätzt man, wurde zwischen 1481–1530 exekutiert, und auch bei den verfolgten Protestanten lag zwischen 1560–1620 die Hinrichtungsquote über zehn Prozent. Ansonsten betrug der Anteil der Todesstrafen lediglich ein bis zwei Prozent. Von den rund 44 000 in den Relationen zwischen 1540 und 1700 aufscheinenden Personen wurden 826 Personen (1,8 %) hingerichtet. Die Masse der Urteile enthielt Rekonziliations-Strafen oder gar nur leichtere Bußen, die etwa in Galicien zwei Drittel aller Sanktionen umfaßten.

Am Schluß des Inquisitionsverfahrens stand der Akt des Glaubens (*auto de fé*), bei dem jeder Verurteilte zu erscheinen hatte. In seinem Zentrum standen Urteilsverkündigung und Abschwörung der Penitenten. In leichteren Fällen konnte es sich um einen nichtöffentlichen Glaubensakt (*auto particular*) handeln, der die Reputation der Verurteilten nicht beschädigte. Die übrigen wurden einem öffentlichen Autodafé unterworfen. Seine feierliche Ausgestaltung machte es zunehmend zum markanten Kennzeichen der Spanischen Inquisition, die sich in diesem Punkt sowohl von den mittelalterlichen Vorläufern als auch von der römischen Schwester unterschied. Als symbolische Inszenierung und Vorwegnahme des Jüngsten Gerichts bekräftigte es die Identifizierung der katholischen Mehrheitsgesellschaft mit dem Katholizismus allgemein und mit der Inquisition im besonderen. Das Autodafé wurde zum schlagkräftigen Propagandainstrument für die Rechtgläubigkeit und verkörperte den Triumph über die Ketzerei. Bei vielen ausländischen Beobachtern wurde es umgekehrt zum Inbegriff von Tyrannei und religiösem Gewissenszwang, obwohl öffentliche Strafspektakel in allen Ländern des frühneuzeitlichen Europa bekannt und beliebt waren.

Gewöhnlich wurde ein Autodafé von langer Hand vorbereitet; es versammelte Verurteilte aus den unterschiedlichsten Verfahren. Mindestens acht Tage vorher mußte es verkündet werden, aber nicht selten paradierten bereits einen Monat zuvor die Familiaren der Inquisition durch die Straßen und kündigten das Spektakel an. Die Präsenz hoher geistlicher und kirchlicher Würdenträger sollte so ebenso gesichert werden wie der breite Zuspruch aus dem Volk. Von weither strömten Zuschauer herbei und gaben dem Glaubensakt den Charakter eines Volksfestes. Vor allem im Zuge der Protestantenverfolgung Ende der 1550er Jahre fällt eine Phase feierlicher Ausgestaltung des Zeremoniells. Signalwirkung kam dabei dem im Mai 1559 veranstalteten Autodafé in Valladolid zu: Angeblich waren 200 000 Personen zu diesem Anlaß zusammengeströmt, darunter auch die Prinzessin-Regentin Dona Juana und der Infant Don Carlos. Auf dem Höhepunkt inquisitorischer Aktivitäten konnte ein *actus fidei* regelmäßig ein- oder gar zweimal im Jahr stattfinden und sich über Tage hinziehen. Seine hohen Kosten und bisweilen auch der Mangel an verurteilten Ketzern führten aber gerade in der Spätzeit dazu, daß die öffentlichen Glaubensakte unregelmäßig stattfanden.

In feierlichen Prozessionen zogen die Akteure des Autodafé zum Platz des Geschehens, wobei die Sphäre der Rechtgläubigkeit und die Sphäre der Büßer und Verdammten streng geschieden waren: Zuerst gab es einen Zug der Adligen, Honoratioren und Bruderschaften, dann folgten die Verurteilten, schließlich die Gruppe der Inquisitoren mit ihrem Troß. Die Penitenten wiederum waren nach der Schwere ihrer Strafen geordnet, wobei diejenigen mit leichten Sanktionen die üblichen *Sanbenitos* trugen, während auf den Büßergewändern der zu schweren Strafen Verurteilten Flammen und andere Symbole zu sehen waren; zusätzlich trugen sie eine papierne Ketzermitra mit weiteren Abbildungen, die ihre Vergehen versinnbildlichten. Während die Todeskandidaten drei Tage im voraus über ihr Schicksal informiert wurden, konnten die anderen Delinquenten oft erst an ihrem Platz in der Prozession die ihnen zustehende Strafe ablesen. Der Glaubensakt selbst fand in großen Kirchen statt oder auf zentralen Plätzen wie der Plaza Mayor in Madrid und Valladolid. Oft waren hier aufwendige Tribünen errichtet worden. Nach einer Messe und der Predigt, wobei häufig traditionelle antijüdische Stereotype variiert wurden, folgte ein Treueid aller Anwesenden gegenüber der Inquisition. Kern der Veranstaltung war die Verlesung der Urteilsentenzen, die detailliert für jeden Einzelfall Vergehen und Strafe darlegten. Als Finale folgte das Ritual der Abschwörung, bei der die Büßer wieder in die christliche Gemeinschaft aufgenommen wurden. In direktem Anschluß daran, aber an einem anderen Ort (gewöhnlich vor der Stadt) und unter der Ägide der weltlichen Obrigkeit schlossen sich etwaige Hinrichtungen an. Auf verschiedenste Art wurde die kollektive Erinnerung an die Glaubensakte bewahrt, etwa durch Flugblätter, vor allem aber durch die Ausstellung der *Sanbenitos* in den jeweiligen Pfarrkirchen – Sinnbild für die trotz Rekonziliation befleckte Ehre der Ketzer und für den Sieg der Rechtgläubigkeit.

Aus der Rückschau erscheint das Verfahren der Spanischen Inquisition nach den Maßstäben der Zeit weder als besonders grausam und menschenverachtend noch weniger rechtsförmig als das vor anderen Gerichtshöfen. Im Gegenteil heben sich, wie wir gesehen haben, gewisse Elemente sogar positiv ab. Dennoch wäre es leichtfertig, den schlechten Ruf bei den Zeitgenossen lediglich als falsches Bewußtsein abzutun. Neuchristen und Nichtkatholiken hatten allen Grund, sich vor der Inquisitionsjustiz zu fürchten. In der ersten Phase ihrer Existenz und erneut im 17. Jahrhundert verfolgte sie vielerorts insbesondere die *Conversos* unerbittlich und bestrafte sie außerordentlich hart. Dabei neigte sie zumindest zum Teil dazu, die Delikte, die sie bestrafte, erst im Laufe des Verfahrens zu konstruieren. Dazu kam die Bedrohung der Verdächtigen mit Güterkonfiskationen. Geheimhaltung schließlich war zwar das Charakteristikum jedes von Amts wegen betriebenen Ermittlungsverfahrens im vormodernen Europa. Aber die Obsession der Spanischen Inquisition in dieser Richtung war besonders ausgeprägt und leistete einer – positiven wie negativen – Mythologisierung Vorschub.

Religiöse Disziplinierung der Altchristen: Das Autodafé zeigt anschaulich, wie sehr die Inquisition die spanische Mehrheitskultur verkörperte. Aber es gibt auch eine Kehrseite: Die Bewahrer der Rechtgläubigkeit setzten sich nicht nur auf die Spur von herkömmlichen Häretikern, verkappten Juden, Muslimen oder Protestanten. Mehr als ihre Vorgängerinnen wuchs sie auch in die Rolle eines Gerichtshofes zur Ahndung religiöser Abweichung unter den Altchristen hinein und nahm damit Funktionen wahr, die in anderen Regionen Europas von geistlichen Gerichten oder der weltlichen Obrigkeit ausgeübt wurden. Tatsächlich wurden sechs von zehn Personen zwischen 1560 und 1700 nicht wegen krypto-jüdischer, krypto-muslimischer oder protestantischer Neigungen, sondern wegen Vergehen wie Gotteslästerung, häretische Äußerungen, Aberglauben oder schlicht Bigamie angeklagt.

Den größten Posten bildeten dabei die Verbaldelikte. Nahezu ein Drittel aller zwischen 1578 und 1635 vor der Inquisition in Barcelona angeklagten Personen waren in Schwierigkeiten nicht, weil sie etwas Falsches getan, sondern weil sie etwas Falsches gesagt hatten – kein Wunder in einer Epoche, wo kraftvollen Worten wie Flüchen oder auch Segenssprüchen reale Wirkungen zugeschrieben wurden. Verbaldelikte wurden von der Inquisition meist unter dem Rubrum *propositio*, also etwa häretische Thesenbildung, geführt. Den größten identifizierbaren Einzelposten stellten dabei Gotteslästerungen dar, nach der traditionellen Definition der Theologen die Beleidigung Gottes und seiner Helfer. Vor dem Tribunal von Toledo wurden Mitte des 16. Jahrhunderts Hunderte, wenn nicht Tausende von Lästerern angeklagt und – meist milde – bestraft. Ein zweites wichtiges Segment der inquisitorischen Ermittlungen betraf die populäre Magie, die vielfältigsten Formen von Segenssprecherei, Wahrsagen, Schatzgraben, Heilmagie bis hin zur Zauberei und Hexerei – ein Komplex, der uns später gesondert beschäftigen soll.

Einen dritten großen Block religiöser Devianz schließlich stellten die Sitten- und Sexualdelikte dar. Als «einfache Unzucht» wurde die Überzeugung bestraft, daß Geschlechtsverkehr zwischen Unverheirateten keine Sünde darstellte und Männer nicht entehrte. Die Existenz von Bordellen, die bis weit ins 17. Jahrhundert geduldet wurden, war eine stete Quelle der Übertretung dieser moralischen Norm. Ebenfalls in die Zuständigkeit der Inquisition fiel die Bigamie, ein Delikt, das im vormodernen Europa häufig vorkam – vielleicht nicht weiter überraschend angesichts fehlender Scheidungsmöglichkeiten und mangelnder Möglichkeiten zur überregionalen Fahndung nach entlaufenen Ehemännern und -frauen. Schließlich wurden von der aragonesischen Inquisition in außergewöhnlicher Vielzahl die verschiedenen Formen der Sodomie geahndet, worunter die Zeitgenossen alle Formen unnatürlicher Sexualität verstanden, also vor allem Homosexualität, aber auch sexuellen Verkehr mit Tieren. Allein in Saragossa wurden zwischen 1571 und 1579 über einhundert Männer der Sodomie angeklagt, übrigens ausnahmslos Ausländer! Zwischen 1570 und 1630 kamen insgesamt 923 Personen deswegen vor die Inquisitionstribunale von Saragossa, Valencia und Barcelona; davon wurden 170 zum Tode und weitere 288 zur Galeere verurteilt. Die Hinrichtungen wegen Sodomie allein machen damit über die Hälfte aller in den Archiven der *Suprema* überlieferten Exekutionen durch diese drei Gerichtshöfe aus.

Alle der beschriebenen Delikte konnten prinzipiell auch in die Zuständigkeit weltlicher Gerichte fallen, von den konkurrierenden geistlichen, etwa bischöflichen, Jurisdiktionsgewalten ganz zu schweigen. So unterschied das Handbuch des Nikolaus Eymericus z. B. zwischen einfacher Gotteslästerung, die weltlich gestraft werden solle, und *blasphemia haereticalis*, die vor das Inquisitionstribunal gehöre. Tatsächlich aber hatten die meisten Flucher und Lästerer, die vor den Inquisitoren landeten, keinerlei ketzerische Intentionen. Die zumeist milden Strafen der Ketzerrichter bezeugen, daß diesen das sehr wohl bewußt war. Handfeste materielle Interessen mögen eine Ursache für diesen jurisdiktionellen Imperialismus gewesen sein. Nachdem seit etwa 1530 die primäre Zielgruppe der *Conversos* geschrumpft war, sah sich die Inquisition von Toledo nach neuen Opfern um und begann in den Jagdgründen bischöflicher und anderer Gerichte zu wildern. Insgesamt aber ordnet sich das Vorgehen der spanischen Inquisition auf den geschilderten Feldern in das Tätigkeitsprofil aller geistlichen wie weltlichen Gerichte ein, die als Transmissionsriemen zur Durchsetzung rechtgläubigen Denkens und Handelns im Zeitalter der Konfessionalisierung eingesetzt wurden. In ganz Europa läßt sich bis weit in die Frühe Neuzeit ein Abweichen der populären Religion und Frömmigkeitspraxis von der theologisch sanktionierten Elitenkultur beobachten. Und überall waren die Konfessionen – die Protestanten etwas früher, die Katholiken etwas später – damit beschäftigt, eine «Fundamentalverchristlichung» (Delumeau) des Alltagslebens zu erreichen. Auch die spanische Inquisition beteiligte sich an diesem Vorhaben, wobei sie sich besonders auf die Laien konzentrierte, die bischöflichen Institutionen eher auf den Klerus. Im Bemühen um umfassende religiöse Disziplinierung und Formierung einer katholischen Identität ging ihr Wirken so weit über die bloße Ketzerbekämpfung hinaus.

V. Die Römische Inquisition der Neuzeit

Die mittelalterliche Inquisition – obwohl faktisch nur in einigen Regionen zur Entfaltung gekommen – verkörperte den universalistischen Anspruch der Papstkirche. Dieser Anspruch bestand über die Epochengrenze hinweg fort, wurde jedoch in der Realität mehr denn je durch verschiedene Machtfaktoren in Frage gestellt. Dazu zählt nicht allein der Protestantismus, der sich nicht mehr als «Ketzerei» regional begrenzen und besiegen ließ, sondern sich in halb Europa als neues, konkurrierendes christliches Bekenntnis etablierte. Mindestens ebensosehr wurde der Anspruch des Papsttums durch das Selbstbewußtsein weltlicher Herrscher überall in Europa untergraben, die keinerlei Unterordnung unter die geistliche Gewalt der Kurie mehr hinnehmen wollten. In Frankreich ernannte der Monarch de facto seine Bischöfe, besteuerte die Kirche und schränkte die kirchliche Gerichtsbarkeit ein (Gallikanismus), in England wurde der König mit der Suprematsakte von 1534 zum Oberhaupt der Kirche. Letztlich verkörperte auch die Spanische Inquisition – obwohl von der Legitimität des Papstes gedeckt – die Dominanz der weltlichen Gewalt und somit die auseinanderstrebenden Tendenzen des katholischen Christentums. Die neue, römische Inquisition des 16. Jahrhunderts trug diesen Entwicklungen Rechnung, indem auch sie einen italienisch-partikularen Zug besaß und sich ihre Modernisierung gleichsam mit einer Regionalisierung «erkaufte».

Voraussetzungen und Entstehung: Im 15. Jahrhundert hatte – neben einer Fülle von Klein- und Kleinststaaten – die Pentarchie von Mailand, Venedig, Florenz, Neapel und Kirchenstaat das politische Kräftespiel auf der italienischen Halbinsel bestimmt. Seit dem Italienfeldzug Karls VIII. 1494 rangen insbesondere die auswärtigen Mächte Frankreich und Habsburg-Spanien um die Vorherrschaft, wobei sich letztere schließlich – zunächst im Süden, dann auch im Norden – durchsetzte. Mit dem Frieden von Cateau-Cambrésis 1559 begann eine längere Phase spanischer Vorherrschaft. Nur langsam konnte sich der Kirchenstaat von den Wirren der Kriege erholen und unter Leitung der Päpste innerlich reorganisieren. Territorial erscheint er Mitte des 16. Jahrhunderts so geschlossen wie selten, doch war er durch zahlreiche Privilegien und Partikularrechte zerrissen. Sie zu überwinden und das eigene Territorium zu einem frühmodernen Staat zu machen, war eine der wichtigsten Aufgaben des Papstes als Herrscher über eine italienische Mittelmacht. Zugleich sah er sich – in dieser Funktion und zugleich als Oberhaupt der Christenheit – mit der fundamentalen Herausforderung des Protestantismus konfrontiert.

Das Bedürfnis nach Kirchenreform war nicht nur im vorreformatorischen Mitteleuropa, sondern auch in Italien verbreitet. Eine Reaktion darauf war die Gründung neuer geistlicher Gemeinschaften wie der Theatiner, der Kapuziner und insbesondere der Jesuiten. Entscheidende Impulse zur Erneuerung («Gegenreformation») gingen auf längere Sicht vom 1545 nach Trient einberufenen Konzil aus. Gerade in Italien setzte ein erfolgreicher Prozeß der inneren Mission ein, die sich z. B. in der Reformation des Klerus, in der Gründung von Laienbruderschaften und in der Reorganisation christlicher *caritas* niederschlug. Um die protestantische Häresie von Südeuropa fernzuhalten, wurde zu Beginn der 1540er Jahre aber auch über eine Intensivierung der Repressionsmaßnahmen gegen Glaubensabweichler nachgedacht. Wie ein Fanal erschien es, als 1542 der Ordensgeneral der Kapuziner, Bernardino Ochino (1487–1564), aus Italien nach Genf flüchtete und zum Protestantismus konvertierte. Im gleichen Jahr wurde das Hauptinstrument der Ketzerrepression in Stellung gebracht. Mit der Bulle *Licet ab initio*, die Papst Paul III. (1534–1549) am 4. Juli 1542 promulgierte, gewann diese römische Inquisition Gestalt. Die Sorge für die Reinerhaltung des Glaubens sowie die Untersuchung und die Bestrafung aller Glaubensvergehen diesseits und jenseits der Alpen wurden darin einem Kollegium von sechs Kardinälen übertragen, genannt *Sacra Congregatio Romanae et universalis inquisitionis* bzw. *Congregatio Sancti Officii.* Diesem Kollegium wurde das Recht zuerkannt, notfalls auch ohne die eigentlich zuständigen Bischöfe vorzugehen und selbständig weitere Inquisitoren mit ähnlichen Vollmachten zu ernennen sowie Appellationen gegen deren Vorgehen zu entscheiden.

Eine Neugründung war das Kollegium streng genommen nicht, lediglich eine entschlossene Reform am Haupt einer Institution, die nie aufgehört hatte zu existieren, wenn auch ihre regionale Präsenz höchst unterschiedlich war (und blieb). Bereits 1532 war ein Generalinquisitor zur Bekämpfung der neuen Ketzerei für ganz Italien ernannt worden – ohne durchgreifende Konsequenzen. Nach 1542 aber änderte sich vieles. Schnell wurde bereits von den Zeitgenossen die Römische Inquisition als eine neue Inquisition begriffen. Mit ihr wurden entscheidende Schritte in Richtung auf eine Zentralisierung inquisitorischer Gewalt und auf eine Ausschaltung konkurrierender Gewalten getan. Modell stand dabei die Spanische Inquisition.

Wichtigster Befürworter und Gründungsmitglied der Kongregation war Kardinal Giovanni Pietro Carafa (1476–1559). Auf eigene Kosten, so wird kolportiert, soll er der neugeschaffenen Behörde ein Haus als Amtssitz hergerichtet haben. Nachdem er 1555 als Paul IV. selbst den Papstthron bestiegen hatte, sprach er der Inquisition den Vorrang unter allen römischen Behörden zu. Vor allem die zweite Hälfte seines Pontifikats ging als Schrekkensregiment in die Geschichte ein: Explosiv erweiterten sich die Zuständigkeiten und Aktivitäten der Inquisition, harte Strafen wurden gefällt. Paul IV. übernahm persönlich den Vorsitz bei den wöchentlichen Hauptsitzungen des Heiligen Offiziums, dessen Mitgliederzahl zeitweilig auf fünfzehn angehoben wurde. Der antireformatorische Furor dieses Papstes zeigt sich nirgends deutlicher als in der Tatsache, daß er die beiden angesehenen und verdienten Kardinäle Reginald Pole und Giovanni Morone als verdächtige Ketzer verfolgen ließ – beide waren wenige Jahre zuvor noch selbst Mitglieder der Kongregation gewesen! Morone wurde über zwei Jahre in Haft gehalten, bevor er im März 1560 freigesprochen wurde. Nach dem Tod Pauls IV. entlud sich der

Haß der Römer in Gewaltakten gegen die Inquisition und deren Repräsentanten: Man stürmte das Gebäude, befreite die Gefangenen, vernichtete die Akten und setzte schließlich alles in Brand.

Sein Nachfolger Pius IV. (1499/1559–1565) dämmte das exzessive Vorgehen der Inquisition ein und widmete sich stärker als sein Vorgänger der Kirchenreform. Aber die Karriere des darauffolgenden Papstes Pius V. (1504/1566–1572) war wiederum eng mit dem Heiligen Offizium verknüpft; seit 1558 hatte Michele Ghislieri als Generalinquisitor fungiert. Er ließ den Palast und das Archiv der Inquisition am *Campo Santo* neu errichten. Seit 1566 wurden in Rom in Anwesenheit des päpstlichen Hofes und vieler Kardinäle zudem eine Reihe feierlicher Autodafés veranstaltet, eine Praxis, an der unter den Nachfolgern festgehalten wurde. So kam es zwischen 1573 und 1583 zu fünf öffentlichen Glaubensakten mit insgesamt 58 Delinquenten, darunter einigen zum Tode Verurteilten. Der Ausbau inquisitorischer Strukturen und Vollmachten ging weiter und fand 1588 unter Papst Sixtus V. (1521/1585–1590, auch er ein ehemaliger Konsultor der Inquisition) einen gewissen Abschluß, indem fünfzehn Kardinalskongregationen als päpstliche Behörden zur Regierung und Verwaltung der Kirche etabliert wurden; das Heilige Offizium bildete gleichsam den Prototyp dieser Kongregationen und nahm unter ihnen eine Vorrangstellung ein.

Der Römische Index: Bereits kurz nach ihrer Gründung, im Jahr 1543, begann sich die Inquisition mit dem Problem der Bücherzensur zu beschäftigen. Ein erstes Edikt verbot allen Buchhändlern bzw. -druckern bei hohen Strafen die Herstellung, Verbreitung und Lektüre häretischer Literatur. Bald machten sich die Inquisitoren an die Erstellung einer Liste verbotener Bücher, wobei entsprechende Kataloge der Universitäten Löwen und Paris als Vorbild dienten. Nach einigen Vorarbeiten erschien 1559 der erste umfassende Index – eine veritable Kriegserklärung an die reformatorische Literatur. Der mehr als tausend Titel enthaltende Index blieb bis 1917 der einzige unter Federführung der Inquisition. Seine Neufassung im Jahr 1564 war bereits das Werk einer bischöflichen Arbeitsgruppe des Trienter

Konzils, die ihr Werk verstärkt unter pastoralen Gesichtspunkten anging. Dieser *Index librorum prohibitorum* blieb das vorbildgebende «Grundmodell» für die nachfolgenden Ergänzungen und Neuausgaben. Neben den alphabetisch geordneten Listen von insgesamt verbotenen Autoren bzw. einzelnen Werken enthält er auch Regeln für die «Reinigung» verdächtiger Schriften. Daß der neue Index von Bischöfen verschiedener Nationalitäten redigiert worden war, unterstreicht die Tatsache, daß er – ebenso wie seine Vorgänger und Nachfolger – von der Intention her universal angelegt war, d. h. Gültigkeit für die gesamte Christenheit beanspruchte. Faktisch blieb seine Wirkung aber weitgehend auf Italien beschränkt. Deutsche Bedürfnisse erfüllte ein vor allem lateinische Werke auflistender Index nur zum kleinen Teil, und so wundert es nicht, daß die Zensurlisten hier z. T. noch nicht einmal offiziell veröffentlicht wurden. Wichtiger scheinen im Reich die jeweils individuellen Maßnahmen der bischöflichen Zensur gewesen zu sein.

Neben den Bischöfen und der Inquisition beschäftigten sich in der zweiten Hälfte des 16. Jahrhunderts noch andere römische Protagonisten mit der Bücherzensur. Da waren zum einen die Inhaber eines hohen Amtes an der Kurie, die Meister des Heiligen Palastes. Sie erließen entsprechende Edikte und brachten im Jahr 1607 einen eigenen *Index Expurgatorius* heraus. Vor allem aber wurde 1571 mit der Indexkongregation eine eigene päpstliche Behörde für die Bücherzensur gegründet, der im übrigen die *Magistri Sacri Palatii* und immer auch ein Inquisitor angehörten. Ab 1590 erschienen unter der Verantwortung dieses Gremiums mehrere Indices, um anschließend gleich wieder suspendiert zu werden. Ursache waren Einsprüche des *Sacrum Officium*, das sich durch die Konkurrenz in ihren Rechten und Privilegien beschnitten sah. Nicht zuletzt unter der Führung starker Persönlichkeiten wie des Kardinals Robert Bellarmin (1542–1621) erstarkte die Indexkongregation am Beginn des 17. Jahrhunderts und erreichte einen modus vivendi mit den Inquisitoren. Kompetenzstreitigkeiten und Unstimmigkeiten zwischen den Hütern des rechten Glaubens blieben jedoch an der Tagesordnung.

Zentrum und Peripherie: Die obersten Glaubenswächter, die Kardinäle des Sanctum Officium, konnten bei Bedarf jedes Inquisitionsverfahren an sich ziehen, sei es wegen der besonderen Bedeutung des Delikts oder der Person des Angeklagten oder wegen der Komplexität der Angelegenheit. Kein Wunder, daß die spektakulärsten Fälle in Rom, dem damaligen Brennpunkt des intellektuellen, politischen und religiösen Lebens, entschieden wurden. Das Schicksal der Beklagten war dabei höchst unterschiedlich. Der ehemalige Dominikanermönch Giordano Bruno (1548–1600) wurde nach einem achtjährigen Ketzerprozeß am 17. Februar 1600 auf dem römischen Campo dei Fiori als hartnäckiger Ketzer und Verleugner christlicher Grundwahrheiten lebendig auf dem Scheiterhaufen verbrannt. Zum Verhängnis wurde ihm seine – keineswegs in allen Punkten klare – Kosmologie, deren Postulat von einer universellen Weltseele z. B. als Zweifel an der katholischen Trinitätslehre aufgefaßt werden konnte, und seine Kritik an der Kurie und am Heiligenkult. Daß die Inquisitoren mit ihren langwierigen Bemühungen scheiterten, ihn zu einem öffentlichen Widerruf zu bewegen, mußten sie nach eigenem Selbstverständnis als Niederlage empfinden. Bessere Erfahrungen mit der römischen Inquisition machte der Kalabreser Thomas Campanella (1568–1639), auch er ein Dominikanermönch. 1599 in Neapel angeblich an einem gescheiterten Aufstandsversuch gegen die Spanier beteiligt, drohte ihm als Hochverräter der sichere Tod; von der Inquisition angeklagt, wurde er dann aber als Ketzer zu lebenslanger Haft verurteilt. In der Haft durfte er lesen und schreiben sowie weitverzweigte Korrespondenzen pflegen; hier entstand seine berühmteste Schrift, die Utopie vom Sonnenstaat. Schließlich war es mit Urban VIII. ein Papst, der ihm die Freiheit schenkte.

Bereits 1622 war Campanella in einer Verteidigungsschrift für das bis heute prominenteste Inquisitionsopfer eingetreten, für Galileo Galilei (1564–1642). In Gegenwart des Papstes Urban VIII. schwor Galilei am 22. Juni 1633 der kopernikanischen Lehre während der ordentlichen Mittwochssitzung des Tribunals der Kardinalinquisitoren ab. Dabei kniete der Philosoph, Hofmathematiker und Astronom des Großherzogs der Toskana, die eine Hand auf die Heilige Schrift gelegt, in der anderen eine brennende Kerze. Er wurde zu einer Buße und zu lebenslanger Haft verurteilt, die schließlich in einen milden Hausarrest umgewandelt wurde. Gründe und Hintergründe des Galilei-Prozesses sind kompliziert. Eindeutige Frontlinien jedenfalls nach dem Muster: hie die reaktionär-verblendete Kirche unter Führung der Inquisition, dort die mutigen Männer der weltlichen Wissenschaft, hat die neuere Forschung nachhaltig in Frage gestellt. Lange Jahre hielt Kardinal Barberini, der nachmalige Papst Urban VIII., die schützende Hand über den Gelehrten, ebenso wie Kardinalinquisitor Robert Bellarmin, der 1616 ein erstes Verfahren gegen Galileo behutsam und pragmatisch zu Ende führte. Zwar galt das heliozentrische System fortan als häretisch, jedoch durfte die kopernikanische Lehre im astronomischen Diskurs der Gelehrten als fiktive Hypothese weiter benutzt werden. Erst die Nichtbeachtung dieser Regel führte dazu, daß Galileo von seinen Feinden erfolgreich erneut vor die Inquisition gebracht werden konnte. Nach einer Hypothese von Redondi diente dieses zweite Verfahren jedoch dazu, von bedrohlicheren Vorwürfen gegen den Gelehrten abzulenken. Die Abschwörungssentenz wurde jedenfalls an alle Nuntien und Inquisitoren verschickt, um Mathematiker und Philosophen mit diesem warnenden Beispiel bekannt zu machen – eine Maßnahme, die durchaus zur Verbreitung des inkriminierten Weltbildes beigetragen haben kann.

Nicht nur berühmten Gelehrten, sondern auch kleinen Leuten sicherte die Inquisition bisweilen Nachruhm. So hat Carlo Ginzburg aus Domenico Scandella, genannt Menocchio (1532–1599), eine historiographische Berühmtheit gemacht. Dieser Müller mit einem sehr unorthodoxen Weltbild landete 1583 zum ersten Mal vor der Inquisition, wurde zu lebenslangem Gefängnis verurteilt, kam nach drei Jahren frei und wurde schließlich 1599 als rückfälliger Ketzer auf dem Scheiterhaufen verbrannt. Seine Ansichten berühren sich in manchem mit denen der Protestanten oder der Widertäufer und spiegeln vielfältige Leseerfahrungen wieder. Dennoch war seine eigenwillige Kosmologie, die etwa die Weltentstehung in Analogie zur Käseproduktion setzt, ganz und gar individuell.

Der Fall Menocchio spielte in der friaulischen Provinz. Das Netz der Inquisitionstribunale in Italien war wesentlich feiner geknüpft als in Spanien und wurde im Verlauf des 16. Jahrhunderts noch engmaschiger. Zu Beginn des 18. Jahrhunderts existierten ca. 50 lokale Inquisitionsgerichtshöfe in Nord- und Mittelitalien, die ihren Sitz fast ausschließlich in Bischofsstädten hatten. Auch einige außeritalienische Tribunale wurden 1706 noch zum Zuständigkeitsbereich der Römischen Inquisition gezählt: Zara (Dalmatien); Malta; Carcassonne und Toulouse; Avignon und Besançon; schließlich Köln. Abgesehen von den beiden erstgenannten verweisen diese Ausnahmen aber auf – in der Praxis wenig aktive – mittelalterliche Restbestände und unterstreichen den regional-italienischen Zuschnitt der neuzeitlichen römischen Inquisition. Aber auch auf der Apenninhalbinsel stellte sich die Präsenz der Inquisition höchst unterschiedlich dar. Sizilien als Teil des Königreiches Aragón lag im Machtbereich der Spanischen Inquisition. Politisch zum spanischen Machtbereich gehörten auch das Vizekönigtum Neapel und das Herzogtum Mailand, doch unterstand die kirchliche Inquisition in beiden Gebieten dem Heiligen Offizium. 1563 hatte König Philipp II. nach heftigen Unruhen den Neapolitanern versichern müssen, daß er nicht an die Einführung der Spanischen Inquisition denke (vgl. Kap. VII). Im Norden konzentrierten sich die Tribunale in den oberitalienischen Regionen Piemont, Mailand und Venedig. Nach Süden hin dünnten sie sich aus; so wurde etwa die Republik Genua einschließlich Korsikas nur von einem einzigen Inquisitor betreut. Gerade im Kirchenstaat selbst, wo die Autorität des Papstes über kirchliche und weltliche Instanzen unangefochten war, gab es wenig Inquisitoren.

Auch an ihren Wirkungsorten konnten die italienischen Inquisitoren nicht überall unangefochten schalten und walten. Zum Teil behielten die Bischöfe eine große Machtfülle. Überdies beanspruchten verschiedene Stadtrepubliken (Lucca, Genua) Kontroll- und Mitspracherechte bei der Ketzerverfolgung in ihrem Gebiet. Heikel waren insbesondere die Beziehungen zwischen Kurie und der Republik Venedig. Bereits vor der Neuformierung der Römischen Inquisition war es immer wieder zum Streit zwischen bischöflichen und päpstlichen Ketzerverfolgern auf der einen, dem venezianischen Staatsrat auf der anderen Seite gekommen. Politische Ängste und Rivalitäten standen bei der Distanz zu Rom Pate, keineswegs Zweifel am religiösen Führungsanspruch des Papstes oder ein Mangel an katholischer Rechtgläubigkeit. Auch wirtschaftliche Erwägungen waren maßgebend: Venedig unterhielt gerade Mitte des 16. Jahrhunderts intensive diplomatische Kontakte zu protestantischen Staaten und verfolgte im Inneren eher eine pragmatische Linie des «durch die Finger Sehens»: Stillschweigend wurden religiöse Minderheiten geduldet, soweit sie nicht weiter auffielen. Nach der Etablierung der Römischen Inquisition wuchs der äußere Druck auf die Serenissima. Der Rat der Zehn reagierte mit der Gründung eigener, weltlicher Gremien zur Bewahrung der Rechtgläubigkeit. Die 1547 geschaffenen *Tre Savi all'Eresia* sollten künftig mit der kirchlichen Inquisition zusammenarbeiten, zugleich aber auch den staatlichen Einfluß sichern. Auch behielt sich der venezianische Staat weithin die Hoheit über die konfiszierten Güter verurteilter Ketzer vor, was die Finanzierung der inquisitorischen Arbeit erschwerte. Trotzdem traten die Konflikte fortan eher in den Hintergrund, gemessen an den überlieferten Verfahren war die venezianische Inquisition einer der aktivsten Ketzergerichtshöfe in Italien.

Struktur und Verfahren: Die Inquisitoren vor Ort kamen, der alten Tradition folgend, fast ausschließlich aus dem Dominikaner- oder dem Franziskanerorden. Ein Inquisitor mußte mindestens 40 Jahre alt sein und Kenntnisse im kanonischen Recht besitzen. Die erwünschte Doppelqualifikation als Theologe und Jurist besaß er wohl in der Regel nicht. So stellt sich das Profil eines italienischen Ketzerverfolgers ganz anders dar als das seines spanischen Kollegen, der – wie gesehen – in erster Linie Jurist war. Seelsorgerische Aspekte standen hier mehr im Vordergrund und beeinflußten zweifellos die Prozeßführung. Römische Inquisitoren unterstanden direkt dem *Sanctum Officium*. Zu ihren Aufgaben gehörte neben der direkten Untersuchung von Häresien die Finanzverwaltung, die Überwachung von Fremden und das Abfassen von Korrespondenz. Auch wenn das Berichtswesen weniger bürokratisiert war als im Bereich der Spanischen Inquisition, existierte ein lebhafter Austausch zwischen Rom und den Ketzerrichtern in den Regionen. Der unmittelbar einem Inquisitor vor Ort zugeordnete Stab – gewöhnlich ein Vertreter, dazu weiteres Gerichtspersonal und Helfer – nimmt sich bescheidener aus als derjenige in Spanien. Dazu kamen jedoch einmal die Vikarien im Umland, die den Weisungen der Inquisitoren unterstanden. Rechnet man überdies die gelehrten Konsultatoren ebenso hinzu wie die Familiaren, dann ergibt sich doch pro Tribunal eine beachtliche Gruppe von Unterstützern, die mehrere hundert Personen umfassen konnte.

Das Verfahren der Römischen Inquisition unterschied sich nicht grundlegend von ihrer mittelalterlichen Vorläuferin und ihrem spanischen Vorbild. Nichts macht die Kontinuitäten sichtbarer als die Weiterverwendung der mittelalterlichen Inquisitionshandbücher. Eines der umfassendsten, das Kompendium des aragonesischen Ketzerrichters Eymerich, wurde 1578 von dem spanischen Juristen Francisco Peña (1540–1612) neu herausgegeben und glossiert, einem Mann, der hohe Ämter an der römischen Kurie ausübte und als Berater des Großinquisitors Giulio Antonio Santoro (1532–1602) wirkte. Auch in Italien gehörte die Geheimhaltung von Zeugenaussagen und Denunziationen zum wichtigsten Arsenal inquisitorischer Waffen. Allerdings scheinen hier aufs Ganze gesehen die Verfahrensregeln restriktiver und im Sinne eines größeren Schutzes für die Angeklagten ausgelegt worden zu sein. Die Möglichkeit zur Verteidigung existierte, wenn nötig auch auf Kosten der Inquisition. War er von der Schuld seines Mandanten überzeugt, so hatte der bei der Inquisition approbierte Verteidiger sein Mandat niederzulegen. Auf der anderen Seite besaß er jedoch einige beachtliche Rechte: So mußte ihm eine Kopie der Anklageschrift in der Volkssprache zugänglich gemacht werden. Man hatte ihm Zeit zum Studium der Akten zuzugestehen, ebenso das Recht auf Benennung von Entlastungszeugen und auf die Formulierung von Gegenfragen an die Belastungszeugen. Die Folter durfte prinzipiell dann angewandt werden, wenn der Angeklagte trotz schwerer Indizien nicht gestand bzw. wenn der Verdacht bestand, er habe kein volles Geständnis abgelegt. Die Indizien mußten jedoch schwerwiegend sein (z. B. in Gestalt von Augenzeugen); außerdem mußte der bei jedem Inquisitionstribunal angesiedelte Beraterkreis aus weltlichen und geistlichen Fachleuten (Konsultatoren) zustimmen. Auch der Bischof hatte seine Einwilligung zu geben. In schwierigen Fällen suchte man Rat in Rom, wo sehr restriktiv entschieden wurde. Widersprüche im Text der Geständnisse, die ja außerhalb der Folter bestätigt werden mußten, wurden von den Kardinalinquisitoren gnadenlos moniert. Überhaupt nahmen diese ihre Oberaufsicht ernst. So schrieb ein Mitglied des Heiligen Offizium im Dezember 1609 an den Inquisitor von Aquileia, er habe beim Lesen der Zusammenfassung eines Prozesses bemerkt, daß bestimmte Antworten nicht in das Protokoll aufgenommen worden seien; überdies seien einem Zeugen unzulässige Suggestivfragen gestellt worden. Auch zur Vorsicht bei der Verhaftung von Verdächtigen mahnte die römische Kongregation, weil allein sie bereits zur sozialen Ausgrenzung führen könne. Manchen erscheint die Römische Inquisition in verfahrensrechtlicher Hinsicht deshalb als «Pionier der frühneuzeitlichen Justizreform» (Tedeschi).

Auch hinsichtlich ihrer Sanktionen genießt sie in der modernen Forschung den Ruf eines moderaten Vorgehens. Die häufigsten Strafen waren Kirchenbußen, die öffentlich in der Sonntagsmesse abgeleistet bzw. verlesen wurden. Auch Gefängnisstrafen waren nicht selten, die einen Zeitraum von drei bis acht Jahren umfassen oder auch auf lebenslänglich (*immuratio*) lauten konnten. In Rom waren die Inquisitionsgefängnisse nach dem Urteil Luigi Firpos überraschend kommod, schafften es aber auch gut, die Gefangenen abzuschotten. Weil es fern der Metropole oft zu wenige Gefängnisse gab, wurden Haftstrafen häufig in Klöstern oder als Hausarrest vollzogen. Von Galeerenstrafen waren neben notorischen «Erzhäretikern» oder Schmährednern, die Grundwahrheiten des Glaubens in Frage gestellt hatten, überraschend oft auch Kleriker betroffen; jedoch konnte diese Strafe in vielen Fällen gemildert werden. Tatsächliche Todesstrafen waren – wie üblich – den Hartnäckigen und den Rückfälligen vorbehalten. Hinrichtungen waren seltener als in Spanien, nicht zuletzt, weil auf der Apenninhalbinsel die heftigen Massenverfolgungen gegen *Conversos* unbekannt waren, die die Opferzahlen in Spanien in die Höhe getrieben hatten. Von den rund tausend Angeklagten vor der Inquisition in Friaul zwischen 1551 und 1647 wurden vier Personen zu Tode gebracht. Öffentliche Glaubensakte beschränkten sich auf die Kernhandlungen Urteilsverlesung, Abschwörung und Bestrafung, verzichteten also auf aufwendige Begleitrituale wie Prozessionen und Messen. Im Gegensatz zu den großen «Sammelveranstaltungen» auf der Iberischen Halbinsel konzentrierten sich die Autodafés in Italien meist auf eine Person bzw. auf eine homogene Gruppe von Ketzern.

Zielgruppen und Konjunkturen: Das Fehlen eines regelmäßigen Berichtwesens an die römische Zentrale und die Vernichtung wichtiger Quellenbestände macht eine Rekonstruktion der Aktivitäten der Inquisition in Italien schwierig. So hatte das Archiv des *Sanctum Officium* im 19. Jahrhundert ein bewegtes Schicksal. Nach der zweiten Besetzung Roms durch französische Truppen im Jahr 1808 wurden die Vatikanischen Archive nach Paris verschleppt und 1816/17 nur teilweise zurückgebracht. Die Besetzung des Palastes des *Sanctum Officium* durch republikanische Truppen im Jahr 1848 und die dritte französische Besatzung wenig später brachten weitere Auslagerungen und Verluste. Trotzdem birgt es für die Forschung immer noch reichhaltige Schätze. Bis vor kurzem aber waren diese fast völlig unzugänglich. Die fortdauernde Geheimhaltungspolitik gab immer wieder Gerüchten neue Nahrung, welch schreckliche Geheimnisse es berge. Erst im Januar 1998 wurde es unter großem medialen Echo vom Präfekten der Glaubenskongregation für die Forschung geöffnet. Aber bereits auf der Basis der dezentralen Überlieferung einzelner Inquisitionstribunale konnten Lokalstudien ein hinreichend klares Bild vom Aktivitätsprofil der römischen Inquisition liefern.

Ihre Tätigkeit läßt sich – sehr grob – in zwei Phasen einteilen. Die erste Verfolgungswelle galt, den Zielen der Gründung gemäß, den Protestanten – oder wen man dafür hielt. Die reformorientierten Kräfte in Italien waren zu diesem Zeitpunkt wenig konfessionell profiliert, wurden aber von der Inquisition in die lutherische Ecke gedrängt. Das gilt insbesondere für die Anhänger des gemäßigten und auf Ausgleich bedachten Humanisten Erasmus von Rotterdam. Nach 1559 wurden seine Bücher verboten, er selbst mit Luther und Melanchthon auf eine Stufe gestellt und seine Anhänger konsequent verketzert. Der Sieg der Inquisition über den einheimischen Protestantismus stellte zu einem guten Teil den Triumph über eine selbst geschaffene Gefahr dar.

Bis zum Ausgang des 16. Jahrhunderts blieb in Norditalien das Vorgehen gegen Lutheraner und verwandte Häretiker der Schwerpunkt. Ehemals jüdische oder muslimische Neuchristen waren hier eine kleine Gruppe. Im Süden, vor den Schranken der Inquisition in Neapel, waren die Proportionen umgekehrt verteilt. Mit regionalen Unterschieden ist also zu rechnen, aber überall erreichte die Zahl der Prozesse um 1600 ihren Höhepunkt. Dabei verlagerte sich zugleich aber allmählich der Schwerpunkt. Statt klassischer Häretiker wurden nun im Gefolge des Trienter Konzils verstärkt alle unorthodoxen Erscheinungsformen populärer Religiosität, vor allem magische Praktiken, bekämpft. Zwischen 1596 und 1785 verhandelten die beiden friaulischen Inquisitionstribunale in Aquileia und Concordia allein 777 Magiefälle: Liebes- und Heilzauber, Segenssprüche und Verwünschungen, Nekromantie und Wahrsagerei sowie – nicht zu vergessen – Hexerei. Daneben wurden – regional wiederum unterschiedlich intensiv – auch Anklagen wegen Bigamie, Blasphemie oder verbotenem Buchbesitz erhoben. Nach 1620 ging die Intensität der Verfolgung, gemessen an der Zahl der Prozesse, in allen Regionen Italiens zurück und sank im 18. Jahrhundert – ebenso wie in Spanien – weiter.

Von der Inquisition zur Glaubenskongregation: Bereits im 18. Jahrhundert wurde die Römische Inquisition vieler ihrer Glieder beraubt. Im Zeitalter der Aufklärung schafften zahlreiche italienische Herrscher und Regierungen die Inquisition für ihren Machtbereich einfach ab, angefangen mit Neapel (1746) über Parma (1768) und Mailand (durch ein Edikt Maria Theresias 1775) bis hin zum Großherzogtum Toscana (1782) und Modena (1785). Die französischen Invasoren führten diese Linie dann ab 1796 vielerorts fort, so in Venedig, Genua und Turin. 1798 wurde der Kirchenstaat selbst von Napoleon annektiert, die römische Inquisition abgeschafft, ihre Archive zerstreut. Nach 1814, im Zuge der päpstlichen Restauration, wurde auch die Inquisition wieder etabliert. Das Heilige Offizium trug im 19. Jahrhundert jedoch einen grundlegend anderen Charakter als zuvor. Nicht länger war es Kommandozentrale eines hierarchisch organisierten Repressionsapparates für Italien, denn es besaß keinerlei Exekutivfunktionen mehr. Reduziert auf die Macht des Wortes und auf geistliche Strafmittel wurde die Inquisition zum Beraterkreis für den Papst in allen Dingen des rechten Glaubens sowie zur innerkirchlichen Zensur- und Disziplinarbehörde. Realer Machtverlust korrespondierte in gewissem Sinne mit einer erneuten Universalisierung inquisitorischer Zuständigkeit. Seine Hauptaufgabe sah das Kollegium dabei in der Abwehr aller «verderblichen» Strömungen der Moderne wie Rationalismus, Atheismus und Sozialismus.

Unter verändertem Namen überlebte die Inquisition auch die unter Papst Pius X. 1908 eingeleitete Reform der Kurie: Als Kongregation des Heiligen Offiziums (*Sacra Congregatio Sancti Officii*) blieb sie an der Spitze aller Kurienkongregationen. 1917 wurde sie mit der Kongregation für den Index zusammengelegt. Die Diskussionen des Zweiten Vatikanischen Konzils zeigten jedoch, daß trotz aller Veränderungen das *Sanctum Officium* innerkirchlich in der Kritik stand. Mit großem Beifall wurde am 8. November 1963 die Rede des Kölner Kardinals Joseph Frings aufgenommen, der das Verfahren der Inquisition als unzeitgemäß anprangerte; niemand dürfe ohne Kenntnis der Anklagepunkte und ohne hinreichende Verteidigung verurteilt werden. In der Konsequenz kam es zu einer inhaltlichen und terminologischen Neubestimmung (7. Dezember 1965). An die Stelle des Heiligen Offiziums trat die Glaubenskongregation (*Congregatio pro Doctrina Fidei*), die ohne besondere Geheimhaltung vorgehen sollte. Der Index wurde abgeschafft. Gemäß Artikel 48 der von Papst Johannes Paul II. 1988 promulgierten Apostolischen Konstitution über die römische Kurie *Pastor bonus* hat die Kongregation für die Glaubenslehre «die Aufgabe, die Glaubens- und Sittenlehre in der ganzen katholischen Kirche zu fördern und zu schützen». Die aus 25 Mitgliedern – Kardinälen, Erzbischöfen und Bischöfen aus 14 verschiedenen Nationen – bestehende Kongregation wird seit 1981 von dem deutschen Kardinal Joseph Ratzinger geleitet. Disziplinarmaßnahmen gegen die Theologen Hans Küng und Leonardo Boff, aber auch die Auseinandersetzungen mit den Traditionalisten um Erzbischof Marcel Lefebvre (1905–1991), die Front gegen die liturgischen Neuerungen des Zweiten Vatikanischen Konzils machten, haben Ratzinger vielerorts den Ruf eines neuen Inquisitors eingebracht. Auf der anderen Seite geht die Kirche in jüngster Zeit offiziell auf Distanz zu den dunklen Seiten ihrer Vergangenheit. 1992 erklärte die Kurie die Verurteilung des Galileo 350 Jahre zuvor für falsch; und im März 2000 legte Papst Johannes Paul II. ein öffentliches Schuldbekenntnis für die von Vertretern der Kirche in der Vergangenheit ausgeübte Gewalt und für «Methoden der Intoleranz» ab. Die Glaubenskongregation selbst betont heute die Bedeutung wissenschaftlicher Symposien und Zusammenkünfte für die Verteidigung des wahren Glaubens, Kardinal Ratzinger persönlich setzte sich für die Öffnung des Geheimarchivs ein. Auch wenn eine institutionelle Kontinuität gegeben ist und die Wächter der Rechtgläubigkeit immer noch im vom Pius V. erbauten *Palazzo del Sant'Uffizio* residieren – mit den mittelalterlichen und frühneuzeitlichen Inquisitionen hat die Glaubenskongregation kaum noch etwas gemein.

VI. Inquisition und Hexenverfolgung

Hexenverfolgung und Inquisition sind im kollektiven Gedächtnis der Gegenwart fast unauflöslich verknüpft. Es gilt als selbstverständlich, daß die massenhafte Verfolgung von angeblichen

Hexen vornehmlich auf das Konto kirchlicher Inquisitoren ging, und auch neueste Gesamtdarstellungen der Inquisition illustrieren ihren Text mit detaillierten Schilderungen von grauenhaften Szenen aus den Folterkellern von Inquisitionsgerichten, die versuchten, alten Frauen Geständnisse über ihren Pakt mit dem Teufel zu entreißen. Diese Verknüpfung von kirchlicher Inquisition und Hexenverfolgung ist jedoch irreführend: Die weit überwiegende Masse der Hexenprozesse im Europa des 15. bis 18. Jahrhunderts wurde vor weltlichen Gerichten verhandelt, in protestantischen ebenso wie in katholischen Ländern. Es ist zwar richtig, daß das juristische Instrument des Inquisitionsprozesses mit seinem Prozeßinstrument der Tortur der Hexenjagd auf verhängnisvolle Weise Vorschub leistete, aber dieses Instrument wurde eben von allen Kriminalgerichten gehandhabt. Diese nüchternen Vorbemerkungen machen eine genauere Beschäftigung mit dem Zusammenhang zwischen Hexenverfolgung und kirchlicher Inquisition nicht überflüssig. Bereits im Mittelalter hatte die Inquisition ja durchaus die Rechtsprechung über populäre Magie, über Wahrsagerei, Segenssprechen und Schatzgraben beansprucht, soweit sie ketzerische Aspekte aufwies – ein durchaus dehnbares Kriterium. Hexerei aber war ein besonders schwerwiegendes und komplexes Delikt, das erst im 15. Jahrhundert erfunden wurde. Die Inquisition war daran nicht unbeteiligt.

In den «Sammelbegriff» (Hansen) der Hexerei gingen viele heterogene Elemente ein: Einer/m Hexe(r) wurde vorgeworfen, mit Schadenszauber (*maleficium*) Mensch und Tier zu schädigen, einen Pakt mit dem Teufel geschlossen und sich mit diesem fleischlich vermischt zu haben sowie sich mit anderen Anhängern des Satans zu nächtlichen Versammlungen, den berüchtigten Hexensabbaten, zu treffen und antichristlichen Riten zu frönen, wobei sie auf dem Besen oder auf Ziegenböcken reitend dorthin flogen. Alle diese Elemente haben eine lange, zum Teil ins Frühmittelalter oder gar in die Antike zurückreichende Geschichte. Der Vorwurf etwa, Menschen, Tiere und Besitztümer mit magischen Mitteln zu schädigen, war seit jeher in den Strafrechtskatalogen als schweres Verbrechen verankert. Dabei handelte es sich um ein weltliches Kriminaldelikt; ob jemand sich z. B. bei einem Mordanschlag eines Messers oder eines magischen Fluches bediente, machte für die Zeitgenossen keinen entscheidenden Unterschied. Noch die Carolina, die Halsgerichtsordnung Kaiser Karls V. von 1532, bedroht allein den nachgewiesenen Schadenszauber mit dem Tod, nicht die Hexerei an sich. In den Hochphasen der Verfolgung glaubten jedoch viele Juristen, auf den konkreten Schadensnachweis verzichten zu können, und stellten das Bündnis mit dem Satan an sich unter Todesstrafe.

Ketzer und Hexen als Teufelsbündner: Seit jeher sahen die Theologen im Teufel den Bündnispartner der Zauberer. Erst durch ihn wurden die Magier zu ihrem schädlichen Tun ermächtigt. Lange Zeit wurde dieser Pakt eher als eine gleichsam individuelle Angelegenheit zwischen Mensch und Dämon gedacht. Erst die Vorstellung von den Teufelsbündnern als einer Gemeinschaft, einer antichristlichen Sekte, provozierte kollektive Ängste vor einer Erschütterung der Grundfeste des Christentums. Für eine solche Schreckensvorstellung gab es in der christlichen Tradition viele Anknüpfungspunkte, und hier kommen wir wieder auf den Kernbereich der Ketzerverfolgung. Denn auch die Häretiker galten den Vertretern der Orthodoxie als Gefolgschaft des Satans. Ein Schlüsseldokument in dieser Hinsicht bilden die Aussagen eines Ketzers namens Lepzet, der 1233 in Köln verhört wurde. Mit den Hinterbacken, so heißt es da über das angebliche Aufnahmeritual der Ketzer, müsse der Initiand zunächst dreimal den Altar der Heiligen berühren und dabei den kirchlichen Sakramenten widersagen. Es folgten u. a. Küsse auf die Hinterteile des Ketzermeisters, eines schwarzen Mannes mit bleichem Angesicht, einer riesigen Kröte und eines schwarzen Katers. Schließlich werde das Licht gelöscht und sodomitischer Mißbrauch miteinander getrieben.

Diese ins Abstruse verzerrte Beschreibung des Lehrgebäudes der Katharer findet sich fast völlig identisch, wenn auch von der konkreten Aussage in Köln losgelöst, in der Kreuzzugsbulle *Vox in Rama* des Papstes Gregor IX. an seinen Vertrauten, den Inquisitor Konrad von Marburg im Juni 1233. Es ist zu vermuten, daß der Text des päpstlichen Schreibens auf Informationen Konrads selbst zurückgeht, ja daß der Kölner Fall von Konrad oder einem seiner Vertrauten untersucht worden war. Jedenfalls stammen die Imaginationen der Ketzerzusammenkünfte als antichristliche, dämonische Gegen-Messe unmittelbar aus dem Entstehungskontext der Inquisition. Das bedeutet nicht, daß sie hier gleichsam geboren wurden, denn sie nähren sich von einem schon lange bestehenden Traditionskontext. Bereits in den frühen römischen antichristlichen Polemiken ist, wie wir durch die christlichen Apologetiker Justinus Martyr, Tertullian und Minucius Felix wissen, von Kindermord, Blutritual und Blutschande die Rede. Auch gegenüber Juden und paganen Geheimkulten wurde Greuelpropaganda über Menschenopfer und Verschwörungen formuliert. Die frühchristliche Kirche kehrte diese Vorwürfe dann gegen Ketzer und religiöse Konkurrenten, wie z. B. der um 400 verfaßte Ketzerkatalog des Epiphanios von Salamis mit detailreichen Schilderungen über die Orgien der Gnostiker beweist. Und auch im Bericht über die ersten genuin mittelalterlichen Ketzer, diejenigen von Orléans 1022, tauchen die Motive der schwarzen Messe, der Promiskuität, der Ermordung und rituellen Verspeisung von Kindern auf. Sie sollten fortan zu den gängigen Stereotypen der Ketzerpolemik im Spätmittelalter gehören und waren von hoher Suggestivkraft – übrigens bis in die moderne Geschichtsforschung hinein, wo sich lange die Vorstellung hielt, es habe tatsächlich ketzerische Luziferaner gegeben, die den Teufel anbeteten.

Wurden also die – durchaus existierenden – Ketzergruppen immer wieder als Gefolgsleute des Teufels verunglimpft, so konnte auf der anderen Seite auch die Praktizierung von Magie als Teufelsdienst verstanden werden. Bereits Augustinus hatte in magischen Ritualen eine Sprache zur Verständigung mit den Dämonen gesehen. Im Zeitalter der Ketzerverfolgung bedurfte es nur eines kleinen Interpretationsschrittes, um die individuellen Teufelsdiener als Mitglieder einer teuflisch-inspirierten Gemeinschaft zu entlarven. So wurde aus den geheimen Ketzerzusammenkünften der Hexensabbat. Um 1475 berichtet Mathias Widmann von Kemnath über die *secta Gazariorum*, die Unholde, die bei Nacht führen und sich zu geheimen Versammlungen träfen. Seine Schilderungen von den «Synagogen» erinnern stark an diejenigen über Lepzet. Der Teufel erscheine in Gestalt einer schwarzen Katze oder eines Bockes. Der Initiand müsse ihn auf den Hintern küssen und der Kirche absagen. Danach verspeise man gebratene Kinder, lösche das Licht und vermische sich fleischlich auf widernatürliche Art und Weise. Aus den Ketzern sind Zauberer geworden, die mit vom Teufel überreichten Salben und Pulvern Tod und Verderben bringen.

Die Inquisition und die Geburt der Hexe: Intensive Forschungen der letzten Jahre haben Geburtsort und -zeit des Hexereideliktes relativ präzise bestimmen können. Die Hexereivorstellung entstand im Westalpengebiet, in den Landschaften des Dauphiné, des Piemont, Savoyens und der Westschweiz. Die entscheidende Transformationsphase von der Ketzerei- zur Hexereivorstellung durchlief diese Region etwa in den Jahren von 1430 bis 1440. Zuvor scheint man sehr wohl noch zwischen Ketzer- und Zaubereidelikt unterschieden zu haben. Die Begriffe *Vauderie* bzw. *Vaudoisie* standen noch als Synonym für ‹Waldensertum› bzw. für ‹Häresie› schlechthin. Ein großer Waldenserprozeß, der im Jahr 1430 in Freiburg im Üchtland geführt wurde, offenbarte zwar die üblichen Teufelsdiener-Vorwürfe gegen diese Ketzergruppe, von Zauberei findet sich aber selbst angesichts der Tatsache kein Wort, daß eine Waldenserin zugleich als Zauberin berüchtigt war. Rund 10 Jahre später initiiert der Dominikanerinquisitor Uldry de Torrenté rund um den Genfer See einen großangelegten Inquisitionsprozeß, der alle später so typischen Züge eines Hexenprozesses trägt. Die bereits zuvor erwähnte Frau wird im Zuge dieses Prozesses wiederum angeklagt und als Hexe hingerichtet. Schnell wird nun unter dem Begriff «Vauderie» schlicht «Hexerei» verstanden.

Nicht nur die kirchliche Inquisition ging jedoch gegen die neue Hexensekte vor. In Savoyen war es ein hoher weltlicher Gerichtsbeamter, der seit Ende der 1520er Jahre weit mehr als 200 Hexenprozesse angestrengt haben soll. Dieser Claude Tholosan verfaßte dann um 1440 ein Rechtstraktat, in dem er seine praktischen Erfahrungen reflektierte. Bereits zuvor hatten einige Gelehrte in ihren Schriften über das Auftreten der neuen Hexensekten nachgedacht, darunter etwa der bekannte Dominikaner Johannes Nider in seinem *Formicarius*. Das territoriale Kraftzentrum der angesprochenen Gegend war das Herzogtum Savoyen mit dem tatkräftigen Herzog Amadeus VIII. an der Spitze, der eine aktive Moralpolitik betrieb, wie zahlreiche Statuten und Visitationsberichte bezeugen. 1439 wurde er auf dem Basler Konzil unter dem Namen Felix V. zum Papst gewählt. Dieses Konzil kann als ein entscheidender Katalysator bei der Herausbildung der gelehrten Hexentheorie betrachtet werden. Basel lag in der Nähe der damaligen Verfolgungszentren. Die meisten der Gelehrten, die über das Hexenwesen schrieben, waren dem Konzil eng verbunden: Das gilt für den erwähnten Johannes Nider ebenso wie für Martin Le Franc, der als persönlicher Sekretär des Papstes Felix V. in seinem 1440–1442 verfaßten literarischen Streitgespräch *Champion des Dames* ein plastisches Bild von den Anhängern der Hexensekte zeichnet. Auf dem Konzil, so können wir schlußfolgern, wurde unter den führenden theologischen Intellektuellen Europas heftig über die neue Hexensekte, die man in der Nachbarschaft aufgespürt hatte, diskutiert; nach Abschluß der Kirchenversammlung nahmen die Teilnehmer die alarmierenden Nachrichten über die neue Sekte mit nach Hause – effizientere Multiplikatoren sind zur damaligen Zeit kaum vorstellbar.

Die Hintergründe und Ursachen für die Entstehung der Hexenverfolgung sind schwer zu fassen. Tatsächlich gab es Hexen in dem imaginierten Sinne ja niemals, obwohl die Existenz geheimer Ketzergruppen ebenso außer Frage steht wie die Praktizierung vielfältigster Formen von Magie. Eine wichtige Rolle spielte erstens der moralische Impetus von Reformtheologen und weltlichen Obrigkeiten zur Purifizierung des Christentums, zur Abgrenzung gegenüber abergläubischen Praktiken und zur Ausrottung der Sünde. Insofern kann man die Hexenvorstellung als implizite Folge des im Spätmittelalter verstärkt einsetzenden Prozesses zur Selbstvergewisserung des Christentums ansehen. Krisenerfahrungen und Endzeiterwartungen mögen zweitens dazu beigetragen haben, die Angst vor den Umtrieben und dem Wachstum der teuflischen Hexensekte zu vermehren. Bei ihrer Bekämpfung bedienten sich alle Gerichtsinstanzen (und nicht nur die Ketzerinquisitoren) drittens in bisher unbekanntem Umfang des öffentlichen Strafrechts in Gestalt des Inquisitionsprozesses; dabei bestand eine erhöhte Gefahr, mittels vorgefertigter Fragekataloge (Interrogatorien) und peinlicher Frage (Tortur) diejenigen Aussagen zu erpressen, die der Richter erwartete. Von Beginn an eigneten sich die Hexenprozesse schließlich viertens auf vielfältige Weise zur Austragung gesellschaftlicher Konflikte und Feindschaften. Festzuhalten bleibt in unserem Zusammenhang, daß kirchliche Inquisitoren ebenso wie weltliche Gerichtsherren in den Städten und Territorien an der ersten Welle von Hexenverfolgungen beteiligt waren. Legitimation für eine solche plurale Zuständigkeit war die Vielgesichtigkeit des Hexereideliktes, das – je nach Interesse – eher als weltliches Verbrechen oder eher als eine antichristliche Häresie verstanden werden konnte.

Nach 1440 weiteten sich die Verfolgungen über das bisherige Kerngebiet weiter nach Norden und Osten aus. Auch daran waren verschiedene dominikanische Inquisitoren beteiligt. Der bekannteste und berüchtigste unter ihnen ist der Dominikaner Heinrich Kramer (Institoris) (1430–1505). Im März 1478 wurde er zum päpstlichen Inquisitor für ganz Oberdeutschland ernannt. Bereits drei Jahre zuvor war Bruder Heinrich am Ritualmordprozeß gegen die jüdische Gemeinde der Bischofsstadt Trient beteiligt gewesen; die Vorwürfe gegen die Juden (Ermordung kleiner Kinder, antichristliche Riten) sind mit denjenigen gegen die zauberischen Unholde verwandt. Anfang der 1480er Jahre inszenierte er Verfolgungskampagnen gegen die Hexen im Elsaß, am Oberrhein und im Bodenseeraum. Zudem gelang es ihm, in Gestalt der Bulle *Summis desiderantes affectibus* vom Dezember 1484 die Unterstützung des Papstes Innozenz VIII. zu erlangen. Trotzdem erlitt er im Herbst 1485 in der Diözese Brixen mit seiner Hexeninquisition Schiffbruch (vgl. Kap. III.4). Daraufhin schrieb er in kurzer Zeit den berühmten *Hexenhammer* (*Malleus Maleficarum*). Wie viele erfolgreiche Traktate kann auch diese

Schrift kaum für sich beanspruchen, originell zu sein – sie war kaum mehr als eine Kompilation aus verschiedenen Quellen, u. a. aus dem Inquisitionshandbuch des Eymerich. Sehr eigen jedoch fiel Institoris' Urteil über die Zuständigkeit in Hexereisachen aus: Obwohl für dieses *crimen mixtum* prinzipiell beide Foren zuständig seien, handele es sich doch eher um eine Angelegenheit der weltlichen als der kirchlichen Gerichte. Hintergrund für diese merkwürdige Selbstbescheidung: Vor Kirchengerichten hatten reuige Sünder Anspruch auf Vergebung und Buße bzw. mildere Bestrafung, die weltliche Justiz dagegen konnte sie wegen Zauberei direkt zum Tode verurteilen. Die praktischen Folgen dieser Differenz waren gravierend. Im nördlichen Europa und insbesondere im Alten Reich, dem Kerngebiet der Verfolgung, wo die Prozesse fast ausschließlich unter der Ägide weltlicher Gerichte der Territorien, Städte und Patrimonialherrschaften stattfanden, kostete der Hexenglaube Zehntausende von Menschen das Leben; allein in Deutschland waren es vielleicht 25 000. Im Mittelmeerraum dagegen agierten die Inquisitionen zurückhaltender. Nicht ohne Grund konstatierte ein Inquisitor in Cremona 1614, die vom dortigen Tribunal als Apostaten gestraften Hexen könnten von Glück sagen – von weltlichen Richtern wären sie zweifellos zum Tode verurteilt worden.

Zurückhaltung der neuzeitlichen Inquisitionen: Auf der Iberischen Halbinsel verhandelten weltliche Gerichte ebenso wie die Inquisitionstribunale gegen Hexen. Der Schwerpunkt lag dabei im nördlichen Pyrenäengebiet. Zu ersten Verurteilungen kam es 1498 vor dem Tribunal von Saragossa. 1525 wurde innerhalb der Inquisition sehr kontrovers über die Frage gestritten, ob die Hexen tatsächlich nachts im eigenen Körper die Ausfahrt auf den Sabbat unternähmen oder ob es sich um teuflische Vorspiegelungen handelte. Die *Suprema* zeigte sich in der Frage gespalten, legte aber in der Folge vergleichsweise rigide Verfahrensweisen fest: Niemand solle allein auf die Aussage anderer Hexen hin verhaftet werden; die *Suprema* müsse über alle Zweifelsfälle und über die Rückfälligen informiert werden; alle Urteile müßten einstimmig gefällt werden; niemandem, der Hexerei freiwillig gestand, dürfe sein Besitz konfisziert werden. Ein Schwerpunkt der Bestimmungen der Kommission lag überdies auf Predigt, Seelsorge und Umerziehung der angeblichen Hexen.

Nicht immer wurde in den folgenden Jahrzehnten diese vorsichtige Linie von den lokalen Inquisitoren beachtet. Wie bereits 1549 in Barcelona, sah sich die *Suprema* auch am Beginn des 17. Jahrhunderts genötigt, in der Provinz zu intervenieren. Zunächst hatte sie die großangelegten Untersuchungen des Inquisitionstribunals von Logroño in den Gebirgstälern von Navarra gebilligt, wo eine regelrechte Hexenpanik ausgebrochen war. Sie bestätigte sogar die ersten Urteile, nach denen im November 1610 sechs angebliche Hexen in Person, fünf weitere in effigie verbrannt wurden. Als eine Ausweitung der Prozesse drohte, schwenkte sie um und beauftragte den jungen Inquisitor Alonso de Salazar Frias, der bereits früher gegen das Vorgehen seiner Kollegen opponiert hatte, mit einer Untersuchung. Mit dem Gnadenedikt in der Tasche besuchte er zwischen Mai 1611 und Januar 1612 die abgelegenen Gebirgsregionen. Seine Bilanz über die Qualität der umlaufenden Gerüchte und Verdächtigungen war niederschmetternd. Nicht den geringsten Beweis habe er gefunden, daß irgendeine Hexereihandlung tatsächlich vorgekommen sei. Die Geständnisse der Angeklagten reichten für sich genommen, ohne andere Beweise, keinesfalls hin, um auch nur Verhaftungen vornehmen zu lassen. Sie seien überwiegend völlig falsch. Nicht zuletzt aufgrund dieses Berichtes bekräftigte die *Suprema* im August 1614 ihre Skepsis gegenüber Hexenprozessen und rehabilitierte sogar die im Jahr 1610 Verurteilten. Die Verfolgungen in Navarra wurden durch ein Edikt des Schweigens beendet, die Verbreitung von Hexereigerüchten wurde künftig unter Strafe gestellt. Faktisch wurde mit dieser Episode das Ende der Hexenprozesse vor den Tribunalen der Spanischen Inquisition eingeläutet – nicht aber vor denen der weltlichen spanischen Gerichte, die erst sehr viel später derartige Verfolgungen beendeten.

Die skeptische Haltung der spanischen Inquisition wurde von den Kardinalinquisitoren der römischen Schwesterorganisation geteilt. Das war ihnen freilich nicht in die Wiege gelegt. In den norditalienischen Gebirgstälern der Grafschaft Como brachten in den ersten Jahrzehnten des 16. Jahrhunderts Dominikanerinquisitoren Hunderte von Hexen auf den Scheiterhaufen. In der zweiten Hälfte des Jahrhunderts jedoch setzte sich bei den Vertretern des *Sanctum Officium* eine zunehmende Zurückhaltung durch. Als etwa 1569 der später heiliggesprochene Reformbischof von Mailand, Carlo Borromeo (gest. 1584), in seiner Diözese gegen einige angeklagte Hexen vorging, mahnte der Kardinalinquisitor in Rom eine genauere Untersuchung des *Corpus delicti* an. Zu einer Schlüsselerfahrung wurden die Prozesse, die 1593/94 in Bitonto (Apulien) von Bischof Flaminio Parisi geführt wurden. Einige Besessene klagten nicht nur sich selbst, sondern auch andere Personen der Hexerei an. Bald griff die römische Inquisition in Gestalt des Konsultors Giulio Monterenzi ein. Dieser ließ einige der Beschuldigten nach Rom überführen, wo das Verfahren vom Heiligen Offizium unter Beteiligung von Papst Klemens VIII. (1592–1605) persönlich weitergeführt wurde. Es endete mit der Amtsenthebung der Ankläger, Bußen für Denunzianten und der Rehabilitation der Beschuldigten.

Sein in der Praxis erworbenes Fachwissen in Sachen Hexereiverfahren fixierte der Konsultor Monterenzi in einer wohl zwischen 1593 und 1603 verfaßten Verfahrensmaxime. Desiderio Scaglia (1568–1639), seit 1621 Kardinalinquisitor, überarbeitete diese erste, heute nicht mehr erhaltene Version und schuf damit eine Hexenprozeßinstruktion, deren Präambel ein ebenso nüchternes wie beeindruckendes Plädoyer für prozedurale Zurückhaltung darstellt: «Die Erfahrung, Lehrmeisterin der Dinge, zeigt deutlich, daß täglich bei der Führung von Prozessen gegen Hexen [...] sehr schlimme Fehler begangen werden, zum höchsten Schaden sowohl der Gerechtigkeit als auch der angeklagten Frauen, so daß [...] kaum jemals ein Prozeß richtig und rechtmäßig ablief, sondern daß es meistens notwendig war, zahlreiche Richter zu tadeln wegen ungebührlicher Quälereien, Nachforschungen und Verhaftungen sowie verschiedener schlechter und unerträglicher Methoden bei der Anlage der Prozesse, der Befragung der Angeklagten, exzessiven Folterungen, so daß bisweilen ungerechte und unangemessene Urteile gefällt wurden, sogar bis zur Todesstrafe und der Überlassung an den weltlichen Arm.»

1624 zum ersten Mal erwähnt, zirkulierte die Instruktion jahrzehntelang als interne Anweisung, bevor sie 1657 offiziell gedruckt wurde. Gegen die Leichtfertigkeit und Leichtgläubigkeit vieler Richter, die aufgrund schwacher Indizien starke Urteile fällten, bestand die Richtlinie auf einem korrekten Verfahren: Denunziationen von Mitangeklagten («Besagungen») wurden prinzipiell für unzulässig erklärt, die Ermittlung des *Corpus delicti* eingefordert, ebenso die Einholung von medizinischen Gutachten über die – natürlichen oder zauberischen – Ursachen eines Todesfalls. Festgeklopft wurde überdies der Anspruch von Angeklagten auf eine faire Verteidigung und auf einen Rechtsbeistand, endlich auf angemessene Haftbedingungen. Es war kein grundlegender Unglauben gegenüber der Möglichkeit von Hexerei, der hier formuliert wurde, sondern eine pragmatisch motivierte Skepsis gegenüber einem unrechtmäßigen und übereilten Verfahren, das Unschuldige bedrohte. Prozesse wegen abergläubischer Ausübung von Magie und auch wegen Zauberei waren weiterhin denkbar und kamen auch vor. Bis ins 18. Jahrhundert hinein finden sich einzelne Verfahren gegen Geisterbeschwörer, Zauberer, Hostienfrevler und Schatzgräber vor den Tribunalen der römischen Inquisition. Aber Hexenprozesse in dem Sinn, wie sie nördlich der Alpen massenhaft geführt wurden, hören im ersten Drittel des 17. Jahrhunderts im Machtbereich der römischen Inquisition völlig auf. Auf der Grundlage der Instruktion intervenierte das Heilige Offizium überdies in nordeuropäischen Hexereiverfahren und rettete zumindest in Einzelfällen Angeklagte vor dem sicheren Tod auf dem Scheiterhaufen. Obwohl sie zu den Geburtshelfern der Hexereivorstellung gehört hatte, so zeigt dies Beispiel eindrücklich, zählte die Inquisition im Zeitalter der Massenverfolgungen eher zu den Bremsern.

VII. Mythos Inquisition

Die Geschichte der Inquisition erscheint als ein Mythos, der für die Geburt des Abendlandes aus dem Geist von Zwang und Gewalt steht. So erfolgreich die Inquisition zeitweilig wirkte, so haben doch vor allem ihre Gegner ihr historisches Bild bestimmt. Zeit ihrer Existenz sah sich die Inquisition Widerstand und fundamentalem Widerspruch von verschiedensten Seiten ausgesetzt. Schon im Mittelalter sind wir auf Protest gegen vermeintlich rechtswidrige Übergriffe der Ketzerverfolger, auf Einsprüche der konkurrierenden weltlichen und kirchlichen Gewalten, auf ermordete Inquisitoren und verbrannte Akten gestoßen, die diesen Tatbestand zur Genüge belegen. Dieser Gegenwind wurzelt in strukturellen Eigenheiten kirchlicher Ketzerverfolgung: Das innovative Verfahren kollidierte mit dem traditionellen Rechtsempfinden vieler Menschen; die Sondergerichtsbarkeit der päpstlichen Legaten provozierte den Widerstand anderer Gerichtsinstanzen und ihrer Klientel; die Geheimhaltung des Verfahrens verstärkte den Ruch von Willkür und Korruption. Schließlich verkörperte die Inquisition mancherorts nicht nur eine neue, sondern auch eine fremde Institution; im Languedoc etwa stand sie für die Fremdherrschaft des Nordens über den vormals autonomen Süden. Bereits die mittelalterliche Inquisition besaß mithin das Potential, Gegenstand eines negativen Mythos zu werden. Nirgends zeigt sich das so deutlich wie in den Äußerungen des Franziskaners Bernard Délicieux, der 1303 in einer mitreißenden Rede vor dem französischen König proklamierte, das gesamte Langedoc sei beinahe völlig frei von Ketzerei, während die Inquisition stets neue Anschuldigungen erfinde. Selbst die heiligen Apostel Peter und Paul könnten, kehrten sie auf die Erde zurück, einer Ketzeranklage nicht entgehen – ein bemerkenswerter, früher Anklang an Dostojewski (vgl. Kap. III.2)!

Im Mittelalter fehlten aber offenbar einige entscheidende Elemente für die Entstehung eines Inquisitionsmythos. Zum einen mangelte es an mehrheitsfähigen Gruppen, die als dauerhafte Träger eines solchen Mythos taugten. Mehr als eine zeitweilige regionale Dominanz entwickelte keine der mittelalterlichen Ketzergruppen, bevor sie entweder der entschlossenen Repression oder den eigenen Widersprüchen zum Opfer fielen. Umgekehrt blieb das Papsttum als Träger der Inquisition Leitbild der rechtgläubigen christlichen Mehrheitsgesellschaft. Schließlich fehlte es auch an Kommunikationsmedien zur Verbreitung eines negativen Mythos. Die ihrem Anspruch nach universale päpstliche Inquisition des Mittelalters stieß zwar vielfach auf regionalen Widerstand; aber die Opponenten waren nicht in der Lage, ein universales Feindbild hervorzubringen und zu verbreiten.

Im 16. Jahrhundert änderten sich die Kräfteverhältnisse grundlegend. Während sich die Inquisitionen regionalisierten und so mit einzelnen Herrschern, politischen Systemen oder auch Ethnien identifiziert werden konnten, universalisierte sich in Gestalt des Protestantismus die Häresie. Diese Konstellation sollte bald, paradox genug, ein universales Inquisitions-Stereotyp hervorbringen. Eine Vorbedingung dafür war der Eintritt ins Gutenberg-Universum: Der Druck von Büchern und Flugblättern beförderte den Austausch von Wissen, aber auch von Propaganda, und er schuf eine überregionale Öffentlichkeit. Zweitens führte der Konfessionskonflikt zu einer dauerhaften inneren Spaltung des Christentums von bisher unbekannter Dimension. Entlang dieser Bruchlinie konnten sich neue Feindbilder und Stereotypen etablieren. Ein sehr wirkmächtiges Bild ist jene Schwarze Legende der spanischen Inquisition, die bis heute die Rezeption der Ketzerverfolgung geprägt hat. Es ist eine Ironie der Geschichte, daß davon eine Institution betroffen war, die ja gar nicht in erster Linie zum Kampf gegen den Protestantismus geschaffen worden war. Bezeichnend ist auch die Tatsache, daß die Spanische Inquisition mit ihren intensiven Verfolgungskampagnen gegen die *Conversos* in den ersten Jahrzehnten ihrer Existenz keineswegs jene europaweite Aufmerksamkeit auf sich zog, die sie später aufgrund der Verfolgung der – zahlenmäßig eher bescheidenen – spanischen Protestanten erregen sollte.

Die «Schwarze Legende»: Der Begriff *leyendra negra* wurde 1913 vom Publizisten Julián Juderías y Loyot (1877–1918) geprägt, der damit die negativen Stereotype über Spanien und die Spanier bezeichnete, die in Europa seit dem 16. Jh. in Umlauf waren: Tyrannische Herrschaft und Grausamkeit, religiöse Unduldsamkeit und wissenschaftliche Rückständigkeit paarten sich diesen Klischees zufolge mit landestypischer Faulheit und Dekadenz. Neben der Ermordung und Versklavung der Einwohner in der Neuen Welt, für die der Bericht über die Verwüstung der Westindischen Länder des Dominikaners Bartholomé de Las Casas Kronzeugenstatus erlangte, stellte die Inquisition das wohl wichtigste Exempel der Schwarzen Legende dar. Umgekehrt wäre der Inquisitionsmythos vielleicht nie derart aufgeblüht, wenn er sich nicht im Kontext des allgemeinen Spanienbildes entfaltet hätte. Unter Karl V. und vor allem unter Philipp II. war das habsburgische Spanien die unbestrittene, aber auch eben die ungeliebte europäische Vormacht, die – gestützt auf überseeisches Edelmetall – ihre Herrschaft in zahlreichen Regionen aufrichtete und ausbaute.

Da war zunächst Italien, wo der spanische bzw. aragonesische Einfluß bereits im 15. Jahrhundert spürbar war. Bereits König Ferdinand hatte das Königreich Sizilien und ab 1504 auch das Königreich Neapel beherrscht, dann kam unter Karl V. noch das Herzogtum von Mailand hinzu. Als Vormacht auf der Apenninenhalbinsel führten spanische Truppen lange Feldzüge sowohl gegen die Franzosen als auch gegen die italienischen Klein- und Mittelmächte. Der *Sacco di Roma*, die Verwüstung der Metropole durch marodierende habsburgische Soldaten im Jahr 1527, trug wesentlich zur kollektiven Traumatisierung und Zementierung der Vorurteile gegenüber der spanischen Fremdherrschaft bei. Bereits 1509/10 leisteten die neapolitanischen Untertanen König Ferdinands erfolgreichen Widerstand gegen die Etablierung der Spanischen Inquisition im Süden der Apenninhalbinsel, und auch 1547 kam es dort aufgrund des Gerüchts, die Inquisition solle nach spanischem Vorbild neu geordnet werden, zu Unruhen.

Prominente Rollen bei der Entwicklung und Verbreitung der Schwarzen Legende spielten Frankreich, der Hauptgegner der Habsburger auf der italienischen Halbinsel, und natürlich England, das zwischen 1555 und 1558 die Erfahrung einer blutigen Rekatholisierungspolitik machte und in der Folge in einen Dauerkonflikt mit Spanien geriet. Hauptbrutstätte der *leyendra negra* aber waren die Niederlande und ihr Freiheitskampf gegen die Habsburgische Herrschaft, der in Ländern wie England und Deutschland mit Sympathien begleitet wurde. Hier wurde die Inquisition spätestens seit 1566 zu einem negativ besetzten Symbol für die spanische Fremdherrschaft schlechthin. Die Zentralmacht hatte zur Bekämpfung der calvinistischen Häretiker einige Elemente der alten päpstlichen bzw. bischöflichen Inquisition reaktiviert. Trotz des traditionellen Charakters dieser Inquisition und ihrer beschränkten Durchschlagskraft sahen Provinzialstände und Städte ihre alten Rechte und den politischen Frieden bedroht. Die scharfen Ketzergesetze König Philipps II. und eine tiefgreifende Diözesanreform ließen eine gelegentliche und regional begrenzte Unzufriedenheit in einen landesweiten Protest umschlagen. Bereits der im Januar 1566 von einigen Hundert Noblen unterschriebene sogenannte Adelskompromiß wandte sich explizit gegen die Inquisition. Diese sei gegen alle göttliche und weltliche Ordnung, beleidige den göttlichen Namen und bedeute den Ruin der Niederlande. Alles alte Herkommen, alle Privilegien, alle Freiheiten würden zerstört, die Bewohner dieses Landes auf immer zu Sklaven der nichtswürdigen Inquisitoren. Damit war ein Grundton angeschlagen, der in den folgenden Jahren häufig variiert werden sollte. Das Schreckensregiment des spanischen Statthalters, des Herzogs von Alba, ab 1567, dessen Sondergericht («Blutrat») den Besitz von 9000 Personen konfiszierte und ca. 1100 Todesurteile vollstrecken ließ, heizte die antispanische Stimmung weiter an und damit auch die Anklagen gegen die Spanische Inquisition, obwohl sie mit den Hochverratsprozessen nichts zu tun hatte. Bald kursierte ein angebliches Dekret der Spanischen Inquisition, datiert auf den 16. Februar 1568 und bestätigt von König Philipp II., in dem die gesamte Bevölkerung der Niederlande mit wenigen Ausnahmen wegen Hochverrates aller Rechte an Leben und Besitz für verlustig erklärt wurde – erst im letzten Jahrhundert wurde es als eine propagandistische Fälschung entlarvt. So verwundert es nicht, wenn es im Kriegszielkatalog von Wilhelm von Oranien, dem Führer der niederländischen Freiheitsbewegung, 1572 knapp heißen sollte: «Der Name der Inquisition soll für immer ausgelöscht werden.»

Zum Schlüsseltext für die Geschichte des Inquisitionsmythos wurde die 1567 unter dem Pseudonym Reginaldus Gonzalvus Montanus in Heidelberg publizierte Schrift über die *Heimlichkeiten der tyrannischen Spanischen Inquisition.* Wahrscheinlich von zwei protestantischen Religionsflüchtlingen spanischer Herkunft verfaßt, wurde das lateinische Werk binnen Jahresfrist ins Englische, Französische, Niederländische und Deutsche übersetzt und in den folgenden zwei Jahrhunderten eifrig exzerpiert und wiederaufgelegt. Vordergründig als Tatsachenbericht über den Ablauf von Inquisitionsverfahren von der Verhaftung bis zum Autodafé angelegt, bildete die Schrift zugleich eine Anklage gegen eine totalitäre Institution, die aus der Geheimhaltung ihre Macht schöpft. Zudem werden Redlichkeit und Heroismus der protestantischen Opfer gerühmt. Andere Textgattungen nahmen diese Vorgaben auf und entwickelten sie weiter. So figurierten die Inquisitionsopfer in den populären protestantischen Martyrologien des 16. Jahrhunderts von Matthias Flacius Illyricus oder John Foxe an prominenter Stelle. Später stellten Reise- und Augenzeugenberichte über die Aktivitäten der Inquisition eine Hauptquelle zur Verbreitung der Schwarzen Legende dar. Werke wie die *Relation de l'inquisition de Goa* des Franzosen Charles Dellon (1687/88) erfuhren weite Verbreitung und dienten noch Montesquieu und Voltaire als Informationsquelle.

Die Schwarze Legende steht mithin an der Wiege des modernen Inquisitionsmythos. Bis zu seiner vollen Blüte war es noch ein weiter Weg. Es bedurfte einer Übertragung bzw. Transformation auf die päpstlich-römische Inquisition und zugleich einer Erweiterung bzw. Akzentverlagerung auf das Mittelalter.

Ansatzpunkte barg allerdings schon die Debatte des 16. Jahrhunderts. Protestantische Kampfschriften ließen sich die Chance nicht nehmen, den Papst als Quelle der Legitimation für die Spanische Inquisition in den Mittelpunkt zu rücken. Die neuerliche Aufrichtung einer römischen Inquisition bot hier einen willkommenen Anknüpfungspunkt, um die jeweiligen «Ketzerverfolgungen» in Europa nur als Ausfluß einer von der Kurie gelenkten Kampagne zu verstehen. Und mit der eigenen Traditionsbildung, die die mittelalterlichen Häretiker, etwa Wycliff, Hus oder die Waldenser, als Vorläufer der protestantischen Bewegung verstand, rückte zugleich auch die Inquisition als Verfolgungsinstanz in den Blickpunkt.

Aufklärung – Kunst – Historiographie: Im Zeitalter der Aufklärung wurde die Inquisition für Philosophen wie Pierre Bayle (1647–1706), Montesquieu (1689–1755) oder Voltaire (1694–1778) zum Synonym für religiöse Unterdrückung schlechthin. Seit dem 18. Jahrhundert nahmen sich zudem Kunst und Literatur des Themas an. Die Inquisition wird in Gemälden und Stichen illustriert; die Skizzen des spanischen Hofmalers Goya (1746–1828) sind eine subtile Anklage der Autodafés. Zahlreiche pittoreske Romane, romantische Novellen *(gothic novels)* und satirische Beschreibungen behandeln die Inquisition. Einige herausragende Werke prägen noch heute die kollektive Erinnerung. Der alte Großinquisitor in Schillers *Don Carlos. Infant von Spanien* verkörpert prototypisch Mitleidlosigkeit, religiöse Intoleranz und Machtstreben, ebenso die Titelgestalt der 1881 von Fjodor Dostojewski (1821–1881) veröffentlichten Novelle *Der Großinquisitor.* Diese Figur bildet den archetypischen Gegensatz zur Sanftmut und zur Mitmenschlichkeit des auf die Erde zurückgekehrten Jesus, der von der Inquisition eingekerkert und dessen Lehre verworfen wird. Die Inquisition nicht als Verteidigerin, sondern als Antipodin des Christentums – bis heute ein starkes Motiv!

Auch historiographische Bemühungen begleiteten die Inquisition seit dem 16. Jahrhundert. Neben Kritikern wie dem venezianischen Servitenmönch Paolo Sarpi (1552–1623) mit seinem

Werk *Sopra l'officio dell'inquisizione* (1613) kamen auch Apologeten wie der sizilianische Inquisitor Ludovicus de Pàramo zu Wort, der in seiner Geschichte der Ketzerverfolgung (1598) Gott selbst als den ersten Inquisitor vorstellt, der Adam nach dem Sündenfall aus dem Paradies verwies. Die erste wirkliche Inquisitionsgeschichte stammte aus der Feder des Niederländers Philipp van Limborch (1633–1712). Seine *Historia Inquisitionis* von 1692 war epochenübergreifend angelegt und basierte auf einer Vielzahl unterschiedlichster Quellen, so etwa auf dem Urteilsbuch Bernard Guis aus dem 14. Jahrhundert. Getragen ist das Werk des freisinnigen Theologieprofessors von einem kritischen Grundtenor; als einer der ersten beurteilte er z. B. auch die Maßnahmen der Spanischen Inquisition gegen die Juden negativ.

Zum ersten Historiker der Spanischen Inquisition wurde mit Juan Antonio Llorente (1756–1823) ein intimer Kenner dieser Einrichtung, der bereits in den 1780er Jahren Generalsekretär der *Suprema* gewesen war und zwischen 1808 und 1814 die Archive der von Joseph Bonaparte abgeschafften Inquisition verwaltet hatte. Nach der Restauration der Bourbonenherrschaft veröffentlichte er im französischen Exil 1817/18 seine *Kritische Geschichte der Spanischen Inquisition.* Auf umfassendem Aktenstudium beruhend, blieb sein Orientierungspunkt aber dennoch die Schwarze Legende; schließlich wollte das Buch als ein Plädoyer für grundlegende Reformen im rückständigen Spanien gelesen werden. Nur zögernd konnten sich die neuen Standards historisch-kritischer Geschichtswissenschaft des 19. Jahrhunderts auf dem Feld der Inquisitionsgeschichte durchsetzen. Ein neues Kapitel der Historiographie wurde erst mit dem Werk des Verlegers Henry Charles Lea (1825–1909) aufgeschlagen. Dieser Autodidakt publizierte, gestützt auf eine beeindruckende Privatbibliothek und ein verzweigtes Netz von Korrespondenzpartnern in Europa, 1887 seine dreibändige *Geschichte der Inquisition im Mittelalter.* 1906/07 folgte in vier Bänden die *Geschichte der Spanischen Inquisition* – trotz vielerlei Fehler bis heute unübertroffene Standardwerke. In seinem Gefolge hat die neuere Historiographie viele Elemente des gängigen Inquisitions-Mythos in Frage gestellt.

Literaturhinweise

Bethencourt, Francisco: L' Inquisition à l'époque moderne: Espagne, Portugal, Italie XVe–XIXe siècle, Paris 1995

Decker, Rainer: Die Päpste und die Hexen. Aus den geheimen Akten der Inquisition, Darmstadt 2003

Edwards, John: Die Spanische Inquisition, Düsseldorf 2003

Esders, Stefan/Thomas Scharff (Hg.): Eid und Wahrheitssuche: Studien zu rechtlichen Befragungstechniken in Mittelalter und früher Neuzeit, Frankfurt a. M. 1999

Friedlander, Alan: The Hammer of the Inquisitors. Brother Bernard Délicieux and the Struggle against the Inquisition in Fourteenth-Century France, Leiden 2000

Given, James: Inquisition and Medieval Society. Power, Discipline and Resistance in Languedoc, Ithaca, N. Y. 1997

Godman, Peter: Die geheime Inquisition. Aus den verbotenen Archiven des Vatikan, München 2002

Hanssler, Michael: Katharismus in Südfrankreich. Struktur der Sekte und inquisitorische Verfolgung in der zweiten Hälfte des 13. Jahrhunderts, Aachen 1997

Hergemöller, Bernd-Ulrich: Krötenkuß und schwarzer Kater. Ketzerei, Götzendienst und Unzucht in der inquisitorischen Phantasie des 13. Jahrhunderts, Warendorf 1996

Hroch, Miroslav/Anna Skybová: Die Inquisition im Zeitalter der Gegenreformation, Stuttgart 1985

Kamen, Henry: The Spanish Inquisition – An Historical Revision, New Haven/London 1997

Lambert, Malcolm: Häresie im Mittelalter. Von den Katharern bis zu den Hussiten, Darmstadt 2001

Monter, William: Frontiers of Heresy. The Spanish Inquisition from the Basque Lands to Sicily, Cambridge 1990

Oberste, Jörg: Der Kreuzzug gegen die Albingenser. Ketzerei und Machtpolitik im Mittelalter, Darmstadt 2003

Peters, Edward: Inquisition, Berkeley 1989

Segl, Peter (Hg.): Die Anfänge der Inquisition im Mittelalter, Köln 1993

Tedeschi, John A.: The Prosecution of Heresy: Collected Studies on the Inquisition in Early Modern Italy, Binghamton, NY 1991

Wolf, Hubert (Hg.): Inquisition, Index, Zensur. Wissenskulturen der Neuzeit im Widerstreit, Paderborn 2001

Der wissenschaftliche Apparat zum Buch und eine erweiterte Bibliographie finden sich online unter www.gerd-schwerhoff.de.

C.H.BECK WISSEN

in der Beck'schen Reihe

Seitdem der Geheimbund der Rosenkreuzer im Jahre 1614 zum ersten Mal an die Öffentlichkeit trat, beschäftigt er die Phantasie der Menschen. Roland Edighoffer stellt in diesem Buch die Geschichte der geheimen Bruderschaften, die sich als Rosenkreuzer bezeichnen, von den legendären Anfängen bis heute dar. Er untersucht die rosenkreuzerischen Urschriften vor ihrem geistesgeschichtlichen Hintergrund und trennt Fakten von Legenden. Die Rolle der Alchemie, der Freimaurerei, der geheimen Ordensgrade, des hermetischen und pansophischen Geheimwissens und der rosenkreuzerischen Symbolik kommt auf eine Weise zur Sprache, die den Leser in die Lage setzt, zu erkennen, was an dieser Überlieferung Scharlatanerie oder eine heute befremdlich wirkende Form von Wissenschaft ist.

Roland Edighoffer, emeritierter Professor an der Sorbonne (Paris), ist Verfasser zahlreicher wissenschaftlicher Studien über die Rosenkreuzer.

Roland Edighoffer

DIE ROSENKREUZER

Verlag C.H.Beck

Die Umschlagabbildung zeigt die „Monas hieroglyphica" John Dees aus dem Titelkupfer seines gleichnamigen Buches, Antwerpen 1564. Siehe dazu S. 57 des vorliegenden Bandes.

Dieses Buch entspricht in einigen Teilen dem Buch *Les Rose-Croix* von Roland Edighoffer, das in französischer Sprache erstmals 1982 im Verlag Presses Universitaires de France, Paris, erschienen ist.

Die Originalausgabe erscheint in der Reihe C. H. Beck Wissen.

1. Auflage. 1995
2. Auflage. 2002

Sonderausgabe. 2008
(Teil der Geheimwissen-Box, ISBN 978 3 406 56286 0)

© Verlag C. H. Beck oHG, München 1995
Gesamtherstellung: Druckerei C. H. Beck, Nördlingen
Umschlaggestaltung unter Verwendung des Entwurfs
von Uwe Göbel, München
Printed in Germany

www.beck.de

Inhalt

Einleitung

„Wer hat dem Kreuze Rosen zugesellt?" Goethe stellte diese Frage in einem esoterischen Gedicht über das Rosenkreuz, dem er den Titel *Die Geheimnisse* gab, und dieses Werk ist nicht von ungefähr unvollendet geblieben. Denn das Rosenkreuz ist in erster Linie eine rätselhafte Erscheinung. Die *Confessio Fraternitatis*, ein 1615 ohne Verfassernamen erschienenes Manifest, präzisiert, daß der Zugang zu den Rosenkreuzern nur durch Gottes Gnade möglich sei: „...ob wir wohl die ganze Welt reich und gelehrt machen und von unzähligem Jammer erledigen können, mögen wir doch keinem Menschen ohne Gottes sonderbare Schickung nimmermehr offenbar und bekannt werden." Trotz dieses Verweises auf den Gnadenweg stellt sich für die Forschung die Frage nach der Erschließung der verborgenen Sinngehalte des Rosenkreuzes. Sie können in drei Kategorien eingeteilt werden. Die vorliegende Arbeit geht also einem dreifachen Rätsel nach:

Das erste Rätsel betrifft die Entstehungsgeschichte des älteren Rosenkreuzertums, die zugleich nachweisbar und nebelhaft ist. Sie kann einerseits genau untersucht werden und ist in einem wohlbekannten geistesgeschichtlichen Zusammenhang angesiedelt. Aber sie ist andererseits in einer uralten Tradition verankert, die bis in das Altertum zurückgeht, und bei Vorgängern spürbar, die manchmal als Mitglieder einer legendären rosenkreuzerischen Geheimgesellschaft betrachtet wurden.

Das zweite Rätsel bezieht sich auf die Verfasser der ersten Rosenkreuzer-Schriften, die zugleich bekannt sind und teilweise verborgen bleiben. Die Quellenforschung ergibt wesentliche Unterschiede zwischen den verschiedenen Urschriften und besonders zwischen den zahlreichen Lobschriften oder Pamphleten, die auf die Urschriften folgten und von dem damaligen Erfolg der Rosenkreuzer zeugen.

Das dritte Rätsel betrifft die Rezeptionsgeschichte der Rosenkreuzer bis zum 20. Jahrhundert, die zugleich kollektiv und individuell ist. Sie ist kollektiv in dem Sinne, daß seit dem

18. Jahrhundert die rosenkreuzerischen Geheimgesellschaften florierten, und noch heutzutage das Rosenkreuz unter verschiedenen Formen und Bezeichnungen weiterlebt. Diese mannigfaltigen Aspekte des Rosenkreuzertums werden ebenfalls im folgenden untersucht. Aber die Rezeptionsgeschichte ist auch individuell, insofern sie jeden Menschen auffordert, das Schicksal der ganzen Menschheit in der Tiefe seiner eigenen Seele zu entdecken. Das immer wieder auflebende Interesse an dem Rosenkreuz hängt nämlich damit zusammen, daß es Motive und Inhalte berührt, die dem unerschöpflichen Material an uraltem Wissen um die Zusammenhänge zwischen Gott, Mensch und Kosmos entsprechen, das zu allen Zeiten in der Psyche aller Völker enthalten ist und sich in Symbolen und Mythen herauskristallisiert. Im letzten Teil des vorliegenden Buches wird der Leser zu einer „Enthüllung" im psychologischen Sinne des Wortes aufgefordert. In den Paralipomena zu den *Lehrlingen zu Sais* schrieb Novalis: „Einem gelang es – er hob den Schleier der Göttin zu Sais – Aber was sah er? Er sah – Wunder des Wunders – sich selbst." Wenn dem so ist, schlummert vielleicht in jedem Menschen ein Rosenkreuzer.

Erster Teil: Entstehungsgeschichte der Rosenkreuzer

I. Das Rosenkreuz-Fieber

1. Die Urschriften

Im Jahre 1614 erschien zu Kassel ein Sammelband ohne Verfassernamen, der drei Texte enthielt: *Allgemeine und General Reformation der gantzen weiten Welt, Fama Fraternitatis, Dess Löblichen Ordens des Rosenkreutzes, an alle Gelehrte und Häupter Europae geschrieben, und Kurtze Responsion, von dem Herrn Haselmeyer gestellet*... Wie groß das Interesse an der *Fama Fraternitatis* war, läßt sich daran erkennen, daß schon in demselben Jahr 1614 eine zweite Auflage nötig war und daß das Werk im folgenden Jahr von drei verschiedenen Verlegern in Kassel, Frankfurt und Danzig veröffentlicht wurde. Insgesamt wurde es bis 1617 siebenmal gedruckt. Zudem kam 1615 eine niederländische Übersetzung heraus, und die *Fama* erschien 1652 in englischer und französischer Fassung in London, wo sie von Eugenius Philaletes herausgegeben wurde.

Von 1615 bis 1616 wurde die *General Reformation* nur noch in einigen Ausgaben (Frankfurt und Kassel) gedruckt; dabei erschien ab 1615 die sogenannte *Confessio Fraternitatis R. C.. Ad Eruditos Europae*, die zuerst in lateinischer und deutscher Sprache veröffentlicht wurde. Dazu kam ein neuer, romanartiger Text, der 1616 in Straßburg unter dem Titel *Chymische Hochzeit Christiani Rosenkreutz, Anno 1459*, erschien. Sein Erfolg bei dem Lesepublikum stand den vorigen Manifesten in nichts nach, denn es entstanden in demselben Jahr 1616 zwei neue Auflagen und ein Raubdruck.

2. Nachwirkungen in Deutschland

Der Riesenerfolg der Manifeste der Rosenkreuzer und der *Chymischen Hochzeit Christiani Rosenkreutz* kann an der Flut von

Zuschriften und Kampfschriften gemessen werden, die sich zwischen 1614 und 1620 über die deutschen Lande ergoß. Man schätzt ihre Zahl auf etwa 200 Schriften! In diesem Stimmengewirr kann man zwei entgegengesetzte Tonarten unterscheiden: eine Vielzahl von Schriften sympathisiert mit den Rosenkreuzern und begrüßt die Endzeitstimmung einer Fraternität, deren tatsächliche Existenz nicht bezweifelt wird, die aber verborgen bleiben soll. Der Leibarzt des Landgrafen Philipp von Hessen-Butzbach, Daniel Mögling, der mit Johann Valentin Andreae befreundet war, machte sich unter den Decknamen Theophilus Schweighart und Florentinus de Valentia zum Anwalt der Rosenkreuzer, deren Grundhaltung er auf die *Nachfolge Christi* des Thomas a Kempis zurückführte. In Prag wurde 1620 in der *Rosa jesuitica* die Meinung vertreten, daß die Rosenkreuzer schon zur Zeit des römischen Kaisers Nero existierten und daß sie mit den Jesuiten etwas zu tun hätten.

Eine andere Gruppe von Schriften legt Nachdruck auf die Alchemie. Dem Philosophen und Alchemisten Radtichs Brotoffer zufolge enthalten die Urschriften der Rosenkreuzer die allegorische Darstellung einer höheren und verborgenen Alchemie, die ein Gottesgeschenk sei und das Geheimnis der Universalmedizin liefern könne. Auch der Hermetiker Michael Maier, der das rosenkreuzerische Gedankengut verbreitete und umgestaltete, sah in den Rosenkreuzern die Hüter einer göttlichen Tradition der echten Alchemie. Andere Verfasser übersahen, daß die *Fama Fraternitatis* das Goldmachen als ein *parergon* betrachtet, und wiegten sich in der Hoffnung, daß sie von der Bruderschaft das unfehlbare Rezept der *Chrysopoeia* erfahren würden.

Unter den Gegnern findet man hauptsächlich Vertreter der lutherischen Orthodoxie, die den Rosenkreuzerschriften ihre Neigung zum Calvinismus, ihre Schmähung der aristotelischen Philosophie, ihre Bezugnahme auf die islamische Philosophie und ihre Begeisterung für Paracelsus vorwerfen, wenn diese Bruderschaft nicht schlechthin als wiedertäuferisch abgestempelt wird. Mit Andreas Libavius nimmt die streng geführte Kritik eine rationale und scholastische Wendung und stützt sich auf stichhaltige Argumente.

Eine Sonderstellung nimmt die Reihe der Flugschriften ein, die damals unter dem Pseudonym Irenäus Agnostus erschienen, weil sie sich einerseits in Lobeshymnen über die Rosenkreuzerschriften ergingen und andererseits in Anhängen dieselben Texte, manchmal unter einem anderen Decknamen, wie etwa Menapius, unbarmherzig angriffen und verspotteten. In einer ihm zugeschriebenen Schrift fragte Agnostus im Jahre 1620, warum die Frauen keinen Zugang zu der Fraternität hätten. Hinter den vielen Pseudonymen dieses proteischen Verfassers verbarg sich der Altdorfer Hauslehrer Friedrich Grick, der Andreae kannte und 1620 in seinen *Apologema* von dem Autor der *Fama* und der *Confessio* sagte, er sei ein *vir magnus et illustris*.

In Deutschland war die Verwirrung so groß geworden, daß ein Arzt namens Georg Molther behaupten konnte, einem Rosenkreuzer-Bruder in Wetzlar begegnet zu sein, und daß Michael Maier das Auftreten von Rosenkreuzern in Hagenau bezeugte. In Nürnberg erschien im Jahre 1619 ein Prophet namens Philipp Ziegler, der sich für den Obersten der Brüder des Rosenkreuzes ausgab, dann nach Holstein und Schweden ging und schließlich in England verschwand.

3. Nachwirkungen in England

Michael Maier hatte sich in England aufgehalten, und er war mit dem Arzt und Philosophen Robert Fludd befreundet, der 1617 in seinem *Tractatus Apologeticus Integritatem Societatis de Rosea Cruce defendens* gegen Libavius polemisierte und die Rosenkreuzer als Förderer der Mathematik, Astrologie und Medizin betrachtete, die solche Gaben von Gott durch den heiligen Geist und das Licht der Natur erhalten hätten. In seinem *Tractatus Theologo-Philosophicus* (1617) begrüßte er die Offenbarung der Rosenkreuzer als ein gutes Omen vor dem Weltende.

So hatte das Rosenkreuz durch Maier und Fludd in England Wurzeln geschlagen, und die Pflanze sollte dort besonders gut gedeihen. Außerdem hatte Irenäus Agnostus darauf aufmerksam gemacht, daß die Rose das Symbol von England sei und das Kreuz auf seine Fürsten als Verteidiger des wahren Glaubens hinweise. Im Jahre 1650 widmete Thomas Vaughan den „wiedergeborenen Brüdern des Rosenkreuzes" eine *Anthroposophia Theomagica*, und 1652 veröffentlichte er unter dem Decknamen Eugenius Philaletes *The Fame and Confession of the Fraternity*, die teilweise eine Umarbeitung der ersten Übersetzung der *Fama Fraternitatis* von dem schottischen Hermetiker Sir David Lindsay war. Zwischen 1658 und 1665 publizierte John Heydon in London eine Reihe von Werken, deren Titel und Inhalt sich auf das Rosenkreuz berufen, wie z.B. *A New Method of Rosie-Crucian Physick, The Rosie Crucian Infallible Axiomata, The Rosie Cross uncovered, The Wise Man's crown, or the Glory of the Rosie Cross, Psonthonpsanchia or a Quintuple Rosie-Crucian Scourge for the due correction of that Pseudo-Chymist... George Thompson, A Rosycrucian Theomagical Dictionary*, etc. Das von Heydon beschriebene Rosenkreuz ist eine sagenhafte Bruderschaft, die ihm zufolge auf Moses zurückgeht, deren Nachkommen in einem unterirdischen Schloß in England wohnen und das Verjüngungselixir besitzen sollen. Ebenso seltsam und geheimnisvoll ist die Identität eines gewissen Irenäus Philaletes, dem der äußerst unklare Text der *Chymica Vannus* (1666) zugeschrieben wurde.

Also gedieh das Rosenkreuz in England auf fruchtbarem Boden, obwohl es dort manchmal zu eigenartigen Auswüchsen kam, und merkwürdigerweise wurde die englische Übersetzung der *Chymischen Hochzeit* erst 1690 von Ezechiel Foxcroft unter dem Titel *The Hermetick Romance: or the Chymical Wedding, Written in high Dutch By Christian Rosencreutz* veröffentlicht.

4. Die Rezeption in Frankreich

Der französische Philosoph René Descartes (1596–1650) weilte um 1620 in Deutschland, und er hatte in Frankfurt a.M. von den Rosenkreuzern gehört. Zwar wurde seine Wißbegierde von den vielen Schriften und Gerüchten um die Fraternität angestachelt, aber das Hauptprinzip des radikalen

Zweifels, das seiner Philosophie zugrunde liegt, brachte ihn zu dem Schluß, daß die so populäre Bruderschaft überhaupt nicht existierte. Als er 1623 nach Paris zurückkehrte, hatte der Ruf der Rosenkreuzer Frankreich erreicht. Plakate kündigten mit übersteigertem Pathos die Ankunft von Abgeordneten des Rosenkreuzes an und rühmten ihre Heilkunst und ihre Kenntnis aller Sprachen. In demselben Jahr erschien in Paris die französische Übersetzung der *Pia et utilissima admonitio, De Fratribus Rosae-Crucis* von Heinrich Neuhaus, die 1618 in Danzig veröffentlicht worden war. In dieser nüchternen und skeptischen Untersuchung enttarnte dieser die Rosenkreuzer als Sekte, die häretische Züge aus dem Calvinismus, den Wiedertäufern und den Antitrinitariern aufgenommen hätte. Viel derber und heftiger war ein anonymes Pamphlet, das auch 1623 erschien und den schrecklichen Pakt dieser vermeintlich Unsichtbaren mit dem Teufel denunzierte. Es erzählte von ihrer Hauptversammlung, die im Juni 1623 in Lyon stattgefunden habe, und von ihrem Untergang in der Nähe von Paris, wo der Teufel sie vernichtet und diesmal durch den Tod wirklich unsichtbar gemacht habe.

Auch der Historiker und spätere Bibliothekar von Richelieu, Gabriel Naudé (1600–1653), setzte sich mit der Rosenkreuzerfrage auseinander, und zwar in der 1623 gedruckten *Instruction à la France sur la vérité de l'histoire des Frères de la Roze-Croix.* Diese Untersuchung, die sich für objektiv und vernünftig ausgibt, zeugt von einer ausgezeichneten Kenntnis der damaligen Verhältnisse und der Kultur in Deutschland. Unter die Quellen der Manifeste zählt er mit Recht Paracelsus „qui est la pierre fondamentale de toute cette Congrégation", aber auch Joachim von Fiore, Raimund Lull, Guillaume Postel, Heinrich Khunrath, Gerhard Dorn, Oswald Croll, Johannes Kepler, Tommaso Campanella, und er kennt sogar Tobias Adami, einen Freund von Johann Valentin Andreae. Er hält die ganze Geschichte für einen Scherz, aber er meint auch, daß ihre Verfasser gelehrte Leute waren, die in der *Fama* und in der *Confessio* ihre Sehnsucht nach der Erkenntnis der Geheimnisse der Natur als Besitz von imaginären Zauberkräften darstellten.

II. Reformatio divini et humani

Was mochte in ganz Europa eine solche Welle von enthusiastischen und abwehrenden Reaktionen ausgelöst haben? Um dieses Gewirr des Für und Wider zu verstehen, müssen wir uns nun dem Inhalt der Urschriften zuwenden.

1. Die *Allgemeine und General Reformation der gantzen weiten Welt*

Dieser ziemlich lange Text war die deutsche Übersetzung einer Satire des italienischen Schriftstellers Trajano Boccalini (1556–1613), der in den *Ragguagli di Parnasso* (Nachrichten vom Parnaß) die politische Bevormundung der römischen Kurie durch die Spanier kritisierte. Er flüchtete sich in die Republik Venedig, wo er kurz nach der Veröffentlichung der *Ragguagli* (1612) starb. Es wird allgemein angenommen, daß er von spanischen Vertretern der Inquisition vergiftet wurde. In der mit der *Fama Fraternitatis* abgedruckten Satire, die eine Novelle aus den *Nachrichten vom Parnaß* ist, befiehlt der Gott Apoll den Weisen und Gelehrten, die Welt von Grund auf zu reformieren. Thales von Milet, Cato, Seneca und viele andere machen allerlei wunderliche Vorschläge, aber das Säkulum ist so krank, daß alle Hoffnung auf Heilung vergeblich ist, und die Weisen beschließen, um das Gesicht nicht zu verlieren, Kraut, Rüben und Petersilie mit einer Steuer zu belegen!

Es mochte im Jahre 1614 die Leser seltsam anmuten, als Einleitung zu der *Fama Fraternitatis* eine Satire vorzufinden, die alle Reformbestrebungen ins Lächerliche zog. Sie lief zu guter Letzt auf die Unmöglichkeit hinaus, eine echte Reform mit den Mitteln der Vernunft und der menschlichen Weisheit durchzuführen. Übrigens hatte Boccalinis Satire Vorbilder, wie die *Kore Kosmou*, ein Traktat aus dem *Corpus Hermeticum*, das 1591 mit einer lateinischen Übersetzung von Francesco Patrizi erschienen war, oder den *Spaccio della bestia trionfante* von Giordano Bruno, der 1584 in London publiziert wurde. In beiden Schriften beginnt die religiöse und sittliche Reform im

Himmel selbst, wo die Erneuerung der Götter und der Gestirne eine Verbesserung der Menschheit bewirkt.

2. Die *Fama Fraternitatis*

Diese beiden letztgenannten Texte und der pessimistische Standpunkt der sogenannten „General Reformation" geben Aufschluß über den Sinn der Formel „Reformatio divini et humani", die in der *Fama Fraternitatis* verwendet wird: Die Weltverbesserung kann nicht auf eigene Faust und mit menschlichen Mitteln allein, sondern nur durch das göttlich-menschliche Geheimnis der Wiedergeburt erzielt werden. Aber diese Schrift, die nach ihrem Titel den „Ruf der Bruderschaft der Rosenkreuzer" erweitern soll, ist alles andere als eine abstrakte Abhandlung. Sie besteht aus dem Lebenslauf ihres Stifters und aus einer Übersicht über ihre Lehre.

Die Biographie des Christian Rosenkreuz

Christian Rosenkreuz, der nur mit den Buchstaben Fr. C. R. C. oder C. R. oder R. C. bezeichnet wird, ist adliger Herkunft. Er wurde in einem Kloster aufgezogen, und mit 16 Jahren unternimmt er eine Pilgerfahrt nach Jerusalem. Sein alter Begleiter stirbt in Zypern, das bis zum 13. Jahrhundert eine Provinz der Tempelherren war und damals von dem Adelsgeschlecht der Lusignan regiert wurde, aus dessen französischem Zweig die Sage der Sirene *Melusine* stammt, die von Paracelsus und seinen Anhängern wiederaufgenommen wurde. Also macht sich Christian allein nach Damas auf, wo der Ruf der Weisen aus *Arabia Felix* ihn dazu bewegt, statt nach Jerusalem nach der Stadt Damcar im Jemen zu reisen, wo die Gelehrten, die in der Astrologie bewandert waren, seine Ankunft bereits erwarteten. Durch sie vertieft er seine Kenntnisse in Physik und Mathematik, und er übersetzt den *Liber M.* aus dem Arabischen ins Lateinische. Nach drei Jahren begibt er sich nach Ägypten, studiert dort Pflanzen und Tiere und reist dann nach Fez, wo er auf der dortigen Universität seine Kenntnisse in der *Magia na-*

turalis erweitern kann. Nach zwei Jahren kehrt er nach Europa zurück, und er erlebt in Spanien eine Enttäuschung, insofern die dortigen Gelehrten an ihren überholten Lehren festhalten. Nach Deutschland zurückgekehrt, gibt sich Christian zuerst wissenschaftlichen Arbeiten hin, und er ruft dann gleichgesinnte Männer zu sich, die den Kern der Fraternität bilden. Sie bauen sich eine geräumige Wohnung im Zeichen des Heiligen Geistes, erfinden eine magische Sprache und Schrift, verfassen eine vollständige Darstellung der „heimlichen und offenbaren Philosophie", heilen zahlreiche Kranke und beschließen schließlich auseinanderzugehen, außer zwei Brüdern, die bei dem Ordensstifter in dem Kloster zum Heiligen Geist bleiben. Zu den sechs Regeln, denen sie sich unterwerfen müssen, gehört hauptsächlich, alle Kranken umsonst zu heilen, sich den Sitten des jeweiligen Landes anzupassen und die Bruderschaft geheim zu halten.

Erst 120 Jahre nach dem Tod von Christian Rosenkreuz wird scheinbar zufällig seine Grabstätte von einem Bruder der dritten Generation entdeckt. Das Grabgewölbe, „das von einer anderen Sonne, die es der äußeren abgelernt hatte", hell erleuchtet wird, ist siebeneckig und enthält in Schränken das Vokabular, das Reisetagebuch und die Lebensbeschreibung des Paracelsus. In der Mitte steht ein runder Altar mit Inschriften wie „Jesus mihi omnia". Unter dem Altar und einer dicken Messingplatte entdecken die Brüder den unversehrten Leib des Ordensstifters. Das „Büchlein T", das er in der Hand hält, vergleicht auf der letzten Seite „C. Ros. c." (Christian Rosenkreuz) mit einem dem Herzen Jesu eingepflanzten Samenkorn, erinnert an den „mehr als königlichen Schatz", den er in Arabien und Afrika gesammelt hatte, und erzählt, daß er eine „Kleine Welt" erbaute und ein Kompendium aller vergangenen, gegenwärtigen und zukünftigen Geschehnisse schuf. Das Buch endet mit dem Satz: „Ex Deo nascimur, in Jesu morimur, per Spiritum Sanctum reviviscimus" (Aus Gott sind wir geboren, in Jesu sterben wir, durch den Heiligen Geist werden wir wiedergeboren).

Durch die Veröffentlichung der *Fama Fraternitatis* wurde

der Schleier, der bisher die Bruderschaft tarnte, teilweise gelüftet, und die Verfasser erhoffen Reaktionen von seiten der ehrlichen Leser, obwohl es im Text heißt, daß die gottlose Welt nie den Weg zu den Rosenkreuzern finden werde.

Die Lehre der Rosenkreuzer nach der Fama Fraternitatis

Mit der märchenhaften Darstellung des Ordens und seines Stifters geht die lose Ausführung des Ideengehalts des Rosenkreuzes einher. Die manchmal beißende Kritik der *Fama* gilt im religiösen Bereich dem Papst und Mohammed, in der Philosophie Aristoteles und den Sophisten, in der Medizin den Anhängern des Galenus, und überhaupt allen eingebildeten Pseudo-Gelehrten, die sich an ihre überholten Lehren klammern. Dagegen berufen sich die Rosenkreuzer auf die Kabbala, und der Name Paracelsus wird mehrmals erwähnt, sei es durch seinen Vornamen Theophrastus oder durch Abkürzungen. Im folgenden wird noch darüber zu sprechen sein.

Einfluß der Kabbala und der Hermetik

Die *Fama Fraternitatis* begrüßt eingangs die glückliche Zeit ihrer Entstehung, in der sich die Erkenntnis von Gottes Sohn und der Natur mehr und mehr erweitert und die Herrlichkeit des Menschen als Mikrokosmos ans Licht gebracht wird. Sie hebt die philosophische und musikalische Harmonie hervor, die Menschen, Himmel und Erde zusammenhält und in die nur der Teufel Mißtöne hineinbringen kann. Dieser Einklang, das genaue Korrespondieren des Mikrokosmos mit dem Makrokosmos, wird durch das Bild der Sphäre, als Symbol der Vollendung, veranschaulicht.

Es liegt auf der Hand, daß die Analogistik und Sphärenharmonie der Pythagoreer im Hintergrund dieses Weltbildes stehen; und der Einfluß von Johann Kepler (1571–1630), dessen mathematische Auffassungen noch pythagoreisch geprägt waren, ist naheliegend. Er betrachtete nämlich die Sphäre als das Symbol der Trinität und die Architektonik der Welt als das Bild der göttlichen Harmonie. Auch der katalanische Mönch und

Philosoph Raimund Lull (1234–1315) zeigte in seiner *Ars Magna*, daß alle Formen der Wirklichkeit nur in bezug auf Gott existieren und jede Raumgröße durch den Übergang zu den Wertgrößen irdischer Vollkommenheit auf den Gottschöpfer zurückgeht. Diese Wertgrößen sind die αξιωματα, auf denen Raimund Lull seine *Ars compendiosa inveniendi veritatem*, d.h. seine kurzgefaßte Technik zur Entdeckung der Wahrheit, aufbaut. Auf ähnliche Weise schlägt Frater C. R. C. in der *Fama Fraternitatis* den Gelehrten vor, ihnen „gewisse ohnfehlbare axiomata" mitzuteilen, von denen er weiß, „daß sie einer Kugel gleich nach dem einzigen Mittelpunkt richten".

Die von Raimund Lull entwickelte *Ars combinandi* geht wahrscheinlich auf das *Sefer Jezira* – zu deutsch: „Buch der Schöpfung" – zurück, das die Entstehung der Welt aus den Buchstaben des hebräischen Alphabets beschreibt. Pico della Mirandola, dessen Werke den Urhebern des Rosenkreuzer-Mythos zugänglich waren, da sie 1572 wieder aufgelegt wurden und sich zudem in der Bibliothek von Christoph Besold befanden, unterschied in seiner *Apologia* zweierlei Formen der Kabbala: zuerst die *Ars combinandi*, auch *Ars Raimundi* genannt, die mit rotierenden Alphabeten funktioniert, und dann die höchste Form der *Magia naturalis*, die die himmlischen Kräfte mit den irdischen vermählt. Die *Fama Fraternitatis* bezieht sich auf beide Formen der Kabbala, erwähnt die deutschen Magier und Kabbalisten und präzisiert, daß in der philosophischen Bibliothek der Rosenkreuzer „das vornehmste" Buch eben das Werk über die *Axiomata* sei.

Das „kunstvollste" Buch in derselben Bibliothek heißt *Rotae Mundi*. Die Bedeutung dieses Begriffes kann man sich am besten anhand einer Abbildung aus der *Medicina catholica* von Robert Fludd vorstellen, die zwar erst 1631 erschien, aber von einem Mann stammt, der die Lehre der Rosenkreuzer sehr bewunderte. Dieses „Causarum Universalium Speculum" (Spiegel der universalen Ursachen) weist auf die damals geltende Auffassung der zyklischen Zeit hin, die wie ein Räderwerk funktioniere und mit dem Zyklus der Jahreszeiten verglichen werden kann. Das Bild des Rades oder des Zyklus knüpft an astrologische Vorstellungen an, aber es erinnert auch an den Begriff der *renovatio veterum*, die nach Marsilio Ficino (1433–1499) die Entstehung eines neuen goldenen Zeitalters bewirken sollte. Er sah in Plato nicht nur den Erben von Hermes Trismegistos und Pythagoras, sondern auch einen Jünger von Moses, und er glaubte an eine *Theologia prisca* und an die Übereinstimmung der *Philosophia perennis* mit der Offenbarung, so daß seine *platonica theologia* von der *christiana religio* kaum zu unterscheiden war. Das *Corpus Hermeticum*, das er 1463 für Cosimo de Medici fast ganz ins Lateinische übersetzt hatte, enthält im zwölften Traktat eine Stelle, die die Welt als Abbildung Gottes bezeichnet und von der ewigen Dauer der zyklischen Wiederkehr redet, die von Gottvater gewollt wurde (XII, 15). Die *Fama Fraternitatis* spricht auch von allen „periodis seculorum" und präzisiert: „... unsere Rotae nehmen ihren Anfang von dem Tag, da Gott sprach: *Fiat*, und enden sich, wann er sprechen wird, *Pereat*, doch schlägt Gottes Uhr alle Minuten, da unsere kaum die ganzen Stunden."

Das drittgenannte Buch der philosophischen Bibliothek, das von den Rosenkreuzern für „das nützlichste" gehalten wird, hat den Titel *Proteus*. Nützlich wird es genannt, weil es von der wahren Alchemie handelt, also nicht von der Goldmacherei, sondern von der dem Menschen anvertrauten Aufgabe, den in die Natur gelegten Gotteswillen zu seiner Vollendung zu führen. Weil die Natur ständig neugeboren wird – das Wort „Natur" geht auf das Verb „nascor" zurück –, ist sie die Wandlung selber. Der philosophische Merkur, der in dem Wandlungsprozeß der Alchemie die Hauptrolle spielt, ist nicht nur das Quecksilber, sondern auch eine geheime Wandlungssubstanz, zugleich Geist und Seele, männlich und weiblich, vielseitig und wankelmütig, also ein *Proteus*. Diese Wandlungsfähigkeit hatte Melchior Szebeny am Anfang des 16. Jahrhunderts dazu angeregt, das *opus alchymicum* in Form der Messe darzustellen. So durfte der *Lapis philosophorum*, der Stein der Weisen, „in gewissem Sinne als ein *Symbol des ‚inneren' Christus, des Deus in homine*, aufgefaßt werden" (C. G. Jung, 13. Bd., S. 107). Und in solcher Hinsicht erklärt sich teilweise die optimistische und etwas rätselhafte Behauptung am Anfang der *Fama Fraternitatis*, daß durch Gottes Gnade „sich die Erkenntnis (...) seines Sohnes immer mehr erweitert".

Einfluß der paracelsischen Philosophie

In der *Fama* wird Nachdruck auf die *Philosophie* gelegt. Nicht nur Christian Rosenkreuz, sondern auch alle acht Brüder der Fraternität befassen sich damit, und jeder von ihnen hat einen vollständigen Einblick in „die *heimliche* und *offenbare* Philosophie". Diese Bezeichnung der Philosophie als heimlich und offenbar bedarf einer Erklärung, die wir bei Paracelsus finden. In der ersten Fassung des *Liber Paragranum* lesen wir nämlich folgende seltsame Definition: „Was ist Philosophie anders als die unsichtbare Natur?" Das heißt, daß die Philosophie nach Paracelsus kein Ergebnis des logischen Denkens ist: letzteres ist nach ihm in den *codices scribentium* aufgezeichnet, die er auch „papierne Bücher" nennt, die ihn an Aristoteles und an Galenus erinnern, und die auch die Fama verwirft, so wie alles, „was nur einem Codice gleich sieht" (*Sämtliche Werke* I, 8, 71).

Es hat nach Paracelsus keinen Sinn, das Leben in toten, längst überholten Büchern entdecken zu wollen. Das einzige gültige Buch ist der *Liber Mundi*. „Wer die Natur durchforschen will", schreibt Paracelsus, „der muß ihre Bücher mit den Füßen lesen (...). So ist der Kodex der Natur, und so muß man ihre Blätter wenden" (I, 11, 145). Und es ist merkwürdig, daß Paracelsus in einer anderen Schrift erklärt: „Das Buch, in dem die Buchstaben der Geheimnisse sichtbar, erkennbar, greifbar und ausdrücklich geschrieben stehen, so daß man alles, was man zu wissen begehrt, am besten gerade in diesem Buche durch den Finger Gottes eingezeichnet findet und demgegenüber, wenn es richtig gelesen wird, alle anderen Bücher nur toter Buchstabe bleiben, soll durch kein anderes erläutert und nirgends sonst gesucht werden, als allein im Menschen. Er ist das Buch, worin alle Geheimnisse geschrieben stehen" (I, 14, 547).

Die *Confessio Fraternitatis* nimmt zu dem Problem der Bücher eine ähnliche Stellung ein: sie behauptet nämlich, daß „obschon alle Bücher sollten umkommen und durch des allmächtigen Gottes Verhängnis aller Schriften *et totius rei literariae interitus* oder Untergang vorgehen sollte, die Posterität dennoch (aus den Erkundigungen und Erforschungen unseres geliebten Christlichen Vaters) ein neues Fundament legen und ein neues Schloß oder Feste der Wahrheit aufbauen könnte". Denn diese Forschungen beziehen sich auf das einzige gültige Buch, nämlich das Buch der Natur. Die *Fama Fraternitatis* erzählt, wie die ersten Brüder des Rosenkreuzes, ebenso wie Paracelsus, eifrige Leser des sogenannten *Liber Mundi* waren.

All diese Aussagen über die „heimliche und offenbare Philosophie" und auch über die „Buchstaben und Charaktere" in dem Buch der Natur, die nicht jedem Leser zugänglich sind, weisen auf einen tiefen Sinn in den Naturdingen hin, der wiederum anhand der Ausführungen von Paracelsus erklärt werden kann. Der Ausdruck *Liber Mundi* entspricht der paracelsischen „Kunst Signatur", die auf der Überzeugung beruht, daß die Menschen alles in der Welt „durch äußere Kennzeichen und Merkmale" erfahren können. „Alles tritt durch sein bestimmtes Kennzeichen zutage. Denn eine jede Frucht ist ein Zeichen, woran erkannt wird, was in dem ist, von dem sie stammt" (I, 12, 174). „Kein Geschöpf gibt es, an dem die Natur nicht in Zeichen offenbarte, was in ihm ist. (...) Denn alles, was den empfindlichen und unempfindlichen Geschöpfen innewohnt, trägt seine äußeren Zeichen, durch die das Innere ergründet werden kann" (I, 10, 300). Darum schreibt Paracelsus in der *Philosophia sagax:* „Sehet euch die Kräuter an! Ihre Kräfte sind unsichtbar, und dennoch werden sie in ihnen gefunden. Sehet euch die Tiere an, die weder reden noch deuten können, und doch ist nichts so verborgen in ihnen, daß es der Mensch nicht erführe. So werden alle Dinge, seien sie in der Erde oder im Meer, im Chaos oder im Firmament, zu ihrer Zeit offenbar werden" (I, 12, 148).

Welche Bedeutung haben also die „Buchstaben", die Kennzeichen, die man in dem großen Buch der Natur finden kann? Paracelsus antwortet auf diese Frage mit der Behauptung:

„Nichts ist verborgen, daß es nicht durch seine Frucht offenbar würde" (II, 1, 194); „offenbaren", „entbergen" sind Verben, die in seinen Werken häufig vorkommen, die aber auf keinen Fall bedeuten, daß die zu entschleiernde Welt eine „andere" Welt wäre. Es geht eigentlich um die gleiche Welt, die wir vor Augen haben, die aber durchsichtig geworden ist wie eine Scheibe, durch welche die Sonne scheint (I, 12, 204). Dieser Standpunkt unterscheidet sich wesentlich von dem der cartesianischen Philosophie und der modernen Wissenschaft, insofern er voraussetzt, daß die Natur nicht als Objekt betrachtet wird, und daß der Mensch selber ein integrierender Bestandteil der Natur ist, in dem sie sich zu erkennen sucht.

Dieses wechselseitige Verhältnis wird durch die paracelsische und rosenkreuzerische These von der Einheitlichkeit alles Lebens, von dem Zusammenhang der großen und der kleinen Welt ermöglicht. Die *Fama Fraternitatis* legt besonderen Nachdruck auf die Zusammengehörigkeit von Mikrokosmos und Makrokosmos. Sie begrüßt die Zeit ihrer Entstehung, in der endlich der Mensch verstehen konnte, „welcher Gestalt er Microcosmus, und wie weit sich seine Kunst in der Natur erstreckt". Und sie erwähnt die Feststellung des Christian Rosenkreuz, „daß gleich wie in jedem Fruchtkern ein guter ganzer Baum oder Frucht ist, also die ganze große Welt in einem kleinen Menschen wäre, dessen Religion, Politik, Gesundheit, Glieder, Natur, Sprache, Worte und Werke, alles in gleichem Ton und Melodie mit Gott, Himmel und Erden übereinstimmt". Selbst diese Metapher findet sich schon bei Paracelsus. In seinem Werk *Astronomia Magna oder die ganze Philosophia sagax der großen und kleinen Welt* steht folgende Passage: „Die ganze Welt umgibt den Menschen, und er ist von ihr umschlossen, wie der Kreis seinen Mittelpunkt einschließt. Daraus folgt, daß alle Dinge auf diesen einen Punkt bezogen sind, so wie ein Apfelkern, der von der Frucht umgeben und erhalten wird, seine Nahrung aus ihr zieht. In diesem Sinne ist auch der Mensch ein Kern und die Welt sein Apfel, und was vom Kern im Apfel gilt, das gilt auch vom Menschen in der Welt, mit der er umgeben ist" (I, 12, 164). So entsteht diese ontologische *Harmonie*, die Bruder C. R. C. entdeckt haben soll, und von der die *Fama* sagt, daß sie schon in den Werken des Paracelsus „gründlich" zu finden sei.

In dem Maße, wie Mikrokosmos und Makrokosmos, also Mensch und Natur, aufeinander abgestimmt sind, entsteht die Möglichkeit der Harmonie, die für die Rosenkreuzer so wichtig ist. Einerseits braucht die Natur den Menschen, damit die in ihr wirkenden Kräfte, die *virtutes*, sichtbar werden und in uns das *lumen naturae* entzünden können. Nur durch das Lichtwerden im Menschen vermag die Natur aus ihrem latenten, bewußtlosen, unvollkommenen Zustand herauszutreten. Deswegen trachtet sie nach diesem Licht, d.h. nach der Offenbarung, durch welche sie sich selbst *im* Menschen erkennen wird. Hier stimmt die paracelsische Auffassung von der Natur mit der des Apostels Paulus in seinem Römerbrief überein, wo er im 8. Kapitel von dem „ängstlichen Harren der Kreatur" spricht, die „auf die Offenbarung der Kinder Gottes" warte (Rö 8, 19).

Andererseits kann sich dieser Prozeß nur unter der Bedingung vollziehen, daß der Mensch auf seinen eigenen Willen verzichtet und in seinem Inneren den Raum schafft, den das Licht der Natur ausfüllen wird. Nun kommt es nach Paracelsus häufig vor, daß der Mensch dem Streben der Natur nach Selbstverwirklichung keine Aufmerksamkeit schenkt. Infolgedessen vermag das *lumen Naturae* nicht in ihm zu leuchten, und andererseits muß der Hang der Natur zur Selbstoffenbarung unvollendet bleiben.

Dieser Rückblick auf die Denkweise des Paracelsus und auf seine Auffassung des *lumen naturae* wirft ein bezeichnendes Schlaglicht auf die in der *Fama* dargelegten Gedanken der frühen Rosenkreuzer. Ihre Philosophie ist zunächst „heimlich", weil sie eine Philosophie des Unsichtbaren ist; aber dieses Unsichtbare ist ebenso wirklich und wirksam wie das Sichtbare, es liegt in dem Sichtbaren selbst, denn es besteht aus den „virtutes", d.h. aus den wirkenden Kräften, die die ganze Natur durchwalten, und deren Kennzeichen, deren „Buchstaben" wir zu entziffern haben. Also ist die Natur zugleich sichtbar in der

Form und unsichtbar in der wirkenden Kraft, aber beide sind untrennbar: die äußere, sichtbare Form ist der Ausdruck, die Bezeichnung, die „Signatur" der unsichtbaren Kraft. Allein von dieser „Signatur" aus ist es möglich, ein Dahinterliegendes, einen „grunt" zu begreifen. Deshalb begrüßt die *Fama Fraternitatis* eingangs die glückliche Zeit ihrer Entstehung, in der Gott den Brüdern „die Hälfte der unbekannten und verborgenen Welt" enthüllte. Wohlgemerkt, dies ist nur durch Gottes Gnade möglich gewesen, denn das sog. „Entbergen" wird allein den „reinen", gutgesinnten Menschen zugeteilt, die die Zeichen zu entdecken und zu erkennen wissen, die von der unsichtbaren Welt herkommen. In dieser Hinsicht ist die Erkenntnis mit einer Offenbarung dessen verbunden, was nach Paracelsus „nicht sichtig noch greifbar" ist, mit einer inneren Erfahrung der unsichtbaren Kräfte, der *virtutes*, die in der Natur und im Menschen wirken: das *cognoscendum* ist demnach ein *co-nascendum*, eine Gabe, die dem Menschen zukommt. Auf diese Weise ist die Philosophie der *Fama Fraternitatis* nicht nur „heimlich", sondern auch „offenbar": denn die Brüder des Rosenkreuzes gehören selbstverständlich zu den wenigen, die das Buch der Natur „lesen und verstehen können", die also dem Drang der Natur, sich *im* Menschen zu vollenden und zu „offenbaren", Folge leisten.

Die in den Elementen wirkenden Kräfte haben nach Paracelsus die Fähigkeit, neue Wesen zu schaffen, die im Unterschied zum Menschen monoelementisch sind und zudem nicht unsterblich sein können. Er beschreibt sie in seinem *Liber de nymphis, sylphis, pygmaeis et salamandris et de caeteris spiritibus*, und erklärt, daß sie die Zukunft kennen: „Denn sie haben Vernunft mit den Menschen (ausgenommen der Seele halber). Sie haben Wissen und Verstand des Geistes (ausgenommen Gottes halber)." Deshalb können sie den Menschen sehr nützlich sein. Es sind wohl die „Elementarischen Einwohner", von denen in der *Fama Fraternitatis* die Rede ist. So spiegelt diese Schrift noch einmal das Weltbild des Paracelsus wider.

Einfluß Johann Keplers

Die *Fama Fraternitatis* verbindet den Namen Paracelsus mit der Erwähnung des sogenannten *Trigonum igneum*, d. h. des „feurigen Dreiecks“, das die drei Tierkreiszeichen des Stiers, des Löwen und des Schützen im Jahre 1603 bildeten und die eine besonders günstige Konjunktion ausmachten. Der große Astronom Johann Kepler entdeckte im Jahre 1604 einen neuen Stern in diesem „feurigen Dreieck“ und veröffentlichte 1606 in Prag das Buch *De Stella Nova, et coincidente principio Trigoni ignei*, in dem er die Erscheinung des neuen Sterns als Zeichen einer neuen Reformation deutete: „Wie, wenn sich zur Zeit der Erscheinung dieses Sterns jemand gefunden, der eine neue Religion und Glaubensbekenntnis (...) zu verfassen sich bewegen hätte lassen (...). So nun dergleichen jemand an einem unbewußten Ort sich verborgen hielte, der etwa sich für einen Propheten ausgäbe, oder auch mit seiner Macht und Gelegenheiten getraute, ein solches Werk durchzutreiben...“ Diese *Prognostica* fielen in das Jahr der fiktiven Entdeckung der Grabstätte von Christian Rosenkreuz, und obwohl der bzw. die Verfasser der *Fama Fraternitatis* vorsichtshalber ihre Zugehörigkeit zur lutherischen Konfession bekannten, weissagten sie nichtsdestoweniger eine allgemeine Reformation.

So hatten manche Zeitgenossen die rosenkreuzerische Botschaft verstanden, und unter ihnen Adam Haslmayr, dessen *Antwort an die lobwürdige Brüderschafft der Theosophen vom Rosenkreutz N.N.* an die erste Ausgabe der *Fama Fraternitatis* angefügt worden war. Dieser Anhänger des Paracelsus hatte die paracelsische Färbung der *Fama* bemerkt, darum schrieb er: „So spüren und schließen wir, daß ihr diejenigen seid, die die ewige Theophrastiam und Göttliche Wahrheit erweitern sollten, wunderbarlicherweise bis hierher reserviert, vielleicht auf die Zeit des prophetischen Eliae artistae zu achten, weil er, Theophrastus, in seiner Prophetia von seinen dritten verborgenen Thesauris (...) meldet, daß Gott zur rechten Zeit mit den seinen komme, den Gerechten beizustehen und die gottlosen Stolzen hinzurichten, unter denen ein Fünklein der Gerechten bleiben werden, dasselbige Fünklein oder Häuflein wird also sein hernach, daß man es mit großer Furcht wird annehmen, denn es wird das Tote lebendig machen. Auf solches wird der Feind Christi (...) sich emporzeigen (...) und wird sich sehen lassen, samt habe er gewonnen, und mit uns das Leben aus sei: So wird ihn aber Gott (...) durch das kleine Häuflein (welchen der Löwe von Mitternacht vorgehen wird, den grausamen Feind zu stürzen) sterblich vertilgen und ausrotten ..."

Haselmayr, der die *Fama Fraternitatis* schon 1610 als Handschrift zur Kenntnis genommen hatte, ließ seine Antwort im Jahre 1612 drucken, also zwei Jahre vor der Veröffentlichung der *Fama Fraternitatis*, wie das kürzlich von Carlos Gilly in der Anna-Amalia-Bibliothek zu Weimar wiedergefundene Exemplar es beweist. Er spielt auf die damals noch gut bekannte Prophezeiung des „Löwen aus Mitternacht" an, die im 16. Jahrhundert in ganz Europa verbreitet war und, wie ich es in einer anderen Schrift zeigte, fälschlich Paracelsus zugeschrieben wurde („Le lion du septentrion", in: *Etudes germaniques*). Diese Prophezeiung bringt mehrere Motive zusammen, die im Rosenkreuzermythos wieder auftauchen: verborgene Schätze, die Entdeckung einer Grabstätte mit geheimnisvollen Büchern, den Löwen, der den Adler „samt seiner Clerisey" ausrotten und den Völkern Glück und Wohlstand bringen wird.

3. Die *Confessio Fraternitatis*

Die Verfasser der *Fama Fraternitatis* kündigten die baldige Veröffentlichung der „lateinischen Confessio" an, „wo wir auch 37 Ursachen anzeigen (werden), warum wir von jetzt ab unsere Bruderschaft öffentlich machen und solche hohe Mysterien freiwillig, ungezwungen und ohne alle Belohnung anbieten, dazu noch mehr an Gold versprechen, als der König von Spanien aus beiden Indien zieht".

Selbst der aufmerksamste Leser wäre aber nicht in der Lage, diese 37 Ursachen herauszufinden. Der Grund für dieses nur scheinbare Versäumnis liegt darin, daß die Verfasser der Rosenkreuzerschriften von der pythagoreischen und kabbalistischen Denkweise geprägt waren und nur auf die symbolische Bedeutung dieser Zahl achteten. Schon die Dreizahl führt nicht allein auf die Trinität zurück, sondern auf *Hermes Trismegistos*. Die Siebenzahl erinnert an die Eröffnung des mit sieben Siegeln verschlossenen Buches durch das Lamm und an die sieben Engel in der Apokalypse, auf deren Ankunft die Eröffnung des Tempels im Himmel und die Erscheinung des Sonnenweibs folgen, die das Herabkommen der himmlischen Braut Jerusalem symbolisieren (Off. 6, 1–17/8, 1–2/ 11, 15 u. 19/ 12, 1). Die Addition der Drei mit der Sieben ergibt die Zahl zehn, d. h. die pythagoreische *Tetraktys* (1 + 2 + 3 + 4), in der Jamblichos „die Quelle und Wurzel der ewigen Natur sah". Aus der Multiplikation der 3 mit der 7 ergibt sich die Zahl 21, die nach der Weisheit Salomos den verschiedenen Eigenschaften der göttlichen Sophia entspricht (Weisheit 7, 22–23). C. G. Jung schreibt über die göttliche Sophia: „Sie ist ja die ‚Werkmeisterin'; sie verwirklicht die Gedanken Gottes, indem sie ihnen stoffliche Gestalt verleiht (...). Ihr Zusammensein mit Jahwe bedeutet den ewigen Hierosgamos, aus welchem Welten gezeugt und geboren werden" (11. Bd., S. 426).

Diese Zahlensymbolik war den Verfassern der rosenkreuzerischen Urschriften nicht fremd: unter den vielen Europäern, die sich am Ende des 16. Jahrhunderts mit solchen Problemen befaßten, sollen nur einige erwähnt werden: John Dee, der 1570 in seinem *Mathematischen Vorwort* zur ersten englischen Übersetzung der *Elemente* des Euklid die magische Bedeutung der Zahlen hervorhob, Giordano Bruno, der 1591 in Frankfurt a. M. *De Monade, numero et figura* erscheinen ließ, und P. Lindenberg, der im selben Jahr *De numerorum praecipuorum (...) mysterio et eminentia* in Rostock veröffentlichte.

Das in der *Fama Fraternitatis* gegebene Versprechen, 37 Gründe für die Bekanntmachung der Geheimnisse der Fraternität anzugeben, wird infolgedessen in der *Confessio* zugleich nicht gehalten und doch erfüllt, in dem Sinne, daß die größten Mysterien immer ambivalent sind und deswegen paradoxerweise in dem Maße verhüllt bleiben, wie der Schleier teilweise gelüftet wird.

So ist es nicht verwunderlich, daß die *Confessio Fraternitatis* auf die „Magischen Schriften“ anspielt, die die Rosenkreuzer zugleich aus der Bibel und aus dem Buch der Natur entlehnten, und die „neue Sprache“ erwähnt, die sie zuwege gebracht haben, „in welcher zugleich die Natur aller Dinge ausgedrückt und erklärt wird“. Sie hat also mit der babylonischen Verwirrung überhaupt nichts zu tun, denn sie bezieht sich unmittelbar auf Adams oder Henochs Sprache. Das Idiom der Rosenkreuzer sei also die Ursprache vor der Erbsünde, die mit dem göttlichen Logos verwandt sei und eher dem Licht als dem menschlichen Verständigungssystem vergleichbar wäre. Es war die Sprache, die die Tiere im Paradies verstanden, in der Henoch sich mit den Engeln unterhalten konnte und deren Zauber in den Gesängen des Orpheus wirksam wurden. Wenn die Rosenkreuzer sich rühmen, die Geheimnisse dieser Ursprache zu kennen, so sind sie fähig, Gottes Sprache in der Schöpfung zu begreifen und den verborgenen Sinn der Heiligen Schrift zu enträtseln.

In den Jahren 1614–1615 wurden also die „Gelehrten Europae“ aufgefordert, das große Buch der Natur zu entziffern, aber gleichzeitig behaupten die Verfasser der *Confessio Fraternitatis*, daß dieses Buch „zwar allen Menschen vor Augen und offen stehe, und dennoch ihrer wenig dasselbe lesen und verstehen können“.

Wer sich die Mühe gibt, von der märchenhaften Einkleidung der Manifeste abzusehen, versteht den eigentlichen Sinn dieses scheinbaren Widerspruchs. Die echten Alchemisten, die sich von alters her mit dem Geheimnis des Stoffes, mit seiner Vergeistigung und mit der christlichen Parallele auseinandersetzten, rühmten sich, die sogenannte Sprache der Vögel zu verstehen. Und Paracelsus, der in vielen Dingen den Verfassern der rosenkreuzerischen Urschriften als Vorbild diente, zeichnete sich eben durch seine Neigung aus, Neologismen aus den verschiedensten Sprachen wie Latein, Griechisch, Hebräisch, Arabisch usw. zusammenzubrauen. Zwar frönte er dabei der Magie der Fremdwörter, aber er war auch oft gezwungen, auf dieses Mittel zu rekurrieren, um schwer faßbaren Gedanken Ausdruck zu verleihen. Der Umstand, daß die Grabstätte des Christian Rosenkreuz in der *Fama Fraternitatis* ein Onomastikon zur Erklärung der Fachausdrücke des Paracelsus enthielt, beweist, daß die „magische Schrift" der Rosenkreuzer von ihm beeinflußt wurde.

Der Paracelsus zugeschriebene Traktat *De vita longa*, der 1562 von Adam von Bodenstein herausgegeben wurde und wahrscheinlich auf Notizen nach Vorlesungen des Paracelsus im Jahr 1526 zurückgeht, mag als eine der Quellen der rosenkreuzerischen Urschriften betrachtet werden. Er strotzt nämlich von Geheimnamen und Neologismen und mißt Henoch, der als Vorbild für Christus galt, eine besondere Bedeutung bei. Da dieser nach dem 1. Buch Mose (5, 23) 365 Jahre lebte, gibt Paracelsus hier den Menschen, die mit ungewöhnlicher Lebensdauer beglückt sind, den seltsamen Namen „Enochdiani". Eine andere Wortprägung von Paracelsus ist der „Iliaster", der *spiritus Mercurii*, der das Lebensprinzip, und als solches „die Entrückung des Geistes in eine andere Welt, und zwar in die Welt des Enoch" (13. Bd, S. 152, Anm. 82) bedeutet, den Gott in den Himmel genommen hatte (1. Mos. 5, 24). Auf dieser biblischen Grundlage entwickelte sich die alchemistische Auffassung, daß durch das Wandlungsmysterium der sogenannte „Enochdianus", das heißt der langlebige innere Mensch, hervorgebracht werden konnte.

Nur vor diesem paracelsischen Hintergrund wird folgende Frage aus der *Confessio Fraternitatis* verständlich: „Wäre es nicht ein köstlich Ding, daß du könntest alle Stunde also leben, als wenn du von Anfang der Welt bisher gelebt hättest und noch ferner bis ans Ende derselben leben solltest?" Der hier dargelegte Gedanke ist nur der Ansatz eines Motivs, das in der *Chymischen Hochzeit* zur vollen Entfaltung kommt.

Der Einfluß des Paracelsus macht sich selbst in dem Umstand bemerkbar, daß die *Confessio Fraternitatis* der Heiligen Schrift den Vorrang vor dem Buch der Natur gibt. Denn Paracelsus meinte, daß neben dem Licht der Natur „noch ein anderes Licht da ist, das uns lehrt zu dem Ewigen zu kommen". In der *Auslegung über die zehn Gebote Gottes* erklärt er nämlich: „Von Gott dem Vater haben wir die erste Kreatur, daß wir Menschen sind und haben den Tod in ihm; von Gott dem Sohn haben wir die andere Kreatur, in der wir Christen erlöst sind von dem Tod; von Gott dem Heiligen Geist haben wir den dritten Leib nach diesem Leben, ‚clarifiziert' in das ewige Leben" (II, 7, IV, 124). Unter dem „dritten Leib" versteht Paracelsus den neuen Leib der Ewigkeit, der aus dem Erdenleib erwächst, wenn dieser durch das Sakrament gespeist wird.

Was das Individuum betrifft, läßt sich auch auf die Weltgeschichte anwenden. Paracelsus erklärt in demselben Werk, daß den drei Personen der Trinität drei aufeinanderfolgende „Monarchien" entsprechen: wir leben noch in dem „Reich" des Sohnes, aber die dritte Monarchie, das Reich des Heiligen Geistes, wird auch kommen für die Wiedergeborenen (ebd. 126). Das Wort „Auferstehung", das Paracelsus in diesem Zusammenhang verwendet, bezieht sich nämlich auf den inneren Menschen; nach einer Definition von Martin Ruland in seinem *Lexicon alchemiae* (1612) ist er „der regenerierte geistige Mensch in uns, der himmlische Körper, der in uns Christen vom heiligen Geist (...) gepflanzt wird".

Mit dieser Auffassung lehnte sich Paracelsus an die Lehre von den drei Weltzeitaltern an, die der kalabresische Abt Joachim von Fiore im 12. Jahrhundert aufgestellt hatte und die den Verfassern der Rosenkreuzerschriften bekannt war. Diesem Mönch zufolge hatte das erste Zeitalter mit Adam begonnen und umfaßte die ganze alttestamentliche Periode, das zweite Zeitalter wurde von Jesus Christus beherrscht, und das dritte, noch zukünftige Reich, das durch Elias' Rückkehr angezeigt werden sollte, wurde von Joachim als die Zeit der heiligen Hochzeit der Kirche mit ihrem himmlischen Gemahl bezeichnet, als das Alter des „ewigen Evangeliums", das in der Offenbarung des Johannes durch einen Engel verkündigt werden sollte (Off. 14, 6).

In Anlehnung an die Weltschöpfung in der Genesis und an die apokalyptische Auffassung des tausendjährigen Reiches teilte der kalabresische Mönch zudem die Weltgeschichte in sieben kosmische Tage von je tausend Jahren ein, die selbstverständlich den drei Weltzeitaltern entsprachen: das Alte Testament umfaßt die fünf ersten Perioden, das zweite Zeitalter ist die sechste Periode und das dritte wird dem siebenten kosmischen Tag entsprechen. Aber Joachim von Fiore präzisiert, daß jedes Zeitalter einen doppelten Anfang habe, nämlich zuerst einen Ursprung, den er mit einem Keimen vergleicht, und dann einen Beginn, den er *fructificatio* nennt. Die drei Zeitalter und die sieben kosmischen Tage sehen infolgedessen so aus wie ineinander verschlungene Räder, etwa wie die olympischen Ringe. Nach Joachim sind wir also am Ende des sechsten Zeitalters, und der siebente Tag bricht schon an. Die *Confessio Fraternitatis* stellt die Frage, ob „es Gott gefallen hätte, den sechsten Leuchter nur uns alleine anzuzünden oder leuchten zu lassen", denn die Rosenkreuzer wollen im Besitz des alchemistischen Geheimnisses sein, durch welches nach Joachim von Fiore das Volk der Gläubigen „per angustam passionis portam" den Sabbat der Glückseligkeit erleben werde. Im joachitischen Sinne ist diese Zeit mitten im sechsten Zeitalter schon im Keimen begriffen, darum sind nach der *Confessio Fraternitatis* nur die Blinden nicht in der Lage, auf die *Miranda sextae aetatis*, d.h. auf die Wunder des Zeitalters des Heiligen Geistes und der neuen Kirche, zu achten, die schon in der sechsten Zeit heranreifen.

Es ist bemerkenswert, daß auch Luther sich mit der Prophezeiung befaßte, die dem Propheten Elias zugeschrieben wurde und nach der die Welt sechstausend Jahre dauern sollte. Der Reformator erklärte sie folgendermaßen: „Das sind sechs Tage einer Woche und der siebente ist der Sabbath, tausend Jahre sind vor ihm ein Tag." In den Tischreden äußerte Luther häufig die Überzeugung, daß der jüngste Tag vor der Tür stehe: „Gottes Wort wird wieder abnehmen, und fallen, und werden große Finsterniß kommen (...). Alsdann wird die ganze Welt gar wilde und epicurisch werden und also wilde und ruchlos in aller Sicherheit leben. So wird denn kommen und schallen die Stimme: Siehe, der Bräutigam kommt. Denn Gott wirds nicht länger können leiden. (...) Es ist nun in Apocalypsi kommen biß auf das weiße Pferd. Es wird nun nicht lange stehen, nicht über 100 Jahre" (Tischreden 6555, 3457). Es ist kein Wunder, daß im lutherischen Württemberg das eschatologische Denken in den rosenkreuzerischen Schriften wieder aufblühte.

Während die *Fama Fraternitatis* die Lebensgeschichte des Christian Rosenkreuz erzählt, von seiner Ordensgründung berichtet und die Häupter, Stände und Gelehrten Europas auffordert, die Reformation des Lebens und der Wissenschaft zu betreiben, ist die *Confessio Fraternitatis*, dem Titel gemäß, das Bekenntnis, d.h. die Darlegung der Gedankenwelt der Rosenkreuzer. Es ist aber merkwürdig, daß bei aller programmatischen Ähnlichkeit beide Schriften wesentliche Unterschiede aufweisen. In der *Fama Fraternitatis* wurde die „Philosophie" der Theologie gleichgesetzt und die Übereinstimmung der Bibel mit dem Buch der Natur hervorgehoben. Dagegen betont die *Confessio Fraternitatis* die Überlegenheit der Bibel, und sie kritisiert die Leute, die die Heilige Schrift nicht ernst genug nehmen und sich unterfangen, Philosophie, Theologie, Medizin und Mathematik unter einen Hut zu bringen. Die *Confessio* verwendet für ihre Kritik die Metapher des Maskenballs, als wäre das Handeln solcher Leute nur eine Maskerade.

III. Die Chymische Hochzeit Christiani Rosenkreuz anno 1459

1. Analyse der Erzählung

Die dritte, 1616 in Straßburg erschienene Schrift nimmt sich ganz anders aus. Wollte die *Fama* durch eine wundersame Erzählung und die Ankündigung einer allgemeinen Reformation den „Ruf" der Bruderschaft erweitern, und erwies sich die *Confessio* als Bekenntnis und apokalyptische Schrift, so gehört die *Chymische Hochzeit* zur Gattung der autobiographischen Romane. Außerdem unterscheidet sich der Held der Geschichte, Christian Rosenkreuz, wesentlich von dem sagenhaften Stifter der Bruderschaft in der *Fama Fraternitatis*. Da er am

Anfang der Erzählung schon 81 Jahre alt ist, sollte er infolge seiner in der *Fama Fraternitatis* dargestellten Biographie als ehrwürdiger, verehrter Gründer eines reichen und machtvollen Ordens erscheinen und von Brüdern umgeben sein, zumal die *Fama* präzisiert, „daß er also für die Tage seines Lebens immer zwei bei sich hatte". Zudem sollte, immer noch laut der *Fama Fraternitatis*, „der Kranken unglaublicher Zulauf" eine Menge von Besuchern zu ihm in das „Gebäude Sancti Spiritus" führen. Dies ist aber ganz und gar nicht der Fall am Anfang der *Chymischen Hochzeit:* Christian Rosenkreuz wird hier als Einsiedler dargestellt, der nicht in der „füglichen und sauberen Habitation" „zum Heiligen Geist", sondern in einer Berghöhle wohnt. Zeichnete sich der Held der *Fama Fraternitatis* durch seine ungeheuren Kenntnisse auf den Gebieten der Mathematik, der Naturwissenschaft, der Philosophie, der „philosophia moralis" und durch den Besitz einer „unfehlbaren Axiomatik" aus, so bekennt er in der *Chymischen Hochzeit*, daß er nicht einmal verstehen konnte, was ihm unter den Füßen lag und womit er täglich umging, viel weniger, daß er „zur Erforschung und Erkenntnis der Geheimnisse der Natur geboren sein sollte". Obwohl er mit Visionen begnadet zu sein scheint und astrologische Kenntnisse hat, ist er sich „des Fleisches Kitzel" so wie seiner „Schwachheit" und „Unvermöglichkeit" so sehr bewußt, daß er ohne die Übermacht der Gnade nur „ein armer Erdenwurm" bleiben kann.

Am Abend des Gründonnerstags wird er von einem Engel besucht, der ihm einen Brief überbringt, der mit dem konstantinischen Zeichen „In hoc signo † vinces" versiegelt ist, und der zugleich ein geheimnisvolles Zeichen und eine Einladung zur „Hochzeit des Königs" enthält. Dieser Hierosgamos erinnert an die Hochzeit des Lammes in der Offenbarung des Johannes: „Selig sind die, welche zum Hochzeitsmahl des Lammes berufen sind" (Off. 19, 9). Aber es ist eigentlich bemerkenswert, daß diese Hochzeit, auf die Christian Rosenkreuz seit sieben Jahren vorbereitet war, daß seine seltsamen und denkwürdigen Erlebnisse bei dieser Gelegenheit sowie seine Aufnahme in zwei Ritterorden in seiner von der *Fama Fra-*

ternitatis dargestellten Lebensbeschreibung nicht die geringste Erwähnung finden, als ob die Hauptperson des Manifestes nicht genau dieselbe wäre, wie der Held der *Chymischen Hochzeit.*

Jedoch unterliegt es keinem Zweifel, daß die abgekürzten Bezeichnungen in der *Fama Fraternitatis:* C.R., R.C., C.R.C., C. Ros. C., oder die Benennung „unser geliebter Christlicher Vater" in der *Confessio Fraternitatis* sich auf den Namen Christian Rosenkreuz in dem Titel der *Chymischen Hochzeit* beziehen. Als Christian Rosenkreuz zum Königsschloß aufbricht, zieht er als Hochzeitskleid einen weißen Leinenrock an, er umgürtet seine Lenden mit einem roten Band, das ein Andreaskreuz um seine Schultern bildet, und er steckt vier Rosen auf seinen Hut. Und als er am Tor des königlichen Schlosses seinen Namen angeben muß, antwortet er, er sei „der Bruder von dem Roten Rosen Creutz".

Da aber eine solche Initiationsreise voraussetzt, daß der Eingeladene ihrer würdig ist, mußte Christian Rosenkreuz sich vergewissern, daß er nach dem Wortlaut des „Ladebriefes" „hierzu geboren" und „von Gott zur Freude erkoren" war. Dazu benutzt er ein Mittel, das ihm vertraut ist und das er als den „allersichersten Weg" qualifiziert, nämlich den Traum. Die Bibel enthält manche Stellen, an denen Träume zur Enthüllung von übernatürlichen Vorgängen dienen: man denke etwa an Jakobs Traum von der Himmelsleiter (1. Mos. 28). Im Jahre 1598 war in Köln eine Schrift *De Magia. De Observatione somniorum*... erschienen, in der Benedictus Pererius bemerkte, daß Gott alle passenden Augenblicke benutzt, um den Menschen ihre Träume einzuflößen. Eine Marginalie zeigt, daß der Traum von Christian Rosenkreuz auf eine Predigt von Bernhard von Clairvaux (1090–1153) Bezug nimmt, in der der Abt die Metapher der Seilzüge verwendet, um die Rettung der verblendeten Menschen darzustellen, die von einer „alten Frau mit ihrem Sohn" bewirkt wird. Es gelingt Christian, aus einem dunklen Verließ heraufgezogen zu werden, aber er wird dabei verletzt und hinkt mit beiden Beinen. Die „alte Dame" tröstet ihn mit folgenden Worten: „Laß dich diesen Mangel nicht gereuen (...) und danke daneben Gott, der dich zu so hohem Licht noch auf dieser Welt und im Stande deiner Unvollkommenheit kommen lassen ..."

Diese Episode des *Turris caecitatis* ist einer der Schlüssel zum Verständnis der *Chymischen Hochzeit*, insofern sie einerseits auf die Gegensatzspannung zwischen seelischer Blindheit und Erleuchtung aufmerksam macht und andererseits auf den paracelsischen Hintergrund des Romans hindeutet. Indem die „alte Dame" zu Christian sagt, daß er *noch auf dieser Welt* zu „so hohem Licht" gelangen kann, spielt sie auf das „Licht des heiligen Geistes" an, das mit dem Licht der Natur nicht verwechselt werden darf, obwohl beide Lichter von Gott herkommen und wie Mann und Frau einander ergänzen. Aber diese Gnade wird dem alten Christian „im Stande der Unvollkommenheit" beschert, deswegen muß er hinken. Er hinkt auf beiden Füßen, weil er dem Vorwurf ausgesetzt ist, den Elias auf dem Berg Karmel dem Volk machte, das sich zwischen Gott und dem Götzen Baal nicht entscheiden konnte (1. Kön. 18, 21). Dieses Gebrechen beweist ihm, daß er nur durch Gottes Gnade, ohne sein Verdienst, der „heimlichen und verborgenen Hochzeit" beiwohnen wird. Welcher Hochzeit? Die weitere Erzählung wird es zu verstehen geben.

Die Pilgerfahrt des Christian Rosenkreuz

Der alte Pilger macht sich auf den Weg und gelangt nicht zufällig an eine Kreuzung mit drei Zedern, die eine Marginalie als Bäume des Merkur bezeichnet. Diese Identität mit dem *spiritus vegetativus* deutet auf den Wandlungsprozeß der Wiedergeburt hin, der auf dem Königsschloß stattfinden wird. Und die drei Zedern weisen zugleich auf die Trinität und auf die hellenistische Auffassung des Hermes als „omnia solus et ter unus" hin. Eine *Tabella Mercurialis* ist an einen der Bäume geheftet und beschreibt in lateinischer Sprache die vier möglichen Wege, die zum Schloß führen, von denen aber einer nur *corporibus incorruptibilibus* zugänglich ist. Der begeisterte Rosenkreuzer Michael Maier nennt Hermes ὁδηγός, den Wegweisenden, denn er ist herkömmlich bei den Alchemisten der *psychopompos*, der die Seele auf ihrer *peregrinatio* führt, aber auch manchmal verführt. Deshalb erscheint Mercurius hier zugleich in der Form einer schwachen, weißen Taube und eines bösen, schwarzen Raben, so daß Christian, um die Taube zu retten, einen bestimmten Weg einschlägt und dann nicht zurückgehen kann, denn Hermes als Windgott hindert ihn daran (man denke an die *Tabula smaragdina:* „Der Wind hat es in seinem Bauch getragen"). Der *Tabula Mercurialis* gemäß benutzt Christian dann einen Kompaß, mit dem er sich orientiert und demnach den Orient, also die Richtung der aufgehenden Sonne und das Morgenland, entdeckt, aus dem die Weisen kamen, um dem Kindlein Jesus Gold, Weihrauch und Myrrhe zu bringen.

Auf diese Weise gelangt er auf einen „hohen Berg", auf dem er von weitem ein prächtiges Portal erblickt hatte. Diese Beschreibung erinnert an einen Kupferstich aus dem *Amphitheatrum Sapientiae Aeternae* von Heinrich Khunrath, dessen erste Auflage 1602 erschienen war. Das überladene Bild zeigt eine weite Landschaft mit Wäldern und steilen Felsen. Ein Einsiedler betet in seiner Höhle, andere Männer gehen auf dem Weg, der zur Festung der Weisheit hinaufführt und von Gottes Strahlen beleuchtet wird, und ein Schild signalisiert oben das Ziel der *peregrinatio*, nämlich das Amphitheatrum Sapientiae Aeternae. Christian kommt bei Sonnenuntergang an, als die Finsternis die Welt zu überschatten beginnt, und er muß drei Pforten durchschreiten, die mit geheimnisvollen Figuren geschmückt sind, um das Licht wieder zu erreichen. Die Aufnahme in das Schloß ist also ein Initiationserlebnis, ein geistiger Übergang von der profanen Nacht zur Erleuchtung, der durch verschiedene, sinnvolle Aufschriften bezeichnet wird, wie: *Procul hinc, procul ite profani!* (Weichet, weichet von hier, ihr Unwürdigen!), oder zu beiden Seiten des Hauptportals: *Congratulor* (ich beglückwünsche dich) und *Condoleo* (ich leide mit dir), die auf die miteinander verbundenen Stufen der christlich-alchemistischen Wandlung der *mortificatio* und der Wiedergeburt anspielen. In der *Aurora consurgens* aus dem 13. Jahrhundert heißt es: „Der Mensch, der zuvor tot war, ist zu einer lebenden Seele gemacht worden."

Von jedem Torhüter bekommt Christian eine goldene Münze, und auf der dritten stehen die Buchstaben S. P. N., deren in der Marginalie angegebene zweifache Interpretation auf den doppelschichtigen Sinn der ganzen Erzählung hinweist: das Kürzel wird nämlich zugleich als *Salus Per Naturam* (Rettung durch die Natur) und als *Sponsi Praesentandi Nuptiis* (Gast des Bräutigams bei der Hochzeit) enträtselt, wobei die von dem Verfasser gewollte Ambivalenz der *Chymischen Hochzeit* angedeutet wird: einerseits geht es um die Alchemie im „Licht der Natur", andererseits aber um die „himmlische Kunst" im „Licht der Gnade", die von oben herabkommt und die in der Redeweise von Paracelsus aus den Aposteln, Propheten und „Gelehrten von Gott" auch „Künstler" macht. Daraus kann der Leser schon entnehmen, daß Christian wahrscheinlich zu einer besonderen Teilnahme an der Hochzeit berufen wird, und weitere Zeichen lassen darauf schließen: Er muß neue Schuhe anziehen, und er wird tonsuriert, denn er hat die profane Welt verlassen und tritt nun in eine heilige Welt ein.

Die Tugendwaage

Um so erstaunlicher wirkt die bunte, gemischte Gesellschaft, die er auf dem Schloß antrifft. Diese unberufenen Gäste sind nicht durch das Portal hereingekommen, sie kletterten über die Schloßmauern, und eine Marginalie spricht von der *impietas* dieser Menge, die aus Fürsten und Hofalchemisten besteht. Der Spott und die Verachtung einiger Bösewichter bringen ihn an den Rand der Verzweiflung, aber er versteht, daß dieses Gefühl ein Teil seines seelischen Hinkens ist, und die folgende Prüfung reißt allen Narren die Maske vom Gesicht. Auf der goldenen Tugendwaage scheitern die meisten Gäste, während Christian der einzige ist, der nicht nur die Gewichte aller Tugenden, sondern selbst das durch drei Mann beschwerte letzte Gewicht aushält, so daß er unbestritten als Erwählter erscheint. Da nimmt er die Rosen von seinem Hut ab und schenkt sie der Jungfrau, die der Zeremonie vorstand und sich als Allegorie der Alchemie entpuppt. So hören sie auf, als Sinnbild der Buße auf seinem Kopf zu lasten, denn sie verweisen nun auf das rosenfarbene Blut des alchemistischen Erlösers. Am Ende des *opus* behält Christian nur noch ein rotes Kreuz auf einer weißen Fahne, die an das *Labarum* und an den Spruch des „Ladebriefes" „In hoc signo † vinces" erinnert.

Während die betrügerischen Alchemisten wie zur Zeit des 1593–1608 regierenden Herzogs Friedrich von Württemberg hingerichtet werden, bekommen die Gäste, die die Tugendprüfung bestanden, als Auszeichnung das Goldene Vlies, an dem ein fliegender Löwe hängt. Der Ritterorden vom Goldenen Vlies war 1429 in Burgund von Philipp dem Gütigen im Anschluß an die sagenhafte Argonautenfahrt gegründet worden. Antoine Faivre hat gezeigt, daß das Vlies schon im Mittelalter als ein Pergament oder Buch ausgelegt wurde, das die Geheimnisse für die Herstellung des Goldes enthielt, so daß mehrere alchemistische Werke 1598 und 1604 unter dem Titel *Aureum Vellus* erschienen waren: kein Wunder, daß die Jungfrau Alchimia das Haupt des Ordens ist. Dann trinken sie aus einem Pokal, auf dessen Deckel die Göttin *Fortuna* steht, als ob dieser Kommunionsritus die Ritter vor den Wechselfällen und Gefahren des alchemistischen *opus* nicht ganz schützen könnte.

Himmlische Alchemie

Aus den vorigen Ereignissen ergibt sich, daß die *Chymische Hochzeit*, ebenso wie die *Fama* und die *Confessio Fraternitatis*, von der irreführenden Technik und Literatur der Goldmacherei bewußt Abstand nimmt, und die weitere Erzählung betont die positive Funktion der wahren Alchemie als Dienerin des Himmels und der Natur. Davon zeugt unter anderem die seltsame Episode, die auf die makabre Szene der Exekutionen folgt. Auf einem Brunnen steht ein unbeweglicher Löwe, der ein blankes Schwert in den Pranken hält. Ein weißes Einhorn naht heran und läßt sich auf seine Vorderfüße nieder, um dem Löwen Ehre zu erweisen, und in diesem Augenblick bricht der Löwe das Schwert entzwei, dessen Stücke in dem Brunnen versinken, und er brüllt, bis eine weiße Taube ihm einen Ölzweig bringt, den er zur großen Freude des Einhorns verschlingt.

Gerhard Dorn, ein Anhänger von Paracelsus, schrieb in der

Speculativa Philosophia, die 1602 erschienen war, Gott habe lange nach Adams Fall „wegen des Erbarmens der Liebe und der Anklage der Gerechtigkeit beschlossen, dem Engel das Schwert des Zornes aus der Hand zu nehmen" und es als *Verbum Dei* am Lebensbaum aufzuhängen: „... et sic mutata est ira Dei in amorem", das Schwert verwandelte sich zugleich in den Heiland und in „aquam gratiae" oder in den Tau, der sich über die ganze Erde verbreitete (S. 221). Weiß man, daß der Tau auf Latein *ros* heißt, so liegt die Verwandtschaft mit den Rosen nahe, und das „Wasser der Gnade" erscheint in der Erzählung als der Brunnen, in dem Christian und seine Gesellen die Hände und Häupter waschen müssen. Das Einhorn wird in den Psalmen erwähnt, wo es die Macht Gottes verkörpert; nach Honorius von Autun wird Christus durch dieses Tier dargestellt, und Nicolas Caussin, der in der Entstehungszeit der *Chymischen Hochzeit* lebte, schreibt diesem Tier die Besänftigung Gottes zu. Aber der Löwe und das Einhorn sind auch beide in der Alchemie Symbole des Mercurius, dessen volatile Form, der „spiritus", eine Parallele des heiligen Geistes darstellt und in dieser Szene durch die weiße Taube versinnbildlicht wird. Auch das Wasser im Brunnen ist das Quecksilber, das in alchemistischen Werken als Lebenswasser oder Jungfrauenmilch bezeichnet wird. So erklärt sich noch einmal, warum Christian als Artifex sich darin waschen muß. Und die *Chymische Hochzeit* unterstreicht diese doppelte Erklärung, indem sie bei dem feierlichen Ritus der *repositio ponderum* (Aufhängung der Gewichte) die Aufmerksamkeit der Leser auf zwei Frauengestalten richtet, nämlich die schon bekannte Jungfrau Alchimia, und eine „Königin", die „nachher die ganze Hochzeit regiert" hat und die *Fides*, d. h. den Glauben, darstellt. Und es ist bemerkenswert, daß sie ihr Gewicht, das die höchste Tugend des Glaubens symbolisiert, der Jungfrau Alchimia anvertraut, denn *es bedeutet, daß die in der Erzählung beschriebene Alchemie nicht mehr im Dienst der Natur, sondern im Dienst des Himmels stehen wird.*

Diese Auslegung wird durch ein neues Erlebnis des Helden am vierten Tag der Handlung bestätigt, als er von der Jungfrau wieder zum Brunnen geführt wird, wo der Löwe nun eine Tafel in den Pranken hält, auf welcher sich folgende Inschrift befindet:

> Ich, Hermes der Fürst,
> nach so vielen, dem menschlichen Geschlecht
> zugefügten Schädigungen,
> nach göttlichem Ratschluss:
> Und durch Beistand der Kunst
> zur heilsamen Arznei geworden,
> fliesse hier.
> Trinke aus mir, wer kann: Wasche sich, wer mag:
> Trübe mich, wer es wagt:
> Trinket, Brüder, und lebet.

Die Hauptfigur der Alchemie ist Hermes, das heißt Mercurius, der als Quecksilber bald Wasser, bald Feuer, bald Luftgeist sein kann und demzufolge von Gerhard Dorn, dessen Werke im Tübinger Kreis gelesen wurden, als wankelmütig und verschmitzt bezeichnet wird. Es heißt von ihm in dem *Theatrum chemicum*, er „erfreue sich gleichermaßen der Gesellschaft der Guten wie der Bösen". Er galt bei Heinrich Khunrath als *filius macrocosmi*, d.h. als zweiter Gottessohn neben Christus, dem *filius microcosmi*, oder gar als Widerpart der Trinität, insofern er als „divinus ternarius" aufgefaßt wurde. Nun kann es dem aufmerksamen Leser der *Chymischen Hochzeit* nicht entgehen, daß in der Urteilsszene der falschen Alchemisten, die kurz darauf exekutiert werden, ihre betrügerischen Bücher nicht zuletzt aus dem Grunde verurteilt werden, weil sie die „Göttliche Dreyfaltigkeit" lästerten. Deswegen muß Hermes-Mercurius gerade hier seine wesentliche Verwandlungsfähigkeit an den Tag legen. Der Paracelsus-Schüler Gerhard Dorn hatte in der *Aurora philosophorum* von der Wiedergeburt des Mercurius gesprochen, der die oberen und unteren Kräfte in sich aufgenommen und vermählt habe. In ähnlicher Weise ging es dem Verfasser der *Chymischen Hochzeit* darum, die wahre Alchemie von der Pseudochemie zu trennen und sowohl die leeren Träume der Goldmacher als auch die abenteuerlichen Spekulationen gewisser Theosophen zu kritisieren, die dem *Lapis phi-*

losophorum die gleiche Rolle für die Natur wie Christus für die Erlösung der Menschheit zuerkannten. Dagegen fand er bei Paracelsus die Darstellung der beiden Formen der Alchemie, die er gutheißen konnte: einerseits die Alchemie im Lichte der Natur, die nach dem *Buch Paragranum* eine der Stützen der Medizin war, und andererseits die Alchemie im Lichte des heiligen Geistes, die in der Taufe und im heiligen Abendmahl eine alchemistische Verwandlung sah. In dem *Liber de resurrectione et corporum glorificatione* hatte Paracelsus geschrieben: „Nur das ist echtes Gold, das geläutert aus dem Feuer hervorgeht (...). Die Echtheitsproben des natürlichen Goldes geben uns ein Bild der Prüfungen, die auch unser Auferstehungsleib zu durchlaufen hat (...). So wird (...) der neue Leib geboren, der, weil er klarer als die Sonne ist, der verklärte Leib geheißen wird". Zudem benutzte Paracelsus in derselben Schrift zehnmal die Metapher der Rose, um diese höchste Form der Alchemie zu charakterisieren: „Wahrlich, wer an die Leiden des Gottessohnes denkt, der sollte sich seine Auferstehung, die ein Gleichnis der unsrigen ist, mehr zu Herzen nehmen. Aus ihm und in ihm werden wir auferstehen wie die Rose und ihre edlen Blüten aus gleichem Samen und Stiel" (II, 1, 299ff.). Die Transmutation ist nach Paracelsus dem allgemeinen Prozeß der „Reifigung" zugeordnet, der zur Bildung der „goldenen Welt" führen wird. In dieser Hinsicht ist es nicht verwunderlich, daß Hermes-Mercurius „nach göttlichem Ratschluß" zur heilsamen Arznei geworden ist, und zwar zu einer Zeit, die auf der Tafel in den Pranken des Löwen kryptographisch verzeichnet ist, nämlich im Jahre 1378.

Nach der *Confessio Fraternitatis* war dies auch das Geburtsjahr von Christian Rosenkreuz. Deswegen lohnt es sich, der besonderen Bedeutung nachzugehen, die die Verfasser der Rosenkreuzerschriften dieser Jahreszahl zuerkannten. Es ist zunächst einmal merkwürdig, daß sie in dem Bereich der Zahlensymbolik durch Addition ihrer Ziffern die Zahl zehn ($1+3+7+8 = 19 \rightarrow 1+9 = 10$), also das gleiche wie die pythagoreische *Tetraktys* als Symbol der Vollendung ergibt, genauso wie die Jahreszahl 1459, in der die *Chymische Hochzeit* stattfindet.

Diese Zeit der Erfüllung wird in der Erzählung durch bedeutungsvolle Riten markiert: die berufenen Gäste waschen sich in dem Brunnen und trinken aus einer goldenen Schale, bevor sie goldene Gewänder anziehen und ein neues Goldenes Vlies bekommen, an dem eine Goldmedaille mit der Darstellung von Sonne und Mond das Zitat aus dem Propheten Jesaias trägt: „Des Mondes Schein wird sein wie der Sonne Schein, und der Sonne Schein wird siebenmal heller sein denn im Erdensein." Damit erschließt sich der eschatologische Sinn der ganzen Erzählung: Hermes ist eine *medicina salubris* geworden, ein Heilbringer, und wegen der Verbindung mit dem Vlies ist er nun *Hermes kriophoros*, wie das Lamm in der Offenbarung des Johannes, das als guter Hirte seine Herde zu den lebendigen Wasserbrunnen leiten wird (Off. 7, 17). Die *aqua permanens* hat dieselbe Kraft wie das Taufwasser im christlichen Ritus. Im *Rosarium philosophorum* (1593) heißt es: „Aqua est quae occidit et vivificat". In diesem prophetischen und apokalyptischen Zusammenhang versteht der Leser, daß Mercurius, Sonne und Mond, Gold und Wasser, Symbole einer „Kunst" sind, die weit über die gewöhnliche Alchemie hinausgeht.

Der Schlüssel zum Geheimnis

Dieser Eindruck wird durch die sogenannte *Comoedi* bestätigt, deren Gehalt in der Erzählung kurz darauf angegeben wird. Der Verfasser erklärt nämlich, daß an diesem Schauspiel, das zu Ehren des Königspaares aufgeführt wird, „viel sonderliches zu bedenken" ist. Der Inhalt dieses Theaterstücks scheint, wie es für den vorher kommentierten Traum der *Turris caecitatis* der Fall war, einer Parabola von Bernhard von Clairvaux entnommen worden zu sein. Der Umstand, daß es in sieben Akte gegliedert ist, erinnert an die Betrachtungen der *Confessio Fraternitatis* über die *sexta aetas*, vor dem Hintergrund der von Luther wiederaufgenommenen Weissagung der Weltzeitalter, und stellt auf allegorische Weise die wechselvolle Geschichte von Gottes Volk seit Moses bis zur Reformation dar. In einem Kästlein auf dem Wasser ist ein schönes Kind mit einem Brief entdeckt worden, durch den der alte König erfährt, daß der

Säugling seine Nichte ist und daß sie allein überlebte, nachdem der Mohrenkönig das Land verwüstet und die königliche Sippe ausgetilgt hatte. Das Mädchen wird am Hof des alten Königs erzogen, aber es gelingt dem schlauen Mohren, die Jungfrau wieder in seine Gewalt zu bringen. Ihr fürstlicher Onkel schickt ein Kriegsheer gegen den Mohren und befreit sie, er setzt sie wieder auf den Thron ihres Reiches und will sie mit seinem Sohn vermählen. Aber sie läßt sich durch Versprechungen des Mohren betören und liefert sich ihm aus. Allerlei Mißhandlungen werden ihr von dem Mohrenkönig zugefügt, bis sie einwilligt, seine Dirne zu werden. Im sechsten Akt fordert der junge König den Mohren zum Kampf, er erschlägt ihn, aber scheint selber tot zu sein. Endlich kommt er zu sich, er befreit seine Verlobte und befiehlt sie bis zur Hochzeit einem Hofmeister und seinem Hofprediger an. Sie wird aber noch einmal so sehr gepeinigt, daß der Prinz sie an seinen Hof führt, wo die Hochzeit mit großem Gepränge gefeiert wird.

Die *Comoedi* mit ihren Zwischenspielen knüpft an die Tradition der Hochzeitsfestspiele in der italienischen Renaissance an, aber sie hat in dem Kontext der *Chymischen Hochzeit* vor allem den Zweck, die Leser durch den Gebrauch der Parabolik zu orientieren. In dem metaphorischen Wortschatz der Alchemie stellt der Mohr die *nigredo* dar, das Chaos, in dem die Gegensätze entfesselt sind. Die späteren Phasen der *albedo* und der *rubedo* werden erst möglich, nachdem der Königssohn, der oft mit einem Schwert dargestellt wird, scheinbar gestorben ist, als Symbol des vollzogenen Abstiegs des Geistes in die Materie. Er kommt aber wieder zum Leben, so daß das Weiße und das Rote („Mond" und „Sonne"), als Königin und König, dann ihre *nuptiae chymicae* feiern können. Es mag einem modernen Geist schwerfallen, diese allegorische Einkleidung der chemischen Phänomene zu begreifen, aber C. G. Jung hat in mehreren Werken gezeigt, daß in dem alchemistischen *Opus* nicht nur chemische Experimente bildlich dargestellt werden, sondern auch psychische Vorgänge, die der Laborant in die bearbeiteten Stoffe hineinprojizierte. Zudem hat er bewiesen, daß schon sehr früh, bei dem Alchemisten Zosimos (3. Jahrhundert), und im Mittelalter, in der *Aurora consurgens*, die Alchemie mit kirchlicher Allegorik durchtränkt ist.

Unter diesem Gesichtswinkel betrachtet, scheint die *Comoedi* den alchemistischen Prozeß mit der Kirchengeschichte symbolisch verbunden zu haben. Die wundervolle Rettung der kleinen Prinzessin aus dem Wasser erinnert an Moses, der später Israel versammeln und den ersten Bund mit Jahwe schließen sollte, so daß er im Neuen Testament als Vorbild Christi erschien. Der Wankelmut und die Untreue des Mädchens deuten auf den Ungehorsam und die Neigung zur Abgötterei der Gemeinde Gottes. Der sechste Akt schildert den neuen Bund Gottes mit seinem Volk, das Auftreten, den scheinbaren Tod und die Auferstehung des Sohns. Der Hofmeister und der Hofprediger veranschaulichen, wie in der *Divina commedia* von Dante Alighieri, die römischen Kaiser zur Zeit der Christenverfolgungen und die Päpste, die nach weltlicher Macht trachteten. Der von dem Königssohn ausgesandte Bote, der „die Gewalt des Pfaffen bricht", scheint auf Luther hinzuweisen. In der Schrift *Von der Freiheit eines Christenmenschen* (1520) nannte er die Kirche „das arme, verachtete, böse Hürlein", das der Bräutigam Christus zur Ehe nimmt, so daß sie von allen ihren Sünden „durch ihren Mahlschatz ledig und frei" wird. Luther hatte die biblische Metapher des Propheten Hosea wiederaufgenommen, der Gottes Gemeinde wegen ihrer Götzenverehrung der Hurerei bezichtigte, aber weissagte, daß sie „in der letzten Zeit" zu dem Herrn und seiner Gnade kommen würde (Ho. 3, 5). Deswegen wird in der *Comoedi* die Hochzeit erst im 7. Akt gefeiert, der nach der joachitischen Auffassung der *Confessio Fraternitatis* der apokalyptischen *septima aetas*, dem siebenten Zeitalter, entspricht.

Der Umstand, daß die *Comoedi* am vierten Tag der siebentägigen Erzählung stattfindet, ist strukturell sehr aufschlußreich, wenn man bedenkt, daß Jahwe nach dem 1. Buch Mose am vierten Tage der Schöpfung Licht und Finsternis voneinander schied. Die *Comoedi* liefert also nicht nur den Schlüssel zum Verständnis der „himmlischen" Alchemie, sondern wirkt auch als Wendepunkt in der Erzählung. Vor dem Schauspiel erhält

Christian die Einladung, er muß Prüfungen überstehen, die Jungfrau Alchemie huldigt der Dame Fides, in der *aqua mercurialis* des umgewandelten Hermes vollzieht sich das Ritual der Lustration, Christian und die anderen „Merkurialisten" gehen die „königliche Wendeltreppe" hinauf, deren 365 Stufen die Vollendung eines kosmischen Zyklus symbolisieren. Nach dem Schauspiel wird das Geheimnis der Wiedergeburt im „Gold", d.h. im Lichte der himmlischen Alchemie geschildert, die zur Folge hat, daß *die Seele, schon im irdischen Wandel, in dem neu geborenen Leib wohnt, in dem wir später auferstehen werden.* So dient die *Comoedi* als Fingerzeig für das Verständnis der kommenden Ereignisse: diese dürfen nicht als bloßes alchemistisches Werk ausgelegt werden, sondern beschreiben die Wandlung und Umgestaltung der Menschen, die nach Paracelsus eine „Ritterschaft auf Erden" und eine Vorausschau der „goldenen Welt" bilden.

Ein weiteres Vorzeichen ist der kleine Altar, der vor und nach der *Comoedi* erwähnt wird. Er trägt sechs Gegenstände: ein *Buch*, in das die Adepten ihren Namen eintragen werden und das wie das Buch des Lebens in der Offenbarung des Johannes ein Requisit aller Apokalypsen ist, ein *brennendes Licht* als Symbol des Ewigbleibenden, eine *Himmelskugel* als Sinnbild der göttlichen Schöpfung, eine *Schlaguhr*, die an Gottes Uhr in der *Fama Fraternitatis* erinnert und das *Pereat* in der Endzeit schlagen wird, eine lange, weiße *Schlange* in einem Schädel, die auf Tod und Wiedergeburt hindeutet, und ein *Brünnlein*, aus dem blutrotes Wasser fließt, denn es ist das philosophische Wasser, *aqua mercurialis*, das die Teilnehmer an dem *Opus* als „Trank des Schweigens" zu sich nehmen müssen. Nach dem *Corpus Hermeticum* muß man sich in Stillschweigen hüllen, um sich auf das Mysterium der *Regeneratio* vorzubereiten. *Diese sechs Insignien versinnbildlichen die Gegenwart des Geistes in der Materie und sind infolgedessen die Zeichen der Erlösung, sobald die Zeit dafür reif sein wird.*

Der Besuch im Venusgrab
Der paracelsische Begriff der „Reifigung" wird in dem Roman durch Christians Besuch im Venusgrab veranschaulicht. Am Anfang des 5. Tages führt ihn der Knabe, der ihm zugewiesen wurde, in einen unterirdischen Raum des Schlosses und gelangt mit ihm in ein durch Karfunkel erleuchtetes Gewölbe, in dem Christian eine dreieckige Grabstätte erblickt, die wie ein Altar aussieht. Darauf ist ein kupfernes Becken, in dem ein Engel steht, der in den Armen einen „fremdartigen Baum" hält. Die Früchte, die ständig in das Becken fallen, zerschmelzen zu Wasser. Das Ganze ruht auf einem Adler, einem Ochsen und einem Löwen. Im Boden ist eine kupferne Tür, Christian und der Knabe betreten den unteren Raum und sehen die nackte Venus auf einem Bett reglos liegen. Auf einer Tafel an dem Lager steht in Geheimschrift folgende Weissagung: „Wann die Frucht meines Baums wird vollends verschmelzen, werde ich aufwachen und eine Mutter sein eines Königs". Bei dieser verbotenen Betrachtung wird aber Christian von Cupido überrascht, der ihm als Strafe mit seiner heißen Pfeilspitze ein Brandmal in die Hand sticht.

Maßgebend für diese literarisch gelungene Szene ist der häufige Hinweis auf das Kupfer, denn dieses Wort ist von dem lateinischen Substantiv *cuprum* abgeleitet, das seinerseits auf den griechischen Namen κυπρις (Kypris) = Aphrodite zurückgeht. So ist es nicht verwunderlich, daß Venus in der Sprache der Alchemisten mit dem Kupfer gleichgesetzt wurde. Zudem machte C. G. Jung darauf aufmerksam, daß das Zeichen für die Venus, nämlich ♀, fast das gleiche ist wie das Apothekerzeichen für den *spiritus Tartari*, nämlich ♀, in dem nur ein Kreuz hinzugefügt wird. Der Tartarus ist bekanntlich der Geist der Unterwelt, so daß die in dem Roman dargestellte Szene dadurch ihren Zusammenhang erhält. Christian muß in das unterirdische Grab hinuntersteigen, um unter einer kupfernen Falltür die nackte Venus zu betrachten, die zunächst einmal wie die Königin Venus im *Poliphilo* von Francesco Colonna die Erdmutter ist und für die Alchemisten eine der vielen Bezeichnungen der *prima materia* war. Zu dem Schuldgefühl, das mit dem Übertreten eines Verbots und der Entdeckung der höchsten Geheimnisse der Mutter Erde verbunden ist, gesellen sich hier die Fehler der Neugier und der Konkupiszens, so daß der Adept in dieser Phase des *Opus* seelische Verletzungen erlebt, die durch das kleine Brandmal an der Hand versinnbildlicht sind.

Aber Venus personifiziert auch Mercurius, der in dieser Episode allgegenwärtig ist: in der spielerischen und juvenilen Gestalt des Cupido ist er *Hermes sagittarius*, dessen Pfeil das *telum passionis* darstellt. Als „ternarius“ hat Merkur die Dreiheit mit den heidnischen Unterweltgöttern und mit der christlichen Dreifaltigkeit gemeinsam und zeigt sich hier in der dreieckigen Form des Altars, dessen tierförmige Stützen an die Darstellung der drei Evangelisten erinnert, die sich auf der „Figura speculi sanctae Trinitatis“ in der *Pandora* von Hieronymus Reusner (1588) befindet. Dasselbe Buch enthält auch ein oft reproduziertes Bild des Mercurius als nackte Jungfrau und *arbor philosophica*, die miteinander verflochten sind und den philosophischen Prozeß abbilden, während die Säfte in unten stehenden Kolben aufbewahrt werden. Gerhard Dorn erklärte in der *Aurora philosophorum*, daß die Natur die Wurzel dieses Baums in der Mitte ihrer Gebärmutter gepflanzt habe, und er sprach von einer roten Flüssigkeit, gleich wie Blut, „die tropfenweise ausschwitzt“. Deshalb hätten nach ihm die „Philosophen“ (Alchemisten) „die Voraussage gemacht, daß in den letzten Zeiten ein reinster, echtester Mensch (*purissimus homo*), durch welchen die Welt befreit würde, auf die Erde kommen werde, (und) daß dieser blutige Tropfen von rosiger oder roter Farbe ausscheiden werde, wodurch die Welt von ihrem Sündenfall erlöst würde“.

Man sieht, welchen Gebrauch der Erfinder des Rosenkreuzermythos von diesem Text machen sollte. Der *purissimus homo* sollte der Mensch schlechthin werden, der auf keinen Fall mit Christus wetteifern konnte oder wollte, sondern zu der Befreiung der Natur im Sinne des Apostels Paulus in dem Brief an die Römer (8, 19–22) beitragen würde, indem er „wie Christus ein erlösendes Blut ausschwitzen“ wird, das „ein symbolisches Blut, eine Seelensubstanz, die Veranschaulichung eines gewissen Eros, der im Zeichen der Rose den Einzelnen sowie die Vielen einigt und ganzmacht, daher eine Panazee (*medicina*) und ein Schutzmittel (*alexipharmacon*) ist" (C. G. Jung, 13. Bd., S. 318).

Bedeutung der „blutigen Hochzeit"

Dazu war aber das Kreuz nötig, und es bekundet sich durch die Enthauptung der drei Königspaare, die nach der *Comoedi* in dem sogenannten „Laboratorium" stattfindet. In einem langen Saal sitzen drei Königspaare auf drei Thronen: in der Mitte ein junger Mann und ein junges Mädchen, auf der einen Seite ein alter König mit seiner hübschen und jungen Gattin, auf der anderen Seite ein schwarzer König mittleren Alters und „ein fein altes Mütterlein".

Dem Titel des Romans gemäß drängt sich zunächst eine alchemistische Auslegung der Szene auf. Der philosophische Merkur ist fürstlicher Natur, er ist Hermes „Trismegistos", der dreimal Große, und in diesem Sinne erscheint er als *ternarius*, deswegen sitzt er symbolisch auf drei Thronen. Aber er besitzt auch eine Doppelnatur, ist zugleich Mann und Frau und wird in alchemistischen Texten als Gatte und Gattin oder als Bräutigam und Braut bezeichnet. Endlich schildert er sich selbst als „Vater und Mutter, Jüngling und Greis, Tod und Wiederherstellung": diese Polymorphie erklärt die Darstellung der Königspaare auf je einem Thron, und die zwei scheinbar nicht zusammenpassenden Paare. Die Anfangsphase des *Opus* ist also gekennzeichnet durch das sogenannte *matrimonium*, das Gleichnis der Vereinigung des Männlichen und des Weiblichen, das hier durch die Vereinigung der Generationen ergänzt wird. Darauf folgt die *mortificatio*, als ein schwarzer Mann mit einem Beil alle sechs Könige enthauptet, bevor er selber erschlagen wird. Christian meint als Zeuge, daß es „wahrlich eine blutige Hochzeit" sei, doch er erfährt zu seinem Trost, daß „solcher Tod noch viele lebendig machen" soll.

Dieselbe Hoffnung geht aus dem Brautlied hervor, mit dem die *Comoedi* ausklingt, und führt infolgedessen den Leser auf die geistige Interpretation des ganzen Vorgangs zurück. In der dritten Strophe werden die Eltern nicht allein in die Zeugungskette eingegliedert, was an sich eine banale Bemerkung wäre. Die Aussicht auf eine zahlreiche Nachkommenschaft weist ohne Zweifel auf den messianischen Hintergrund des Propheten Jesaja hin, als er über den Knecht Gottes sagt: „Wenn er sein Leben zum Schuldopfer gegeben hat, so wird er Samen haben und in die Länge leben", und er wird „viele gerecht machen, denn er trägt ihre Sünden" (Jes. 53, 10–11). In diesem Rahmen erklärt sich, daß in der dritten Strophe des Brautlieds die Eltern als „erlöst" (schwäbisch: „erbetten") bezeichnet werden.

Alle Ereignisse, die in der Fortsetzung des Romans auf lebhafte, reizende und manchmal humorvolle Weise aufeinanderfolgen, müssen aus diesem doppelten Blickwinkel betrachtet werden. Christian hat in der Nacht die Seelen der Verstorbenen wie Flammen wegfliehen sehen, die Särge werden heimlich auf Boote geladen, und eine Flotte von sieben Schiffen, die den sieben Planeten entsprechen, segelt auf dem Meer, das ein Gleichnis für das merkurialische Wasser ist. Der Umstand, daß die Königspaare in ihren Särgen diese Seefahrt machen, erinnert an das biblisch-alchemistische Motiv der Nachtmeerfahrt, wobei das Meer als symbolische Gebärmutter zu der Wiedergeburt beiträgt. In der *Turba philosophorum* heißt es: „Opus nostrum (...) ex maris fit generatione", und die Bibel bietet mit der Fahrt auf der Sintflut oder mit Jonas in dem Walfisch eine naheliegende Parallele. In demselben Sinnbereich ist es nicht verwunderlich, daß die Passagiere auf hoher See von Nymphen besucht werden, denn die Melusinen sind, als Schlangenjungfrauen, wegen ihrer Doppelnatur eine Variante des *serpens mercurialis*, und Paracelsus meinte, daß sie auf der Paradiesstufe vor der Erbsünde geblieben seien und infolgedessen die reine Liebe verkörpern.

Die Insel, auf der sie landen, ist viereckig, denn die Quadratur des Zirkels ist ein Symbol des *opus alchemicum*. Nach Pythagoras war die Seele ein Quadrat, und von dem himmlischen Jerusalem, das Johannes in der Apokalypse aus dem Himmel herabfahren sieht, sagt er, „die Stadt liegt im Viereck" (Off.

21, 16). Auf der Insel steht die „Turris Olympi", in der Christian mit der Jungfrau Alchimia das alchemistische Werk vollenden wird. Dieses seltsame Gebäude sieht so aus, „als ob sieben runde Türme zusammengewachsen wären, doch war der mittlere etwas höher". Außer der erneuten Anspielung auf die sieben Zeitalter weist diese Bauform auf die beiden „chymischen" Werke hin, um die es dem Verfasser geht. Hierzu nahm Regine Frey-Jaun sinnvollerweise Bezug auf die *Philosophia Sagax* von Paracelsus, in der ein Buch folgenden Titel trägt: „... von den Kräften Olympi novi seu Fidei belangend", wobei der „Olympus novus" der neue christliche Himmel ist, und sie zitiert auch die *Pandora*, in der es heißt, daß der „Neue Olympus und Himmel Christus Jesus seine Residenz" im Herzen der Gläubigen erwählt habe (S. 83).

Im Laufe des sechsten Tages werden die verschiedenen Phasen des alchemistischen Prozesses dargestellt: zuerst die *solutio* und *sublimatio*, die zur Folge haben, daß die aufgelösten Körper der drei Königspaare ineinanderfließen und der sündige Teil des Menschen volatilisiert, vergeistigt wird, bis er sich nach Heinrich Khunrath in eine *Aqua Vitae* verwandelt. Sie wird dann in einer goldenen Kugel aufgefangen, die durch Spiegel von der Sonne bestrahlt wird. In dem Maße, wie die Sonne als Symbol der Gottheit betrachtet wurde, bedeutet die Sonnenbestrahlung der Kugel das Einwirken Gottes auf den Menschen und seine Vergeistigung. Aus dieser *solificatio* ergibt sich „ein schön großes schneeweißes Ei", das im vierten Stock des Turms in einen erwärmten Kupferkessel gelegt wird, der eine Art Brutofen ist. Auf seinen Seiten stehen kryptographische Inschriften, deren letzte für das Verständnis der ganzen Erzählung wichtig ist. Sie bedeutet nämlich:

„1459 – Hermeszeichen – Paracelsus Hochheimensis Medicinae Doctor – Alpha und Omega".

Am Schluß der Reifephase schlüpft aus dem Ei ein Vogel, der schwarz, weiß, buntgefiedert und schließlich blau wird. Diese Farben wiesen im alchemistischen Prozeß auf die *cauda pavonis* (Pfauenschwanz) hin, die unmittelbar vor der Vollendung des Werkes erschien. Aus dem Drachen ist ein Schwan und dann ein Pelikan geworden, der die opferbereite Liebe symbolisiert, und zuletzt der Phönix, aus dessen Asche neues Leben erwachsen wird. Christian Rosenkreuz gehört zu den wenigen Auserwählten, denen im achten Stock die Aufgabe beschieden wird, aus dieser Asche zwei „engelschöne Kindlein", einen Jungen und ein Mädchen, zu modellieren, die, durch das Blut des Phönix ernährt, zu Erwachsenen werden, deren Leib gereinigt und verklärt und deren Geist sublimiert wurde. Die letzte Phase ist ihre Beseelung. Wie eine Flamme gelangt die Seele durch ein Rohr von oben wieder in die beiden Körper, und der Verfasser präzisiert: „dies geschah bei jedem dreimal". Also werden sie nach der Wiedergeburt nicht nur ihre eigene Seele, sondern auch die Seelen ihrer Ahnherren in sich haben, und so werden sie mit dieser verdreifachten, tief verwurzelten Lebenskraft ihre Hochzeit feiern können.

Es ist bemerkenswert, daß Christian unmittelbar vom sechsten zum achten Stock des Turms aufsteigt, um diese letzte Phase der Verwandlung und Verlebendigung zu vollenden, während die anderen Adepten, die in der Alchemie nur ein Mittel zur Herstellung des philosophischen Goldes sehen, im siebenten Stock geblieben sind. Die Bedeutung ist klar: Christian und die anderen haben jeweils einen siebenstufigen Prozeß durchgemacht, aber die traditionellen Alchemisten arbeiteten im Licht der Natur, während Christian die „himmlische Kunst" betrieb.

Deswegen ist es kein Zufall, daß die Rückkehr zum Schloß am siebenten Tag stattfindet. Blaise de Vigenère hatte in seinem 1586 erschienenen *Traité des chiffres* die Zahlensymbolik analysiert, und man wußte sowieso, daß die Siebenzahl die Vier als Sinnbild der Erde mit der Drei als Symbol des Himmels kombiniert, und vor allem, daß nach der Genesis Gott „am siebenten Tage von allen seinen Werken (ruhete), die er machte". Das alchemistische Werk ist am sechsten Tag vollendet, das Fürstenpaar und Christian verlassen die Insel auf zwölf Schiffen, deren Fahnen die Tierkreiszeichen tragen, die auch an die Zahl der Auserwählten gemahnen, die nach der Johannes-Apokalypse mit dem Siegel des lebendigen Gottes ausgezeichnet sind (Off.

7, 1–8). Zudem entdeckt Christian in seinem Schiff „eine herrliche Uhr, die uns alle Minuten anzeigte". Erinnert man sich, daß nach der *Fama Fraternitatis* „Gottes Uhr alle Minuten (schlägt), die unsrige jedoch kaum die ganzen Stunden", so sieht man ein, daß die in der *Chymischen Hochzeit* dargestellten Ereignisse sich in einer apokalyptischen Zeit abspielen.

Da aber dieser göttliche Zeitablauf die historische Zeit nicht abgelöst hat, ist Christian Rosenkreuz *Ritter zum Goldenen Stein* geworden. Dies bedeutet, daß Christus, der *Lapis* par excellence, die Quintessenz des Goldes und der Sonne, ihm die geistliche Ritterschaft verleiht, zu der jeder Wiedergeborene berufen wird. Diese Vorstellung des christlichen Streiters hat ihre Wurzeln im Epheserbrief, und Luther nahm den Gedanken wieder auf, als er schrieb: „... Weil ihr andere Krieger und andere Feinde wider euch habt, so müßt ihr auch anderen Harnisch haben, denn die Welt machen kann".

Am Ende des Romans genießt Christian die Gunst des jungen Königs, denn er hat durch Gottes Gnade an seiner Wiedergeburt teilnehmen dürfen. Der Fürst sagt ihm sogar, er „sei sein Vater", und er fügt hinzu, Gott habe ihm, Christian, „ganz besonders viel Glück verliehen". Im Laufe der Handlung wird mehrmals auf Christians besondere Berufung angespielt, und er bemerkt einmal zu Recht: „Ich war darum Gott herzlich dankbar, daß ich mehr als die andern gesehen hatte." Und doch scheint seine Neugier die Ursache dafür zu sein, daß er am Schluß des Romans halb in Ungnade gefallen ist: weil er die Göttin Venus nackt gesehen habe, sei er verurteilt, das Türhüteramt zu übernehmen, anstatt nach Hause zurückzukehren. Aber diese scheinbare Strafe erscheint in Wirklichkeit als Ehrenbezeigung, wenn man dieses Schicksal mit dem des Propheten Daniel vergleicht, von dem es in der hebräischen Fassung der Bibel heißt, daß er „an der Tür des Königs", *also ihm stets zur Verfügung stand.* Diese übertragene Bedeutung erklärt den scheinbaren Widerspruch am Schluß des Romans, als der Leser erfährt, daß Christian „im Glauben, er müsse (...) Torhüter sein, heimgekommen" ist.

2. Interpretation der Erzählung

Schon in der Entstehungszeit der *Chymischen Hochzeit* gab dieser Roman den Zeitgenossen manche Rätsel auf. Radtichs Brotoffer, der sich 1617 bemühte, den alchemistischen Sinn dieser Erzählung herauszuschälen, mußte gestehen: „... sie verbirgt sich in solchen figürlichen, verblümten und verdeckten Worten (...) daß unter hunderttausend kaum einer gefunden wird, der etwas Nützliches und Heilsames daraus fassen könnte." Diese Ratlosigkeit weist auf die eigentliche Absicht des Verfassers Johann Valentin Andreae hin, der darauf bedacht war, die Naivlinge in die Irre zu führen. Ein Jahr nach der Veröffentlichung der *Chymischen Hochzeit* publizierte er 1617 als Anhang zum *Menippus* einen Dialog mit dem Titel *Institutio magica pro curiosis*, in dem Christianus seinen Gesprächspartner Curiosus glauben läßt, daß er ihn in die Magie einweihen wird, und ihn durch diesen Trick in das Studium der *magia naturalis* einführt. Durch den Gebrauch der Metasprache gelingt es also dem Verfasser, seine Leser umzustimmen, und in dem Fall der *Chymischen Hochzeit* „parabolisiert" er das hergebrachte Symbolsystem der Alchemie, indem er einerseits den gewöhnlich dargestellten Vorgang nicht respektiert und andererseits in den verwendeten Sinnbildern die Bilder so prägnant bezeichnet, daß sie ihre Funktion als Träger eines vorherbestimmten Bezeichneten teilweise einbüßen.

Die spekulative Alchemie hatte sich schon lange die christlichen Symbole angeeignet, um das *Opus* zu charakterisieren. In der *Aurora consurgens*, die 1593 teilweise veröffentlicht und dem heiligen Thomas von Aquin zugeschrieben wurde, diente die Heilige Schrift als Gleichnis für die Alchemie, und der Herausgeber meinte, der Autor habe das christliche Geheimnis aufs profanste verdreht. In der Tat sah der Alchemist in dem Mercurius den Heiler der Materie, ein Bild der *Incarnatio Christi*, und er verglich den *Lapis philosophorum* mit Christus und mit der Trinität: das Gold opfert sich für die unvollkommenen Körper, er „tingiert" und „transmutiert" sie, er verleiht ihnen das ewige Leben. Deswegen waren gewisse Alchemisten geneigt, ohne jede Gotteslästerung diesen Transsubstantiationsvorgang in Form der Messe darzustellen.

In der *Chymischen Hochzeit* ist es umgekehrt. Durch das heiter-ernste Spiel mit dem alchemistischen Prozeß regt der Verfasser seine Leser zur allegorischen Deutung einer „anderen", himmlischen „Kunst" an, die die Erkenntnis in dem „Licht des Himmels" voraussetzt. Mit dem Symbolsystem der Alchemie wird nicht die Erlösung der Natur, sondern der *Hierosgamos* von Christus und seiner Kirche dargestellt. In dem Maße, wie diese Erzählung mit dem traditionellen Duktus der alchemistischen Bücher gebrochen hat, gehört sie in die Kategorie jener phantastischen Literatur, die zugleich dem Bedürfnis nach einer Welt der Transzendenz hinter der realen Welt Genüge tut.

Außerdem macht die alchemistische Prozeßbeschreibung einen bescheidenen Teil der Erzählung aus, die sonst eine bald humorvolle, bald märchenhafte, bald leicht erotische Ausprägung hat. Manche Indizien lassen auf genaue literarische Einflüsse schließen: der allegorische Zug der Tugenddamen fand sein Vorbild in der *Psychomachia* von Prudentius, die Rätselepisode in der *Chymischen Hochzeit* geht ohne Zweifel auf den *Decamerone* und den *Filocolo* von Boccaccio zurück, und die Venusszene erinnert an den *Songe de Poliphile*, den François Béroalde de Verville im Jahre 1600 nach der *Hypnerotomachia Poliphili* von Francesco Colonna veröffentlicht hatte (siehe hierzu die Studien von Ilana Zinguer).

Aber die Hauptquelle wird in der Erzählung selbst kryptographisch angegeben: sie ist in der Gedankenwelt des Paracelsus zu finden, der sich die allgemeine Weltgeschichte als Verwirklichung der göttlichen Alchemie vorstellt. In seinem *Jesaja-Kommentar* sieht er in Gott den Alchemisten, der unter Trennung der Elemente die Reinigung und Vergeistigung der Schöpfung bewirken wird: „(Gott) legt seine Hand an und reinigt das Gold von allen Schlacken (...). Das scheidet er, so er seine Hand anlegt, vom Bösen, er läßt nichts vermischt, und bringt es dahin, daß alles wird wie am ersten, so wird werden ein Hirt und ein Schafstall, und alle Dinge wie am ersten der

Kindheit“ (II, VII, 4, 258ff.). Und in seinem *Danielkommentar*, der das lebhafteste Interesse der für Apokalyptik aufgeschlossenen Wendezeit vom 16. zum 17. Jahrhundert erregte, beruft er sich auf den Traum von den vier Weltreichen und erklärt diesbezüglich: „(Gott) wird das Gold wieder aus diesem Pulver suchen und wird die vier Königreiche, so hernach kommen, austun“ (II, 7, IV, 307), und das Endergebnis dieser himmlischen Alchemie wird die „goldene Welt“ (*De generatione et destructione regnorum*, II, 2, 149) sein. Paracelsus bemerkt aber, daß der Mensch in diesem Prozeß nur die Rolle einer Hilfskraft zu spielen habe; deswegen handelt Christian Rosenkreuz immer unter der Obhut der Jungfrau Alchimia, und er kann schließlich nur das Türhüteramt bekleiden. Aber als Ritter vom Goldenen Stein erhält er eine Medaille mit zwei Wahlsprüchen: „Die Kunst(=Alchemie) ist die Dienerin der Natur“, und „Die Natur ist die Tochter der Zeit“, und zudem sagt das erste Gebot der Ritterschaft, daß die Natur Gottes Dienerin sei. Das bedeutet, daß er von Gott beauftragt wird, sich den Naturwissenschaften zu widmen und der Natur als Geburtshelfer zu dienen, denn „sie bringt nichts an den Tag, das für sich vollendet wäre, sondern der Mensch muß es vollenden. Diese Vollendung heißt Alchemie“ (I, 8, 181).

Deswegen ist es nicht verwunderlich, daß die Wiedergeborenen, die auf dem mysteriösen Schloß wohnen, wo die „chemische Hochzeit“ stattfand, über verschiedene Laboratorien verfügen und Experimente durchführen. Und der Engländer John Dee (1527–1607), der durch sein „Mathematicall Preface“ zur ersten englischen Übersetzung der *Elemente* von Euklid als Bahnbrecher der *Scientia Experimentalis* gilt, beeinflußte auch den Verfasser der *Chymischen Hochzeit*, denn seine *Monas Hieroglyphica*, die den ganzen alchemistischen Prozeß graphisch veranschaulicht, die aber auch Alpha und Omega, die Einbezogenheit der Stofflichkeit in das erlösende Kreuz durch den Übergang von der Trinität zur Quaternität und infolgedessen den *Hierosgamos* des Schöpfers mit seiner Schöpfung symbolisch darstellt, war auf dem Einladungsbrief am Anfang des Romans abgebildet.

IV. Das Problem der Autorschaft

1. Die Verfasserfrage

Die drei Urschriften des älteren Rosenkreuzertums waren anonym erschienen, aber ihre Veröffentlichung löste einen solchen Wirbel aus, daß die Zeitgenossen sich auf die Suche nach dem Autor machten und sehr schnell auf die Spur eines jungen Theologiestudenten aus Tübingen kamen. Johann Valentin Andreae (1586–1654) gehörte durch seine Mutter dem führenden württembergischen Bürgertum an, und sein Großvater war der einflußreiche Tübinger Theologe und Universitätskanzler Jakob Andreae gewesen, der an der Redaktion der *Formula Concordiae* (1580) teilgenommen hatte. Der junge Johann Valentin hatte selber die Laufbahn eines Pfarrers in Aussicht, aber er wurde 1607 in einen Skandal verwickelt, dessen Ursache ein anonymes Pasquill war, in dem die Tochter des württembergischen Kanzlers Matthäus Enzlin aufs Korn genommen wurde, und mußte infolgedessen sein Studium in Tübingen unterbrechen und konnte es erst nach fünf Jahren wiederaufnehmen. Er hatte Umgang mit Kreisen, die mit der offiziell an der Universität betriebenen Scholastik nicht zufrieden waren, und verkehrte u.a. mit Tobias Heß (1558–1614), der in Tübingen zum Ärger der medizinischen Fakultät als paracelsischer Arzt praktizierte und sich überdies für die Prophezeiungen des Marbacher Präzeptors Simon Studion begeisterte. Seine Auslegung von Matthäus 24, 37 führte ihn dazu, auf Grund einer Bußzeit von 120 Jahren, die er von der Geburt Luthers an rechnete, das Jahr 1603 für den Anbruch des Zeitalters des Heiligen Geistes vorherzusagen. Zu Andreaes Freunden zählte auch der Juraprofessor Christoph Besold (1577–1638), der sich durch seine vielseitige Bildung und seine Neigung zum Spiritualismus auszeichnete und seine umfangreiche Privatbibliothek dem jungen Andreae zur Verfügung stellte.

Ab 1614 trat Andreae die kirchliche Laufbahn an, die ihm 1638 die Würde eines Hofpredigers und Konsistorialrats in Stuttgart einbrachte, und er wurde auch mit geheimen diplomatischen Missionen beauftragt. Indessen entwickelte er eine rege literarische Tätigkeit, und wegen seiner Neigung zur Satire zog er sich die erbitterte Feindschaft von prominenten Leuten zu. Mit der Rosenkreuzeraffäre scheint er nie wirklich fertig geworden zu sein: bis 1630 waren etwa 300 Schriften für oder gegen diese fiktive Bruderschaft erschienen, und die Lobredner waren ihm ebenso unangenehm wie die Kritiker, so daß er sich sein ganzes Leben lang verteidigen und rechtfertigen mußte.

Andreae bekennt in seiner Selbstbiographie, deren Manuskript er seinem Wohltäter Herzog August von Braunschweig-Lüneburg geschickt hatte und die erst 1799 veröffentlicht wurde, daß er der Verfasser der *Chymischen Hochzeit Christiani Rosenkreutz* gewesen sei, einer scherzhaften Erzählung, die er 1603, also im Alter von 17 Jahren, niedergeschrieben habe. Dieses streng vertrauliche Geständnis erscheint sonst nirgends in seinem übrigen Schrifttum, in dem seine Anspielungen auf die Rosenkreuzeraffäre meistens sehr sibyllinisch bleiben. Im *Theophilus* (1622 geschrieben, erst 1649 veröffentlicht) antwortet er dem neugierigen Leser: „Wenn du mich ausforschen willst, wirst du etwas Vergebliches unternehmen, wenn du Vermutungen aufstellst, wirst du dich täuschen, wenn du argwöhnst, wirst du unklug handeln, hältst du mir es aber vor, so suchst du mich zu verkleinern." Schon 1615, also gerade beim Erscheinen der *Confessio Fraternitatis*, beteuerte er in den *Herculis christiani luctae XXIV (Die 24 Kämpfe des christlichen Herkules)*, daß er in den Rosenkreuzerschriften nur „ein dunkles und gekünsteltes Gerede mitsamt der schrecklichsten und schändlichsten Leichtgläubigkeit" finden konnte. Später bekennt er in dem Aufsatz „Alethea exul", d.h. „Die Wahrheit im Exil" (in: *Mythologia christiana*, 1619), daß er in der *Fama* und der *Confessio* nichts anderes als Schwärmereien und Hirngespinste entdecken konnte, und er stellt fest, daß „der Scherz einer gewissen rosenfarbenen Bruderschaft" für manche Naivlinge zugleich eine „Leimrute" und ein Stein des Anstoßes geworden war. „Die Fama, die sie einberufen hatte, schickte sie zurück (...), und ich glaube, daß nur wenige Leute sich noch anstrengen werden, für dieses unsichtbare Bauwerk Backsteine zu brennen und Mörtel herbeizutragen" (*De curiositatis pernicie syntagma [Über die Plage der Neugierde]*, 1620).

Wegen der unzähligen Verleumdungen, mit denen Andreae nach wie vor überschüttet wurde, publizierte er 1619 die *Turris Babel*, eine Sammlung von humorvollen Dialogen, die darauf abzielten, das Stimmengewirr zu verspotten und die ganze Sache vernünftig zu beurteilen. Die „Fama" tritt in Person auf und zeigt durch ihre Inhaltsangabe des ersten Manifestes, wie sehr Andreae sich von den vorgespiegelten, leeren Versprechungen auf den Gebieten des Reichtums, der Langlebigkeit, der Allwissenheit, der politischen Macht distanzierte. Von der *Confessio Fraternitatis* erfährt man, daß sie alles in „ultrahumaner" Sprache darlege, und die zahlreichen Schriften, die im Sog der Manifeste entstanden, werden als „Phantasmen aus der Stadt Utopia" bezeichnet.

Indessen ist es merkwürdig, daß die *Chymische Hochzeit* in der *Turris Babel* unerwähnt bleibt, als ob der Verfasser durch dieses gewollte Versäumnis zu verstehen geben wollte, daß in der Fraternität der Rosenkreuzer das Kind nicht mit dem Bade ausgeschüttet werden sollte. Nach dem Gesprächspartner, der *Conjectans* (der Vermutende) heißt, muß die ganze Fabel das Produkt eines erfinderischen Kopfes sein. *Poenitens* (der Büßende) meint, sie sei bloß eine Fiktion, die aber einigermaßen nützlich sei. Und *Resipiszens* (der Reuige) behauptet vor der personifizierten Fama: „... diese eine Sorge nur habe ich noch, ich fürchte, man hat die Schriften, die im Namen der Brüderschaft herausgekommen sind, nicht genau und sorgfältig unterschieden. Denn einige sind offenbar kurzweilige Schriften („ludicra"), einige verworren, einige nichtswürdig, einige hinterlistig, einige aber auch fromm und gottselig. Alle zeugen von einiger, manche von sehr großer Gelehrsamkeit, eine oder die andere schmeckt nach offenbarem Betrug. Wer sie untereinander mengt und für desselben Geistes Erzeugnisse hält, wird ohne Zweifel getäuscht. Denn so würde die Welt gebilligt, Christus verworfen, die Eitelkeit gelobt, die Tüchtigkeit beschuldigt, der Betrug geschätzt, die Vernunft vernachlässigt, die Lüge geehrt, die Wahrheit verachtet. Wie ich also zwar die

Gesellschaft der Fraternität selbst aufgebe, so werde ich doch nie die wahre christliche Brüderschaft verlassen, die unter dem Kreuz nach Rosen duftet und sich von den Befleckungen, Verwirrungen, Torheiten und Eitelkeiten der Welt so weit wie möglich entfernt; sondern in diese wünsche ich mit jedem Frommen, Verständigen und Klugen einzutreten."

Im Vorwort zur *Christianopolis* (1619), einer utopischen Insel und Christenstadt, die die unsichtbare Gemeinschaft der über die ganze Welt verstreuten, echten Christen veranschaulicht, weist Andreae auf die drei Stufen der rosenkreuzerischen Fraternität hin: zuerst wurde den sogenannten *curiosi*, die immer nur nach Phantastik lechzen, Wunderbares und Ungewöhnliches preisgegeben; dann sprach die Fraternität aber diejenigen an, die auf die Verbesserung des religiösen, geistigen und politischen Lebens hofften, und schließlich legte sie besonderen Nachdruck auf die Nachfolge Christi.

Diese beiden Hinweise, aus *Turris Babel* und aus *Christianopolis*, geben Aufschluß über den eigentlichen Anteil von Johann Valentin Andreae an der Entstehung der Urschriften des Rosenkreuzes. So erklärt man sich den scheinbaren Widerspruch in der Stellung, die er manchmal in derselben Schrift zur Frage der Rosenkreuzer einnimmt. Alethea, also die Allegorie der Wahrheit, deutet sie bald als ein gefährliches und fatales Spiel, bald als ein „ziemlich kluges Spiel, das eine maskierte Person auf der literarischen Bühne spielen wollte, besonders in einem Alter, das sich für alles begeistert, was ungewöhnlich ist" (*Mythologia christiana*). Es ist nicht zu leugnen, daß der junge Andreae in die Sache verwickelt war, aber es ist ebenso sicher, daß er sie nicht vollkommen billigte. Eine solche Zweideutigkeit mag uns heutzutage seltsam, ja unbegreiflich vorkommen, aber sie wird erst verständlich, wenn man die Situation eines jungen Diakonen und Pfarrers in Württemberg, wo die lutherische Orthodoxie allmächtig war, berücksichtigt, der zudem schon wegen einer unklaren Affäre hatte auswandern müssen, und trotzdem gewisse, in den Rosenkreuzer-Schriften enthaltene Gedanken, die er für richtig hielt, durchzusetzen versuchte.

Demzufolge verwendete er lieber die subtile Methode der „Berichtigung“: in dem Maße, wie er den gedanklichen Inhalt der *Fama* und der *Confessio* nicht vollkommen billigte, veröffentlichte er ohne Verfassernamen zwei andere Schriften, die ihnen zum Teil thematisch verwandt sind und die deren Bedeutung untergründig korrigieren: der *Fama Fraternitatis* entspricht die *Chymische Hochzeit*, und von der *Confessio Fraternitatis* hat er in die *Theca gladii spiritus* Elemente aufgenommen, die in seine religiöse und philosophische Denkweise hineinpaßten.

Aus der vorigen Untersuchung wird ersichtlich, daß der Name Christian Rosenkreuz in der *Fama Fraternitatis* und in der *Chymischen Hochzeit* zwei verschiedene Menschen zu bezeichnen scheint: der eine ist ein gelehrter, reicher und mächtiger Magier, der andere ein armer, demütiger Einsiedler, der sich seiner Unwissenheit und Fehlbarkeit bewußt ist und doch von der göttlichen Gnade begünstigt wird. In der *Fama* werden die Mitglieder der Fraternität kooptiert, und die Regeln des Ordens verleihen ihnen durch die Kenntnis der Natur Zauberkräfte. In der *Chymischen Hochzeit* wird die Bruderschaft durch einen Ritterorden ersetzt, in den man allein durch Gottes Gnade aufgenommen wird, und die Gaben, die jedem Ritter beschert werden, sind nicht auf ein gewisses Wissen, sondern auf die Selbstaufopferung zurückzuführen.

Zwar berufen sich beide Werke ausdrücklich auf Paracelsus, und die Natur wird jeweils gepriesen, aber die *Fama* versteht sich ganz im Licht der Natur, während die *Chymische Hochzeit* die göttliche Alchemie im Licht der Gnade verherrlicht und die Geheimnisse der Schöpfung allein den Wiedergeborenen eröffnet: dies wird durch den Umstand symbolisiert, daß Christian am Ende der Erzählung auf sein Goldenes Vlies verzichtet. Dem selbstsicheren Optimismus der *Fama*, die den Adel und die Herrlichkeit des Mikrokosmos preist, steht die Demut des Eremiten Christian entgegen, der sich daran erinnert, daß „der Schöpfer ihn klein gemacht hat“. Dem unermeßlichen Wissen, das der Ordensstifter der *Fama* bei den Weisen im Orient aufgespeichert hat, steht in der *Chymischen*

Hochzeit das Gefühl der Unwissenheit gegenüber. Der Wahlspruch des auserwählten Ritters vom Goldenen Stein ist: „Summa scientia nihil scire", die höchste Weisheit ist, nichts zu wissen. Aus diesem kurzen Vergleich ergibt sich der wesentliche Unterschied zwischen beiden Rosenkreuzer-Schriften: die *Chymische Hochzeit* ist eine Aufforderung zur Erreichung der dritten Stufe, die die *Christianopolis* angibt, nämlich zu Christi Nachfolge und zum tätigen Leben als Frucht des Glaubens.

Die von Andreae durchgeführte Richtigstellung der *Confessio Fraternitatis* war eigentlich noch klüger, und sie gibt Aufschluß über die Gedankengänge des Verfassers und über die Mittel, die er gebrauchen mußte, um seine Meinung durchzusetzen, ohne sich bloßzustellen. Im Jahre 1616, dem Erscheinungsjahr der *Chymischen Hochzeit*, und bei demselben Verleger Lazarus Zetzner in Straßburg, wurde die *Theca gladii spiritus*, eine anonyme Spruchsammlung, herausgegeben, die, wenn man dem Vorwort glaubt, zum Nachlaß von Tobias Heß gehörte. Es ist aber merkwürdig, daß für diese Schrift das gleiche geschah wie für die *Chymische Hochzeit:* fünfundzwanzig Jahre später behauptete Andreae in seiner nur an den Herzog von Braunschweig-Lüneburg gerichteten Lebensbeschreibung, daß die *Theca gladii spiritus* ganz aus seiner Feder, „plane mea", sei.

Die aufmerksame Untersuchung dieses Textes führte tatsächlich erst vor einigen Jahrzehnten zu drei wichtigen Feststellungen: erstens enthält er Auszüge aus mindestens fünf Werken von Andreae, die zwischen 1615 und 1618 publiziert wurden; zweitens beweist die *Theca*, daß diese Werke, deren Inhalt für Andreaes Stellungnahme zum Problem der Rosenkreuzer aufschlußreich sind, schon vor der Veröffentlichung der Programmschriften wenigstens teilweise existierten, da Tobias Heß, der an dieser Sammlung teilgenommen hatte, 1614 gestorben war; und drittens enthält die Theca 28 Sprüche, die aus der *Confessio Fraternitatis* exzerpiert wurden.

Der Vergleich dieser Exzerpte mit dem lateinischen Text der ersten Ausgabe der *Confessio* zeigt, daß jede Anspielung auf das Rosenkreuz und seinen Gründer verschwunden ist. Von einer allmächtigen Fraternität ist keine Rede mehr, und an ihre Stelle treten die „Demütigen", die „Guten", die Gottes Gunst genießen. Das Wunderbare, Märchenhafte, die Hoffnung auf Macht, Allwissenheit, Ubiquität, ewige Jugend, sind auch getilgt worden, ebenso wie die Anspielungen auf das „Zeitalter der Zunge", die *sextae aetatis miranda*, oder eine neue Reformation. Hingegen wird auf „eine reine ungefälschte christliche Philosophiam" Nachdruck gelegt, deren Aufgabe wesentlich darin besteht, die Buchstaben oder Charaktere zu erforschen, die Gott ebenso dem Buch der Natur wie der Bibel einverleibte. Das fleißige und immerwährende Lesen der Bibel, die „der ganzen Welt Compendium" enthält, die Fähigkeit, „die Obscurationes und Verdunkelungen der Kirche" vorauszusehen, haben die *Confessio* und die *Theca* gemeinsam. Aber dieses Verständnis der göttlichen Schrift in der Bibel und in der Natur ist durch die babylonische Sprachverwirrung verdunkelt worden und bleibt allein den Menschen möglich, die auf die Welt verzichteten, durch Gottes Gnade erleuchtet und infolgedessen „Freunde des Königs" geworden sind und mit dem himmlischen Bräutigam Hochzeit feiern. Diese Ausdrücke erinnern an die *Chymische Hochzeit*, aber sie beziehen sich in der *Theca* nicht auf Christian *Rosenkreuz*, der in diesem Text niemals erwähnt wird, sondern auf Christian *Cosmoxenus*, dem Andreae außerdem eine Schrift gewidmet hatte, die 1615 unter dem Titel *De Christiani Cosmoxeni genitura, judicium (Gutachten von der Nativität des Christian Cosmoxenus)* gedruckt wurde.

In der *Theca gladii spiritus* befinden sich über dreißig Exzerpte aus dieser Schrift, die Christian Cosmoxenus als einen Wiedergeborenen bezeichnen, der als solcher zu der *Fraternität* der „Gottesfreunde" gehört. Er ging eine dreifache Ehe ein: der Seele mit dem Leib, des gesunden Glaubens mit dem heiligen Leben und „der verlobten Seele mit ihrem Bräutigam Christo", und er genießt „immerwährende Hochzeitsfreude". Dieser *Hierosgamos* verschafft ihm außergewöhnliche Vorteile: die Engel stehen ihm bei, und die ganze Natur dient ihm mit Hilfe der Philosophie, der Wissenschaft und der Technik. Er herrscht über sein Schicksal und über die Gestirne, in dem

Wort Gottes findet er die weiseste Struktur der ganzen *Machina mundi*, er wird der *Baumeister* der neuen Gesellschaft und ein *Priester* in dem Tempel der christlichen Gemeinde, aber das Allerheiligste ist ihm die *cohabitatio* der Seele mit Christus.

Eine Stelle aus dem Schlußwort des *Cosmoxenus*, die nicht in die *Theca* aufgenommen wurde, erklärt, daß dieser Mensch dem Namen nach als Fremdling auf Erden lebt: „Wenn du also unseren Cosmoxenus suchst, so wirst du ihn nirgends außer in Büchern oder auf Bildern finden, das heißt, daß er ein papiernes Wesen ist, der die Leute vergeblich anruft." Er ist Christian Rosenkreuz nahe verwandt, er ist, wie der Held der *Chymischen Hochzeit*, ein „Renatus" (ein Wiedergeborener), und als solcher vermag er den in die *Theca* wiederaufgenommenen Gedanken aus der *Confessio Fraternitatis* beizupflichten.

Die Exzerpte aus der *Confessio* folgen in der *Theca* auf eine Reihe von Auszügen aus dem zweiten Teil der *Invitatio ad Fraternitatem Christi*, die Andreae erst 1618 publizierte. Diese Sprüche unterstreichen die Notwendigkeit der Prüfung und der Buße, durch die die Christen sich Gott vollkommen anvertrauen. Sie brauchen nicht mehr auf die Gestirne oder auf die abenteuerliche Berechnung der Weltzeitalter zu achten, sondern geben sich ganz der Gnade Gottes hin. Solche Menschen sind nach Andreae in einer Fraternität vereinigt, die nichts Mysteriöses hat.

So zeugen der Aufbau der *Theca gladii spiritus* und die Auswahl der Zitate aus der *Confessio Fraternitatis* von der Absicht ihres Autors, den Sinn hervorzuheben, den er den Rosenkreuzerschriften geben wollte. Er entledigt sie der märchenhaften Einkleidung und plädiert für eine rein biblische Deutung dieser Texte. In diesem Lichte erscheint Christian Rosenkreuz als Paradigma der sogenannten *Cruce signati*, die nach der *Theca* durch die Wiedergeburt zu Sehern geworden sind und nun in der Lage sind, Gottes Wunder in der Natur zu erkennen. Nachdem Christian sich am Anfang der *Chymischen Hochzeit* als „Bruder von dem roten Rosenkreuz" vorstellte, wird er am Ende der Erzählung ein *Cruce signatus*, denn er trägt nur noch eine weiße Fahne mit einem roten Kreuz. Auf diese Weise wird sozusagen *sub rosa* und durch die Blume der Vorrang des bloßen Kreuzes vor dem Rosenkreuz angedeutet.

2. Entstehungsgeschichte der Rosenkreuzerschriften

Durch seine Tätigkeit als Geistlicher und durch zahlreiche Schriften bemühte sich Andreae sein ganzes Leben lang, in besonders schweren Zeiten der Frömmigkeitskrise, der kulturellen und sittlichen Dekadenz, der Drangsal und der Not, eine echte Verbrüderung der Christen zustande zu bringen und wenigstens in protestantischen Ländern den führenden Schichten und der Intelligenz die dringende Notwendigkeit einer Zusammenarbeit in den geistigen, politischen, sozialen und religiösen Bereichen vor Augen zu führen. Schon die Titel einiger Schriften Andreaes deuten auf diesen Vorsatz hin: die beiden Fassungen der *Invitatio ad Fraternitatem Christi* (1617–1618), die auf die Verschmelzung von Frömmigkeit und Leben hinzielten; der *Civis christianus* (*Der Christliche Bürger*, 1619), der im Sinne von Johann Arndts *Wahrem Christentum* (1607) in der Verinnerlichung den Weg zur Entdeckung der wiederhergestellten Natur und der Gottesstadt weist, die nur für die in der Welt verstreuten wahren Christen sichtbar ist; die *Reipublicae Christianopolitanae Descriptio* (*Beschreibung der Republik Christianopolis*, 1619), die als Offenbarung der unsichtbaren Gemeinschaft der Wiedergeborenen zu ihrer Verwirklichung aufzufordern scheint; die *Christiani amoris dextera porrecta* (*Darbietung der christlichen Liebeshand*, 1620), ein Aufruf zur Vereinigung aller aufrichtigen Christen und zur Verbesserung der Sitten in der Gesellschaft durch die Nächstenliebe; die *Christianae societatis Imago* (*Das Idealbild der christlichen Gesellschaft*, 1620), eine Programmschrift, die sich zum Ziel setzte, unter der Obhut eines aufgeklärten Fürsten nicht nur die religiösen und sittlichen Verhältnisse, sondern auch das politische Leben, die wirtschaftliche und soziale Situation und nicht zuletzt die Wissenschaft und die Technik wesentlich zu fördern. Letztere Schriften, die außerdem nur wenigen Leuten ausgehändigt wurden, hatten mit den Rosenkreuzerschriften nichts zu tun und zielten auf keine „Generalreformation" ab; sie wendeten sich an die „Gottesfreunde", die keine feste Gemeinschaft bildeten, aber durch den Glauben angeregt wurden, an der Verbesserung des Gemeinwesens und der Kultur zu arbeiten und zudem mitten in den Kriegswirren einander zu helfen. Am Vorabend des Dreißigjährigen Krieges war ein solcher Aufruf nicht rhetorisch: Schon 1614, aber auch noch im Jahre 1642 bemühte sich Andreae, bereitwillige Menschen aus verschiedenen europäischen Ländern in einer losen christlichen Gesellschaft zu vereinigen, die zur Pflege der echten Religion und zur Wiederherstellung der Wissenschaft beitragen würde.

Zudem vermittelt das Vorwort zur *Christianopolis* einen interessanten Hinweis auf den Sinn, den Andreae den Rosenkreuzerschriften geben wollte: Nach der Schilderung der Mißstände in der Religion, im Staat, in der Gelehrsamkeit sowie der Bemühungen einer Reihe von Theologen um die Beseitigung dieser Verderbnis erwähnt er nämlich eine gewisse „Fraternität". Sie war, erklärt er, „meiner Meinung nach bloß ein Spiel (ludibrium)", aber sie legte zusätzlich zwei sehr verschiedene Facetten an den Tag: zwar versprach sie ungewöhnliche, außerordentliche Dinge, die nur darauf hinzielten, die naiven Menschen zu übertölpeln, aber sie bedeutete andererseits die Hoffnung auf eine wirkliche Verbesserung der damaligen Verhältnisse und fügte überdies die Notwendigkeit der Nachfolge Christi hinzu. Daraus wird ersichtlich, daß Andreae das Rosenkreuz mindestens teilweise billigte, und seine wohlbekannte Neigung zur Satire konnte auch bei dieser Gelegenheit zum Vorschein kommen.

Außerdem liefern seine Lebensbeschreibung, sein Briefwechsel und seine Schriften weitere Indizien, die für seine teilweise Verantwortung an der Enstehungsgeschichte der Rosenkreuzer-Bewegung plädieren. Als Johann Valentin Andreae 1614 das geistliche Amt antrat, befand sich Europa in einer schweren Krise, deren Ergebnis der Dreißigjährige Krieg sein sollte. In religiöser und sittlicher Hinsicht waren die Folgen der lutherischen Reformation enttäuschend, insofern die Theologie sich zu einer Scholastik entwickelt hatte, die auf steifer und strenger

Orthodoxie beharrte. Die restriktive und falsche Interpretation des Prinzips *sola fide* (allein aus dem Glauben) hatte manche Christen dazu geführt, die „guten Werke" zu vernachlässigen, so daß Andreae im *Theophilus* an die Notwendigkeit des christlichen Wandels erinnern mußte: „Wo ein sittlich gutes Leben nicht vorhanden ist, da zeigt sich keine Frucht des Glaubens." Außerdem waren die evangelischen Landeskirchen in eine engere Bindung zum Staat hineingezogen worden, und die Landesherren waren in einer Zeit, wo der Absolutismus sich in manchen europäischen Ländern ankündigte, mehr und mehr geneigt, die Macht des Staatsapparats auf die Kirche auszudehnen. Andreae konnte dieses Übergreifen nicht akzeptieren, und er veröffentlichte 1633 eine Satire auf den Caesaropapismus, der er den Titel *Apap proditus* gegeben hatte, weil der Fürst ein „Papa inversus", ein umgekehrter Papst, sei. In Württemberg hatte Herzog Friedrich I. beschlossen, einen zentralistischen Beamtenstaat aufzubauen, und er regierte mit Hilfe seines Geheimrats Matthäus Enzlin. Das Pasquill gegen ihn und seine Tochter, das 1606 umlief, war wahrscheinlich von Andreae verfaßt worden, und der diesbezüglich geführte Prozeß hatte für ihn Auswirkungen, die oben schon erwähnt wurden.

Auch auf dem Gebiet der Wissenschaft erweist sich das erste Viertel des 17. Jahrhunderts als wichtige Übergangszeit. Im Jahre 1610 hatte Galilei den *Sidereus Nuncius* veröffentlicht, in dem er seine Erfindung des sogenannten „perspicillums", d.h. des Fernrohrs, der Öffentlichkeit zur Kenntnis brachte. In demselben Jahr 1610 publizierte Kepler seine *Dissertatio cum nuntio sidereo*. Die unterschiedliche Stellungnahme der beiden Gelehrten zu den Problemen der Epistemologie weist auf die Problematik der frühen Rosenkreuzerschriften hin. Mit Galilei beginnt nicht nur im Bereich der Astronomie, sondern für die Wissenschaft schlechthin, ein neues Zeitalter, das die zu untersuchende Natur als bloßes Objekt, als eine Maschinerie auffaßte. Andererseits hatte die direkte Betrachtung der Gestirne zur Folge, die bisherigen Vorstellungen, wie z.B. den Sonnenaufgang und -untergang, zu entwerten und eine Trennung von Sein und Schein zu statuieren, die jede Form der Symbolik unmöglich machte. Der Kosmos von Galilei und Descartes ist demnach nichts anderes als eine Ausdehnung ohne jede ontologische Tiefe. Ganz anders verhält es sich bei Kepler. Im Gegensatz zu Galilei denkt er, daß die Welt einen Sinn hat, und wenn Kepler mit ihm in der Überzeugung übereinstimmt, daß die ganze Welt mathematisch zu deuten sei, so unterscheidet er sich wesentlich von ihm, indem er dabei noch immer symbolisch und pythagoreisch denkt. In der 1619 erschienenen *Harmonia Mundi* behauptet Kepler wie der Psalmist, daß Himmel und Erde die Ehre Gottes erzählen. Zudem hatte er in der schon erwähnten Abhandlung *De stella nova* gegen die Unendlichkeit des Weltraums Stellung genommen, und er glaubte nicht an die Möglichkeit eines leeren Raums. In der *Fama Fraternitatis* finden wir ein Echo dieser Problematik in der Inschrift *„Nequaquam vacuum"* an dem Altar im Grabgewölbe von Christian Rosenkreuz.

Andreae hatte 1608 den obengenannten 28 Jahre älteren Tobias Heß kennengelernt, der zugleich Jurist, Arzt und Theologe war und sich für paracelsische Medizin, Kabbala, Chiliasmus und die joachitische Weltzeitalterlehre begeisterte, so daß er als „Utopiensis princeps, somniorum interpres et futurorum praescius" (Fürst von Utopia, Traumdeuter und Weissager) galt und im Rufe stand, Geheimgesellschaften organisiert zu haben. Es ist bemerkenswert, daß Andreae ihm nach dessen Tod zwei wichtige Texte widmete, in denen das Wort *Fama* mehrmals kursiv gedruckt ist, als hätte der Verfasser seinen Lesern einen Wink geben wollen.

In der Tat war die erste Programmschrift der Rosenkreuzer wahrscheinlich das Resultat der Begegnung und Zusammenarbeit dieser beiden Männer. Die Entstehungsgeschichte könnte folgendermaßen gewesen sein: Der junge Andreae war sich der Tragweite der vielen Probleme bewußt, mit denen seine Zeit konfrontiert wurde. Zudem war seine Eigenliebe durch die Folgen der Pasquill-Affäre, die seinen Studiengang beeinträchtigten, schwer gekränkt worden, so daß man sich vorstellen kann, wie er die sagenhafte, allmächtige Gestalt eines Weltverbesserers hat imaginieren können, dessen Name zugleich aus dem

Wappen seiner Familie und dem Wappen von Luther, die beide ein Kreuz mit Rosen führen, entlehnt wurde. Der Beitrag von Tobias Heß hätte in den paracelsischen und chiliastischen Elementen der Erzählung bestehen können. Die *Fama Fraternitatis* war schon 1610 geschrieben worden, denn Handschriften zirkulierten schon um diese Zeit in Europa, und Carlos Gilly entdeckte kürzlich die Inkunabel der *Antwort an die lobwürdige Brüderschafft der Theosophen von RosenCreutz (...) ad Famam Fraternitatis einfältigst geantwortet. Anno 1612.* Der Umstand, daß die *Fama Fraternitatis* als Manuskript unter der Hand umlief, entsprach der bedrängten Lage, in der Andreae sich damals befand, und rechtfertigt die Definition, die er später von der Fiktion der Rosenkreuzer gab: „ein besonders geistreiches Spiel, das eine maskierte Person (...) in einem Alter, das sich für das Ungewöhnliche gern begeistert, habe spielen wollen".

Eine Stelle aus Andreaes Selbstbiographie erklärt durch die Blume, daß die Anfangsmonate des Jahres 1610 der Niederschrift „verschiedener Schriften" gewidmet worden seien, die danach von anderen veröffentlicht werden sollten. Geht es hier unter anderem um eine Anspielung auf die *Fama* und die *Confessio?* Im Laufe des Jahres 1610 bereitete sich Andreae auf die Verteidigung einer theologischen Dissertation über die Wahrheit der christlichen Religion vor. Damals stand er unter dem Einfluß des orthodoxen Tübinger Theologen Matthias Hafenreffer, der sich auch für Mathematik und Astronomie interessierte und mit Hilfe des jungen Andreae Forschungen über die Architektur des Tempels des Propheten Ezechiel durchführte. Um dieselbe Zeit las Andreae mit Begeisterung die soeben erschienenen *Vier Bücher vom wahren Christentum* des Generalsuperintendenten Johann Arndt, auf die er durch Wilhelm von Wense aufmerksam gemacht wurde. Um die Mitte des Jahres 1610 verdichtete sich auch die Beziehung zu dem Juristen Christoph Besold, dessen vorreformatorisch geprägte, mystische Theologie auf den jungen Andreae einen tiefen Eindruck machte. Ein anderes, wichtiges Erlebnis, das zur selben Zeit erfolgte, war Andreaes Aufenthalt in Genf, der

Hochburg des Calvinismus; dazu bemerkt er in seiner Selbstbiographie: „Entfernte mich nicht der Unterschied der Religion von Genf, so hätte mich die Harmonie der Sitten auf immer an diese Stadt gefesselt. Daher gab ich mir von dieser Zeit an alle Mühe, etwas dergleichen in unseren Kirchen einzuführen."

Das Jahr 1614 bedeutet für ihn das Ende der Wander- und Lehrjahre: er heiratet die Tochter des nachmaligen württembergischen Landprobstes und tritt in Vaihingen das Diakonenamt an, aber diese Ereignisse fallen merkwürdigerweise mit dem Erscheinen der *Fama Fraternitatis* zusammen. Es liegt auf der Hand, daß diese Publikation ihm damals nur Unannehmlichkeiten hätte bereiten können, und daß er eben deshalb nicht der Herausgeber gewesen sein kann. Wer aber hat diese Schrift dann herausgegeben? Ein wichtiges Indiz wird durch den Verlagsort gegeben, denn es ist bemerkenswert, daß die Rosenkreuzer-Manifeste weder in Württemberg publiziert wurden noch in Mömpelgard, wo der *Cosmoxenus* 1615 gedruckt wurde, noch in Straßburg, wo die *Chymische Hochzeit* und manche andere Werke von Andreae verlegt werden sollten. Die erste Ausgabe der *Fama Fraternitatis* erschien nämlich in Kassel bei Wilhelm Wessel, der 1594 ein Privileg erhalten hatte, das ihn verpflichtete, keine Texte zu drucken ohne die Zustimmung seines Fürsten, des Landgrafen Moritz von Hessen-Kassel, oder der von ihm ernannten Zensoren, und überdies in bestimmten Fällen das strengste Stillschweigen zu bewahren. Unter solchen Umständen kann die Hypothese aufgestellt werden, daß die ersten Ausgaben der *Fama Fraternitatis* und der *Confessio Fraternitatis* auf Befehl oder mit Erlaubnis jenes Fürsten erschienen, der in der Pansophie bewandert war, Alchemisten und Paracelsisten an seinem Hof hielt, und dessen Leibarzt seit 1612 kein anderer als Michael Maier war, der im Jahre 1618 in der *Themis Aurea* einen umfangreichen Kommentar der sechs Regeln der Rosenkreuzer aus der *Fama Fraternitatis* veröffentlichte.

Andreae berichtet in seiner Selbstbiographie über die vielen Verleumdungen, die ihm die Rosenkreuzer-Fiktion eintrug. Seine Teilnahme an der Geschichte war zu offenkundig, als daß er es sich hätte erlauben können, einfach unterzutauchen oder alle Beschuldigungen von sich zu weisen. Darum wählte er die Methode der Berichtigung, indem er 1616 in Straßburg die *Chymische Hochzeit* und die *Theca gladii spiritus* drucken ließ: die erstere war anonym, und die andere wurde Tobias Heß zugeschrieben, der im Jahre 1614 gestorben war. Aber damit ließen die Verleumdungen nicht nach. In einem Vorwort zu der *Mythologia christiana* (1619) beklagt sich Andreae über die vielen unbegründeten Vorwürfe, die ihm mit Wissen der „barbati und togati" gemacht wurden, und er stellt fest: „Ich mußte für Fehler büßen, die andere begangen hatten". In der *Turris Babel* (1619), mit der Andreae der ganzen Sache ein Ende setzen wollte, sagt die „Fama": „Fabula peracta est", die Vorstellung ist zu Ende. Doch genügte anscheinend diese Aussage nicht, denn er mußte noch im folgenden Jahr in der Schrift *De curiositatis pernicie syntagma* denselben Gedanken mit Nachdruck wiederholen: „Dieses Wolkenkuckucksheim hat jetzt die meisten Leute entlassen, die in die Schlinge geraten waren (...). Die Fama, die sie einberufen hatte, hat sie nun weggeschickt."

Aber die „Fama", die von der Rosenkreuzer-Fiktion verbreitet worden war, konnte eigentlich nicht verhallen; sie fand eine endlose Resonanz, weil sie sich in einem Mythos und in Symbolen herauskristallisiert hatte, die den latenten Möglichkeiten der menschlichen Psyche einen bildhaften Ausdruck verliehen und manche Motive und Inhalte des kollektiven Unbewußten sinnbildlich offenbarten. Also geschah es, daß das Rosenkreuz sich in die unendliche Reihe der Märchen und mythologischen Erzählungen einordnete, die von alters her zum heilbringenden psychologischen Gleichgewicht der Menschheit beitrugen. Die Ausarbeitung der Rosenkreuzerschriften ging selbstverständlich von einem wohlbewußten Vorsatz aus und entsprach einer bestimmten historischen und geographischen Situation, aber der Gebrauch der alchemistischen Symbolik führte notwendigerweise über diesen beschränkten Zweck hinaus. So gehörte es zum Schicksal des rosenkreuzerischen Mythos, sich selbständig zu machen und die vielfältigen Formen wieder zu durchleben, die er in der ganzen Menschheitsgeschichte annehmen konnte. Im folgenden wird von dieser umfangreichen Tradition von den Anfängen der Menschheit bis zur Gegenwart die Rede sein.

Zweiter Teil:
Das Rosenkreuz in der Tradition

I. Mythische Vorgeschichte

Seit 1614 wurden über die Herkunft des rosenkreuzerischen Weltbildes so viele Hypothesen aufgestellt, daß ihre Untersuchung eine Herkulesarbeit wäre. Deshalb beschränkt sich das folgende Kapitel auf die Erwähnung der Mythen oder geistesgeschichtlichen Strömungen, die von den Befürwortern der Rosenkreuzer-Idee zu Andreaes Lebzeiten ais Quelle angegeben wurden.

1. Adam

Der geheimnisvolle Apologet der Rosenkreuzer-Bewegung, der sich hinter dem Decknamen Irenaeus Agnostus verbarg, behauptet in einer seiner dithyrambischen Schriften, dem schon erwähnten *Clypeum veritatis* (*Der Schild der Wahrheit*, 1618), daß Adam das erste Mitglied des mysteriösen Ordens war.

Er folgerte wahrscheinlich diese überraschende Filiation aus der *Confessio Fraternitatis*, deren neuntes Kapitel erklärt, daß die magische Sprache der Rosenkreuzer nichts gemeinsam habe mit der babylonischen Sprachverwirrung. Da sie den „Buchstaben und Alphabeten" entspricht, die Gott selbst „hin und wieder der heiligen Bibel" und dem Buch der Natur einverleibte, knüpft sie an Adams Sprache an, und sie ist also mit der Ursprache verwandt, die nach der esoterischen Überlieferung im Paradies gebraucht und von den Tieren verstanden wurde. Diese Lichtsprache ist mit dem Sündenfall verlorengegangen, aber es kommt vor, daß sie wieder gehört wird. Zu Pfingsten erhielten die Apostel die Sprachengabe: durch die Ausgießung des heiligen Geistes waren ihre Reden so lichtvoll geworden, daß sie von allen Menschen verstanden wurden. Die *Confessio Fraternitatis* bezieht sich auf Henoch, der mit Gott und den Engeln sprechen konnte, und verweist auf Orpheus, der durch seine Gesänge die Natur bezauberte. Die sogenannte Vogelsprache, auf die der Koran sich bezieht, ist die Sprache der Götter und wird mit der echten geistigen Erkenntnis gleichgesetzt. Der deutsche Romantiker Novalis träumte später von einer geheimnisvollen Metasprache der Chiffren und Hieroglyphen, die zur Poetisierung der Welt beitragen sollte, und er sah in dem echten Dichter den Erlöser der Welt.

Es ist also durchaus begreiflich, daß ein Bewunderer des älteren Rosenkreuzertums im Lobeseifer Adam als Gründer der Bruderschaft bezeichnete. Gewisse gnostische und kabbalistische Traditionen machen aus ihm den Erfinder der Schrift, der Magie, der Astrologie und der Alchemie. Und die alchemistische Phase der *solificatio*, die in der *Chymischen Hochzeit* beschrieben wird, deutet vielleicht auf die Wiederherstellung des adamischen, paradiesischen Zustandes im Menschen hin, insofern die goldene Sphäre den Kopf von Christian Rosenkreuz symbolisiert, in den der ursprüngliche, paradiesische Adam, der „interior homo noster" ist, wieder eingestrahlt wird.

2. Altägypten

Dem *Silentium post clamores* (1617) von Michael Maier zufolge ließ sich die Rosenkreuzer-Idee auf Altägypten zurückverfolgen, und Spencer Lewis teilte noch diese Meinung in seiner *History of the Order Rosae Crucis*, die 1915/16 erschien: der uralte Orden vom Rosenkreuz soll um 1500 v. Chr. unter dem Pharao Totmes III. gegründet worden sein. Eine solche Verwurzelung ist nicht unbegründet, wenn man bedenkt, daß Plutarch in *De Iside et Osiride* von der ägyptischen Mythologie erzählte, und daß Andreae durch die Bibliotheken seines Vaters oder seines Freundes Besold Zugang zu den Werken dieses griechischen Schriftstellers haben konnte.

Ausschlaggebend in bezug auf die Rosenkreuzer-Fiktion ist in dem Osirismythos das Motiv der Wiedergeburt, das mit der Symbolik der Sonnenwanderung verbunden ist. Nach dem altägyptischen Glauben wird der Sonnengott Osiris von dem Unterweltgott mit List in eine Lade gelockt und getötet, wobei das Eingeschlossensein die Latenz vor der neuen Geburt wie in dem Uterus der Mutter Isis versinnbildlicht. So personifiziert Osiris die niedersteigende Sonne, während Horus die aufgehende Sonne darstellt. Nach vollendeter „Nachtmeerfahrt" zerstückelt der Unterweltgott die Leiche des Osiris und zerstreut die Stücke, aber die Mutter Isis sucht die Stücke zusammen (Vgl. das Emblema XLIV in der *Atalanta Fugiens* von Michael Maier [1618]). Der Mythos erklärt sich wie folgt: Osiris geht ein in die Lade (Mutter, Meer), wird nach der Zerstückelung wiedergeformt und erscheint in einem Sohne, Horus, bei Sonnenaufgang aufs neue. Die Zeugen dieses Mysteriendramas, die Mysten, erlebten das Ritual dieser Tötung und Auferstehung mit und konnten daraus eine Unsterblichkeitshoffnung schöpfen. Christian Rosenkreuz spielt sozusagen in der *Chymischen Hochzeit* die Rolle eines Mysten. Zudem zeigt die sechste Figur des *Splendor solis* (1598) den Adepten, der einen Mann zerstückelt hat, „auf daß er faul werde und vermehre sich und bringe eine unzählbare Frucht".

C. G. Jung betrachtete die ägyptische Triade Isis-Osiris-Horus als Vorbild der Trinität; er verwies auf die Wesenseinheit von Vater und Sohn (Osiris und Horus), während der „Ka" die Zeugungskraft des Gottes sei, also eine Präfiguration des Heiligen Geistes (11. Bd., 128 ff.).

Der ägyptische Kult, der den Eingeweihten vorbehalten blieb, bestand in der liturgischen Darstellung des Todes des Osiris, und der Pharao spielte die Rolle des Horus im Ritus der Auferstehung, denn der König galt als Sohn des Gottes, der sich in einer menschlichen Mutter selbst erzeugte und infolgedessen eine Art *theanthropos* (Gottmensch) war. Dieses Wunder geschah durch die Einführung in den Leib der Mutter des sogenannten „*Ka*", d. h. des Lebenshauchs, der zugleich die Zeugungskraft des Gottes und die Seelen der Vorfahren war. Auf diese Weise bestand eine doppelte Dreieinigkeit, die sich einerseits aus der Triade Gottvater + Gottsohn + *Ka* und andererseits aus ihrer menschlich-göttlichen Entsprechung bei den Pharaonen zusammensetzte.

Der Vergleich mit den drei geopferten Königspaaren in der

Chymischen Hochzeit liegt nahe, und die Wiedergeburt des Königs und der Königin erinnert an die ägyptischen Mysterien und an die Worte des *Asklepios*, nach denen Ägypten das Abbild des Himmels sei. Hermes Trismegistos wurde mit dem ägyptischen Gott Thoth, dem vermeintlichen Erfinder der Alchemie, gleichgesetzt; und es gab in der Antike zahlreiche hermetische Gesellschaften, wie zum Beispiel die Poimandres-Gemeinde, die etwa zur Zeit der Geburt Christi entstanden sein soll und deren Einfluß sich im 2. Jahrhundert bis nach Rom erstreckte.

3. Eleusinische Mysterien

Michael Maier führte auch das Rosenkreuz auf die eleusinischen Mysterien zurück, und diese Beziehung wäre insofern gerechtfertigt, als dieses antike Mysterienwesen die Gnadenwirkung in der Permanenz und Kontinuität des Lebens sah. Die *Comoedi* der *Chymischen Hochzeit* könnte außerdem an die „Spiele" erinnern, über die Clemens Alexandrinus und Plutarch berichteten: Die Fruchtbarkeitsgöttin Demeter hat den Himmel verlassen und irrt neun Tage und neun Nächte lang auf Erden umher, weil ihre Tochter Kore von Hades entführt und in das Totenreich gebracht wurde. Der Demeterkult bestand in der Liturgie des Wandlungsvorgangs, in dem Kore durch Tod und Wiedergeburt hindurchging, bevor sie ihren *Hierosgamos* mit Zeus feierte. Im Laufe des Rituals wurden die kultischen Gegenstände ausgestellt, etwa wie auf dem tragbaren Altar in der *Chymischen Hochzeit*, und die Eingeweihten mußten neue Kleider anlegen.

4. Die Pythagoreer

Nach der *Fama Fraternitatis* soll es nicht heißen: „Hoc per Philosophiam verum est, sed per Theologiam falsum"; es soll keinen Widerspruch zwischen Philosophie und Theologie geben. Zu den Philosophen, die von der Bruderschaft hochgepriesen werden, gehört Pythagoras, der den Neupythagoreern als inkarnierter Gott galt. In der *Themis Aurea* sieht Michael Maier in den jährlichen Zusammenkünften der Rosenkreuzer „eine rechte Philosophische Pythagoreische Versammlung", und er lobt sie, der Regel des Pythagoras nachzufolgen, der seine Schüler verpflichtete, jeden Tag selbst zu prüfen, ob sie richtig gehandelt hatten. In seiner Würdigung der Rosenkreuzer meint er nämlich, daß Pythagoras und seine Nachfolger darauf bedacht waren, „zugleich die Reinheit des Körpers und die Unschuld der Seele an den Tag zu legen".

Die Mitglieder der pythagoreischen Gemeinde (Männer und Frauen) führten ein monastisches Leben. Die Neophyten waren dem Schweigen verpflichtet, sie waren nur Außenstehende. Erst nach der Einweihung durften sie als „Esoteriker" Mathematik lehren, und im dritten Grad erforschten sie als Physiker die Natur. Die asketischen Lebensregeln hatten zum Zweck, die verlorene Harmonie zwischen den Menschen und dem Kosmos wiederherzustellen. Die Pythagoreer glaubten, daß die im Körper eingekerkerte Seele sich nach dem Tod vom Körper trenne und sich in der Unterwelt (Hades) reinige, bevor sie in einen anderen Leib wandern müsse. Erst nachdem sie alle begangenen Fehler gesühnt hatte und von dem Lebensrad befreit wurde, durfte sie die unsterbliche Glückseligkeit erreichen.

5. Hinduismus

Das Problem der Seelenwanderung stellte sich vor allem im Hinduismus, auf den Michael Maier in der *Themis Aurea* anspielt: „Gewisse Philosophen der Antike strebten nach experimenteller Wissenschaft und studierten lieber die Natur als die Geisteswissenschaften, lieber die Dinge an sich als ihre Bedeutung und ihre Bezeichnung: es war der Fall bei den Magiern unter den Persiern, bei den Brahmanen in dem Hinduismus und bei den Priestern in Ägypten, und jetzt gilt es für die Brüder des Rosenkreuzes in Deutschland." Und in den *Symbola aurae mensae duodecim nationum* bemerkt er, daß die Brahmanen und die äthiopischen Gymnosophisten den Lehren der Pythagoreer zustimmten. Die *Confessio Fraternitatis* fragt ihre

Leser, ob es nicht herrlich wäre, daß man durch die Zauberkräfte der Bruderschaft zur Kenntnis der Geheimnisse der „Völker, die über dem Fluß Ganges in Indien wohnen", gelangen könnte.

In der Tat suchte der Tantrismus mit magisch-mystischen Mitteln die Seele vom Irdischen zu befreien, und das Ritual, das bald erotisch, bald rein geistig war, zielte auf die Abtötung der Begierden ab. Die Brahmanen betrieben die Magie, unter anderem beim Zeichnen von *Mandalas*, d.h. von Zauberkreisen, die als Meditationshilfe dienten. Die Brahmanen standen im Rufe, über Zauberkräfte zu verfügen, die sie sowohl im sozialen als auch im politischen Bereich ausübten; es heißt, daß sie die Kunst des Sehens und Wahrsagens beherrschten und daß sie leicht riesige Entfernungen zurücklegen konnten. Von der indischen Alchemie wird gesagt, daß sie Jugendelixiere zuzubereiten wußte. Mit Yogaübungen kombiniert, sollte die Alchemie den Menschen vom Gebundensein an die Körperlichkeit befreien. Der Merkur wurde im 14. Jahrhundert als die reinigende Kraft bezeichnet, die den Körper des Yogis in einen „himmlischen Leib" verwandeln und aus ihm einen Lebendig-Befreiten machen könne. Der Vergleich mit dem Wandlungsgeheimnis der *Chymischen Hochzeit* leuchtet ein, und die Ideen des *Karmas* und der Seelenwanderung werden noch im späteren Rosenkreuzertum eines Rudolf Steiner oder Max Heindel wieder auftauchen.

6. Gnosis

Im Westen wie im Osten enthält die Alchemie als Kernstück die Anthroposlehre der Gnosis und stellt eine Erlösungslehre dar. Auch das *Lectorium Rosicrucianum* von Jan van Rijckenborgh (Goldenes Rosenkreuz) glaubt an die Reinkarnation, bei der es sich um Wiedergeburt in menschlichen Körpern handelt. Es geht dieser modernen Rosenkreuzergemeinschaft darum, die Dialektik des Lichtes und der Finsternis, des Lebens und des Todes, der Liebe und des Hasses zu überwinden, und diese Befreiung von den dialektischen Banden wird am Ende einer langen Entwicklung durch die Selbstverleugnung erreicht, die den verklärten Menschen vom Rad der aufeinanderfolgenden Geburten und Tode losmacht. Diesem Vorgang hat Rijckenborgh den Namen *Endura* gegeben, eine Bezeichnung, die er dem Wortschatz der Katharer entnahm.

Die Gnosis spielte von Anfang an eine wesentliche Rolle in der Gedankenwelt der Rosenkreuzer. Für sie wie für die Gnostiker war der Kosmos ein Lebewesen mit einem Leib, einem Geist und einer Seele, wobei die Pflanzen eine vegetative oder Wachstumsseele und die Tiere eine sensitive oder Sinnenseele haben, während die Menschen zu diesen beiden Seelen hinzu noch die „intellektive“ oder denkende Seele besitzen, die sie mit dem Vermögen der Sprache und der Vernunft begabt. Der Verstand ist ein diskursives Denken, aber er ist auch als „intellectus agens“ etwas Göttliches und Schöpferisches. Richard Kienast, der 1926 eine Interpretation der *Chymischen Hochzeit* veröffentlichte, deutete die drei Königspaare als symbolische Darstellung der gnostischen Auffassung von der Seele.

Nach den streng dualistischen religiösen Strömungen des Gnostizismus in den ersten Jahrhunderten n. Chr. bilden die Natur und der Mikrokosmos nur die eine Hälfte der Welt. Die andere Hälfte, die nicht in der Materie gefangen ist, ist die Sphäre der Geister, der Engel, der unsichtbaren Gewalten und Archonten, und sie erstreckt sich bis zu Gott. Aber die beiden konzentrischen Bereiche sind scharf voneinander getrennt: oben ist das göttliche Reich des Lichtes, unten das Reich der Finsternis, das von dem Fürsten dieser Welt regiert wird. Ein Bild aus dem *Liber divinorum operum simplicis hominis* der Mystikerin Hildegard von Bingen, das in C. G. Jungs Buch *Psychologie und Alchemie* wiedergegeben ist (siehe dort Abb. 195), hat stark gnostisches Gepräge. Der Schöpfer der Welt ist auf diesem Bild Christus, dessen Kopf durch einen goldenen Ring mit dem Gesicht Gottvaters verbunden ist. Er hält vor der Brust in beiden Armen einen Flammenring, der das schaffende Feuerleben Gottes darstellt. Dieses Flammenrad ist aber innen von einem dunklen Rad begrenzt, welches das schwarze Feuer des Luzifer darstellt. In diesem Kreis führen sieben konzentrische Sphären zum

Mittelpunkt, zur schwarzen Erdkugel, vor der der Mensch als Mikrokosmos steht. Da er durch den luziferischen Feuerkreis von Gott und Christus getrennt ist, muß er, um erlöst zu werden, sich von der Stofflichkeit und den bösen Geistern befreien und durch die sieben Sphären aufsteigen, bis der Logos ihn zu Gott zurückführen wird. In der Liturgie der gnostischen Sekten gab es eine Folge von symbolischen Riten, die den irdischen Menschen in ein geistiges Wesen verwandeln sollten. Diese Wiedergeburt wurde vom Gnostiker wie ein *Hierosgamos* erlebt, als sei er die Braut, die im Hochzeitsgemach den Lichtsamen des göttlichen Bräutigams im Schoß empfange. Das Symbol lebt weiter in der Gnosis des Goldenen Rosenkreuzes, wo der Mensch noch die Erinnerung an seinen göttlichen Ursprung behält und durch eine völlige Umkehr von dem unsterblichen Funken in seiner Seele wieder ganz erleuchtet werden kann.

7. Hermetik

Das neuplatonische Motiv des Falls und der Rückkehr sowie die Auffassung der Natur als ein von Gott geschriebenes Buch verweisen auch auf die alexandrinische Hermetik, die sich seit der Renaissance einer besonderen Beliebtheit in der europäischen Intelligenz erfreute. Marsilio Ficino (1433–1499), der in Florenz unter dem Schutz von Cosimo de Medici den *Poimandres* aus dem Griechischen ins Lateinische übersetzte, war darauf bedacht, die Genealogie der sogenannten *prisca theologia* aufzustellen, deren Marksteine von ihm erwähnt werden: Zoroaster, der Astronom Atlas, Bruder des Prometheus, sein Nachkomme Hermes Trismegistos als Priester und König, aber auch Orpheus, Pythagoras und Plato. Besonders wichtig für den Lutheraner Andreae war der Umstand, daß der protestantische Geheimrat des Königs Heinrich IV., Philippe du Plessis Mornay (1549–1623), in seinem Buch *De la vérité de la religion chrétienne* (Antwerpen 1581) sich häufig auf Hermes Trismegistos berief, um zu beweisen, daß die ganze Natur ein Bild Gottes, der Makrokosmos „ein aufgeschlagenes Buch“ sei. Er verglich die hermetische Auffassung der Schöpfung mit der biblischen Genesis und sprach von dem hermetischen „Sohn Gottes“ als von dem Logos. Andreae bezeichnete du Plessis Mornay in seinem *Menippus* (1617) als „Leitstern seines Zeitalters“, und die Rosenkreuzerschriften weisen ein hermetisch gefärbtes Christentum auf. Da die vorige Analyse dieser Texte schon darauf hinwies, werden hier nur einige Beispiele dieses Einflusses herausgegriffen: im Anklang an du Plessis Mornay begrüßt der Anfang der *Fama Fraternitatis* die glückliche Zeit, in der Gott erlaubte, daß sich die Erkenntnis seines Sohnes immer mehr erweitert. Außerdem beschreibt Poimandres im *Corpus Hermeticum* den Abstieg des Urmenschen, der sich mit der Natur vermählte, so daß die aus dieser Ehe stammende Menschheit zugleich an Gottes Licht und an der ursprünglichen Finsternis teilhat. Die μετανοια (Metanoia) ergibt sich aus der ανοδος (Anodos), d.h. der Auffahrt zu Gott, deren Phasen von Poimandres dargestellt werden: der materielle Körper wird aufgelöst, die Seele entledigt sich der sieben Laster und nimmt die *ogdoadische* (= achte) Eigenschaft an, bevor sie im Vater wiedergeboren wird. Manche Aspekte der hermetischen Heilslehre treten in der *Chymischen Hochzeit* wieder auf: das Feuer als Mittel zur Herstellung der lebendigen Wesen, die Überfahrt über das himmlische Meer, der Aufstieg zum Olymp, die Bedeutung der Ogdoas, die das achte Stockwerk in der *Turris Olympi* erklärt, die Deutung der Träume usw. Selbst Cupido erscheint im *Asclepius*.

8. Einfluß der Araber und der Sabäer

Anscheinend verdankt man die Überlieferung der griechischen Fassung des *Corpus Hermeticum* den Sabäern, die zwischen dem 6. und dem 11. Jahrhundert allein im Besitz dieser Manuskripte waren. Die Bewohner der *Arabia Felix* verehrten den dreimal großen Hermes, der zugleich König, Prophet und Philosoph war, und es hatten sich unter ihnen Gemeinschaften gebildet, die ausgedehnte astrologische und alchemistische Kenntnisse besaßen. Michael Maier berichtet in den *Symbola aurae mensae*, daß dort in der Antike zwei Säulen zu Ehren der beiden Divinitäten Osiris und Isis errichtet worden seien, die alle Geheimnisse der alchemistischen Kunst enthielten. Die Bibel erzählt von den Reichtümern und der Kultur der Sabäer: „die Königin von Reicharabien kam gen Jerusalem mit Kamelen, die Würze und Golds die Menge trugen und Edelsteine, Salomo mit Rätseln zu versuchen“ (2. Chr. 9, 1). Und die Weisen aus dem Morgenland wurden durch einen Stern zu dem Jesuskindlein geführt und schenkten Gold, Weihrauch und Myrrhe. Außerdem behauptete Michael Maier auf Grund von Aussagen des Isidor von Sevilla, daß der wunderbare Vogel Phoenix in der *Arabia Felix* lebe. Aus der *Fama Fraternitatis* wird ersichtlich, daß der Verfasser um die hermetische Bildung der Sabäer wußte, denn Christian Rosenkreuz soll seiner fiktiven Biographie zufolge in Damcar seine physikalischen und mathematischen Kenntnisse wesentlich erweitert haben.

Christians Initiationsreise geht dann weiter nach Fez. Nach dem Geographen Mercator (1512–1594), dessen berühmter Atlas von Andreae benutzt wurde, bedeutet dieser Name „aus Gold“. In Fez weilten viele Alchemisten und Wahrsager, die die Zukunft mit Hilfe einer *„zâïrja“*, die mit der Ars Magna des Raimund Lull verglichen werden könnte, vorausberechneten. Fez besaß zudem eine arabische Universität.

Die Rolle, die die Araber in der Aufbewahrung und Übertragung mancher Texte der alten Griechen spielten, ist allgemein bekannt, und man weiß, daß sie im 11. Jahrhundert nicht nur Aristoteles und Plato, sondern auch die Werke von Euklid, Archimedes, Ptolemäus, Hippokrates, Galenus abschrieben. Sehr groß war auch der Beitrag der arabischen Gelehrten auf den Gebieten der Algebra (arabische Etymologie!), der analytischen Geometrie, der Trigonometrie, der Arithmetik, der Alchemie (arabische Etymologie!). Im Bereich der Astronomie verdankt man ihnen die Erfindung oder die Verbesserung mancher Geräte, und der Versuch der astronomischen Schule Al-Andalus in Spanien, die „Exzentrikel“ und „Epizykel“ durch Figuren zu ersetzen, die den aristotelischen Grundsätzen weniger widersprechen, findet einen Anklang in der *Confessio Fraternitatis*.
Abschließend kann festgestellt werden, daß gewisse Analogien

bestehen zwischen den eben beschriebenen religiösen oder philosophischen Systemen und den Urschriften der Rosenkreuzer, aber diese Ähnlichkeiten sind insofern „mythisch", als das prinzipiell Maßgebende jeweils die Gleichheit der Mythologeme ist. Die Hauptsache wäre also hier der Parallelismus mythologischer Motive, ohne daß auf mittelbare oder unmittelbare Einflüsse geschlossen werden könnte.

Es ist bemerkenswert, daß in demselben Jahr 1618, in dem Michael Maier bei den persischen Magiern eine mögliche Quelle des Rosenkreuzes zu entdecken glaubte, Andreae in dem satirischen Werk *Peregrini in Patria errores* einem Kapitel den Titel „Zoroaster" verlieh. Er schildert eine dunkle Höhle, die der Wohnort eines Gymnosophisten ist. Da verkehren Pythagoras, verschiedene Gnostiker und Brahmanisten, aber auch der berühmte Thaumaturg Apollonius von Tyana, ein Wundertäter, der sowohl im Hinduismus als auch in der Orphik bewandert war. Peregrinus kann ihre bizarre Geheimschrift nicht entziffern, und wenn sie sprechen, glaubt er das Gebrüll von Rindern zu hören. Man findet in dieser Höhle wie in der Grabstätte von Christian Rosenkreuz ein Kompendium des Alls und geheime Bücher sowie seltsame Geräte, mit denen die im Meer und in der Erde verborgenen Schätze gehoben werden sollen. Außerdem erwähnt Andreae die Städte Fez und Damcar in der *Turris Babel*, um den Wahn der Rosenkreuzerei zu beweisen; er schlägt deshalb ironischerweise den leichtgläubigen Leuten vor, die die Rosenkreuzer um jeden Preis entdecken wollen, nach der Insel der Hesperiden zu segeln.

II. Vorgänger und Vorbilder

Außer den geistesgeschichtlichen Strömungen, deren Archetypen mehr oder weniger im Rosenkreuzertum wieder aufleben, bestehen Verwandtschaftsbeziehungen zwischen dem Weltbild der Rosenkreuzer und gewissen Denkern oder Künstlern des Spätmittelalters und der Renaissance, so daß enthusiastische Verehrer der Bruderschaft schon vor dem 17. Jahrhundert Anhänger dieses Geheimbundes zu entdecken glaubten. Fr. Wittemans stellte in seiner 1919 erschienenen *Geschichte der Rosenkreuzer* eine Zeittafel der Fraternität auf, die 1378, im legendären Geburtsjahr von Christian Rosenkreuz, einsetzt. Was hat es mit dieser Ansicht auf sich?

1. Dante Alighieri

Von Dante Alighieri (1265–1321) heißt es, er habe der Geheimgesellschaft *Fede Santa*, dem dritten Orden der Tempelherren, angehört, und zudem werde in einem Wiener Museum eine Medaille mit dem Bild des Dichters aufbewahrt, deren Kehrseite die Inschrift FSKIPFT trägt, deren Bedeutung sei: Frater Sacrae Kadosch, Imperialis Principatus, Frater Templarius. Wendet man sich der *Divina Commedia* zu, so kann man bemerken, daß die Wanderung der Seele des Verfassers durch die Hölle, das Fegefeuer und das Paradies eine ungefähre Ähnlichkeit aufweist mit Christians Abstieg zu der Begräbnisstätte der Könige und zum Lager der Venus, ehe er zum achten Stockwerk der *Turris Olympi* hinaufgeführt wird. Andererseits ist die „Comoedi", die den Schlüssel zum Verständnis der Chymischen Hochzeit gibt, gewissermaßen eine „Göttliche Komödie" der erlösten Menschheit. In Dantes „Paradiso" gelangt die Seele zum achten Himmel und sieht, wie die Menge der Auserwählten eine großartige Rose zusammensetzt, die in einer Abbildung aus dem 15. Jahrhundert wunderschön dargestellt wird. Am Anfang des 31. Gesanges schreibt Dante: „In der Gestalt einer weißen Rose erschien mir die ‚sancta militia', die Christus in seinem Blut heiratete...", wobei die drei Bestandteile: die heilige Hochzeit, die Lichtrose und das erlösende Kreuz vereinigt sind. Aber diese Triade beweist nichts anderes als die Kontinuität der Hauptsymbole der Menschheit.

2. Hieronymus Bosch

Bei dem großen niederländischen Maler Hieronymus Bosch (um 1450–1516) könnte man zu denselben Feststellungen kommen. Zwar gehörte er einer Marienfraternität an, aber es gab zahlreiche ähnliche Bruderschaften im Mittelalter. Nichtsdestoweniger meinte Clemens A. Wertheim Aymes in einer Studie über die geheime Symbolik von Bosch (Berlin 1957), daß der Maler Mitglied eines rosenkreuzerischen Konventikels gewesen sei. Sein Haus wurde „Rosenkranz" genannt, auf einem seiner Bilder sei neben der heiligen Jungfrau ein Turm mit Rosen dargestellt, und bei einer ungeschickten Restaurierung des Gemäldes sei ein Kreuz verschwunden. Solche riskante Vergleiche sind aber nur der schlagende Beweis eines unbefangenen Eifers.

3. Agrippa von Nettesheim

Viel wahrscheinlicher war der Einfluß von Agrippa von Nettesheim (1487–1535). Nach W.-E. Peuckert (*Gabalia*, Berlin 1967) hatte er in Lyon einem heimlichen Bund angehört und dann in der Franche-Comté, die damals unter der Herrschaft der Habsburger stand, Kollegien über Reuchlins Kabbala gelesen. Sein abenteuerliches Leben trieb ihn nach London, Tunis, Paris, er wurde abwechselnd Leibarzt der Mutter des französischen Königs Franz I. und Historiograph des Kaisers Karl V., wurde dann der Magie angeklagt, floh wieder nach Frankreich und beendete sein Leben in Grenoble.

In seinem Hauptwerk *De occulta philosophia* hatte er auf Grund seiner hermetisch-platonischen Weltanschauung der Magie sozusagen ihre Adelsbriefe zu geben versucht. Da „der Schöpfer aller Dinge durch die Engel, die Himmel, die Gestirne, die Elemente, die Tiere, die Pflanzen, die Metalle und die Steine die Kräfte seiner Allmacht auf uns Menschen ausströmt, zu deren Dienst er dies alles erschaffen hat, so halten die Magier es für keine unvernünftige Sache", daß wir uns all diese Kräfte aneignen und zu unserem Nutzen verwenden. Die Magie, wie er sie auffaßt, verbindet die drei wissenschaftlichen Fächer der Physik, der Mathematik und der Theologie. Die Physik lehrt die *magia naturalis*, die sich mit den Elementen beschäftigt und durch sie wirkt. Diese Elemente bestehen in den Archetypen als Ideen des zu Erschaffenden, in den Himmeln als Kräfte, in unserer Welt als konkrete Formen. Die Himmel und Sterne dienen als Werkzeuge, durch die die Ideen in der Materie eine Form annehmen. Infolgedessen besteht nach dem Prinzip der Analogie die Möglichkeit, die verborgenen Kräfte der Natur zu benutzen. Agrippa schreibt dazu: „Wenn du von irgend einem Teil der Welt oder einem Sterne eine Kraft zu erhalten wünschst, und du wendest dasjenige an, was in einer Beziehung zu diesem Sterne steht, wirst du seinen eigentümlichen Einfluß erlangen." Daraus „erklärt" sich die Wirkung der Amulette oder Talismane, der magischen Formeln, Schriften und Gebärden, durch die man verschiedene Krankheiten heilen kann. „Der Seele des Menschen wohnt eine Kraft inne, die Dinge und Menschen zu verwandeln (...), einen weniger Starken (zu) bannen und zu Bewunderung und zum Gehorsam (zu) zwingen". Also scheint die Wirkung der *magia naturalis* unbeschränkt zu sein. Anklänge an Agrippa von Nettesheim finden sich in der *Fama Fraternitatis*.

4. Paracelsus

Auch sein Zeitgenosse Paracelsus (1493–1541) glaubt an die magische Kraft der Seele. Paracelsus wurde in Einsiedeln, nicht weit von Zürich, als Sohn des Arztes und Scheidekünstlers Wilhelm Bombast von Hohenheim geboren. Er durchwanderte Deutschland, Italien, Frankreich, Spanien, Portugal, Polen, Ungarn, Skandinavien, Rußland und nach der Legende auch Afrika und Asien, besuchte die medizinischen Fakultäten in Paris, Montpellier, Wien, Köln. 1527 wurde er an der Universität Basel als Professor der Medizin, Chirurgie und Physik angestellt, wo er nicht nur durch den Inhalt seiner Vorlesungen Aufsehen erregte, sondern auch weil er sie in deutscher, nicht in lateinischer Sprache hielt. Infolge eines Prozesses mit einem Vertreter der Basler Honoratioren mußte er 1528 ins Elsaß flüchten und dann ein unstetes Wanderleben durch Deutschland, Österreich und die Schweiz führen. Über seinen Aufenthalt im Appenzeller Gebirge ist man nicht genau informiert, man weiß nur, daß er zugleich als Arzt und Prediger der Armen das Land durchwanderte. Vielleicht hatte er Kontakte zu Wiedertäufergemeinden. Immerhin nannte er sich „Doktor der Heiligen Schrift", und sein Interesse galt damals theologischen Problemen.

Auf seinen entscheidenden Einfluß auf das ältere Rosenkreuzertum wurde schon weiter oben hingewiesen. Es ist merkwürdig, daß Werke von und über Paracelsus sich in dem Grabgewölbe von Christian Rosenkreuz befinden, das 1484 vermauert wurde, während der berühmte Arzt und Philosoph erst 1493 geboren wurde. Ebenso anachronistisch ist die kryptographische Erwähnung seines Namens mit der Jahreszahl 1459 in der *Chymischen Hochzeit.* Wie dem auch sei, Andreaes Urteil über Paracelsus ist zweideutig: in der *Turris Babel* wird er unter den „Illuminati" wie Joachim von Fiore oder Guillaume Postel erwähnt, deren Zahlenspekulationen zur Erscheinung der *Fama Fraternitatis* beitrugen. In einem Apolog der *Mythologia christiana* gehört er zu denjenigen, die als unnötige *arcanorum scrutatores* (Geheimkundler) bezeichnet werden. Dagegen schildert eine andere Fabel desselben Werks die Angriffe des personifizierten Neids gegen Theophrastus und die Lobreden, in denen die „Fama" sich über diesen heldenhaften Arzt und Philosophen ergeht.

5. Giordano Bruno

In der Bibliothek von Christoph Besold, die der junge Andreae eifrig benutzte, befanden sich Werke des Philosophen der italienischen Renaissance, Giordano Bruno (1548–1600), der ein nicht weniger abenteuerliches Wanderleben führte als Paracelsus. Er trat 1563 in den Dominikanerorden ein, den er 1576 verlassen mußte, weil er der Ketzerei angeklagt wurde. Um 1580 hielt er sich in Genf auf und trat zum Calvinismus über, aber es entstanden bald Zwistigkeiten mit Theodore de Bèze. In Toulouse und dann in Paris hielt er Vorlesungen und erwarb sich dadurch die Gunst des französischen Königs Heinrich III., dem er 1582 sein hermetisches Buch *De umbris idearum* widmete. Ab 1583 weilte er in England, wo er das Buch *Spaccio della bestia trionfante* veröffentlichte, in dem er auf hermetischer Grundlage eine allgemeine Reformation der ganzen Welt beschrieb. Zwischen 1586 und 1591 lebte er in Deutschland, wo er nach fragwürdigen Zeugnissen den hermetischen Bund der „Giordanisti" gegründet haben soll, der sich besonders an die lutherischen Kreise richtete und der von Frances A. Yates als mögliches Vorbild der Rosenkreuzer-Bruderschaft betrachtet wurde. In Wittenberg publizierte er ein Werk über die *ars combinatoria* von Raimund Lull, und in Frankfurt erschien von ihm *De monade numero et figura*, ein lateinisches Gedicht, dessen Zahlenlehre auf Agrippa von Nettesheim und John Dee zurückgeht. Zu seinem Unglück kehrte er nach Italien zurück, wo er von der Inquisition zum Tode verurteilt wurde und 1600 auf dem Scheiterhaufen starb.

6. Heinrich Khunrath

Nicht fraglich ist der Einfluß von Heinrich Khunrath (1560–1605) auf die Urheber des älteren Rosenkreuzertums. In Leipzig geboren, studierte Khunrath Medizin in Basel und praktizierte dann in Hamburg und Dresden. Als Schüler des Paracelsus verfaßte er in geschraubtem Stil theosophische Schriften; sein berühmtestes, heute noch gepriesenes Werk war das *Amphitheatrum sapientiae aeternae*, das 1602 erschien. Der lutherische Theologe Johann Arndt (1550–1621), den Andreae sehr bewunderte, schrieb anonym ein *Iudicium und Bericht eines erfahrenen Cabalisten und Philosophen über die 4 Figuren des großen Amphitheatri D. Heinrici Khunradi*, das 1608 als Anhang zu dem Werk *De igne magorum philosophorum* von Khunrath gedruckt wurde. Darin unterscheidet er die drei Lichter, von denen in den Rosenkreuzer-Urschriften die Rede ist: das Licht der Natur (Magie), die „Cabala" oder Erkenntnis des übernatürlichen Himmels und die Theologie als Licht Gottes. Es ist aber zu bemerken, daß trotz dieser ehrwürdigen Patenschaft das *Amphitheatrum* von Khunrath in den beiden ersten Auflagen der *Confessio Fraternitatis*, der lateinischen und der deutschen, die 1615 in Kassel erschienen waren, kritisiert wird, während dieser direkte Angriff in der Frankfurter Ausgabe (1615) verschwunden ist. Dieselbe zweideutige Stellungnahme zu den Schriften von Khunrath kennzeichnet die übrigen Werke von Andreae: in einem Apolog aus der *Mythologia christiana* greift er die Argumente der *Confessio Fraternitatis* wieder auf, und er spottet über die verschnörkelte, hochtrabende Schreibweise Khunraths und seine Geheimnistuerei. Und doch läßt eine ausführliche Analyse der *Chymischen Hochzeit* mehrere Ähnlichkeiten mit seinen Werken erkennen. In dem *Amphitheatrum sapientae aeternae* werden die „Söhne der Doktrin" „gewaschen und purgiert", sie können „orare et laborare" und werden schließlich wegen ihrer doppelten Einsicht in die Bibel und in die Natur als „Gottesfreunde" bezeichnet. Die Natur kommt mit Hilfe der Alchemie zur Erlösung, und der Stein der Weisen wird als makrokosmische Form des Heilands betrachtet. Außerdem ist das Motto der *Chymischen Hochzeit* aus dem *Amphitheatrum* übernommen worden. Und der Einfluß von Johann Arndts Kommentar zu einigen Figuren von Khunrath macht sich auch in der *Chymischen Hochzeit* insofern geltend, als gewisse Beschreibungen in dieser Erzählung ihnen nachgebildet zu sein scheinen, wie z. B. die Königsburg mit ihren Toren, mit der *Monas hieroglyphica*, dem Phoenix und dem *Lapis philosophorum*. In einem Dialog aus dem *Menippus* stellt Andreae fest, daß Khunrath mit seinen „mystischen Figuren" die ganze Welt faszinierte. Aber im Grunde genommen divergieren ihre Standpunkte, besonders in bezug auf den Stein der Weisen, in dem Khunrath „ein Bild des Gekreuzigten" sieht und „ohne zu blasphemieren" hinzufügt: „Aus dem Stein sollst du (...) Christus erkennen, und aus Christus den Stein."

7. Gutman, Sperber und Studion

Unter den Vorbildern des älteren Rosenkreuzertums müssen noch drei Namen erwähnt werden: Gutman, Sperber und Studion. Vom Lebensweg des geheimnisumwitterten Aegidius Gutman (1490–1584) weiß man sehr wenig. Auch er scheint viel und weit gereist zu sein auf der Suche nach der Wahrheit, aber die akademischen Künste waren nicht in der Lage, seine Wißbegierde zu befriedigen, bis ihm endlich ein Buch mit Namen *Falmad* in die Hände kam, in dem er das Geheimnis der Weisheit und des Wissens und die Notwendigkeit einer neuen Reformation gefunden haben soll. Erst 1619 erschien von ihm in Frankfurt ein über tausend Seiten umfassendes Buch mit dem vielsagenden Titel: *Offenbarung Göttlicher Mayestät, Darinnen angezeygt wird, Wie Gott der Herr Anfänglich sich allen seinen Geschöpffen mit Worten und Wercken geoffenbart, und wie Er alle seine Werck, derselben Art Eygenschafft, Krafft und Wirckung, in kürtze Schrifft artlich verfasst, und solches alles dem ersten Menschen, den Er selbst nach seinem Bildnus geschaffen, überreycht, welches dann biss daher gelangt ist.* Das Buch, das von dem Mäzen August von Anhalt posthum veröffentlicht wurde, war eine Auslegung des ersten Kapitels der Genesis und handelte von den zwei Quellen der Weisheit: aus der Bibel erlangen wir durch Gottes Sohn die ewige Weisheit, und wir gelangen durch das Buch der Natur zur Erkenntnis des Gottvaters. Wenn der Mensch im göttlichen Lichte ist, erweitert sich seine Wissenschaft auf die ganze Schöpfung, er kennt die Verwandlung der Metalle, die Arzneien zur Heilung der Krankheiten, er erlangt die Fähigkeit, mit einem Menschen, der sehr weit entfernt ist, reden zu können, in der Nacht oder unter der Erde ohne Licht zu sehen, kurzum, sich von dem Heiligen Geist in allen Wahrheiten leiten zu lassen.

Der Vergleich mit den Urschriften der Rosenkreuzer liegt nahe: einige Motive der Manifeste befinden sich schon bei Gutman. Übrigens enthält das Vorwort zur Edition seines Buches Gedanken, die denjenigen der *Fama* vollkommen ähnlich sind, aber diese Ähnlichkeiten rühren einfach von dem Umstand her, daß dieser Text erst anläßlich der Publikation, also 1619, verfaßt wurde.

Julius Sperber (?–1615) war Hofrat des Fürsten August von Anhalt und bewunderte die Schrift von Gutman, die er mit den Büchern des Propheten Esdras verglich und für deren Publizierung er eingetreten war. Was ihm darin besonders gefiel, war der Nachdruck, den Gutman auf „die Philosophie der Heiligen Schrift" legte. Nach Sperber sind Bibel und christliche Kabbala Ausgangspunkt und Erschließung aller Erkenntnis. Adam habe auch nach dem Sündenfall mancherlei Wissen in seinem Gedächtnis behalten, und vor allem die Archetypen, die diese Erkenntnis vermitteln können. Über Noah und die Patriarchen sei dann dieses Wissen zu Zoroaster, den Chaldäern, Persern und Ägyptern und zu den Propheten gekommen. Christus habe den Weg zur göttlichen Weisheit nur sehr wenigen Auserwählten, dem Evangelisten Johannes und dem Apostel Paulus, überliefert. Zu den späteren Besitzern der göttlichen Weisheit zählt Sperber Bernhard von Clairvaux, Agrippa von Nettesheim, Johannes Reuchlin, den Mystiker Tauler, Marsilio Ficino, Guillaume Postel, Pico della Mirandola. Zu allen Zeiten soll diese Weisheit nur Auserlesenen zuteil werden, die dann mit besonderen Kräften begabt sind, wie der Sprachenkenntnis, dem Entschlüsseln des verborgenen Schriftsinns, dem Verkehr mit den Engeln, aber auch mit hervorragenden Fähigkeiten in der Regierungskunst.

Sperber erzählt, wie er 1596 im Traum den Auftrag erhielt, neue Zeiten anzukündigen. Im Sinne der Weltzeitalterlehre des Joachim von Fiore meint er, daß die Zeit des heiligen Geistes im Anzug sei, daß sie von Luther, Paracelsus, Guillaume Postel und anderen vorbereitet wurde und daß Elias diese neue Zeit heraufführen wird, in der die wahre, vollkommene Philosophie auf die echte Theologie gegründet sein und die erneuerte Religion in dem neuen Jerusalem herrschen wird. Auch das Regiment der Welt wird sich ändern, denn auf die Monarchie und die Aristokratie wird die Demokratie folgen. Jedoch wendet sich Sperber an die bestehenden Fürsten und Städte, damit sie seinen Vorsatz unterstützen, ein Weisheitskollegium zu gründen, in dem fromme und gelehrte Leute sich zugleich dem Studium und der tätigen Nächstenliebe widmen würden, wobei sie strengste Verschwiegenheit beachten müßten. Für diese Einrichtung hatte er sogar *leges societatis* aufgesetzt. Sperbers Werk lief lange als Manuskript um und wurde erst 1615 herausgegeben, mit einem Titel, der daraus eine Antwort auf die Fraternität R. C. machte und dazu präzisieren wollte, daß „schon vor neunzehn und mehr Jahren solche Magnalia Dei etlichen Gottesfürchtigen Leuten mitgeteilt gewesen". Darum lautet der Anfang des Titels: *Echo Der von Gott hocherleuchten Fraternitet dess löblichen Ordens R.C.*.

Simon Studion (1543–?) war ein schwäbischer Schulmeister, der sich auch zu dem prophetischen Auftrag berufen fühlte, wie Joachim von Fiore die Zeiten zu messen und eine neue Apokalypse zu schreiben, der er den Titel *Naometria*, d.h. Tempelmeßkunst gab. Obwohl er in der Gunst des Herzogs Friedrich von Württemberg, des Beförderers geheimer Künste stand, gelang es der lutherischen Orthodoxie, die davon Wind bekommen hatte, ein Druckverbot der *Naometria* zu erzwingen. In Anlehnung an den Propheten Daniel und an die Offenbarung des Johannes schätzte Studion die Zeitdauer der Kirche auf 3½ „Jahre" oder 42 symbolische Monate, und er war überzeugt, daß der letzte prophetische Monat vor dem Erscheinen des neuen Jerusalem im Jahre 1590 enden werde. Dann solle eine allgemeine Reformation eingeführt werden, die von dem Bund der *Crucesignati* in die Wege geleitet werden solle. Dem Vorwort zur *Naometria* zufolge hätte am 17. Juli 1586 in Lüneburg eine Versammlung stattgefunden, an der mehrere deutsche Fürsten und Kurfürsten sowie Vertreter der Königin von England, des Königs Heinrich von Navarra und des Königs von Dänemark teilgenommen hätten und deren Zweck die Gründung einer *Confederatio Militiae Evangelicae* gewesen wäre. Für dieses Ereignis scheint kein historischer Beleg zu bestehen, und eine Gründung des Bundes der Crucesignati ging nicht wirklich vonstatten; nur in Tübingen scheint er einen gewissen Anklang bei Tobias Heß und Christoph Besold gefunden zu haben. Sicher ist aber, daß Andreae diese Bezeichnung in der *Theca gladii spiritus* benutzte. Die Sentenz Nr. 210 erklärt nämlich, daß die *Cruce signati* im Gegensatz zu den übrigen Menschen nicht blind herumlaufen; überall in der Welt vermögen sie einen göttlichen Sinn zu entdecken, während die meisten Dummköpfe darin nur Zufall zu sehen glauben.

Andreae zählt in der *Mythologia christiana* sowohl Gutman als auch Sperber und Studion neben Guillaume Postel oder Valentin Weigel zu den „insolitae eruditionis homines“, und er verspottet in demselben Kapitel die Leute, die wunderliche Sprachen wie etwa die „Fessana lingua“ oder die „Damcarica lingua“ verwenden. Diese Satire auf ein gewisses Rosenkreuzertum, verbunden mit dem Lob der *Cruce signati*, weist auf die eigentliche Bedeutung, die Andreae den Rosenkreuzern zuschreiben wollte.

8. Literarische Einflüsse

Die facettenreiche Erzählung der *Chymischen Hochzeit* verdient nicht allein aus dem Blickwinkel der christlichen Hermetik untersucht zu werden, sondern auch in bezug auf ihren literarischen Wert (siehe hierzu R. Frey-Jaun), und in dieser Hinsicht geht sie auf eine europäische Tradition zurück, die es abschließend kurz zu erwähnen gilt.

Die italienische Novellistik findet ihren Niederschlag am dritten Tag der Handlung, als die Jungfrau Alchimia ihren Gästen zum Zeitvertreib Rätsel (γριφοι) aufgibt, die den Dichtungen Giovanni Boccaccios (1313–1375) entnommen wurden. Der *Decamerone* (1352) war schon längst in Deutschland bekannt, 1472 war in Ulm eine deutsche Übersetzung herausgekommen. In der Bibliothek von Besold befand sich eine Ausgabe des *Filocolo* (1336) von Boccaccio, einer Schrift, die das Thema der Liebe zwischen Floire und Blancheflor (Frankreich, 13. Jh.) aufgreift und dreizehn *Questioni d'amore* enthält, deren viele in den γριφοι der *Chymischen Hochzeit* wieder auftauchen. Außerdem weist die *Chymische Hochzeit* weitere Ähnlichkeiten mit anderen allegorischen Dichtungen von Boccaccio auf, wie etwa mit der *Commedia delle Ninfe* (1342) oder mit der *Amorosa visione* (1343).

Außer Dante Alighieri scheint auch Francesco Colonna mit seiner 1499 in Venedig erschienenen *Hypnerotomachia Poli-*

phili den Verfasser der *Chymischen Hochzeit* beeinflußt zu haben, und dies um so leichter, als der französische Protestant François Béroalde de Verville im Jahre 1600 eine Übersetzung dieses phantasievollen allegorischen Werkes unter dem Titel *Le Tableau des Riches Inventions (...) représentées dans le Songe de Poliphile* herausgegeben hatte, dem eine „steganographische“ Erzählung vorangestellt wurde, die eine Auslegung der symbolischen Alchemie war und die Leser auf eine hermetische Interpretation der *Hypnerotomachia Poliphili* verwies. Die Berührungspunkte mit der *Chymischen Hochzeit* lassen sich leicht nachweisen: auf der See begegnen Poliphile und seine Geliebte Nymphen, mit denen Polia Liebeslieder singt; auf der Insel Cythera gehen sie in den Tempel der Venus, wo Poliphile die nackte Göttin bewundert und von Cupido dafür bestraft wird; endlich besucht er wie Christian Rosenkreuz alte Gräber und entziffert ihre Inschriften. Ilana Zinguer wies mit Recht auf die bei Béroalde de Verville herrschende Neigung zur Esoterik hin, die in dem kombinierten Gebrauch der *Steganographie* (Geheimschrift) und der *Anamorphose* (Bildverzerrung) zum Ausdruck kommt. Ich kam in einem anderen Buch über Andreae (*Rose-Croix et société idéale*..., I, 339) zu derselben Feststellung: wie in einem Gemälde von Holbein deutet ein verzerrtes Detail darauf hin, daß die *Chymische Hochzeit* eine viel umfangreichere Bedeutung hat als irgendein alchemistischer Traktat.

III. Vom Rosenkreuz zur Freimaurerei

1. Das ältere Rosenkreuzertum in England

Frances A. Yates vermutet in einer 1972 unter dem Titel *The Rosicrucian Enlightenment* erschienenen Untersuchung, daß das deutsche Rosenkreuzertum seinen Ursprung in England hatte. Schon das Symbol der Bruderschaft sei auf den berühmten Hosenbandorden zurückzuführen, dessen Insignien ein rotes Kreuz mit Rosen darstellen. Sie erinnert auch daran, daß der englische Gelehrte John Dee, der oben schon erwähnte Verfasser der *Monas hieroglyphica*, sich 1583 in Prag aufhielt und dort versuchte, Kaiser Rudolf II. für seinen imperialistischen Mystizismus zu interessieren. Dee hatte auch Beziehungen zu Christian von Anhalt, der an seinem Hof Paracelsisten und Alchemisten unterhielt. Der calvinistische Fürst beeinflußte auch wesentlich die kurpfälzische Politik, indem er im Jahre 1619 dem Haupt der protestantischen Union, Friedrich V. von der Pfalz, riet, die böhmische Königskrone anzunehmen, die ihm von den böhmischen Ständen angeboten worden war. Der Kurfürst Friedrich war mit Elisabeth, der Tochter des Königs von England, Jakobs I., verheiratet, und obwohl der Schwiegervater von der Annahme der böhmischen Krone abriet und die lutherischen Fürsten nicht dafür waren (selbst der protestantische Kurfürst von Sachsen stellte sich auf die Seite des Kaisers), nahm Friedrich das Angebot der böhmischen Stände an. Aber seine Herrschaft dauerte kaum einen Winter, er erlag 1620 der Übermacht der katholischen Liga in der Schlacht am Weißen Berge und erhielt deswegen den Spottnamen „Winterkönig".

Nach der Argumentation von Frances A. Yates wären die Rosenkreuzerschriften die Frucht der religiös-philosophischen Theorien, die um dieselbe Zeit am Hof des pfälzischen Kurfürsten kursierten, und diese seien der mystische *background* eines umfangreichen Reformprojektes gewesen, das dann auf diesem magischen, hermetischen und kabbalistischen Boden gedeihen sollte.

Wie dem auch sei, das rosenkreuzerische Gedankengut faßte leicht Fuß in England, insbesondere durch die Werke von Michael Maier und von Robert Fludd, der mehrere Schriften in der Pfalz hatte drucken lassen. Gerade in England zeichnete sich die Entwicklung vom *Rosicrucianism* zur *Freemasonry* ab.

Im Jahre 1804, genau 200 Jahre nach der in der *Fama Fraternitatis* geschilderten Entdeckung des Grabgewölbes von Christian Rosenkreuz, publizierte Johann Gottfried Buhle in Göttingen ein Buch *Über den Ursprung und die vornehmsten Schicksale der Orden der Rosenkreutzer und Freymaurer*, in dem er darauf hinwies, daß die in dem Titel der *Chymischen*

Hochzeit angegebene Jahreszahl 1459 mit dem Zeitpunkt zusammenfiel, in dem Baumeister aus Deutschland, Österreich und Ungarn sich in Regensburg versammelt und eine Fraternität gegründet hatten, der Kaiser Maximilian I. im Jahre 1497 Privilegien gewähren sollte. Diese These wurde 1824 von Thomas de Quincey in dem *London Magazine* dahingehend ergänzt, daß seiner Meinung nach die Freimaurerei in England aus dem Rosenkreuzertum hervorgegangen sei, und zwar durch die Vereinigung des rosenkreuzerischen Gedankenguts mit den mittelalterlichen Traditionen der Maurerzünfte, die etwa zwischen 1633 und 1646 stattfand.

Mehrere Indizien scheinen diese Hypothese zu rechtfertigen: zunächst der Umstand, daß die beiden Bezeichnungen „Rosenkreuz" und „Freimaurerei" in einem 1638 in Edinburgh gedruckten Gedicht von Henry Adamson of Perth zusammen auftreten:

> For what we do presage is not in grosse,
> For we be brethren of the Rosie Crosse:
> We have the *Mason word* and second sight,
> Things for to come we can foretell aright.

Dazu kommt das Zeugnis des großen Gelehrten und Sammlers Elias Ashmole (1617–1692). Dieser Günstling des englischen Königs Karl I. bewunderte das rosenkreuzerische Ideal. In dem Vorwort zu seinem *Theatrum chemicum Britannicum*, einer mit Anmerkungen versehenen Sammlung von alchemistischen Traktaten, die 1652 in London erschien, erwähnte er Frater I.O., der nach der *Fama Fraternitatis* nach England gefahren sei, um den Herzog von Norfolk zu heilen. Andererseits beweist eine Tagebuchnotiz, daß Elias Ashmole am 16. Oktober 1646 in eine Freimaurerloge in Warrington (Lancashire) aufgenommen wurde.

Zu derselben Zeit wirkten in England drei Männer, die persönlich mit Johann Valentin Andreae in Beziehung gestanden hatten. Samuel Hartlib (1595–1662) war der Sohn eines reichen Kaufmanns aus Danzig und hatte sich 1628 in England niedergelassen. Andreaes Entwürfe zu christlichen Gesellschaftsordnungen begeisterten ihn, und er gab 1647 in Cambridge eine englische Übersetzung der *Christianae societatis Imago* und der *Christiani Amoris Dextera porrecta* heraus. Schon 1641 widmete er dem Londoner Parlament *A Description of the Famous Kingdom of Macaria*, eines Idealstaates nach dem dreifachen Muster der *Utopia* von Thomas Morus, der *New Atlantis* von Francis Bacon und der *Christianopolis* von Andreae, dem Hartlib auch den Namen *Antilia* gab. Der schottische Theologe John Dury (1595–1680) war wie sein Freund Hartlib von Andreaes ständigen Bemühungen um die Aufrichtung eines echt christlichen Gemeinwesens tief beeindruckt. Im Jahre 1633 wechselte er mit Andreae Briefe und konnte also dem großen deutschen Theologen seine ökumenischen Gedanken darlegen. Sein *Summary Discours concerning the work of peace ecclesiastical*, der 1641 erschien, führt seinen Entwurf zur Gründung einer „irenischen" Gesellschaft zur Pflege der Wissenschaften aus.

Der dritte wichtige Vermittler zwischen Andreae und England war der tschechische Gelehrte Jan Amos Comenius (Komensky) (1592–1670). Dieser Lehrer, Prediger und Bischof der „Böhmischen Brüder" mußte nach 1620 wegen der damaligen Religions- und Kriegswirren seine Heimat verlassen und führte dann ein unstetes Wanderleben, das erst mit seinem Tod in Amsterdam ein Ende fand. In Andreae hatte er einen geistigen Vater gefunden, und mit seinen Briefen gewann er das Vertrauen des schwäbischen Hofpredigers, der ihm ein Exemplar der *Christianae Societatis Imago* zuschickte und dabei die Motive seines Entwurfes zur Errichtung einer christlichen Gesellschaft erklärte: er habe nämlich die rosenkreuzerischen Hirngespinste vertreiben und die kulturellen und religiösen Idole stürzen wollen. Trotz dieser Erklärungen schwärmte aber Comenius weiterhin für das Rosenkreuz und widmete 1631 in seinem *Labyrinth der Welt* den Rosenkreuzern ein ganzes Kapitel, das zwar in Anlehnung an Andreaes *Peregrinus* die Bruderschaft kritisiert, aber doch die Hoffnung auf eine Verwirklichung des ernst zu nehmenden rosenkreuzerischen Ideals nicht aufgibt. Und in seinem Buch *Via lucis* (*Der Lichtweg*), das 1641 in

London erschien, legte er den Organisationsplan eines *Collegium lucis* dar, das seinen Sitz in England haben sollte. Seine *Pansophie* zielte auf Universalismus ab und setzte das Bestehen einer Weltsprache voraus: da die in der *Confessio Fraternitatis* erwähnte Ursprache nicht mehr existierte und das Latein diese Rolle nicht mehr ganz spielen konnte, sann er auf die Erfindung einer neuen Sprache, die allgemein verständlich und allen Kenntnisstufen angepaßt wäre. In einem Weltkollegium sollte die Elite aus allen Völkern das ganze Wissen sammeln, um alle Menschen ohne Ansehen der Person, seien sie nun Christen, Juden, Muselmanen oder Heiden, davon profitieren zu lassen. Nach Comenius sollte aus seinem *Collegium lucis* die *Ecclesia vere catholica philadelphica* hervorgehen, deren Vorstufe ein halbes Jahrhundert früher die *Fraternitas Roseae Crucis* gewesen sei.

Um dieselbe Zeit (1646–1647) ist in verschiedenen Briefen von Robert Boyle, namentlich an Hartlib, von einem *Invisible College* die Rede, das als „Philosophical College" bezeichnet wird, dessen Mitglieder die höchste Gelehrsamkeit mit der Ausübung der Nächstenliebe zu vereinigen wußten. Frances A. Yates bemerkt dazu, daß das Prädikat „unsichtbar" auf das Rosenkreuzertum zurückgehe, daß Francis Bacon im Sog der deutschen Fraternität die wohltätigen Brüder der *New Atlantis* und ihr Kollegium für die Außenwelt unsichtbar gemacht habe und daß die utopischen Staaten *Macaria* oder *Antilia* auch vom Rosenkreuz abstammten: „We have thus here a chain of tradition leading from the Rosicrucian movement to the antecedents of the Royal Society."

Allem Anschein nach entstand die *Royal Society* aus dem Gelehrtenverein, der 1645, während des englischen Bürgerkriegs, in London zu dem Zweck gegründet wurde, die Forschungen auf dem Gebiet der Naturphilosophie zu fördern. Zu den ersten Mitgliedern zählten der Pfälzer Theodor Haak, der in London weilte, und John Wilkins, der damals Kaplan des pfälzischen Kurfürsten war und später zur Prominenz der *Royal Society* gehören sollte. In seiner *Mathematicall Magick* (1648) beruft sich letzterer auf die *Fama* und die *Confessio*

Fraternitatis so wie auf die *Utriusque Cosmi Historia* von Robert Fludd, der auch ein Verehrer der Rosenkreuzer war. 1652 veröffentlichte Thomas Vaughan unter dem Pseudonym Eugenius Philaletes eine englische Übersetzung der *Fama* und der *Confessio* (siehe oben S. 14). 1660 wurde die *Royal Society* in London gegründet, und in demselben Jahr publizierte John Heydon *The Voyage to the Land of the Rosicrucians* (siehe oben S. 14), wo er eine Parallele zwischen Bacons *New Atlantis* und der *Fama Fraternitatis* zog. Es leuchtet ein, daß Isaac Newton (1643–1727), der der zweiten Generation der *Royal Society* angehörte, durch seine epochemachenden Arbeiten auf den Gebieten der Physik und Mathematik in diesem Gelehrtenverein die Vorherrschaft der exakten Wissenschaften durchsetzte, aber es darf auch nicht übersehen werden, daß Newton auch an der Alchemie interessiert war und daß er *The Fame and Confession of the Fraternity R.C.* sowie die *Themis aurea* und die *Symbola aurae mensae duodecim* von Michael Maier besaß.

Das rosenkreuzerische Erbe lebte also weiter in der *Royal Society* und läßt sich ebenfalls in der Freimaurerei nachweisen, insofern ein 1724 in London unter dem Titel *The secret History of the Free-Masons* ediertes Manuskript der alten freimaurerischen Konstitutionen die Rosenkreuzer und die Freimaurer als Brüder ein und derselben Fraternität bezeichnet.

2. Die Gold- und Rosenkreuzer

Das Primat der Alchemie

Der Erfolg der Rosenkreuzer-Literatur hatte zur Folge, daß manche Leser im Laufe des 17. Jahrhunderts von der Vielfältigkeit der rosenkreuzerischen Botschaft nur das Wunderbare und die damit verbundene Alchemie behielten: sind doch das philosophische Gold und das *Alexipharmakon* allgemeingültige und ausgezeichnete symbolische Schutzmittel gegen die jedem Menschen innewohnende Angst vor Vergänglichkeit und Tod.

Das Wort „Rosenkreuz" bezeichnete noch immer eine mysteriöse Gemeinschaft, die im Besitz solcher Arkana sei.

Die Sage erzählt, wie um 1630 ein Spanier namens Petrus Mormius in die französische Provinz Dauphiné kam. Dort begegnete er einem Greis, der Rose hieß und der zu den Mitgliedern des Ordens vom goldenen Rosenkreuz zählte, der nur aus drei Personen bestand. Es gelang Mormius, sich als Famulus des Meisters annehmen zu lassen. Dann ging er nach Den Haag und versuchte vergebens, den Generalstaaten die von Rose gelernten Geheimnisse gegen klingende Münze preiszugeben. 1630 veröffentlichte er in Leiden ein Buch *Arcana totius naturae secretissima, nec hactenus unquam detecta a Collegio Rosiano in lucem produntur (Die geheimsten Mysterien der ganzen Natur, bisher niemals enthüllt, und von dem Rosianischen Kollegium ans Licht gebracht),* in dem er die Quadratur des Zirkels, *das perpetuum mobile*, die Verwandlung der Metalle und das Allheilmittel zu kennen behauptete.

Viel ernster nahm sich die Gesellschaft aus, die sich als rosenkreuzerisch ausgab und 1654 in Nürnberg gebildet wurde. Sie betrieb chemische Studien, und der große Philosoph Leibniz (1646–1716) nahm an ihren Arbeiten teil. Es ist merkwürdig, daß dieser durch und durch positive Geist, der in allen Wissenschaften zu Hause war, sich so sehr in die *Chymische Hochzeit* vertiefte, daß er das Namenrätsel der Jungfrau Alchimia löste. Dagegen blieb er skeptisch gegenüber den angeblich magischen Kräften, von denen in den Manifesten die Rede ist, und er hielt die Unsichtbarkeit und Unverwundbarkeit der Rosenkreuzer für lauter Märchen.

Um die Jahrhundertwende vollzog sich eine seltsame Umwertung auf dem Gebiet der Kirchengeschichte, als der Pietist Gottfried Arnold (1666–1714) seine *Unparteiische Kirchen- und Ketzerhistorie* (1699–1700) in Frankfurt am Main publizierte, ein Buch, das Goethe später in den Händen hatte und schätzte. In dem Teil, den Arnold dem Rosenkreuzertum widmet, behandelt er das wichtige Problem der Verfasserschaft, und er meint, daß Andreae die *Fama* und die *Confessio Fraternitatis* im Einvernehmen mit einigen vertrauten Freunden veröffentlichte. Er stützt sich auf das Zeugnis von Johann Arndt, dem Andreae anvertraut habe, daß er mit dreißig anderen Personen die *Fama* habe drucken lassen, um die Anhänger einer echten Reformation in Europa zu testen.

Eine neue Bruderschaft

Gottfried Arnolds Untersuchung dokumentiert die Wandlung, die sich um die Jahrhundertwende in der europäischen Kultur ankündigt und sich auf die Auffassung des rosenkreuzerischen Phänomens auswirkt. Bis dahin war eine wirkliche Bruderschaft der Rosenkreuzer nicht nachweisbar. Die Idee des Rosenkreuzes war das Symptom einer religiösen, philosophischen, sittlichen und epistemologischen Krise und Ausdruck der diffusen Sehnsucht nach einer allgemeinen Reformation. Im 18. Jahrhundert macht sich das Bedürfnis nach einer konkreten Organisation bemerkbar, die verschiedene Formen annehmen und mit der Aufklärung einhergehen wird. Im Jahre 1710 erscheint in Breslau eine Schrift mit dem Titel *Die Wahrhaffte und vollkommene Bereitung des Philosophischen Steins der Brüderschafft aus dem Orden Des Gülden- und Rosen-Creutzes (...) Dabey angehänget das Gesetz oder Regeln, welche die gedachte Brüderschafft unter sich hält. Denen Filiis Doctrinae zum Besten publiciret von Sincero Renato* ... Das Buch ist in erster Linie ein alchemistischer Traktat, aber der Verfasser, der in Wirklichkeit Samuel Richter hieß und ein schlesischer Pfarrer war, präzisiert in der Vorrede: „Es ist die wahrhafte Praxis der Bruderschaft des Rosenkreuzes, (...) welche (...) vor etlichen Jahren alle nach Indien gegangen, um daselbst in besserer Ruhe zu leben.“ Er beruft sich auf Hermes Trismegistos und Raimund Lull und zählt dann die 52 Regeln der Bruderschaft auf, deren Mitgliederzahl seinen Angaben zufolge 23 bis 63 beträgt. Man erfährt, „daß ein Bruder den anderen seines Glaubens halber nicht befragen, sondern erlauben, daß ein jeder, was Religion er zugetan wäre, frei leben möge“, daß die „heilige Kongregation“ von einem „Imperator“ geleitet wird, der „von 10. zu 10. Jahren seine Residenz wie auch den Namen und Zunamen ändern soll", daß die Brüder nicht danach trachten dürfen, eine Frau zu nehmen, „wenn ihnen aber nach dem Fleisch gelüsten sollte, so erlaubt man ihnen eine zu haben". Die Regeln präzisieren auch, daß die Brüder zwar das alchemistische Magisterium beherrschen und das „Projektionspulver" besitzen, aber „sie versprechen ein ewiges Silentium", um zu vermeiden, daß „dieses Licht oder Wahrheit dieser heiligen Wissenschaft in die Hände der Weltkinder kommen möge".

Noch viel seltsamer nimmt sich ein Buch aus, das 1737 von einem gewissen Ludwig Conrad Orvius auf der fiktiven „Insel der Zufriedenheit" unter dem Titel *Occulta philosophia, oder Coelum Sapientium et Vexatio Stultorum* gedruckt wurde. Es erzählt von der phantastischen Geschichte einer geheimen Gesellschaft, die das Geheimnis des Steins der Weisen bewahre, und eine Reihe von Palästen, in Den Haag, Amsterdam, Nürnberg, Hamburg, Erfurt, Danzig, Mantua, Venedig, besessen habe. Der Ordensstifter habe Christian Rose geheißen, und die Gemeinschaft gehe auf den Ritterorden der Johanniter zurück. Das Erkennungszeichen der Brüder sei ein blaues Band, an dem ein goldenes Kreuz mit einer Rose hänge. Es liegt auf der Hand, daß diese Schrift ein Apokryph war, aber ihre Veröffentlichung zeugt von dem damaligen Erfolg der Rosenkreuzeridee und der Alchemie überhaupt.

Tradition und Freimaurerei

Kein Wunder, daß um dieselbe Zeit eine Abhandlung mit dem Titel *Thesaurus Thesaurorum a Fraternitate Rosae et Aurae Crucis testamento consignatus (Der Schatz der Schätze, von der Fraternität der Rose und des Goldenen Kreuzes in einem Testament niedergelegt)* auf das Jahr 1580 zurückdatiert wurde, genauso wie die Schrift *Coelum reseratum chymicum (Der enthüllte chemische Himmel)*, die 1737 von J. G. Toeltius publiziert wurde, das fiktive Druckjahr 1612 angibt. 1733 war die dritte Auflage des *Aureum Vellus* von Ehrd von Naxagoras erschienen, in der der Verfasser das Ideal des alten burgundischen Ordens mit dem der Rosenkreuzer verglich, und Hermann Fictuld, der 1749 auch ein Buch über *Das Goldene Vlies* drucken ließ, befaßte sich ebenfalls mit der mythischen Überlieferung des rosenkreuzerischen Gedankenguts (Vgl. A. Faivre, *Toison d'or et alchimie*, Milano 1990). An zwei Stellen ist darin von einer „Societät der goldenen Rosenkreuzer" die Rede, und eine Schrift, die 1761 unter dem Titel *Aureum Vellus seu Iunioratus Fratrum Rosae Crucis* veröffentlicht wurde, enthält Statuten, ein Ritual und ein Namenverzeichnis der Bruderschaft. Damals war sie streng hierarchisch gegliedert und bestand aus sieben Klassen, die ihrerseits in Zirkel gegliedert waren. Die Aufnahme von Deisten und Heiden war nicht gestattet, nur Christen und Juden wurden aufgenommen.

Ursprünglich hatten diese Kreise keine direkte Verbindung mit der Freimaurerei, aber es bestanden gegenseitige Anziehungskräfte: von den Rosenkreuzern erhofften die Freimaurer die Enthüllung von Geheimnissen, die Reichtum, Gesundheit und langes Leben verleihen konnten, während die Rosenkreuzer in den Logen ihre hermetischen Kenntnisse zu erweitern hofften. Aus diesen Gründen ließen sich letztere oft in freimaurerische Logen aufnehmen. Herzog Franz von Lothringen, der 1736 die Kaiserin Maria Theresia geheiratet hatte, war ein leidenschaftlicher Alchemist und besaß sein eigenes Laboratorium. Schon 1731 hatte er sich in der Hoffnung, neue chemische Verfahren zu lernen, in eine Loge in Den Haag aufnehmen lassen, und er wurde 1742 Mitglied der ersten österreichischen Loge „Zu den drei Kanonen" in Wien.

Der Tempelorden und die Rosenkreuzer

Die goldenen Rosenkreuzer hatten eine beschränktere Mitgliederzahl als die deutschen Freimaurer, aber sie waren überzeugte Eiferer, und auf diese Weise kann man sich nicht nur die Doppelmitgliedschaft mancher Rosenkreuzer erklären, sondern auch den Umstand, daß sie die Freimaurer unterwanderten. Damit verbunden war die Bildung einer historischen Legende, die in den Freimaurern die Fortsetzer des Tempelherrenordens sah, der 1312 auf Betreiben des französischen Königs Philipp IV. des Schönen von Papst Clemens V. aufgehoben und vernichtet worden war. Ein Manuskript in französischer Sprache, das auf das Jahr 1760 datiert ist und in Straßburg entdeckt wurde, behauptet, daß „die Mysterien des Tempelherrenordens sich bei den Rosenkreuzern wiederfinden“ und daß „die Kanoniker vom Heiligen Grab in Wirklichkeit Rosenkreuzer waren, die sich in Jerusalem niedergelassen hatten“. Die Vernichtung des Tempelherrenordens rechtfertigte in den Augen mancher Leute das Geheimnis, in das sich die Rosenkreuzer hüllten, und andererseits wurden die großen Reichtümer der Templer deren vermeintlichen Kenntnissen auf dem Gebiet der Alchemie zugeschrieben. Und selbstverständlich glaubten manche Leute, daß auch die Rosenkreuzer diese Kenntnisse besaßen. Obwohl das Straßburger Manuskript in französischer Sprache geschrieben war, verriet es eine deutsche Herkunft. Dem Verfasser ging es darum, den okkulten und hermetischen Charakter der Freimaurerei hervorzuheben und sie vor allem als uralte geheime Gesellschaft darzustellen, deren Entstehung auf Adam zurückgehe und dessen esoterisches Wissensgut dann über Moses, Salomon, die Geheimkulte der Antike, die Pythagoreer, Gymnosophisten, Essener, Gnostiker, Kabbalisten, Tempelherren und die mittelalterlichen Zünfte der Steinmetzen und der Erbauer der Kathedralen und Domkirchen auf die Freimaurer überliefert worden sei.

Übrigens war für die Verbindung der Spätrosenkreuzer mit der Freimaurerei der französische Einfluß ausschlaggebend. 1762 wurde in Paris ein „Conseil des Chevaliers d'Orient“ gegründet, der in seinen Lehrakten als siebenten und höchsten Grad des neuen „adonhiramitischen Ritus“ den Grad der „Chevaliers Rose-Croix“ einsetzte. Arthur Edward Waite bemerkt in seinem Rosenkreuzer-Buch, daß der „Knight Rose-Croix“ eins sei mit dem „unbekannten Philosophen“. „So wächst aus der französischen Maurerei eine neue mystisch-hermetische Logenphilosophie, die bis zu Claude de Saint-Martin führt, der (...) sich bezeichnenderweise das Pseudonym ‚philosophe inconnu‘ zulegen wird“ (R. C. Zimmermann, *Das Weltbild des jungen Goethe*, 1. Band, S. 164). Der Einfluß des französischen

Logenwesens in Deutschland ist vermutlich größtenteils auf den Siebenjährigen Krieg zurückzuführen, da französische Truppen mit den Kaiserlichen verbündet waren. Nicht zu unterschätzen ist auch dabei die damalige Rolle des Arztes Schleiß von Löwenfeld (1731–1800; Pseudonym: Carl Hubert Lobreich von Plumenoek), dem die rasche Ausbreitung des spätaufklärerischen Rosenkreuzertums in Deutschland zugeschrieben werden kann.

Um 1757 erschien in Frankfurt am Main eine freimaurerische *Societas Rosae et Aurae Crucis*, die vermutlich 1761 eine Loge in Prag gründete. Ein anderer Rosenkreuzerzirkel entstand 1770 in Regensburg und drang bald in verschiedene Logen in Wien ein. Ab 1775 erweiterte das Wiener Rosenkreuz seinen Einflußbereich auf ganz Österreich, Ungarn, Bayern und Württemberg. In Sachsen, Schlesien, in der Lausitz, in größeren Städten wie Stuttgart, München, Augsburg, Nürnberg, Leipzig entstanden zahlreiche Rosenkreuzerzirkel. Stanislaus II., König von Polen, trat in einen solchen Kreis ein. In Kassel schloß sich der Naturforscher und Schriftsteller Georg Forster (1754–1794), der sein freimaurerisches Leben 1777 in Paris begonnen hatte, den Rosenkreuzern an, weil es ihm auf die Enträtselung der inneren und tieferen Geheimnisse des Makrokosmos und Mikrokosmos und auf die nähere Kenntnis Gottes aus den Werken der Schöpfung ankam.

Die Gold- und Rosenkreuzer alten Systems

Im Jahre 1777 wurde innerhalb der Berliner Loge „Zu den drei Weltkugeln“, deren Großmeister Herzog Friedrich August von Braunschweig war, ein neuer Ritus eingeführt, der *Orden der Gold- und Rosenkreuzer alten Systems*. Das Instruktionsbuch stützte sich teilweise auf Schriften von Michael Maier, das *Amphitheatrum sapientiae aeternae* von Khunrath sowie das *Opus Mago-Cabalisticum* (1719) von Georg Welling und stellte eine Entstehungslegende des *Ordens der Gold- und Rosenkreuzer alten Systems* auf, die sich als besonders erfindungsreich und phantastisch erwies.

Selbstverständlich ging die Geschichte des Ordens auf Adam zurück, der trotz des Sündenfalls einiges von der göttlichen Weisheit im Gedächtnis behielt und es seinen Nachkommen vererbte. Dieses Wissen sei dann von dem zweiten Sohn Noahs nach Ägypten gebracht und trotz gewisser Veränderungen im großen ganzen von Abraham, Isaak und Jakob beibehalten worden. Moses sei in Ägypten, wo schon hermetische Zirkel bestanden, in diese Geheimnisse eingeweiht worden. Dann sei diese heilige Tradition Salomo, den Propheten, den Essenern, den eleusinischen Priestern, den Pythagoreern, den Druiden und Barden überliefert worden.

Nach dieser Legende bestehe noch immer neben der christlichen Geistlichkeit der geheime Stand der Naturpriester, deren esoterisches Wissen die exoterischen Lehren der geoffenbarten Religionen ergänze und die zudem die Geheimnisse der Natur und des *Lapis Philosophorum* kennen sollen. Infolgedessen sei der echte Begründer des Ordens nicht Christian Rosenkreuz, sondern ein ägyptischer Priester aus Alexandrien gewesen. Sein Name „Ormus" dürfte Karl R. H. Frick zufolge von dem Lichtgott Mazda, dem Schöpfer der Lehre des Zoroaster, abgeleitet sein. Er sei in Ägypten von dem Evangelisten Markus christlich getauft worden, bevor er die Schule der Weisen des Lichtes gründete, deren Geheimnis bis in das vierte Jahrhundert bewahrt wurde. Der Orden, den sieben Magier leiteten, hütete die Geheimnisse, die er von Moses, Salomon, Hermes Trismegistos empfangen hatte, und blieb bis zur Niederlage der Kreuzritter im Jahre 1118 in Palästina, dann verstreuten sich die Mitglieder über die ganze Welt. Drei Brüder aus Schottland gründeten im Jahre 1196 den *Orden der Bauleute vom Osten*. König Eduard I. (1239–1307) schloß sich dem Orden an, den Raimund Lull vorübergehend leitete. Da die Hochgrade des *Ordens der Bauleute vom Osten* den Häusern York und Lancaster vorbehalten blieben, sei das Symbol des Rosenkreuzes aus ihren Wappen mit einer weißen und einer roten Rose hervorgegangen. Die Legende erzählt dann, daß die „goldenen Rosen-Kreuzer alten Systems" den *Orden der Bauleute vom Osten* abgelöst hätten, daß aber Oliver Cromwell (1599–

1658) ihnen irrtümlicherweise die Bezeichnung „Freimaurerei" gegeben habe. Darum hielten sich die Rosenkreuzer für die Elite der Freimaurerei, in deren unteren Graden sie bloß den „Schein des Lichtes" sehen konnten. Der Titel des Instruktionsbuches vom Jahre 1777 präzisierte nämlich, daß „andere Meister vom Schein des Lichtes und dem verlorenen Worte an- und aufzunehmen berechtigt sind". Die Formulierung setzte voraus, daß die drei „untersten Grade" der Freimaurerei von den Rosenkreuzern nur als „Pflanzschule der höheren Wissenschaften" betrachtet wurden und daß nur die Gold- und Rosenkreuzer das wahre Licht und das verlorene Wort besaßen.

Angesichts dieses elitären Anspruchs ist es nicht verwunderlich, daß viele Ärzte und Naturwissenschaftler den Weg zu den Rosenkreuzerzirkeln suchten und in deren Weltanschauung ein Gegengewicht zum Rationalismus der Aufklärung fanden. Die Führer des *Ordens der Gold- und Rosenkreuzer alten Systems* wußten prominente Leute für sich zu gewinnen. Unter ihnen war der Marburger Medizinprofessor Wilhelm Schröder (1733–1778), der Direktor eines Rosenkreuzerzirkels wurde und sich durch seinen wissenschaftlichen Ruf für das hohe kulturelle Niveau des Ordens verbürgte. Ein anderes gewichtiges Mitglied war der schwäbische Prälat, Theosoph und Alchemist Friedrich Christoph Oetinger (1702–1782), der nach der Vermutung von Rolf Christian Zimmermann wahrscheinlich in den Bund der Spätrosenkreuzer eingeweiht wurde und 1770 den *Liber III Catenae Aurae Homeri de transmutatione metallorum* herausgegeben haben soll.

Die wahren Initiatoren der *Gold- und Rosenkreuzer alten Systems* aber waren Johann Rudolf von Bischoffswerder (1714–1803) und Johann Christoph Wöllner. Letzterer war ein ehemaliger Pfarrer in Brandenburg, der sich durch seine Redegewandtheit die Gunst mehrerer von esoterischem Wissen angezogenen Fürsten erwarb. Bischoffswerder war kursächsischer Kammerherr und Stallmeister und hatte sich den Freimaurern der *Strikten Observanz* angeschlossen. Es gelang ihm, beim Kronprinzen Friedrich Wilhelm II. in Gnaden zu stehen und ihn zu heilen, und er beschloß mit Wöllner, vor dem leichtgläubigen Fürsten eine Geistererscheinung zu inszenieren. Im Haus der Favoritin des Prinzen beschworen sie mit Hilfe eines Illusionisten und Bauchredners inmitten von Blitzstrahlen die Schatten von Julius Caesar und Leibniz herauf, so daß der begeisterte Kronprinz sich den Spätrosenkreuzern anschloß. Als er 1786 den Thron bestieg, erwies er seine Dankbarkeit, indem er Wöllner zum Kultusminister und Bischoffswerder zum Kriegsminister ernannte.

Sieht man von der extravaganten und abgeschmackten Taschenspielerei dieser Geisterbeschwörung ab, so weist dieses Vordringen prominenter Rosenkreuzer bis zum Ministeramt doch auf das ernste Anliegen der Spätrosenkreuzer hin, auch außerhalb des Ordens politisch wirksam zu werden. Dabei zielten die *Gold- und Rosenkreuzer alten Systems* ganz bewußt darauf ab, ein anti-aufklärerisches Pendant zum aufgeklärten und sehr aktiven Geheimbund der Illuminaten zu bilden. Trotzdem blieb das Rosenkreuzertum nach wie vor eine *religiöse* Bewegung, die in erster Linie darauf aus war, gegen die der Aufklärung unterstellte Irreligiosität anzukämpfen. Es ist bemerkenswert, daß Wöllner 1785 dem preußischen Thronfolger eine *Abhandlung über die Religion* übergab, die alle seine Programmpunkte für die Politik nach der Regierungsübernahme Friedrich Wilhelms enthielt und in der er beklagte, in seiner Zeit werde „über alles philosophiert und nichts mehr geglaubt“. Als Kultusminister erließ er 1788 ein Religionsedikt, das in Preußen zwar die Freiheit des Glaubens und des Gewissens gesetzlich vorschrieb, aber sonst im Bereich der lutherischen Kirche jede Abweichung von den dogmatischen Grundlagen untersagte. Im allgemeinen hatten die Rosenkreuzer in Preußen die leitenden Stellungen erobert, und unter der Führung von Wöllner setzten sie manche ihrer Ziele durch.

Aufklärerische Anfeindungen und rosenkreuzerische Fortdauer

Es ist also nicht verwunderlich, daß das Wöllnersche Regiment in Preußen Unzufriedenheit im Lager der Aufklärer auslöste, weil seine Politik in mancher Hinsicht ihrer Weltanschauung widersprach. Adam Weishaupt (1748–1830) hatte den Illuminatenorden hauptsächlich als Antijesuitenorden konzipiert, und der unhaltbare Gedanke einer gemeinsamen Verschwörung von Katholizismus, Jesuitismus und Rosenkreuzertum setzte sich bald in aufklärerischen Kreisen durch, besonders nachdem der Jesuitenorden 1773 vom Papst aufgelöst wurde. Der Freiherr Heinrich von Ecker und Eckhofen, der aus dem Rosenkreuzerorden ausgewiesen worden war, veröffentlichte im Jahre 1782 eine Streitschrift *Der Rosenkreuzer in seiner Blöße*, in der die Rosenkreuzer und Templer als Marionetten dargestellt wurden, deren Puppenspieler die Jesuiten waren. Er zog sich eine empörte und rechtfertigende Antwort von Schleiß von Löwenfeld zu, die unter dem Titel *Der im Lichte der Wahrheit stehende Rosenkreuzer* erschien. Außerdem wurde damals die Frage aufgeworfen, inwiefern die Gold- und Rosenkreuzer berechtigt waren, sich einer historischen Kontinuität zu rühmen. Der Berliner Verleger und Journalist Friedrich Nicolai (1733–1811), der in Regensburg gerade wieder die *Fama Fraternitatis* und die *Chymische Hochzeit* herausgegeben hatte, bestritt, daß der neue Orden der geistige Erbe des Rosenkreuzertums Johann Valentin Andreaes sei, und er vermutete nach einer langen Untersuchung in Süddeutschland und Österreich, die Jesuiten wollten den Andreaeschen Mythus ihren Zwecken dienstbar machen. Zur selben Zeit publizierte der Illuminat Adolph Freiherr von Knigge (1752–1796) ein dünnes Pamphlet *Über Jesuiten, Freymaurer und deutsche Rosenkreutzer*, in dem er den Orden der Spätrosenkreuzer für einen Betrug hielt, der mit Andreae nichts gemein habe. Aus der Sicht vieler Aufklärer waren die Spätrosenkreuzer ebenso Gegner wie der Sturm-und-Drang oder die damals einsetzende Romantik.

Indessen hatte das Berliner Rosenkreuz Konkurrenten in seinem eigenen Lager. Der Stuttgarter Hofrat C. E. Wächter (1746–1825) war ein aktives Mitglied der Strikten Observanz, und er versuchte in Italien die „unbekannten Oberen“ zu entdecken, von denen man wunderbare Offenbarungen erwartete. In dem Bericht, den er 1778 dem Herzog Ferdinand von Braunschweig und dem Landgrafen Karl von Hessen unterbreitete, sprach er von einem Eingeweihten, dem er in Florenz begegnet sei und demzufolge der Templerorden nur eine Filialgesellschaft des uralten Rosenkreuzerordens gewesen sei.

Auf dem Wilhelmsbader Konvent, der im Jahre 1782 deutsch- und französischsprachige Brüder versammelte, um den damaligen Zustand der Freimaurerei zu erwägen, versuchten die Berliner Gold- und Rosenkreuzer mit einem Schreiben vom 10. August 1782 ihren Standpunkt durchzusetzen und eine führende Rolle zu spielen, aber ihre Behauptungen und Forderungen wurden abgelehnt. Der Konvent hatte eigentlich im Lager der religiös eingestellten Maurer große Hoffnungen erweckt, wie zum Beispiel bei dem Savoyarden Joseph de Maistre, der in einem Vorbericht an den Herzog Ferdinand von Braunschweig in der Freimaurerei den Schmelzofen sah, in dem das alchemistische *Opus* der Wiedervereinigung der Katholiken und Protestanten im transzendierten Christentum einer erneuerten Kirche geschehen könnte. Auch dieser Traum wurde zunichte. Der eigentliche Sieger in diesem Wilhelmsbader Gefecht war der Franzose Jean-Baptiste Willermoz, der seine Lyoner Reform der Freimaurerei schließlich durchsetzte. Die beiden Hauptverlierer waren die Illuminaten, deren Orden 1786 verschwand, und die Berliner Gold- und Rosenkreuzer, denen 1787 ein „Silentium" auferlegt wurde.

Jedoch lebte das Rosenkreuz im freimaurerischen Hochgradsystem weiter. In der Lyoner Großloge gab es einen achten Grad mit der Bezeichnung „Ritter des Schwerts und des Rosenkreuzes". Im Jahre 1763 stiftete Willermoz ein „Kapitel des schwarzen Adlers", in dem einer der geheimen Grade „Großmeister des schwarzen Adlers des Rosenkreuzes" hieß, dessen Ritual hermetisch und kabbalistisch geprägt war. Der *Alte und Angenommene Schottische Ritus*, der heutzutage eine große Anzahl von Freimaurern in der ganzen Welt vereinigt, bewahrt unter seinen dreiunddreißig Graden einen achtzehnten Grad mit dem Namen „Ritter des Rosenkreuzes".

IV. Wirkung und Rezeption des Rosenkreuzertums in Literatur und Kunst

Die Entstehungsgeschichte der älteren Rosenkreuzermanifeste hat gezeigt, daß bei ihrem Erscheinen eine ganze Flut von Zuschriften und Büchern sich über mehrere europäische Länder ergoß und daß namhafte Philosophen und Gelehrte wie Descartes, Leibniz, Newton, Francis Bacon, Comenius dieser Bewegung und den dazugehörigen Schriften ein reges Interesse entgegenbrachten. Es ist beachtenswert, daß im Laufe der Jahrhunderte die Phantasie zahlreicher Dichter durch den rosenkreuzerischen Mythus angeregt wurde. Der Rahmen dieses Buches erlaubt es nicht, ausführlich darauf einzugehen. Im folgenden werden also hauptsächlich die bedeutendsten Schriftsteller angeführt, die mehr oder weniger dem Aufruf der „Fama" der Rosenkreuzer Folge leisteten.

In Deutschland sind es am Ausgang des 18. Jahrhunderts Aufklärer wie Friedrich Nicolai oder der lutherische Theologe Johann Salomo Semler (1725–1791), die sich mit ernster Quellenforschung befaßten und die Urschriften des Rosenkreuzes herausgaben. Gleichzeitig wurde die Aufmerksamkeit prominenter Denker und Schriftsteller auf das Rosenkreuzertum gelenkt. Johann Gottfried Herder (1744–1803) begeisterte sich für das ganze Werk Johann Valentin Andreaes. In seinem Sammelband *Zerstreute Blätter* (1793) übersetzte er Auszüge aus der *Mythologia christiana* und dem *Menippus*, und er gab zusätzlich Andreaes *Pastoraltheologie in Versen* heraus. Seine Untersuchung zeugt von einer ausgezeichneten Kenntnis und einer scharfsinnigen Analyse von Andreaes Schriften. Um einen vollständigeren Zugang zu dessen Werk zu bekommen, hatte sich Herder schon früher an Gotthold Ephraim Lessing (1729–1781) gewandt, der in der berühmten Bibliothek in Wolfenbüttel Forschungen über Andreae und das Rosenkreuzertum angestellt hatte. In einem Brief an Herder vom 26. Januar 1781 teilte Lessing ihm mit, er habe sich bemüht, in das Geheimnis des älteren Rosenkreuzertums einzudringen. Als Friedrich Nicolai 1782 seinen *Versuch über die Beschuldigun-*

gen, welche dem Tempelherrenorden gemacht worden, und über dessen Geheimnis; nebst einem Anhange über das Entstehen der Freymaurergesellschaft veröffentlichte, löste diese Schrift bei Herder eine heftige Reaktion aus: nach seiner Meinung konnte die Rosenkreuzerbewegung mit der Freimaurerei nichts gemein haben, und Andreae hatte die Urschriften nur zu dem Zweck geschrieben, die verschiedenen Schwärmer seiner Zeit zum Besten zu haben.

Auch Christoph Martin Wieland (1733–1813) geriet in den Bann der Rosenkreuzer. In mehreren Romanen läßt er sie erscheinen: etwa im *Don Sylvio von Rosalva*, der in der Nachfolge des *Don Quixote* steht, sowie in den Erzählungen *Der neue Amadis* und *Der Derwisch von Brussa*. Und es ist nicht ausgeschlossen, daß sein *Peregrinus Proteus* unter dem Einfluß von Andreae entstand.

Johann Wolfgang Goethe (1749–1832) befand sich schon in seiner Jugend im Bannkreis des Rosenkreuzertums. Da er als Student in Leipzig sehr schwer erkrankt war, kehrte er nach Hause zurück, um seine Gesundheit wiederherzustellen, und in den zwei Jahren, die er in Frankfurt verbrachte, fand er in Dr. Johann Friedrich Metz nicht nur einen kompetenten Arzt, sondern auch einen Hermetiker, der ihn mit Wellings *Opus Mago-Cabbalisticum* sowie mit der *Aurea Catena Homeri* bekannt machte und ihm eine Brücke zu Oetingers Geisteswelt schlug. Dr. Metz praktizierte die paracelsische Medizin und gehörte vermutlich zu einem Rosenkreuzerzirkel. Damals war auch der Einfluß der Pietistin Susanne von Klettenberg auf den jungen Goethe sehr groß, und er schrieb ihr 1770 in einem Brief: „Die Chymie (= Alchemie) ist noch immer meine heimlich Geliebte." Er las auch Gottfried Arnolds *Kirchen- und Ketzerhistorie* und wurde dadurch sicher mit dem Andreaeschen Rosenkreuzertum bekannt gemacht. Als er später die *Chymische Hochzeit* entdeckte, wurde er sofort von der Märchenwelt der Erzählung bezaubert, und wegen seiner alchemistischen Kenntnisse war er in der Lage, in dem Nymphenlied von Andreae nicht allein eine Liebeshymne, sondern auch ein Symbol der Wiedergeburt zu sehen. Er schrieb selbst eine gekürzte Umarbeitung von Andreaes Kantate und sandte das kleine Gedicht an Frau von Stein. Im Jahre 1784 verfaßte er das lange, unvollendete Gedicht *Die Geheimnisse*, dessen Stimmung teilweise an die *Chymische Hochzeit* erinnert: Bruder Markus wird von unbekannten Oberen beauftragt, eine Pilgerfahrt zu einem mysteriösen heiligen Ort auf einem steilen Berg zu unternehmen. Er erreicht das Kloster bei sinkender Sonne und erblickt über dem Tor ein geheimnisvolles Bild:

> Es steht das Kreuz mit Rosen dicht umschlungen.
> Wer hat dem Kreuze Rosen zugesellt?

In einem Prunksaal sitzt der heilige und weise Humanus unter einem Wappen, das ein Kreuz mit Rosenzweigen darstellt, und um ihn sitzen zwölf Vertreter aller Weltreligionen. Das Rosenkreuz symbolisierte also für Goethe eine Idee der Toleranz, die ihm schon lange vertraut war und die die Weisen der „Pädagogischen Provinz“ in dem Altersroman *Wilhelm Meisters Wanderjahre* dichterisch verlebendigen.

Ans Ende der *Unterhaltungen deutscher Ausgewanderten* stellte Goethe *Das Märchen*, eine symbolische Fabel, die das traurige Schicksal eines Landes erzählt, auf dem ein geheimnisvoller Fluch liegt. Ein Strom durchfließt die Gegend, und anstatt die Rolle eines Verbindungsmittels zu spielen, teilt er das Land in zwei getrennte Welten, eine diesseitige, in der ein Jüngling heimatlos umherschweift und sich in Sehnsucht verzehrt, und eine jenseitige, in der die schöne Lilie einsam warten muß. Doch gelingt es dem Jüngling, hinüberzugehen, er schließt sie in seine Arme und – fällt tot zu Boden. Eine grüne Schlange rettet ihn, indem sie mit sich selbst einen Kreis schließt und sich in den Schwanz beißt: als *Ouroboros* versinnbildlicht sie die ewige Wiederkehr. Dieselbe Schlange opfert sich schließlich auf, indem sie sich in eine Brücke verwandelt, die als Symbol der Völkervereinigung das Glück und die gegenseitige Liebe aller Menschen sichert. Dazu war aber das Mysterium des *Stirb und Werde* notwendig, das sich nur in der tiefsten Andacht vollenden konnte. Der Tempel, der aus der Erde schießt und nun am Ufer des Flusses steht, zeugt davon, „und bis auf den heutigen Tag wimmelt die Brücke von Wanderern, und der Tempel ist der besuchteste auf der ganzen Erde".

Das Märchen weist manche Ähnlichkeiten mit der *Chymischen Hochzeit* auf: die Lilie, die schon in Salomos Hohemlied die Geliebte symbolisiert, die drei Könige, die Notwendigkeit der Wiedergeburt, die Motive des Wassers und des Lichtes, das philosophische Gold, der freiwillige Tod und die zuerst vegetative, dann geistige Wiedergeburt des jungen Prinzen, die Hochzeit des Königs und der Königin, die Erlösung der Natur. Es ist bemerkenswert, daß Goethe in seiner *Geschichte der Farbenlehre* schrieb: „Es führt zu sehr angenehmen Betrachtungen, wenn man den poetischen Teil der Alchemie (...) mit freiem Geiste behandelt. Wir finden ein aus allgemeinen Begriffen entspringendes, auf einen gehörigen Naturgrund aufgebautes Märchen." Und im *Faust* ist von dem „Vermählen der Lilie" die Rede (V. 1042 ff.).

Übrigens ist es auch möglich, im zweiten *Faust* Berührungspunkte mit der *Chymischen Hochzeit* aufzuspüren. Der Knabe Lenker in der Mummenschanzszene des I. Akts erinnnert an den Knaben, der Christian Rosenkreuz durch das Schloß und bis zum Venusaltar führt. Und in Fausts Besuch bei den Müttern im allertiefsten Grund des Hades, aus dem er Helena hervorholt, mag noch etwas aus der Venusszene anklingen. Im II. Akt begegnet Faust am Ägäischen Meer Sirenen, Nereiden und Tritonen, deren Töne „durch das breite Meer durchdröhnen" wie das Liebeslied der Nymphen in der *Chymischen Hochzeit*. Die Szene im Laboratorium stellt die alchemistische Herstellung des Homunculus dar, der aus der „Vermählung" des „männlichen" Schwefels mit dem „weiblichen" Mercurius hervorgeht. Wagner schaut in die Phiole und sagt entzückt:

> „Ich seh' in zierlicher Gestalt
> Ein artig Männlein sich gebärden."

Dieses Männlein sieht so aus wie der transmutierte junge Prinz in der *Chymischen Hochzeit*, in der es heißt: „Sobald der Leib die Seele empfangen hatte, tat er die Augen auf und zu, doch rührte er sich noch kaum." Im Gegensatz zu der *Chymischen*

Hochzeit, in der die psychischen Vorgänge noch immer auf chemische Stoffe projiziert werden, hebt Faust „die Projektion in die Sphäre persönlich-psychologischen Erlebens und damit in das Bewußtsein. Dieser entscheidende Schritt bedeutet nichts weniger als die Auflösung des alchemistischen Rätsels" (C. G. Jung, *Psychologie und Alchemie*, S. 544). Darum scheitern die „Geburten" und Verjüngungsformen, wie der Knabe Lenker und der Homunculus. Dagegen geschieht an Faust in der letzten Szene der Tragödie nach seinem Tode die alchemistische Verwandlung, die in der *Chymischen Hochzeit* geschildert wird. Engel singen:

„Jene Rosen (...)
Halfen uns den Sieg gewinnen
Uns das hohe Werk vollenden" (V. 11942 ff.).

Der *senex* ist wieder *puer* geworden und hat seinen irdischen Körper gegen einen ätherischen Leib eingetauscht. C. G. Jung bemerkte, daß diese himmlische Alchemie dadurch angedeutet wird, daß Doctor Marianus an den Namen des Alchemisten Morienus gemahnt.

Das rosenkreuzerische Erbgut wurde zu Goethes Zeiten von anderen Dichtern und Denkern verwaltet. Der Frankfurter Theosoph Johann Friedrich von Meyer (1772–1849) gab 1827 eine kritische Ausgabe der Urschriften mit Varianten heraus: *Die beiden Hauptschriften der Rosenkreuzer, die Fama und die Confession*, mit „dem seltenen Lateinischen Original der zweyten Schrift". In einem Brief an Meyer stellte Fürst Christian von Hessen-Darmstadt Hypothesen über das Bestehen der Rosenkreuzer im 16. Jahrhundert auf. Johann Heinrich Jung-Stilling (1740–1817) berichtet in dem Roman *Heimweh* über die Aufnahme in eine Rosenkreuzerloge und deren alchemistische Forschungen. In der Novelle *Theobald oder die Schwärmer* begeistert sich der Titelheld für die Alchemie, und er stöbert ein Werk auf, „welches die Geschichte des Christian Rosenkreuzers (sic) und seines Ordens in solchen fanatischen und romantischen Ausdrücken beschrieb, daß dem guten Jüngling Hören und Sehen verging, als er es durchlas". Karl von

Eckartshausen (1752–1803) sehnt sich in *Kostis Reise* nach einem Wiederaufblühen von Initiationsriten zur Erneuerung der korrumpierten Gesellschaft. Zacharias Werner (1768–1823), der in seinem Drama *Die Söhne des Tales* (1803) den Untergang der Templer schildert, glaubt an die Geburt des inneren Menschen durch die Zersetzung seiner irdischen Natur und beschreibt einen Templer, der die schottische Freimaurerei vertritt und sich für den Großmeister der Brüder vom Kreuz ausgibt. Achim von Arnim (1781–1831) benutzte das rosenkreuzerische Motiv in seinem Roman *Gräfin Dolores* (1809). Es ist höchstwahrscheinlich, daß Novalis (1772–1801) die *Chymische Hochzeit* gelesen hatte; Ayako Nakai hat auf die vielen Berührungspunkte zwischen Andreaes Erzählung und *Die Lehrlinge zu Sais* oder *Heinrich von Ofterdingen* hingewiesen. Und, *last but not least*, Mozart hatte seit 1784 regelmäßig Umgang mit dem Spätrosenkreuzertum. Manche seiner Beschützer waren Mitglieder von Maurerlogen, in denen spekulative Alchemie betrieben wurde, und sowohl die Musik als auch das von Schikaneder verfaßte Textbuch der *Zauberflöte* symbolisieren den *Hierosgamos* der Sonne mit dem Mond, des *animus* („Tamino") mit seiner *anima* („Pamina"), und die einweihende Verwandlung. „Sarastro", dessen Name von „Zarathustra" abgeleitet ist, wurde manchmal als mythische Reinkarnation von Christian Rosenkreuz aufgefaßt.

Im 20. Jahrhundert wollte Stefan George (1868–1933) in seinem Gedicht *Die Templer* eine neue Weltordnung ankündigen, die er später in dem *Stern des Bundes* (1913) beschrieb, und er berief sich auf die Symbole der Rose und des Kreuzes. Hugo von Hofmannsthal (1874–1929) besaß in seiner Bibliothek ein Buch von Ferdinand Maack, betitelt *Zweimal gestorben. Die Geschichte eines Rosenkreuzers aus dem 18. Jahrhundert* (1912), das einen historischen Abriß über das Rosenkreuzertum enthielt. Kurz vor dem ersten Weltkrieg arbeitete Hofmannsthal an einem Erziehungsroman, der leider Fragment geblieben ist: *Andreas oder die Vereinigten*. Der Name Andreas erinnert an Andreae, und die Vereinigten sind eine Anspielung auf die Rosenkreuzer. Wie so oft bei Hofmannsthal wird das Motiv der Beziehungen zwischen Venedig und Österreich behandelt. Andreas von Ferschengelder wird von dem Malteser Sacramozo, der in die Rosenkreuzerweisheit von der inneren Verknüpfung aller Dinge eingeweiht ist, in eine geheimnisvolle, sinnlich-magische Welt geführt. In bezug auf Andreas' Begegnung mit Maria schreibt Hofmannsthal: „Liebe ist die Anziehung, welche jene belebten Gegenstände auf uns ausüben, mit denen zu operieren wir berufen sind. Operieren heißt einen belebten Organismus durch Verwandlung zur Vollkommenheit führen."

In England spielte das Rosenkreuz eine Rolle, die schon unterstrichen wurde und die sich auf Bacons *New Atlantis* oder John Heydons *Voyage to the land of the Rosicrucians* auswirkte. Der Dramatiker Ben Jonson (1572–1637), der 1610 die Satire *The Alchemist* geschrieben hatte, beweist mit seiner Komödie *The Fortunate Isles* seine gute Kenntnis des Rosenkreuzertums. Der Dichter Alexander Pope (1688–1744) wurde von den englischen Übersetzungen des *Comte de Gabalis* beeindruckt, und er erklärt in bezug auf eines seiner Gedichte, daß er es unter dem Einfluß des rosenkreuzerischen Gedankenguts geschrieben habe. Percy B. Shelley (1792–1822) beschreibt in seinem Roman *St Irvyne, or the Rosicrucian* das phantastische Schicksal eines verarmten deutschen Adligen namens Wolfstein, der in die Alpen zieht und sich dort zu Räubern gesellt. Einer von ihnen prahlt mit seinen naturphilosophischen Kenntnissen und rühmt sich, das Geheimnis der Langlebigkeit zu kennen. Der schauerliche Ausgang der Geschichte findet im Keller eines verfallenen Klosters statt, wo der Teufel Wolfstein und seinen Gesellen niederschmettert und tötet. Edward George Bulwer Lytton (1803–1873), der wegen seiner Schrift *The last days of Pompei* weltberühmt wurde, schrieb unter dem Titel *Zanoni* einen rosenkreuzerischen Roman. Der Ich-Erzähler begegnet in einer esoterischen Buchhandlung einem alten Mann, der ihm dann Zanonis Manuskript anvertraut. Der Titelheld und sein religiöser Lehrer stellen sich als die letzten Vertreter eines uralten Ordens der Rosenkreuzer vor, die mittels eines wunderbaren Elixiers ihr

Leben mehrere Jahrhunderte hindurch verlängern konnten. Aber Zanoni vernarrt sich in ein Mädchen, und aus Liebe zu ihr opfert er sich auf. Auch der Dichter William Butler Yeats (1865–1939) verwendete in seinen Gedichten und Novellen das Motiv der Rose und des Kreuzes.

Unter den Franzosen stellte sich Descartes (1596–1650), der um 1620 als Offizier im Heer des Herzogs von Bayern diente, Fragen über das wirkliche Bestehen der Rosenkreuzer in seinem *Studium bonae mentis.* Der Essayist und Philosoph Cyrano de Bergerac (1620–1655) bezeichnete sie in seiner *Histoire comique des Etats et Empires de la Lune* als eine „cabale de jeunes gens". Der Abbé de Montfaucon de Villars (1635–1673), ein überzeugter Anhänger von Paracelsus, schilderte in *Le Comte de Gabalis* eine unsichtbare Bruderschaft von überlegenen Männern, die in der Kabbala und Hermetik bewandert sind und das Geheimnis des *Lapis Philosophorum* besitzen. Dasselbe Motiv wird später bei Anatole France (1844–1924) in seiner *Rôtisserie de la Reine Pédauque* wieder auftauchen. Am Anfang des 19. Jahrhunderts erwähnte Germaine de Staël (1766–1817) die Rosenkreuzer in ihrem Essay *De l'Allemagne.* Gleichzeitig begeisterten sich in Frankreich manche Dichter für die Esoterik, die zum Beispiel gewissen Novellen von Charles Nodier (1780–1844) und Balladen von Victor Hugo (1802–1885) ihre eigentümliche Lokalfarbe verleiht. Der Dichter und Dramatiker Antoine Fabre d'Olivet (1768–1825) besaß in seiner Privatbibliothek alte alchemistische Traktate. Auguste Villiers de l'Isle-Adam (1838–1889) verfaßte eine Reihe von esoterischen Schriften, *Isis, Ellen, Morgane, L'Intersigne,* die ab und zu rosenkreuzerisch gefärbt sind. Joséphin Péladan (1858–1918) vereinigte in sich einen strengen Katholizismus, eine starke Neigung zur Esoterik und eine übersteigerte Erotik; diese scheinbar unvereinbaren Charakterzüge schlugen sich in den Romanen nieder, die er unter dem Titel *Décadence latine* vereinigte: *Le vice suprême, Initiation sentimentale, Androgyne usw., und in esoterischen Abhandlungen:* Comment on devient mage, Comment on devient fée, L'Occulte catholique usw. Péladan organisierte ab 1892 in Paris auch erfolgreiche Kunstausstellungen, die *Salons de la Rose-Croix* (mit Gemälden von Gustave Moreau, Felicien Rops, Georges Rouault), ein rosenkreuzerisches Theater, für das er Dramen wie *Le Mystère du Graal* oder *Le Mystère des Rose-Croix* geschrieben hatte, und ebenfalls ein rosenkreuzerisches Orchester, für welches der berühmte Musiker Erik Satie (1866–1925) eine Zeitlang esoterische Musikstücke komponierte.

In Rußland beginnt der Einfluß des Rosenkreuzertums am Ausgang des 18. Jahrhunderts, insbesondere in Moskau, wo eine mystisch-quietistische und eine hermetisch-alchemistische Tendenz zutage tritt. Für Nicolai Novikof (1744–1818) hatte die Alchemie zum Zweck, dem Zaren genügende Goldmengen zu verschaffen, um über die Menschheit zu herrschen. Schon die *Fama* und die *Confessio Fraternitatis* verfolgten teilweise dasselbe Ziel der Menschheitsbeherrschung. Frau von Krüdener (1764–1824) legte 1815 vor dem Zaren Alexander I. ähnliche Gedanken über die mystische Theokratie dar. Ein Jahrhundert später wurden von zwei prominenten russischen Schriftstellern zwei rosenkreuzerisch gefärbte Schriften veröffentlicht: *Die Rose und das Kreuz* von Alexander Blok (1880–1921) und *Petersburg* von Andrej Belyj (1880–1934), einem Schüler von Rudolf Steiner.

In Portugal widmete der berühmte Dichter Fernando Pessoa (1888–1935) dem Grab von Christian Rosenkreuz drei ausgezeichnete Sonette, und der zeitgenössische Maler und Schriftsteller Lima de Freitas wußte in einem Gemälde über dasselbe Thema die tiefgreifende Symbolik und die Geheimnisse des Rosenkreuzes vortrefflich wiederzugeben.

In Lateinamerika erwähnte der weltbekannte argentinische Schriftsteller Jorge Luis Borges (1899–1986) in *Ficciones* (1956) Johann Valentin Andreae, diesen „deutschen Theologen, der am Anfang des 17. Jahrhunderts die imaginäre Gemeinschaft des Rosenkreuzes beschrieben hatte, die andere später nach dem von ihm vorgebildeten Muster gründeten".

V. Das jüngere Rosenkreuzertum

Seit der zweiten Hälfte des 19. Jahrhunderts entstanden mehrere Gemeinschaften, die sich auf das Rosenkreuz berufen, deren Lehren aber voneinander abweichen. Im folgenden wird ohne jeden Anspruch auf Vollständigkeit der Versuch gemacht, die bekanntesten kurz zu charakterisieren.

1. Die Societas Rosicruciana in Anglia

Sie wurde 1867 von Robert Wentworth Little (1840–1878) gegründet, und eines ihrer ersten Mitglieder war der Franzose Eliphas Levi, Pseudonym von Alphonse-Louis Constant (1810–1870). Sie folgte dem „schottischen Ritus" und lehnte sich an das Gold- und Rosenkreuz an. Die Londoner S.R.I.A. besteht heutzutage weiter und hat Schwestergesellschaften in Schottland, in den USA und in Frankreich. Nur die Freimaurer, die von der Vereinigten Großloge in England anerkannt sind, dürfen in die S.R.I.A. aufgenommen werden. Die Forschungen ihrer Mitglieder zielen darauf ab, im Rahmen der christlichen Tradition, der Kabbala und der spekulativen Alchemie zu einer besseren Kenntnis der echten Freimaurerei zu gelangen.

Im Jahre 1887 erschien ein seltsamer Ableger der S.R.I.A., *The Hermetic Order of the Golden Dawn* mit elf Graden, der Logen in London, Bristol, Bradford, Edinburgh und Paris gründete und dessen Mutterloge „Licht, Liebe, Leben" in Deutschland war. Der Orden zählte zu seinen Mitgliedern einen Sonderling, Aleister Crowley (1875–1947), der auch dem Orden der Martinisten und dem *Ordo Templi Orienti* angehörte. Er war nicht nur der Verfasser von zahlreichen esoterischen Werken und von dem *Journal d'un drogué*, sondern auch ein ausgezeichneter Bergsteiger, der zwischen 1894 und 1898 ohne Bergführer den Eiger, die Jungfrau und den Mönch erkletterte und mehrere Erstbesteigungen machte. 1900 erstieg er in Mexiko die Vulkane Popocatépetl und Ixtaccihuatl, und im Himalaja nahm er an zwei Expeditionen teil. Sein liederlicher Lebenswandel erregte aber bei manchen Brüdern Anstoß, so daß Sir Arthur Edward Waite (1857–1942), der wichtige Studien über die Rosenkreuzer veröffentlicht hat, und der irische Dichter Yeats eine Reform des Ordens beschlossen. Crowley gründete seinerseits das *Astrum Argentinum*, eine Gemeinschaft, in der Astrologie studiert und kollektiven sexuellen Riten gefrönt wurde.

2. Der kabbalistische Orden des Rosenkreuzes

Er wurde 1888 von Stanislas de Guaita (1861–1897), dem Sprößling einer adligen Familie aus Florenz, gegründet und zählte in seinem Direktorium Persönlichkeiten wie Joséphin Péladan und den Arzt Gérard Encausse alias Papus (1865–1916), der esoterische Bücher geschrieben hatte und den „Ordre martiniste" leitete, der sich auf die Theosophie des „unbekannten Philosophen" Louis Claude de Saint-Martin (1743–1803) berief. Der kabbalistische Orden des Rosenkreuzes funktionierte nach Art einer Universität, lehrte die Geschichte der Rosenkreuzer, die Kabbala und die hebräische Sprache, und er erteilte Diplome: Bakkalaureus, Lizentiat, Doktor. Im Jahre 1890 schied Péladan aus dieser Bewegung aus und gründete einen *Orden des katholischen Rosenkreuzes*, denn er war überzeugt, daß die römisch-katholische Kirche in dem Maße, wie sie sich auf eine dogmatische und exoterische Lehre beschränkte, ihrer Sendung nicht gewachsen war. Deswegen sandte er an den Papst und an die Kardinäle eine Supplik mit der Bitte, der esoterischen Tradition in der Kirche den ihr gebührenden Stellenwert zurückzugeben.

3. Antiquus Mysticusque Ordo Rosae Crucis (AMORC)

Der Amerikaner Harvey Spencer Lewis (1883–1939) gründete 1909 diesen Orden, nachdem er in Frankreich ein wunderliches Erlebnis gehabt hatte. In einem alten Turm bei Toulouse ging er eine Wendeltreppe hinauf und gelangte in ein viereckiges Arbeitszimmer, wo ein alter, weißhaariger Mann ihm sagte, er sei ohne sein Wissen bis zu diesem Ort geleitet worden, und ihm einen Brief gab. Einige Tage später fuhr ihn ein Wagen bis zu einem Schloß, in dem er einschlief und im Traum von einem Kapitel der Erleuchteten in einer Höhle den Auftrag erhielt, den Orden in den U.S.A. ins Leben zu rufen. In dieser Legende erkennt man Symbole, die zum Teil schon in der *Chymischen Hochzeit* gegenwärtig sind: den „alten Weisen", der die Funktion eines *Psychopompos* erfüllt, den Zulassungsbrief, den Turm als emporragendes Sichbehaupten des Lebens, die Wendeltreppe, die sinnbildlich zur Einweihung führt, das obere Viereck, das an das göttliche Tetragramm erinnert, die Höhle als Symbol der Gebärmutter und der Wiedergeburt.

Der AMORC hat seinen Sitz in Kalifornien, hat aber auch eine große Anzahl von Mitgliedern in der ganzen Welt rekrutiert. Im Sog der Spätrosenkreuzer und der Katharer hat er sich eine Entstehungsgeschichte aufgebaut, die von Altägypten bis zu dieser asketischen Sekte in Südfrankreich reicht. Heutzutage bezeichnet sich der Orden als von allen religiösen oder politischen Bindungen unabhängig. Er folgt einem Einweihungsritual und einer Hierarchie von zwölf Graden, wobei die drei höchsten geheim gehalten werden. Der Fernunterricht der Mitglieder zielt einerseits auf eine tiefere Kenntnis der Naturwissenschaften ab und andererseits auf die körperliche und psychologische Selbstbeherrschung, eventuell mit Hilfe des Magnetismus und der Gedankenübertragung.

4. The Rosicrucian Fellowship (Rosenkreuzer-Gemeinschaft e.V.)

Der Gründer dieser Gemeinschaft war Carl Louis Fredrik Graßhoff (1865–1919), der Sohn eines nach Dänemark ausgewanderten Deutschen und einer Dänin, der später in Amerika den Namen Max Heindel annahm. Während eines Aufenthaltes in Deutschland im Jahre 1908 wurde er von einem „Älteren Bruder" besucht, den er kannte und als Lehrer verehrte: Er kam „von Zeit zu Zeit, gekleidet in seinen Lebensleib, und erleuchtete den Verfasser über verschiedene Punkte. Im April und Mai wurde der Autor zu einer Reise an einen Ort eingeladen, an dem der Rosenkreuzertempel errichtet ist. Hier traf er den

Älteren Bruder in seinem physischen Körper. Dem Verfasser wurde die weitreichende Philosophie vermittelt", die er auf Geheiß des Älteren Bruders in einem Schriftwerk zusammenfaßte und veröffentlichte. 1909 kam in Chicago *The Rosicrucian Cosmo-Conception* heraus, und in demselben Jahr wurde „The Rosicrucian Fellowship" gegründet, die ihre Weltzentrale auf „Mount Ecclesia" in Oceanside, südlich von Los Angeles, hat.

Nach Max Heindel „kam im 13. Jahrhundert ein hoher spiritueller Lehrer nach Europa, der den symbolischen Namen Christian Rosenkreuz (...) trug. Er gründete den mystischen Orden der Rosenkreuzer, um esoterisches Licht auf die mißverstandene christliche Religion strahlen zu lassen (...). Wie alle anderen Mysterienorden ist der Orden der Rosenkreuzer nach kosmischen Gesetzen gebildet. (...) Seit der Geburt von Christian Rosenkreuz als Gründer der rosenkreuzerischen Mysterienschule sind Jahrhunderte vergangen. (...) Dieses besondere Ich ist seither ununterbrochen in dem einen oder anderen europäischen Land physisch anwesend gewesen. (...) Auch heute ist es als Eingeweihter hohen Grades verkörpert. Und obgleich die Welt nichts davon weiß, ist es ein aktiver und mächtiger Faktor in allen Angelegenheiten des Westens. (...) Der wahre Name Christian Rosenkreuz ist eine Vereinigung der Art und der Mittel, durch die der heutige Mensch in den Göttlichen Übermenschen verwandelt wird". Max Heindel erklärt noch in *The Rosicrucian Cosmo-Conception* (deutsche Übersetzung: *Die Weltanschauung der Rosenkreuzer, oder mystisches Christentum*), daß Christus seinen Jüngern die Theorie der Wiedergeburt vermittelte, und er behauptet, daß die Lehre der Wiederverkörperung, die mit der Seelenwanderung nichts zu tun hat, im Grunde genommen dem *esoterischen* Christentum nicht widerspricht.

5. Lectorium Rosicrucianum

Diese Gemeinschaft, die ihren Hauptsitz in Haarlem, in den Niederlanden, hat, bezieht sich auf die Urschriften des älteren Rosenkreuzertums. Jan van Rijckenborgh gab niederländische

Übersetzungen von Andreaes *Fama Fraternitatis*, der *Confessio Fraternitatis*, der *Chymischen Hochzeit* und von sieben Kapiteln aus der *Christianopolis* mit umfangreichen Erklärungen heraus, aus denen man die Lehren des Lectorium Rosicrucianum entnehmen kann. Diese Bände erschienen auch in deutscher Übersetzung. Als Beispiel für diese ausgedehnten Kommentare sei nur angemerkt, daß der Text der Fama in der diesbezüglichen deutschen Edition 23 Seiten umfaßt, während der entsprechende Kommentar über 400 Seiten beträgt.

Nicht von ungefähr hatte J. van Rijckenborgh außer den Rosenkreuzerschriften die *Christianopolis* aus Andreaes Oeuvre gewählt. Das letzte Kapitel seines Kommentars gibt nämlich Aufschluß über die Entstehungsgeschichte der Geistesschule des Goldenen Rosenkreuzes (Lectorium Rosicrucianum). Die Gründer gingen von der Überzeugung aus, die Heilige Schrift enthalte einen verborgenen Sinn, den es zu entdecken gilt. Sie setzten sich vor allem mit der Esoterik des Pentateuchs, des Evangeliums und der Offenbarung des Johannes auseinander und entwickelten im Anschluß an den Manichäismus eine gnostische Lehre, die zum Teil an die Weltanschauung der Katharer erinnert. Nach dem Sündenfall seien Christushierophanten aufgetreten, die es sich zum Ziel gesetzt hätten, „aus einer genügenden Anzahl Menschen durch positive Ausbildung ihrer latenten Vermögen in der Liebe Christi ein Kraftfeld zu bilden. Hierdurch wird erstens das Böse zurückgedrängt und gebunden, und zweitens eine neue Erziehungsmethode“ für die Menschen geschaffen. In der Tat lehrt die Geistesschule des Goldenen Rosenkreuzes, daß es der Auftrag des Menschen sei, „das *soma psychikon*, das goldene Hochzeitskleid, zu weben. Das ist der Trägerkörper, mit dem der Mensch die Übernatur betreten kann, wenn er die niedere Natur und den Tod überwunden hat“.

In seiner Auslegung der *Fama Fraternitatis* erläutert J. van Rijckenborgh diese alchemistische Verklärung des Menschen anhand des Symbols des Rosenkreuzes: „Sie müssen dann den Kreuzweg gehen, den Pfad von Golgotha, den Weg des selbstaufopfernden Liebesdienstes, damit an dem Punkt, wo die horizontale und die vertikale Linie sich schneiden, das geistige Herz sich zu einer weißen Rose entfaltet. Erst wenn Sie diese weiße Rose empfangen haben, hören Sie die magische Musik aus dem Wald des Erreichens, die Chöre des unsichtbaren Gebäudes", der Wohnung der Rosenkreuzer.

6. Rudolf Steiner und die Anthroposophie

Auch Rudolf Steiner (1861–1925) ist zu den rosenkreuzerischen Quellen von Andreae zurückgegangen, als er 1917–1918 in München eine Studie über die *Chymische Hochzeit* in der Zeitschrift „Das Reich" veröffentlichte. Steiner zufolge kann man die ersten geistigen Ansätze zur Rosenkreuzer-Strömung schon im 4. Jahrhundert, zur Zeit Konstantins des Großen, feststellen. Aber Rudolf Steiner war überzeugt, ohne es natürlich nachweisen zu können, daß diese Bewegung schon im Jahre 1050 physisch in Erscheinung getreten sei. In Christian Rosenkreuz selbst sieht Steiner „eine Persönlichkeit, welche auf die Art in die geistige Welt eingetreten ist, die im fünfzehnten Jahrhundert zu Ende ging". In seinem Werk *Die Theosophie des Rosenkreuzers* meint er, Christian Rosenkreuz habe sich tatsächlich im Jahre 1459 anläßlich der „Chymischen Hochzeit" als der Führer einer kleinen Gruppe von Eingeweihten geoffenbart, und er fügt hinzu, daß jene hohe Individualität, die sich damals in Christian Rosenkreuz verkörpert hatte, seither nie aufgehört habe, die Rosenkreuzer zu leiten und zu belehren. Sie sei immer aufs neue in die Rosenkreuzer-Strömung eingetreten, immer in demselben Körper, wie es okkultistisch heißt. Denn im Gegensatz zu einer verbreiteten Meinung ist der Mensch gemäß dieser Ansicht nach dem Tod keineswegs untätig: er hat im Gegenteil manches Werk auszuführen, das im allgemeinen Verlauf der Welt von Bedeutung ist.

In dieser Hinsicht erscheint Christian Rosenkreuz als der Prototyp des „Geistesmenschen", d.h. der noch nicht realisierten Gestalt des Menschen, die außerhalb des menschlich Faßbaren liegt. Er veranschaulicht die Idee der Reinkarnation, er vergegenwärtigt die „karmische“ Zukunft: „Menschen, mit welchen die Seele in einem Leben verbunden war, wird sie in einem folgenden wiederfinden müssen (...). Der Leib unterliegt dem Gesetz der *Vererbung*; die Seele unterliegt dem selbstgeschaffenen Schicksal. Man nennt dieses von dem Menschen geschaffene Schicksal mit einem alten (buddhistischen) Ausdruck sein *Karma*. Und der Geist steht unter dem Gesetze der *Wiederverkörperung*, der wiederholten Erdenleben“ (R. Steiner, *Theosophie*, S. 93). Infolgedessen kommt es darauf an, „Seelenfähigkeiten zu wecken, seelische Kräfte regsam werden zu lassen, das Erkenntnislicht zu entfachen. Deshalb läßt (Steiner) seine Rosenkreuz-Meditation in der Weise vollziehen, daß der Übende selbst in sich durch ein inneres, anschauendes Denken und Vorstellen das Rosenkreuz „aufbaut““ (G. Wehr, *Kontrapunkt Anthroposophie*, S. 40).

Dritter Teil: Die Symbolik des Rosenkreuzes

I. Das Kreuz und die Rose

Insofern es historisch feststeht, daß Christian Rosenkreuz als mythische Gestalt nicht vor Anfang des 17. Jahrhunderts belegt ist und daß der Name um 1603 von dem jungen Studenten Johann Valentin Andreae erfunden wurde, ist es nicht verwunderlich, daß Andreae diesen Namen aus dem Wappen seiner Familie herleitete, das ein rotes Andreas-Kreuz mit vier roten Rosen darstellt. Als der Großvater Jakob Andreae durch den Wappenbrief von 1553 dieses Wappenbild registrieren ließ, hatte er vielleicht dem Andreas-Kreuz, das sich auf den Familiennamen bezieht, aus Ehrfurcht vor Luther Rosen hinzugefügt, denn der Reformator führte ein schwarzes Kreuz auf einem roten Herzen in der Mitte einer weißen Rose im Wappen. Der Unterschied liegt aber darin, daß Luther mit der weißen Rose die Theophanie der Verklärung symbolisieren wollte, während das Rot der Blumen in Andreaes Wappen das Blut des Märtyrertodes andeutet und das Andreas-Kreuz zugleich an den Apostel und an die Etymologie seines Namens erinnert, der von dem Griechischen ανηρ, Genitiv ανδρος, abgeleitet wurde, so daß die Symbolik auf die ganze Menschheit ausgedehnt wird. Als Christian am Anfang der *Chymischen Hochzeit* sich für den Weg rüstet, steckt er vier rote Rosen auf seinen Hut, und er umgürtet seine Lenden mit einem „blutroten Band, kreuzweise über die Achseln gebunden". Das rote Andreas-Kreuz erlangt in der Handlung eine doppelte Bedeutung: zum einen die Bedeutung der innigen Liebe zu Gott und den Menschen, zum anderen der *rubedo*, die in der Alchemie der Vollendung des Werkes unmittelbar vorangeht, so daß sie den Zugang zu den höchsten Mysterien verschafft.

Andreae zeigt in mehreren Schriften, daß er eine umfangreiche Kenntnis der Emblematik hatte. Im *Theophilus* weist er auf die symbolische Bedeutung des lateinischen Kreuzes hin:

der vertikale Balken versinnbildlicht demnach den Abstieg der göttlichen Gnade und den dankbaren Aufstieg der Seelen zu Gott, während der horizontale Balken die Verbreitung des Evangeliums und der Nächstenliebe veranschaulicht. Das Kreuz bestimmt einen Mittelpunkt durch zwei sich kreuzende Geraden. Die Mitte steht für die Idee der Ganzheit, und dieser Kreuzungspunkt ist identisch mit Christus, der auf dem Kreuz alles vereinigt und verklärt. Augustinus beschreibt auf realistische Weise den blutigen *Hierosgamos* Christi mit der Kirche auf dem Brautbett des Kreuzes. Papst Clemens VI., der Mäzen des Dichters Petrarca, ließ sein Grabgewölbe mit Rosen und goldenen Kreuzen verzieren. Der Mystiker Heinrich Seuse (1295–1366) sah in einer Vision, wie der Rosenstock der Kasteiungen zuerst seine Zweige wie die Arme des Heilands auf dem Kreuz ausstreckte, um dann die Menschheit in einer wunderbaren Hochzeit zu umschlingen. So erklärt sich die häufige Gleichsetzung des Kreuzes mit dem Baum.

Die *Monas Hieroglyphica*, die Andreae in der Chymischen Hochzeit abbildete, verweist auf den mehrschichtigen Sinn des Kreuzsymbols. Nach John Dee ist das Kreuz das Sinnbild der Dreiheit (zwei Geraden und ihr Kreuzpunkt), das zugleich auf die Dreifaltigkeit und auf die Triade Leib-Seele-Geist hindeutet. Das Kreuz ist ebenfalls das Symbol der Vierheit mit den vier Geraden, die von dem Mittelpunkt ausgehen, und damit bedeutet es die vier Evangelisten, die vier Himmelsrichtungen, die vier Eigenschaften des Trockenen, des Feuchten, des Kalten und des Warmen, aber auch die Quaternität, die mit der göttlichen Trinität die Materie bzw. die Natur als Viertes zusammenbringt. Bezieht man den Kreuzpunkt in diese symbolische Rechnung ein, so entsteht daraus die Fünfzahl, die Zahl der Quintessenz, der Vermählung der männlichen Drei mit der weiblichen Zwei, und infolgedessen die Zahl des *Hierosgamos*, der Hochzeit des Lammes mit „seinem Weibe", wobei das neue Jerusalem, das viereckig ist, vom Himmel herabkommt (Off. 19, 7; 21, 2).

Gerhard Dorn, der wahrscheinlich den bzw. die Verfasser der Rosenkreuzer-Schriften mit seinen Ideen beeinflußte, erklärte, daß Gott am *zweiten* Tag der Schöpfung, als er die oberen Wasser von den unteren schied, die Zweizahl erschuf, und daß er es gerade am Abend des zweiten Tages unterließ, zu sagen, „daß es gut war". Da die Zweizahl in der Symbolik weiblich ist, schien es Dorn normal, daß der Teufel gerade Eva versuchte. Und da alle geraden Zahlen weiblich sind, verwarf Dorn ebenfalls die Vier, die nach der Alchemie ihre Einheit in der *Quinta Essentia* findet. Er hielt nämlich die Quaternität für einen teuflischen Betrug und wollte mit dieser Behauptung auf die Kluft hinweisen, die das Christentum zwischen dem Geist und der Natur aufgerissen habe, so daß die ganze Schöpfung dem „Fürsten dieser Welt" überlassen worden sei.

Doch der eigentliche Mittler zwischen Geist und Materie ist eben der Mensch, weil er an beiden Reichen teilhat. Genauso wie Christus durch die Kreuzigung und die Auferstehung das Menschengeschlecht erlöste, so soll auch in alchemistischer Sicht der Mensch schlechthin, der reinste und echteste Mensch als alchemistischer Erlöser einmal erscheinen. Es geht hier auf keinen Fall um eine Gotteslästerung, denn der Opfertod Christi war einmalig, und Christus ist und bleibt auf Ewigkeit der *salvator microcosmi*. Es handelt sich vielmehr um den *servator cosmi*, der die Befreiung des *macrocosmos* von dem Übel bewirken und die dialektische Spannung zwischen Christus und dem Antichrist lösen wird.

Dieser ganzheitliche Mensch, dieser *purissimus homo* (reinster Mensch), wie Gerhard Dorn ihn nennt, existiert noch nicht, aber er wird „in postremis temporibus" (in den letzten Zeiten) erscheinen. Nach dem Vorbild Christi, der als „Leo de tribu Juda" (Löwe, der da ist vom Geschlecht Juda) gesiegt hat (Off. 5, 5), wird er Khunrath zufolge der „Leo de tribu Catholica" sein, der alchemistische Erlöser der Materie, dessen „rosenfarbenes Blut" für die Schöpfung die Panazee sein soll. Gerhard Dorn schreibt in der *Aurora Philosophorum*, Basel 1577: „... in den letzten Tagen wird ein reinster Mensch auf die Erde kommen, durch welchen die Welt erlöst werden wird. Mit den *rosenfarbenen* Tropfen des Blutes, das er ausschwitzen wird, wird er die Welt von dem Fall erlösen" (S. 23). Das Blut „rosei rubeive coloris“ besagt, daß Dorn nicht an natürliches Blut dachte, sondern an die lebensspendende Vermählung, die alle Elemente im Zeichen der *Rose* vereinigt.

Die Symbolik der Rose hat sich im Mittelalter in Europa „eingepflanzt“, als die „Rosen von Jericho“, von denen in der Bibel die Rede ist (Sirach 24, 18), durch Pilger nach Deutschland kamen, und im Volksglauben für heilkräftige, die Geburt fördernde Wunderblumen gehalten wurden. In der christlichen Ikonologie symbolisiert die Rose bekanntlich die Heilige Maria als „rosa mystica“. Sie wird auch direkt auf Christus bezogen, wie z.B. bei Hildegard von Bingen oder bei der Mystikerin Mechtild von Magdeburg (1212–1294), in deren Visionen der Herr mit einer Rose auf der Brust erscheint. Die Rosenmystik gelangte in die Alchemie, in der mehrere Traktate mit dem Wort „Rosengarten“ betitelt sind: der bekannteste ist das *Rosarium Philosophorum*, das 1593 in der Sammlung *Artis auriferae* wieder abgedruckt wurde und wahrscheinlich ein Werk des katalonischen Alchemisten Arnaldus de Villanova (1240–1311) war.

Da die Rose gewöhnlich fünfblättrig ist, ist es nicht verwunderlich, daß sie oft mit dem Kreuz in Verbindung gebracht wurde, das auch als Symbol der Fünf gelten kann. In dem *Hortus deliciarum* von Herrad von Landsperg erscheinen die vier Evangelisten angeordnet in einer „Rose“, also einem Kreis. Das Kreuz ist immer das Symbol der Ganzheit, der Synthese, der *conjunctio oppositorum* gewesen, so daß die ihm entsprechende Quaternität auf die Einheit zurückführt. Diese Vereinigung der Gegensätze wird durch die Dynamisierung und Rotation des Kreuzes veranschaulicht, wodurch ein Rad entsteht. Wegen der Vollkommenheit des Kreises oder der Kugel, die beide die Vier enthalten, ist das Runde ein Symbol der Gottheit, der Sonne, aber auch des Goldes als perfekter Substanz. In dem *Rosarium Philosophorum* heißt es: „Mach den Kreis rund, und du wirst den Stein der Weisen erhalten.“ Da der *Lapis Philosophorum* das Ergebnis einer „chymischen Hochzeit“ ist, wird der Alchemist aufgefordert, „einen runden Kreis aus Mann und Frau“ zu machen, wobei an Platons kugelrunden doppelgeschlechtlichen Menschen erinnert wird.

Der symbolische Übergang von dem Kreuz über den Kreis zur Rose wird durch die Fensterrosen der gotischen Kathedralen anschaulich gemacht. Die Symbole des rotierenden Kreuzes und des Sonnenfeuers verbinden sich, um das Aufblühen der „Rosette" bzw. der Blume zu bewirken, die aus dem Verwandlungsprozeß der Wiedergeburt hervorgeht. Diese Wunderblume ist zugleich die *rosa mystica* als Allegorie der Jungfrau Maria, die himmlische Rose im *Paradiso* von Dante Alighieri, die siebenblättrige Rose der Alchemisten als Sinnbild der sieben Planeten, der sieben Metalle und der sieben Verwandlungsstufen des *Opus*, wobei sie weiß oder rot ist, je nachdem, ob sie die „Königin" oder den „König" im Transmutationsprozeß darstellt. Sowohl im christlichen als auch im alchemistischen Kontext entsteht die „Rose" aus einer Metamorphose, die von der Dialektik des Kreuzes bewirkt wird und die ihren Ausdruck in der Formel *per crucem ad rosam* findet.

II. Das Motiv des „alten Weisen"

Der kurze Hinweis auf die Vieldeutigkeit der beiden komplementären Symbole des Kreuzes und der Rose bestätigt die Ergebnisse der Untersuchung der Hauptschriften des Rosenkreuzes im ersten Teil der vorliegenden Arbeit. Die Symbolik beweist, daß der von Andreae und einigen Freunden ausgedachte Mythos weit über die ursprünglichen, zeitbedingten Grenzen hinausgeht. Weit davon entfernt, ein *ludibrium*, ein bloßer Scherz zu sein, wie Andreae selbst diese Fabel nachträglich aus verständlichen Gründen bezeichnete, reicht ihr Sinn tief in die menschliche Psyche und in die Kosmologie hinein.

Christian Rosenkreuz weist in der *Fama Fraternitatis* eine gewisse Verwandtschaft mit dem „purissimus homo" von Gerhard Dorn auf. Der allwissende, überaus weise Begründer der Fraternität entspricht nämlich dem, was C. G. Jung den Archetypus des „alten Weisen" nennt, der in den Märchen rechtzeitig auftaucht, um einen guten Rat zu erteilen, der aber auch in den Träumen die Gestalt eines Pfarrers, eines Arztes, eines Meisters, eines Gurus, eines Vaters annehmen kann. Unter den bekanntesten Mystagogen erwähnt Jung Orpheus, Hermes, Poimandres, Zarathustra. Die *Confessio Fraternitatis* verwendet den Ausdruck „unser Vater Christian" in der doppeldeutigen Formulierung „unser christlicher Vater", und in der *Fama* hat er seinen Anhängern eine Weisheit und ein Wissen mitgeteilt, die die Grenzen der traditionellen Wissenschaft überschreiten. Schließlich muß beachtet werden, daß die letzten Brüder ihren *Psychopompos* in der Tiefe eines Grabgewölbes entdecken.

In der *Chymischen Hochzeit* ist der Prozeß umgekehrt. In verschiedenen schwierigen Situationen der Angst oder der Unschlüssigkeit werden Christian Rosenkreuz Hilfe oder Ratschläge von einem geheimnisvollen Wesen erteilt, das ihm als *Psychopompos* dient, und diese Archetypen treten als handelnde Personen in Träumen auf. Als er sich aus der *Turris caecitatis* gerettet hat, wird er von einer „alten Frau" und „ihrem uralten Sohn" aufgenommen und ermuntert. C. G. Jung hat gezeigt, daß dieses Motiv des „alten Mannes" in der Alchemie den Archetypus des Geistes darstellt, der im Unbewußten liegt. Kein Wunder, daß das Bild dieses bewußtseinstranszendenten Inhalts Christian in einem Traum erscheint.

Als er dann an die Straßenkreuzung gelangt, erscheint derselbe Geist in der anderen Bildform einer weißen Taube, die ihm den richtigen Weg weist. Auf dem Schloß übernehmen die Jungfrau Alchimia und der Knabe die Rolle des *Psychopompos*. Der alte Meister tritt am Ende des sechsten Tages nach der Wiedergeburt des Königspaares wieder auf, und er bringt den Adepten zahlreiche neue Kenntnisse bei. Er ist der lehrende Geist, der den im präexistenten Leben verborgenen Sinn nahelegt, der Überbringer der traditionellen Weisheit. Der Astrologe Atlas, der am Ende der *Chymischen Hochzeit* den Fehler Christians beim Anschauen der entblößten Venus entlarvt, ist auch eine Bildform des „alten Weisen", der die moralischen Fähigkeiten des Menschen prüft. Christian muß insofern das Amt des Türhüters übernehmen, als er in psychologischer Hinsicht an der Schwelle des Unbewußten bleibt, denn dieser Bereich kann nicht ohne schwere Gefahren betreten werden.

III. Seelische Alchemie

C. G. Jung meinte, die wirkliche Wurzel der Alchemie sei „in den Projektionserlebnissen der einzelnen Forscher" zu suchen. „Da es sich um Projektionen handelte, war es ihnen natürlich unbewußt, daß das Erlebnis mit dem Stoff an sich (...) nichts zu tun hatte" (12. Bd., S. 285). In Wirklichkeit projizierten sie in den Stoff den eigenen Werdeprozeß der Persönlichkeit durch die progressive Integration der Inhalte des kollektiven Unbewußten in das Ich. Die Entwicklung der Psyche zur Ganzheit nennt Jung den Individuationsprozeß. Diese Problematik des Werdeprozesses der Persönlichkeit drückt sich in der alchemistischen Symbolik, insbesondere der der *Chymischen Hochzeit* aus. Aus der Perspektive der tiefenpsychologischen Theorien C. G. Jungs wird es möglich, verschiedene Aspekte der Erzählung Andreaes, die für die Alchemisten seiner Zeit ein Rätsel waren, zu erklären.

Als Christian in den Keller des Schlosses hinuntergeht und gegen die Verbote verstößt, als er die Grabstätte der Könige und das geheimnisvolle Gewölbe besucht, in dem die nackte Venus schläft, macht er die Erfahrung des *„Schattens"*, d.h. des dunklen Teils unserer Psyche, der uns beim Versuch, zu den Tiefen unseres Unbewußten zu gelangen, im Wege steht. Christian begegnet seinem Schatten in den Formen der Neugier und der Erotik, deren Bilder und Figuren der Knabe, die Nymphen, die Jungfrau Alchimia und der Liebesgott Cupido sind.

Die zweite Etappe des Individuationsprozesses führt Christian zur Entdeckung des weiblichen Archetypus der *Anima* in seiner Psyche, denn jeder Mensch besitzt nach Jung in der Seelentiefe ein gegengeschlechtliches Gegenüber: einen *Animus* bei den Frauen und eine *Anima* bei den Männern. Der inneren Erscheinungsform begegnen wir in den Träumen, den äußeren in Projektionsträgern. In Andreaes Erzählung mag die Hochzeit des Prinzen mit der Prinzessin als die Bildform des Individuationsprozesses von Christian Rosenkreuz, die Objektivierung der Vermählung seines *Animus* mit seiner *Anima* betrachtet werden. Und die Hochzeit ist „blutig", weil das

Abenteuer der Selbstverwirklichung nicht ohne psychische Gefahr erlebt wird. Aber das individuelle Geschehnis geht in der Struktur der *Chymischen Hochzeit* mit der göttlichen Alchemie einher, die in der Psyche des Titelhelden die Archetypen des kollektiven Unbewußten betrifft. Die *Comoedi*, die, wie schon gesagt, den Schlüssel zum Verständnis der Erzählung gibt, schildert den *Hierosgamos* Christi mit seiner Braut, der Kirche, und Christians psychische Verwandlung projiziert sich in diese heilige Feier.

Christians Hochzeit wird „Chymische Hochzeit" in dem Sinne genannt, daß sie die „Vereinigung mit dem Geistgebiet der Natur" (Rudolf Steiner) und eine substantielle Verwandlung seiner Persönlichkeit bewirkt. Der Wiedergeburtsprozeß, der in der „Turris Olympi" stattfindet, ist auch ein Archetypus des kollektiven Unbewußten. C. G. Jung definiert die Wiedergeburt in bezug auf die Metempsychosis, die Reinkarnation und die Auferstehung. Er unterscheidet die Erneuerung ohne Wesensänderung, beispielsweise bei einer Heilung durch gewisse Zeremonien, von der Transmutation, für die etwa die Verklärung Christi, Mariae Himmelfahrt oder Fausts Verwandlung in den Knaben und dann in den Doktor Marianus als Beispiele stehen können. Endlich erwähnt er die indirekte Wiedergeburt durch Teilnahme an einem Wandlungsprozeß, wie im Fall der Abendmahlsfeier oder Eucharistie, in den Eleusinischen Mysterien und in der Hochzeit des Christian Rosenkreuz, bei welcher die Anwesenheit und das Mitmachen die Gnadenwirkung verursachen. Es kann auch vorkommen, daß in besonderen Fällen der subjektiven Wandlung sich die Ahnengeister in den Kindern reinkarnieren, und die *Chymische Hochzeit* hat auch dieses Motiv von der traditionellen Alchemie übernommen.

Um der Wiedergeburt teilhaftig zu werden, muß Christian Rosenkreuz über das Meer des Unbewußten fahren, das zugleich Wasser und Geist, Tod und Wiedergeburt ist. Die „Turris Olympi", wie die Zikkurats der babylonischen Baukunst, die heiligen Berge oder die Kirchtürme, ragt in den Himmel empor und versinnbildlicht die Vereinigung des Göttlichen mit dem Menschlich-Stofflichen. Der Grundsatz der *Tabula smaragdina* lautet: „Was unten, ist gleich dem, was oben. Was oben, ist gleich dem, was unten, und das dient zur Herbeiführung der Wunder des einen Dinges." Das „eine Ding" ist der *Lapis Philosophorum*, und im besonderen Fall der *Chymischen Hochzeit* entsteht es durch die Wiedergeburt des „Königs" und der „Königin" und die indirekte Wiedergeburt des Christian Rosenkreuz.

IV. „Offenbares Geheimnis"

Diese Verwandlung transzendiert die Kategorien von Raum und Zeit, sie ist eine Pilgerfahrt nach dem spirituellen Orient und dem aufgehenden Licht, dessen Feuer im achten Stock der „Turris Olympi" den beiden noch unbelebten Leibern das Leben wiedergibt. Hermann Hesse (1877–1962), der aus der Stadt Calw gebürtig war, in der J. V. Andreae drei Jahrhunderte zuvor als Superintendent amtierte, beschreibt in der phantastischen Erzählung *Die Morgenlandfahrt* (1931) eine geheimnisvolle Pilgerfahrt. Nach dem symbolischen Orient wandern die Mitglieder einer geheimen Bruderschaft, der Zoroaster, Lao Tse, Platon, Xenophon, Pythagoras, Albertus Magnus, Don Quixote, Tristram Shandy, Novalis, E. T. A. Hoffmann, Brentano, Baudelaire, Paul Klee usw. angehörten. Der Verfasser erklärt, „daß wir ja nicht nur durch Räume wanderten, sondern ganz ebenso durch Zeiten (...). Unser Morgenland war ja nicht nur ein Land und etwas Geographisches, sondern es war die Heimat und Jugend der Seele, es war das Überall und Nirgends, war das Einswerden aller Zeiten". Diese *Orientierung* hatte für die Brüder den Sinn eines Erwachens.

Auch die rosenkreuzerische „Orientierung" zeichnet sich durch ihre Universalität und Zeitlosigkeit aus, denn die verwendeten Symbole entsprechen den Archetypen des kollektiven Unbewußten. Die jedem Symbol anhaftende Vieldeutigkeit berechtigt das paradoxe Verhalten, das darin besteht, Geheimnisse zu offenbaren. Die Rosenkreuzer veröffentlichen ihre Manifeste, aber die *Fama* und die *Confessio Fraternitatis* betonen die Unerreichbarkeit ihres Wohnortes, wenn man nicht dazu berufen wird. Das Motto der *Chymischen Hochzeit:* „Arcana publicata vilescunt" legt Nachdruck auf die Unverletzbarkeit der Geheimnisse, die jedoch in dem Werk beschrieben werden. Aber der Widerspruch ist nur ein scheinbarer, er liegt im Wesen der Symbolik. Das Wort „Symbol" stammt aus dem Griechischen („symballein" = „zusammenwerfen"), und Nikolaus von Cues (1401–1464) definierte es treffend, als er in seinem Buch *De docta ignorantia* (Vom wissenden Nichtwissen) schrieb, die sichtbaren Dinge seien in Wahrheit Bilder der unsichtbaren. In dem Symbol wirkt das Bezeichnende als „Bild", das den „Sinn", also das Bezeichnete, zugleich enthüllt und verbirgt. Christus entgegnete seinen Jüngern, die ihn fragten, warum er zu den Menschen durch Gleichnisse rede: „Euch ist's gegeben, daß ihr das Geheimnis des Himmelreichs vernehmet; diesen aber ist's nicht gegeben" (Mat. 13, 11). Also funktioniert jedes Symbol wie ein Kryptogramm, das die Gegenwart eines unaussprechlichen Seienden oder, im psychologischen Bereich, eines numinosen Archetypus signalisiert, ebenso wie der Mythos, der die Symbole zu einem erzählerischen Ganzen kombiniert. Symbol und Mythos erfüllen ebenso eine ausgleichende wie eine sakrale Funktion, und der Zweck jeder Geheimgesellschaft besteht nach Mircea Eliade darin, an der Heiligkeit durch eine Einweihung teilzuhaben. Diese Initiation ist zugleich eine Wiedergeburt und die Erkenntnis eines bewußtseinstranszendenten Mysteriums, das sich durch das sprachliche Medium des Mythos und durch die rituelle Gestik ausdrückt.

Aber das ältere Rosenkreuzertum war durch den Umstand gekennzeichnet, daß es keine strukturierte Gesellschaft war, und es ist bemerkenswert, daß J. V. Andreae in der *Chymischen Hochzeit* nicht von einem Bund oder einer Fraternität sprach, sondern von einer Ritterschaft, also von einem religiösen Orden, dessen Mitglieder Herr über ihr Reittier, als Symbol ihrer Psyche, waren, weil der Individuationsprozeß am Ende der *Chymischen Hochzeit* bei ihnen vollendet war. In dieser Hinsicht erweist sich das Rosenkreuz zu guter Letzt für die Leser aller Zeiten und aller Länder als eine spirituelle Methode der Selbstvervollkommnung und als eine Aufforderung, namentlich durch eine Auseinandersetzung mit dem Unbewußten, den *homo maximus* in sich zu realisieren.

Literaturhinweise

1. Ausgaben der Rosenkreuzerschriften und Quellen

Andreae, Johann Valentin: *Die Chymische Hochzeit Christiani Rosenkreutz Anno 1459*. Hrsg. von Alfons Rosenberg. München-Planegg 1957.

Andreae, Johann Valentin: *Die Chymische Hochzeit des Christian Rosenkreuz Anno 1459 – Fama Fraternitatis*. Ins Neuhochdeutsche übertragen von Walter Weber (Stuttgart 1957). Basel 1978.

Andreae, Johann Valentin: *Confessio Fraternitatis*, in: *Der Protestantismus des 17. Jahrhunderts*. Hrsg. von Winfried Zeller. Bremen 1962.

Andreae, Johann Valentin: *Fama Fraternitatis – Confessio Fraternitatis – Chymische Hochzeit Christiani Rosenkreutz Anno 1459*. Hrsg. von J. van Rijckenborgh. 4 Bde. Haarlem 1967–1976.

Andreae, Johann Valentin: *Fama Fraternitatis – Confessio Fraternitatis – Chymische Hochzeit Christiani Rosenkreutz Anno 1459*. Eingeleitet und herausgegeben von Richard Van Dülmen. Stuttgart 1973.

Andreae, Johann Valentin: *Fama Fraternitatis – Confessio Fraternitatis – Chymische Hochzeit Christiani Rosenkreutz Anno 1459*, in: *Die Bruderschaft der Rosenkreuzer. Esoterische Texte*. Hrsg. von Gerhard Wehr. Köln 1984.

Haselmayr, Adam: *Antwort An die lobwürdige Brüderschaft der Theosophen von RosenCreutz...*, in: Carlos Gilly: *Adam Haslmayr. Der erste Verkünder der Manifeste der Rosenkreuzer*. Amsterdam 1994.

Andreae, Johann Valentin: *Fama Fraternitatis – Confessio Fraternitatis – Chymische Hochzeit Christiani Rosenkreutz Anno 1459*. (Traiano Boccalini) *Allgemeine und General Reformation der gantzen Welt* – Adam Haselmayr: *Antwort An die lobwürdige Brüderschaft der Theosophen von RosenCreutz...* Eingeleitet und herausgegeben von Roland Edighoffer, in: Johann Valentin Andreae: Gesammelte Schriften. 3. Bd., Stuttgart 1996.

Paracelsus: *Sämtliche Werke*. 1. Abt. hrsg. v. K. Sudhoff. München, 14 Bde. 1922–1933. 2. Abt. hrsg. v. W. Matthiessen u. K. Goldammer, 1923–1973 ff.

2. Auswahl aus der Forschungsliteratur

Brecht, Martin: „Johann Valentin Andreae. Weg und Programm eines Reformers zwischen Reformation und Moderne“, in: *Theologen und Theologie an der Universität Tübingen*. Hrsg. von Martin Brecht. Tübingen 1977.

Brecht, Martin: „Chiliasmus in Württemberg im 17. Jahrhundert“, in: *Pietismus und Neuzeit*, Bd. 14, Göttingen 1988.

Brecht, Martin (Herausgeber): *Geschichte des Pietismus*. Bd. 1, Göttingen 1993.

Brecht, Martin: „Die fällige Generalreform der Welt – J.V. Andreäs Programm", in: *J.V. Andreä. Ein universaler Geist des 17. Jahrhunderts in internationaler Sicht*. Bad Liebenzell 1987.

Brecht, Martin: „Der babylonische Turm oder das Chaos der Urteile über die Rosenkreuzerbruderschaft", in: *Das Erbe des Christian Rosenkreuz*. Amsterdam 1988.

Breymayer, Reinhard (Hrsg.): *Ein geistliches Gemälde* ... von Huldrich StarckMann (J. V. Andreae). Tübingen 1991.

van Dülmen, Richard: *Die Utopie einer christlichen Gesellschaft, Johann Valentin Andreae (1586–1654)*. Stuttgart 1978.

Edighoffer, Roland: „Un Faust rosicrucien", in: *Etudes Germaniques*. Bd. 4, Paris 1965.

Edighoffer, Roland: „Le lion du septentrion", in: *Etudes Germaniques*. Bd. 2, Paris 1967.

Edighoffer, Roland: „Vom Rosenkreuz zur Pantopie", in: *Daphnis*, Bd. 10, Amsterdam 1981.

Edighoffer, Roland: *Rose-Croix et société idéale selon J. V. Andreae*. Paris, Bd. 1, 1981, Bd. 2, 1987.

Edighoffer, Roland: „Rosicrucianism: From the Seventeenth to the Twentieth Century", in: *Modern Esoteric Spirituality*. New York 1992.

Edighoffer, Roland: *Les Rose-Croix*. Paris, 4. Aufl., 1994.

Faivre, Antoine: „Les Noces Chymiques de Christian Rosencreuz comme pèlerinage de l'âme", in: *Cahiers de l'Université saint Jean de Jérusalem*. Paris, Bd. 4, 1978.

Faivre, Antoine: „Les Manifestes rosicruciens et la Tradition, in: *Das Erbe des Christian Rosenkreuz*. Amsterdam 1988.

Frey-Jaun, Regine: *Die Berufung des Türhüters. Zur Chymischen Hochzeit Christiani Rosencreutz von J. V. Andreae*. Bern 1989.

Gilly, Carlos: *Adam Haslmayr. Der erste Verkünder der Manifeste der Rosenkreuzer*. Amsterdam 1994.

Heindel, Max: *Die Weltanschauung der Rosenkreuzer oder mystisches Christentum*. Darmstadt 1991.

Introvigne, Massimo: *Il cappello del mago*. Milano 1990.

Jung, C. G.: *Gesammelte Werke*. 17 Bde., Olten/Freiburg im B. 1944 ff.

Kienast, Richard: *J. V. Andreae und die vier echten Rosenkreuzer-Schriften*. Leipzig 1926.

Koßmann, Bernhard: *Alchemie und Mystik in J. V. Andreaes Chymischer Hochzeit Christiani Rosenkreutz*. Köln 1966.

Lewis H. Spencer: *Rosicrucian Questions and answers with complete history of the Rosicrucian Order*. San Jose 1959.

Montgomery, J. W.: *Cross and Crucible*. 2 Bde., Den Haag 1973.

Nakai, Ayako: „Andreaes Chymische Hochzeit und Novalis", in: *Goethe-Jahrbuch*, XXXV. Bd., 1973.

Peuckert, Will-Erich: *Das Rosenkreutz* (Einl. v. R. Chr. Zimmermann). Berlin 1973.

Rickenborgh, J. van: *Die Geheimnisse der Rosenkreuzer-Bruderschaft. Esoterische Analyse der Schrift „Das geistige Testament des Ordens vom Rosenkreuz“*. 4 Bde. Haarlem 1967–1976.

Schick, Hans: *Die geheime Geschichte der Rosenkreuzer.* Schwarzenburg, 2. Aufl., 1980.

Scholz, Harald: *Evangelischer Utopismus bei J. V. Andreae.* Stuttgart 1957.

Steiner, Rudolf: *Die Theosophie des Rosenkreuzers.* Dornach, 6. Aufl., 1979.

Steiner, Rudolf: *Die Chymische Hochzeit des Christian Rosenkreutz.* Stuttgart 1957.

Telle, Joachim: „Benedictus Figulus. Zum Leben und Werk eines deutschen Paracelsisten“, in: *Medizinhistorisches Journal.* Stuttgart, Bd. 22, 1987.

Waite, Arthur E.: *The Brotherhood of the Rosy Cross.* (1924) New York 1973.

Yates, Frances A.: *The Rosicrucian Enlightenment.* London 1972.

Zimmermann, Rolf Christian: *Das Weltbild des jungen Goethe. Studien zur Hermetischen Tradition des deutschen 18. Jahrhunderts.* Erster Band: *Elemente und Fundamente*. München 1969.

Namen- und Sachregister